Guide *de* Charme

LANDGASTHÄUSER MIT CHARME IN FRANKREICH

Bed and Breakfast auf französische Art

ISBN: 2-7436-0162-0
© Editions Payot & Rivages, 1997
106, boulevard Saint-Germain - 75006 Paris

Guide de Charme

LANDGASTHÄUSER MIT CHARME IN FRANKREICH

Bed and Breakfast auf französische Art

Erstellt von Véronique De Andreis,
Jean und Tatiana de Beaumont, Anne Deren
unter Mitarbeit von Livia Roubaud

Projektleitung Véronique De Andreis

Aus dem Französischen von Inge Hanneforth

Rivages

EINFÜHRUNG

Diese vierte, vollkommen überarbeitete Ausgabe umfaßt insgesamt 584 Bed-and-Breakfast-Häuser (*maisons d'hôtes*), davon 73 neue. Wie jedes Jahr haben wir ganz Frankreich bereist, um für Sie Häuser ausfindig zu machen, deren Charme, Unverfälschtheit, Atmosphäre, Lage und Umgebung uns überzeugt, und deren Gastgeber uns besonders freundlich empfangen haben.

Jede neue Auflage ist für uns die Gelegenheit, Ihnen noch mehr Adressen anzubieten, die alle sorgfältig getestet und ausgewählt werden.

Sie werden wie auch wir von diesen Schlössern (echte Schlösser oder große Herrenhäuser), Landhäusern, Mühlen, Bauernhöfen (entweder umgestellt oder noch immer landwirtschaftlich aktiv) und Chalets begeistert sein.
Entdecken Sie für einen Abend, ein Wochenende oder einen längeren Aufenthalt die von uns empfohlenen Häuser und die stets freundlichen Gastgeber.

Mit *Landgasthäuser mit Charme in Frankreich* zu reisen bedeutet auch, von der Erfahrung jener zu profitieren, die ihre Region lieben und ihre Gäste über alles informieren, was diese im Hinblick auf Tourismus und Gastronomie zu bieten hat.

Ganz gleich, ob Sie vollkommen unabhängig sein oder mit anderen Gästen Kontakt aufnehmen möchten, ob Sie vor allem Authentizität oder eine gewisse Eleganz, viel Komfort oder eher Schlichtes lieben - Ihre Wahl können Sie dank unserer Informationen und Anregungen leicht treffen.

Die Hausbesitzer verstehen es, Reisende zu empfangen. Allen liegt das Wohlbefinden ihrer Gäste am Herzen und alle sind darum bemüht, daß Sie sich bei ihnen wohl fühlen und die Atmosphäre ihres Hauses schätzen. Dennoch sollte nicht vergessen werden, daß es sich bei unseren Adressen um Privathäuser und nicht um Hotels handelt (der Service ist nicht der gleiche). Jedes Haus hat seine Persönlichkeit und seine besondere Atmosphäre. Sie werden mit den Hausbesitzern eine gewisse Zeit verbringen und sich mit einigen sogar anfreunden.

Wie man eine Adresse auswählt

Die Häuser sind nach Regionen aufgeteilt, und innerhalb einer Region sind die Departements, die Orte und die Namen der Häuser alphabetisch geordnet.

Die Texte, Fotos und praktischen Hinweise einer jeden Adresse werden Ihnen bei der Auswahl behilflich sein.

Hierzu kann man das regionale Inhaltsverzeichnis (am Anfang) oder das alphabetische Verzeichnis (am Ende) benutzen.

Zum Lokalisieren des Hauses dienen die Straßenkarten am Anfang unseres Führers. Die eingerahmten Nummern auf den 36 Karten beziehen sich auf die Nummern der im Text- und Fototeil präsentierten Häuser. Vor den Straßenkarten ist eine Frankreichkarte abgebildet, auf der die verschiedenen Regionen aufgeteilt und numeriert sind.

Wie man reservieren sollte

Die Reservierungskonditionen sind von einem Haus zum anderen unterschiedlich. Nehmen Sie Kontakt mit den Hausbesitzern auf und informieren Sie sich über deren Bedingungen.

In den meisten Fällen wird man Sie darum bitten, Ihre Reservierung schriftlich zu bestätigen oder eine Anzahlung vorzunehmen, die von Haus zu Haus unterschiedlich ist.

Reservieren Sie stets frühzeitig, denn die Anzahl der Zimmer ist oft begrenzt. Wenn Sie zu mehreren Personen reisen, sollten Sie sich nach der Möglichkeit eines zusätzlichen Zimmers (*chambre d'appoint*) erkundigen.

Sollten Sie am gemeinsamen Essen (*table d'hôtes*) interessiert sein, ist es angebracht, dies bei der Reservierung zu erwähnen und gegebenenfalls schriftlich zu bestätigen.

Lassen Sie sich eventuell vorher den für Sie besten Reiseweg beschreiben.

Informieren Sie die Hausbesitzer über Ihre Ankunftszeit. Bei der Anreise sollten Sie sich nicht erheblich verspäten - es könnte sonst schon mal passieren, daß Sie vor verschlossener Tür stehen. Bei Abwesenheit der Hausbesitzer werden auf dem Land die Häuser oft von Hunden bewacht.

Wie man eine Reservierung annullieren sollte

Jeder Hausbesitzer hat seine eigenen Annullierungsbedingungen, nach denen man sich am besten schon beim Reservieren erkundigt. Wir raten Ihnen, den Hausbesitzer um eine schriftlich Bestätigung dieser Konditionen zu bitten, um so Unklarheiten zu vermeiden.

Die Hausbesitzer haben das Recht, eine Anzahlung nicht zurückzuerstatten. Die Annullierungsfristen sind ebenfalls unterschiedlich.

Außerdem möchten wir unsere Leser darauf hinweisen, daß wir bei eventuellen Streitfällen zwischen Gast und Gastgeber keinerlei Verantwortung übernehmen.

Die Zimmer

Stil und Ausstattung der Gästezimmer sind ebenso unterschiedlich wie die von uns ausgewählten Häuser selbst.

Einige sind schlicht, andere ausgesprochen luxuriös; jedes ist persönlich gestaltet. Ihre Größe überrascht oft.

Lesen Sie unsere Beschreibung sorgfältig. Allgemein verfügen die Zimmer über eigene Bäder und Toiletten. Ist dies nicht der Fall, wird es extra erwähnt. Solche Ausnahmen betreffen meist Zimmer in Nebengebäuden, die dann sehr praktisch sind, wenn man mit Kindern oder Freunden unterwegs ist.

Die Zimmerreinigung findet meist täglich statt. Bei einigen wenigen Ausnahmen wird sie entweder nur auf Wunsch oder von den Gästen selbst übernommen.
Wie zu Hause werden Sie manchmal das Bett selber machen müssen. Auch hierüber wird in den praktischen Hinweisen informiert.

Einige sehr große Häuser sind im Winter nicht leicht beheizbar. Damit die Zimmer bei Ihrer Ankunft schön warm sind, sollten Sie frühzeitig reservieren.

Gemeinsames Essen (*table d'hôtes*)

Beim gemeinsamen Essen hat man die Gelegenheit, die Gastgeber und auch die anderen Gäste des Hauses näher kennenzulernen. Meist werden diese gemeinsamen Mahlzeiten zu festen Zeiten eingenommen.

In einigen Häusern gibt es aber auch individuelle Tische. Weitere Hinweise darüber finden sich in den Informationen jeder einzelnen Adresse.

Einige dieser *tables d'hôtes* sind recht ungezwungen, andere regelrechte Inszenierungen - das betrifft sowohl die Küche als auch die Art, den Tisch zu decken. Daß auch die Preise sehr unterschiedlich sind, versteht sich von selbst.

Reservieren sollte man so früh wie möglich, denn Bed-and-Breakfast-Häuser verfügen generell über wenig Vorrat, was bedeutet, daß in der Küche vorwiegend frische Produkte verwendet werden.

Für den Fall, daß das Angebot kein gemeinsames Essen umfaßt, informieren wir Sie darüber, wie weit es zum nächsten, vom Gästehausbesitzer empfohlenen Restaurant ist.

Telefonieren

Es ist nicht immer leicht, in einem Landgasthaus zu telefonieren, denn die Telefone haben selten einen Zähler. Einige Häuser verfügen über einen *point-phone*, d.h. ein Münz- oder Kartentelefon, andere (wenige) haben die Gästezimmer mit Direktleitungen ausgestattet.

Preise

Die angegebenen Preise gelten für 1997. Dennoch kann es vorkommen, daß sie im Laufe des Jahres von den Hausbesitzern revidiert werden.
Einige Häuser bieten Pauschalpreise für Wochenenden, längere Aufenthalte oder Halbpension an. Es ist angebracht, sich bei der Reservierung all diese Einzelheiten bestätigen zu lassen.

Wichtiger Hinweis

Gemäß einer Rechtsprechung (Toulouse, 14.01.1887) kann der Verleger für eventuelle Fehler und Mängel dieses Buches (die trotz sorgfältiger Arbeit des Redaktionsteams nicht vermieden werden konnten) nicht haftbar gemacht werden.

**Teilen Sie uns Ihre Anregungen
und Erfahrungen mit!**

Sollten Sie wünschen, daß ein von Ihnen besonders geschätztes Haus in diesem Titel aufgenommen wird, möchten wir Sie bitten, uns die genaue Adresse mitzuteilen. Wir nehmen dann mit den Hausbesitzern Kontakt auf.

Zuschriften für die nächste Ausgabe (für die wir uns im voraus bei unseren Lesern bedanken) sollten spätestens am 15. Februar 1997 bei uns eingehen. Unsere Adresse:

Véronique De Andreis - Editions Payot & Rivages
Guide de Charme des Maisons d'Hôtes en France
106, boulevard Saint-Germain - 75006 Paris.

INHALTSVERZEICHNIS

ELSASS - LOTHRINGEN

Meuse (55)

Ancemont - Karte 11
– **Château Labessière**..1

Moselle (57)

Dieuze - Karte 12
– **Château d'Alteville**..2
Lidrezing - Karte 12
– **La Musardière**..3

Bas - Rhin (67)

Betschdorf - Karte 13
– **Chez M. et Mme Krumeich**......................................4
Cosswiller - Karte 12
– **Le Tire-Lyre**..5
Dieffenbach-au-Val - Karte 12
– **Chez Colette**...6
– **La Maison Fleurie de Doris Engel-Geiger**...............7
– **La Romance**..8
Oberhaslach - Karte 12
– **Neufeldhof**..9

Haut - Rhin (68)

Oltingue - Karte 20
– **Le Moulin de Huttingue**...10

Vosges (88)

Bruyères - Karte 12
– **L'Auberge de la Cholotte**.......................................11
Vaudoncourt - Karte 11
– **Château de Vaudoncourt**..12

AQUITAINE

Dordogne (24)

Beaumont - Karte 23
– **Château de Regagnac**...13
– **La Lande**..14

Bourdeilles - Karte 23
   – Les Métairies Hautes..................15
Bouteilles-Saint-Sébastien - Karte 23
   – La Bernerie..................16
(Le) Buisson-de-Cadouin - Karte 23
   – Domaine des Farguettes..................17
   – Domaine du Pinquet..................18
Champagnac-de-Belair - Karte 23
   – Château de La Borie..................19
Cherval - Karte 23
   – Les Pouyades..................20
Condat-sur-Vézère - Karte 23
   – La Commanderie..................21
(Le) Coux-et-Bigaroque - Karte 23
   – Château de Cazenac..................22
Domme - Karte 23
   – La Daille..................23
Hautefort - Karte 23
   – L'Enclos..................24
Hautefort - Karte 23
   – Rouach..................25
Issigeac - Karte 23
   – Le Petit Pey..................26
Liorac-sur-Louyre - Karte 23
   – Saint-Hubert..................27
Meyrals-le-Bourg - Karte 23
   – Le Prieuré..................28
Montcaret - Karte 22
   – Fonroque..................29
Mussidan - Karte 23
   – Le Bastit..................30
Périgueux - Karte 23
   – Ancien Hôtel de Fayolle..................31
Queyssac - Karte 23
   – Le Cèdre de Floyrac..................32
Saint-Crépin-Carlucet - Karte 23
   – Les Granges Hautes..................33
Saint-Cyprien-en-Périgord - Karte 23
   – Château d'Argentonesse..................34
Saint-Pierre-de-Côle - Karte 23
   – Doumarias..................35
Sainte-Alvère - Karte 23
   – Le Moulin Neuf..................36
Sarlat-la-Canéda - Karte 23
   – Château de Puymartin..................37
Sourzac-Mussidan - Karte 23
   – Le Chaufourg en Périgord..................38

Gironde (33)

Bazas - Karte 29
— **Château d'Arbieu**...39

Castelnau-de-Médoc - Karte 22
— **Château du Foulon**...40

Castelnau-de-Médoc - Karte 22
— **Domaine de Carrat**..41

Gajac-de-Bazas - Karte 29
— **Cabirol**..42

Genissac - Karte 22
— **Domaine de Guillaumat**..................................43

Mesterrieux - Karte 22
— **Le Moulin de Mesterrieux**...............................44

Monségur - Karte 22
— **Château de la Bûche**......................................45

Rimons - Karte 22
— **Le Grand Boucaud**..46

Saint-Cristoly-de-Blaye - Karte 22
— **La Bergerie**..47

Saint-Ferme - Karte 22
— **Manoir de James**...48

Saint-Martin-de-Laye - Karte 22
— **Gaudart**..49

Saint-Quentin-de-Baron - Karte 22
— **Le Prieuré**..50

Saint-Sulpice-et-Cameyrac - Karte 22
— **Château Lamothe**...51

Sauternes - Karte 22
— **Domaine du Ciron**..52

Landes (40)

Aire-sur-l'Adour - Karte 29
— **Château de Bachen**.......................................53

Biaudos - Karte 28
— **Le Barbé**..54

Campet-Lamolère - Karte 29
— **Lamolère**..55

Dax - Karte 29
— **Château de Bezincam**....................................56

Luë - Karte 29
— **L'Oustau**...57

Luglon - Karte 29
— **Le Bos de Bise**..58

Montgaillard - Karte 29
— **Château Robert**...59

Saint-Perdon - Karte 29
— **Larroque**..60

Sainte-Marie-de-Gosse - Karte 28
   – **Marchannau**..61
Soustons - Karte 28
   – **Le Cassouat**..62

Lot - et - Garonne (47)

Bouglon - Karte 30
   – **Domaine de Montfleuri**...63
Cancon - Karte 23
   – **Chanteclair**...64
Cancon - Karte 23
   – **Manoir de Roquegautier**..65
Houeillès - Karte 29 u. 30
   – **Cantelause**..66
(Le) Laussou - Karte 23
   – **Manoir du Soubeyrac**...67
Miramont-de-Guyenne - Karte 23
   – **Frémauret**...68
Monflanquin - Karte 23
   – **Manoir de Barrayre**..69
Penne-d'Agenais - Karte 30
   – **L'Air du Temps**..70
Samazan - Karte 29 u. 30
   – **Château de Cantet**...71
Villeneuve-sur-Lot - Karte 30
   – **Domaine de Clavié**..72
   – **Les Huguets**...73
Villeréal - Karte 23
   – **Moulin de Labique**..74

Pyrénées - Atlantiques (64)

Arroses - Karte 29
   – **Sauveméa**..75
Artigueloutan - Karte 29
   – **Château Saint-Jean**...76
(La) Bastide-Clairence - Karte 28
   – **Maison Marchand**...77
Bidart - Karte 28
   – **Irigoian**..78
Bosdarros-Gan - Karte 29
   – **Trille**...79
Féas - Karte 29
   – **Château de Boues**...80
Haut-de-Bosdarros - Karte 29
   – **Ferme de Loutarès**..81
Sames - Karte 29
   – **Le Lanot**...82

Sare - Karte 28
- **Larochoincoborda**..83
- **Maison Dominxenea**..84

Sare - Karte 28
- **Olhabidea**...85

Souraïde - Karte 28
- **Ferme de Pinodiéta**...86

AUVERGNE-LIMOUSIN

Allier (03)

Chamblet - Karte 17
- **Château du Plaix**..87

Chantelle-de-Boussac - Karte 25
- **Château de Boussac**..88

Verneix - Karte 17
- **Château de Fragne**..89

Villeneuve-sur-Allier - Karte 18
- **Château du Riau**...90

Ygrande - Karte 17
- **Le Chalet**..91

Cantal (15)

Ally - Karte 24
- **Château de la Vigne**..92

Bassignac - Karte 24
- **Château de Bassignac**...93

Giou-de-Mamou - Karte 24
- **Barathe**...94

Saint-Etienne-de-Carlat - Karte 24
- **Lou Ferradou**..95

Salers - Karte 24
- **Chez M. et Mme Prudent**...96

Corrèze (19)

Beaulieu-sur-Dordogne - Karte 24
- **Château d'Arnac**...97
- **La Maison**..98

Creuse (23)

Aubusson - Karte 24
- **Domaine des Tilleuls**...99

(La) Chapelle-Saint-Martial - Karte 24
- **La Chapelle Saint-Martial**..100

Haute - Loire (43)

Craponne-sur-Arzon - Karte 25
 – Le Celivier..101

Langeac - Karte 25
 – Chez Christiane et Raymond Sdeï..................102

Saint-Front - Karte 25
 – Les Bastides du Mézenc..............................103

Puy - de - Dôme (63)

Aigueperse - Karte 25
 – Château de la Roche-Aigueperse..................104

Aubusson-d'Auvergne - Karte 25
 – Le Moulin des Vergnières............................105

Chadeleuf - Karte 25
 – La Vigie..106

Chaptes - Karte 25
 – Chaptes...107

Collanges - Karte 25
 – Château de Collanges................................108

Cunlhat - Karte 25
 – Chez Mme Brigitte Laroye..........................109

Perrier - Karte 25
 – Chez M. Gebrillat......................................110

Savennes - Karte 24
 – Le Château de Savennes............................111

Haute - Vienne (87)

Bersac-sur-Rivalier - Karte 23
 – Château du Chambon................................112

Boisseuil - Karte 23
 – Domaine de Moulinard...............................113

Châlus - Karte 23
 – Les Ourgeaux...114

Champagnac-la-Rivière - Karte 23
 – Château de Brie..115

Châteauneuf-la-Forêt - Karte 24
 – La Croix de Reh..116

Cieux - Karte 23
 – Les Hauts de Boscartus.............................117

Coussac-Bonneval - Karte 23
 – Moulin de Marsaguet..................................118

Eymoutiers - Karte 24
 – Fougeolles..119

Marval Saint-Mathieu - Karte 23
 – Le Val du Goth..120

Saint-Germain-les-Belles - Karte 23
 – Laucournet...121

Saint-Léonard-de-Noblat - Karte 23
  – **Le Masbareau**..122

B O U R G O G N E

Côte - d'Or (21)
Chorey-les-Beaune - Karte 19
  – **Château de Chorey-les-Beaune**..123
Gevrey-Chambertin - Karte 19
  – **Le Relais de Chasse**..124
Longecourt-en-Plaine - Karte 19
  – **Château de Longecourt**..125
Montbard - Karte 18
  – **L'Enclos**..126
Nan-sous-Thil - Karte 18
  – **Château de Beauregard**..127
Nuits-Saint-Georges - Karte 19
  – **Domaine de Loisy**...128
Saulieu - Karte 18
  – **Le Presbytère**...129
Savigny-les-Beaune - Karte 19
  – **Le Hameau de Barboron**...130
Vandenesse-en-Auxois - Karte 19
  – **Péniche Lady A**..131

Nièvre (58)
Alluy - Karte 18
  – **Bouteuille**..132
Onlay - Karte 18
  – **Château de Lesvault**..133
Ourouër - Karte 18
  – **Château de Nyon**..134
Saint-Benin-d'Azy - Karte 18
  – **Château du Vieil-Azy**..135

Saône - et - Loire (71)
Bourgvilain - Karte 19
  – **Le Moulin des Arbillons**...136
Buxy - Karte 19
  – **Château de Sassangy**...137
(La) Clayette - Karte 18
  – **Ferme-Auberge de Lavaux**..138
Marcigny - Karte 25
  – **Château de la Fredière**...139

Marcigny - Karte 25
  – **Chez M. et Mme Lamy**..140
  – **Les Récollets**..141
Paray-le-Monial - Karte 18
  – **Château de Martigny**..142
Saint-Germain-du-Plain - Karte 19
  – **La Chaumière**...143
Salornay-sur-Guye - Karte 19
  – **La Salamandre**..144
Tournus - Karte 19
  – **Château de Beaufer**..145

Yonne (89)

Charny - Karte 18
  – **Château de Prunoy**..146
Leugny - Karte 18
  – **La Borde**...147
Marchais-Beton - Karte 18
  – **La Cour Alexandre**..148
Mont-Saint-Sulpice - Karte 18
  – **Les Morillons**...149
Perreux - Karte 18
  – **La Coudre**...150
Poilly-sur-Serein - Karte 18
  – **Le Moulin de Poilly-sur-Serein**................................151
Saint-Fargeau - Karte 17 u. 18
  – **La Chasseuserie**...152
Saint-Fargeau - Karte 18
  – **Dannery**..153
Senan - Karte 18
  – **Chez Mme Defrance**..154
Venizy - Karte 18
  – **Les Lammes**..155
Venoy - Karte 18
  – **Domaine de Montpierreux**..156
Villeneuve-sur-Yonne - Karte 10
  – **Cochepie**..157

B R E T A G N E

Côtes - d'Armor (22)

Calorguen - Karte 6
  – **La Tarais**...158
Dinan - Karte 6
  – **Le Logis du Jerzual**...159

Hillion - Karte 6
 – **Château de Bonabry**..160
Lamballe - Karte 6
 – **Ferme de Malido**..161
Lancieux - Karte 6
 – **Les Hortensias**..162
Lannion - Karte 5
 – **Manoir de Kerguéréon**..163
Perros-Guirec - Karte 5
 – **Le Colombier**..164
 – **Demeure de Rosmapamon**..165
Plancoët - Karte 6
 – **La Pastourelle**...166
Plélan-le-Petit - Karte 6
 – **Malik**...167
Plélo - Karte 6
 – **Le Char à Bancs**..168
Plougrescant - Karte 5
 – **Manoir de Kergrec'h**..169
Pommerit-Jaudy - Karte 5
 – **Château de Kermezen**..170
Quintin - Karte 6
 – **Le Clos du Prince**..171
Saint-André-des-Eaux - Karte 6
 – **Le Presbytère**..172
Saint-Cast - Karte 6
 – **Château du Val d'Arguenon**......................................173
Saint-Michel-de-Plelan - Karte 6
 – **La Corbinais**...174
Tonquédec - Karte 5
 – **Le Queffiou**..175
Trégon - Karte 6
 – **Château de la Ville-Guérif**..176
 – **La Ferme du Breil**...177
Tregrom - Karte 5
 – **L'Ancien Presbytère**..178

Finistère (29)

Carantec - Karte 5
 – **Manoir de Kervezec**..179
Commana - Karte 5
 – **Kerfornedic**..180
Douarnenez - Karte 5
 – **Manoir de Kervent**..181
Ile-de-Batz - Karte 5
 – **Ty Va Zadou**..182

Landudec - Karte 5
- **Château du Guilguiffin**..................183

Plougonven - Karte 5
- **La Grange de Coatélan**..................184

Plouigneau - Karte 5
- **Le Manoir de Lanleya**..................185

Port de Kerdruc-en-Nevez - Karte 5
- **Pen Ker Dagorn**..................186

Quimperlé - Karte 5
- **La Maison d'Hippolyte**..................187

Riec-sur-Belon - Karte 5
- **Le Châtel**..................188

Trébabu - Karte 4
- **Le Grand Keruzou**..................189

(Le) Tréhou - Karte 5
- **Mescouez**..................190

Ille - et - Vilaine (35)

(La) Couyère - Karte 15
- **La Tremblais**..................191

Dinard - Karte 6
- **The Laurel Tree**..................192
- **Manoir de la Duchée**..................193

Fougères - Karte 7
- **La Forêt**..................194

Saint-Ouen-de-la-Rouërie - Karte 7
- **Château des Blosses**..................195

Saint-Pierre-de-Plesguen - Karte 6
- **Le Petit Moulin du Rouvre**..................196

Saint-Suliac - Karte 6
- **Les Mouettes**..................197

Morbihan (56)

Guidel - Karte 5
- **Ty Horses**..................198

Ile-aux-Moines - Karte 14
- **Le Clos**..................199

Josselin - Karte 6
- **La Carrière**..................200

Locqueltas - Karte 14
- **Chaumière de Kérizac**..................201

Pluvigner - Karte 5
- **Le Cosquer-Trélécan**..................202

Rochefort-en-Terre - Karte 14
- **Château de Talhouët**..................203

Saint-Martin-sur-Oust - Karte 14
- **Auberge du Château de Castellan**..................204

Saint-Philibert - Karte 5
 – Lann Kermané..205
(La) Trinité-sur-Mer - Karte 5
 – La Maison du Latz..206

C E N T R E

Cher (18)

Aubigny-sur-Nère - Karte 17
 – Château de la Verrerie..207
(Le) Châtelet-en-Berry - Karte 17
 – Domaine de Vilotte..208
 – Manoir d'Estiveaux..209
Saint-Eloy-de-Gy - Karte 17
 – La Rongère..210

Eure - et - Loir (28)

Bailleau-L'Evêque - Karte 8
 – Ferme du Château..211
(La) Ferté-Vidame - Karte 8
 – Manoir de la Motte..212
Saint-Luperce - Karte 8
 – Château de Blanville..213

Indre (36)

Buzançais - Karte 16
 – Château de Boisrenault..214
Méobecq - Karte 16
 – La Maison des Moines..215
Paudy-Reuilly - Karte 17
 – Château de Dangy..216
Velles - Karte 17
 – Manoir de Villedoin...217

Indre - et - Loire (37)

Azay-le-Rideau - Karte 16
 – Château du Gerfaut..218
Azay-sur-Cher - Karte 16
 – Le Château du Coteau..219
Beaumont-en-Véron - Karte 16
 – Manoir de Montour...220
(La) Celle-Guénand - Karte 16
 – La Garenne...221

Chançay - Karte 16
  – **Ferme de Launay**..222
Chinon - Karte 16
  – **Domaine de Pallus**..223
Continvoir - Karte 16
  – **La Butte de l'Epine**..224
Fondettes - Karte 16
  – **Manoir du Grand Martigny**...225
Lussault-sur-Loire - Karte 16
  – **Château de Pintray**..226
Mosnes - Karte 16
  – **Les Hauts Noyers**..227
Panzoult - Karte 16
  – **Domaine de Beauséjour**..228
Pussigny - Karte 16
  – **Le Clos Saint-Clair**...229
Richelieu - Karte 16
  – **Les Religieuses**..230
Rochecorbon - Karte 16
  – **Château de Montgouverne**..231
Saint-Michel-sur-Loire - Karte 16
  – **Château de Montbrun**..232
Saint-Nicolas-de-Bourgueil - Karte 16
  – **Manoir du Port Guyet**..233
Savonnières - Karte 16
  – **Le Prieuré des Granges**..234
  – **Le Prieuré Sainte-Anne**..235
Sepmes - Karte 16
  – **La Ferme des Berthiers**..236
Villandry - Karte 16
  – **Manoir de Foncher**...237
Vouvray - Karte 16
  – **Château de Jallanges**..238

Loir - et - Cher (41)

Chaumont-sur-Tharonne - Karte 17
  – **La Farge**...239
Cheverny - Karte 16
  – **Le Clos Bigot**..240
Contres - Karte 16
  – **La Rabouillère**..241
Danzé - Karte 16
  – **La Borde**..242
Mer - Karte 16
  – **Rue Dutems**...243
Mont-près-Chambord - Karte 16
  – **Manoir de Clénord**...244

Muides-sur-Loire - Karte 16
 – **Château de Colliers**..245
Onzain - Karte 16
 – **En Val de Loire**..246
Suèvres - Karte 16
 – **Le Moulin de Choiseaux**...247
Troo - Karte 16
 – **Château de la Voûte**...248
Villeny - Karte 17
 – **Château de la Giraudière**...249

Loiret (45)

(La) Ferté-Saint-Aubin - Karte 17
 – **Château de la Ferté**...250
Gien - Karte 17
 – **Sainte-Barbe**..251

CHAMPAGNE - ARDENNE

Aube (10)

Bucet-en-Othe - Karte 10
 – **Rue du Moulin**..252

Marne (51)

Etoges - Karte 10
 – **Château d'Etoges**..253
Igny-Comblizy - Karte 10
 – **Château du Ru Jacquier**...254

Haute-Marne (52)

Droyes - Karte 11
 – **La Maison de Marie**..255
Montier-en-Der - Karte 11
 – **Domaine de Boulancourt**..256

CORSE

Porto-Vecchio - Karte 36
 – **A Tarrazza**..257
San-Martino-di-Lota - Karte 36
 – **Château Cagninacci**..258

FRANCHE-COMTE

Doubs (25)

(La) Longeville - Karte 20
  – Le Crêt l'Agneau..259
Montbenoît - Karte 20
  – Chez les Colin..260

Jura (39)

Gévry - Karte 19
  – Rue du Puits..261
Moirans-en-Montagne - Karte 19
  – Ferme-Auberge de la Bergerie..........................262
Rotalier - Karte 19
  – Château Gréa..263

ILE-DE-FRANCE

Seine - et - Marne (77)

Dammarie-les-Lys - Karte 9
  – La Ferme de Vosves..264
Neufmoutiers-en-Brie - Karte 9
  – Bellevue..265
Perthes-en-Gâtinais - Karte 9
  – Le Manoir des Freyculs....................................266

Yvelines (78)

Maule - Karte 9
  – Mont au Vent..267
Villepreux - Karte 9
  – Château de Villepreux......................................268

LANGUEDOC-ROUSSILLON

Aude (11)

Palaja - Karte 31
  – La Ferme de la Sauzette....................................269

Gard (30)

Barjac - Karte 32
  – Domaine de la Sérénité......................................270

Barjac - Karte 32
- **Mas de la Ville**..................271
- **Mas Escombelle**..................272

Bragassargues - Karte 32
- **La Maison des Rêves**..................273

Calvisson - Karte 32
- **Chez Mme Burkel de Tell**..................274

Flaux - Karte 33
- **La Cure de Flaux**..................275

Garrigues - Karte 32
- **Le Mas Parasol**..................276

Lussan - Karte 32
- **Mas des Garrigues**..................277

Saint-Ambroix - Karte 32
- **Mas de Casty**..................278

Saint-Chaptes - Karte 32
- **Mas du Platane**..................279

Saint-Just-et-Vacquières - Karte 32
- **Indeo**..................280

Saint-Nazaire-des-Gardies - Karte 32
- **Mas de la Fauguière**..................281

Sommières - Karte 32
- **Hôtel de l'Orange**..................282

Uzès - Karte 33
- **Cruviers**..................283

Vers-Pont-du-Gard - Karte 33
- **Le Grand Logis**..................284

Hérault (34)

Capestang - Karte 31 u. 32
- **Domaine de la Redonde**..................285

Cazilhac-Ganges - Karte 32
- **Aux 3 Cèdres**..................286

Plaissan - Karte 32
- **Les Prunus**..................287

Popian - Karte 32
- **L'Impasse**..................288

Riols - Karte 31
- **La Cerisaie**..................289

Saint-André-de-Buèges - Karte 32
- **Le Mas de Bombequiols**..................290
- **Le Mas de Gourgoubès**..................291

Pyrénées - Orientales (66)

Alenya - Karte 31
- **Mas Bazan**..................292

Caïxas - Karte 31
 – Mas Saint-Jacques..293

MIDI-PYRENEES

Ariège (09)
Camon - Karte 31
 – Château de Camon..294
Saint-Félix-de-Tournegat - Karte 31
 – Domaine de Montagnac...295
Serres-sur-Arget - Karte 30
 – Le Poulsieu...296

Aveyron (12)
Aguessac - Karte 31 u. 32
 – Ferme-Auberge de Quiers..297
Lacroix-Barrez - Karte 24
 – Vilherols..298
Saint-Léons - Karte 31 u. 32
 – Château de Saint-Léons...299

Haute - Garonne (31)
Caraman - Karte 31
 – Château de Croisillat...300
Cintegabelle - Karte 30
 – Serres d'en Bas..301
Grenade-sur-Garonne - Karte 30
 – Château de Larra...302
Montpitol - Karte 31
 – Stoupignan..303
Saint-Martory - Karte 30
 – Domaine de Ménaut..304
Saint-Pierre - Karte 31
 – Château de Saint-Martin...305
Saint-Pierre-de-Lages - Karte 31
 – Château du Bousquet..306

Gers (32)
Avensac - Karte 30
 – La Chavinière...307
 – Le Petit Robin..308
Lartigue - Karte 30
 – Le Moulin de Mazères...309

Lectoure - Karte 30
  – Le Vieux Pradoulin..310
Mauroux - Karte 30
  – La Ferme des Etoiles..311
Miélan - Karte 30
  – La Tannerie..312
Pessoulens - Karte 30
  – Le Pigeonnier..313
Tournecoupe - Karte 30
  – En Bigorre...314

Lot (46)

Belaye - Karte 30
  – Château de Cousserans...315
Espère - Karte 30
  – Domaine de Labarthe..316
Gramat - Karte 24
  – Moulin de Fresquet..317
Lalbenque - Karte 30
  – L'Ermitage..318
Montbrun - Karte 31
  – La Bastide de Caillac...319
Montcuq - Karte 30
  – La Petite Auberge...320
Saint-Germain-du-Bel-Air - Karte 23
  – Château d'Uzech...321

Hautes - Pyrénées (65)

Pinas - Karte 30
  – Domaine de Jean-Pierre..322

Tarn (81)

Cambounet-sur-le-Sor - Karte 31
  – Château de la Serre..323
Castelnau-de-Montmiral - Karte 31
  – Chez Mme Salvador...324
Cordes-sur-Ciel - Karte 31
  – Aurifat..325
Gaillac - Karte 31
  – Chez Mme Pinon..326
Garrevaques - Karte 31
  – Château de Garrevaques..327
Larroque - Karte 31
  – Meilhouret..328
Lautrec - Karte 31
  – Chez M. et Mme Audouy...329
  – Château de Montcuquet..330

Lempaut - Karte 31
- **La Bousquétarié**..331
- **Montpeyroux**...332
- **Villa Les Pins**...333

Paulinet - Karte 31
- **Domaine équestre des Juliannes**..........................334

Rabastens - Karte 31
- **La Bonde**..335

Tarn-et-Garonne (82)

Montaigu-de-Quercy - Karte 30
- **Les Chênes de Sainte-Croix**................................336

Montpezat-du-Quercy - Karte 30
- **Le Barry**...337

NORD - PAS-DE-CALAIS

Nord (59)

Jenlain - Karte 3
- **Château d'En Haut**..338

Pas-de-Calais (62)

Audinghen - Karte 1
- **La Maison de la Houve**......................................339

Azincourt - Karte 2
- **La Gacogne**...340

Duisans - Karte 2
- **Le Clos Grincourt**..341

Escalles - Karte 1
- **La Grand'Maison**..342

Verton - Karte 1
- **La Chaumière**...343

NORMANDIE

Calvados (14)

Asnières-en-Bessin - Karte 7
- **Château d'Asnières-en-Bessin**...........................344

Bayeux - Karte 7
- **Château de Vaulaville**.......................................345

Bretteville-sur-Laize - Karte 7
  – **Château des Riffets**..346
Bures-sur-Dives - Karte 7
  – **Manoir des Tourpes**..347
(La) Cambe - Karte 7
  – **Domaine de la Picquoterie**..348
  – **Ferme Savigny**..349
Caumont-l'Eventé - Karte 7
  – **Le Relais**...350
Crépon - Karte 7
  – **Manoir de Crépon**..351
Dozulé - Karte 7
  – **Chez Mme Hamelin**...352
Fierville-les-Parcs - Karte 8
  – **Château des Parcs-Fontaine**..353
Géfosse-Fontenay - Karte 7
  – **L'Hermerel**...354
Houlgate - Karte 7
  – **Château de Dramard**...355
Isigny-sur-Mer - Karte 7
  – **Château de Vouilly**..356
  – **Ferme de la Rivière**..357
  – **Le Magnolia**..358
Maisons par Bayeux - Karte 7
  – **Manoir du Carel**..359
Monts-en-Bessin - Karte 7
  – **La Varinière**..360
Saint-Aubin-Lebizay - Karte 8
  – **Cour l'Epée**..361
Saint-Philibert-des-Champs - Karte 8
  – **La Ferme des Poiriers Roses**..362
Trévières - Karte 7
  – **Château de Colombières**..363
  – **Ferme de l'Abbaye**..364
  – **Manoir de l'Hormette**...365

Eure (27)

Beuzeville - Karte 8
  – **Chez Régine Bultey**...366
  – **Le Vieux Pressoir**..367
Dangu - Karte 9
  – **Les Ombelles**...368
Saint-Denis-Le-Ferment - Karte 9
  – **Le Four à Pain**...369
Tourville-la-Campagne - Karte 8
  – **La Michaumière**..370

Manche (50)

Barfleur - Karte 7
- **La Fèvrerie**..................371
- **Manoir d'Arville**..................372

Barneville-Carteret - Karte 6
- **Manoir de Caillemont**..................373

Coigny - Karte 7
- **Château de Coigny**..................374

Dragey-l'Eglise - Karte 6
- **Belleville**..................375

Ducey - Karte 7
- **Le Homme**..................376

Fresville - Karte 7
- **Grainville**..................377

Hébécrevon - Karte 7
- **Château de la Roque**..................378

Montfarville - Karte 7
- **Le Manoir**..................379

Saint-Germain-de-Tournebut - Karte 7
- **Château de la Brisette**..................380

Saint-Pair-sur-Mer - Karte 6
- **La Hogue**..................381

Sourdeval-la-Barre - Karte 7
- **La Maurandière**..................382

Orne (61)

Crouttes - Karte 8
- **Le Prieuré Saint-Michel**..................383

Moulicent - Karte 8
- **La Grande Noê**..................384

Saint-Pierre-du-Regard - Karte 7
- **Le Manoir de Moissy**..................385

Survie - Karte 8
- **Les Gains**..................386

Seine - Maritime (76)

Bosc-Roger-sur-Buchy - Karte 1 u. 8
- **Le Château**..................387

Ermenouville - Karte 1
- **Château du Mesnil Geoffroy**..................388

Gonneville-sur-Scie - Karte 1 u. 8
- **Domaine de Champdieu**..................389

Senneville-sur-Fécamp - Karte 8
- **Le Val de la Mer**..................390

Valmont - Karte 1 u. 8
- **Le Clos du Vivier**..................391

PAYS DE LA LOIRE

Loire - Atlantique (44)

Issé - Karte 15
 – **Château de Gâtines**..392

Legé - Karte 14
 – **La Ferme des Forges**..393
 – **La Mozardière**..394

Saint-André-des-Eaux - Karte 14
 – **La Cariote**...395

Sainte-Pazanne - Karte 14
 – **La Plauderie**..396

Varades - Karte 15
 – **Château de la Jaillière**..397

Maine - et - Loire (49)

Champigné - Karte 15
 – **Château des Briottières**..398

Chênehutte-les-Tuffeaux - Karte 15
 – **Beauregard**..399

Fontevraud-l'Abbaye - Karte 15 u. 16
 – **Le Domaine de Mestré**...400

Grez-Neuville - Karte 15
 – **La Croix d'Etain**..401

(La) Jaille-Yvon - Karte 15
 – **Château du Plessis**..402

Longué-Jumelles - Karte 15
 – **Manoir de Saint-Gilles**...403

Neuillé - Karte 15
 – **Château du Goupillon**..405

Noyant - Karte 16
 – **Moulin de Rabion**...406

Saint-Mathurin-sur-Loire - Karte 15
 – **Le Verger de la Bouquetterie**...407

Saumur - Karte 15
 – **Château de Beaulieu**...408
 – **La Croix de la Voulte**...409
 – **Domaine du Marconnay**..410

Mayenne (53)

Château-Gontier - Karte 15
 – **Château de Mirvault**...411

Laval - Karte 7
  – Château du Bas du Gast..412
Montreuil-Poulay - Karte 7
  – Le Vieux Presbytère..413
Ruillé-Froid-Fonds - Karte 15
  – Villeprouvé..414
Saint-Denis-d'Anjou - Karte 15
  – Le Logis et les Attelages du Ray................................415
  – La Maison du Roi René..416
Sainte-Suzanne - Karte 7
  – Le Chêne Vert..417

Sarthe (72)
Asnières-sur-Vègre - Karte 15
  – Manoir des Claies..418
(La) Bruère - Karte 16
  – Château le Grand-Perray..419
Champfleur - Karte 8
  – Garencière..420
Monhoudou - Karte 8
  – Château de Monhoudou..421
Neuvy-en-Champagne - Karte 7
  – Château de la Renaudière..422
Saint-Paterne - Karte 8
  – Château de Saint-Paterne..423
Solesmes - Karte 15
  – Le Fresne..424
Volnay - Karte 16
  – Le Domaine du Grand Gruet......................................425

Vendée (85)
Chantonnay - Karte 15
  – Manoir de Ponsay..426
Doix - Karte 15
  – Logis de Chalusseau..427
La Flocellière - Karte 15
  – Château de la Flocellière..428
(Le) Gué-de-Velluire - Karte 15
  – Le Logis d'Elpénor..429
(L') Ile d'Yeu - Karte 14
  – Le Petit Marais des Broches......................................430
Maillezais - Karte 15
  – Chez Mme Bonnet..431
Mervent - Karte 15
  – Le Logis de la Cornelière..432

Moreilles - Karte 15
  – **Le Château**..433
(L') Orbrie - Karte 15
  – **Logis du Ranquinet**...434
Saint-Christophe-du-Ligneron - Karte 14
  – **Le Castel du Verger**..435
Saint-Mathurin - Karte 14
  – **Château de la Millière**...436
Saint-Maurice-des-Noués - Karte 15
  – **Le Fief Mignoux**...437
Thouarsais-Bouildroux - Karte 15
  – **Château de la Cacaudière**.....................................438

P I C A R D I E

Aisne (02)

Berzy-le-Sec - Karte 2 u. 10
  – **La Ferme de Léchelle**..439
Chérêt - Karte 3 u. 10
  – **Le Clos**..440
Vic-sur-Aisne - Karte 2 u. 10
  – **Domaine des Jeanne**..441
Viels-Maisons - Karte 10
  – **Les Patrus**..442
Villers-Agron - Karte 10
  – **Ferme du Château**..443

Oise (60)

Fontaine-Chaalis - Karte 9
  – **La Bultée**..444
Rousseloy - Karte 9
  – **La Maison du sculpteur Hugard**.........................445

Somme (80)

Argoules-par-Rue - Karte 1
  – **Abbaye de Valloires**...446
Behen - Karte 1
  – **Château des Alleux**..447
Citernes - Karte 1
  – **Château de Yonville**...448
Oisemont - Karte 1
  – **Château de Foucaucourt**.......................................449

Port-le-Grand - Karte 1
- **Le Bois de Bonance**...450
- **Ferme du Bois de Bonance**......................................451

POITOU-CHARENTES

Charente (16)
Bioussac-Ruffec - Karte 23
- **La Grande Métairie**..452

Cherves-Richemont - Karte 22
- **Logis de Boussac**...453

Fléac - Karte 22
- **La Breuillerie**..454

Roullet-Saint-Estèphe - Karte 22
- **Logis de Romainville**..455

Vouzan - Karte 23
- **Les Granges**...456

Charente - Maritime (17)
Antezant - Karte 22
- **Le Maurençon**..457

Dompierre-sur-Charente - Karte 22
- **Le Logis**..458

(La) Flotte-en-Ré - Karte 22
- **Le Clos Bel Ebat**..459

Loulay - Karte 22
- **Le Logis de Loulay**..460

Plassay - Karte 22
- **La Jaquetterie**..461
- **Le Logis de l'Epine**..462

(La) Rochelle - Karte 22
- **33, rue Thiers**...463

Saint-Fort-sur-Gironde - Karte 22
- **Château des Salles**...464

Saint-Jean-d'Angély - Karte 22
- **Rennebourg**..465
- **Rochebeaucourt**...466

Saint-Pierre-d'Oléron - Karte 22
- **Le Clos**..467

Saint-Simon-de-Pellouaille - Karte 22
- **Château de la Tillade**..468

Saint-Xandre - Karte 22
- **Aguzan**...469

Deux - Sèvres (79)

Chevreux - Karte 15
  – **Château de Cherveux**..470

Vienne (86)

Antran - Karte 16
  – **La Gatinalière**..471
Archigny - Karte 16
  – **La Talbardière**..472
Brux-Civray - Karte 23
  – **Château d'Epanvilliers**..473
Chauvigny - Karte 16
  – **La Veaudepierre**...474
Couhé - Karte 16
  – **Moulin de la Dive**...475
Lavoux - Karte 16
  – **Les Godier**s..476
  – **Logis du Château du Bois Dousset**....................................477
Poitiers - Karte 16
  – **Château de Vaumoret**...478
Pouant - Karte 16
  – **Le Bois Goulu**..479
Prinçay - Karte 16
  – **Château de la Roche du Maine**...480
(La) Roche-Posay - Karte 16
  – **Le Castel**..481
Roches-Prémarie - Karte 16
  – **Château de Prémarie**..482
Surin - Karte 23
  – **Manoir de Cibioux**..483
Ternay - Karte 15
  – **Château de Ternay**...484
Vicq-sur-Gartempe - Karte 16
  – **La Malle Poste**...485
Vouneuil-sur-Vienne - Karte 16
  – **Les Hauts de Chabonne**..486

PROVENCE-COTE D'AZUR

Alpes - de - Haute - Provence (04)

Céreste - Karte 33
  – **Le Pigeonnier**..487
Noyers-sur-Jabron - Karte 34
  – **Le Jas de la Caroline**...488

Roumoules - Karte 34
  – Le Vieux Castel..489

Hautes - Alpes (05)
Gap - Karte 27
  – Le Parlement..490
(La) Salle-les-Alpes - Karte 27
  – Le Pi-Maï..491

Alpes - Maritimes (06)
Antibes - Karte 35
  – La Bastide du Bosquet...492
Antibes - Juan-les-Pins - Karte 35
  – Villa Panko..493
Grasse - Karte 34
  – Le Coteau de Malbosc..494
Roquefort-les-Pins - Karte 34
  – La Colline des Bons Esprits..................................495

Bouches - du - Rhône (13)
Arles - Karte 33
  – Le Petit Romieu..496
Aubagne - Karte 33
  – Les Quatre-Vents...497
(Les) Baux-de-Provence - Karte 33
  – La Burlande...498
Fontvieille - Karte 33
  – Mas Ricard..499
Maillane - Karte 33
  – La Chardonneraie...500
Saint-Marc-Jaumegarde - Karte 33
  – Le Mas des Bartavelles.......................................501
Saint-Rémy-de-Provence - Karte 33
  – Mas Shamerock..502
  – Mas de Cornud...503
Tarascon - Karte 33
  – Rue du Château...504
Ventraben - Karte 33
  – Le Mistral...505

Var (83)
(Les) Adrets-de-l'Esterel - Karte 34
  – Domaine du Grand Jas...506
(Le) Beausset - Karte 34
  – Les Cancades..507

Bormes-les-Mimosas - Karte 34
  – La Bastide Rose..508
Carqueiranne - Karte 34
  – L'Aumonerie..509
Cavalaire-sur-Mer - Karte 34
  – L'Ormarine..510
Entrecasteaux - Karte 34
  – Bastide de Peyroles..511
Ginasservis - Karte 34
  – Aubanel...512
Grimaud - Karte 34
  – Le Mazet des Mûres..513
Ponteves - Karte 34
  – Saint-Ferréol...514
Roquebrune-sur-Argens - Karte 34
  – Vasken...515
Signes - Karte 34
  – La Vieille Bastide..516

Vaucluse (84)

Ansouis - Karte 33
  – Le Jardin d'Ansouis...517
Aurel - Karte 33
  – Richarnau...518
Avignon - Karte 33
  – La Ferme Jamet..519
(Le) Barroux - Karte 33
  – Mas de la Lause..520
Bédoin - Karte 33
  – Aux Tournillayres...521
Bonnieux - Karte 33
  – Bonne Terre..522
  – La Bouquière..523
Carpentras - Karte 33
  – La Bastide Sainte-Agnès...................................524
(Le) Crestet - Karte 33
  – La Ribaude...525
Crillon-le-Brave - Karte 33
  – Clos Saint-Vincent..526
Gordes - Karte 33
  – La Badelle..527
  – Au Ralenti du Lierre...528
Jonquières - Karte 33
  – Mas du Clos de l'Escarrat.................................529
Lacoste - Karte 33
  – L'Herbier....530

Lagnes - Karte 33
- **La Ferme des 3 Figuiers**..................531
- **Mas du Grand Jonquier**..................532
- **La Pastorale**..................533
- **Saint-Buc**..................534

Lauris - Karte 33
- **La Maison des Sources**..................535

Lourmarin - Karte 33
- **Villa Saint-Louis**..................536

Malemort-du-Comtat - Karte 33
- **Château Unang**..................537

Ménerbes - Karte 33
- **Mas du Magnolia**..................538

Pernes-les-Fontaines - Karte 33
- **Saint Barthélémy**..................539

Robion - Karte 33
- **Domaine de Canfier**..................540

Roussillon - Karte 33
- **Mamaison**..................541

Rustrel - Karte 33
- **La Forge**..................542

Saint-Saturnin-lès-Apt - Karte 33
- **Maison Garance**..................543
- **Mas de Lumière**..................544

Saumane par L'Isle-sur-la-Sorgue - Karte 33
- **Sous les Canniers**..................545

Séguret - Karte 33
- **Saint-Jean**..................546

Vaison-la-Romaine - Karte 33
- **L'Evêché**..................547

Velleron - Karte 33
- **Villa Velleron**..................548

Venasque - Karte 33
- **La Maison aux Volets Bleus**..................549

Villedieu - Karte 33
- **Ferme Templière de la Baude**..................550

R H O N E - A L P E S

Ain (01)
Saint-André-sur-Vieux-Jonc - Karte 26
- **Manoir de Marmont**..................551

Saint-Bénigne - Karte 19
- **Les Petites Varennes**..................552

Ardèche (07)

Alba-la-Romaine - Karte 26
  – Le Jeu du Mail...553
Beaulieu - Karte 32
  – Scarlett's..554
Lamastre - Karte 26
  – Mounens..555
Pourchères - Karte 26
  – Chez Marcelle et Jean-Nicolas Goetz........................556
Saint-Cierge-la-Serre - Karte 26
  – Grangeon..557
Saint-Martin-sur-Lavezon - Karte 26
  – La Ferme du Pic d'Allier...558
Saint-Pierreville - Karte 26
  – Le Moulinage Chabriol...559
Vals-les-Bains - Karte 25 u. 26
  – Domaine de Combelle..560
Vernoux-en-Vivarais - Karte 26
  – Ferme de Prémauré..561

Drôme (26)

Baume-de-Transit - Karte 33
  – Domaine Saint-Luc..562
Châteaudouble - Karte 26
  – Domaine du Grand Lierne......................................563
Châtillon-Saint-Jean - Karte 26
  – Clérivaux...564
Mérindol-les-Oliviers - Karte 33
  – Le Balcon de Rosine..565
  – Les Grand'Vignes..566
Pont-de-Barret - Karte 26
  – Les Tuillières..567
Réauville - Karte 33
  – Mas de Pantaï..568
Suze-la-Rousse - Karte 33
  – Mas de Champelon...569
Truinas - Karte 26
  – La Souche...570
  – Les Volets Bleus..571

Isère (38)

(Les) Abrets - Karte 26
  – La Bruyère..572
Gillonay - Karte 26
  – La Ferme des Collines..573
Villard-de-Lans - Karte 26
  – Le Val Sainte-Marie..574

Loire (42)

Saint-Pierre-la-Noaille - Karte 25
  – **Domaine du Château de Marchangy**............575

Rhône (69)

Jarnioux - Karte 26
  – **Château de Bois-Franc**............576
Lyon-Ecully - Karte 26
  – **Saint-Colomban Lodge**............577

Savoie (73)

Aime - Karte 27
  – **Chalet Le Paradou**............578
Aix-les-Bains - Karte 27
  – **La Revardière**............579
Crest-Voland - Karte 27
  – **Le Selué**............580
(La) Rochette - Karte 27
  – **Les Châtaigniers**............581

Haute - Savoie (74)

Ayze - Karte 27
  – **La Maison des Gallinons**............582
Chamonix - Mont-Blanc - Karte 27
  – **La Girandole**............583
Saint-Félix - Karte 27
  – **Les Bruyères**............584

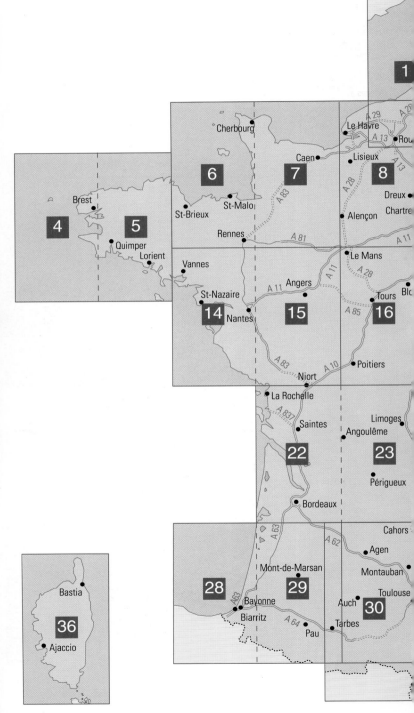

© SÉLECTION DU READER'S DIGEST

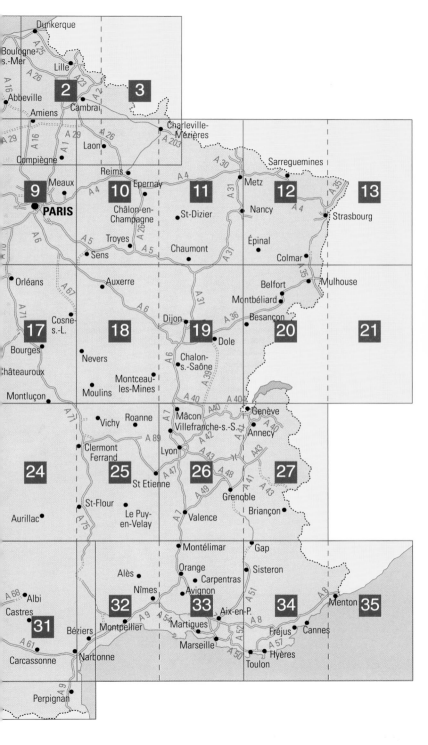

KARTENERKLÄRUNG

Maßstab : 1/1 000 000
Karten 30 und 31 : Maßstab 1/1 200 000

AUTOBAHN
In Betrieb — A9 - L'Océane
Im Bau oder in Planung

STRASSE
Schnellstraße
Fernverkehrsstraße
Vierspurige Straße
Gut ausgebaute Straße
Nebenstraße

VERKEHR
National
Régional
Lokal

KREUZ
Komplett
Partiell

ENTFERNUNGSANGABEN
Autobahn — 10
Straße — 10

GRENZE
eines Staates
einer Region
eines Departements

ORTSKLASSIFIKATION
Bebaute Fläche
Hauptstadt
Großstadt
Bedeutende Stadt
Mittelstadt
Kleinstadt

FLUGPLATZ

WALD

PARK
Grenze
Zentrales Gebiet eines Nationalparks
Zentrales Gebiet eines Nationalparks und Regionalpark

Kartographie

Ausführung

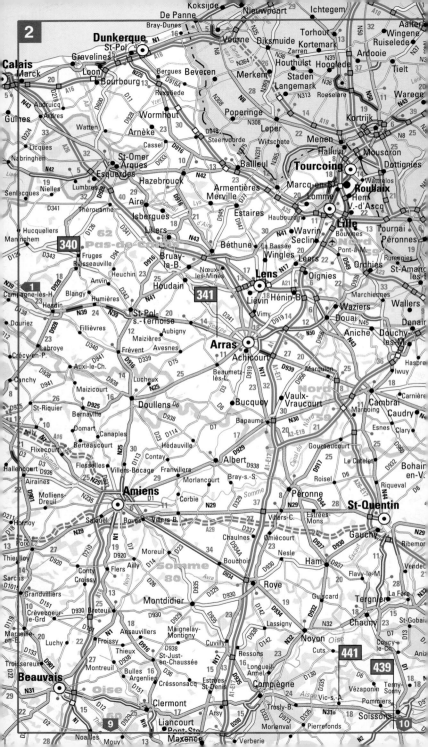

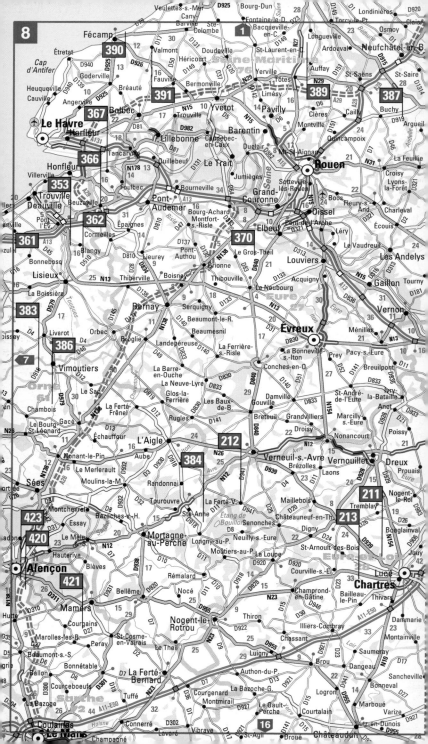

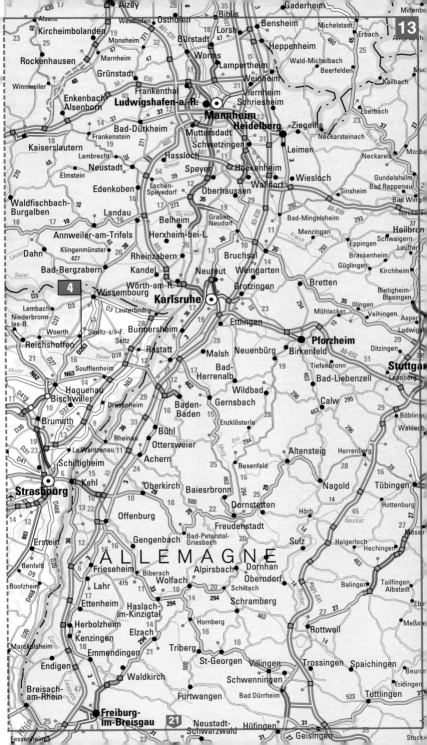

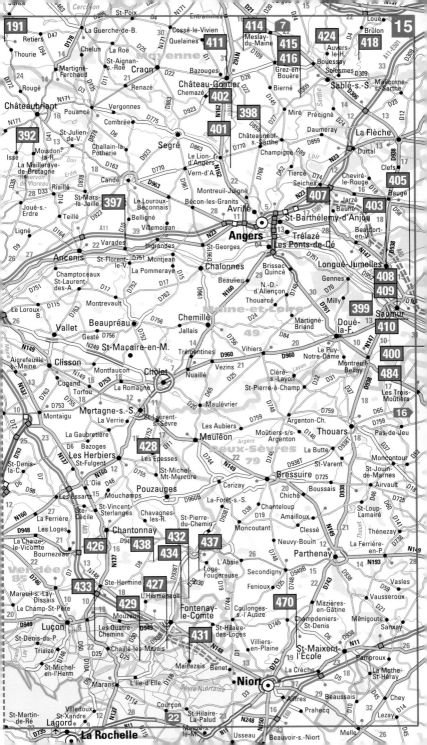

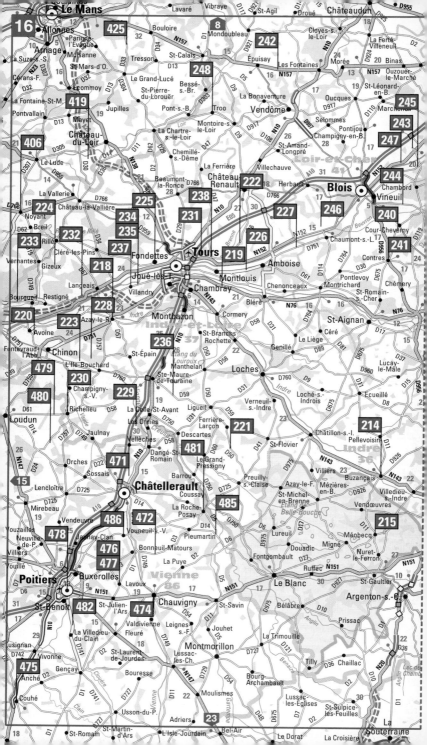

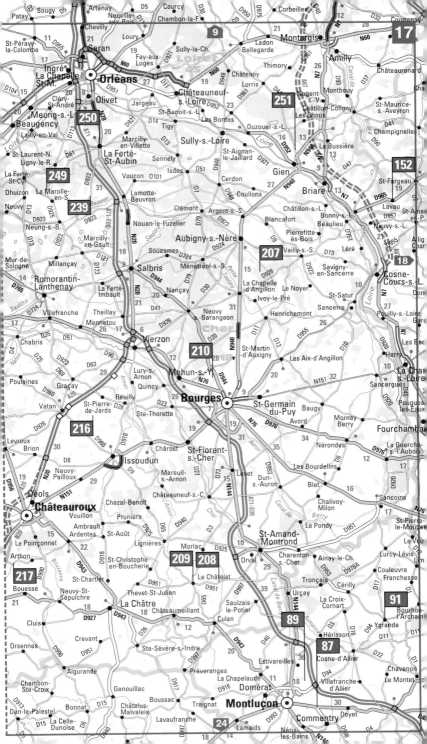

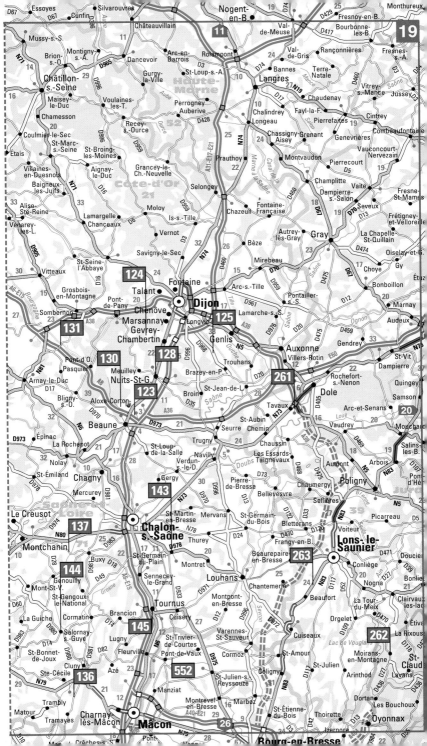

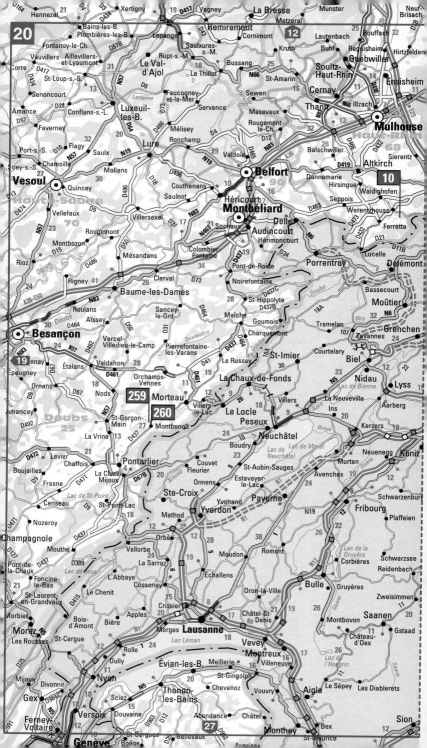

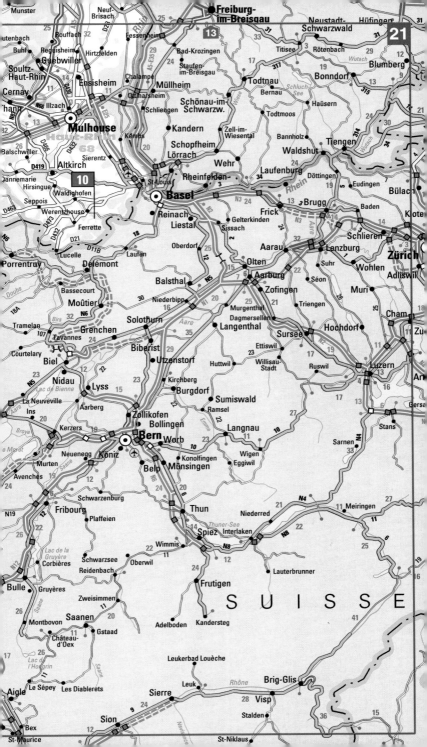

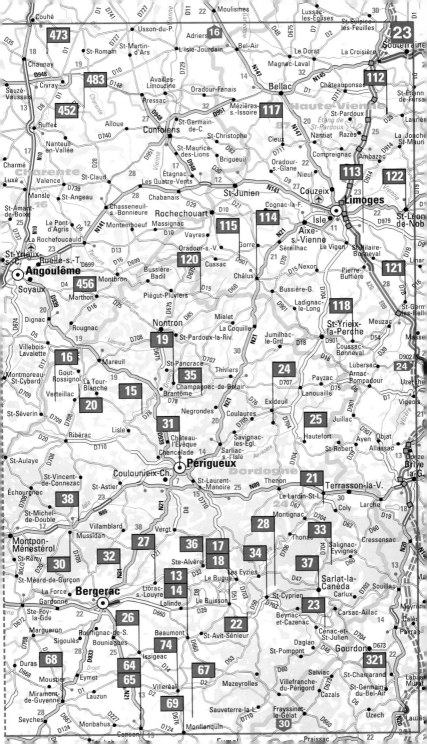

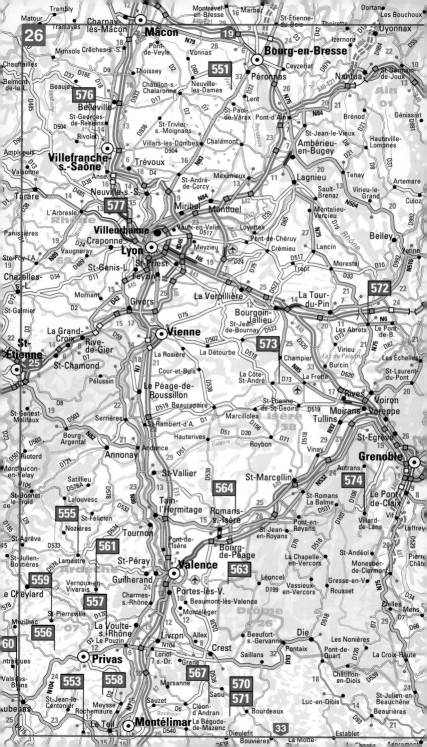

28

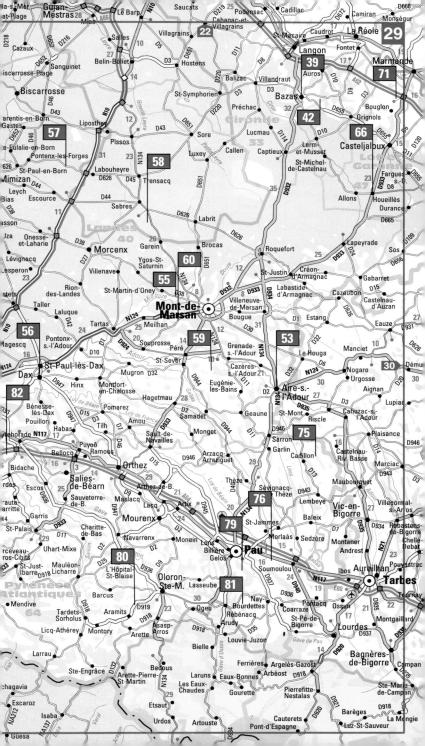

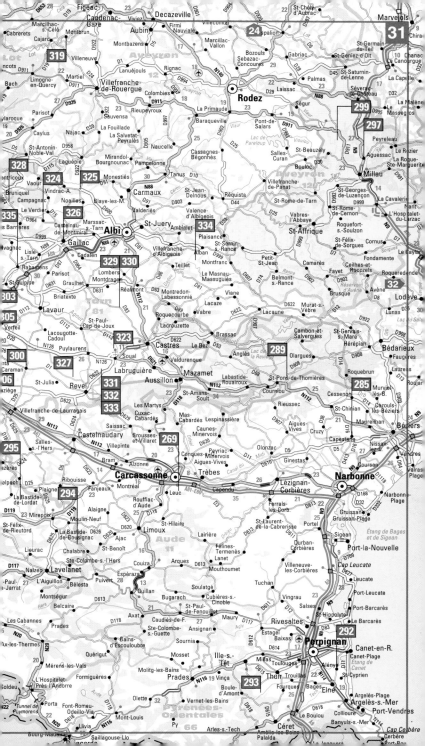

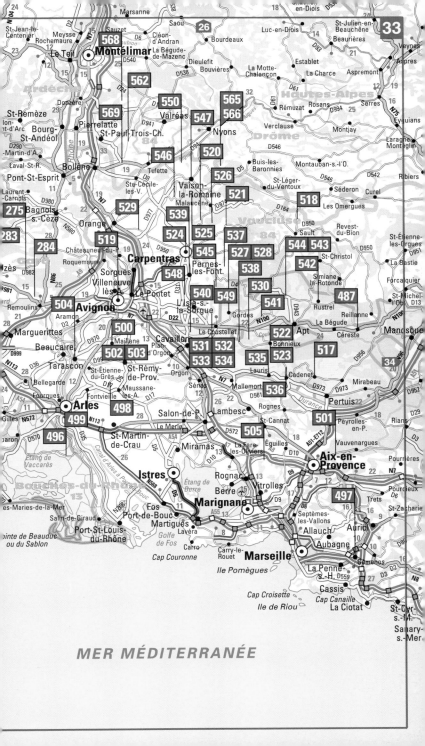

LANDGASTHÄUSER MIT CHARME IN FRANKREICH
Bed and Breakfast auf französische Art

ELSASS - LOTHRINGEN

1 - Château de Labessière

55320 Ancemont
(Meuse)
Tel. (0)3 29 85 70 21
Fax (0)3 29 87 61 60
M. und Mme Eichenauer

♦ Währ. der Feiertage zum Jahresende geschl. ♦ 2 Zi. m. Bad od. Dusche, WC u. 1 Suite (5 Pers.) m. Dusche, WC: 300 F (2 Pers.), 350 F (3 Pers.); Suite 475 F (4 Pers.) + 60 F (zusätzl. Pers.) ♦ Frühst. inkl. ♦ Gemeins. od. individ. Abendessen: 100-125 F - HP 325 F (pro Pers.) ♦ Salon ♦ Eig. Schwimmb. m. Balneotherapie, Überfliegen (Dreisitzer) der Schlachtfelder von Verdun ♦ Umgebung: Golf, Reiten, Angeltour m. Kunstfliegen (4 km); Madine-See, Wald von Argonne, Saulx-Tal ♦ Man spricht Deutsch u. Englisch ♦ **Anreise** (Karte Nr. 11): Autob. Straßburg, Ausf. Verdun, dann Rtg. Dieue. Rechts Rtg. Ancemont od. Autob. Paris, Ausf. Voie Sacrée, Rtg. Bar-le-Buc bis Lemmes, dann links Rtg. Senoncourt-Ancemont.

Dieses kleine Schloß liegt im Dorf Ancemont einem alten Waschhaus gegenüber. Die Inneneinrichtung ist vollkommen neu. Sie werden hier sehr freundlich aufgenommen und schlafen in komfortablen Zimmern mit sehr schönen alten Schränken. Das Mobiliar im Erdgeschoß ist weniger authentisch... Das Frühstück und das gute Abendessen werden an mehreren Tischen in einem angenehmen Speiseraum serviert. Im schönen Garten hört man schon mal vorbeifahrende Autos.

2 - Château d'Alteville

Tarquimpol
57260 Dieuzé
(Moselle)
Tel. (0)3 87 86 92 40
Fax (0)3 87 86 02 05
M. und Mme L. Barthélémy

♦ Vom 1. Apr. bis 1. Nov. geöffn. ♦ 10 Zi. m. Bad, WC (8 Zi. m. Tel.): 450-500 F (2 Pers.) u. 1 App. m. Küche u. Bad: wöchentl. zu mieten, 500 F pro Tag (2 Pers.) ♦ Frühst.: 40 F ♦ Gemeins. Abendessen auf Best.: 200 F (ohne Wein), Rest. in unm. Umgeb. ♦ Kl. Hunde auf Anfr. erlaubt (+ 100 F) ♦ Umgebung: Tennis, Reiten, Angeln ♦ Man spricht Englisch u. Deutsch ♦ **Anreise** (Karte Nr. 12): 54 km östl. von Nancy über die N 74 u. die D 38 nach Dieuzé, die D 999 Rtg. Gelucourt u. die D 199 F, dann die D 199 G.

Ein sehr schöner Großgrundbesitz in der Nähe zahlreicher Seen mit wunderbarem Interieur: Bibliothek mit Billard, Salon mit alten Möbeln, Eßzimmer mit zahlreichen Jagdtrophäen. Die Zimmer wurden mit modernem Komfort renoviert, jedoch ganz im alten Stil belassen und haben alle Ausblick auf den Park. Gute Bewirtung mit Kristall und Tafelsilber. Der Stil des Hauses ist gehoben, aber natürlich.

ELSASS - LOTHRINGEN

3 - La Musardière

57340 Lidrezing
(Moselle)
Tel. (0)3 87 86 14 05
Fax (0)3 87 86 40 16
Cécile und René Mathis

♦ Von Ostern bis Allerheiligen geöffn. ♦ 3 Zi. m. Salon, Bad od. Dusche (1 mit Balneo: 80 F Zuschl.), WC, TV, Minibar, Tel: 295 F (2 Pers.) ♦ Frühst. inkl. ♦ Sonderpr. in der Vor- u. Nachsaison u. ab 3. Üb. ♦ Gemeins. Abendessen auf Best.: 105 F (ohne Wein); vegetarische u. makrobiotische Küche auf Wunsch ♦ Salon ♦ Hunde nicht erlaubt ♦ Kennenlernen u. Kosten der Gewürze aus dem eigenen Garten ♦ Umgebung: Tennis, Golf, Reiten, Waldwanderungen im Regionalpark von Lothringen, Vic-sur-Seille, Marsal ♦ Man spricht Englisch u. Deutsch ♦ **Anreise** (Karte Nr. 12): Autob. A 31 (20 km südl. von Metz), Ausf. Saint-Avold. In Han-sur-Nied die D 999 Rtg. Morhange, dann 10 km Rtg. Dieuze (ausgeschildert).

Ein schlichtes kleines Dorfhaus, in dem Sie zuvorkommend und freundlich aufgenommen werden. Die Zimmer sind ruhig, sehr gepflegt und voller angenehmer Details für die Gäste. Gute Bewirtung in einem hellen Raum mit Blick auf den Garten mit ca. 30 verschiedenen Gewürzarten.

4 - Chez M. et Mme Christian Krumeich

23, rue des Potiers
67660 Betschdorf
(Bas-Rhin)
Tel. (0)3 88 54 40 56
Fax (0)3 88 54 47 67
M. und Mme Christian Krumeich

♦ Ganzj. geöffn. ♦ 3 Zi. m. Dusche, WC u. TV: 200-290 F (2 Pers.) + 80 F (zusätzl. Pers.) ♦ Frühst. inkl. ♦ Kein Speisenangebot - Rest.: *La Table des Potiers* in Betschdorf ♦ Abstellpl. für Autos ♦ Gartensalon ♦ Visa ♦ Hunde nicht erlaubt ♦ Töpferkurs (m. Zuschlag) im Haus ♦ Umgebung: Schwimmbad, Tennis; Töpfermuseum, Route der malerischen Dörfer ♦ Man spricht Englisch u. Deutsch ♦ **Anreise** (Karte Nr. 13): 15 km nördl. von Hagenau über die D 263 Rtg. Wissembourg, dann die D 243.

Betschdorf ist berühmt wegen seines Töpferhandwerks, und Sie wohnen auch bei einer Töpferfamilie. Drei Zimmer unterschiedlicher Größe erwarten Sie. Alle sind hübsch ausgestattet, ausgesprochen komfortabel und ruhig, denn sie liegen fern der Straße. Der Frühstücksraum ist ganz mit Pinienholz verkleidet und mit einigen Steinguttöpfen verschönt. Hübscher Garten voller Blumen und sehr freundlicher Empfang.

ELSASS - LOTHRINGEN

5 - Le Tire-Lyre

2, hameau du Tirelire
67310 Cosswiller
(Bas-Rhin)
Tel. (0)3 88 87 22 49
Mme Maud Bochard

♦ Im Juli geschl. ♦ Mind. 2 Üb. ♦ 3 Zi. u. 1 Suite (2 Zi., 4 Pers.) m. Bad, WC: 285 F (1 Pers.), 350 F u. 400 F (2 Pers.), 600 F (4 Pers.) ♦ Frühst. inkl. ♦ Kein Speisenangebot - Bauerngasthof im Dorf (Wochenende) u. Rest. (3 km) ♦ Salon ♦ Hunde im Zwinger erlaubt ♦ Umgebung: Tennis, Reiten, 18-Loch-Golfpl. (28 km), Wanderwege; Schlösser, das Dorf Westhoffen ♦ Man spricht Italienisch ♦ **Anreise** (Karte Nr. 12): 25 km westl. von Straßburg. N 4 zwischen Straßburg und Saverne. In Wasselonne Rtg. Cosswiller. Cosswiller bis z. Springbrunnen durchqueren, nach 800 m Weg des Weilers, dann ausgeschildert.

Dieses hübsche Haus mit Garten, das in einem von Weiden und Wald umgebenen Dörfchen liegt, sticht sofort ins Auge. Hier werden Sie ein charmantes, sehr gepflegtes Interieur entdecken, das Mme Bochard liebevoll u.a. mit einigen alten Möbeln eingerichtet hat. Ihre Leidenschaft für schöne Stoffe kommt in all den komfortablen Zimmern zum Ausdruck, wo Gardinen, Betthimmel, Daunendecken usw. aufeinander abgestimmt sind. Parterre ein großer heller Salon zum Ausruhen. Hervorragendes, auf schönem Porzellan serviertes Frühstück.

6 - Chez Colette

19, rue de Neuve-Eglise
67220 Dieffenbach-au-Val
(Bas-Rhin)
Tel. (0)3 88 57 60 91
Mme Colette Geiger

♦ Ganzj. geöffn. ♦ 1 Studio (3 Pers.) m. Dusche, WC: 260 F (2 Pers.) + 90 F (zusätzl. Pers.) ♦ Frühst. inkl. ♦ Kein Speisenangebot - Rest. in unm. Nähe ♦ Zimmerreinigung tägl.; frische Bettwäsche alle 5 Tage ♦ Hunde auf Anfr. erlaubt ♦ Umgebung: Tennis, Schwimmb. (4 km), Ski (Langlauf u. Abfahrt, 15 km); Haut-Koenigsbourg, Riquewihr, Weinstraße, Mont Sainte-Odile, Storchenpark, Adlerbeize ♦ Man spricht Deutsch ♦ **Anreise** (Karte Nr. 12): 13 km nordwestl. von Sélestat. Autobahnausf. 11 bei Sélestat, Rtg. Villé über die D 424 bis Saint-Maurice, dann D 697: Dieffenbach-au-Val links ausgeschildert. Privatweg.

Wäre dies kein sehr neues Haus, könnte es mit seinen bunten Mauern, seinem Fachwerk und seinem Blumenschmuck das von Hänsel und Gretel sein. Das Zimmer ist recht groß, schlicht eingerichtet und sehr gepflegt. Direkt daneben eine Kochnische für die Gäste. Das hervorragende Frühstück wird entweder im Zimmer oder auf dem Balkon serviert, von wo man einen herrlichen Blick auf die Landschaft hat. Besonders liebenswürdige Betreuung.

ELSASS - LOTHRINGEN

7 - La Maison fleurie de Doris Engel-Geiger

19, route de Neuve-Eglise
67220 Dieffenbach-au-Val
(Bas-Rhin)
Tel. (0)3 88 85 60 48
Mme Geiger

♦ Ganzj. geöffn. ♦ 3 Zi. m. Dusche, WC: 220 F (1 Pers., 1 Üb.), 210 F (1 Pers., mehr als 1 Üb.), 240 F (2 Pers., 1 Üb.), 230 F (2 Pers., mehr als 1 Üb.) + 100 F (zusätzl. Pers., 1 Üb.), 90 F (1 Pers., mehr als 1 Üb.) u. 1 Kinderzi. (2 Betten): Preis je nach Alter ♦ Frühst. inkl. ♦ Kein Speiseangebot - Kühlschrankbenutzung - Rest. in Umgebung ♦ Zimmerreinigung tägl. ♦ Salon ♦ Kl. Hunde auf Anfr. erlaubt ♦ Umgebung: Tennis, Schwimmbad (4 km), Langlauf- u. Abfahrtsski (15 km) ♦ Man spricht Deutsch ♦ **Anreise** (Karte Nr. 12): 13 km nordwestl. von Sélestat. Autobahnausf. 11 in der Höhe von Sélestat, Rtg. Villé die D 424 bis Saint-Maurice, dann D 697.

Am Hang eines kleinen Dorfes mit weit auseinanderliegenden Häusern liegt dieses typisch elsässische, blumengeschmückte Haus. Empfangen wird man hier besonders freundlich und ungezwungen. Die kleinen Zimmer sind schlicht und sehr gepflegt (im Zimmer *Familiale* ist die Dekoration der Kinderecke freundlicher als im Eltern-Teil). Während Ihres Aufenthalts werden Sie von dem angenehmen Garten profitieren. Das gute Frühstück wird am großen Tisch im Eßzimmer oder draußen auf der Terrasse serviert. Zahlreiche touristische Ziele in nächster Umgebung.

8 - La Romance

17, route de Neuve-Eglise
Dieffenbach-au-Val
(Bas-Rhin)
Tel. (0)3 88 85 67 09
M. und Mme Serge Geiger

♦ Ganzj. geöffn. ♦ Für Nichtraucher ♦ mind. 2 Üb. in der Hochsaison ♦ 4 Zi. (davon 2 m. eig. Salon) m. Bad od. Dusche, WC u. Tel.: 280-350 F (2 Pers.) ♦ Frühst. inkl. ♦ Kein Speiseangebot - Restaurants in der Nähe ♦ Salon (TV), Kühlschrank, Mikrowellenherd ♦ Kl. Hunde auf Anfr. erlaubt ♦ Umgebung: Ski (Langlauf u. Piste), Tennis, Schwimmb.; Haut-Kœnigsbourg, Riquewihr, Weinstraße, Mont Sainte-Odile, Storchengarten, Adlergehege, Obernai ♦ Man spricht Deutsch u. (ein wenig) Englisch ♦ **Anreise** (Karte Nr. 12): 13 km nordwestl. von Sélestat. Autobahnausf. Nr. 11, Sélestat, dann Rtg. Villé D 424 bis Saint-Maurice und D 697. Diefenbach-au-Val, links ausgeschildert.

Von *La Romance* hat man einen recht guten Ausblick auf die grünen Vogesen. Der Empfang ist sehr freundlich, und die Innenräume sind sehr gepflegt. Die komfortablen und gut eingerichteten Zimmer verfügen über einwandfreie Badezimmer. Die Zimmer im Obergeschoß sind wahre Suiten und eignen sich besonders für Familien. Die Sitzecken kann man leicht in zusätzliche Zimmer umgestalten. Gutes Frühstück und gutes Preis-Leistungsverhältnis.

ELSASS - LOTHRINGEN

9 - Neufeldhof

67280 Oberhaslach
(Bas-Rhin)
Tel. (0)3 88 50 91 48
M. und Mme André

♦ Ganzj. geöffn. ♦ 3 Zi. m. Waschb. (1 Dusche, 1 gemeins. WC); 1 Suite (4 Pers.) m. 2 Zi., Dusche u. WC: 220-270 F (2 Pers); Suite: 540 F (4 Pers.) ♦ Frühst. inkl. ♦ Gemeins. Essen abends u. Sa, So u. an Feiert. mittags: 90 F (ohne Wein) ♦ Salon ♦ Hunde nicht erlaubt ♦ Beheizt. Schwimmbad, Reitcenter vor Ort ♦ Umgebung: Tennis, Angeln ♦ Man spricht Deutsch u. Englisch ♦ **Anreise** (Karte Nr. 12): 36 km westl. von Straßburg über die A 352. In Molsheim die N 420 bis Urmatt, dann die D 218; im Ort die D 75 Rtg. Wasselonne; nach 2 km 1. Feldweg rechts.

30 Pferde bevölkern die Ausläufe dieses großen, sehr alten Bauernhofes, der zu einem Reitcenter umgebaut wurde. Das rustikale Innere ist sehr gediegen, und in den mit alten Möbeln eingerichteten Zimmern stehen alte Kachelöfen. Sollten Sie Ungewöhnliches lieben, können Sie auch in einem alten Wohnwagen übernachten, der fast hundert Jahre alt ist. Bemerkenswerte Bewirtung, Empfang ungezwungen und sehr sympathisch. Der Ausblick auf die Landschaft ist wunderschön (die unmittelbare Umgebung ist ein wenig "bohème"). Ein authentisches Haus, in das man gerne zurückkehrt.

10 - Le Moulin de Huttingue

68480 Oltingue
(Haut-Rhin)
Tel. (0)3 89 40 72 91
M. und Mme Thomas

♦ Ganzj. geöffn. ♦ 4 Zi. u. 1 Studio (2-3 Pers.) m. Dusche, WC: 250 F (1 Pers.), 300 F (2 Pers); Studio (1 Zi. u. 1 Salon) m. Dusche u. WC: 350 F (2 Pers.), 400 F (3 Pers.) ♦ Frühst. inkl. ♦ Individ. Abendessen am Wochenende: 100-200 F (ohne Wein) ♦ Salon ♦ Pferdeboxen, Angeln ♦ Umgebung: Schwimmbad, Golf, Langlaufski; Ferrette ♦ Man spricht Englisch u. Deutsch ♦ **Anreise** (Karte Nr. 20): 20 km von Basel (Schweiz) u. 6 km südöstl. v. Ferrette über die D 23 Rtg. Kiffis bis Hippoltskirch, dann die D 21 Rtg. Oltingue; im Weiler Huttingue.

Einige Meter von dieser wunderschönen Mühle entfernt fließt der Ill. Im Erdgeschoß befindet sich der gemütliche, im rustikalen Stil eingerichtete Frühstücksraum. Am Abend dient er als "Restaurant", in dem das ausgesprochen gute Abendessen serviert wird. Die Zimmer sind komfortabel, freundlich und sehr gepflegt (das blaue Zimmer ist besonders empfehlenswert). Ein Haus mit besonders großer Gastfreundlichkeit.

ELSASS - LOTHRINGEN

11 - L'Auberge de la Cholotte

Les Rouges-Eaux
88600 Bruyères
(Vosges)
Tel. (0)3 29 50 56 93
Fax (0)3 29 50 24 12
Mme Cholé

♦ Im Jan. geschl. (telefonieren) ♦ 5 Zi. m. Bad od. Dusche, WC: 400 F (1-2 Pers.) + 50 F (zusätzl. Pers.) ♦ Frühst. inkl. ♦ Gemeins. Mittag- u. Abendessen (am großen oder indiv. Tisch): 151 F (ohne Wein, kl. Karte) ♦ Visa ♦ Salon ♦ Tel.-Kabine ♦ Bassin, Teich- u. Flußangeln vor Ort ♦ Umgebung: Tennis, Reiten, 18-Loch-Golfpl. (25 km), Abfahrts- u. Langlaufski (20 km) ♦ außergewöhnl. Spaziergänge in unm. Umgeb.; Museen, Entdecken der Region ♦ Man spricht Deutsch ♦ **Anreise** (Karte Nr. 11): 15 km westl. von Saint-Dié, Rtg. Bruyère über den Paß Col du Haut-Jacques.

Dieses mit viel Talent restaurierte ehemalige Bauernhaus, eine Mischung aus Hotel und Bed-and-Breakfast-Haus, und die Freundlichkeit der Gastgeber werden Ihnen das Herz erwärmen. An den Wald der Vogesen angelehnt, bietet es fünf Zimmer, zwei schöne Speiseräume und mehrere Ruheecken. Auch der Garten und der anschließende kleine Gemüsegarten tragen zum großzügigen Charakter dieses Hauses bei. Gute regionale Küche, aufmerksamer Empfang.

12 - Château de Vaudoncourt

88140 Vaudoncourt
(Vosges)
Tel. (0)3 29 09 11 03
oder (0)6 08 78 57 23
Fax (0)3 29 09 16 62
M. und Mme Boudot

♦ Ganzj. geöffn. ♦ 1 Zi. u. 2 Suiten (3-4 Pers.) m. Dusche u. WC: 340 F (2 Pers.), 430 F (3 Pers. in Suite), 520 F (4 Pers. in Suite) ♦ Frühst. inkl. ♦ Kein Speisenangebot - Rest. in Bulgnéville (3 km) *Le Colibri* u. *La Marmite bordelaise* ♦ Salon ♦ Tel. des Hauses ♦ Tiere nicht erlaubt ♦ Schwimmbad vor Ort ♦ Umgebung: 18-Loch-Golfpl. (12 km) Tennis, Reiten, Mountainbikes, Fitneßvorrichtg; Vittel, röm. Amphitheater in Grand, Sion, Mirecourt, Domrémy ♦ Man spricht Englisch ♦ **Anreise** (Karte Nr. 11): 12 km westl. von Vittel Rtg. Neuchâteau. Bei der Ausf. Bulgnéville an der 1. Kreuzung links hinter der Autobahn. Links von der Kirche.

Bei diesem geräumigen Haus werden Sie außen wie innen von seiner Weitläufigkeit angetan sein. Sie werden zwei riesige, sehr helle Suiten mit modernen Badezimmern vorfinden sowie ein hübsches Zimmer mit Blick auf den Park. Die Dekoration und die Ausstattung mit alten Möbeln verleihen ihnen ein Flair des 19. Jahrhunderts, das auch im Speisesaal mit seiner Veranda verbreitet ist. Das Schloß ist ganz umgeben von einem sehr grünen und Ruhe ausstrahlenden großen Park. Höflicher, sehr natürlicher Empfang.

AQUITAINE

13 - Château de Regagnac

Montferrand-du-Périgord
24440 Beaumont
(Dordogne)
Tel. (0)5 53 63 27 02
M. und Mme Pardoux

◆ Ganzj. geöffn. ◆ Kinder unter 13 J. nicht erwünscht ◆ 5 Zi. m. Bad od. Dusche, WC: 600 F (2 Pers.)
◆ Frühst. inkl. ◆ Champagner-Abendessen bei Kerzenlicht auf Best.: 400 F (alles inkl.) ◆ Tel.
◆ Tennis, Jagd, Wanderwege vor Ort ◆ Umgebung: Golf, Reitcenter; Les Eyzies, Trémolat, Domme, Dordogne-Tal, prähist. Stätten ◆ Man spricht Englisch u. Spanisch ◆ **Anreise** (Karte Nr. 23): 39 km östl. v. Bergerac über die D 660 bis Beaumont, dann Rtg. Cadouin-Regagnac über die D 2.

Die Architektur dieses alten Schlosses des Périgord ist ebenso freundlich wie elegant. Die Zimmer sind alle unterschiedlich und sehr komfortabel. Die des Hauptgebäudes (es sind die ältesten) sind besser ausgestattet und größer. Die Küche der Gastgeberin, Mme Pardoux, ist ein Gedicht. Das Abendessen wird in einem schönen Saal mit Kamin serviert. Das Ambiente mag Ihnen vielleicht etwas theatralisch erscheinen, paßt aber gut zu diesem Ort. Reichhaltiges Frühstück mit hausgemachter Konfitüre.

14 - La Lande

24440 Beaumont
(Dordogne)
Tel. u. Fax (0)5 53 23 48 49
M. und Mme Zangerl

◆ Ganzj. geöffn. ◆ 2 Zi. m. Bad (1 eigenes, aber außerh. des Zi.), WC: 230 F (2 Pers.) ◆ Frühst. inkl.
◆ Gemeins. Abendessen auf Best.: 100 F (alles inkl.) ◆ Zimmerreinigung auf Wunsch ◆ Salon
◆ Haustiere auf Anfr. erlaubt ◆ Umgebung: Spiele für Kinder, Pétanque vor Ort ◆ Schwimmbad (3 km), Tennis (7 km), Kanu/Kajak, 9-Loch-Golfpl. (20 km); Bastiden-Rundfahrt ◆ Man spricht Englisch und Deutsch ◆ **Anreise** (Karte Nr. 23): 27 km östl. von Bergerac Rtg. Lalinde. In Port-de-Couze rechts Rtg. Cahors, Beaumont. Am Ortseingang von Beaumont Rtg. Naussannes, Issigeac (1,9 km), dann links Rtg. Carrière (1,6 km).

La Lande ist ein kleiner, inmitten der Natur gelegener Bauernhof. Zur Verfügung stehen hier zwei schlichte, aber sehr gepflegte Zimmer. Das erste besitzt einen eigenen Salon, was den Komfort selbstverständlich erhöht, das Bad liegt allerdings außerhalb des Zimmers. Vom zweiten, auf der anderen Seite des Gartens in einem kleinen Haus gelegen, geht der Blick auf die Natur mit immens weitem Himmel. Eine besonders empfehlenswerte Adresse für den Familienurlaub. Sympathische Betreuung.

AQUITAINE

15 - Les Métairies Hautes

La Rigeardie
24310 Bourdeilles
(Dordogne)
Tel. (0)5 53 03 78 90
Fax (0)5 53 04 56 95
M. und Mme Trickett

♦ Ganzj. geöffn. ♦ 5 Zi. (Betten 140, 120 u. 85 cm breit) m. eig. Dusche (2 gemeins. WC) u. 1 Suite (2 Zi. m. Dusche): 160-200 F (1 Pers.), 220-260 F (2 Pers.) + 40 F (zusätzl. Pers.); Suite (2 Pers. + 2 Kinder): 440 F; Familienzi. (3 Pers.): 280-300 F ♦ Frühst. inkl. ♦ Mahlzeiten f. Gruppen reserv. oder Rest. in Umgebung ♦ Zimmerreinigung alle 2-3 Tage ♦ Hunde auf Anfr. erlaubt ♦ Sprachkurse (m. VP) vor Ort ♦ Umgebung: Golf, Tennis, Kajak, Wanderungen ♦ Man spricht Englisch, Spanisch, Italienisch u. Deutsch ♦ **Anreise** (Karte Nr. 23): 27 km nördl. v. Périgueux über die D 939 Rtg. Angoulême; in Brantôme die D 78 bis Bourdeilles, dann 4 km in Rtg. Ribérac.

Durch ein kleines Tor gelangen Sie in den hübschen Garten dieses Hauses, das am Straßenrand eines Weilers liegt. Die Gastgeber sind freundlich und zuvorkommend, die Zimmer praktisch gestaltet, die Betten komfortabel. In jedem Zimmer steht ein amüsantes Schreibpult, und von den Fenstern hat man einen Blick aufs Grüne. Das Frühstück wird an einem großen Tisch aus hellem Holz und Stein serviert. Die hausgemachte Konfitüre ist ein wahrer Genuß.

16 - La Bernerie

24320 Bouteilles-Saint-Sébastien
(Dordogne)
Tel. (0)5 53 91 51 40
Fax (0)5 53 91 08 59
M. und Mme Carruthers

♦ Von Nov. bis März geschl. ♦ Mind. 3 Üb. ♦ 3 Zi. m. Dusche, WC: 350 F (2 Pers.) ♦ Frühst.: 25 F ♦ 3täg. Aufenth.: 1000 F (2 Pers.), Frühst. inkl. ♦ Kein Speisenangebot - Rest.: entweder 200 m weiter oder *L'Escalier* in Verteillac ♦ Zimmerreinigung auf Wunsch ♦ Umgebung: Golf, Radtouren, roman. Kirchen, Brantôme, Bourdeilles, Saint-Jean-de-Côle ♦ Man spricht Englisch ♦ **Anreise** (Karte Nr. 23): ca. 50 km südl. v. Angoulême über die D 939 Rtg. Périgueux, dann die D 708 bis La Rochebeaucourt Rtg. Ribérac. In Verteillac kurz vor dem Platz rechts Rtg. Bouteilles.

Inmitten der herrlichen Landschaft des Périgord findet man dieses winzige Dorf fast noch im Dornröschenschlaf vor. Die Carruthers' sind liebenswürdige Schotten und haben in ihrem alten Haus (in dem vielleicht etwas zu viel renoviert wurde) drei Gästezimmer eingerichtet: schlicht, aber freundlich und sehr gepflegt. Das im Erdgeschoß empfehlen wir Ihnen deshalb nicht, weil es klein ist und keine besondere Aussicht bietet. Dieses Haus sollte man nur bei schönem Wetter aufsuchen, d.h. dann, wenn man vom Garten, dem Schwimmbad und der Aussicht auf die schöne Umgebung profitieren kann.

AQUITAINE

17 - Domaine des Farguettes

Paleyrac
24480 Le Buisson-de-Cadouin
(Dordogne)
Tel. (0)5 53 23 48 23
Fax (0)5 53 23 48 23
Françoise und Claude de Torrenté

♦ Ganzj. geöffn. ♦ 1 Zi. u. 2 Suiten (3-5 Pers.) m. Bad, WC: 350 F (2 Pers.), Suite: 530 F (3 Pers.), 720 F (5 Pers.) ♦ Frühst. inkl. ♦ Halbpension: 305 F pro Pers. im DZ ♦ Individ. u. gemeins. Essen: 130 F, 80 F (Kinder unter 7 J.) ♦ Salon ♦ Zimmerreinigung tägl.; frische Bettw. u. Handt. alle 5 Tage ♦ Tel. ♦ Schwimmbad, Fahrräder, Tischtennis, Pétanque, Federball vor Ort ♦ Umgebung: Rudersport (5 km), Tennis, Reiten, 9-Loch-Golfpl. (8 km); Les Eyzies, Lascaux, Dordogne-Tal, Rundf. zur Besichtig. der Landhäuser ♦ Man spricht Spanisch u. Deutsch ♦ **Anreise** (Karte Nr. 23): 30 km westl. von Sarlat D 703 Rtg. Bergerac bis Siorac. Hinter Siorac Rtg. Le Buisson, nach 3 km links Rtg. Paleyrac, dann ausgeschildert.

Am Saum eines Waldes und im Grünen gelegen, empfängt dieses schöne alte Haus seine Gäste im Sommer wie im Winter. Die beiden Doppelzimmer mit großen Badezimmern eignen sich besonders für Familien oder Freunde. Alle Zimmer sind komfortabel und sorgfältig eingerichtet. Wenn Sie Ruhe lieben, finden Sie immer ein geeignetes Plätzchen im großen Garten oder im freundlichen Salon. Im Sommer werden Frühstück und alle anderen Mahlzeiten im Garten serviert. Das Schwimmbad ist von viel Natur umgeben. Höflicher, aufmerksamer Empfang.

18 - Domaine du Pinquet

Cussac
24480 Le Buisson-de-Cadouin
(Dordogne)
Tel. (0)5 53 22 97 07
Nicole und Yves Bouant

♦ 16. Nov. bis 31 März geschl.♦ 5 Zi. (davon 1 DZ für 3-4 Pers.) u. 1 Studio m. Sitzecke, TV (2 Pers.), Bad od. Dusche u. WC: 340 F (2 Pers.) + 100 F (zusätzl. Pers.); DZ: 540 F ♦ Frühst. inkl ♦ HP: 290 F pro Pers. im DZ ♦ Individ. Abendessen (regionale Spezialitäten): 120 F (Wein inkl.) ♦ Sitzecke m. Kamin und TV ♦ Hunde nur an der Leine erlaubt ♦ Zimmerreinigung tägl., kein Bettenmachen ♦ Schwimmbad ♦ Umgebung: Tennis, Reiten, Golf; Täler der Vézère u. der Dordogne, Schlösser, Landhäuser, prähistorische Stätten ♦ Man spricht Englisch ♦ **Anreise** (Karte Nr. 23): 32 km östl. v. Bergerac über die D 660 bis Port-de-Couze, D 703 bis Lalinde, D 29 bis Cussac, dann ausgeschildert.

Ein schönes, gepflegtes Haus mit eigenem Stil in einer Landschaft voller Hügel und Wälder. Die Zimmer sind sehr komfortabel, schlicht und angenehm ausgestattet. Die hübschen, modernen Badezimmer sind ganz neu. Das Abendessen wird in einem großen Speiseraum mit Bruchsteinwänden oder (bei schönem Weter) draußen serviert. Angenehmes Schwimmbad.

AQUITAINE

19 - Château de La Borie

24530 Champagnac-de-Belair
(Dordogne)
Tel. (0)5 53 54 22 99
Fax (0)5 53 08 53 78
M. und Mme Duseau

♦ Jan. geschl. (von Nov. bis Apr. auf Anfr.) ♦ 5 Zi. m. Bad od. Dusche, WC: 250-450 F (2 Pers.) + 80 F (zusätzl. Pers.), Suite 550 F (4 Pers.) ♦ Frühst.: 35 F ♦ Gemeins. Abendessen an bestimmten Tagen: 180 F (ohne Wein) od. Rest. in Umgeb. ♦ Salon (TV), Tel. ♦ Schwimmbad, Napoleon III-Pferdestall (5 Boxen) vor Ort ♦ Hunde auf Anfr. erlaubt ♦ Umgebung: 28-Loch-Golfpl. (18 km), Schwimmbad, Tennis (800 m), Reiten, Mountainbikes; Brantôme, Bourdeilles, Saint-Jean-de-Côle ♦ **Anreise** (Karte Nr. 23): 3 km nördl. von Brantôme Rtg. Angoulême. Vor der Abfahrt Brantôme, kurz vor der Avia-Tankstelle, 3,2 km die Route de chez Ravailles entlang.

Dieses in einer angenehmen Landschaft gelegene Schloß wird nach und nach renoviert, was man bereits in den wunderbaren Zimmern festzustellen vermag. Zudem sind sie groß, geschmackvoll ausgestattet (Mobiliar des 19. Jahrhunderts, aufeinander abgestimmte Dekostoffe und Tapeten in freundlichen Farben, Radierungen, Nippsachen usw.) und verfügen über prächtige Badezimmer. Das köstliche Abendessen bei Kerzenlicht wird in einem großen Raum oder im Innenhof serviert. Ein besonders gastfreundliches Haus, in dem alles geboten wird, was den Aufenthalt bereichert.

20 - Les Pouyades

24320 Cherval
(Dordogne)
Tel. (0)5 53 91 02 96
M. und Mme Truffaux

♦ Ganzj. geöffn. ♦ 3 Zi. m. Bad od. Dusche, WC: 300-400 F (2 Pers.) ♦ Preisnachl. bei läng. Aufenth. ♦ Frühst. inkl. ♦ Kein Speisenangebot - Imbiß (abend) - Rest.: *L'Escalier* u. *Le Périgord* in Verteillac, *L'Hôtel du Vieux-Mareuil* in Le Vieux-Mareuil, weitere in Ribérac ♦ Hunde nicht erlaubt ♦ Umgebung: Reiten, Schwimmbad und Tennis (5 km); Rundf. roman. Kuppelkirchen, Schlösser in Mareuil, Villebois, Bourdeille, Abtei von Brantôme, Saint-Jean-de-Côle ♦ **Anreise** (Karte Nr. 23): 40 km von Angoulême über die D 939 Rtg. Périgueux. In La Rochebeaucourt die D 12, dann D 708 Rtg. Verteillac. 5 km vor Verteillac ausgeschildert.

Inmitten eines riesigen Parks liegt dieses unverfälschte Privathaus. Hier gibt es zwar nichts Spektakuläres, aber die besonders geschmackvoll hergerichteten Gästezimmer sind sehr angenehm. Das alte Mobiliar ist im Stil und aus dem Holz der Region (hier wird vorwiegend Nußbaum verwendet), und die Bäder sind tadellos. Das gepflegte Frühstück mit u. a. hausgemachten *brioches* wird im hübschen Speiseraum serviert. Und betreut wird man hier wie von einer liebevollen Tante oder Großmutter.

AQUITAINE

21 - La Commanderie

24570 Condat-sur-Vézère
(Dordogne)
Tel. (0)5 53 51 26 49
Fax (0)5 53 51 39 38
Mme Roux

◆ Im Juli/Aug. geschl. ◆ 5 Zi. m. Bad od. Dusche, WC, Tel u. TV: 380 F (1 Pers.), 420-450 F (2 Pers.) + 50 F (zusätzl. Kinderbett) ◆ Frühst.: 45 F ◆ Individ. Abendessen: 120-185 F je nach Menü (Wein inkl.) ◆ HP: 680 F (DZ, 2 Pers.) ◆ Salon ◆ Hunde auf Anfr. erlaubt ◆ Schwimmbad, Forellenangeln (Fluß u. Teich) vor Ort ◆ Umgebung: Kanu/Kajak u. Tennis im Dorf; Schlösser, Condat-sur-Vezère, Grotten des Périgord, Lascaux (10 km) ◆ **Anreise** (Karte Nr. 23): 25 km nördl. von Sarlat. N 89 zwischen Périgueux u. Brive; in Le Lardin Rtg. Condat-sur-Vézère; am Rand des Dorfes.

Der Ursprung dieser reizenden, im 18. Jahrhundert umgebauten Komturei geht auf das 14. Jahrhundert zurück. Sie gehört zu einem erstaunlichen Dorf mit zahlreichen Überresten der Tempelritter und liegt in einem großen, sehr gepflegten Park, der von kleinen Kanälen durchflossen wird; diese münden in die muntere Vézère, die direkt an der Besitzung vorbeifließt. Das charmante Interieur verfügt über eine gewisse Eleganz (Treppen, Ecken, Nischen und Gewölbe). Die angenehmen und hellen Zimmer sind alle mit echten alten Möbeln ausgestattet. Eine bemerkenswerte Adresse, die an die Atmosphäre der Familienbesitze vergangener Zeiten erinnert.

22 - Château de Cazenac

24220 Le Coux-et-Bigaroque
(Dordogne)
Tel. (0)5 53 31 69 31
Fax (0)5 53 28 91 43
Philippe und Armelle Constant

◆ Ganzj. geöffn. - Im Juli/Aug. nur Zi.-Vermietung pro Woche ◆ 4 Zi. m. Bad, WC u. Tel.: 700 F (2 Pers.) ◆ Frühst.: 60 F ◆ Gemeins. oder individ. Mittag- u. Abendessen auf Best.: 250 F (alles inkl.) ◆ Salon ◆ Hunde auf Anfr. erlaubt ◆ Schwimmbad, Tennis, Aufenthalt m. div. Progr. u. Kochkursen ◆ Umgebung: 18-Loch-Golfpl. (25 km), Aalangeln, Jagd, Reiten, Kanu; Dörfer, Schlösser u. prähist. Stätten ◆ Man spricht Englisch u. Italienisch ◆ **Anreise** (Karte Nr. 23): 25 km westl. von Sarlat. In Périgueux Rtg. Brive, dann D 110 Rtg. Fumel. Ab Bugue Rtg. Le Buisson, dann Le Coux-et-Bigaroque über D 51; vor dem Dorf links ausgeschildert.

Das auf einem Hügel gelegene Schloß wurde vor kurzem von einem sehr gastfreundlichen jungen Paar liebevoll restauriert. Die Innenausstattung ist im wahrsten Sinne des Wortes außergewöhnlich. Stile und Epochen sind hier ein ästhetisches Fest: Möbel, Gegenstände und Bilder von hoher Qualität. Absoluter Komfort, eine exzellente Küche und großes Freizeitangebot. Unmöglich, sich hier nicht wohlzufühlen.

AQUITAINE

23 - La Daille

Florimont-Gaumiers
24250 Domme
(Dordogne)
Tel. (0)5 53 28 40 71
M. und Mme Derek Vaughan Brown

♦ Vom 1. Mai bis 2. Nov. geöffn. ♦ HP obligatorisch ♦ Mind. 3 Üb. ♦ Kinder unter 7 J. nicht erw. ♦ 3 Zi. m. Bad, WC u. Terrasse, 1 Zi. m. Dusche, WC.: 410-475 F pro Pers./HP (Wein inkl.) ♦ Frühst. inkl. ♦ Abendessen (ausschließl. auf Best., für Nichtraucher): 140-165 F (ein einziges Menü, Wein inkl.); Teesalon ♦ Hunde nicht erlaubt ♦ Umgebung: 9-Loch-Golfpl., Kanu; Domme, Sarlat, L'Abbaye Nouvelle ♦ **Anreise** (Karte Nr. 23): ca. 25 km südl. von Sarlat über D 46 (Cenac/Saint-Martial). 3 km hinter Saint-Martial rechts D 52, nach 500 m links, Rtg. Gaumiers, hinter der Brücke links Rtg. Péchembert, La Daille.

Einsam in einer wilden Hügellandschaft gelegen, ist dieses ehemalige Bauernhaus zudem von einem wunderbaren Garten umgeben. Die komfortablen Zimmer sind schlicht gehalten und mit einigen englischen Möbelstücken ausgestattet. Alle Zimmer verfügen über große Badezimmer und eigene Terrassen mit Blick auf Blumen und Hügel. Die Verpflichtung zur Halbpension wird dank des hübschen Restaurants und der guten Küche zum Vergnügen. Reservierter Empfang und absolute Ruhe.

24 - L'Enclos

Pragelier
24390 Hautefort
(Dordogne)
Tel. (0)5 53 51 11 40
Fax (0)5 53 50 37 21
Dana und Robert Ornsteen

♦ Vom 30. Sep. bis 30. Apr. geschl. ♦ Kinder unter 12 J. nicht erwünscht ♦ 5 Zi. u. 1 Studio (m. Kochn.) u. 1 Suite (2-3 Pers., Salon, Küche) m. Bad od. Dusche, WC: 300 F (2 Pers.), Studio 500 F (2 Pers.) + 50 F (zusätzl. Pers.); Suite 650 F (2 Pers.) ♦ Frühst.: 40 F ♦ Gemeins. Essen (Mo, Mi, Fr): 120 F (alles inkl.) ♦ Salon ♦ Kl. Hunde auf Anfr. erlaubt ♦ Schwimmbad vor Ort ♦ Umgebung: Tennis, Reiten; Schloß Hautefort ♦ Man spricht Englisch, Spanisch u. Italienisch ♦ **Anreise** (Karte Nr. 23): 10 km nordwestl. von Hautefort. Ab Périgueux die D 5 Rtg. Toutoirac. In Toutoirac links Rtg. Saint-Raphaël auf der D 67, nach 1,6 km links, Pragelier 100 m weiter.

Diese für das Périgord typischen Häuser, die durch einem kleinen Blumengarten miteinander verbunden sind und von kleinen Mauern begrenzt werden, könnten charmanter nicht sein! Und da auch die Zimmer und Suiten vollkommen harmonisch, schön und komfortabel sind, hat man die Qual bei der Wahl. Die Ornsteens empfangen ihre Gäste im Salon, und dort werden auch die exzellenten Diners in höchst ungezwungener und kosmopolitischer Atmosphäre serviert. Ein außergewöhnliches Haus, in dem man sich richtig wohl fühlt.

AQUITAINE

25 - Rouach

Rue Bertrand-de-Borne
24390 Hautefort
(Dordogne)
Tel. (0)5 53 50 41 59
(ab 19.30 Uhr)
Mme Marie-Françoise Rouach

♦ Vom 15. Okt. bis 1. Mai geschl. ♦ 2 Zi. m. eig. Bad, gem. WC: 350 F (2 Pers.), 1 Suite (4 Pers.) m. Bad, WC u. Küche: 500 F ♦ Frühst.: 30 F ♦ kein Speiseangebot - *Auberge des Tilleuls* in Badfols d'Ans (6 km), der Bauerngasthof *Les Rocailles* in Les Broussilloux ♦ Salon ♦ Hunde nicht erlaubt ♦ Umgebung: Schwimmbad, Teich, Tennispl. im Dorf; Schloß Hautefort, Brantôme, Saint-Jean-de-Côle, Dordogne-Tal, Konzerte Juli/Aug. ♦ **Anreise** (Karte Nr. 23): 50 km nordöstl. von Périgueux über die N 89 Rtg. Brive, dann links hinter Thenon D 704. Das Haus liegt im Dorf.

Dieses in dem wunderschönen Dorf Hautefort gelegene Haus bietet einen ganz besonderen Panoramablick. Der Garten mit einer Flut außergewöhnlicher Blumen liegt am Hang. Die Innenräume mit Möbeln aus früheren Zeiten verfügen über anheimelnden Charme. Hübsche, komfortable Zimmer mit tadellosen Badezimmern. Das Frühstück wird auf der Terrasse serviert - der Empfang ist von gewisser Eleganz und sehr freundlich. Die ideale Adresse zum Entdecken der Dordogne.

26 - Le Petit Pey

Monmarvès
24560 Issigeac
(Dordogne)
Tel. (0)5 53 58 70 61
Mme Annie de Bosredon

♦ Von Ostern bis Ende Okt. geöffn. ♦ 3 Zi. m. Dusche, WC; 3 Betten im ehem. Taubenhaus: 280 F (2 Pers.) + 50 F (zusätzl. Pers.) ♦ Frühst. inkl. ♦ Bei 5 Üb. 1 Üb. gratis ♦ Kein Speiseangebot ♦ Salon ♦ Hunde erlaubt (+ 15 F) ♦ Umgebung: Golf (18 km), Segeln, Angeln, Reiten ♦ Man spricht Englisch ♦ **Anreise** (Karte Nr. 23): 2 km südl. von Issigeac, Rtg. Castillonnès; ausgeschildert.

In einem schönen Park gelegen, verfügt dieses elegante Haus aus dem 17. und 18. Jahrhundert über zwei Gästezimmer. Das hübscheste und "jüngste" - ganz in Rosa gehalten und mit eigenem Bad - liegt unter dem Dach. Die beiden anderen teilen sich ein Bad und sind deshalb besonders für Familien oder Freunde geeignet. Im Park wurde ein altes Taubenhaus umgebaut (drei Betten), in dem sich Jugendliche besonders wohl fühlen. Ferner steht ein großer Salon zur Verfügung, und im schönen Park läßt es sich gut picknicken. Besonders aufmerksame und ungezwungene Betreuung.

AQUITAINE

27 - **Saint-Hubert**

24520 Liorac-sur-Louyre
(Dordogne)
Tel. (0)5 53 63 07 92
Muriel und Patrice Hennion

♦ Ganzj. geöffn. ♦ 4 Zi. m. Bad od. Dusche, WC: 260-320 F (2 Pers.) ♦ Frühst. inkl. ♦ Gemeins. Abendessen: 100 F (Wein inkl.) ♦ Salon ♦ Kl. Hunde auf Anfr. erlaubt ♦ Schwimmbad u. Waldwege vor Ort ♦ Umgebung: 9-Loch-Golfpl. (5 km), Reiten, Tennis; Schlösser, alte Dörfer und Landhäuser des Périgord, Weinberge des Bergeracois ♦ Man spricht Englisch ♦ **Anreise** (Karte Nr. 23): 14 km nordöstl. von Bergerac. Ab Bergerac Rtg. Sainte-Alvère über D 32; nach 14 km rechts abbiegen, 800 m vor Liorac.

Dieses schöne Haus liegt mitten auf dem Land, in einem Park mit vielen Waldwegen. Von dem Charme und der hier herrschenden guten Laune ist man unmittelbar angetan. Die Innenräume verfügen über eine "Gentleman-Farmer"-Eleganz: Lithographien mit Reitersujets, alte Möbel, tiefe Sofas. Angenehme und komfortable Zimmer. Gutes Speisenangebot in freundschaftlicher Atmosphäre. Da die Besitzung von Hunden bewacht wird, sollten Sie sich telefonisch anmelden.

28 - **Le Prieuré**

Meyrals-le-Bourg
24220 Meyrals
(Dordogne)
Tel. (0)5 53 28 56 60
Mme Eliane Vielle

♦ Ganzj. geöffn. (im Winter auf Anfr.) ♦ Mind. 2 Üb. ♦ 1 Zi. m. Dusche, WC: 290 F (2 Pers.) u. 1 Studio (5 Pers.) m. Dusche, WC u. Küche: 350 F (2 Pers.) + 95 F (zusätzl. Pers.) ♦ Frühst. inkl. ♦ Gemeins. Abendessen: 120 F (Wein inkl.) ♦ Salon ♦ Hunde nicht erlaubt ♦ Umgebung: Tennisplatz der Gemeinde (kostenlos), Reitclub im Dorf, Wanderwege, Rudern auf der Dordogne ♦ Sehenswürdigkeiten des Périgord Noir ♦ Man spricht Englisch und Holländisch ♦ **Anreise** (Karte Nr. 23): 15 km westl. von Sarlat. In Périgueux Rtg. Les Eyzies, dann Rtg. Saint-Cyprien. Vor Saint-Cyprien links D 35 Rtg. Meyrals. In Meyrals am Kirchplatz.

Die authentische Architektur des Périgord aus dem 16. Jahrhundert wurde bei der Innenrestaurierung voll und ganz respektiert. Der Fußboden ist aus Stein oder mit breiten Holzlatten ausgelegt, die Türen sind alt. In den angenehmen und geschmackvoll eingerichteten Zimmern wurde auch der Komfort nicht vergessen. Am alten Kamin oder unter dem Holzdach am Patio werden köstliche Abendessen serviert. Hervorragender Empfang.

AQUITAINE

29 - **Fonroque**

24230 Montcaret
(Dordogne)
Tel. (0)5 53 58 65 83
Brigitte Fried

◆ Von Dez. bis Jan. geöffn. ◆ 5 Zi. m. Bad od. Dusche, WC: 290 F (1 Pers.), 330 F (2 Pers.), 436 F (3 Pers.) ◆ Kinder unter 2 J. kostenl., unter 12 J. im Elternzi.: halber Preis ◆ Frühst. inkl. ◆ Gemeins. Abendessen: 100 F ◆ HP: 364 F (1 Pers.), 490 F (2 Pers.), 680 F (3 Pers.) ◆ Vom 1.10. bis 30. 4.: ab der 3. Nacht 20% Preisnachl. ◆ Zimmerreinigung 2 mal wöchentl. ◆ Salon ◆ Hunde auf Anfr. erlaubt ◆ Umgebung: 18-Loch-Golfpl. (15 km), Tennis (1 km); Montaigne-Turm (3 km), galloromanische Ausgrabungen (1 km), Weinberge Bergerac u. Saint-Émilion, roman. Kirchen ◆ **Anreise** (Karte Nr. 22): 8 km östl. von Castillon-la-Bataille. D 936 zwischen Bergerac u. Libourne, in Montcaret bis zu den galloromanischen Ruinen, dann Fonroque ausgeschildert.

Der Empfang von Brigitte Fried wie auch ihr kleiner Weinbergbesitz, in dessen Nachbarschaft Montaigne seine *Essais* schrieb, gefielen uns sehr. Die Zimmer, alle mit Bad, sind ausgesprochen angenehm: mit dem Schwamm aufgetragene Wandfarben, helle Vorhänge, einige alte Möbel. Die auf Familienrezepten basierenden Speisen werden in einem freundlichen Raum serviert. Reizendes Schwimmbad im ehemaligen Gewächshaus.

30 - **Le Bastit**

Saint-Médard-de-Mussidan
24400 Mussidan
(Dordogne)
Tel. (0)5 53 81 32 33
Fax (0)5 53 81 32 33
M. und Mme Zuidema

◆ Von Ostern bis Allerheiligen geöffn. (im Winter auf Anfr.) ◆ 5 Zi. m. Bad, WC (davon 1 im Erdgeschoß): 245-260 F (1 Pers.), 285-300 F (2 Pers.) + 50 F (zusätzl. Pers.) ◆ Frühst. inkl. ◆ Kein Speisenangebot - Rest.: (Tagesmenü od. gastronom. Menü) 200 m bzw. 4 km entf. ◆ Salon ◆ Hunde nicht erlaubt ◆ Schwimmbad u. Angeln vor Ort ◆ Umgebung: Weinstraße, Schlösser, prähist. Stätten, Landhäuser; 18-Loch-Golfpl. (35 km), Reiten (6 km), Kanu/Kajak ◆ Man spricht Englisch ◆ **Anreise** (Karte Nr. 23): über die N 89 (von Bordeaux kommend) links Rtg. Saint-Médard, kurz vor Mussidan. Hinter der Kirche am Isle-Ufer.

Dieses am Flußufer gelegene Haus hat uns besonders gut gefallen. Die Zimmer besitzen vollendeten Komfort und sind hübsch mit englischen Stoffen sowie schönen alten Möbeln eingerichtet. Hier werden Sie wie Freunde empfangen; das hervorragende Frühstück wird in einem sehr schönen Raum oder draußen im Blumengarten serviert. Eine interessante Adresse zwischen dem Périgord und dem Weinbaugebiet um Bordeaux.

AQUITAINE

31 - Ancien Hôtel de Fayolle

14, rue Barbecane
24000 Périgueux
(Dordogne)
Tel. (0)5 53 35 16 06
Fax (0)5 53 04 90 62
M. und Mme Barthoulot-Montreuil

◆ Ganzj. geöffn., aber 2 Wo. im Juli und Aug. vermietet ◆ Kinder unter 10 J. nicht erwünscht ◆ 4 Zi. m. Bad, WC, Tel. u. TV, 2 Nebenzi. mit Waschbecken: 500-600 F (2 Pers.) + 250 F (zusätzl. Zi.) ◆ Preisnachl. bei läng. Aufenth. ◆ Frühst. inkl. ◆ Kein Speisenangebot - Rest. ab 50 m ◆ Salon ◆ Kl. Hunde auf Anfr. erlaubt ◆ Geschl. Parkpl. ◆ Umgebung: 18-Loch-Golfpl. (4 km); Périgueux, Périgord-Museum, galloromanische Überreste u. typ. Gegenden des Périgord ◆ Man spricht Englisch u. Spanisch ◆ **Anreise** in Périgueux Rtg. Musée du Périgord. Das Museum rechts liegen lassen, 500 m geradeaus, letzte Straße rechts der Kurve gegenüber.

Dieses prachtvolle Stadtpalais aus dem 15. und 17. Jahrhundert überragt die Dordogne und das untere Périgueux. Es verfügt über mehrere terrassierte Gärten unmittelbar an der Schutzmauer. Die mit Panoramaansichten und Täfelung im typischen Violet-Le-Duc-Stil dekorierten Salons setzten einen in Erstaunen. Herrliche Zimmer, oft sehr groß, mit stoffbespannten Wänden und altem Mobiliar oder Stilmöbeln eingerichtet. Schöne Bäder, einige sind ausgesprochen luxuriös. Ein außergewöhnliches und sehr komfortables Haus im Herzen der Altstadt.

32 - Le Cèdre de Floyrac

Floyrac
24140 Queyssac
(Dordogne)
Tel. (0)5 53 61 78 17
Fax (0)5 53 24 55 39
M. und Mme Christian Bleu

◆ Ganzj. geöffn. ◆ 1 Zi. m. Bad, WC: 350 F (2 Pers.); 2 Suiten u. 3 App. (Küchenbenutzung mögl.) m. Bad, WC u. TV, eig. Terrasse zu ebener Erde m. Blick auf den Park: 650 F (2 Pers.) + 100 F (zusätzl. Pers.) ◆ Frühst.: 50 F ◆ Gemeins. Essen auf Best.: 150 F (alles inkl.) - Rest.: 3 km entf. ◆ Visa ◆ Salon, Billardraum ◆ Münztel. ◆ Hunde nicht erlaubt ◆ Schwimmbad, Tennis, Reiten (für erfahrene Reiter), Angeln am Teich, Mountainbikes vor Ort ◆ Umgebung: 18-Loch-Golfpl. (20 km) ◆ Man spricht Englisch ◆ **Anreise** (Karte Nr. 23): 8 km nördl. von Bergerac über die N 21 Rtg. Périgueux. An der 1. Kreuzung hinter Lembras ("Poterie périgourdine") links Rtg. Queyssac, am Rathaus (*mairie*) vorbeifahren, an der 1. Kreuzung Rtg. Villamblard. 30 m weiter rechts.

Dieser in unmitelbarer Nähe von Bergerac gelegene und mit einem superben bewaldeten Park umgebene Gutshof aus dem 18. Jahrhundert bietet komfortable Gästezimmer, Suiten und Appartements voller Farbenpracht und provenzalischer Stoffe. Das den Gästen vorbehaltene Schwimmbad, der Tennisplatz und die Mountainbikes, aber auch der Billardraum werden dazu beitragen, daß Sie sich hier bestimmt nicht langweilen. Das köstliche Frühstück wird unter den Bäumen serviert. Aufmerksame und liebenswürdige Betreuung, ruhige und heitere Atmosphäre.

AQUITAINE

33 - Les Granges Hautes

Le Poujol
24590 Saint-Crépin-Carlucet
(Dordogne)
Tel. (0)5 53 29 35 60
Fax (0)5 53 28 81 17
Nicole und Jean Querre

♦ Vom 1. Apr. bis 1. Okt. geschl. ♦ 4 Zi. m. Dusche u. WC, 2 Zi. m. Bad u. WC: 300-330 F (1 Pers.), 380 F (2 Pers.) + 80 F (zusätzl. Pers.) ♦ Frühst.: 40 F ♦ Kein Speiseangebot - Kalte Platte abends auf Best. - Restaurants, u.a. *La Meynardie* (6 km) u. in Sarlat (11 km) ♦ Kreditkarten ♦ Angebote f. längeren Aufenthalt ♦ Kartentelefon ♦ Hunde auf Anfr. erlaubt ♦ Meerwasserschwimmbad, Park, Wanderwege vor Ort ♦ Umgebung: Tennis, Reiten (4 km), Golf (12 km); Sehenswürdigkeiten des Périgord ♦ Man spricht Englisch ♦ **Anreise** (Karte Nr. 23): 11 km von Sarlat, Straße nach Brive. Achse Paris-Toulouse, N 20, Ausf. Brive Rtg. Périgueux, Sarlat.

Dieses alte, authentische Haus des Périgord liegt in der Nähe von Sarlat und den Gärten von Eyrignac und steht auf einem perfekt gepflegten Rasen. Die Innenausstattung ist einfallsreich und raffiniert. Alle Zimmer sind individuell und persönlich eingerichtet: von *Toscane* blickt man auf einen kleinen italienischen Garten. Die Bäder, zum Teil mit Dusche, sind sehr ansprechend. Das reichhaltige Frühstück (mit hausgemachten Konfitüren und mehreren Brotsorten) wird entweder in einem eleganten Raum am alten Kamin oder im Garten serviert. Der Empfang ist warmherzig, die Ruhe perfekt und der Ort voller Charme.

34 - Château d'Argentonesse

Castels
24220 Saint-Cyprien-en-Périgord
(Dordogne)
Tel. (0)5 53 29 35 08
Fax (0)5 53 29 46 58
M. und Mme Walsh

♦ Von Ende Okt. bis Ostern geschl. (im Winter nur auf Anfr./Reserv.) ♦ 3 Zi., 2 Suiten (2 Pers.) m. Bad od. Dusche, WC: Zi. 400 F (2 Pers.); Suiten 600 F (2 Pers.) ♦ Frühst. inkl. ♦ 2 Studios m. Salon u. Küche (4 Pers.): 2000-4000 F pro Woche ♦ Kein Speiseangebot - Rest. neben dem Schloß ♦ Kreditkarten ♦ Salon ♦ Hunde nicht erlaubt ♦ Parkplatz ♦ Schwimmbad, Whirlpool, Sauna vor Ort ♦ Umgebung: 18-Loch-Golfpl. in Le Bugue; Schlucht von Proumeysac, Le Bugue, Schlösser Beynac u. Castelnaux, Les Eyzies (15 Min.) ♦ **Anreise** (Karte Nr. 23): 54 km südöstl. von Périgueux über die N 89 u. D 710 bis Bugue, dann D 703 u. D 35 bis Saint-Cyprien. 1 km östl. von Saint-Cyprien.

In diesem prachtvollen, wohlproportionierten Haus aus dem 18. Jahrhundert werden Sie von einem australischen Paar empfangen, das es verstanden hat, ihm seinen ganzen ursprünglichen Glanz zurückzugeben. Das Innere wurde luxuriös eingerichtet: Stilmöbel, tiefe Sofas... Bei den Zimmern mit komfortablen Bädern wurde die gleiche Sorgfalt angewandt. Von der Terrasse aus, die über dem Gewölbe entstand, überblickt man den ganzen Park besonders schön. Wenn das Haus auch majestätisch wirkt, so ist der Empfang doch natürlich und spontan.

AQUITAINE

35 - Doumarias

24800 Saint-Pierre-de-Côle
(Dordogne)
Tel. (0)5 53 62 34 37
Fax (0)5 53 62 34 37
François und Anita Fargeot

♦ Vom 1. Apr. bis 15. Okt. geöffn. ♦ Kinder unter 10 J. unerwünscht ♦ 6 Zi. m. Bad od. Dusche u. WC: 280 F (2 Pers.) + 40 F (zusätzl. Pers.) ♦ Frühst.: 20 F ♦ HP: 450 F f. 2 Pers. im DZ (mind. 4 Üb.) ♦ Gemeins. Abendessen: 80 F (Wein inkl.) ♦ Zimmerreinigung auf Wunsch ♦ Hunde nicht erlaubt ♦ Schwimmbad, Angeln am Fluß vor Ort ♦ Umgebung: Tennis, Reiten, Golf; Grotten u. Schlösser in Villars, Brantôme, Bourdeilles ♦ **Anreise** (Karte Nr. 23): 12 km südöstl. von Brantôme über die D 78 Rtg. Thiviers; 1,5 km hinter Saint-Pierre-de-Côle.

Doumarias liegt am Fuß einer alten Schloßruine, unweit des wunderbaren Dorfes Saint-Jean-de-Côle. Die Zimmer mit alten Möbeln, zahlreichen dekorativen Gegenständen und hübschen Gemälden verfügen über viel Charme. Sie sind komfortabel und ruhig. In einem ansprechenden Eßzimmer mit Blick auf den Garten werden Frühstück und Abendessen (gute, bodenständige, dem Niveau des Hauses entsprechende Küche) serviert. Die Atmosphäre ist freundlich und angenehm.

36 - Le Moulin Neuf

Paunat
24510 Sainte-Alère
(Dordogne)
Tel. (0)5 53 63 30 18
Fax (0)5 53 63 30 18
Robert Chapell und Stuart Shippey

♦ Ganzj. geöffn. (im Winter auf Reserv.) ♦ 6 Zi. m. Bad od. Dusche, WC: 270 F (2 Pers.) + 50 F (zusätzl. Pers.) ♦ Frühst.: 40 F ♦ Kein Speiseangebot - Rest. ab 4 km ♦ Salon ♦ Hunde auf Anfr. erlaubt ♦ Angeln am Fluß u. Baden im Teich ♦ Umgebung: Kanu/Kajak (4 km), Wassersport (5 km), Tennis (7 km); Périgord Noir (Grotten, Schlösser), Limeuil, Trémolat, La Roque-Gageac, Beynac, Schloß Milande ♦ Man spricht Englisch u. Deutsch ♦ **Anreise** (Karte Nr. 23): 8 km südwestl. von Bugue über D 703 Rtg. Sainte Alvère, dann D 31 Rtg. Limeuil. Hinter Limeuil (D 31) die Anhöhe herunter, dann D 2 Rtg. Sainte Alvère; 2 km weiter an der kleinen Kreuzung links.

Zwei Häuser aus goldbraunem Stein, ein Park voller Blumen, in den Teich mündende Bäche... Im Innern kleine gemütliche Zimmer in hellen Tönen - sie sind wie auch die Badezimmer einwandfrei. Im schmucken Salon für die Gäste alte englische Möbel, zwei beigefarbene Sofas mit lindgrünen Kissen, weiße Vorhänge und Tische mit tief herabfallenden Decken. Hier wird mit besonders großer Liebenswürdigkeit ein hervorragendes Frühstück serviert. Ein unwiderstehliches Haus.

AQUITAINE

37 - Château de Puymartin

24200 Sarlat-la-Canéda
(Dordogne)
Tel. (0)5 53 59 29 97
Fax (0)5 53 29 87 52
Comte und Comtesse
Henri de Montbron

◆ Von Apr. bis 1. Nov. geöffn., (u. am Wochenende außerhalb dieser Zeit auf Reserv.) ◆ 2 Zi. m. Bad, WC: 750 F (2 Pers.) + 150 F (pro Kind) ◆ Frühst. inkl. ◆ Kein Speisenangebot - Rest. *La Métairie* (4 km) od. in Sarlat u. Les Eyzies (8 km) ◆ Salon ◆ Hunde auf Anfr. erlaubt ◆ Schloßbesichtigung ◆ Umgebung: Schwimmbad, Tennis, Reiten ◆ **Anreise** (Karte Nr. 23): ca. 60 km südwestl. v. Périgueux Rtg. Sarlat, dann D 47 Rtg. Les Eyzies. 11 km hinter Les Eyzies links, dann ausgeschildert. Flugplatz Périgueux (60 km) u. Bordeaux (180 km).

Das zwischen Wäldern und Hügeln gelegene Schloß *Puymartin* erkennt man dank seiner edlen Silhouette von weitem. Hier werden Sie freundlich und ohne großen Pomp empfangen. Von den Haute-Epoque-Zimmern besitzt eines zwei Betten mit Baldachin. Das andere ist eher wie ein Wohnzimmer eingerichtet, in dem einige Möbel mit Intarsienarbeit aus der Louis-XVI-Epoche stehen. Beide Zimmer sind sehr groß, komfortabel und mit hübschen Gegenständen hergerichtet.

38 - Le Chaufourg en Périgord

24440 Sourzac-Mussidan
(Dordogne)
Tel. (0)5 53 81 01 56
Fax (0)5 53 82 94 87
M. Georges Dambier

◆ Ganzj. geöffn. (im Winter auf Rerserv.) ◆ 7 Zimmer u. 2 Suiten (mit Minibar), Bad od. Dusche, WC, Tel. u. TV: 700-1150 F (2 Pers.); Suite: 1400 F (2 Pers.) + 150 F (zusätzl. Pers.) ◆ Frühst.: 75 F ◆ Individ. Essen auf Best. (mittags u. abends): ab 200 F ◆ Salons, Klavier, Billard ◆ Hunde auf Anfr. erlaubt ◆ Schwimmbad, Angeln am Fluß, Bootsfahrten vor Ort ◆ Umgebung: 18-Loch-Golfpl., Tennis, Reiten; Sehenswürdigkeiten des Périgord ◆ Man spricht Englisch ◆ **Anreise** (Karte Nr. 23): N 89, Achse Bordeaux-Lyon-Genf. 3 km hinter Mussidan (Bahnhof). Flugplätze: Bordeaux (80 km), Bergerac (25 km).

Eine der prächtigsten unserer Adressen. Der Photograph Georges Dambier restaurierte seinen Familienbesitz mit einzigartigem Geschmack, viel Komfort und hohen Ansprüchen. Die Empfangsräume und Zimmer sind mit wunderbaren alten Möbeln, persönlichen Gegenständen und elfenbeinfarbenen Dekostoffen ausgestattet. Der sehr gepflegte Garten liegt oberhalb der Isle, auf der man Bootsfahrten unternehmen kann. Hier ist alles, auch der Empfang, vom Feinsten. Ein Haus mit größtem Komfort und bestem Service.

AQUITAINE

39 - Château d'Arbieu

33430 Bazas
(Gironde)
Tel. (0)5 56 25 11 18
Fax (0)5 56 25 90 52
Comte und Comtesse Philippe
de Chénerilles

♦ Vom 15. Dez. bis 15. Jan. geschl.♦ 4 Zi. u. 1 Suite (4 Pers.) m. Bad od. Dusche, WC u. Tel.: 410 F (2 Pers.); Suite: 465 F (2 Pers.), 635 F (4 Pers.) + 85 F (zusätzl. Pers.) ♦ Sonderpr. f. längere Aufenth.♦ Frühst. inkl.♦ Gemeins. Abendessen (mit den Gastgebern) auf Best.: 150 F (Wein inkl.) ♦ Salon ♦ Visa, Amex ♦ Schwimmbad ♦ Man spricht Englisch ♦ **Anreise** (Karte Nr. 29): 60 km südöstl. v. Bordeaux über die A 62, Ausf. Langon, D 932 Rtg. Bazas, dann rechts (Abfahrt Bazas) die D 655 Rtg. Casteljaloux.

Das Schloß liegt in einem Park auf dem Land und wird von einer besonders gastfreundlichen Familie bewohnt. Die großen, gut ausgestatteten Zimmer sind dank edler Möbel, einiger alter Gegenstände, Bilder und Radierungen besonders angenehm und unverfälscht. Mit zwei Ausnahmen verfügen die Bäder über großen Komfort. Die Salons sind reizend, und im Speisesaal, in dem exzellente Abendessen serviert werden, fühlt man sich rasch wohl. Ein Haus, das man kennenlernen sollte.

40 - Château du Foulon

Le Foulon
33480 Castelnau-de-Médoc
(Gironde)
Tel. (0)5 56 58 20 18
Fax (0)5 56 58 23 43
Vicomte und Vicomtesse
Jean de Baritault du Carpia

♦ Ganzj. geöffn. ♦ 3 Zi., 1 Studio (2-3 Pers.) u. 1 Suite (4 Pers.) m. Bad, WC: 400 F (1 Pers.), 450 F (2 Pers.); Suite od. Studio: 500-600 F (2 Pers.) + 150 F (zusätzl. Pers.) ♦ Frühst. inkl.♦ Kein Speisenangebot - Rest.: *Le Savoye* in Margaux, *Le Lion d'Or* in Arcin ♦ Tel. ♦ Salon ♦ Hunde nicht erlaubt ♦ Umgebung: Tennis, Reiten in unm. Nähe, 36-Loch-Golfpl.; Schlösser des Médoc ♦ Man spricht Englisch ♦ **Anreise** (Karte Nr. 22): 28 km nordwestl. von Bordeaux über die D 1.

Das *Château du Foulon*, ein Stückchen Paradies aus dem Jahre 1840, liegt weit vom Dorf entfernt. Hier werden Sie sich sofort wohl fühlen. Die komfortablen Zimmer sind mit schönen alten Möbeln sehr hübsch ausgestattet und haben Blick auf den Garten. Für längere Aufenthalte stehen ein Studio und eine Suite (beide perfekt eingerichtet) zur Verfügung. Bevor Sie sich auf den Weg machen, um die edlen Weine (*grands crus*) des Médoc zu entdecken, wird Ihnen in einem stilvollen Eßzimmer ein gutes Frühstück serviert. Ein besonders feiner Ort mit freundlicher Atmosphäre.

AQUITAINE

41 - Domaine de Carrat

Route de Sainte-Hélène
33480 Castelnau-de-Médoc
(Gironde)
Tel. (0)5 56 58 24 80
M. und Mme Péry

♦ Weihnachten geschl. ♦ 3 Zi. m. Bad, WC: 230-240 F (1 Pers.), 260-300 F (2 Pers.); Suite: 450 F (4 Pers.) ♦ Frühst. inkl. ♦ Kein Speisenangebot - Küche steht z. Verf. - Rest. in Umgebung ♦ Salon ♦ Hunde auf Anfr. erlaubt ♦ Gefahrloses Baden (Kinder) im kleinen Fluß vor Ort ♦ Umgebung: Tennis, 18-Loch-Golfpl., Reitcenter, Seen; Schlösser des Médoc ♦ Man spricht Englisch u. Deutsch ♦ **Anreise** (Karte Nr. 22): 28 km nordwestl. von Bordeaux über die D 1; an der 2. Ampel in Castelnau Rtg. Sainte-Hélène über die N 215; 200 m rechts hinter der Abfahrt Castelnau.

Dieses schöne Haus mit Park liegt inmitten eines Waldes am Ende einer gepflegten Baumallee. Mme und M. Péry haben mit viel Geschick und Geschmack die ehemaligen Pferdeställe umgebaut. Die Gästezimmer lassen sich miteinander verbinden, sind komfortabel und mit Möbeln aus dem Familienbesitz ausgestattet. Alle sind sehr ruhig und haben Blick aufs Grüne (im Sommer ist das zu ebener Erde gelegene Zimmer am angenehmsten). Gutes Frühstück in einem gemütlichen Wohn- und Eßzimmer. Sehr nette Betreuung.

42 - Cabirol

33430 Gajac-de-Bazas
(Gironde)
Tel. (0)5 56 25 15 29
M. und Mme Dionis du Séjour

♦ Ganzj. geöffn. (15. Nov. bis 15. Feb. nur auf Reserv.) ♦ 1 Suite (4 Pers.) u. 2 Zi. m. Bad (Badewanne u. Dusche), WC, 1 Zi. m. Dusche, WC: 230 F (1 Pers.), 250 F (2 Pers.), Suite 420 F (4 Pers.) ♦ Frühst. inkl. ♦ Kein Speisenangebot - Rest. ab 4 km ♦ Salon ♦ Hunde nicht erlaubt ♦ Besichtigung des Betriebs (Gänse, Enten, Rinder usw.), amerik. Billard vor Ort ♦ Umgebung: Straußenzucht (7 km), Boote, Angeln, Observatorium f. Vögel (500 m), Schwimmbad, Tennis, Reiten (4 km) Seen; Altstadt Bazas, Weinberge ♦ Man spricht Englisch ♦ **Anreise** (Karte Nr. 29): 4 km nordöstl. von Bazas. Dort Rtg. A 62, dann Rtg. Autob. Toulouse. Das Haus liegt 4 km weiter an der D 9, ausgeschildert.

In diesem schönen Haus wird man Sie besonders liebenswürdig empfangen. Ein Teil dieser Besitzung "gehört" den Gästen; hier finden Sie angenehme, sehr gemütliche Zimmer vor, die mit hübschen Dekostoffen belebt sind und über beispielhafte Badezimmer verfügen. Im Erdgeschoß gibt es eine Sitzecke mit Bibliothek und großem Tisch für das gute Frühstück, das im Sommer draußen mit Blick auf eine friedliche Landschaft serviert wird.

AQUITAINE

43 - Domaine de Guillaumat

33420 Genissac
(Gironde)
Tel. (0)5 57 24 49 14
oder (0)5 57 51 18 99
M. und Mme Fulchi

♦ Ganzj. geöffn. ♦ 2 Zi. m. Dusche, WC: 300 F (2 Pers.), 390 F (Suite, 3 Pers.) ♦ Frühst. inkl. ♦ Kein Speisenangebot - Rest. ab 1 km, in Saint-Émilion u. Libourne ♦ Schwimmbad, Reiten vor Ort ♦ Umgebung: 18-Loch-Golfpl. (8 km), Tennis, Weinberge, roman. Kirchen, Saint-Émilion, Libourne ♦ Man spricht Englisch u. Spanisch ♦ **Anreise** (Karte Nr. 22): 10 km südwestl. von Libourne. N 89 zwischen Bordeaux u. Libourne, Abf. Nr. 8, "Libourne centre par Arveyres", dann Arveyres, an der Ampel rechts, das Dorf Camarsac durchfahren. Nach 100 m, dort wo die Straße ein Y bildet, *Guillaumat* links, nach 100 m.

Diese Besitzung wird von den Weinbergen des Entre-Deux-Mers beherrscht; den Gästen steht ein schönes, kleines Haus zur Verfügung. Die Gästezimmer im Erdgeschoß sind echt ländlich: weiße Wände, Fußböden aus Terrakottaplatten, ein oder zwei alte Möbelstücke, bequeme Betten. Da die Zimmer (alle mit angenehmen Badezimmern) nach Osten liegen, kann man sich bei schönem Wetter von der Sonne wecken lassen. Das Frühstück wird auf dem Zimmer oder im Garten serviert.

44 - Le Moulin de Mesterrieux

33540 Mesterrieux
(Gironde)
Tel. (0)5 56 71 32 90
Fax (0)5 56 71 33 90
M. und Mme Reydi

♦ Von Ostern bis 1. Nov. u. im Winter auf Anfr. geöffn. ♦ 3 Zi. m. Bad od. Dusche, WC, TV (auf Wunsch): 400 F (2 Pers.) ♦ Frühst. inkl. ♦ Gemeins. od. individ. Abendessen auf Best.: 120 F (alles inkl.) ♦ Haustiere auf Anfr. erlaubt ♦ Flußangeln, Fahrräder vor Ort ♦ Umgebung: 18-Loch-Golfpl., Tennis, Reiten; Bastiden-Rundfahrt, Saint-Émilion ♦ Man spricht Englisch ♦ **Anreise** (Karte 22): 9 km nördl. von La Réole, Rtg. Montségur; am Kreisverkehr Rtg. Saint-Sève, Loubens über D 21. Nach ca. 6 km hinter der Dropt-Brücke 1. Straße rechts, an der *coopérative* vorbei, dann 1. Straße rechts (D 15), 50 m weiter am Kreuz rechts (ausgeschildert).

Lassen Sie sich nicht von dem Gitter oder den Pflastersteinen beeindrucken, denn das den Gästen vorbehaltene Gebäude, das auf einen großen Park geht, könnte behaglicher nicht sein. Es umfaßt einen Salon, der auch als Frühstücksraum dient, zwei große Zimmer mit geräumigen Bädern und ein drittes Zimmer (für den Sommer) mit Blick auf den Garten und einem wundervollen runden Duschraum, der im früheren Brotbackhaus eingerichtet wurde. Die mit einer Waschmaschine ausgestattete Küche ist besonders angenehm für die Gäste, die länger bleiben. Aufmerksamer Empfang.

AQUITAINE

45 - Château de la Bûche

10, av. de la Porte-des-Tours
33580 Monségur
(Gironde)
Tel. (0)5 56 61 80 22
Fax (0)5 56 61 85 99
Dominique und Evelyne Ledru

♦ Vom 15. Dez. bis 1. März geschl. ♦ 4 Zi. u. 1 Suite (4-5 Pers.) m. Dusche, WC: 220 F (1 Pers.), 280 F (2 Pers.); Suite: 360 F (3 Pers.) + 80 F (zusätzl. Pers.) ♦ Frühst. inkl. ♦ Gemeins. Abendessen auf Best.: 100 F (alles inkl.) - Kochnischenbenutzung ♦ Salon ♦ Saubere Hunde an der Leine erlaubt ♦ Angeln, Park, Pétanque vor Ort ♦ Umgebung: 18-Loch-Golfpl. (35 km), Schwimmbad, Tennis, Reiten, Mountainbike-Verleih; Landhäuser u. Abteien der Gironde, Mühlenstraße des Drot, Schloß Duras, Weinberge ♦ Man spricht Englisch ♦ **Anreise** (Karte Nr. 22): 45 km südöstl. von Libourne Rtg. Castillon über D 670. In Sauveterre-de-Guyenne Rtg. Monségur: in La Halle Rtg. Duras, dann 300 m weiter links.

In diesem kleinen, von Grünflächen umgebenen und am Ortsausgang gelegenen Schloß werden Sie sehr freundlich empfangen. Die Gäste wohnen im linken Flügel. Die Zimmer mit schlichter und komfortabler Einrichtung wurden vor kurzem renoviert. Die Gerichte der guten, traditionellen Küche werden im Eßzimmer der Familie serviert. Eine angenehme Adresse für Angler (geangelt wird auf dem Besitz), Familien und Wanderer.

46 - Le Grand Boucaud

33580 Rimons
(Gironde)
Tel. (0)5 56 71 88 57
M. und Mme Lévy

♦ Vom 15. Okt. bis Dez. geschl. ♦ 2 Zi. mit Bad, WC: 280 F (2 Pers.), 330 F (3 Pers.) ♦ Gemeins. Essen abends u. So mittags an individ. Tischen, auf Best.,: 110-185 F (Wein inkl., Weinkarte) ♦ Haustiere auf Anfr. erlaubt ♦ Umgebung: Reiten (für erfahrene Reiter, 2 km), See Blasimon, 18-Loch-Golfpl. (30 km); Besichtigung: Weinkeller, Bastide, galloromanische Überreste, roman. Kunst ♦ Man spricht Englisch u. Deutsch ♦ **Anreise** (Karte Nr. 22): 28 km nordöstl. von Langon. Autob. A 62, Ausf. Langon, dann N 133 Rtg. Agen, Ausf. Saint-Macaire, dann D 672 bis Sauveterre-de-Guyenne; D 670 Rtg. La Réole (2 km), links die D 230, hinter Rimons 1. Straße links in der Kurve hinter dem Sägewerk.

Es ist vor allem die bodenständige Küche aus Bordeaux oder dem Elsaß, die die Gäste dieses großen Hauses aus dem späten 18. Jahrhundert anzieht, denn Mme Lévy ist vor allem Köchin, und ihre Weine sind ausgesucht. Es gibt aber auch zwei Gästezimmer. Sie liegen unter dem Dach und verfügen über jeglichen modernen Komfort. Allein der kleine schattige Garten und der Weinanbau in der Umgebung sind Grund genug, um hier haltzumachen. Sehr freundlicher, ungezwungener Empfang.

AQUITAINE

47 - La Bergerie

Les Trias
33920 Saint-Cristoly-de-Blaye
(Gironde)
Tel. (0)5 57 42 50 80
M. und Mme de Poncheville

♦ Ganzj. geöffn. ♦ 2 Häuser (2-6 Pers.) m. Salon, Küche, Bad, WC: 400 F (2 Pers.) + 150 F (zusätzl. Pers.), Sonderpr.: mehr als 6 Tage ♦ Frühst. inkl. ♦ Kein Speisenangebot - Rest. in unm. Umgeb. ♦ Zimmerreinigung entspr. der Dauer des Aufenthaltes ♦ Hunde auf Anfr. erlaubt ♦ Schwimmbad, Reiten (auf Anfr.), Kahnfahrten auf dem Teich vor Ort ♦ Umgebung: 18-Loch-Golfpl., See (Bordeaux), Weinstraße, Saint-Émilion (35 km), Schlösser u. histor. Sehenswürdigkeiten, Médoc mit der Fähre ab Blaye; Tennis (3 km) ♦ **Anreise** (Karte Nr. 22): 35 km nordöstl. von Bordeaux über die N 137. In Pugnac die D 23 Rtg. Saint-Savain. In Saint-Urbain die D 137 Rtg. Saint-Christoly-de-Blay. Nach ca 3 km ausgeschildert. Aus Paris kommend: Autob. A 10, Ausf. Nr. 28 Rtg. Reignac, Saint-Savain, Pugnac

Die auf dem Land gelegene *Bergerie* besitzt einen wunderschönen Park mit einem kleinen See und besteht aus drei alten Häusern, die sehr gut renoviert wurden. Jedes verfügt über einen Salon mit Kamin, eine Küche und ein oder drei Zimmer. Der Boden ist aus Terrakotta und die Einrichtung besteht aus alten Möbeln und eleganten Stoffen. Alles sehr gelungen. Für das Frühstück können Sie unter veschiedenen Angeboten wählen. Ganz besonders freundliche Atmosphäre.

48 - Manoir de James

33580 Saint-Ferme
(Gironde)
Tel. (0)5 56 61 69 75
Fax (0)5 56 61 89 78
M. und Mme Dubois

♦ Vom 15. Dez. bis 15. Jan. geschl.♦ 3 Zi. m. Bad, WC: 260 F (1 Pers.), 310 F (2 Pers.), zusätzl. Pers.: 50 F (Kind), 70 F (Erwachs.) - ab 3. Üb. 10% Preisnachl. ♦ Frühst. inkl. ♦ Kein Speisenangebot - Restaur. 4 bzw. 5 km entf. ♦ Salon ♦ Hunde auf Anfr. erlaubt ♦ Garage ♦ Schwimmbad, Tischtennis, Fahrrad-Verleih vor Ort ♦ Umgebung: 18-Loch-Golfpl. (35 km), Reiten, Mountainbikes, Tennis, See, Flußangeln, Abtei Saint-Ferme, romanische Kirchen ♦ Man spricht Englisch, Deutsch u. Spanisch ♦ **Anreise** (Karte Nr. 22): ab Libourne Rtg. Langon La Réole über D 670; in Sauveterre 2 km Rtg. La Réole, dann Rtg. Saint-Ferme; dort Rtg. Sainte-Colombe. *Manoir de James* 2 km weiter links.

In diesem kleinen, auf den Anhöhen des Entre-deux-Mers gelegenen Herrenhaus werden Sie ausgesprochen höflich empfangen. Die großen, im Stil früherer Zeiten möblierten Zimmer bieten absolute Ruhe. Im Sommer wird das (angelsächsische) Frühstück ab Sonnenaufgang am Schwimmbad serviert. Wenn Sie es wünschen, wird Mme Dubois Sie gerne über Wissenswertes dieser Gegend informieren.

AQUITAINE

49 - Gaudart

Gaudart
33910 Saint-Martin-de-Laye
(Gironde)
Tel. (0)5 57 49 41 37
M. und Mme Garret

♦ Von Ende Apr. bis Anfang Okt. geöffn. ♦ 3 Zi. (m. separatem Eingang) m. Bad od. Dusche, WC: 180-250 F (2 Pers.) ♦ Frühst. inkl. ♦ Gemeins. Abendessen (außer von Mitte Juli bis Ende Aug.) auf Best.: 85 F (Hauswein inkl.) ♦ Salon, Terrasse ♦ Hunde nicht erlaubt ♦ Umgebung: Schwimmbad, 18-Loch-Golfpl.; Saint-Émilion, Abtei Guîtres, Weinberge, Vogelfarm ♦ **Anreise** (Karte Nr. 22): 9 km nordöstl. v. Libourne über die D 910 Rtg. Guîtres-Montguyon. In Saint-Denis-de-Pile links die D 22 (5 km), dann rechts ausgeschildert.

Dieses typische Gironde-Haus liegt inmitten sanfter Wiesen nur wenige Minuten von den berühmten Saint-Émilion-Weinbergen entfernt. Im großen Aufenthaltsraum, in dem das Frühstück und die Abendessen eingenommen werden, stehen alte regionale Möbel. Die Zimmer sind groß und haben komfortable Betten. Zwei von ihnen verfügen über sehr schöne Badezimmer. Unser Lieblingszimmer ist das mit der Wickelkommode, denn es ist besonders hübsch möbliert. Ausgesprochen freundliche Atmosphäre.

50 - Le Prieuré

33750 Saint-Quentin-de-Baron
(Gironde)
Tel. (0)5 57 24 16 75
Fax (0)5 57 24 13 80
Mme de Castilho

♦ Ganzj. geöffn. ♦ Nichtraucher ♦ 2 Suiten (2 Pers.) m. Bad (Dusche u. Badewanne), WC, TV: 300 F (1 Pers.), 400 F (2 Pers.) + 150 F (zusätzl. Pers.) ♦ Gemeins. Abendessen am großen od. indiv. Tisch: 120 F (Wein inkl.) ♦ Tel.: Kabine, Telecom-Karte ♦ Schwimmbad, Tischtennis vor Ort ♦ Kl. Hunde auf Anfr. erlaubt ♦ Umgebung: Tennis, Reiten, Radfahren, Golf; Weinberge, befestigte Städte, Kirchen, Saint-Émilion ♦ Man spricht Englisch, Spanisch, Portugiesisch ♦ **Anreise** (Karte Nr. 22): 25 km östl. von Bordeaux über die D 936 Rtg. Bergerac, St-Quentin-de-Baron durchqueren, Rtg. Branne/Bergerac, am "Carré Bleu Piscine" und der Shell-Tankstelle vorbeifahren. Nach 1 km gegenüber dem Kilometerstein K 25 ist *Le Prieuré* rechts ausgeschildert; am Ende des Weges.

Im Herzen des Bordelaiser Weinanbaugebietes bietet dieses ehemalige kleine Kloster heute alle Vorzüge eines modernen Hauses. Die beiden angenehmen Zimmer liegen zu ebener Erde am bewaldeten Garten, der die phantastische Landschaft überragt. Mme de Castilho hat es verstanden, ein Haus zu schaffen, in dem Wärme und englische Gastfreundschaft geboten werden und in dem Kinder sehr willkommen sind. Einfacher Mittagstisch. Ein besonders offenes Haus.

AQUITAINE

51 - Château Lamothe

33450 Saint-Sulpice-et-Cameyrac
(Gironde)
Tel. (0)5 56 30 82 16
Fax (0)5 56 30 88 33
Luce und Jacques Bastide

♦ Von Ostern bis Allerheiligen geöffn. ♦ Nichtraucher-Zi. ♦ 2 Zi. u. 1 Suite (2-4 Pers., TV) m. Bad, WC: 800-900 F (2 Pers.) + 100 F (zusätzl. Pers.); Suite: 950 F (2 Pers.) ♦ Frühst. inkl. ♦ Kein Speisenangebot - Rest. ab 2 km ♦ Salon ♦ Schwimmbad, Angeln, Boot vor Ort ♦ Umgebung: 18-Loch-Golfpl. (2 km); Weinberge des Bordelais, Saint-Émilion, Abteien-Straße ♦ Man spricht Englisch u. Spanisch ♦ **Anreise** (Karte Nr. 22): 18 km östl. von Bordeaux. Zwischen Bordeaux u. Libourne über N 89, Abf. 5 (Beychac, Cameyrac, Saint-Sulpice), dann D 13 bis Saint-Sulpice. Am Ortseingang rechts Route du Stade, dann ausgeschildert.

Dieses sehr alte, vollkommen von Wasser umgebene Schloß wurde im 19. Jahrhundert renoviert und besitzt prächtige, komfortable Zimmer mit erstaunlichen Bädern. Alle Räume sind groß, hell und mit viel Sorgfalt ausgestattet: einige alte Möbel in hellen Farben, weiße Vorhänge, Gemälde grüner Landschaften, Fayencen und allerlei Gegenstände aus dem Familienbesitz. Das in einem ansprechenden Speisesaal servierte Frühstück ist verlockend und der Empfang aufmerksam und liebenswürdig.

52 - Domaine du Ciron

Brouquet
33210 Sauternes
(Gironde)
Tel. (0)5 56 76 60 17
Fax (0)5 56 76 61 74
M. und Mme Peringuey

♦ Ganzj. geöffn. ♦ Kinder unter 7 J. nicht erwünscht ♦ 3 Zi. m. Bad od. Dusche, WC: 230-240 F (2 Pers.) + 70 F (zusätzl. Pers.) ♦ Frühst. inkl. ♦ Kein Speisenangebot - Rest.: *Auberge des Vignes* u. *Le Saprien* in Sauternes ♦ Hunde nicht erlaubt ♦ Schwimmbad u. Patchwork-Kurse vor Ort ♦ Umgebung: Tennis, 18-Loch-Golfpl., Reiten (8 km), Kanu (8 km); Sauternais-Rundfahrt, alte Schlösser ♦ Man spricht Englisch ♦ **Anreise** (Karte Nr. 22): 11 km von Langon (A 62) über die D 8 Rtg. Villandraut. Hinter der Kreuzung (Sauternes) auf der D 8 bleiben; in Brouquet am Wasserturm rechts; dann ausgeschildert.

Sauternes *oblige*: M. und Mme Peringuey haben selbstverständlich mit Wein zu tun! Zum Entdecken dieser berühmten Weingegend werden Ihnen beide stets mit freundlichem Rat zur Seite stehen. Die vier Zimmer sind schlicht, aber sehr komfortabel, und von überall blickt man auf die Weinberge. Auch das Schwimmbad im Garten steht den Gästen zur Verfügung. Das Frühstück wird nebenan in einem hübschen Eßzimmer serviert.

AQUITAINE

53 - Château de Bachen

Duhort-Bachen
40800 Aire-sur-l'Adour
(Landes)
Tel. (0)5 58 71 76 76
Fax (0)5 58 71 77 77
M. und Mme Guérard

♦ Vom 1. Mai bis Allerheiligen geöffn. ♦ Mind. 3 Üb. u. mind. 1 Wo. im Juli/Aug. ♦ Nichtraucher-Zi. u. App. ♦ Kinder unter 12 J.: beim Reservieren darauf hinweisen ♦ 2 Zi. u. 2 App. m. Bad, WC: Zi. 700 F (2 Pers.); App. 900 F (2 Pers.), 1000 F (3 Pers.) ♦ Frühst.: 70 F ♦ Kein Speiseangebot - Rest. *Guérard* in Eugénie-les-Bains ♦ Visa ♦ Salon ♦ Hunde nicht erlaubt ♦ Schwimmbad vor Ort ♦ Umgebung: Tennis, Reiten (15 km), Meer (70 km), 9-Loch-Golfpl. u. Practice (8 km); romanische Abteien von Chalosse ♦ Man spricht Englisch u. Spanisch ♦ **Anreise** (Karte Nr. 29): 4 km westl. von Aire-sur-l'Adour Rtg. Eugénie-les-Bains (2,5 km), einen kleinen Wald durchfahren. Ca. 300 m weiter rechts (zwischen zwei Zypressen), dann ausgeschildert.

Das *Château de Bachen* ist ein schönes Winzerhaus, dessen Gärten von einem riesigen Weinberg (Tursan) umgeben sind. Christine und Michel Guérard bieten hier zwei Gästezimmer und zwei Suiten mit diskretem Raffinement an. Ein großer freundlicher Salon verleiht dem Haus seine offene Atmosphäre. Gefrühstückt wird in der alten Küche, in den Salons oder im Speiseraum mit Täfelungen. Der höfliche und aufmerksame Empfang macht dieses edle Winzerhaus zu einer besonders attraktiven Adresse.

54 - Le Barbé

Place de l'Église
40390 Biaudos
(Landes)
Tel. (0)5 59 56 73 37
Fax (0)5 59 56 75 84
M. und Mme Iriart

♦ Vom 1. Apr. bis 11. Nov. geöffn. ♦ 4 Zi. m. Dusche u. WC u. 2 Zi. (in separatem App.) m. gemeins. Bad: 150-160 F (1 Pers.), 180-220 F (2 Pers.) + 80 F (zusätzl. Pers.) ♦ Frühst. inkl. ♦ Kein Speiseangebot - Rest. *Chez Pétiole* in Saint-Martin-de-Seignanx u. kl. Gasthäuser in Umgebung ♦ Eine Küche steht zur Verfüg. ♦ Salon ♦ Zimmerreinigung auf Wunsch ♦ Kl. Hunde erlaubt ♦ Schwimmbad, Ratschläge f. Wanderungen u. Rest. ♦ Umgebung: Golf; Adour-Tal, Abteien, typische Landhäuser, Baskenfeste, Atlantikküste ♦ **Anreise** (Karte Nr. 28): 16 km östl. von Bayonne über die N 117 Rtg. Orthez u. Pau.

M. und Mme Iriart nehmen gerne Gäste auf und verwöhnen sie. Im Garten dieses großen Dorfhauses liegt ein Schwimmbad, und sobald das Wetter es erlaubt, werden dort zum Einnehmen des Frühstücks Tische und Stühle aufgestellt. In den großen und sehr hellen Zimmern kann man einige Reisesouvenirs bewundern. Alles in allem ein gelungenes Ambiente.

AQUITAINE

55 - Lamolère

40090 Campet-Lamolère
(Landes)
Tel. (0)5 58 06 04 98
Philippe und Béatrice
de Monredon

♦ Ganzj. geöffn. ♦ 1 Zi. m. Bad, WC; 2 Zi. m. eig. Dusche, gemeins. WC: 190-250 F (2 Pers.)
♦ Frühst. inkl. ♦ Gemeins. Abendessen: 80 F (alles inkl.) ♦ Zimmerreinigung alle 3 T. oder auf Wunsch ♦ Salon ♦ Hunde auf Anfr. im Zwinger erlaubt ♦ Kapelle (12. Jh.), Pferdeboxen, Angeln u. Fahrräder vor Ort ♦ Umgebung: Golf, Schwimmbad (4 km) ♦ Man spricht Englisch u. Spanisch
♦ **Anreise** (Karte Nr. 29): 5 km nordwestl. von Mont-de-Marsan über die D 38; Route de Morcenx.

Dieses geräumige Herrenhaus inmitten eines 12 Hektar großen Parks verbindet in jedem Zimmer Ästhetik mit Komfort. Die Betten sind meist sehr breit, die Farben harmonisch aufeinander abgestimmt und die zahlreichen Details sehr angenehm. Auch die alten Möbel tragen dazu bei, daß man sich hier recht wohl fühlt. Die exzellente Bewirtung findet in der Regel draußen auf der Terrasse statt. Angenehme Umgebung, freundlicher Empfang und ein bemerkenswertes Preis-Leistungsverhältnis.

56 - Château de Bezincam

Chemin de l'Adour
Saubusse-les-Bains
40180 Dax
(Landes)
Tel. (0)5 58 57 70 27
M. und Mme Dourlet

♦ Nov. u. Dez. geschl. ♦ 3 Zi. u. 1 Suite (3-4 Pers.) m. Bad od. Dusche, W.C: 300-350 F (2 Pers.); Suite 350 F (2 Pers.) + 100 F (zusätzl. Pers.) ♦ Frühst. inkl. ♦ Kein Speiseangebot - Rest. *L'Auberge de Josse* (2 km), *Mora* (5 km) ♦ Salon ♦ Kl. Hunde auf Anfr. erlaubt ♦ Flußangeln vor Ort
♦ Umgebung: Tennis im Dorf, Reiten (15 km); alte baskische Dörfer, La Bastide Clairence, Saint-Sever, Stierkämpfe in Dax u. Bayonne ♦ Man spricht Englisch ♦ **Anreise** (Karte 29): 15 km südwestl. von Dax über die N 10 od. N 124. In Saint-Geours-de-Maremne D 17 Rtg. Saubusse. In Saubusse, rechts von der Brücke, die kleine Straße am Adour (800 m), letztes Haus.

Von der kleinen Straße, die neben dem Adour verläuft, erblickt man einige, dem Fluß gegenüberliegende prachtvolle Häuser. Das *Bezincam* gehört auch dazu. Sobald man das Haus betritt, hat man den Eindruck, sich in einem Ferienhaus vergangener Zeiten zu befinden. Und die Möbel, die Kunstgegenstände, die Radierungen und sogar der Wintergarten scheinen hier ihren festen Platz schon seit langem zu haben. Die hübsch renovierten Zimmer sind hell und von angenehmer Größe, die Bäder charmant und teilweise auch sehr groß. Köstliches Frühstück. Besonders angenehme Betreuung. Ein Ort, den man gerne entdeckt und an dem man sich sehr wohl fühlt.

AQUITAINE

57 - L'Oustau

Quartier Baxentes
40210 Lue
(Landes)
Tel. (0)5 58 07 11 58
Guy und Patricia Cassagne

♦ Von Ostern bis Ende Sep. geöffn. ♦ 3 Zi. m. eig. Bad u. gemeins. WC: 180 F (1 Pers.), 220 F (2 Pers./1 Üb.) od. 200 F (2 Pers. mehr als 1 Üb.) + 70 F (zusätzl. Pers.) u. 2 Zi. m. Bad u. eig. WC: 260 F, 230 F ♦ Frühst. inkl. ♦ Kein Speisenangebot - Rest.:*L'Auberge landaise* in Luë ♦ Zimmerreinigung auf Wunsch ♦ Hunde nicht erlaubt ♦ Umgebung: Schwimmbad in Pontenx, Tennis, Golf von Biscarosse (35 km); Öko-Museum in Marquez, Verkauf Produkte v. Bauernhof (200 m) ♦ Man spricht Englisch u. Spanisch ♦ **Anreise** (Karte Nr. 29): Paris-Bayonne über die N 10, Abf. Labouheyre, dann die D 626 Rtg. Mimizan. Nach 8 km das Dorf Luë durchqueren, nach 2 km *L'Oustau* links (D 626).

In der Nähe dieses alten Herrenhauses bewundert man zuerst die riesigen Pinien und dann einen Eichenhain. Einige Möbel aus dem vergangenen Jahrhundert, mit Pinienholz getäfelte Decken und schöne Gemälde prägen den Stil dieses Hauses. Die angenehmen Zimmer sind mit alten Möbeln ausgestattet und bieten einen Blick auf den Park. Gelegentlicher Autolärm von einer 100 Meter entfernten Straße kann die Idylle schon mal stören. Mme Cassagne versteht es, Gäste zu empfangen.

58 - Le Bos de Bise

40630 Luglon
(Landes)
Tel. (0)5 58 07 50 90
M. und Mme Congoste

♦ Von Mai bis Okt. geöffn. ♦ 3 Zi. (1 m. Salon), Dusche, WC: 220-250 F (2 Pers.) + 100 F (zusätzl. Pers.) ♦ Frühst. inkl. ♦ Kein Speisenangebot - Rest. ab 6 km ♦ Salon ♦ Zimmerreinigung auf Wunsch ♦ Hunde nicht erlaubt ♦ Künstl. See vor Ort ♦ Umgebung: Reiten, Tennis, Golf, Kanu/Kajak (8 km), Meer (45 km); Museum Napoleon III., Marquèze-Museum ♦ **Anreise** (Karte Nr. 29): 25 km nordwestl. von Mont-de-Marsan über die N 134 Rtg. Sabres, dann links die D 14.

Die Gebäude, aus denen sich das *Bos de Bise* zusammensetzt, liegen zwischen Pinien verstreut und sind von einem gepflegten Rasen umgeben. Es erwarten Sie zwei sehr komfortable, ganz im alten Stil eingerichtete Zimmer. Das eine besitzt einen kleinen Salon und das andere, größere, eine eigene Terrasse. Das Frühstück wird in einem Raum mit freigelegten Balken und Balustraden serviert. Draußen gibt es zudem eine überdachte Küche und einen künstlichen See zum Angeln.

AQUITAINE

59 - Château Robert

40500 Montgaillard
(Landes)
Tel. (0)5 58 03 58 09
M. Clain

◆ Ganzj. geöffn. ◆ 3 Zi. m. Bad, WC (1 m. eig. Eingang): 350-400 F (2 Pers.) ◆ Frühst. inkl. ◆ Kein Speisenangebot - Rest.: Gasthof 3 km entf. ◆ Salon ◆ Tel. ◆ Schwimmbad vor Ort ◆ Umgebung: Reiten, Golf, Landhäuser ◆ Man spricht Englisch u. Italienisch ◆ **Anreise** (Karte Nr. 29): 22 km südl. v. Mont-de-Marsan über die D 933 Rtg. Saint-Sever, dann die D 352 Rtg. Larrivière, anschl. die D 387 Rtg. Montgaillard, bei 1. Abzweigung nach 1 km links, dann kl. Straße zum Schloß.

In einem schönen Park mit Schwimmbad zeigt das *Château Robert* seine zwei Gesichter. Die Gartenfassade ist typische Architektur des 18. Jahrhunderts, der Stil der anderen Fassade erinnert an spanischen Barock. Die ausgesprochen angenehmen Zimmer sind hübsch mit alten Möbeln aus englischer Kiefer ausgestattet. Das besonders raffinierte und reichhaltige Frühstück von M. Clain, das B&B-Gäste bei einer Umfrage als bestes bewertet haben, wird in einem prächtigen Rundbau mit Louis-XV-Stuck und zahlreichen Grünpflanzen gereicht.

60 - Larroque

40090 Saint-Perdon
(Landes)
Tel. (0)5 58 75 88 38
Marguerite und Louis Lajus

◆ Ganzj. geöffn. ◆ 1 Zi. u. 1 Suite (3 Pers.) m. Bad, WC: 240 F (1-2 Pers.); Suite 260 F (2 Pers.) + 100 F (zusätzl. Pers.) ◆ Frühst. inkl. ◆ Kein Speisenangebot ◆ Salon ◆ Zimmerreinigung auf Wunsch ◆ Umgebung: Tennis, Golf; Saint-Sever, Saint-Girons ◆ Man spricht Englisch ◆ **Anreise** (Karte Nr. 29): 5,5 km südwestl. von Mont-de-Marsan über die N 124 Rtg. Dax, dann links die D 3 Rtg. Saint-Perdon-Mugron; am Ortseingang von Saint-Perdon ausgeschildert.

Dieses Herrenhaus hat das Ambiente früherer Zeiten voll und ganz bewahrt. Hier werden Sie wie vorbeischauende Verwandte empfangen. Die Inneneinrichtung ist sehr persönlich: alte Möbel aus dem Familienbesitz, Kinderfotos und Gemälde der Vorfahren. Selbstverständlich sind die Zimmer sehr groß, die Einrichtung ist unverändert und die Bettwäsche schön bestickt. Leider ist das Haus etwas hellhörig. Das sehr gute und vornehm servierte Frühstück wird in der Bibliothek eingenommen. Der Salon mit etwas nostalgischem Charme ist gemütlich.

AQUITAINE

61 - Marchannau

40390 Sainte-Marie-de-Gosse
(Landes)
Tel. (0)5 59 56 35 71
M. und Mme Michel Février

♦ Von Mai bis Okt. geöffn. ♦ 3 Zi. m. eig. Bad, gemeins. WC: 250 F (2 Pers.) + 80 F (zusätzl. Pers.) ♦ Frühst. inkl. ♦ Kein Speiseangebot - Rest.: Landgasthaus *Piet* am Adour ♦ Zimmerreinigung auf Wunsch ♦ Salon ♦ Hunde nicht erlaubt ♦ Umgebung: Tennis, Golf; Atlantikküste ♦ Man spricht Englisch u. Spanisch ♦ **Anreise** (Karte Nr. 28): 25 km von Bayonne über die N 117 Rtg. Pau; Treidelweg (2 km) vor der Adour-Brücke.

Dieses in einer wunderbaren Landschaft gelegene Haus hat beinahe die "Füße im Wasser": unter den Fenstern fließt der Adour und verleiht diesem Ort außergewöhnliche Ruhe. Außer den Tischen auf der Terrasse haben Mme und M. Février einen angenehmen Salon eingerichtet, in dem das Frühstück serviert wird. Die Zimmer sind groß, komfortabel und sorgfältig renoviert. Im Haus gibt es zwar kein Speiseangebot, aber das am Fluß gelegene Restaurant ist exzellent.

62 - Le Cassouat

Magescq
40140 Soustons
(Landes)
Tel. (0)5 58 47 71 55
M. und Mme Gilbert Desbieys

♦ Ganzj. geöffn. ♦ 5 Zi. m. Dusche, WC: 260 F (2 Pers., 1 Üb.), 250 F (2 Pers., mehr als 1 Üb.) + 70 F (zusätzl. Pers.) ♦ Frühst. inkl. ♦ Kein Speiseangebot ♦ Salon ♦ Tel. ♦ See (Tretboot), Fahrräder vor Ort ♦ Umgebung: Tennis in Magescq, Golf (9- u. 18-Lochpl., 16 km) in Moliets, Mountainbikes, Wanderwege, See, Schwimmbad (15 km), Atlantik (18 km), Regionalpark Landes ♦ Man spricht etwas Englisch u. Spanisch ♦ **Anreise** (Karte Nr. 28): 16 km nordwestl. von Dax. N 10 (Paris-Bayonne), Abf. Magescq, dann Route d'Herm (D 150).

Dieses sehr moderne, dreieckig gebaute Haus mit langgezogenen Dachflächen liegt in einem Eichenwald. Hier findet man ein angenehmes Ambiente vor, ferner schöne, komfortable und modern eingerichtete Zimmer. Dank der geschützten Terrasse kann man beim Frühstück das Panorama genießen und und mit etwas Glück auch Rehe beobachten.

AQUITAINE

63 - Domaine de Montfleuri

47250 Bouglon
(Lot-et-Garonne)
Tel. (0)5 53 20 61 30
Fax (0)5 53 41 13 44
Dominique Barron

♦ Ganzj. geöffn. ♦ 1 Zi. m. Bad, WC, 2 Zi. u. 1 Suite (3-4 Pers.) mit eig. Dusche u. gemeins. WC: 240-250 F (1 Pers.), 280-350 F (2 Pers.) + 80 F (zusätzl. Pers.); Suite 380-400 F (3 Pers.), 470 F (4 Pers.) ♦ Frühst. inkl. ♦ Gemeins. Essen auf Best., vegetarische Küche: 95 F (Wein inkl.) - Rest. in der Umgebung ♦ Salon ♦ Tel. ♦ Hunde nicht erlaubt ♦ Schwimmbad, Fahrräder vor Ort ♦ Umgebung: roman. Kapellen, Schlösser, Landhäuser (*bastides*), Bazas u. Nérac (historische Städte); 18-Loch-Golfpl. (8 km), Tennis (2 km), Reiten, Kanu ♦ Man spricht Englisch ♦ **Anreise** (Karte Nr. 30): 15 km südl. von Marmande Rtg. Casteljaloux. In Le Clavier Rtg. Bouglon, dann Rtg. Guérin. Ca. 1 km weiter links.

Montfleuri ist ein schönes großes Familienanwesen, umgeben von einem Garten voller Blumen und Bäume, mit vielen verborgenen Winkeln und herrlichen Düften und Farben. Das Haus überragt die liebliche Hügellandschaft des Lot-et-Garonne. Daß man sich hier wunderbar entspannt, versteht sich von selbst. Die vier hellen Zimmer mit schlichtem Komfort und Dominique Barrons liebenswürdiger Empfang lassen rasch erkennen, daß dies ein kleines Paradies ist.

64 - Chanteclair

47290 Cancon
(Lot-et-Garonne)
Tel. (0)5 53 01 63 34
Fax (0)5 53 41 13 44
Mme Larribeau

♦ Ganzj. geöffn. ♦ 3 Zi. u. 1 Suite (2-4 Pers., best. aus 2 Zi.) m. Bad od. Dusche, WC: 300-330 F (2 Pers.); Suite (2-5 Pers.) 300-450 F ♦ Sonderpreise ab 7. Üb. u. vom 15. Sep. bis 15. Juni ♦ Frühst.: 30 F ♦ Abendessen auf Best.: 95 F ♦ Salon, Billard, Klavier ♦ Kl. Hunde erlaubt ♦ Schwimmbad, Fahrräder, Pétanque vor Ort ♦ Umgebung: Schlösser, Landhäuser; 27-Loch-Golfpl. (7 km), Tennis (800 m), Angeln (See u. Fluß), Reiten, Mountainbikes, Segeln, Kanu ♦ Man spricht Englisch u. Spanisch ♦ **Anreise** (Karte Nr. 23): 500 m westl. von Cancon, D 124 Rtg. Marmande.

Dieses große Herrenhaus liegt an der Grenze des Périgord. Die Inneneinrichtung ist elegant. Den Gästen stehen vier schöne, komfortable Zimmer zur Verfügung. Die Daunendecken in frischen Farben, die hübschen Tapeten und andere nette Details machen sie wirklich sehr reizvoll. Außerdem kann man von dem angenehmen Park mit Schwimmbad profitieren oder eine Partie Billard spielen. Herzliche Atmosphäre und gute Bewirtung mit regionaler Küche.

AQUITAINE

65 - Manoir de Roquegautier

Beaugas
47290 Cancon
(Lot-et-Garonne)
Tel. (0)5 53 01 60 75
Christian und Brigitte Vrech

♦ Von Apr. bis Okt. geöffn. ♦ 2 Zi. u. 2 Suiten (3-4 Pers.) m. Bad od. Dusche, WC: 370-400 F (2 Pers.), Suiten 595 F (3 Pers.), 635 F (4 Pers.) ♦ Frühst. inkl. ♦ Gemeins. Abendessen: 98 F (ohne Wein), Kinder: 68 F ♦ Zimmerreinigung auf Wunsch ♦ Salon, Klavier, Spielraum ♦ Tel. ♦ Haustiere nicht erlaubt ♦ Schwimmbad, Fahrräder vor Ort ♦ Umgebung: 27-Loch-Golfpl. (3 km), Reitcenter, Tennis, See; Schlösser von Bonaguil u. Biron, Montpazier, Villeréal, Monflanquin ♦ **Anreise** (Karten Nr. 23): 17 km nördl. von Villeneuve-sur-Lot über die N 21 Rtg. Cancon u. auf der N 21 bleiben.

Zwischen dem Périgord und der Region Landes gelegen, überragt der Landsitz *Roquegautier* Agrarland und Waldungen. Brigitte und Christian Vrech bemühen sich sehr, eine angenehme Atmosphäre zu schaffen. Die Zimmer, mit dicken Daunendecken und hübschen pastellfarbenen Vorhängen, sind renoviert, hell und sehr komfortabel. Das große Zimmer mit seinem schönen Gebälk und einem Rundturm wird Sie in Erstaunen versetzen. Ausgezeichnetes Abendessen. Charmanter Empfang.

66 - Cantelause

47120 Houeillès
(Lot-et-Garonne)
Tel. (0)5 53 65 92 71
M. und Mme Nicole und
François Thollon Pommerol

♦ Ganzj. geöffn. ♦ 2 Zi. m. Bad, WC im kl. Haus: 220 F (2 Pers., kein zusätzl. Kinderbett) ♦ Frühst.: 25 F ♦ Gemeins. Abendessen: 100-130 F ♦ Salon ♦ Hunde nicht erlaubt ♦ Golf vor Ort ♦ Umgebung: 18-Loch-Golfpl. (Wochenend-Pauschale) in Casteljaloux (20 km), Reiten, Tennis, Schwimmbad, See, Fahrräder, Besichtig. von Landhäusern u. Kapellen ♦ Man spricht Englisch, Deutsch, Italienisch u. Spanisch ♦ **Anreise** (Karte Nr. 29 u. 30): 20 km südl. von Casteljaloux Rtg. Houeillès über D 933, dann links D 156 u. D 154 Rtg. Durance, Houeillès 8 km entfernt.

Am Rande des Landes-Waldes und zwischen Kiefern liegt ein hübsches Haus mit einem rustikalen, aber ausgefallenen Nebengebäude. Zwei kleine, hübsch ausgestattete Zimmer mit sehr komfortablen Bädern stehen den Gästen zur Verfügung. Frühstück und Abendessen werden entweder im Haus der Gastgeber oder im Sommer draußen serviert. *Foie gras*, Brot und *brioches* sind hausgemacht. Diese besonders von Golfern (Pauschalpreise) geschätzte Adresse gefällt aber auch jenen, die Ruhe und eine gute Küche schätzen.

AQUITAINE

67 - Manoir du Soubeyrac

Envals
47150 Le Laussou
(Lot-et-Garonne)
Tel. (0)5 53 36 51 34
Fax (0)5 53 36 35 20
Claude Rocca

♦ Ganzj. geöffn. ♦ 4 Zi. u. 1 Suite (4 Pers.) m. Bad, WC u. Tel. (TV auf Wunsch): 350-550 F (2 Pers.) Suite: 800 F (3-4 Pers.) + 50 F (zusätzl Pers.) ♦ Frühst. inkl. ♦ Inidiv. od. gemeins. Essen: 130 F ♦ Salon, Bibliothek, Klavier ♦ Schwimmbad, Fahrräder, Balneotherapie (m. Pflanzenextrakten) vor Ort ♦ Umgebung: Angeln, Tennis, Waldwanderwege, Fitneßcenter, 27-Loch-Golfpl. (15 km); Landhäuser, Schlösser des Périgord, Musik- u. Theaterfestivals ♦ Man spricht Englisch ♦ **Anreise** (Karte Nr. 23): 20 km nördl. von Villeneuve-sur-Lot D 676 Rtg. Monflanquin. Dort Rtg. Monpazier über D 272, nach 2 km links Rtg. Envals über C3, dann ausgeschildert.

Dieser aus dem 17. Jahrhundert stammende Gutshof wurde mit jener Sorgfalt restauriert, die man gewöhnlich bei einem Familienbesitz anwendet. In einer wunderbaren Hügellandschaft gelegen, verfügt dieses Haus im Erdgeschoß über eine große Suite, über zwei (im Sommer) kühle, in der Dependance eingerichtete Zimmer und zwei weitere im Haupthaus. Alle haben Balneotherapie-Wannen. Im Speisesaal mit Blick auf die Landschaft können Sie M. Roccas hervorragende Küche (mit meist regionalen Produkten) genießen. Aufmerksamer Empfang.

68 - Frémauret

Roumagne
47800 Miramont-de-Guyenne
(Lot-et-Garonne)
Tel. (0)5 53 93 24 65
M. und Mme Claude Aurélien

♦ Ganzj. geöffn. ♦ 1 Suite m. Bad, WC u. kl. Salon: 230 F (1 Pers.), 290 F (2 Pers.) + 50 F (zusätzl. Pers.) ♦ Frühst. inkl. ♦ Gemeins. Abendessen auf Best.: 90 F (Hauswein inkl.); gastronom. Menü 170 F ♦ Umgebung: Schwimmbad, See, Tennis, Golf, Wanderwege; Duras, Pujols, Eymet ♦ Man spricht Spanisch ♦ **Anreise** (Karte Nr. 23): 21 km nordöstl. von Marmande über die D 933 Rtg. Miramont, dann die D 668 Rtg. Duras.

Dieses elegante Landhaus liegt zwischen Maisfeldern und Wiesen und stellt den Gästen sein ehemaliges Taubenhaus zur Verfügung. Dieses verfügt im Erdgeschoß über einen hübschen kleinen Salon und im ersten Stock über ein sehr angenehmes Schlafzimmer mit alten Möbeln aus Mahagoni, rosa Stoffen und einigen ausgewählten Gegenständen. Großes Bad mit modernem Komfort. Mme und M. Aurélien empfangen ihre Gäste besonders liebenswürdig. Zum Abendessen wird Ihnen eine exzellente Jahreszeiten-Küche mit zahlreichen hausgemachten Produkten serviert.

AQUITAINE

69 - Manoir de Barrayre

Le Laussou
47150 Monflanquin
(Lot-et-Garonne)
Tel. (0)5 53 36 46 66
und (0)5 53 36 32 48
Fax (0)5 53 36 55 26
Mme Marguerite Charles

◆ Ganzj. geöffn. (von Okt. bis Apr. auf Anfr.) ◆ 2 Zi. u. 1 Suite (4 Pers.-2 Zi.) m. Bad od. Dusche, WC: 350-405 F (2 Pers.); Suite: 625 F (4 Pers.). 1 App. (2 Pers.) sowie 1 App. (4 Pers.) m. Salon, Küche, Bad u. WC: 1250-2500 F pro Woche (2 Pers.), 1750-3500 F pro Woche (4 Pers.) ◆ Frühst. inkl. ◆ Gasthof 4 km entf. ◆ Salon, Billard ◆ Kl. Hunde erlaubt ◆ Schwimmbad ◆ Umgebung: Angeln, Reiten, Golf; Landgüter, Schlösser, Sarlat, Monbazillac ◆ Man spricht Englisch ◆ **Anreise** (Karte Nr. 23): 25 km nördl. von Villeneuve-sur-Lot über die D 676 bis Monflanquin, dann die D 272 Rtg. Monpazier; hinter Laurès links abbiegen, dann ausgeschildert.

Diese alte Priorei aus dem 12. Jahrhundert liegt inmitten der Natur und hat ihren mittelalterlichen Charakter bewahrt. Die Zimmer sind sehr groß und mit alten Möbeln und schönen Gemälden ausgestattet, und das dicke Mauerwerk aus Stein verleiht ihnen einen besonderen Reiz. Die unterschiedlich großen Badezimmer sind recht zufriedenstellend. Im Winter wird das Frühstück am Kamin serviert.

70 - L'Air du Temps

Mounet
47140 Penne-d'Agenais
(Lot-et-Garonne)
Tel. (0)5 53 41 41 34
Geneviève Bovy-Cazottes

◆ 2 Wo. im Feb. u. 2 Wo. im Nov. geschl. ◆ 3 Zi. m. Bad od. Dusche, WC: 220-240 F (2 Pers.) ◆ Frühst. inkl. ◆ Gemeins. u. individ. Essen: 100 F (ohne Wein) ◆ Kreditk. akz. ◆ Salon ◆ Tel. ◆ Umgebung: See u. Tennis (500 m), Wassersport (Fluß Lot, 2 km), Mountainbikes, Reitcenter, Wanderwege; Penne d'Agenais (500 m), Castelnau ◆ Man spricht Englisch u. Spanisch ◆ **Anreise** (Karte Nr. 30): In Agen Rtg. Cahors über die D 656, nach 15 km links Rtg. Laroque-Timbaut, dann Hautefage u. Penne. 200 m hinter dem See, am Kreuz.

Das Haus liegt auf halbem Weg zwischen Port de Penne und dem charmanten mittelalterlichen Dorf Penne-d'Agenais. Sobald man die Tür öffnet, ahnt man, daß einen hier angenehme Überraschungen erwarten. Im Erdgeschoß liegen auf der einen Seite, am schattigen Garten, drei Zimmer mit weißen Wänden und freundlichen Dekostoffen, allerlei Gegenständen und einem schönen Parkettboden aus hellem Holz. Auf der anderen Seite befindet sich ein großer heller Raum mit einem Sofa und Tischen, um in den Genuß der traditionellen und exotischen Küche von Mme Bovy-Cazottes zu kommen. Die Mahlzeiten werden im Sommer unter einem Vordach im Garten eingenommen. Viel Angenehmes in Aussicht!

AQUITAINE

71 - Château de Cantet

Cantet
47250 Samazan
(Lot-et-Garonne)
Tel. (0)5 53 20 60 60
Fax (0)5 53 89 63 53
M. und Mme J.-B. de la Raytrie

♦ Ganzj. geöffn. ♦ 2 Zi. m. Bad od. Dusche, WC: 260-280 F (1 Pers.), 280-300 F (2 Pers.), 1 Suite (4-5 Pers.) m. Dusche, WC: 460 F; zusätzl. Pers.: 90 F ♦ Frühst. inkl. ♦ Gemeins. Abendessen: 90 F (Wein inkl.) ♦ Zimmerreinigung auf Anfr. 2 mal wöchentl. ♦ Salon ♦ Hunde nicht erlaubt ♦ Schwimmbad, 3 Pferdeboxen, Reiten, Fahrräder vor Ort ♦ Umgebung: 9-u.18-Loch-Golfpl. (15 km), See; Mas-d'Agenais, Marmande, Casteljaloux, im Aug. Musik-Festival ♦ Man spricht Englisch ♦ **Anreise** (Karte Nr. 29 u. 30): 10 km südwestl. von Marmande D 933 Rtg. Casteljaloux, Mont-de-Marsan. Hinter der Autobahnbrücke 2. Straße rechts, dann 2. Weg hinter Bahnübergang.

In diesem soliden Haus traditionellen Baustils, umgeben von Blumen und hohen Bäumen, ist der Empfang dynamisch und ungezwungen. Die im alten Stil möblierten Zimmer bieten einen Blick auf die Landschaft. Sie sind hell und sorgfältig ausgestattet. Ein Gästezimmer liegt im Erdgeschoß. Die Mahlzeiten werden am großen Tisch oder im Sommer draußen eingenommen. Ideal für Familien.

72 - Domaine de Clavié

Soubirous
47300 Villeneuve-sur-Lot
(Lot-et-Garonne)
Tel. (0)5 53 41 74 30
Fax (0)5 53 41 77 50
M. Diserens

♦ Vom 3. Jan. bis 1. März geschl. ♦ 4 Zi. m. Bad od. Dusche, WC: 600-800 F u. 1 kl. Haus m. 2 DZ, 2 Bädern, Aufenthaltsr. u. Küche: 1800 F pro Tag ♦ Frühst. inkl. ♦ Gemeins. Essen außer Mo u. Di auf Best. (indiv. Tische, 140 F ohne Wein) ♦ Salon ♦ Tel. ♦ Kreditkarten ♦ Haustiere nicht erlaubt ♦ Schwimmbad vor Ort ♦ Umgebung: 9- u. 18-Loch-Golfpl. (3 km) ♦ Man spricht Englisch u. Italiensch ♦ **Anreise** (Karte Nr. 30): 7 km nördl. von Villeneuve-sur-Lot über die N 21 Rtg. Bergerac. 7 km von Soubirous entf. An der Kreuzung links Rtg. Casseneuil, Saint-Livrade. Rechts, 500 m auf einer kleinen Straße, dann links; ausgeschildert.

Mitten auf dem Land und im Herzen einer großen Besitzung erwartet Sie dieses elegante Haus aus dem 17. Jahrhundert für einen Aufenthalt besonderer Art: große Zimmer mit wunderbaren alten Möbeln und luxuriösen Bädern, ein Innenhof, in dem im Sommer die köstlichen Mahlzeiten (vorwiegend regionale Produkte) auf prachtvollem Geschirr serviert werden. Außer den aufmerksamen, freundlichen Gastgebern werden Sie hier den großen Komfort und die wohltuende Ruhe schätzen.

AQUITAINE

73 - Les Huguets

47300 Villeneuve-sur-Lot
(Lot-et-Garonne)
Tel. (0)5 53 70 49 34
Fax (0)5 53 70 49 34
Ward und Gerda Poppe-Notteboom

♦ Ganzj. geöffn. ♦ 4 Zi. m. Bad, WC: 250 F (2 Pers.) ♦ Frühst.: 35 F ♦ Gemeins. Essen: 70 F (mittags), 100 F (abends/Aperitif u. Wein inkl.) ♦ Salon ♦ Tel. ♦ Hunde auf Anfr. erlaubt ♦ Schwimmbad, Tennis, Reiten, Sauna; Musikabende am Lagerfeuer vor Ort u. von Herrn Poppe-Notteboom organisierte Besichtig. der Region ♦ Umgebung: Wasserski (Lot), Wanderungen, Angeln, Kanu/Kajak, 18-Loch-Golfpl. (15 km) ♦ Man spricht Englisch, Deutsch u. Flämisch ♦ **Anreise** (Karte Nr. 30): 4 km südl. von Villeneuve-sur-Lot über Umgehungsstr. Rtg. Cahors, 1. Straße rechts, dann sofort links, danach ausgeschildert.

Dieses große, rustikale, inmitten der Natur gelegene Haus wurde von einem jungen Paar aus dem flämischen Teil Belgiens ausgestattet, das sich mit seinen Kindern hier niedergelassen hat. Die Zimmer sind schlicht und hell, mit weitem Blick aufs Tal oder das alte Dorf Penne d'Agenais. Auf Wunsch begleitet der dynamische Herr Poppe Sie mit dem Pferd oder zeigt Ihnen die Gegend. Abends veranstaltet er zuweilen Musikabende. Sie können aber auch am Schwimmbad bräunen oder sich an einen ruhigen Platz im Garten zurückziehen. Regionale Küche (Bio-Gemüse), nette, zwanglose Atmosphäre.

74 - Moulin de Labique

Saint-Eutrope-de-Born
47210 Villeréal
(Lot-et-Garonne)
Tel. (0)5 53 01 63 90
Fax (0)5 53 01 73 17
Hélène und François
Boulet-Passebon

♦ 2 Wo. im Nov. geschl. ♦ 2 Suite (4 Pers.) u. 3 Zi. m. Bad, 1 Zi. m. Bad u./od. Dusche, WC: 280 F (1 Pers.), 440 F (2 Pers.) ♦ Frühst. inkl. ♦ Gemeins. od. individ. Essen: 110 F (Wein nicht inkl.) ♦ Kreditkarten außer Amex ♦ Salon ♦ Tel. ♦ Hunde auf Anfr. erlaubt ♦ Schwimmbad, Bassin, Reiten, Angeln (Teich u. Fluß) vor Ort ♦ Umgebung: Tennis (800 m), Wanderwege, 18-Loch-Golfpl. (7 km); Castelnaud, Besichtig. v. Landhäusern, Schlösser des Périgord, Weinstraße ♦ Man spricht Englisch ♦ **Anreise** (Karte Nr. 23): 45 km südöstl. von Bergerac über N 21 Rtg. Villeneuve-sur-Lot, dann in Cancon D 124 links Rtg. Monflanquin. In Beauregard links Rtg. Saint-Vivien, 2. Straße rechts, dann ausgeschildert.

Der graublaue Ton der Fensterläden gibt unmittelbar den raffinierten Ton dieses schönen rustikalen Hauses aus dem 17. Jahrhundert an. Im Stammhaus teilen sich zwei Zimmer ein sehr großes Badezimmer im alten Stil und eine große, kühle Terrasse - ideal für Familien und Freunde. In den Dependancen oberhalb der Mühle verbinden zwei Zimmer und eine Suite modernen Komfort mit Eleganz. Aufhalten können Sie sich ferner im komfortablen Salon, am Schwimmbad oder im ruhigen, schattigen Garten. Ein sehr gutes Haus.

AQUITAINE

75 - **Sauveméa**

64350 Arroses
(Pyrénées-Atlantiques)
Tel. (0)5 59 68 16 01
und (0)5 59 68 16 08
José und Annie Labat

♦ Ganzj. geöffn. ♦ 4 Zi. u. 1 Suite (4 Pers.) m. Bad, WC: 240 F (1 Pers.), 260 F (2 Pers.); Suite: 450 F (4 Pers.) ♦ Frühst. inkl. ♦ Speisenangebot im Landgasthof vor Ort: 70 F (Wein inkl.) ♦ Salon ♦ Hunde im Zi. nicht erlaubt ♦ Schwimmbad, Angeln, Pferdeboxen u. Reiten (Ausritte in Begleitung) vor Ort ♦ Umgebung: Weinberge von Madiran ♦ Man spricht Englisch ♦ **Anreise** (Karte Nr. 29): 44 km nördl. v. Tarbes über die D 935 Rtg. Aire-sur-l'Adour, D 248 u. D 48 bis Madiran, D 66 Rtg. Arroses, dann die D 292.

Ein ausgesprochen schönes Herrenhaus und ein großzügig angelegtes Bauernhaus für Gäste. Der Innenausbau ist bemerkenswert, für die Einrichtung wurde helles Holz gewählt. Die Zimmer und Bäder sind ruhig, komfortabel und groß. Das Frühstück wird in einem großen Salon gereicht. Die abends angebotenen Menüs sind exzellent. Vom Schwimmbad aus hat man einen schönen Blick auf die Landschaft und den unterhalb gelegenen See.

76 - **Château Saint-Jean**

1, rue de l'Église
64420 Artigueloutan
(Pyrénées-Atlantiques)
Tel. (0)5 59 81 84 30
Fax (0)5 59 81 84 20
Christiane und Patrice Nicaise

♦ Ganzj. geöffn. ♦ 4 Zi. u. 1 Suite (3 Pers.) m. Bad od. Dusche, WC u. TV: 350 F (1 Pers.), 380 F (2 Pers.); Suite: 620 F (2 Pers.) + 130 F (zusätzl. Pers.) ♦ Frühst.: 45 F ♦ Rest. mittags u. abends vor Ort: Menüs 105-240 F u. Karte (ohne Wein) ♦ Salon ♦ Hunde nicht erlaubt ♦ Schwimmbad, Tennis (+ 30 F), Forellenangeln am Bach, Reitplatz (60 F pro Std.), Spazierfahrten m. Pferdekutsche (100 F/1-4 Pers.) vor Ort ♦ Umgebung: 18-Loch-Golfpl. (15 km), Ski, Langlauf u. Piste (40 km); Schloß Pau, Grotten von Betharam (10 km) ♦ Man spricht Englisch ♦ **Anreise** (Karte Nr. 29): 10 km östl. von Pau über N 117 Rtg. Tarbes, Lourdes. Nach 10 km, in Artigueloutan, ausgeschildert. Im Dorf, neben der Kirche.

Dieses erstaunliche Gebäude mit Mauerzinnen kann einen schönen Park vorweisen, der teilweise mit Ponys, Enten, Zwergziegen usw. bevölkert und vom Fluß Ousse umgeben ist. Sehr angenehme, gut möblierte Zimmer. Alles wurde erst kürzlich renoviert und ist in sehr gepflegtem Zustand. Das Brunch-Frühstück wird mit einem freundlichen Lächeln serviert. Zum Mittag- und Abendessen begibt man sich ins Nebengebäude.

AQUITAINE

77 - La Maison Marchand

Rue Notre-Dame
64240 La Bastide-Clairence
(Pyrénées-Atlantiques)
Tel. (0)5 59 29 18 27
Fax (0)5 59 29 14 97
Valerie und Gilbert Foix

♦ 2 Wochen im Jan. u. 1 Woche im Mai geschl. ♦ 5 Zi. (davon 2 m. Mezzanin für eine Familie m. Kindern) m. Bad od. Dusche, WC: 250-350 F (2 Pers.) + 70 F (zusätzl. Pers.) ♦ Frühst. inkl. ♦ Gemeins. Abendessen: ab 100 F (Wein inkl.) ♦ Visa (von Juli bis Sep.) ♦ Salon (m. TV) ♦ Hunde auf Anfr. erlaubt ♦ Umgebung: Reiten, Mountainbikes, Wanderwege, baskisches Ballspiel (*pelote basque*), Tennis, Schwimmbad (im Dorf); La Bastide-Clairence (Handwerkerdorf), prähistorische Grotten (Isturitz), baskische Feste, Kirche 13. Jh., Kuhrennen, Abtei von Belloc (2 km) ♦ Man spricht Englisch ♦ **Anreise** (Karte Nr. 28): 20 km östl. von Bayonne. Autob. A 64 (Bayonne/Pau), Ausf. 1.3 Rtg. Saint-Palais u. Bidache über die D 10. Im Dorf La Bastide-Clairence.

Das Haus liegt im Herzen dieses herrlichen befestigten Dorfes aus dem 14. Jahrhundert, in dem Handwerk und Traditionen noch immer ihren festen Platz haben. Bei der Ausstattung der *Maison Marchand* wurden Ziegelsteine und Holz verwendet, der Stil entspricht der ländlichen Umgebung, und überall kann man schöne Balken bewundern. Das Ganze vermittelt einen gepflegten und freundlichen Eindruck. Die Gästezimmer mit Mezzanin eignen sich besonders für Familien. Valérie und Gilbert Foix sind so gastfreundlich, daß man in diesem Haus mit viel Charme und Authentizität möglichst lange bleiben möchte.

78 - Irigoian

CD 911
Quartier Ilbarritz
64210 Bidart
(Pyrénées-Atlantiques)
Tel. (0)5 59 43 83 00
Fax (0)5 59 43 83 03
Sylvia und Philippe Etcheverry

♦ Ganzj. geöffn. ♦ Mind. 2 Üb. ♦ 5 Zi. m. Bad, WC, TV u. Tel.: 450 F (2 Pers.) ♦ Frühst. (Brunch): 40 F ♦ Kein Speiseangebot - Rest. 600 m weiter am Strand ♦ Salon mit Bibliothek ♦ Hunde nicht erlaubt ♦ Pausch. für Golfkurse u. Thalassotherapie ♦ Golfpl. von Ilbarritz u. Golfpractice unm. hinter dem Garten ♦ Umgebung: Strand (300 m), Wassersport, Reiten; Thalassotherapie (Les Thermes Marins, 800 m); der kleine Rhune-Zug, Meeresmuseum in Biarritz, Villa Argana in Cambo-les-Bains ♦ Man spricht Englisch u. Spanisch ♦ **Anreise** (Karte Nr. 28): 500 m südl. von Biarritz. Autob. A 63, Ausf. Biarritz, dann N 10 Rtg. Saint-Jean-de-Luz, 1. Ampel rechts, CD 911. Nach 800 m links.

Dieses Haus stammt aus dem 12. Jahrhundert und ist das älteste Bauernhaus an der baskischen Küste. In der ehemals landwirtschaftlichen Gegend befinden sich heute der Golfplatz von Ilbarritz und Wohnhäuser. Innen wurde eine komplette Restaurierung vorgenommen, und die Dekoration kann als sehr gelungen bezeichnet werden: edle Werkstoffe, farbiger Anstrich, Bilder von Uria Monzon. Große Zimmer mit Parkettböden und superben Bädern; die hier herrschende schlichte Eleganz hat eine beruhigende Wirkung (keinerlei Verkehrslärm dank der Doppelglasfenster). Frühstück für verwöhnte Gaumen. Ein Haus mit vielen Vorzügen und bestem Empfang.

AQUITAINE

79 - Trille

D 934
Route de Rébénacq
64290 Bosdarros-Gan
(Pyrénées-Atlantiques)
Tel. (0)5 59 21 79 51
Fax (0)5 59 21 66 98
Mme Christiane Bordes

♦ Ganzj. geöffn. ♦ 5 Zi. m. Bad od. Dusche, WC u. TV (separat. Eing.): 260 F (1 Pers.), 335 F (2 Pers.) ♦ Frühst. inkl. ♦ Kein Speisenangebot - Rest.: *Auberge Le Tucq* (100 m) ♦ Salon ♦ Tel. ♦ Nur kl. Hunde erlaubt ♦ Große Terrasse u. Innenhof ♦ Umgebung: Angeln, 18-Loch-Golfpl., Wanderwege, Abfahrtsski; kl. Zug in Artouste ♦ Man spricht Englisch u. Spanisch ♦ **Anreise** (Karte Nr. 29): 10 km südl. von Pau über die N 134 Rtg. Saragossa bis Gan; hinter der Winzergenossenschaft von Jurançon in Gan auf die D 934 Rtg. Rébénacq, Arudy, Laruns; nach ca. 3,5 km links.

Das *Trille* ist ein typisches, intensiv renoviertes Béarn-Haus. Die komfortablen und sehr gepflegten Zimmer bieten einen schönen Panoramablick über die hügelige Landschaft. Christiane Bordes, freundlich und redselig, macht es sichtlich Spaß, Gäste zu empfangen. Die angenehme Atmosphäre im ganzen Haus ist zum größten Teil ihr zu verdanken. Der freundliche Salon mit Kamin und Terrasse, wo schon mal etwas Straßenlärm zu hören ist, ist ausschließlich für die Gäste da. Hübsch präsentiertes, hervorragendes Frühstück.

80 - Château de Boues

Route d'Arette
La-Pierre-Saint-Martin
64570 Féas
(Pyrénées-Atlantiques)
Tel. (0)5 59 39 95 49
Mme Monique Dornon

♦ Vom 1. Apr. bis Ende Okt. geöffn. (u. auf Anfr.) ♦ 4 Zi. m. Bad, WC u. TV: 280 F (1 Pers.), 330 F (2 Pers.) ♦ Frühst. inkl. ♦ Kein Speisenangebot - mehrere Rest. im Ort (2 km) ♦ Tel. ♦ Hunde auf Anfr. erlaubt ♦ Schwimmbad ♦ Umgebung: Tennis, Golfpl. von Pau, Abfahrts- u. Langlaufski; La Madeleine, La Pierre-Saint-Martin, Baskenland ♦ Man spricht Englisch ♦ **Anreise** (Karte Nr. 29): 42 km südwestl. von Pau über die N 134 bis Gan, dann die D 24. In Oloron-Sainte-Marie Rtg. Saragossa bis zur Brücke, dann bis zur Ampel Rtg. Bayonne. Links, bis zur 2. Ampel, dann rechts Rtg. Arette (ca. 4 km). (Ein detaillierter Plan wird nach der Reservierung zugesandt.)

Hinter einer majestätischen Fassade verbirgt sich ein schlichtes, familiäres Interieur, in dem Monique Dornon ihre Gäste sehr aufmerksam empfängt. Die komplett renovierten Zimmer sind sehr komfortabel; wir empfehlen Nr. 4 (aber auch Nr. 3): klein, aber sehr hübsch mit dem blauen Dekostoff und dem Mobiliar aus dem späten 19. Jahrhundert. Von allen Zimmern hat man einen schönen Ausblick, und die Fenster verfügen über Doppelscheiben gegen den möglichen Straßenlärm. Das ausgezeichnete Frühstück wird in einem schönen Raum oder im Garten voller Blumen serviert.

AQUITAINE

81 - Ferme de Loutarès

64800 Haut-de-Bosdarros
(Pyrénées-Atlantiques)
Tel. (0)5 59 71 20 60
Fax (0)5 59 71 26 67
Mme Pucheu de Monteverde

♦ Ganzj. geöffn. ♦ Mind. 2 Üb. ♦ 6 Zi. m. Bad oder Dusche, WC: 225 F (1 Pers.), 295 F (2 Pers.) + 70 F (zusätzl. Pers.) ♦ Frühst. inkl. ♦ Gemeins. od. indiv. Mittag- u. Abendessen: 80 F (ohne Wein) ♦ HP ist Bedingung ♦ Zimmerreinigung zweimal wöchentl. ♦ Salon ♦ Hunde auf Anfr. erlaubt ♦ Schwimmbad, Reiten, Fitneßvorrichtungen, Sauna, heiße Bäder vor Ort ♦ Umgebung: 18-Loch-Golfpl. (20 km) Ski (Langlauf u. Abfahrt, 45 km), Rafting ♦ Man spricht Englisch und Spanisch ♦ **Anreise** (Karte Nr. 29): 20 km südl. von Pau. Rtg. Nay über Gelos bis Arros-Nay, dann ausgeschildert.

An einer kleinen, gewundenen Straße und in der großzügigen Natur der Berge des Béarn liegt dieser hübsche, rustikale Häuserkomplex an einem gepflegten Garten mit großem Schwimmbad. Außer zwei Gästezimmern, die in einem älteren Haus untergebracht sind, sind die Zimmer klein und eher schlicht. Der Frühstücks- und Aufenthaltsraum ist groß und ausgesprochen freundlich. Ruhe, Wandern und Fitneßtraining. Sehr nette Betreuung.

82 - Le Lanot

64520 Sames
(Pyrénées-Atlantiques)
Tel. (0)5 59 56 01 84
Mme Liliane Mickelson

♦ Ganzj. geöffn. ♦ 3 Zi. m. Dusche, WC: 275 F (1 Pers.), 325 F (2 Pers.) + 70 u. 140 F (zusätzl. Pers.) ♦ Frühst. inkl. ♦ Gemeins. Abendessen auf Best.: 150 F u. Rest. in Umgeb. ♦ Wintergarten ♦ Hunde auf Anfr. erlaubt ♦ Umgebung: Golfpl. (30 km), See, Angeln, Reiten (2 km); Saint-Jean-de-Luz, Saint-Jean-Pied-de-Port, Bayonne, Biarritz ♦ Man spricht Englisch und Spanisch ♦ **Anreise** (Karte Nr. 29): 6 km südwestl. von Peyrehorade (Autobahnausf.), der Ausschilderung *Le Lanot* folgen (über Hastingues, Sames-Borug u. Route de Bidache).

Dieses baskische Haus aus dem 18. Jahrhundert liegt unweit vom Adour. Es ist sehr schön eingerichtet und verfügt über drei komfortable Zimmer, in denen die Stile und Farben zwar gemischt, aber gut aufeinander abgestimmt und somit gelungen sind. Auch in den hübschen Bädern kommt die Sorgfalt zum Ausdruck, mit der man sich im *Lanot* um die Gäste kümmert. Die Gastgeberin, Liliane Mickelson, weiß viel Interessantes über ihre Gegend zu berichten. Wenn Sie es wünschen, werden Sie beim reichhaltigen und exzellenten Frühstück, das im Wintergarten serviert wird, viel über diese Region erfahren!

AQUITAINE

83 - Larochoincoborda

64310 Sare
(Pyrénées-Atlantiques)
Tel. (0)5 59 54 22 32
M. und Mme Berthon

♦ Ganzj. geöffn. auf Anfr. ♦ Mind. 2 Üb. ♦ Nichtraucher-Zi. ♦ Kinder unter 12 J. nicht erwünscht ♦ 2 Zi. m. Bad, WC: 260 F (1 Pers.), 300 F (2 Pers.), 400 F (3 Pers.) ♦ Frühst. inkl. ♦ Gemeins. Abendessen auf Best.: 85 F (außerhalb der Saison), Rest. im Dorf sowie *ventas* in Spanien ♦ Hunde nicht erlaubt ♦ Salon ♦ Umgebung: Wanderwege, 18-Loch-Golfpl. (14 km), Tennis u. Schwimmbad, Meer (14 km); Besichtig. von Sare (Dorf u. prähist. Grotten), baskische Dörfer, Saint-Jean-de-Luz, Spanien (3 km) ♦ Man spricht Englisch ♦ **Anreise** (Karte Nr.28): 15 km südöstl. von Saint-Jean-de-Luz Rtg. Ascain u. Sare. Dort Route de Vera (ausgeschildert); das Haus liegt 2,5 km vom Dorf entfernt.

Erst muß man einen langen, das Rhune-Massiv hochkletternden Weg hinter sich bringen, dann entdeckt man dieses schöne Baskenhaus, das in einem geschützten Gebiet liegt. Es verfügt über sehr angenehme kleine Zimmer; sie sind komfortabel und gut gepflegt. Das Frühstück wird entweder in einem freundlichen Raum mit geschmackvoller Ausstattung oder auf der Terrasse serviert. Von dort hat man einen wunderbaren Blick auf Hügel, Weiden mit Mäuerchen, eine schöne Vegetation und hier und da auf baskische Häuser. Besonders freundlicher Empfang.

84 - Maison Dominxenea

Quartier Ihalar
64310 Sare
(Pyrénées-Atlantiques)
Tel. (0)5 59 54 20 46 (Hôtel Arraya)
Fax (0)5 59 54 27 04 (Hôtel Arraya)
M. Jean-Baptiste Fagoaga

♦ Vom 7. Nov. bis 15. Apr. geschl. ♦ 3 Zi. m. Bad od. Dusche, WC: 300-350 F (2 Pers.) ♦ Frühst. inkl.
♦ Kein Speisenangebot - Rest. im Dorf ♦ Salon (TV), Telefonzelle im Hotel Arraya ♦ Hunde nicht erlaubt
♦ Umgebung: Schwimmbad, Tennis, Wanderwege, jegl. Sport an der baskischen Küste, 18-Loch-Golfpl. (13 km); Ausflüge nach Saint-Sebastian, Pamplona, Loyala u. in baskische Dörfer
♦ Man spricht Englisch, Deutsch u. Spanisch ♦ **Anreise** (Karte Nr. 28): 1 km nördl. von Sare. Wenn Sie sich zum Hotel Arraya (am Dorfplatz von Sare) begeben, wird man Sie zur *Maison Dominxenea* begleiten.

In diesem kleinen baskischen Dorf gibt es kein einziges Haus, das nach dem 17. Jahrhundert erbaut wurde. In diesem wunderbaren Dekor liegt *Dominxenea*. Die hübsch tapezierten Zimmer sind sehr angenehm, verfügen über bequeme Betten und große Bäder. Beim Erwachen erwartet Sie auf einem Tablett ein exzellentes Frühstück, das Sie einnehmen können, wo Sie möchten: im Speiseraum oder auf der Terrasse (mit Blick aufs Dorf oder die Natur). Ein freundlicher Ort, an dem man sich vollkommen unabhängig fühlt. Im Sommer wird dieses Haus zur Dependance des Hotels Arraya, das von der Tante des Besitzers von *Dominxenea* geführt wird.

AQUITAINE

85 - Olhabidea

64310 Sare
(Pyrénées-Atlantiques)
Tel. (0)5 59 54 21 85
Mme Jean Fagoaga

◆ Von März bis Ende Nov. geöffn. ◆ 3 Zi. u. 1 Suite (4 Pers.) m. Bad, WC: 250 F (1 Pers.), 300-350 F (2 Pers.) ◆ Frühst. inkl. ◆ Kein Speisenangebot - zahlr. Rest. in der Nähe ◆ Salon ◆ Hunde nicht erlaubt ◆ Reiten vor Ort (Wochenend-Pauschale) ◆ Umgebung: Golf (14 km), Schwimmbad, Tennis, Bergwanderungen, Meer; Dörfer (unter Denkmalschutz), Spanien (3 km) ◆ Man versteht Englisch ◆ **Anreise** (Karte Nr. 28): 14 km südöstl. von Saint-Jean-de-Luz; A 63, Ausf. Saint-Jean-de-Luz Nord, dann die D 918 Rtg. Ascain und Sare (D 4), Ausf. Sare Rtg. Saint-Pée/Nivelle (2 km). Rechts, gegenüber der alten Kapelle, ausgeschildert.

Ein hervorragender Ort, um das Baskenland näher kennenzulernen. Der Komfort und die Inneneinrichtung dieses Hauses konkurrieren mit der phantastischen umliegenden Landschaft. Handgestickte Bettwäsche, Radierungen, kräftige Holzdachbalken, Balustraden, Terrakotta... lauter Harmonie. Und die Freundlichkeit von Mme Fagoaga setzt das Pünktchen aufs "i".

86 - Ferme de Pinodiéta

Route d'Aïnhoa
par col de Pinodiéta
64250 Souraïde
(Pyrénées-Atlantiques)
Tel. (0)5 59 93 87 31
M. Jean-Roger Massonde

◆ Im Dez. u. Jan. geschl. ◆ 5 Zi. (1 m. 2 Betten) m. Bad od. Dusche, WC: 200-230 F (2 Pers.), 190-210 F (2 Pers., mehr als 2 Üb.) + 60 F (zusätzl. Pers.) ◆ Frühst. inkl. ◆ Kein Speisenangebot - Rest. 2 km ◆ Zimmerreinigung (kein Bettenmachen) ◆ Kl. Hunde auf Anfr. erlaubt ◆ Pétanque, Spiele f. Kinder, touristische Tips; bei 7tägig. Aufenth. kostenl. Bergtouren im Geländewagen ◆ Umgebung: Golfpl. (3 km), Tennis, Schwimmbad (2 km), Atlantik (20 km), Radtouren, See Saint-Pée (4 km); Spanien (4 km) Aïnhoa (denkmalgeschütztes Dorf, 2 km) La Rhune (kleine Zahnradbahn, 10 km) ◆ **Anreise** (Karte Nr. 28): 20 km südl. von Bayonne Rtg. Cambo-Espelette, dann Straße nach Aïnhoa (zur Grenze).

Dieser kleine, auf einem Hügel gelegene Bauernhof bietet einen wunderbaren Blick auf Wiesen und entfernte Berge. Die Zimmer sind klein, rustikal und sehr komfortabel. Wer gut zu Fuß ist, kann hier von einem Dorf zum anderen wandern. Kein Speisenangebot, aber das Restaurant des Sohnes der Familie nur zwei Kilometer weiter: hübsche Terrasse, regionale Spezialitäten (Menüs und Karte). Joviale, freundliche Betreuung.

AUVERGNE - LIMOUSIN

87 - Château du Plaix

03170 Chamblet
(Allier)
Tel. (0)4 70 07 80 56
M. und Mme Yves de Montaignac
de Chauvance

♦ Ganzj. geöffn. (von Okt. bis Mai reserviert) ♦ Nichtraucher-Haus ♦ 1 Zi. u. 1 Suite m. Bad od. Dusche, WC u. 1 Zi. m. Bad u. WC außerh. des Zi.: 410 F (1 Pers.), 470 F (2 Pers.), 660 F (3 Pers.), 740 F (4 Pers.) ♦ Frühst. inkl. ♦ Kein Speiseangebot - Rest. in Commentry, Montluçon u. Reugny ♦ Salon ♦ Tel. ♦ Hunde nicht erlaubt ♦ Umgebung: Tennis (2 km), Schwimmbäder, Angeln (9 km), 18-Loch-Golfpl. (9 km); roman. Kirchen, Schlösser, Museen, Wälder (Tronçais, 40 km) ♦ Man spricht ein wenig Englisch ♦ **Anreise** (Karten 17): 9 km östl. von Montluçon. Autob. A 71, Ausf. 10 Montluçon, Rtg. Commentry, Chamblet. Dann 1 km Rtg. Montluçon, ab dem Hügel links ausgeschildert.

Dieses kleine Schloß, im 18. Jahrhundert von einem Vorfahr der Familie errichtet, wurde unlängst mit viel Gespür und Geschmack vollkommen aufgefrischt. Hier sind selbstverständlich alle Möbel alt und echt. Die sehr komfortablen Zimmer gehen auf den großen bewaldeten Park, sind sorgfältig ausgestattet und verfügen über neue Bäder. Das Frühstück (hausgemachte Kuchen und Konfitüren) wird in einem angenehmen Speiseraum mit Louis-XV-Täfelung gereicht. Die Betreuung ist von liebenswürdiger Eleganz.

88 - Château de Boussac

Target
03140 Chantelle-de-Boussac
(Allier)
Tel. (0)4 70 40 63 20
Fax (0)4 70 40 60 03
Marquis und Marquise de Longueil

♦ Vom 1. Apr. bis 30. Nov. geöffn. ♦ 4 Zi. u. 2 Suiten m. Bad, WC : 600-800 F (1-2 Pers.), Suite 950-1100 F (1-3 Pers.) ♦ Frühst.: 55 F ♦ HP: 1100 F pro Pers. im DZ (mind. 5 Üb.) ♦ Gemeins. Abendessen auf Best.: 260-320 F (Wein inkl.) ♦ Salon ♦ Visa, Amex ♦ Hunde auf Anfr. erlaubt (+ 100 F pro Tag) ♦ Umgebung: Tennis, Golf; roman. Kirchen ♦ Man spricht Englisch ♦ **Anreise** (Karte Nr. 25): 44 km östl. v. Montluçon über die A 71, Ausf. Nr. 11 Montmarault, dann D 46 u. D 42 Rtg. Chantelle.

Dieses herrliche Gebäude umfaßt verschiedene Baustile, die von der Strenge des Mittelalters bis zur Anmut des 18. Jahrhunderts reichen. Die Räume sind ganz nach alter Tradition eingerichtet; jedes Zimmer ist komfortabel und enthält einige Familienerinnerungen (auch die Dachzimmer sind sehr charmant; der dorthin führende Flur könnte allerdings etwas aufgefrischt werden). Sympathische Mahlzeiten, die besonders Liebhaber von Wildgerichten zur Jagdzeit sehr schätzen. Ein edles, mitten in der Natur gelegenes Haus.

AUVERGNE - LIMOUSIN

89 - Château de Fragne

03190 Verneix
(Allier)
Tel. (0)4 70 07 88 10
Fax (0)4 70 07 83 73
Comtesse Louis de Montaignac

♦ Vom 1. Mai bis 30. Sep. geöffn. (u. auf Anfr.) ♦ 4 Zi. u. 1 Suite (2 kl. Zi.) m. Bad, WC: 420 F (1 Pers.), 600 F (2 Pers.); Suite: 600 F (3 Pers.) ♦ Frühst.: 50 F ♦ Gemeins. Abendessen (ab 1. Juli; auch individ. Tische): 300 F (Wein inkl.) ♦ Empfänge f. Hochzeiten ♦ Salon ♦ Hunde auf Anfr. erlaubt ♦ Angeln (Teich vor Ort) ♦ Umgebung: Reitcenter, Golf ♦ Man spricht Englisch ♦ **Anreise** (Karte Nr. 17): 10 km nordöstl. von Montluçon. A 71, Ausf. Montluçon; D 94 Rtg. Montluçon (2 km), dann rechts D 39 Rtg. Verneix, am Stoppschild rechts; ausgeschildert.

Eine eindrucksvolle Allee endet an diesem Schloß, das in einem schönen Park gelegen ist. Alle Zimmer wurden renoviert: zarte Farben und alte Möbel. Die Bäder bieten ebenfalls Komfort. Vom Salon und Eßzimmer aus blickt man auf die Terrasse, auf der das Frühstück eingenommen werden kann. Ein sehr gelungenes Ambiente, in dem das Schloßleben früherer Zeiten auf eine elegante, aber schlichte Art fortgeführt wird. Gute Hausmannskost, ausgesprochen entspannte Atmosphäre und besonders liebenswürdige Betreuung.

90 - Château du Riau

03460 Villeneuve-sur-Allier
(Allier)
Tel. (0)4 70 43 34 47
Fax (0)4 70 43 30 74
M. und Mme Durye

♦ Ganzj. geöffn. ♦ 3 Zi. m. Bad od. Dusche, WC u. 1 zusätzl. Zi. (auch Suite f. 3-5 Pers.): 600-680 F (2 Pers.); Suite: 900 F (3-4 Pers.), 980 F (5 Pers.) ♦ Frühst. inkl. ♦ Gemeins. Abendessen auf Best.: 250 F (alles inkl.) ♦ Salon ♦ Hunde nicht erlaubt ♦ Umgebung: Schwimmbad, Tennis, Reiten, Golf; Wald von Tronçais, Arboretum von Balaine, Schlösser ♦ Man spricht Englisch ♦ **Anreise** (Karte Nr. 18): 15 km nördl. von Moulins über die N 7 bis Villeneuve-sur-Allier, dann die D 133.

Eine außergewöhnliche Zusammenstellung von Gebäuden bourbonischer Baukunst, die von Wassergräben umgeben sind. Die Zimmer sind noch ganz so, wie sie Gäste in früheren Jahrhunderten vorgefunden haben mögen. Jedes hat sein herrliches Mobiliar aus dem 18. Jahrhundert oder der Empire-Zeit bewahrt. Das Frühstück wird an einem großen Tisch im Speisesaal serviert, und gleich nebenan befindet sich der Salon, der ebenfalls sehr schön möbliert ist. Familiäre Atmosphäre, gehobener Stil.

AUVERGNE - LIMOUSIN

91 - Le Chalet

Les Ferrons
03160 Ygrande
(Allier)
Tel. (0)4 70 66 31 67
und (0)4 70 66 30 72
Mme Vrel

♦ Ganzj. geöffn. ♦ 5 Zi. m. Dusche, WC: 180 F (1 Pers.), 230 F (2 Pers.) + 60 F (zusätzl. Pers.) ♦ Frühst. inkl. ♦ Kein Speisenangebot - Rest.: *Le Pont de Chèvres* in Cosne-d'Allier (12 km) ♦ Hunde nicht erlaubt ♦ Umgebung: Schwimmbad, Tennis, künstl. See, Wald von Tronçais; Schlösser der Route Jacques-Cœur ♦ **Anreise** (Karte Nr. 17): 33 km westl. von Moulins über die D 953 bis Bourbon-l'Archambault; dann ausgeschildert.

In diesem kleinen Haus, das zu Beginn des Jahrhunderts gebaut wurde, werden Sie besonders freundlich aufgenommen. Die Zimmer sind von angenehmer Größe, schlicht, aber hübsch eingerichtet. Wir empfehlen ganz besonders die *chambre rose*. Mme Vrel wohnt nebenan und kommt jeden Morgen, um ihren Gästen ein reichhaltiges Frühstück in einem kleinen Aufenthaltsraum zu servieren, dessen Einrichtung uns allerdings ein wenig kalt erscheint. Ein schlichtes, preiswertes Haus.

92 - Château de la Vigne

15700 Ally
(Cantal)
Tel. (0)4 71 69 00 20
M. und Mme du Fayet de la Tour

♦ Von Ostern bis Allerheiligen geöffn. ♦ 3 Zi. m. Bad od. Dusche, WC: 600-700 F (2 Pers.); Suite: 700-800 F (2-4 Pers.) ♦ Frühst.: 35 F ♦ Abendessen auf Best. (individ. Tische): 200 F (Wein inkl.) ♦ Kl. Hunde auf Anfr. erlaubt ♦ Tennis vor Ort ♦ Umgebung: Angeln, 9-Loch-Golfpl., künstl. See ♦ Man spricht Englisch ♦ **Anreise** (Karte Nr. 24): 52 km nördl. von Aurillac über die D 922 u. die D 680 bis Ally, dann die D 681 Rtg. Mauriac.

Dieses sehr alte Schloß ist von viel Natur umgeben. Die Besitzer werden Sie wie alte Freunde empfangen. Das schöne Mobiliar aus dem Familienbesitz macht den besonderen Charme des Schlosses aus. Ein wunderbarer Salon und komfortable Zimmer, die dem einen elegant und dem anderen großartig erscheinen mögen, stehen den Gästen zur Verfügung. Das Frühstück wird Ihnen zur gewünschten Zeit serviert. Vor Ihrer Abreise sollten Sie das ganze Schloß besichtigen - die Gastgeber werden es Ihnen gerne zeigen.

AUVERGNE - LIMOUSIN

93 - Château de Bassignac

15240 Bassignac
(Cantal)
Tel. u. Fax (0)4 71 40 82 82
M. und Mme Besson

♦ Von Ostern bis Allerheiligen geöffn. (im Winter auf Anfr.) ♦ 3 Zi. m. Bad, WC: 450-550 F (2 Pers.); 1 App. (3-4 Pers.) m. 2 Zi., Diele, Bad, WC: 710 F (4 Pers.) ♦ Frühst. inkl. ♦ HP (mind. 3 Üb.): 430-480 F pro Pers. im DZ ♦ Gemeins. Abendessen auf Best.: 250 F (Wein inkl.) ♦ Salon ♦ Hunde auf Anfr. erlaubt ♦ Angeln; Maleratelier (50 m^2) u. Ausstellungsraum (Kurse, Inf. vor Ort) ♦ Umgebung: Golf, Langlauf- u. Abfahrtsski; roman. Kirchen, Schlösser ♦ Man spricht Englisch ♦ **Anreise** (Karte Nr. 24): 67 km nördl. von Aurillac über die D 922, 12 km von Bort-les-Orgues entf., dann die D 312 Rtg. Brousse.

Dieses Schloß "mit Charakter" liegt inmitten einer hügeligen, bewaldeten Landschaft. Die in warmen Tönen gehaltenen Räume des Erdgeschosses geben unmittelbar den Ton an. Die Zimmer haben bürgerlichen Charme, sind mit Möbeln aus dem 19. Jahrhundert eingerichtet und mit hübschen Stoffen und Nippsachen verschönt. Ein Kaminfeuer begleitet häufig das sehr zufriedenstellende Abendessen. Die Kinder der Hausbesitzer führen einen Bauerngasthof am Eingang des Parks.

94 - Barathe

15130 Giou-de-Mamou
(Cantal)
Tel. (0)4 71 64 61 72
Isabelle, Pierre und Julien Breton

♦ Ganzj. geöffn. ♦ 5 Zi. m. Dusche, WC ♦ Gemeins. Abendessen ♦ HP: 190 F pro Tag u. Pers. im DZ (Wein inkl.); Sonderpreise f. Kinder ♦ Salon ♦ Hunde nicht erlaubt ♦ Umgebung: Reiten, Tennis (3 km), Schwimmbäder, 9-Loch-Golfpl. (5 km), Ski (Langlauf u. Piste); das Dorf Salers, Tournemire, Schloß Anjony, Kammstraße (Route des Crètes), Berg Puy Mary ♦ **Anreise** (Karte Nr. 24): 8 km östl. von Aurillac über N 122 Rtg. Clermont-Ferrand, 7 km weiter links Rtg. Giou-de-Mamou, ausgeschildert.

Dieser sehr alte, in einer wunderbaren Landschaft gelegene Landsitz, auf dem man die Glocken der Kühe von Salers vernimmt, hat die Atmosphäre früherer Zeiten bewahrt. Der große Speisesaal mit seinen alten Möbeln und seiner prächtigen *souillarde* (ehem. Geschirrspülraum) ist absolut authentisch. Die Zimmer sind zwar klein, aber komfortabel und für Kinder geeignet. Heiteres gemeinsames Essen (oft im Goldenen Buch erwähnt), häufig mit Produkten des Bauernhofs zubereitet. Ganz besonders netter Empfang. Ein rustikales Haus, ideal für Familien.

AUVERGNE - LIMOUSIN

95 - Lou Ferradou

Lieu-dit Caizac
15130 Saint-Étienne-de-Carlat
(Cantal)
Tel. (0)4 71 62 42 37
Jacky und Francine Balleux

♦ Ganzj. geöffn. ♦ Nichtraucher-Zi. ♦ 2 Zi. u. 3 Suiten (2-4 Pers.) m. Bad od. Dusche, WC: 220 F (2 Pers.)-370 F (4 Pers.), 260 F (2 Pers.)-400 F (4 Pers.) im Maisonnette-Zi. ♦ Frühst. inkl. ♦ Gemeins. Essen: ca. 80 F (inkl. Wein) ♦ Hunde nicht erlaubt ♦ Salon ♦ Umgebung: Flußangeln, 9-Loch-Golfpl. (6 km), Langlaufski (15 km), Wander- und Reitwege (Berge des Cantal); Schlösser ♦ **Anreise:** 15 km südöstl. von Aurillac über die D 920 Rtg. Rodez. In Arpajon-sur-Cère links die D 990 Rtg. Mur-de-Barrez (10 km). Die Route de Saint-Étienne-de-Carlat links liegenlassen und 500 m weiter auf die Route de Caizac (1,5 km).

Francine und Jacky haben Paris verlassen, um diesen alten Bauernhof zu retten, der oberhalb eines kleinen Tales liegt. Im Gemeinschaftsraum, wo oft ein Feuer im Kamin knistert, steht ein großer Tisch, an dem man angenehm sitzt und hervorragend ißt. Hier ist die Ausstattung rustikal und ein wenig karg, die der Zimmer ist entschieden freundlicher. Sie wurden vollständig renoviert und sind angenehm, komfortabel und gepflegt (zu einigen hat man direkten Zugang). Ein schönes schlichtes Haus mit hervorragendem Preis-Leistungsverhältnis.

96 - Chez M. et Mme Prudent

Rue des Nobles
15410 Salers
(Cantal)
Tel. (0)4 71 40 75 36
M. Philippe Prudent

♦ Ganzj. geöffn. ♦ 6 Zi. m. Bad, WC: 201 F (1 Pers.), 222 F (2 Pers.), 273 F (3 Pers.) ♦ Frühst. inkl. ♦ Kein Speisenangebot - zahlr. Rest. im Dorf ♦ Visa ♦ Umgebung: Schwimmbad, Angeln, Reiten, Langlauf- u. Abfahrtsski, Bergsteigen mit Führer, Besichtig. des Dorfes, Vulkanpark der Auvergne, monolith. Kapelle ♦ Man spricht Englisch u. Deutsch ♦ **Anreise** (Karte Nr. 24): 47 km nördl. v. Aurillac. Aus Clermont kommend: D 922 bis Mauriac, dann D 122 u. D 22; im Zentrum von Salers bis zum Platz Tyssendier-d'Escous, 1. kleine Straße links.

Das Dorf Salers, ganz aus Vulkangestein gebaut, ist ein Kleinod aus dem Mittelalter, das seinen ursprünglichen Charakter über die Jahrhunderte zu bewahren verstand. In diesem angenehmen Haus sind die Zimmer klein, schlicht, komfortabel und gepflegt. Die Zimmer mit Blick auf die Vulkanberge sind vorzuziehen. Das gute Frühstück wird mit einem stets freundlichen Lächeln serviert, entweder auf dem Zimmer oder in einem entzückenden Garten mit herrlichem Blick. Sehr angenehme Atmosphäre und ein besonders günstiges Preisniveau.

AUVERGNE - LIMOUSIN

97 - Château d'Arnac

Nonards
19120 Beaulieu-sur-Dordogne
(Corrèze)
Tel. (0)5 55 91 54 13
Fax (0)5 55 91 52 62
Joe und Jill Webb

◆ Weihnachten geschl. ◆ 3 Zi. m. Bad, 1 Zi. m. Dusche, WC: 440 F (Juli/Aug.), 340 F (Vor- u. Nachsaison) ◆ Frühst. (engl.): 40 F ◆ Sonderpr. bei läng. Aufenth. ◆ Gemeins. od. individ. Abendessen: 100 F (Wein inkl.) ◆ Kreditkarten ◆ Zimmerreinigung tägl., frische Bettw. alle 3 Tage ◆ Salon ◆ Tel. ◆ Hunde auf Anfr. erlaubt ◆ Flußangeln, Tennis, Schwimmbad vor Ort ◆ Umgebung: Schwimmbad (8 km), Reiten (25 km), Kanu, Wanderwege, Golfpl. Coiroux (35 km); die Dordogne, Collonges-la-Rouge, Saint-Céré ◆ Man spricht Englisch ◆ **Anreise** (Karte Nr. 24): 50 km südwestl. von Brive. Hinter Brive Rtg. Aurillac, Beaulieu über D 38. Vor Beaulieu an der Kreuzung der D 940 rechts (1 km); dann links, dem Friedhof gegenüber.

Château d'Arnac, in wunderbarer Umgebung gelegen, ist ein Schloß und gleichzeitig ein englisches Haus. Die großen, hellen Zimmer mit ihren Kaminen zeugen von der Atmosphäre vergangener Zeiten. Mrs. Webb hat sie schön hergerichtet und mit britischem Komfort ausgestattet. Die großen Badezimmer sind modern und angenehm. Der Salon, in dem im Winter das Abendessen serviert wird, liegt im Erdgeschoß. Selbstverständlich ist das Frühstück englisch. Ein perfektes "Bed and Breakfast" auf französische Art!

98 - La Maison

11, rue de la Gendarmerie
19120 Beaulieu-sur-Dordogne
(Corrèze)
Tel. (0)5 55 91 24 97
Fax (0)5 55 91 51 27
Christine und Jean-Claude Henriet

◆ Von Okt. bis Ostern geschl. ◆ 5 Zi. u. 1 Suite (2-4 Pers.) m. Bad od. Dusche, WC: 200-240 F (1 Pers.), 280-320 F (2 Pers.) + 70 F (zusätzl. Pers.); Suite 450 F (4 Pers.) ◆ Frühst. inkl. ◆ Gemeins. Essen: 90 F (Wein inkl.) ◆ Salon-Bar ◆ Hunde nicht erlaubt ◆ Umgebung: Schwimmbad, Kanu/Kajak, Tennis, Angeln, zwei 18-Loch-Golfpl. (30 km); sehr schöne Dörfer, Schlucht von Padirac, Rocamadour, Collonges-la-Rouge ◆ Man spricht Englisch ◆ **Anreise** (Karte Nr. 24): 40 km südl. von Brive. Autob. A 20, Ausf. Noailles, erst Rtg. Collonges-la-Rouge, dann Beaulieu.

Mehr als von Beaulieu, einem unwiderstehlich schönen, mittelalterlichen Dorf, ließ man sich für dieses erstaunliche Haus aus dem 19. Jahrhundert von mexikanischer Architektur inspirieren. Hier rahmen backsteinfarbene, zu den Zimmern führende Gänge den Patio ein. Die Gästezimmer *La Provençale*, *Les Caricatures* und *Les Indiens* zeugen nicht nur von der überbordenden Phantasie, sondern auch vom sicheren Geschmack der Henriets. Das hervorragende Frühstück wird in der *Bar des Sports* serviert, in der die Atmosphäre der dreißiger Jahre herrscht. Ein prachtvolles, sehr gastfreundliches Haus, das Sie sich nicht entgehen lassen sollten.

AUVERGNE - LIMOUSIN

99 - Domaine des Tilleuls

La Seiglière
23200 Aubusson
(Creuse)
Tel. (0)5 55 83 88 76
Fax (0)5 55 66 38 15
M. und Mme Sheridan

◆ Ganzj. geöffn. ◆ Kinder unter 12 J. nicht erwünscht ◆ 3 Zi. m. Dusche, WC u. 1 Zi. m. Waschb., WC: 250 F (2 Pers.) ◆ Frühst. inkl. ◆ Gemeins. Abendessen: 100 F (Wein inkl.) - Rest. in Aubusson (2 km) ◆ Salon ◆ Hunde nicht erlaubt ◆ Schwimmbad ◆ Umgebung: Tapisserie-Museum u. Werkstätten in Aubusson, See von Vassivières; Golfpl. (35 km), Reitcenter ◆ **Anreise** (Karte Nr. 24): 2 km östl. von Aubusson; am Ortseingang von La Seiglière.

Der Engländer Marc Sheridan kam hierher, um in diesem einladenden Herrenhaus Gäste zu empfangen. Die Zimmer haben angenehme Proportionen und ihr Mobiliar aus dem späten 19. Jahrhundert paßt gut zu den etwas altmodischen Tapeten. Alle Gästezimmer sind komfortabel und ruhig, auch wenn die (unsichtbare) Straße hin und wieder zu hören ist. Vom sehr eleganten Wohn- und Eßzimmer blickt man auf den Garten; es ist englisch eingerichtet und verfügt über einige Gemälde sowie tiefe Chesterfield-Sofas. Ein gutes Quartier in unmittelbarer Nähe von Aubusson.

100 - La Chapelle Saint-Martial

23250 La Chapelle-
Saint-Martial
(Creuse)
Tel. und Fax (0)5 55 64 54 12
Alain Couturier

◆ Ganzj. geöffn. ◆ 4 Zi. m. Bad od. Dusche, WC u. TV: 260-350 F (2 Pers.) + 50 F (zusätzl. Pers.) ◆ Frühst. inkl. ◆ Kein Speisenangebot - Rest. (gastronom.) 4 km u. 5 km entf. ◆ Salon ◆ Hunde auf Anfr. erlaubt ◆ Schwimmbad vor Ort ◆ Umgebung: Tennis, Angeln (zahlreiche Bäche und Teiche), Wanderwege (*sentiers de grande randonnée*); Plateau des Millevaches, Dorf Moutier-d'Ahun, Schlösser von Villemonteix, Aubusson-Tapisserien (25 km) ◆ Man spricht Englisch ◆ **Anreise** (Karte Nr. 24): 22 km südöstl. von Guéret über die D 940 Rtg. Limoges. Kurz vor Pontarion die D 13 Rtg. Ahun. Im Dorf La Chapelle-Saint-Martial.

Die Straße wird von einigen Häusern gesäumt, es gibt einen See und, soweit das Auge reicht, hügelige Weiden und Wälder. Eines dieser Häuser verfügt über prachtvolle Innenräume mit Blick auf einen kleinen grünen Garten. Die Ausstattung der sehr komfortablen Gästezimmer ist vorbildlich und sehr geschmackvoll: altes, schön poliertes Mobiliar, elegante Stoffe, weiche, beigefarbene Teppichböden (außer in der *Petite*, dem Gartenzimmer), ausgewählte Bilder. Hier ist einfach alles perfekt. Eine hochinteressante Adresse, und die Preise sind unschlagbar.

AUVERGNE - LIMOUSIN

101 - Le Celivier

Paulagnac
43500 Craponne-sur-Arzon
(Haute-Loire)
Tel. (0)4 71 03 26 37
M. und Mme Champel

♦ Ganzj. geöffn. ♦ Nichtraucher-Haus ♦ 5 Zi. m. Dusche u. eig. WC (3 außerh. des Zi.): 295 F (2 Pers.), 280 F (2 Pers.) bei mind. 3 Üb. ♦ Frühst. inkl. ♦ Kein Speisenangebot - Rest. 3 bzw. 9 km entf. ♦ Salon ♦ Hunde nicht erlaubt ♦ Umgebung: Angeln (2 km), Pilze, zahlreiche Wanderwege; "Country"-Festival im Dorf, "Chaise-Dieu"-Festival im Dorf Chalançon, Altstadt von Le Puy ♦ Man spricht Englisch ♦ **Anreise** (Karte Nr. 25): 40 km nördl. von Le Puy. In Ambert auf die D 906 Rtg. Le Puy. In Arlanc die D 202 Rtg. Craponne. In Craponne die D 498 Rtg. St-Étienne (3,5 km), dann links ausgeschildert.

Dieses alte Haus liegt auf einem wunderschönen hügeligen Plateau des Livradois. Sobald man das Haus betritt, ist man eingenommen von der Atmosphäre, die jeder Raum ausstrahlt: alte Täfelungen, große Steinkamine, schönes altes Mobiliar, Holzdecken usw. Hier ist alles sehr freundlich gestaltet, auch die gemütlichen Zimmer in frischen Farben. In diesem Haus geht es wirklich sehr harmonisch zu, und die liebenswürdige Betreuung wird Ihnen ebenfalls gefallen.

102 - Chez Christiane et Raymond Sdeï

Chamalières
Saint-Eblé
(Haute-Loire)
Tel. (0)4 71 77 12 26
Christiane und Raymond Sdeï

♦ Mitte Feb. bis Ende Sep. geöffn. ♦ 3 Zi. m. Dusche, WC u. Mezzanin: 150 F (1 Pers.), 205 F (2 Pers.), 255 F (3 Pers) ♦ Frühst. inkl. ♦ Gemeins. Abendessen auf Best.: 60 F (Wein inkl.) ♦ Zimmerreinigung auf Wunsch; frische Bettw. alle 4 Tage ♦ Salon ♦ Tel. ♦ Hunde nicht erlaubt ♦ Forellenangeln am Fluß, Bogenschießen, Tischtennis, Waldspaziergänge, Goldwaschen vor Ort ♦ Umgebung: Tennis, Schwimmbad, Reiten, Mountainbikes, Fluß-Wassersport (8 km), 9-Loch-Golfpl. (20 km), Skilanglauf (5 km); romanische Kirchen, Vulkane, Vorgeschichte, Paläontologie ♦ Man versteht Englisch u. spricht Italienisch ♦ **Anreise** (Karte Nr. 25): 32 km nordwestl. von Puy-en-Velay über N 102 Rtg. Clermond-Ferrand. An der Kreuzung Langeac links, nach 200 m wieder links, dann ausgeschildert.

Zu diesem rustikalen Haus fern jeglichen Lärms gelangt man über einen kleinen Weg. Das Haus, aus Steinen der Region erbaut, ist von Blumen umgeben. Die schlichten, aber modernen Zimmer mit Mezzanin wurden im angrenzenden früheren Heuschober eingerichtet. Christiane und Raymond Sdeï können Sie u. a. im Goldwaschen und in der Paläontologie unterweisen.

AUVERGNE - LIMOUSIN

103 - Les Bastides du Mézenc

43550 Saint-Front
(Haute-Loire)
Tel. und Fax (0)4 71 59 51 57
Paul und Nadège Coffy

♦ Ganzj. geöffn. ♦ 2 Zi. u. 2 Suiten (3 Pers.) m. Dusche, WC: 170 F (pro Pers.) ♦ Frühst.: 30 F ♦ nur 1 Pers. + 50 F ♦ Gemeins. Abendessen: 150 F (Qualitätswein inkl.) ♦ Salons (franz. Billard, Klavier) ♦ Hunde auf Anfr. erlaubt ♦ Angeln, "Abenteuer"-Wanderungen, Reiten, Pferdeboxen, 27 Schlittenhunde (der Schlitten wird vom Gastgeber gelenkt), Abfahrts-, Langlauf- sowie Schneetellerski vor Ort ♦ Umgebung: 18-Loch-Golfpl. (24 km), alte Dörfer, Schlösser u. roman. Kirchen ♦ Man spricht Englisch u. Spanisch ♦ **Anreise** (Karte Nr. 25): ca. 30 km südöstl. von Puy, Rtg. Valence über D 15; in Pandraux die D 36, dann die D 500 nach Fay; ausgeschildert.

Dieses Haus liegt verloren auf einer riesigen, mit Gräsern und Ginster bewachsenen Ebene, die vom Berg Mézenc (1754 m) überragt wird. Der große, wunderbare Aufenthaltsraum ist mit alten Möbeln, exotischen Gegenständen und Gemälden ausgestattet. Auch die Zimmer sind sehr gefällig, aber ganz besonders nett sind die köstlichen Abendessen, die stets mit viel guter Laune serviert und eingenommen werden. Die Umgebung und das besonders umfangreiche Freizeitangebot machen *Mézenc* zu einem einzigartigen Ort.

104 - Château de la Roche - Aigueperse

La Roche-Chaptuzat
63260 Aigueperse
(Puy-de-Dôme)
Tel. (0)4 73 63 65 81
Comte de Torcy

♦ Von Ende Mai bis Ende Okt. geöffn. ♦ 1 Zi. u. 2 Suiten (2-3 Pers., 2 Zi.), Bad, WC: 600-800 F (2 Pers.); Suiten: 1000 F (2 Pers.) ♦ Frühst. inkl. ♦ Kein Speisenangebot - Rest.: *Le Grillon* in Chaptuzat (400 m) ♦ Salon ♦ Schloßbesichtigung ♦ Umgebung: Schwimmbad, Reiten, Golf; Schluchten von Sioule, Riom, Vichy ♦ Man spricht Englisch ♦ **Anreise** (Karte Nr. 25): 35 km nördl. von Clermont-Ferrand. Autobahn Orléans (A 71), Ausf. Gannat (Nr. 12), dann Rtg. Aigueperse (D 12) Rtg. Chaptuzat, La Roche; ausgeschildert.

Wenn Sie in diesem Dorf ankommen, werden Sie sofort das mittelalterliche Schloß auf dem grünen Hügel wahrnehmen. Die Innenräume haben ihre alten bleiverglasten Fenster und ein Mobiliar, das nicht viel jünger ist, bewahrt. Die Zimmer sind komfortabel, freundlich eingerichtet und mit schönen Stoffen bespannt. Das feine und reichhaltige Frühstück wird auf Porzellan serviert, das die Schloßherrin eigenhändig dekorierte. Graf Torcy und seine Tochter empfangen ihre Gäste sehr freundlich und ungezwungen.

AUVERGNE - LIMOUSIN

105 - Le Moulin des Vergnières

63120 Aubusson-
d'Auvergne
(Puy-de-Dôme)
Tel. und Fax (0)4 73 53 53 01
Suzette Hansen

♦ Ganzj. geöffn. ♦ Nichtraucher ♦ 1 Zi. u. 1 Suite (4 Pers.) m. Bad od. Dusche, WC: 220 F (1 Pers.), 300 F (2 Pers.) + 120 F (zusätzl. Pers.) ♦ Frühst. inkl. ♦ Gemeins. Abendessen: 90 F (Wein inkl.) ♦ Salon, Franz. Billard ♦ Tel.: Telecom-Karte ♦ Haustiere nicht erlaubt ♦ Schwimmbad, Angeln vor Ort ♦ Umgebung: Reiten, Tennis, Karting, Abfahrts- u. Langlaufski, Montainbike-Verleih; Messer-Museum u. Papiermühle, roman. Kirchen ♦ **Anreise** (Karte Nr. 25): 21 km südl. von Thiers über N 89 u. D 906 bis Courpière, dann links Rtg. Aubusson-d'Auvergne, Lac d'Aubusson D 311. Das Dorf durchqueren.

Lange versorgte der kleine, den Hügel herabfließende Fluß die Mühle mit Wasser, und der Müller wohnte ein wenig höher in einem angenehmen Haus. Dann aber schwieg der Mühlstein, und den Hang überwucherten dornige Sträucher. Erst nach der Ankunft von Suzette Hansen waren die Terrassen erneut blumengeschmückt und präsentierte sich das Innere derart, daß nun jeder begeistert ist. Schmucke Zimmer (pastellfarbene Tapeten mit blumengemustertem Fries, charmantes, großmütterliches Mobiliar, angenehme Bäder), Abendessen und Frühstück für Genießer, Empfang von absoluter Freundlichkeit.

106 - La Vigie

63320 Chadeleuf
(Puy-de-Dôme)
Tel. (0)4 73 96 90 87
Véronique und Denis Pineau

♦ Ganzj. geöffn. ♦ Nichtraucher-Zi. ♦ 2 Zi. m. Dusche, WC: 300-350 F (2 Pers.) ♦ Frühst. inkl. ♦ Gemeins. Abendessen am großen od. inidivid. Tisch: 90 F (Wein inkl.) ♦ Salon ♦ Tel.: Telecom-Karte ♦ Mountainbikes vor Ort ♦ Umgebung: Abfahrts- u. Langlaufski (Super Besse 30 Min.), Reiten (5 km); Vulkanpark, roman. Kirchen ♦ Man spricht Englisch, Deutsch, Italienisch ♦ **Anreise** (Karte Nr. 25): 10 km nordwestl. von Issoire. Autob. A 75, Ausf. Nr. 9 "Sauvagnat-Saint-Yvoire", Sauvagnat durchqueren, D 712 Rtg. Chadeleuf, an der 3. Kreuzung rechts, dann rosa ausgeschildert.

Dieses schöne Herrenhaus aus dem 19. Jahrhundert, das am Rand eines Dorfes liegt, überragt die Landschaft. Mit Geschmack und Sinn für Behaglichkeit eingerichtet, die Bewunderung verdienen, verfügt es über unwiderstehliche Gästezimmer, die in den Tönen blau oder hellbeige gehalten und mit regionalen Möbeln, alten Korbmöbeln sowie allerlei amüsanten Gegenständen eingerichtet sind. Abends wird der Aperitif mit Blick auf den Sonnenuntergang im Garten voller Blumen eingenommen, und danach genießt man in ungezwungen-freundschaftlicher Atmosphäre die Freuden des Tisches. Bemerkenswertes Frühstück mit Blick auf den Sonnenaufgang.

AUVERGNE - LIMOUSIN

107 - Chaptes

8, route de la Limagne
63460 Chaptes
par Beauregard-Vendon
(Puy-de-Dôme)
Tel. (0)4 73 63 35 62
Mme Elisabeth Beaujeard

♦ Ganzj. geöffn., vom 1. Nov. bis 31. März nur auf Reserv. ♦ 3 Zi. m. Bad od. Dusche, WC (davon 1 außerh. des Zi.) u. 1 Nebenzi.: 280-300 F (2 Pers.) + 100 F (zusätzl. Pers.); Nebenzi.: 260 F, Frühst. inkl. ♦ Kein Speisenangebot - zahlreiche Rest. in Riom (9 km) u. in Chatelguyon (6 km) ♦ Salon ♦ Hunde nicht erlaubt ♦ Umgebung: Tennis (2 km), Reiten (6 km), Schwimmbad, 18-Loch-Golfpl. (10 km), Mountainbikes, Kanu (21 km), Bogenschießen; Riom (eine an Kunst u. Geschichte reiche Stadt), roman. Kirchen, Schlösser, Seen, Vulkane, Sioule-Tal, Volvic, Chatelguyon (Thermalbad) ♦ Man spricht Englisch ♦ **Anreise** (Karte Nr. 25): 9 km von Riom über die N 144 bis Davayat, rechts die D 122, dann ausgeschildert.

Dieses Herrenhaus aus Volvic-Stein stammt aus dem 18. Jahrhundert und liegt in einem Weiler. Innen fallen Möbel aus dem Familienbesitz ins Auge, und die Gemälde, Nippsachen und schönen Tapeten schaffen ein elegantes Ambiente. Die Gästezimmer sind hübsch hergerichtet und sehr angenehm; die beiden großen gehen auf den Garten, die anderen auf die kleine Straße und aufs freie Land. An einer Seite des Hauses stehen unter einem riesigen Scheunendach ein paar Stühle zum Einnehmen des Aperitifs und Bewundern der Blumen im Garten. Besonders liebenswürdige Betreuung.

108 - Château de Collanges

63340 Collanges
(Puy-de-Dôme)
Tel. (0)4 73 96 47 30
M. und Mme Huillet

♦ Ganzj. geöffn. ♦ 3 Zi. m. Bad od. Dusche, WC u. Tel (TV auf Wunsch): 340-400 F (1 Pers.), 400-480 F (2 Pers.) + 100 F (zusätzl. Pers.) ♦ Frühst. inkl. ♦ Individ. Abendessen: 180 F (Wein inkl.) ♦ Zimmerreinigung tägl.; frische Bettw. alle 3 Tage ♦ Salon ♦ Hunde auf Anfr. erlaubt ♦ Bassin, Billard, Flügel vor Ort ♦ Umgebung: Tennis, Reiten (3 km), künstl. See u. Wassersport (10 km), Segelfliegen, Wanderwege, Abfahrts- u. Langlaufski (45 km); Schlösser der Auvergne, romanische Abteien, Vulkane ♦ Man spricht Englisch ♦ **Anreise** (Karte Nr. 25): 10 km südl. von Issoire. A 75, Ausf. 17 bis Saint-Germain-Lembron, Rtg. Ardes, Collanges, dann ausgeschildert.

Vor einigen Jahren verliebten sich Michelle und Georges Huillet in dieses im 12. Jahrhundert errichtete und im 18. Jahrhundert umgebaute Schloß. Mit ihren Kinder haben sie sich hier niedergelassen und stellen ihren Gästen sechs große Zimmer mit Stilmöbeln zur Verfügung - die Badezimmer sind ultramodern. Die elegante Wäsche, die rotwandigen Salons, die Orangerien und der Musiksalon im romantischen Park verleihen tatsächlich den Eindruck, sich in der guten alten Zeit zu befinden. Aufmerksame Betreuung.

AUVERGNE - LIMOUSIN

109 - Chez Brigitte Laroye

8, rue du 8-Mai
63590 Cunlhat
(Puy-de-Dôme)
Tel. (0)4 73 72 20 87
Mme Brigitte Laroye

♦ Ganzj. geöffn. ♦ 4 Zi. m. Bad od. Dusche, WC (2 Zi. m. TV): 210-280 F (1 Pers.), 260-330 F (2 Pers.) + 50-70 F (zusätzl. Pers.) ♦ Frühst. inkl. ♦ Von Okt. bis Juni 30 F Preisnachl. pro Zi. ♦ Gemeins. Abendessen: 70 F (Wein inkl.) ♦ Salon ♦ Umgebung: Schwimmbad m. Bar, Tennis, Reiten, Windsurfing, Schlösser in Vollore, Auteribe, Busséol, Les Martinanches, Papiermühle Richard-de-Bas ♦ Man spricht Englisch ♦ **Anreise** (Karte Nr. 25): 53 km südöstl. von Clermont-Ferrand. D 212 bis Billom, dann D 997 Rtg. Ambert. 10 km nach Saint-Dier-d'Auvergne links D 225 Rtg. Cunlhat.

Dieses Haus liegt an einer Straße am Ortsausgang und verfügt über einige sehr ansprechende Gästezimmer. Alle sind mit alten Möbeln eingerichtet und haben viel Charme; in einem der Zimmer kann man sogar den Kamin benutzen. Brigitte Laroye, deren Liebenswürdigkeit so weit geht, daß sie bei kühlem Wetter ihren Gästen Wärmflaschen ins Bett legt, bietet zum Frühstück mindestens 15 verschiedene Teesorten an. Beim Frühstück sollten Sie sich von Ihrer Gastgeberin über das Livradois aufklären lassen (sie liebt ihre Region über alles), bevor Sie diese wunderbare Gegend dann selbst entdecken.

110 - Chez M. Gebrillat

Chemin de Siorac
63500 Perrier
(Puy-de-Dôme)
Tel. (0)4 73 89 15 02
Fax (0)4 73 55 08 85
Paul Gebrillat und
Mireille de Saint-Aubain

♦ Ganzj. geöffn. ♦ 3 Zi. m. Bad od. Dusche, WC: 250-270 F (1 Pers.), 270-300 F (2 Pers.) + 100 F (zusätzl. Pers.) ♦ Frühst. inkl. ♦ Kein Speisenangebot - Rest. in Issoire (3 km) ♦ Hunde nicht erlaubt ♦ Angeln vor Ort ♦ Umgebung: Park der Vulkane, Schlösser, Wälder; Golf (40 km), Schwimmbad, Reiten, Langlauf- u. Abfahrtsski, Hanggleiten ♦ Man spricht Englisch ♦ **Anreise** (Karte Nr. 25): 3 km westl. v. Issoire Rtg. Champeix-Saint-Nectaire (D 996); im Dorf.

Dieses sehr alte, behagliche Haus, das mit viel Geschmack renoviert wurde, liegt am Fuß der Vulkanberge. In den Zimmern kann die Mischung aus alten regionalen Möbeln, exotischen Gegenständen und sehr schönen Stoffen als gelungen bezeichnet werden. Im ehemaligen Pferdestall - nun ein Doppelzimmer, ein großer Schlafraum für Kinder und eine Terrasse - fühlen sich Familien besonders wohl. Ein großes Gemeinschaftszimmer und eine Küche stehen den Gästen ebenfalls zur Verfügung. Im Sommer wird das Frühstück unter einer Holzüberdachung mit Blick auf den Garten eingenommen. Ausgezeichneter Service und ausgesprochen günstige Preise.

AUVERGNE - LIMOUSIN

111 - Le Château de Savennes

63750 Savennes
(Puy-de-Dôme)
Tel. (0)5 73 21 40 36
M. und Mme Martin

♦ Von Apr. bis Okt. geöffn. ♦ 1 Suite m. Bad, WC, Salon-Büro u. Nebenzi.: 380 F (2 Pers.) + 180 F (zusätzl. Pers.) ♦ Frühst. inkl. ♦ Kein Speisenangebot - Rest. in Saint-Sauves u. Bourg Lastic (10 Min.) ♦ Salon ♦ Hunde nur auf Anfr. erlaubt ♦ Umgebung: Forellenangeln, Wanderwege innerhalb der Gemeinde, Mountainbike-Verleih, Reiten, 9-Loch-Golfpl. (20 Min.), Ski (20 Min.); Sancy-Kette ♦ Man spricht Englisch, Deutsch, Italienisch ♦ **Anreise** (Karte Nr. 24): 20 km nördl. von Ussel. Ab Clermont u. Ussel über die N 89. In Bourg Lastic die D 987 Rtg. Messeix, dann Savennes über D 31. Das Haus liegt am Ortsausgang.

An der Grenze der Auvergne und dem Limousin liegt dieses große, von zwei sehr alten Warttürmen eingerahmte Herrenhaus, dessen Fassade mit zahlreichen Fenstern von der Lebenskunst des ausgehenden 19. Jahrhunderts zeugen. Die angebotene Suite verfügt nicht nur über guten Komfort, sondern auch über eine sehr angenehme Einrichtung. Im Haus sind Möbel des 19. Jahrhunderts, Sammelobjekte und Gemälde unterschiedlichen Stils auf eine geschmackvolle und originelle Art miteinander vermischt. Frühstück draußen oder in einem nachgebauten Bistrot. Natürlicher, ungezwungener Empfang.

112 - Château du Chambon

87370 Bersac-sur-Rivalier
(Haute-Vienne)
Tel. (0)5 55 71 47 04
M. und Mme Perrin

♦ Vom 1. Apr. bis 31. Okt. und während der Schulferien geschl. ♦ 4 Zi. m. Bad od. Dusche, WC: 300-350 F (2 Pers.) ♦ Frühst. inkl. ♦ Preisnachl. bei läng. Aufenth. ♦ Gemeins. Essen: 100 F (Wein inkl.) ♦ Salon ♦ Angeln (zwei Flüsse) vor Ort ♦ Umgebung: Berge von Ambazac, roman. Kirchen, Porzellanmuseum in Limoges; Reiten (10 km) ♦ Man spricht Englisch ♦ **Anreise** (Karte Nr. 23): 35 km nördl. von Limoges. Autob. A 20, Ausf. Bersac, Bessines, rechts, dann links, an der Ampel wieder links Rtg. Bersac. *Château du Chambon* ausgeschildert.

Dieses in einer schönen Hügellandschaft gelegene Familienschloß entstand Ende des 13. Jahrhunderts und wurde in der Renaissance verfeinert. Die edel ausgestatteten Zimmer sind groß, einige, so das prachtvolle Baldachinzimmer, sogar riesig, und in den modernen Bädern fehlt es an nichts. In den schönen Salons im klassizistischen Stil des 18. Jahrhunderts hängen Zeichnungen und Landschaftbilder. Dank der Anwesenheit von Mme und M. Perrin erhalten die Diners für verwöhnte Gaumen das berühmte Tüpfelchen auf dem "i". Eine hervorragende Adresse zu sehr moderaten Preisen.

AUVERGNE - LIMOUSIN

113 - Domaine de Moulinard

Moulinard-Boisseuil
87220 Boisseul
(Haute-Vienne)
Tel. (0)5 53 06 91 22
Fax (0)5 55 06 91 22
M. und Mme Ziegler

♦ Von Apr. bis Okt. geöffn. ♦ 5 Zi. m. Dusche, WC (davon 2 m. eig. WC, aber außerh. der Zi.): 220 F (2 Pers.), 300 F (3 Pers.) ♦ Frühst. inkl. ♦ Kein Speisenangebot - mehrere Rest. im Umkreis von 4 km ♦ Zimmerreinigung u. frische Bettw. tägl. ♦ Salon ♦ Tel. ♦ Hunde auf Anfr. erlaubt ♦ Umgebung: Tennis (2 km), Sportzentrum: 5 Tennispl., sportl. Parcours, Basketball (6 km), 18-Loch-Golfpl. (6 km); roman. Abtei in Solignac, Schloß Chalucet, Limoges (10 km) ♦ Man spricht Englisch ♦ **Anreise** (Karte Nr. 35): 12 km südl. von Limoges. Ausf. Limoges, Rtg. Toulouse, A 20, Ausf. Boisseul. Ab N 20 od. Autob. 20 ausgeschildert.

Für Gäste ist das weiße Haus mit seinem schattigen Garten reserviert, das dem Bauernhof gegenüberliegt. Ein sehr schlichter Aufenthaltsraum, in dem auch das Frühstück serviert wird, und die Küche liegen im Erdgeschoß. Im ersten Stock befinden sich fünf Zimmer mit modernen Duschbädern: auch sie sind weiß und haben u.a. den hellen Parkettboden und die echten Möbel von früher bewahrt. Hier, mitten im Limousin, kann man viel Natur und viel Ruhe genießen. Höflicher Empfang.

114 - Les Ourgeaux

Pageas
87230 Chalus
(Haute-Vienne)
Tel. (0)5 55 78 50 97
Fax (0)5 55 78 54 76
M. und Mme Mc Keand

♦ Ganzj. geöffn. (von Nov. bis Ostern auf Reserv.) ♦ Mind. 4 Üb. m. Abendessen Juli/Aug., ♦ Kinder unter 7 J. nicht erwünscht ♦ Nichtraucher-Haus ♦ 3 Zi. (1 m. TV) u. 2 Appart. (2-4 Pers., m. TV) m. Bad od. Dusche, WC: 360-410 F (2 Pers.) + 130 F (zusätzl. Pers.); Appart.: 500 F/Tag od. 2600 F/Woche ♦ Frühst. inkl. ♦ Rest. mittags/abends vor Ort: 125-150 F (ohne Wein) u. Karte ♦ Salon, Tel. ♦ Visa (+ 2%) ♦ Hunde nicht erlaubt ♦ Beheiztes Schwimmbad, Fahrräder vor Ort ♦ Umgebung: Tennis, Golf, See ♦ Man spricht Englisch ♦ **Anreise** (Karte Nr. 23): 25 km südwestl. von Limoges über die N 21 Rtg. Périgueux. In Châlus über die D 901 Rtg. Rochechouart; nach 2,5 km ausgeschildert.

Zwischen Wald und Wiesen liegt dieses Haus schön einsam. Hier wird die Ruhe Ihr ständiger Begleiter sein. Die Hausbesitzer, ein sehr sympatisches englisches Musiker-Paar, haben die Zimmer und Appartements, von denen eines im Taubenhaus eingerichtet wurde, hell und komfortabel mit hübschen Bettdecken und einigen alten Möbelstücken eingerichtet. Gut gelungen ist auch die Einrichtung des Salons und des gemütlichen kleinen Restaurants mit einer wahrhaft gastromischen Küche.

AUVERGNE - LIMOUSIN

115 - Château de Brie

87150 Champagnac-la-Rivière
(Haute-Vienne)
Tel. (0)5 55 78 17 52
Fax (0)5 55 78 14 02
Comte und Comtesse
du Manoir de Juaye

◆ Vom 1. Apr. bis 1. Nov. geöffn. (u. auf Anfr.) ◆ 4 Zi. m. Bad, WC: 500-600 F (2 Pers.) sowie 1 Suite: 800 F (3 Pers.) ◆ Frühst. inkl. ◆ Gemeins. Essen auf Best. - div. Rest. in der Nähe ◆ Salon ◆ Hunde auf Anfr. erlaubt ◆ Teich u. Schwimmbad vor Ort ◆ Umgebung: Reiten, Segeln, Angeln, Mountainbikes, Wanderwege; See von Saint-Mathieu ◆ Man spricht Englisch ◆ **Anreise** (Karte Nr. 23): 45 km südwestl. von Limoges über die N 21 bis Châlus, dann die D 42; zwischen Châlus u. Cussac.

Das Schloß wurde im 15. Jahrhundert auf einem mittelalterlichen Unterbau errichtet und bietet einen herrlichen Ausblick auf die Landschaft. Jedes der großräumigen Zimmer hat seinen eigenen Stil; die Einrichtung mit alten Möbeln reicht vom 16. Jahrhundert bis zum Empire. Aber seien Sie versichert: in den Badezimmern herrscht absolute Modernität. Zum Frühstück trifft man sich in der Bibliothek. Sehr freundliche Atmosphäre und natürlicher Umgang an einem vollkommen authentischen Ort.

116 - La Croix de Reh

Rue Amédée Tarrade
87130 Châteauneuf-la-Forêt
(Haute-Vienne)
Tel. (0)5 55 69 75 37
Fax (0)5 55 69 75 38
Elisabeth und Patrick Mc Laughlin

◆ Ganzj. geöffn. ◆ 4 Zi. m. Bad od. Dusche, WC, 1 Zi. m. Waschb. u. gemeins. WC: 150-260 F (1 Pers.), 200-350 F (2 Pers.) + 80 F (zusätzl. Pers.) + 150 F (zusätzl. Zi.) ◆ Frühstück inkl. ◆ Gemeins. od. individ. Abendessen: 120 F (ohne Wein) ◆ Salon ◆ Hunde auf Anfr. erlaubt ◆ Teesalon, Englischkurse (Wochenende od. 5 Tage) vor Ort ◆ Umgebung: 3 Tennispl. im Dorf, angelegter See (200 m), Angeln; Pompadour, Uzerche, Saint-Léonard de Noblat ◆ Man spricht Englisch u. Deutsch ◆ **Anreise** (Karte Nr. 24): 34 km südöstl. von Limoges, Autobahn A 20, Ausf. Pierre-Buffière, danach Saint-Hilaire-Bonneval, dann Rtg. Châteauneuf-la-Foret.

Dieses am Fuß des Plateau des Millevaches gelegene hübsche Haus wurde vor kurzem von einem sehr gastfreundlichen schottischen Paar restauriert. Die Gästezimmer *Rose*, *Bleu*e und *Familiale* sind besonders komfortabel und nett ausgestattet. Der Aufenthaltsraum ist zugleich ein charmanter Teesalon: exzellentes, sehr "britisches" Gebäck. Im Sommer stehen die Tische draußen, zwischen den Bäumen und Blumen des Parks.

AUVERGNE - LIMOUSIN

117 - Les Hauts de Boscartus

87520 Cieux
(Haute-Vienne)
Tel. (0)5 55 03 30 63
Paul und Paulette Hennebel

♦ Ganzj. geöffn. ♦ Nichtraucher bevorzugt ♦ 2 Zi. m. eig. Dusche, gemeins. WC: 200 F (1 Pers.), 260 F (2 Pers.) ♦ Frühst. inkl. ♦ Kein Speisenangebot - Gasthöfe in Umgebung ♦ Salon ♦ Zimmerreinigung, kein Bettenmachen ♦ Tel. ♦ Hunde nicht erlaubt ♦ Umgebung: Tennis, See, Golf; Montemart (denkmalgeschützt), Monts de Blond ♦ **Anreise** (Karte Nr. 23): 30 km nordwestl. v. Limoges über die N 147 Rtg. Bellac bis Chamboret, dann die D 711 bis Cieux, schließlich die D 204 u. die D 95.

Dieses Haus liegt an einem Hügel, von Tannenbäumen umgeben. Ein sehr angenehmer Aufenthaltsraum mit zwei gemütlichen Ecken mit Kamin und großer Fernsternische mit schönem Blick auf den Teich erwartet Sie. Alle Zimmer sind freundlich, ausgesprochen ruhig und bieten eine hübsche Aussicht. Zum Frühstück gibt es Frischkäse und exzellente hausgemachte Produkte wie Honig, Lebkuchen und Konfitüren. Beste Betreuung.

118- Moulin de Marsaguet

87500 Coussac-Bonneval
(Haute-Vienne)
Tel. (0)5 55 75 28 29
Valérie und Renaud Girardin

♦ Ganzj. geöffn. (im Winter auf Reserv.) ♦ 3 Zi. m. Bad od. Dusche, WC (1 außerh. d. Zi.): 220-240 F (2 Pers.) ♦ Frühst. (engl.): 40 F ♦ Gemeins. Abendessen: 90 F (Wein inkl.) ♦ Zimmerreinigung tägl., frische Bettw. alle 5 Tage ♦ Salon ♦ Tel. ♦ Hunde auf Anfr. erlaubt ♦ Teich (13 ha), Sportangeln, Bootsfahrten, Wandern vor Ort ♦ Umgebung: Schwimmbad (10 km), Tennis, Wanderwege, Mountainbikes; Limoges (Porzellan), Ségur-le-Château, Gestüt Pompadour, Lascaux (1 Std.) ♦ Man spricht Englisch ♦ **Anreise** (Karte Nr. 23): 40 km südl. von Limoges über A 20, Ausf. Pierre-Buffière, Rtg. Saint-Yrieix, D 19 bis Kreuzung Croix d'Hervy, Rtg. Saint-Yrieix, dann 5 km D 57 Rtg. Coussac. Dem Teich entlang, dann links.

Renaud Girardin faßte den Entschluß, sich mit seiner jungen Frau im Familienbetrieb niederzulassen, wo er nun u.a. Enten züchtet. Der Hausherr nimmt Interessenten zum Angeln am großen, fischreichen und von Bäumen umgebenen Teich mit, welcher direkt am Haus liegt. Komfortable, schlichte und helle Zimmer. Ein großer Raum zum Lesen und Einnehmen der Mahlzeiten im Winter. Im Sommer: Abendessen (aus meist eigenen Produkten) unter der Linde. Diese Adresse werden insbesondere Echtheitsfanatiker zu schätzen wissen! Natürliche, freundliche Betreuung.

AUVERGNE - LIMOUSIN

119 - Fougeolles

87120 Eymoutiers
(Haute-Vienne)
Tel. (0)5 55 69 11 44
und (0)5 55 69 18 50
Mme Jacques du Montant

♦ Ganzj. geöffn. ♦ 3 Zi. m. Bad, WC (1 weiteres Zi. steht z. Verf.): 250-300 F (2 Pers.) + 50 F (zusätzl. Pers.) ♦ Frühst. inkl. ♦ Gemeins. Mittag- u. Abendessen auf Best.: 75 F (Wein nicht inkl.) ♦ Hunde nicht erlaubt ♦ Angeln, Spielzeugeisenbahn- u. Tretautomuseum vor Ort ♦ Umgebung: Golf (25 km), Tennis, Schwimmbad, Wassersport, Reiten; Plateau des Millevaches, See von Vassivières, Aubusson ♦ Man spricht Englisch ♦ **Anreise** (Karte Nr. 24): 45 km südöstl. von Limoges über die D 979 Rtg. Eymoutiers; 500 m vor dem Ortseingang links ausgeschildert.

Dieses inmitten eines großen Landgutes gelegene Haus aus dem 17. Jahrhundert verfügt über hübsche, komfortable Zimmer, die alle mit alten Möbeln ausgestattet und mit geschmackvollen Stoffen aufgefrischt sind. Die im Stammhaus gelegenen Gästezimmer sind groß und gut renoviert, die kleinen im alten Gebäude sind sehr freundlich, schön altmodisch und werden all denen gefallen, die auf der Suche nach Authentischem sind. Salon und Speiseraum sind (wahrscheinlich seit langem) unverändert, vielleicht ein wenig streng, aber man kann in diesen Räumen zahlreiche ungewöhnliche Gegenstände bewundern. Ein ausgesprochen eigenwilliges Haus.

120 - Le Val du Goth

Le Vansanaud
87440 Marval Saint-Mathieu
(Haute-Vienne)
Tel. (0)5 55 78 76 65
Fax (0)5 55 78 23 79
M. und Mme Francis Pez

♦ Ganzj. geöffn. ♦ 2 Zi. u. 1 Suite (4 Pers./Küche) m. Bad od. Dusche, WC: Zi. 200 F (1 Pers.), 300 F (2 Pers.), zusätzl. Bett für Kinder unter 3 J. kostenlos; Suite 2500-5000 F pro Woche, Preise saisonbedingt (4 Erwachsene u. 2 Kinder) ♦ Frühst. inkl. bei den Zi., + 30 F pro Pers. in der Suite ♦ Gemeins. Abendessen: 85 F (ohne Wein) ♦ Salon (m. TV, Video) ♦ Tel. ♦ Hunde auf Anfr. erlaubt ♦ Schwimmbad, Bassin, Angeln (Teiche), Kahn, Mountainbikes, Volleyball, Pferdeboxen vor Ort ♦ Umgebung: 9-Loch-Golfpl. (25 km); Reiten u. Tennis (3 km), Wald; Schlösser ♦ Man spricht Englisch ♦ **Anreise** (Karte Nr. 23): 9 km südwestl. von Saint-Mathieu, Rtg. Marval. 1,5 km hinter Milhaguet, links hinter Cussac (1 km), dann rechts Route du Vansanaud.

Dieser mitten im Grünen zwischen dem Périgord und dem Limousin einsam gelegene Bauernhof wurde schön renoviert. Unterhalb des Gartens liegt das Schwimmbad, und einige Meter weiter ein großer Teich. Auch wenn im Innern die Steine roh sind, ist die Ausstattung doch recht fein: kleine Gästezimmer mit bedruckten Stoffen, blitzsaubere Badezimmer, einige alte Möbel und hübsche Gegenstände aus Glas. Das Abendessen ist köstlich und die Stimmung so, daß man sich hier sehr wohl fühlt.

AUVERGNE - LIMOUSIN

121 - Laucournet

Glanges
87380 Saint-Germain-les-Belles
(Haute-Vienne)
Tel. (0)5 55 00 81 27
M. und Mme Desmaison

♦ Von Mai bis Sep. geöffn. ♦ 1 Suite (max. 5 Pers., 2 Zi.) m. Bad, Dusche, WC: 220 F (1 Pers.), 260 F (2 Pers.), 300 F (3 Pers.), 340 F (4 Pers.), 370 F (5 Pers.) ♦ Frühst. inkl. ♦ Kein Speisenangebot - Rest. u. Bauerngasthof in der Nähe ♦ Zimmerreinigung einmal wöchentl. bei läng. Aufenth. ♦ Pferdeboxen vor Ort ♦ Umgebung: Tennis, Reiten, Golf; Flüsse, Teiche ♦ Man spricht Englisch ♦ **Anreise** (Karte Nr. 23): 36 km südöstl. v. Limoges über die N 20, Ausf. 41 "Magnac-Bourg", dann die D 82 nach Glanges (1 km). Hinter der Bahnüberführung die D 120 Rtg. Saint-Médard (5 km), dann ausgeschildert.

Auch wenn Sie nur zu zweit hierher kommen, gehört Ihnen dieses entzückende kleine, für diese Gegend typische Haus ganz allein. Im Erdgeschoß befinden sich ein mit regionalen Möbeln eingerichteter Salon mit einer Bücherecke und einem Kamin, ein modernes Badezimmer und eine überdachte Terrasse, auf der Sie das Frühstück einnehmen können. Die im ersten Stock gelegenen rustikalen Zimmer bieten alle einen hübschen Blick auf die Landschaft. Ruhe, Unabhängigkeit und freundliche Atmosphäre.

122 - Le Masbareau

Royeres
87400 Saint-Léonard-de-Noblat
(Haute-Vienne)
Tel. (0)5 55 00 28 22
M. und Mme Boudet

♦ Ganzj. geöffn. ♦ 1 Zi. (3 Pers.) m. Dusche, WC: 210 F (1 Pers.), 230 F (2 Pers.) + 50 F (zusätzl. Pers.) ♦ Frühst. inkl. ♦ Gemeins. Essen: 80 F (Wein inkl.) ♦ Salon ♦ Hunde nicht erlaubt ♦ Reiten (80 F pro Stunde), 40 Hektar Wald (Pilze, Wanderwege) vor Ort ♦ Umgebung: Tennis (9 km), 18-Loch-Golfpl. (10 km); Limoges, See von Vassivières (Wassersport), Saint-Léonard, Botanische Gärten ♦ Man spricht Englisch u. etwas Deutsch ♦ **Anreise** (Karte Nr. 23): 18 km östl. von Limoges über die N 141 Rtg. Clermont-Ferrand. Rechts nach Fontaguly, 3 km weiter.

In dieser großen Besitzung mit Wald, Wiesen und Teichen werden nicht nur Rinder und Ponys gezüchtet, sondern hier kann man auch Reiten lernen. Das Gästezimmer erwartet Sie. Die Parkettböden sind gebohnert, die Möbel alt, und von der Bibliothek hat man einen wundervollen Ausblick auf die Landschaft. Im schönen Salon finden sich zahlreiche, von einem Vorfahr aus Indochina mitgebrachte Souvenirs. Aurélien, der junge Sohn der Eigentümer, liefert der Küche Gemüse und Fleisch aus "eigener" Produktion. Die mit wirklich besten Produkten zubereiteten bodenständigen Gerichte schmecken in der freundlichen Küche mit netten Leuten besonders gut.

BOURGOGNE

123 - Château de Chorey-lès-Beaune

Rue Jacques-Germain
21200 Chorey-lès-Beaune
(Côte-d'Or)
Tel. (0)3 80 22 06 05
Fax (0)3 80 24 03 93
M. und Mme François Germain

♦ Vom 1. Apr. bis 30. Nov. geöffn. ♦ 5 Zi. u. 1 Suite (4 Pers.) m. Bad, WC u. Tel.: 570-670 F (2 Pers.), 690-770 F (3 Pers.); Suite 820 F (4 Pers.) ♦ Frühst.: 70 F ♦ Kein Speisenangebot - Rest. in der Nähe ♦ Salon ♦ Visa ♦ Weinkellerbesichtigung u. Verkosten der eig. Prod. im Schloß ♦ Umgebung: 18-Loch-Golfpl; Hôtel-Dieu in Beaune, Weinberge, roman. Kirchen, Abteien ♦ Man spricht Englisch u. Deutsch ♦ **Anreise** (Karte Nr. 19): 3 km nördl. von Beaune; am Ortseingang.

Inmitten eines kleinen Weinortes liegt das vollkommen renovierte Schloß *Chorey-lès-Beaune*, das seit mehreren Generationen im Besitz der Familie Germain ist. Die Schloßtürme stammen aus dem 13. und das Hauptgebäude aus dem 17. Jahrhundert. Der von Wassergräben umgebene Garten spiegelt die Burgunder Lebenskunst wider. Die Gästezimmer sind schlicht, aber geschmackvoll eingerichtet. Mme und M. Germain sind charmante Gastgeber und zeigen den Gästen bereitwillig ihren Weinkeller, der in der ganzen Region aufgrund der Qualität seiner Erzeugnisse berühmt ist.

124 - Le Relais de Chasse

Chambœuf
21220 Gevrey-Chambertin
(Côte-d'Or)
Tel. (0)3 80 51 81 60
Fax (0)3 80 34 15 96
Michelle und Hubert Girard

♦ Ganzj. geöffn. ♦ Für Nichtraucher ♦ Mind. 2 Üb. ♦ 4 Zi. m. Bad, WC: 400-450 F (2 Pers.) ♦ Frühst. inkl. ♦ Kein Speisenangebot - zahlr. Rest. in der Nähe ♦ Salon ♦ Tel. ♦ Hunde nicht erlaubt ♦ Umgebung: Beaune, Dijon, Weinstraße (Route des vins) ♦ Man spricht Englisch ♦ **Anreise** (Karte Nr. 19): 18 km südwestl. von Dijon; Autobahn A 31, Ausf. Nuits-Saint-Georges; anschl. die N 74 bis Gevrey-Chambertin, dann die D 31 links Rtg. Chambœuf; 1. kleine Privatstr. links hinter der Kirche.

Das *Relais de Chasse* liegt abseits der Weinstraße, aber in unmittelbarer Nähe der berühmten Weinberge des Burgund in einem kleinen Dorf. Das Haus ist sehr gastfreundlich und verfügt über einen hübschen Park mit einem Gemüsegarten. Die meisten, recht großen Gästezimmer sind schlicht, aber gepflegt, und in einigen stehen schöne alte Kleiderschränke. Die Badezimmer (mit Duschen oder sehr kleinen Wannen) sind nicht sehr groß. Das hervorragende Frühstück (Früchte, Lebkuchen, Käse, hausgemachte Konfitüren) werden im großen rustikalen Speiseraum oder auf der Terrasse mit Blick aufs Grüne serviert. Freundliche und aufmerksame Betreuung.

BOURGOGNE

125 - Château de Longecourt

21110 Longecourt-en-Plaine
(Côte-d'Or)
Tel. (0)3 80 39 88 76
Comtesse Bertrand de Saint-Seine

♦ Ganzj. geöffn. ♦ 3 Zi. m. Bad, WC u. 2 Zi. m. eig. Bad, gemeins. WC: 700 F (1-2 Pers.) + 150 F (zusätzl. Pers.) ♦ Frühst. inkl. ♦ Gemeins. Abendessen: 250 F (Wein inkl.) ♦ Salon ♦ Hunde erlaubt ♦ Pferdeboxen u. Angeln vor Ort ♦ Umgebung: Reiten, 18-Loch-Golfpl.; Weinstraße ♦ Man spricht Englisch ♦ **Anreise** (Karte Nr. 19): 18 km südöstl. von Dijon über die D 996 u. die D 968 Rtg. Saint-Jean-de-Losne; am Rathausplatz von Longecourt.

Château Longecourt ist ein aus rosa Ziegelsteinen erbautes und von Wasser umgebenes Kleinod aus dem 17. Jahrhundert. Mme de Saint-Seine wird Sie sehr freundlich und ohne Umstände empfangen. Einige Räume sind ausgesprochen prächtig, andere schlichter gehalten. Der Salon mit Bibliothek und der rosa Speisesaal sind von großer Eleganz. Kein Zimmer gleicht dem anderen, aber alle sind komfortabel, ruhig und mit schönen alten Möbeln ausgestattet (unser Lieblingszinmmer ist *Cathérine de Médicis*). Von Ihrem Fenster aus blicken Sie auf die stillen Gewässer des Burggrabens.

126 - L'Enclos

Arrans
21500 Montbard
(Côte-d'Or)
Tel. (0)3 80 92 16 12
Mireille und Marcel Clerget

♦ Vom 1. März bis 30. Nov. geöffn. ♦ 3 Zi. m. Dusche, WC; 1 Zi. m. Mezzanin, eig. Bad, gemeins. WC: 250-300 F (2 Pers.) + 100 F (zusätzl. Pers.) ♦ Frühst. inkl. ♦ Kein Speisenangebot - Rest. in Montbard (4 km) ♦ Salon ♦ Zimmerreinigung auf Wunsch ♦ Tel. ♦ Umgebung: Schwimmbad, Tennis, Golf, Jagd; Abtei v. Fontenay (5 km), Kanäle im Burgund, Ancy-le-Franc. ♦ **Anreise** (Karte Nr. 18): 32 km südwestl. von Chatillon-sur-Seine über die D 980. In Montbard die D 5 Rtg. Laignes (9 km).

Dieses hübsche Dorfhaus besitzt einen Blumengarten und ist besonders familienfreundlich, denn in zwei großen Zimmern stehen mehrere Betten. Das Zimmer mit Mezzanin ist besonders geräumig (das Badezimmer liegt leider außerhalb und etwas vom Zimmer entfernt). Das andere unter dem Dach verfügt über drei Betten, einen hübschen Duschraum und einen angenehmen Ausblick auf die Landschaft. Der Stil ist rustikal und der Empfang spontan und sehr freundlich.

BOURGOGNE

127 - Château de Beauregard

21390 Nan-sous-Thil
(Côte-d'Or)
Tel. (0)3 80 64 41 08
Fax (0)3 80 64 47 28
Nicole und Bernard Bonoron

♦ Von Nov. bis Ostern geschl. ♦ 3 Zi. m. Bad, WC, Tel. u. 1 Suite (4 Pers.) m. Bad, Dusche, 2 WC, Tel.: 620-780 F (2 Pers.) Suite: 990 F (2 Pers.) + 100 F (zusätzl. Pers.) ♦ Frühst. inkl. ♦ Kein Speisenangebot - Rest. *La Strada* (3 km), *Les Minimes* (15 km) ♦ Salon ♦ Hunde auf Anfr. erlaubt (+ 100 F) ♦ Bassin vor Ort ♦ Umgebung: Tennis, Reiten, Radsport, Seen (Wassersport), 18-Loch-Golfpl. (15 km); Abtei Fontenay, Semur-en-Auxois, Forges de Buffon ♦ Man spricht Englisch ♦ **Anreise** (Karte Nr. 18): 18 km nördl. von Saulieu, Autob. A 6, Ausf. Bierre-lès-Semur, 3 km Rtg. Saulieu. Am Stoppschild links Rtg. Vitteaux und sofort rechts Rtg. Nan-sous-Thil. Den Ort durchfahren.

Beauregard verdient seinen Namen zu Recht, denn der Ausblick, den man von hier auf die hügelige Landschaft hat, ist tatsächlich sehr schön. Erst vor kurzem wurde das Schloß wunderbar restauriert, und Mme und M. Bonoron, beide sehr liebenswürdig, werden Ihnen eines der drei komfortablen, raffinierten und im traditionellen Stil eingerichteten Zimmer anbieten (die Bäder sind zwar ultramodern, besitzen aber noch den Charme von früher). Die prächtige Suite nimmt fast die Hälfte einer Etage ein. Das exzellente Frühstück wird in einem großen, hellen Salon serviert. Das empfohlene Restaurant (3 km weiter) ist eine wahre Entdeckung.

128 - Domaine de Loisy

28, rue Général-de-Gaulle
21700 Nuits-Saint-Georges
(Côte-d'Or)
Tel. (0)3 80 61 02 72
Fax (0)3 80 61 36 14
Comtesse Michel de Loisy

♦ 1. Apr. bis 1. Nov. geöffn. (auf Reserv.) ♦ 4 Zi. m. Bad, WC: 500-850 F (2 Pers.); 2 Zi. ohne Bad: 250 F (2 Pers.) ♦ Frühst. inkl. ♦ Gemeins. Abendessen (bei Kerzenlicht): 270 F (Wein "Nuits-Saint-Georges AOC" inkl.) ♦ Salon ♦ Tel. ♦ Visa, MasterCard, Amex ♦ Hunde auf Anfr. erlaubt ♦ Weinkellerbesichtigung u. Kostproben vor Ort: 300 F (2 Pers.) ♦ Umgebung: Schwimmbad, Tennis, Reiten; Dijon, Beaune, Schloß Clos-de-Vougeot ♦ Man spricht Englisch u. Italienisch ♦ **Anreise** (Karte Nr. 19): 22 km südl. von Dijon über die N 74; am Ortsausgang Rtg. Beaune.

Das Palais der Mme Loisy, deren außergewöhnliche Persönlichkeit und Bildung den Gast erfreuen, liegt an der Weinstraße. Die Gastgeberin ist eine Spezialistin für Weinbaukunde und organisiert Weinproben und Besuche bei Winzern. Die Gästezimmer und auch der Salon sind mit alten Möbeln ausgestattet und verfügen über den Charme der Häuser unserer Großmütter. Zum Glück sind sie vor der verkehrsreichen Straße durch Schallschutzfenster geschützt. Die Zimmer zum Hof liegen zwar etwas abseits, sind jedoch laut. Im großen Speiseraum wird das schlichte, aber sehr gute Frühstück eingenommen; manchmal werden hier auch gemeinsame Abendessen serviert. Ein Haus mit viel Persönlichkeit.

BOURGOGNE

129 - Le Presbytère

La Motte Ternant
21210 Saulieu
(Côte d'Or)
Tel. (0)3 80 84 34 85
Fax (0)3 80 84 35 32
Brian und Marjorie Aylett

◆ Ganzj. geöffn. ◆ Mind. 2 Üb. ◆ Nichtraucher ◆ Kinder nicht erwünscht ◆ 3 Zi. m. Bad od. Dusche, WC: 300 F (1 Pers.), 330 F (2 Pers.) u. 350 F (2 Pers., Juli/Aug.) ◆ Frühst. inkl. ◆ Gemeins. Abendessen: 115 F (Wein inkl.) ◆ Salon ◆ Tel. ◆ Fahrräder vor Ort ◆ Umgebung: Spaziergänge und Wanderungen im Morvan (12 km), 18-Loch-Golfpl. (20 km); Vézelay, Fontenay, Semur-en-Auxois, Saulieu ◆ Man spricht Englisch ◆ **Anreise** (Karte Nr. 18): 10 km westl. von Saulieu. Ausf. Autob. A 6, Bierre-lès-Semur, dann Rtg. Saulieu u. D 26.

Die Ayletts verliebten sich zunächst in Frankreich und dann in dieses reizende Dorf oberhalb des Waldes, mit dem Morvangebirge am Horizont. Den Charakter dieses kleinen Hauses mit verhältnismäßig niedrigen Decken, das an eine kleine Kirche aus dem 11. Jahrhundert angelehnt ist, bewahrten die Hausbesitzer, fügten ihm aber das Besondere der englischen Häuser hinzu. Die kuscheligen und farbigen Gästezimmer haben Blick auf den bewaldeten Park mit Blumen- und Gemüsebeeten. Die Dame des Hauses beherrscht die französische Küche (frische Produkte und Konfitüren aus dem Obstgarten). Viel Ruhe und schöne Ausflüge in die Umgebung.

130 - Le Hameau de Barboron

21420 Savigny-lès-Beaune
(Côte-d'Or)
Tel. (0)3 80 21 58 35
Fax (0)3 80 26 10 59
M. Robert Nominé
und Mme Odile Nominé-Curie

◆ Ganzj. geöffn. ◆ 3 Zi. u. 3 Suiten (2-4 Pers.) m. Bad, WC, TV und Tel.: 450 F (1 Pers.), 550-900 F (2 Pers.); Suiten 950 F (1 Pers.), 1000-1200 F (2 Pers.) ◆ Frühst. inkl. ◆ Kein Speisenangebot - Rest. in Beaune (8 km) ◆ Visa, Eurocard ◆ Aufenthaltsraum (m. Salonecke) ◆ Kl. Hunde auf Anfr. erlaubt ◆ Tierpark (Großwildjagd, auch Wildschweine) vor Ort ◆ Umgebung: Mountainbikes, Reiten, 18-Loch-Golfpl. (35 km); Beaune, Dijon ◆ Man spricht Englisch u. Spanisch ◆ **Anreise** (Karte Nr. 19): Autobahnausf. Beaune, Rtg. Zentrum (centre ville). Auf der Umgehungsstraße (*boulevard circulaire*) rechts die N 74 Rtg. Dijon, dann links (Ausf. Beaune), Rtg. Savigny-lès-Beaune. Hinweisschilder im Dorf vor dem Lud'hôtel, dann ein Weg (4 km).

Dieser Besitz mit Jagdgebiet verbirgt sich mitten im Wald in einer Talmulde. Die mit viel Sorgfalt restaurierten Gebäude aus dem 16. Jahrhundert rahmen den gepflasterten Hof mit einer kleinen Gartenlaube ein, die man an heißen Tagen besonders schätzt. Die sehr großen Suiten und die Zimmer (einige sind etwas klein geraten) sind sehr hübsch, komfortabel und in einem gepflegten rustikalen Stil eingerichtet, ebenso der Aufenthaltsraum mit seiner kleinen Salonecke. Hier wird man sehr freundlich empfangen, aber man ist vollkommen unabhängig. Die hier herrschende Ruhe ist zum Erholen ideal.

BOURGOGNE

131 - Péniche Lady A

Port du Canal - Cidex 45
21320 Vandenesse-
en-Auxois
(Côte dOr)
Tel. (0)3 80 49 26 96
Fax (0)3 80 49 27 00
M. und Mme Jansen-Bourne

♦ Ganzj. geöffn. ♦ ab 2 Üb. Reserv. m. Vorauszahlung ♦ Nichtraucher-Kabinen ♦ 3 Kabinen (2 Betten od. großes Doppelbett) m. Dusche u. WC: 210 F (1 Pers.), 260 F (2 Pers.) ♦ Frühst. inkl. ♦ Gemeins. Abendessen: 90 F + 30 F (pro Flasche Wein) ♦ Salon ♦ Haustiere nicht erlaubt ♦ Umgebung: Angeln (Kanal), künstl. See m. Wassersport (2 km), 18-Loch-Golfpl. (7 km): Châteauneuf, Schloß Cormatin, Semur-en-Auxois, Beaune, Dijon, Straße der *grands crus* ♦ Man spricht Englisch, Deutsch, Niederländisch ♦ **Anreise** (Karte Nr. 19): 7 km südwestl. von Pouilly. Autob. A 6, Ausf. Pouilly, D 18 Rtg. Créancey, dann Vandenesse. Im Hafen des Kanals.

Nachdem sie zahlreiche Kanäle durchfahren hatte, warf Lady A zur großen Zufriedenheit der Gäste hier den Anker. Die Kabinen sind identisch: klein und hell und mit ihrem breiten, komfortablen Bett und einer Dusche recht gut konzipiert. Hier verbringt man den Tag in den Sesseln auf der Brücke und beobachtet die weidenden Schafe und die schönen alten Häuser des Burgund, die sich im stillen Wasser des Kanals spiegeln. Lisa ist sehr gastfreundlich und wird Ihnen gute Abendessen entweder draußen oder in einem sehr ansprechenden Aufenthaltsraum servieren.

132 - Bouteuille

58110 Alluy
(Nièvre)
Tel. (0)3 86 84 06 65
Fax (0)3 86 84 03 41
Colette und André Lejault

♦ Ganzj. geöffn. ♦ 4 Zi. m. Bad od. Dusche, WC u. TV (1 Zi. m. zusätzl. Raum): 230 F (1 Pers.), 270-330 F (2 Pers.) ♦ Frühst. inkl. ♦ Kein Speisenangebot - den Gästen steht eine Küche zur Verf., Grill im Taubenhaus, Gastst. u. gastronom. Rest. 5 km entf. ♦ Tel. (m. Zähler) ♦ Hunde nicht erlaubt ♦ Umgebung: Flußkähne (Kanal), Mountainbikes, Reiten, Jagen (120 ha) Schwimmbad; Schloß Châtillon, Musée du Septennat (François Mitterrand) und Bergwerks-Museum in Château-Chinon ♦ Man spricht Englisch ♦ **Anreise** (Karte Nr. 18): 40 km östl. von Nevers D 978 Rtg. Château-Chinon u. Autun: ab L'Huy-Moreau (5 km hinter Rouy) ausgeschildert. Ab Châtillon en-Bazois D 978 Rtg. Nevers (4 km, nicht bis Alluy fahren), dann 1. Straße rechts hinter der Avia-Citroën-Tankstelle.

Dieses gepflegte Haus aus dem 17. Jahrhundert ist Teil eines Gehöftes mit unendlich weitem Blick auf die Felder. Die Innenräume (größtenteils mit echten alten Möbeln ausgestattet) sind in einwandfreiem Zustand. Die Zimmer sind recht groß und komfortabel, die Badezimmer modern und strahlend. Mme Lejault serviert ein gepflegtes Frühstück, das in der netten Wohnküche eingenommen wird. Sympathische Betreuung.

BOURGOGNE

133 - Château de Lesvault

58370 Onlay
(Nièvre)
Tel. (0)3 86 84 32 91
Fax (0)3 86 84 35 78
Mme Lee und M. Simonds

♦ Ganzj. geöffn. ♦ 6 Zi. m. Bad od. Dusche, WC u. 4 Zi. m. eig. Bad, gemeins. WC: 250-400 F (1 Pers.), 350-475 F (2 Pers.) ♦ Frühst. inkl. ♦ Gemeins. od. individ. Abendessen: 130 F (ohne Wein) ♦ Tel. ♦ Visa, Amex ♦ Fliegenangeln vor Ort ♦ Umgebung: Schwimmbad, Tennis ♦ Man spricht Englisch, Deutsch, Holländisch u. Norwegisch ♦ **Anreise** (Karte Nr. 18): 5 km westl. von Château-Chinon über die D 978, D 37 bis Moulins-Engilbert, dann 5 km Rtg. Onlay über die D 18.

Von seinem schönen Park in Hanglage aus überragt das *Château de Lesvault* eine grüne Landschaft. Sie werden unmittelbar eingenommen sein vom freundlichen Empfang und der außergewöhnlichen Atmosphäre. Denn hier treffen sich Maler und Bildhauer aus aller Welt, deren Werke im ganzen Schloß verteilt sind. Alle Gästezimmer sind ruhig, komfortabel und hübsch eingerichtet. Das Frühstück wird an mehreren Tischen in einem kleinen Speiseraum serviert, und das kulinarische Abendessen wird bei Kerzenlicht in einem Raum mit gewölbter Decke eingenommen.

134 - Château de Nyon

58130 Ourouër
(Nièvre)
Tel. (0)3 86 58 61 12
Mme Catherine Henry

♦ Ganzj. geöffn. ♦ 3 Zi. m. Bad od. Dusche u. WC: 250 F (1 Pers.), 280-320 F (2 Pers.) ♦ Frühst. inkl. ♦ Kein Speisenangebot - Rest. ab 6 km ♦ Tel. ♦ Salon ♦ Umgebung: Tennis, Schwimmbad (6 bzw. 7 km); Rundfahrt z. Besichtigung roman. Kirchen, zahlr. Schlösser, Fayence-Museum in Nevers, Musée du Septennat (François Mitterrand) in Château-Chinon ♦ **Anreise** (Karte Nr. 18): 15 km nördl. von Nevers über die D 977 Rtg. Auxerre. Nach 6-7 km die D 958 in Montigny-aux-Amognes, D 26 Rtg. Ourouër, in Ourouër ausgeschildert.

Man muß einfach begeistert sein von der Architektur dieses kleinen Schlosses aus dem 18. Jahrhundert, das sich in eine Talmulde schmiegt und von großen Bäumen umgeben ist. Mme Henry hat beschlossen, es neu zu beleben, zu renovieren und Gäste auf der Durchreise aufzunehmen. Hierbei wurden die Zimmer bevorzugt behandelt, die zwar ihren ganzen Charme wie auch das alte Mobiliar bewahrten, aber neu tapeziert, mit eleganten Stoffen dekoriert und mit reizenden Bädern ausgestattet wurden. Die Gänge, das Treppenhaus und einige Details in den Gesellschaftsräumen bedürfen ebenfalls der Erneuerung. Gutes Frühstück, angenehmer Empfang und sehr günstige Preise.

BOURGOGNE

135 Château du Vieil-Azy

Le Vieil-Azy
58270 Saint-Benin-d'Azy
(Nièvre)
Tel. (0)3 86 58 47 93
Vicomtesse Benoist d'Azy

♦ Von Ostern bis Allerheiligen geöffn. ♦ 5 Zi. u. 1 Suite (mit Blick auf den Teich) m. Bad, WC u.Tel.: 350-450 F (1-2 Pers.), Suite: 800 F (1-4 Pers.) ♦ Frühst.: 40 F ♦ Gemeins. Essen auf Best.: 120 F (Wein inkl.), Kinder: 90 F ♦ Salon ♦ Angeln vor Ort ♦ Umgebung: Reiten, Schwimmbad, Tennis; Schlösser Azy, der Herzöge von Nevers, Apremont; Kanalfahrten, Wanderwege, Musée du Septennat, archäologische Stätte in Bibracte, Rundfahrt Magny-Cours ♦ **Anreise** (Karte Nr. 18): 16 km östl. von Nevers über die D 978 Rtg. Châlon-sur-Saône bis Saint-Benin-d'Azy; Einfahrt zum Schloß am Ortsausgang (Rtg. La Machine), vor dem Städt. Schwimmbad.

Das *Château du Vieil-Azy* liegt in einem Park mit zahlreichen hundertjährigen Bäumen und in der Nähe eines großen Teiches. Das Schloß verfügt über ein wunderbares Treppenhaus aus Holz und einen geräumigen Salon mit Bibliothek und eindrucksvollem Kamin. Die etwas dunklen Zimmer, die an vergangene Zeiten erinnern, sind dennoch sehr schön. Angenehmer und praktischer Ausgangspunkt für zahlreiche Ausflüge.

136 - Le Moulin des Arbillons

71520 Bourgvilain
(Saône-et-Loire)
Tel. (0)3 85 50 82 83
Fax (0)3 85 50 86 32
Charles und Sylviane Dubois-Favre

♦ Ganzj. geöffn. ♦ 5 Zi. m. Bad od. Dusche, WC, Tel. u. TV (auf Wunsch): 280-380 F (2 Pers.) ♦ Frühst. inkl. ♦ Kein Speisenangebot ♦ Salon ♦ Hunde auf Anfr. erlaubt ♦ Forellenangeln vor Ort ♦ Umgebung: künstl. See von Saint-Point (2,5 km) m. Minigolf, Tennis; Lamartine-Rundfahrt, Abtei von Cluny, Weinstraße ♦ **Anreise** (Karte Nr. 19): 24 km von Mâcon u. 7 km südl. von Cluny. Auf der Achse Mâcon-Moulin (N 79) im kleinen Ort La Valouse auf die D 22 Rtg. Tramaye: die Mühle liegt rechts vom Dorf Bourgvilain.

In diesem kleinen Tal mit seinem plätschernden Fluß, der den Mühlbach mit Wasser versorgt, befinden wir uns in der Heimat von Lamartine. Im *Moulin des Arbillons* werden Sie besonders freundlich empfangen, bevor Sie das (möglicherweise etwas zu intensiv) renovierte Interieur entdecken, das sehr angenehm und gepflegt ist. Die komfortablen Zimmer sind größtenteils geräumig und verfügen über luxuriöse Bäder. Der Ausblick ist von überall idyllisch. Eine wirklich angenehme Adresse in einer Region, die es lohnt, entdeckt zu werden.

BOURGOGNE

137 - Château de Sassangy

Sassangy
71390 Buxy
(Saône-et-Loire)
Tel. (0)3 85 96 12 40
Fax (0)3 85 96 11 44
M. und Mme Marceau

♦ Von März bis Nov. geöffn. ♦ 6 Zi. m. Bad od. Dusche, WC, Tel. u. 1 Suite (4-6 Pers.) m. 2 Zi., Salon, Bad, WC: 450-500 F (1 Pers.), 550-700 F (2 Pers.), 650-950 F (3-6 Pers.) ♦ Sonderpreis ab 3. Üb. ♦ Frühst. inkl. ♦ kein Speisenangebot ♦ Salon ♦ Visa ♦ Hunde nicht erlaubt ♦ Umgebung: Golf; Besichtigung von Weinkellern; Schlösser, roman. Kirchen, Beaune, Abtei von Cluny ♦ Man spricht Englisch ♦ **Anreise** (Karte Nr. 19): 6 km westl. von Buxy; A 6, Ausf. Chalon-Süd Rtg. Monchanin über die N 80, nach 15 km Ausf. Sassangy.

Dieses elegante Schloß aus dem 18. Jahrhundert wurde mit Geschmack und Vernunft umgebaut. Es liegt an einem kleinen Hügel, überragt die umgebende Landschaft und hat Blick auf Wiesen und einen schönen Park mit großem Teich. Die Gästezimmer sind in einem angemessenen Stil eingerichtet, geräumig und sehr komfortabel. Die Betreuung ist ausgesprochen gastfreundlich.

138 - Ferme-Auberge de Lavaux

Chatenay
71800 La Clayette
(Saône-et-Loire)
Tel. (0)3 85 28 08 48
M. und Mme Paul Gelin

♦ Von Ostern bis 11. Nov. geöffn. ♦ 5 Zi. (darunter 1 großes m. Balkon im Turm) m. Bad od. Dusche, WC: kl. Zi.: 270 F (2 Pers.), gr. Zi; im Turm: 320F (2 Pers.) ♦ Frühst. inkl. ♦ Rest. vor Ort: 80-110 F (ohne Wein) ♦ Hunde nicht erlaubt ♦ Angeln am Teich vor Ort ♦ Umgebung: Wanderwege; roman. Kirchen, Abtei von Cluny, Paray-le-Monial, Dun, Saint-Cyr, Kunsthandwerk ♦ **Anreise** (Karte Nr. 18): ca. 40 km südöstl. von Paray-le-Monial über die N 79 Rtg. Charolles, dann die D 985 Rtg. La Clayette u. die D 987 Rtg. Mâcon (5 km), anschl. links die D 300 Rtg. Chatenay.

Der an einem Hang im grünen und hügeligen Burgund gelegene hübsche Gasthof wirkt schon auf den ersten Blick äußerst gepflegt. Mit Ausnahme des Turmzimmers - das teurer ist, einen Terrakottaboden hat, geschmackvoll mit alten Möbeln eingerichtet ist und über ein angenehmes Bad verfügt - sind die Gästezimmer sehr schlicht. In den ehemaligen Stallungen ist das freundliche Restaurant untergebracht: der Raum hat Deckenbalken und rauhe Steinwände. Regionale, kulinarische Küche zu besonders angemessenen Preisen. Ein Schönwetter-Quartier mit ungezwungener Betreuung. Sehr angenehmer Empfang.

BOURGOGNE

139 - Château de la Fredière

Céron
71110 Marcigny
(Saône-et-Loire)
Tel. (0)3 85 25 19 67
Fax (0)3 85 25 35 01
Mme Edith Charlier

♦ Vom 10. Jan. bis 20. Dez. geöffn. ♦ 9 Zi. u. 2 Suiten m. Bad od. Dusche, WC, Tel.: 290-620 F (1-2 Pers.), Suite: 750 F ♦ Frühst.: 55 F ♦ Rest. auf Best. (Mi Ruhetag): 100-150 F (ohne Wein) ♦ Salon, Saal für Hochzeiten, Seminare od. Empfänge ♦ Hunde auf Anfr. erlaubt ♦ Schwimmbad u. 18-Loch-Golfpl. vor Ort ♦ Umgebung: roman. Kirchen ♦ Man spricht Englisch ♦ **Anreise** (Karte Nr. 25): 40 km nördl. v. Roanne über die D 482 u. die D 982 bis Marcigny; dann D 990 Rtg. Le Donjon-Lapalisse; der Golfplatz ist ausgeschildert.

Schloß *Fredière* ist von einem Golfplatz umgeben. Die Zimmer im ersten Stock sind noch vom Charme früherer Zeiten geprägt und besonders gut möbliert (das rosa Zimmer sollte man nicht nehmen, es ist zu klein). Die im zweiten Stock gelegenen Gästezimmer sind ganz neu, ausgesprochen luxuriös, gut isoliert, mit einigen alten Möbelstücken ausgestattet und mit geschmackvollen Stoffen belebt. Der wunderbare Salon ist freundlich und vor allem vollkommen echt. In der Nähe des Teiches wurde im renovierten Gebäude ein Restaurant errichtet, das ganz in Gelbtönen gehalten ist. Der Empfang ist sehr freundlich.

140 - Chez M. et Mme Lamy

Ancy-le-Duc
71110 Marcigny
(Saône-et-Loire)
Tel. (0)3 85 25 17 21
M. und Mme Christian Lamy

♦ Von Allerheiligen bis Anf. Apr. geschl. ♦ 2 Zi. m. eig. Bad u. gemeins. WC: 220 F (1 Pers.), 250 F (2 Pers.) + 100 F (zusätzl. Pers.) ♦ Frühst. inkl. ♦ Kein Speiseangebot (Kochnische m. Spülmaschine) - Rest. *L'Auberge du Prieur*é (10 km) ♦ Salon ♦ Hunde auf Anfr. erlaubt ♦ Umgebung: 18-Loch-Golfpl. (15 km), Tennispl. im Ort, Baden im Fluß, (500 m), Reiten (10 km), Schleppkahnfahrten auf dem Canal de Bourgogne, Kanu/Kajak; Besichtig. roman. Kirchen, Fayencen-Museum in Marcigny, Paray-le-Monial ♦ **Anreise** (Karte Nr. 25): 25 km südöstl. von Paray-le-Monial über D 362 Rtg. Roanne. In Monceau-L'Étoile Rtg. Anzy-le-Duc. Im Dorf, nahe der Kirche.

Das schöne Dorf Ancy-le-Duc ist eine Stätte der Ruhe. Das kleine quadratische Haus, das früher als Schule diente, wurde als Gästehaus eingerichtet. Die Zimmer in kräftigen Farben sind modern und komfortabel. Jedes verfügt zwar über ein Badezimmer, aber die Toiletten müssen geteilt werden. Im großen Salon herrscht eine besonders warme Atmosphäre: Musik, Spiele oder TV für kühle Abende. Die beiden Gärten sind sehr angenehm und der Empfang ist sympathisch - eine besonders von Familien geschätzte Adresse.

BOURGOGNE

141 - Les Récollets

Place du Champ-de-Foire
71110 Marcigny
(Saône-et-Loire)
Tel. (0)3 85 25 03 34
Fax (0)3 85 25 06 91
Mme Badin

♦ Ganzj. geöffn. ♦ 7 Zi. u. 2 Suiten (4-6 Pers.) m. 2 Zi., Bad, WC: 320 F (1 Pers.), 420-450 F (2 Pers.) + 120 F (zusätzl. Pers. in Suite) ♦ Frühst. inkl. ♦ Individ. Abendessen auf Best.: 200 F (Wein inkl.) ♦ Salon ♦ Visa, Amex ♦ Umgebung: Golf; roman. Kirchen ♦ **Anreise** (Karte Nr. 25): 30 km nördl. v. Roanne über die D 482 u. die D 982 Rtg. Digoin bis Marcigny.

Marcigny war ein charmantes Dorf und *Les Récollets*, mit eleganten Zimmern (alte Möbel, hübsche Stoffe) und komfortablen Bädern, eine reizende Adresse. Das Haus ist nach wie vor sehr angenehm, nur gibt es nun die schöne Aussicht nicht mehr: zwei (von der Gemeinde subventionierte) Hallen, am Ortseingang errichtet, nehmen dem traumhaften Garten leider seine Poetik. Zum Glück ist Mme Badin noch da, denn sie ist eine besonders aufmerksame und freundliche Gastgeberin. Und auch der Geist des Hauses ist unverändert. Ein Quartier für einen kurzen Aufenthalt.

142 - Château de Martigny

Poisson
71600 Paray-le-Monial
(Saône-et-Loire)
Tel. (0)3 85 81 53 21
Fax (0)3 58 81 59 40
Mme Edith Dor

♦ Von Ostern bis Allerheiligen geöffn. ♦ 3 Zi., 1 Studio (4 Pers.) u. 1 Suite (3 Pers) m. Bad, WC; 1 Zi. m. eig. Bad, gemeins. WC; 1 Zi. m. gemeins. Bad u. WC: 350-600 F (1-2 Pers.), 500-750 F (3 Pers.), 600-750 F (4 Pers.) ♦ Frühst. inkl. ♦ Gemeins. od. individ. Mittag- u. Abendessen: 180 F (Wein inkl.) ♦ Salon ♦ Hunde auf Anfr. erlaubt ♦ Schwimmbad, Fahrräder, Theater-, Tanz- u. Malkurse sowie Künstlerbegegnungen vor Ort ♦ Umgebung: Reiten, Tennis, Angeln (2 km), Golf (25 km); roman. Kirchen ♦ Man spricht Englisch ♦ **Anreise** (Karte Nr. 18): 8 km südl. von Paray-le-Monial über die D 34.

Dieses inmitten der Natur gelegene und mit außergewöhnlich gutem Geschmack eingerichtete Schloß verfügt über eine einmalige Umgebung. Im Interieur: entzückende, komfortable Zimmer mit schönen alten Möbeln - die weniger klassischen Dachzimmer sind ebenfalls sehr gelungen, nur ist dort die Aussicht nicht so einnehmend. Die Küche ist gesund und gut. Hin und wieder trifft man hier Künstler, die zum Erholen oder Arbeiten ins *Château de Martigny* kommen. Edith Dor versteht es, unter den Gästen eine besonders angenehme Atmosphäre zu schaffen.

BOURGOGNE

143 - La Chaumière

Le Bourg
Baudrières
71370 Saint-Germain-du-Plain
(Saône-et-Loire)
Tel. (0)3 85 47 32 18
Fax (0)3 85 47 41 42
Mme Vachet

◆ Von März bis Nov. geöffn. (außerh. der Saison auf Anfr.) ◆ 2 Zi. m. Bad od. Dusche, WC: 260 F (1 Pers.), 300-320 F (2 Pers.) + 80 F (zusätzl. Pers.) ◆ Frühst. inkl. ◆ Kein Speisenangebot - Rest. in unm. Nähe ◆ Salon ◆ Zimmerreinigung auf Wunsch ◆ Tennis (Zuschlag) vor Ort ◆ Umgebung: Reiten, Schwimmbad, See, Angeln, 18-Loch-Golfpl.; Besichtig. von Weinkellern, Schlösser, rom. Kirchen, Beaune, Cluny ◆ Man spricht Englisch u. Italienisch ◆ **Anreise** (Karte Nr. 19): Von Norden kommend: Ausf. A 6 Chalon-Süd, Rtg. Chalon. Reiseroute "Lyon frei" über D 978 bis Ouroux-sur-Saône, dann D 933 bis Nassey, links Baudrières ausgeschildert (D 160). Von Süden kommend, hinter Sennecey-le-Grand, rechts D 18 Rtg. Gigny, St-Germain-du-Plain. Die Saône in Nassey überqueren; dann Baudrières (D 160).

In diesem ruhigen, kleinen Ort liegt das sehr hübsche und von wildem Wein bewachsene Haus. Der Empfang ist freundlich und zwanglos, und die Zimmer sind mit viel Geschmack ebenso komfortabel wie gemütlich eingerichtet. Der mit alten regionalen Möbeln eingerichtete Salon ist ebenfalls sehr gelungen. Das exzellente Frühstück wird bei schönem Wetter draußen unter einem kleinen Vordach aus Holz serviert.

144 - La Salamandre

Au Bourg
71250 Salornay-sur-Guye
(Saône-et-Loire)
Tel. (0)3 85 59 91 56
Fax (0)3 85 59 91 67
M. Forestier und M. Berclaz

◆ Ganzj. geöffn. ◆ 4 Zi. u. 1 Suite m. Bad od. Dusche, WC, Tel.: Zi. 220-270 F (1 Pers.), 290-390 F (2 Pers.) + 95 F (zusätzl. Pers.); Suite 430-490 F (2, 3 od. 4 Pers.) ◆ Frühst. inkl. ◆ Gemeins. Abendessen am großen od. indiv. Tisch: 110 F (ohne Wein, Weinkarte) ◆ Visa, MasterCard, Eurocard ◆ Salon ◆ Haustiere nur auf Anfr. erlaubt ◆ Fahrräder vor Ort ◆ Umgebung: Reiten (Gestüt Cluny), 18-Loch-Golfpl. (30 km); das romanische Burgund (Tournus, Chapaize, Gourdon...), Cluny, Lamartine-Straße, prähistorische Stätten (Blanot, Solutré...) ◆ Man spricht Englisch, Deutsch, Italienisch ◆ **Anreise** (Karte Nr. 19): 25 km östl. von Tournus Autob. A 6, Ausf. Tournus, dann D 14 Rtg. Cormatin u. Salornay.

Dieses elegante Bürgerhaus, das aus dem 18. Jahrhundert stammt und inmitten eines Parks liegt, wurde mit viel Gespür und Raffinement renoviert. Die Gästezimmer, alle unterschiedlich im Stil, sind geräumig und hell und wurden mit alten Möbeln und wundervollen Stoffen hergerichtet. Die Bäder sind neu. Das Abendessen wird entweder im Speiseraum oder unter den Linden im Park serviert. M. Forestier, dessen Unterhaltung Sie schätzen werden, wird Sie über die historischen Schätze der Gegend aufklären. Charmanter Empfang.

BOURGOGNE

145 - Château de Beaufer

Route d'Ozenay
71700 Tournus
(Saône-et-Loire)
Tel. (0)3 85 51 18 24
Fax (0)3 85 51 25 04
M. und Mme Roggen

♦ Vom 15. März bis Allerheiligen geöffn. ♦ 5 Zi. (DZ) u. 1 Suite m. Bad, WC: 570-740 F (2 Pers.), Suite 680 F (3 Pers.), 740 F (4 Pers.) ♦ Frühst.: 40 F ♦ Preisnachl. bei läng. Aufenth. (mehr als 3 Üb.) ♦ Kein Speisenangebot - Rest. in Tournus ♦ Salon ♦ Visa ♦ Hunde auf Anfr. erlaubt (+ 50 F) ♦ Schwimmbad ♦ Umgebung: Golf, Polo ♦ Man spricht Deutsch, Englisch u. Italienisch ♦ **Anreise** (Karte Nr. 19): 25 km südl. v. Chalon-sur-Saône über die N 6 u. A 6 bis Tournus, dann die D 14 Rtg. Ozenay; 3 km vor Tournus ausgeschildert.

Das kleine, an einem Hügel gelegene Schloß ist von bewaldeter Landschaft umgeben und wurde derart hergerichtet, daß auch Gäste mit höchsten Ansprüchen zufriedengestellt werden können: hier erwarten Sie Komfort, Ruhe und Ästhetik. Der schöne Salon mit hohem Deckengewölbe und Blick aufs Schwimmbad steht aussschließlich den Gästen zur Verfügung. Die auf mehrere Gebäude verteilten Zimmer sind ausnahmslos groß, sehr gepflegt und mit hübschem Mobiliar und Radierungen verschönt. Die Betten sind sehr breit und die Badezimmer prächtig.

146 - Château de Prunoy

Prunoy
89120 Charny
(Yonne)
Tel. (0)3 86 63 66 91
Fax (0)3 86 63 77 79
Mme Roumilhac

♦ Vom 2. Jan bis 31. März geschl. ♦ 11 Zi. u. 8 Suiten (4-5 Pers.) m. Bad, WC u. Tel.: 650-700 F (2 Pers.); Suiten: 850-1200 F (4 Pers.) ♦ Frühst.: 50 F ♦ HP: 550 F pro Pers. im DZ (mind. 3 Üb.) ♦ Rest. (fam. Küche) mittags/abends: 190 F (ohne Wein) ♦ Salon ♦ Kreditkarten ♦ Beheizt. Schwimmbad m. jet stream, Tennis, Angeln, Radtouren, Mountainbikes, Teich u. Boot vor Ort ♦ Umgebung: Reiten, Golf; Weinstraße ♦ **Anreise** (Karte Nr. 18): 23 km westl. von Joigny, A 6, Ausf. Joigny, Rtg. Montargis, Charny (D 943 u. D 16). 130 km von Paris.

Inmitten eines wunderbaren Parks mit zwei Teichen gelegen, hält dieses Schloß unvergeßliche Überraschungen für seine Gäste bereit. Die Zimmer sind von beispielhaftem Komfort, und es ist schwer zu sagen, welches das schönste ist: überall kann man Kunstgegenstände, schöne alte Möbel und Fayencen bewundern. Das reichhaltige Frühstück wird Ihnen auf Wunsch schon früh morgens serviert. Das Schloß verfügt zudem über ein ausgezeichnetes Restaurant mit einfacher, aber ausgezeichneter Küche. Die Betreuung von Mme Roumilhac ist ausgesprochen liebenswürdig und gibt dem Ganzen noch den letzten Schliff.

BOURGOGNE

147 - La Borde

89130 Leugny
(Yonne)
Tel. (0)3 86 47 64 28
Fax (0)3 86 47 60 28
Christine und François-Jean Duclos

◆ Ganzj. geöffn. ◆ 4 Zi. m. Bad u. Dusche, WC u. Tel.: 600-700 F (2 Pers.) ◆ Frühst.: 50 F
◆ Sonderpr. für 1 Wochenende m. Vollpension: 1250-1350 F (alles inkl.) ◆ Gemeins. u. individ. Mittag- u. Abendessen: 160-190 F (alles inkl.) ◆ Salon ◆ Hunde auf Anfr. erlaubt ◆ Angeln am Teich, Fahrräder, Reiten (Zuschl.) vor Ort ◆ Umgebung: Schwimmbad u. Tennis (4 km), 18-Loch-Golfpl. (20 km); Weinstraße, Schloß Saint-Fargeau ◆ Fresko in Moutier, Saint-Sauveur-en-Puisaye (die Heimat von Colette), Auxerre, Chablis, Vézelay ◆ Man spricht Englisch ◆ **Anreise** (Karte Nr. 18): 20 km südwestl. von Auxerre. A 6, Ausf. Toucy. Dort D 950, Rtg. Avallon u. Leugny, dann ausgeschildert.

Für uns war es Liebe auf den ersten Blick bei diesem Häuserkomplex aus dem 16. Jahrhundert, der von einem ebenso enthusiastischen wie gastfreundlichen Paar restauriert wurde. Nach herkömmlicher Art verputzt, alter Steinplattenbelag, Möbel, Türen und Balken aus heller Eiche, herrliche Bäder... Die unwiderstehlichen Zimmer sind Komfort und Eleganz pur. Die gleiche Sorgfalt findet man im Salon, in der Bibliothek mit TV und in der wunderbaren Küche mit Kupfertöpfen und einem großen Tisch vor, an dem die Gäste gern ihre Mahlzeiten (die exzellent sein sollen) einnehmen.

148 - La Cour Alexandre

89120 Marchais-Beton
(Yonne)
Tel. (0)3 86 91 64 33
Fax (0)3 86 91 69 92
Mme Desvignes

◆ Ganzj. geöffn. (im Winter nur auf Reserv.) ◆ 2 Zi. u. 4 Suiten (2-3 Pers.) m. Bad od. Dusche, WC: 400-500 F (2 Pers.) + 120 F (zusätzl. Pers.) ◆ Frühst. inkl. ◆ Gemeins. Essen: 110-140 F (Wein inkl.)
◆ Schwimmbad, Reiten (80 F pro Stunde), Angeln am Teich (+ 30 F pro Tag), Mountainbikes u. Fahrräder vor Ort ◆ Umgebung: Tennis (800 m), 18-Loch-Golfpl. (17 km); Saint-Fargeau (historische Aufführungen im Juli u. Aug.), Weinstraße, Flußschiffahrt ◆ Man spricht Englisch, Spanisch, Deutsch u. Italienisch ◆ **Anreise** (Karte Nr. 18): 28 km von Montargis. Autob. A 6, Ausf. Courtenay. In Courtenay D 34 bis Douchy, dann D 950 bis Charny. Vor der Halle rechts Rtg. Chambeugle über die D 16. An der Kreuzung von Chambeugle Hinweis "*Chambres d'hôtes*" (Gästezimmer).

Aus diesem ehemaligen Bauernhaus wurde mit viel Gespür ein Landhaus gemacht. Die Innenausstattung zeugt von einer besonders offenen und gastfreundlichen Lebensart. Die meisten Zimmer verfügen über einen kleinen Salon (*Nuptiale* ist einfach wundervoll). Alle Räume haben eine besonders behagliche Atmosphäre und wirken recht *bourgeois*, sind aber stets mit einer gewissen Originalität eingerichtet. So wurden die Pferdeställe zu einer freundlichen Bar, die sowohl rustikal als auch exzentrisch ist. Im reizenden Garten gibt es mehrere Brunnen. Empfangen wird man sehr freundlich und ungezwungen.

BOURGOGNE

149 - Les Morillons

89250 Mont-Saint-Sulpice
(Yonne)
Tel. (0)3 86 56 18 87
Fax (0)3 86 43 05 07
Françoise und Didier Brunot

◆ Ganzj. geöffn ◆ Für Nichtraucher ◆ 3 Zi. m. Bad od. Dusche: 350 F (2 Pers.) ◆ Frühst. inkl.
◆ Gemeins. Essen: 160 F (Wein inkl.) ◆ Salon ◆ Angeln, Pferdegespann, Mountainbikes vor Ort
◆ Umgebung: Tennis (1 km), Golf (26 km); Weinstraße (Chablis), Auxerre, Canal de Bourgogne ◆ Man spricht Englisch ◆ **Anreise**: (Karte Nr. 18): 22 km nördl. von Auxerre. Autob. A 6, Ausf. Auxerre-Nord, Rtg. Moneteau (D 84), Seignelay u. Hauterive durchfahren, Mont-Saint-Sulpice rechts, gegenüber dem Rathaus (*mairie*), dann 2 km fahren.

Der von Feldern umgebene Landsitz *Les Morillons* setzt sich aus mehreren Gebäudeteilen zusammen, die um einen großen Hof herum angelegt sind; zudem gibt es eine oberhalb der stillen Gewässer des Serain gelegene Terrasse. Die Innenausstattung ist sehr gepflegt und geschmackvoll. Françoise und Didier Brunot lieben ihre Gegend sehr und organisieren auf Wunsch zahlreiche sportliche, kulturelle und önologische Aktivitäten. Die Gastgeber sind sehr freundlich und aufmerksam und legen besonders großen Wert auf die Qualität und die Atmosphäre ihrer Abendessen.

150 - La Coudre

La Coudre
89120 Perreux
(Yonne)
Tel. (0)3 86 91 61 42
und (0)3 86 91 62 91
M. und Mme Lusardi

◆ Ganzj. geöffn. ◆ 3 Zi. m. Bad, WC: 470-560 F (2 Pers.) ◆ Frühst. inkl. ◆ Gemeins. Abendessen auf Bestellung: 180 F (Wein inkl.) - Rest.: *Le Cheval Blanc* in Charny ◆ Salon ◆ Tel. ◆ Hunde nicht erlaubt ◆ Töpferatelier vor Ort ◆ Umgebung: 18-Loch-Golfpl., Tennis, Reiten; Schloß Saint-Fargeau ◆ Man spricht Englisch u. Italienisch ◆ **Anreise** (Karte Nr. 18): ab Paris die A 6, Ausf. Joigny, Rtg. Montargis, dann die D 3 Rtg. Toucy bis Sommecaise u. die D 57 nach Perreux; 1 km vor dem Dorf.

Dieses große, wunderbar restaurierte Haus liegt an einer kleinen Landstraße und ist von einem gepflegten Garten umgeben. Sie werden die großzügige Aufteilung, die verwandten Materialien und die alten Möbel sehr schätzen. Den einladenden, komfortablen Gästezimmern kam die gleiche Sorgfalt zu, und deshalb sind auch sie sehr angenehm. Die an langen Tischen servierten Mahlzeiten (Frühstück und Abendessen) sind ebenso gut wie hübsch präsentiert. Aufmerksamer, gastfreundlicher Empfang.

BOURGOGNE

151 - Le Moulin de Poilly-sur-Serein

89310 Poily-sur-Seine
(Yonne)
Tel. (0)3 86 75 92 46
Fax (0)3 86 75 95 21
Hester und Pascal Moreau

♦ Von Allerheiligen bis Ostern geschl. ♦ 5 Zi. m. Bad od. Dusche, WC: 290 F (1 Pers.), 320-400 F (2 Pers.) + 90 F (zusätzl. Pers.) ♦ Frühst. inkl. ♦ Kein Speisenangebot - Rest. 200 m, 3 km u. 12 km (Chablis) entf. ♦ Frische Bettw. alle 3 Tage, Handt. tägl. ♦ Salon ♦ Hunde nicht erlaubt ♦ Angeln (Leih-Material) und Baden im Fluß vor Ort ♦ Umgebung: Reiten, Dorf Noyers, Chablis-Weinstraße ♦ Man spricht Deutsch, Englisch, Holländisch u. Schwedisch ♦ **Anreise** (Karte Nr.18): 12 km südöstl. von Chablis. Autob. A 6, Ausf. Auxerre S, dann D 965 Rtg. Tonnerre. Ab Chablis D 45 Rtg. Chichée, Chemilly. 3 km hinter Chemilly: die Mühle am Ortseingang von Poilly.

Diese majestätische Mühle, restauriert von einem sympathischen Paar (sie ist Töpferin, er Winzer), hält den Lauf des Flusses Serein am Dorfeingang an. Im Innern, auch in den komfortablen Zimmern, genießt man die Weiträumigkeit; die Farben, bei denen der natürliche Holzton der Balken und Pfeiler, Weiß und Beige vorherrschen, bilden eine schöne Harmonie. Altes (oft exotisches) Mobiliar hoher Qualität sowie interessante Gegenstände vervollständigen die Einrichtung. Ein elegantes und heiteres Haus.

152 - La Chasseuserie

Lavau
89170 Saint-Fargeau
(Yonne)
Tel. (0)3 86 74 16 09
Mme Anne-Marie Marty

♦ Ganzj. geöffn. (schriftl. reservieren) ♦ 1 Zi. u. 1 Suite m. 2 Zi., Bad, WC: 260 F (1 Üb./2 Pers.) od. 220 F (ab 2. Üb./2 Pers); Suite: 450 F(1. Üb./4 Pers.) od. 380 F (2 Üb./4 Pers.) ♦ Frühst. inkl. ♦ Kein Speisenangebot - Rest. in der Nähe ♦ Salon ♦ Zimmerreinigung alle 3 Tage, öfter: + 30 F pro Tag ♦ Hunde nicht erlaubt ♦ Schwimmbad, Tennis, Fahrräder vor Ort ♦ Umgebung: Kanäle, Jagd, Angeln; Saint-Fargeau, Ratilly ♦ Man spricht Englisch ♦ **Anreise** (Karte Nr. 17 u. 18): Autobahn A 6 in Dordives verlassen, dann N 7 bis Bonny-sur-Loire, danach D 965 Rtg. Auxerre bis Lavau. Ab Lavau D 74 Rtg. Bléneau (3 km), aber nicht in den Ort hineinfahren; ausgeschildert.

Mitten auf dem Land mit viel Wald liegt dieses Haus voller Blumen, das über zwei Gästezimmer verfügt. Das eine ist eine komfortabel und hübsch eingerichtete Suite für Familien. Außerdem gibt es einen angenehmen Salon mit Kamin und einen freundlichen Speiseraum, in dem das Frühstück dann serviert wird, wenn man wegen des Wetters nicht im Garten sitzen kann. Freundliche Betreuung und ausgesprochen gutes Preisniveau.

BOURGOGNE

153 - Dannery

89170 Saint-Fargeau
(Yonne)
Tel. (0)3 86 74 09 01
und (0)1 46 24 16 47
M. und Mme Couiteas Comnenos

♦ Vom 15. Okt. bis 15. Mai geschl. (außer Wochenende) ♦ 3 Zi. m. Bad od. Dusche, WC: 380-420 F (2 Pers.) ♦ Frühst. inkl. ♦ Kein Speisenangebot - Rest. ab 4 km ♦ Salon ♦ Schwimmbad vor Ort, Angeln in den Wassergräben ♦ Umgebung: Tennis u. Reiten (4 km), Wassersport (15 km); Licht- und Tonaufführungen in Saint-Fargeau, Weinberge von Chablis, Fischfang-Museum im Schloß La Bussière ♦ Man spricht Englisch ♦ **Anreise** (Karte Nr. 18): 7 km nordwestl. von Saint-Fargeau. Autob. A 6, Ausf. Joigny, Rtg. Toucy, dann Rtg. Saint-Fargeau. Ab Mezilles 4 km, Dannery rechts ausgeschildert.

In einer Wald- und Wiesenlandschaft schön einsam gelegen, verfügt dieser elegante Herrensitz über ein großes prachtvolles Zimmer, dessen Komfort, edles Mobiliar und Ausblick auf die Wassergräben Sie bestimmt sehr schätzen werden. Die beiden anderen wurden vor kurzem im Nebengebäude eingerichtet. Es sind hübsche, angenehme Mansardenzimmer mit Balken (das kleinste hat nur ein Veluxfenster). Das raffinierte Frühstück wird im Speiseraum neben dem Gästesalon serviert. In diesem Haus, das viel bietet, ist auch der Empfang vom Feinsten.

154 - Chez Mme Defrance

4, place de la Liberté
89710 Senan
(Yonne)
Tel. (0)3 86 91 59 89
Mme Defrance

♦ Ganzj. geöffn. ♦ 1 Zi. m. Dusche, WC; 2 Zi. teilen sich Bad u. WC (auch: Suite): 280-380 F (2 Pers.), + 120 F (zusätzl. Pers.) ♦ Frühst. inkl. ♦ Gemeins. Abendessen auf Best.: 100 F (Wein inkl.) od. Landrest. 100 m entf. ♦ Salon ♦ Hunde nicht erlaubt ♦ Umgebung: Tennis, Golf ♦ Man spricht Englisch ♦ **Anreise** (Karte Nr. 18): 26 km nordwestl. von Auxerre über die A 6, Ausf. Auxerre-Nord, dann N 6 Rtg. Joigny u. D 14. In Bassou links Rtg. Neuilly, D 153 bis Senan. Ab Paris: A 6, Ausf. Joigny, dann D 89.

Dieses angenehme, stilvolle Haus liegt ein wenig zurückgesetzt hinter einer mit Linden bepflanzten Esplanade. Es befindet sich in einem kleinen, sehr ruhigen Dorf. Die Innenausstattung ist schlicht, gepflegt und verfügt über einige alte Möbelstücke. Wir empfehlen das große, sehr angenehme Zimmer mit Blümchentapete, gebohnertem Parkett und wunderbarem Duschraum. Stets heiter und präsent, überläßt Mme Defrance ihren Gästen die Wahl, wo sie ihr Frühstück einnehmen möchten: auf dem Zimmer, im Garten oder im Speiseraum.

BOURGOGNE

155 - Les Lammes

89210 Venizy
(Yonne)
Tel. (0)3 86 43 44 42
(mittags u. abends)
oder (0)6 08 54 65 68
Mme Antoinette Puissant

◆ Von Ende Okt. bis Ostern geschl. (Appartements können wöchentl. u. zum Wochenende gemietet werden) ◆ 8 Suiten (2-4 Pers.) u. 2 Suiten f. Familien (5-8 Pers.) m. Küche, Salon, Bad, WC: 420 F (2 Pers.) + 120 F (zusätzl. Pers.) ◆ Frühst. inkl. ◆ Kein Speiseangebot - Rest. 300 m entf. ◆ Hunde auf Anfr. erlaubt ◆ Schwimmbad, Angeln vor Ort ◆ Umgebung: Tennis; Weinstraße, Abtei Fontenay ◆ Man spricht Englisch, Deutsch u. Italienisch ◆ **Anreise** (Karte Nr. 18): 30 km nordöstl. von Auxerre über die N 77. Saint-Florentin durchqueren u. die D 30 Rtg. Venizy; nach 300 m links hinter der *Auberge des Pommerats*.

Auf der Besitzung *Les Lammes* werden Sie einen großen, von Wassergräben umgebenen Bauernhof entdecken und gleich dahinter ein weiteres Haus, das ebenfalls Gästezimmer anbietet. Alle Suiten und Appartements verfügen über Sitzecken und Kochnischen. Bettdecken aus Patchwork und echte alte Möbel - alles in allem eine heitere Einrichtung, und meist blickt man auf das große Schwimmbad. Das Frühstück wird in einem großen Raum eingenommen, der sehr hübsch gestaltet ist, oder auch draußen unter einer Markise. Vom Service des Hauses werden Sie begeistert sein.

156 - Domaine de Montpierreux

89290 Venoy
(Yonne)
Tel. (0)3 86 40 20 91
Fax (0)3 86 40 28 00
Françoise und François Choné

◆ Ganzj. geöffn. ◆ 5 Zi. m. Bad od. Dusche, WC: 260-320 F (2 Pers.) + 70 F (zusätzl. Pers.) ◆ Frühst. inkl. ◆ Kein Speiseangebot - Rest. 3 km entf., außerdem in Chablis u. Auxerre ◆ Hunde nicht erlaubt ◆ Wandern vor Ort ◆ Umgebung: Tennispl. im Dorf, jegl. Sportart (10 km); Weinstraße (Chablis u. Auxerrois), Zisterzienserabtei Pontigny, Dorf Noyers-sur-Serein ◆ Man spricht Englisch ◆ **Anreise** (Karte Nr. 18): 10 km östl. von Auxerre. A 6, Ausf. Auxerre Süd, D 965 Rtg. Chablis, dann ausgeschildert; das Haus liegt 3 km weiter rechts.

Dieser große, ausschließlich von Natur umgebene landwirtschaftliche Betrieb produziert Wein und Trüffeln. Die Zimmer (das größte kann mit einem anderen Raum verbunden und so zu einer Suite umgewandelt werden) sind sehr praktisch für Familien und liegen im zweiten Stock. Sie sind schmuck, haben eine persönliche Note und verfügen über kleine Badezimmer. Das Ganze ist sehr gepflegt. Das Frühstück wird im Gästeraum serviert oder, bei schönem Wetter, draußen. Aufmerksamer, sympathischer Empfang.

BOURGOGNE

157- Cochepie

Cochepie
89500 Villeneuve-sur-Yonne
(Yonne)
Tel. (0)3 86 87 39 76
Mme Claire Strulik

♦ Ganzj. geöffn. ♦ 1 Zi. u. 1 Suite (4 Pers.) m. Bad, WC: 650 F (2 Pers.), Suite 850 F (4 Pers.)
♦ Frühst. inkl. ♦ Kein Speisenangebot - Rest. *La Lucarne aux chouettes* 1,5 km entfernt ♦ Salon
♦ Hunde nicht erlaubt ♦ Schwimmbad u. Tennis vor Ort ♦ Umgebung: 18-Loch-Golfpl. (25 km)
♦ Man spricht Englisch, Spanisch u. Deutsch ♦ **Anreise** (Karte Nr. 10): Autobahn A 6, Ausf.
Courtenay, dann Villeneuve-sur-Yonne. An der Kirche links, durch die Porte de Sens, Rtg. Dixmont,
1. Straße rechts, nach 1 km hinter der Brücke 2. Weg links.

Aus diesem alten Bauernhaus, außerhalb der kleinen Stadt Villeneuve-sur-Yonne gelegen und von einem großen, mit Bäumen wie in Kanada bepflanzten Park umgeben, ist ein superbes Herrenhaus geworden. Hier gibt es ein Zimmer und eine Suite (ideal für Familien oder Freunde), die mit absolut sicherem Geschmack ausgestattet sind. Das reichhaltige Frühstück wird im hübschen Salon serviert, der den Gästen vorbehalten ist und aufs Grüne geht. Ein hervorragendes Haus mit großem Schwimmbad, Tennisplatz und bestem Empfang. Auch das Abendessen in *La Lucarne aux chouettes* am Ufer der Yonne wird Ihnen sehr zusagen. Ruhe und Natur nur eine Stunde von Paris entfernt.

BRETAGNE

158 - La Tarais

22100 Calorguen
(Côtes-d'Armor)
Tel. (0)2 96 83 50 59
Deborah und Bernard Kerkhof

♦ Ganzj. geöffn. (auf Reserv.) ♦ 4 Zi. m. Dusche, WC: 275 F (2 Pers. f. 1 Üb.), 750 F (2 Pers. f. 3 Üb.) + 75 F (zusätzl. Pers.) ♦ Frühst. inkl. (engl. Frühst.: + 20 F) ♦ Individ. Essen auf Best. von Anfang Apr. bis Ende Sep.: 100-125 F (Wein inkl.) - Rest. ab 3 km ♦ Salon ♦ Hunde nicht erlaubt ♦ Umgebung: Schwimmbad, Tennispl. im Dorf ♦ Wanderwege entlang dem Fluß Rance, Golfpl. (20 km); Meer (20 km) St-Malo, Schloß Bourbansais, Combourg, Altstadt Dinan, Dörfer Bécherel u. Léhon, Mont-Saint-Michel ♦ Man spricht Englisch, Deutsch u. Niederländisch ♦ **Anreise** (Karte Nr. 6): 7 km südl. von Dinan über D 12 Rtg. Léhon. Dort auf die Route de Calorguen, dann ausgeschildert.

Ein junges, sympathisches, britisch-holländisches Paar richtete in diesem früheren Bauernhaus, das in einem kleinen Ort liegt, vier kleine Gästezimmer ein. Sie sind gepflegt, schlicht und hell, haben hübsche Daunendecken und meist ein englisches Möbelstück. Das Frühstück wird entweder in einem angenehmen Speiseraum (der auch als Teesalon dient) an individuellen Tischen serviert oder vor dem Haus, sobald das Wetter es erlaubt. Ein gutes Preis-Leistungsverhältnis.

159 - Le Logis du Jerzual

25, rue du Petit-Fort
22100 Dinan
(Côtes-d'Armor)
Tel. (0)2 96 85 46 54
Fax (0)2 96 39 46 94
M. und Mme Dominique Ronsseray

♦ Ganzj. geöffn. ♦ 2 Zi. m. Bad od. Dusche, WC u. 2 Zi. m. eig. Dusche u. gemeins. WC; TV auf Wunsch: 280-380 F (2 Pers.) + 100 F (zusätzl. Pers. ab 7 J.) + 150 F (zusätzl. Zi.) ♦ Frühst. inkl. ♦ Preisnachl. bei läng. Aufenth. (mehr als 3 Üb.) ♦ Kein Speisenangebot - zahlr. Rest. 100 m weiter am Hafen ♦ Salon ♦ Tel. u. Fax ♦ Hunde auf Anfr. erlaubt ♦ Umgebung: Kanufahrten, Rance, Radtouren, Reiten, Tennis, 18-Loch-Golfpl. (19 km) ♦ Man spricht Englisch u. versteht Deutsch ♦ **Anreise** (Karte Nr. 6): 24 km von Saint-Malo. In Dinan Rtg. Hafen, 100 m vom Hafen entfernt. Gegenüber der alten Brücke in die Rue du Petit Fort (*Le Jerzual*) einbiegen (Einbahnstraße, außer zum Entladen): das Gepäck abladen und den Wagen am Hafen oder in der Rue du Roquet (hinter dem Waschhaus) parken.

Eine wunderschöne mittelalterliche Straße steigt vom Hafen zur *ville haute* hinauf (auf halber Höhe setzen Sie Ihr Gepäck ab). In diesem Quartier aus dem 15. und 18. Jahrhundert sind die mit altem Mobiliar eingerichteten Zimmer sehr angenehm. Falls noch zu haben, sollten Sie das Baldachin-Zimmer reservieren. Gefrühstückt wird in einem winzigen Raum mit mandelgrüner Täfelung oder, im Sommer, draußen. Vom Ende des reizenden, mit Mäuerchen begrenzten und terrassierten Gartens aus hat man einen einnehmenden Blick über den Hafen.

BRETAGNE

160 - Château de Bonabry

22120 Hillion
(Côtes-d'Armor)
Tel. (0)2 96 32 21 06
Vicomte und Vicomtesse
Louis du Fou de Kerdaniel

♦ Vom 1. Mai bis 30. Sep. geöffn. ♦ 2 Suiten (Zi. + Salon für 4 Pers.) m. Bad od. Dusche, WC (1 m. Balneotherapie); TV auf Wunsch in Suite f. 6 Pers.: 500-600 F (4 Pers.) + 120 F (zusätzl. Pers.) ♦ Frühst. inkl. ♦ Kein Speiseangebot - Rest. ab 5 km ♦ Salon ♦ Hunde nur im Zwinger erlaubt ♦ Angeln an den Felsen ♦ Pferdeboxen, Reiten (für gute Reiter), Reitbahn vor Ort ♦ Umgebung: Meer (300 m); Cap Fréhel, Vogelreservat in der Bucht von Saint-Brieuc ♦ Man spricht Englisch ♦ **Anreise** (Karte Nr. 6): 12 km nordöstl. von Saint-Brieuc. Auf der vierspurigen Straße (N 12) Ausf. Yffiniac/Hillion. In Hillion Rtg. La Granville. 30 m vor Hillion links (Weg).

Diese Schloßanlage umfaßt Weiden, Wälder sowie Felswände, und ihre Alleen führen zu einem riesigen Strand. Die Fassade des Schlosses, die Pferdeställe, das Taubenhaus und die Kapelle sind von der Zeit gezeichnet. Das Interieur hingegen wurde vor kurzem sehr geschmackvoll aufgefrischt. Die beiden Suiten, jede mit eigenem Salon, sind wunderbar. Alte Möbel, Familienbilder und Jagdtrophäen stellen den größten Teil der Ausstattung dar. Ein authentischer Ort, an dem man mit ausgesprochen guter Laune empfangen wird.

161 - Ferme de Malido

Saint-Alban
22400 Lamballe
(Côtes-d'Armor)
Tel. (0)2 96 32 94 74
Fax (0)2 96 32 92 67
M. und Mme Robert Legrand

♦ Ganzj. geöffn. ♦ 6 Zi. m. Dusche, WC (1 Zi. m. Balkon): 180 F (1 Pers.), 200-300 F (2 Pers.) + 70 F (zusätzl. Pers.) ♦ Sonderpr. f. Wochenende u. Gruppen (10-17 Pers.) je nach Saison ♦ Frühst. inkl. ♦ Kein Speiseangebot - Grill im Garten u. Rest. in Umgebung ♦ Salon ♦ Tel. ♦ Hunde auf Anfr. erlaubt (+ 20 F) ♦ Umgebung: Schwimmbad, Tennis, Angeln, Reiten, Segeln, Golf, Wanderwege ♦ Man spricht Englisch u. Deutsch ♦ **Anreise** (Karte Nr. 6): 21 km nordöstl. von Saint-Brieuc über die N 12 bis Lamballe, dann die D 791 im Norden von Lamballe Rtg. Le Val-André. Ab Saint-Alban Rtg. Saint-Brieuc (2 km).

Die Straße, die zur *Ferme de Malido* führt, ist typisch für das noch ganz ländliche Frankreich. Man fährt an mehreren anderen Bauernhöfen vorbei, bevor man im hübschen Hof ankommt, wo man besonders freundlich empfangen wird. Die Zimmer des stark renovierten Hauses sind schlicht, angenehm und gepflegt. Unser Lieblingszimmer ist das sehr gelungene *Euphonia*; das *Hortensias* hingegen sollte man nicht wählen. Ein Salon und ein Speiseraum (der etwas freundlicher sein könnte) stehen den Gästen zur Verfügung. Ein schlichtes Haus zu moderaten Preisen nur vier Kilometer vom Meer entfernt.

BRETAGNE

162 - Les Hortensias

Villeneuve
40, rue du Moulin
22770 Lancieux
(Côtes-d'Armor)
Tel. (0)2 96 86 31 15
Jacqueline und Eric Cosson

♦ Ganzj. geöffn. ♦ 3 Zi. m. Bad od. Dusche, WC (TV): 280 F (2 Pers./1 Üb.), 2-5 Üb.: 250 F (2 Pers.) ab 7. Üb.: 230 F (2 Pers.) + 80 F (zusätzl. Pers.) ♦ Frühst. inkl. ♦ Kein Speisenangebot - Rest. ab 1 km ♦ Frische Bettw. alle 4 Tage, frische Handt. alle 2 Tage ♦ Umgebung: Reiten (3 km), Meer (100 m); Saint-Malo, Cancale, Dinan, Côte d'Émeraude ♦ Man spricht Englisch u. Italienisch ♦ **Anreise** (Karte Nr. 6): 8 km von Dinard, Route du Barrage von Saint-Malo bis Dinard über D 168, dann D 603 Rtg. Saint-Briac, danach Lancieux.

Wer gegen die Nähe einer Straße nichts einzuwenden hat, wird hier ein sehr angenehmes Haus entdecken. Die komfortablen und gut gepflegten Zimmer sind sehr geschmackvoll eingerichtet. Die zahlreichen Bücher, Seegemälde und einige alte Möbel schaffen eine warme Atmosphäre. Die gute Laune von Jacqueline Cosson ist ansteckend, und dank ihres besonderen Frühstücks fängt der Tag gut an.

163 - Manoir de Kerguéréon

Ploubezre
22300 Lannion
(Côtes-d'Armor)
Tel. (0)2 96 38 91 46
M. und Mme de Bellefon

♦ Von Ostern bis Allerheiligen geöffn. ♦ 2 Zi. m. Bad, WC: 500 F (2 Pers.) + 100 F (zusätzl. Pers.) ♦ Frühst. inkl. ♦ Kein Speisenangebot - Rest. ab 8 km u. *Les Côtes-d'Armor* in Plestin-les-Grèves (10 km) ♦ Salon ♦ Hunde auf Anfr. erlaubt ♦ Umgebung: Wassersport, Tennis, Reiten, Golf; Schlösser Rosanbo, Kergrist u.Tonquedec, Kapellen, Lannion, Tréguier, Morlaix, "Rosa Granitküste", Konzerte u. Folklore-Feste (im Sommer) ♦ Man spricht Englisch ♦ **Anreise** (Karte Nr. 5): 10 km südl. von Lannion über die D 11; in Kerauzern die D 30 Rtg. Ploumilliau; hinter dem Bahnübergang 4. Straße links.

Dieser bretonische Landsitz - ein Archetyp mit seinem Eckturm und den spitzbogigen Türen - liegt mitten auf dem Land, neben einem kleinen Gestüt. Das Innere ist mit schönem Mobiliar, Gemälden aus dem Familienbesitz und Fayencen dekoriert und konnte seinen ursprünglichen Stil bewahren. Die beiden wunderbaren Zimmer sind von perfektem Komfort und Charme. Das Frühstück mit warmen Crêpes und hausgemachter Konfitüre ist köstlich, und der Empfang besonders liebenswürdig.

BRETAGNE

164 - Le Colombier

Coat Gourhant
Louannec
22700 Perros-Guirec
(Côtes-d'Armor)
Tel. (0)2 96 23 29 30
M. und Mme Fajolles

♦ Ganzj. geöffn. ♦ 4 Zi. m. Dusche, WC: 220-280 F (2 Pers.) ♦ Frühst. inkl. ♦ Kein Speisenangebot - zahlr. Rest. in nächster Umgebung ♦ Salon-Bibliothek ♦ Umgebung: Meer, Golf, Tennis, Reiten, Hochseefischen; Route des Ajoncs d'Or (Straße des Goldenen Stechginsters), Port-Blanc, Tonquedec ♦ Man spricht Englisch ♦ **Anreise** (Karte Nr. 5): Von Lannion kommend, am großen Kreisverkehr u. Ortsbeginn von Perros-Guirec rechts Rtg. Louannec (20 m), dann 1. kleine Straße rechts, anschließend ausgeschildert; Le Colombier liegt 2,5 km weiter.

Dieses alte Landhaus wurde komplett renoviert, liegt mitten auf dem Land und nur einige Minuten vom Meer entfernt. Hier wird man sehr freundlich und natürlich empfangen und wohnt in angenehmen Zimmern, die unter dem Dach eingerichtet wurden. Sie sind schlicht, hell, komfortabel, sehr hübsch, und jedes hat seine eigene Farbe. Im kleinen Salon finden Sie zahlreiche Unterlagen für touristische Unternehmungen vor. Das exzellente Frühstück wird in einem sehr großen, rustikalen und raffinierten Raum serviert, in dem zur Freude von groß und klein ein beeindruckendes Aquarium mit regionalen Fischen steht. Ein gutes, preisgünstiges Haus.

165 - Demeure de Rosmapamon

Louannec
22700 Perros-Guirec
(Côtes-d'Armor)
Tel. (0)2 96 23 00 87
Mme Annick Sillard

♦ Vom 1. Apr. bis 30. Sep. geöffn. ♦ 3 Zi. u. 1 Suite m. Bad od. Dusche, WC: 240-320 F (1 Pers.), 310-370 F (2 Pers.), Suite 410 F (2 Pers.) + 100 F (zusätzl. Pers.) u. 1 Kinderzi.: 250 F ♦ Frühst. inkl. ♦ Kein Speisenangebot - Rest. in Umgebung ♦ Salon ♦ Tel. ♦ Hunde auf Anfr. erlaubt ♦ Umgebung: 18-Loch-Golfpl., Meer, Wassersport, Thalassotherapie; Vogelkunde, "Rosa Granitküste" ♦ Man spricht Englisch ♦ **Anreise** (Karte Nr. 5): 2 km östl. von Perros-Guirec über die D 6.

Einige Hundert Meter vom Hafen entfernt ragt das inmitten eines reizenden bewaldeten Parks am Abhang gelegene Rosmapamon hervor. Das schlichte und elegante Haus, in dem man sehr freundlich empfangen wird, gehörte einst Ernest Renan. Die Zimmer sind ruhig und charmant: von den nördlich gelegenen erblickt man hinter den großen Bäumen das Meer. Die Suite bleue ist besonders gelungen, und wie im Zimmer von Renan kann man hier im Kamin ein Feuer machen. Das gute Frühstück mit Orangensaft und hausgemachtem Gebäck wird am großen Tisch im Speiseraum oder auf der nach Süden gelegenen Terrasse serviert. Hübscher, mit alten Möbeln eingerichteter Salon.

BRETAGNE

166 - La Pastourelle

Saint-Lormel
22130 Plancoët
(Côtes-d'Armor)
Tel. und Fax (0)2 96 84 03 77
Mme Ledé

♦ Ganzj. geöffn. ♦ 6 Zi. m. Bad od. Dusche, WC (darunter 1 für eine 4-köpfige Familie m. Alkoven f. Kinder): 250 F (2 Pers., 1 Üb.), 230 F (2 Pers., mehr als 1 Üb.) + 80 F (zusätzl. Pers.); 390-400 F (Zi. 4 Pers.) ♦ Frühst. inkl. ♦ HP (mind. 5 Üb.): 190 F pro Pers. im DZ ♦ Individ. Mittag- und Abendessen auf Best. (von Ostern bis Okt. sowie ab u. zu So): 85 F (Wein inkl.) ♦ Salon ♦ Kl. Hunde auf Anfr. erlaubt ♦ Umgebung: Tennis, Segeln, Golfpl. von Saint-Cast (10 km); Dinan ♦ Man spricht Englisch ♦ **Anreise** (Karte Nr. 6): 4 km nördl. von Plancoët, D 768 Rtg. Dinard, Saint-Lormel; Ausf. Plancoët, 1. Straße links.

Das mitten auf dem Land gelegene *Pastourelle* scheint von seinem hübschen Garten beschützt zu werden. Sie werden in kleinen, gemütlichen und komfortablen Zimmern schlafen - einige sind allerdings ein wenig dunkel. Die Bäder sind gepflegt und verfügen über alles, was man sich wünscht. Für einen längeren Aufenthalt sollten die Zimmer 3, 4, 5 und (für Familien) 6 reserviert werden. Feinschmecker werden dem gemeinsamen Abendessen (reichhaltig, aber nicht einfallsreich) die zahlreichen Restaurants an der Küste vorziehen. Wenn Mme Ledé nicht überfordert ist, ist der Empfang angenehm und natürlich.

167 - Malik

Chemin de l'Etoupe
22980 Plélan-le-Petit
(Côtes-d'Armor)
Tel. (0)2 96 27 62 71
Martine und Hubert Viannay

♦ Ganzj. geöffn. (auf Anfr. außer Saison) ♦ 1 Zi. u. 1 Suite (4 Pers.) m. Dusche und eig. WC (außerh. des Zi.): 230 F (1 Pers.), 250-280 F (2 Pers.) + 120 F (zusätzl. Pers.) ♦ Frühst. inkl. ♦ Kein Speisenangebot - Rest. (1 km) ♦ Salon ♦ Kleines Schwimmbad vor Ort ♦ Umgebung: Tennis, Reiten, Golf (5 km), Segeln (10 km), Meer (25 km); Dinan (10 Min.), Saint-Malo, Mont-Saint-Michel, Côte d'Émeraude ♦ Man spricht Englisch u. Spanisch ♦ **Anreise** (Karte Nr. 6): 12 km westl. von Dinan über die N 176 (od. E 401) Rtg. Plélan-le-Petit/Centre. Vor dem Rathaus (*mairie*) die D 91 Rtg. Saint-Maudez, dann 2. Straße rechts.

Dieses am Rand des Dorfes gelegene Haus ist ein hervorragendes Beispiel moderner Architektur. Ganz aus Holz und mit großzügigen Fensterfronten, ist es um einen Garten in japanischem Stil herum gebaut, in dem im Sommer das köstliche Frühstück serviert wird. Dieses Haus ist nicht nur wegen der verwandten Materialien und seiner Einrichtung (einige alte Möbel, Kilims, Patchwork, exotische Gegenstände usw.) sehr freundlich, sondern auch wegen der hier herrschenden familiären Atmosphäre. Die kleinen Zimmer sind perfekt, das Preis-Leistungsverhältnis kann als sehr interessant bezeichnet werden.

BRETAGNE

168 - Le Char à Bancs

22170 Plélo
(Côtes d'Armor)
Tel. (0)2 96 74 13 63
Familie Jean-Paul Lamour

♦ Ganzj. geöffn. (in der Vor- u. Nachsaison auf Anfr.) ♦ 4 Zi. (2, 3 od. 4 Pers.) m. Bad od. Dusche, WC: 350-500 F (2 Pers.), 450-550 F (3 Pers.), 650-680 F (4 Pers.) ♦ Frühst. inkl. ♦ Kein Speisenangebot - Landgasthof 400 m entf. (ausschl. Eintöpfe, Fladen u. Crêpes), andere Landgasthöfe u. Rest. in Umgebung ♦ Salon ♦ Bauernmuseum La Ferme des Aïeux (400 m), Tretboote, Ponys vor Ort ♦ Umgebung: Meer; Chatelaudren, Paimpol, Golfpl. (10 km), Tennis ♦ **Anreise** (Karte Nr. 6): zw. Saint-Brieuc (20 km westl.) u. Guingamp. 4 km nördl. der Schnellstraße Paris-Brest, Ausf. Plélo; ausgeschildert.

Eine Mühle als Gasthof (fürs Abendessen), ein Wasserlauf 400 Meter weiter, und inmitten der Natur *La Ferme des Aïeux*. Dort befinden sich die angenehmen, komfortablen und gepflegten Zimmer. Jedes ist mit Balken, hübschen Daunendecken und nostalgischem Mobiliar sehr persönlich gestaltet; ihre Namen lauten *Chapelière* (Hutmacherin), *Oiseaux* (Vögel), *Horloge* (Uhr), *Musique* (Musik)... Das Frühstück ist köstlich und reichhaltig, und die Betreuung ausgezeichnet.

169 - Manoir de Kergrec'h

22820 Plougrescant
(Côtes-d'Armor)
Tel. (0)2 96 92 59 13
und (0)2 96 92 56 06
Fax (0)2 96 92 51 27
Vicomte und Vicomtesse
de Roquefeuil

♦ Ganzj. geöffn. ♦ 5 Zi. u. 2 Suiten m. Bad u. WC: 450-550 F (2 Pers.); Suite 750 F (3 Pers.), 850 F (4 Pers.) ♦ Frühst. inkl. ♦ Kein Speisenangebot - Rest. ab 2 km ♦ Tel. ♦ Hunde auf Anfr. erlaubt ♦ Küstenpromenaden ♦ Umgebung: Strand, Windsurfing, Hochseefischen, Tennis, Golf; Insel Bréhat, "Rosa Granitküste", Route des Ajoncs d'Or (Straße des Goldenen Stechginsters) ♦ Man spricht Englisch ♦ **Anreise** (Karte Nr. 5): zw. Perros-Guirec u. Paimpol; 7 km nördl. von Tréguier über die D 8, Ausf. Schnellstraße Guingamp; ausgeschildert.

Von einem Park umgeben, der an der Rosa Granitküste liegt, hat der Landsitz *Kergrec'h* all seinen Charme von früher bewahrt. Die Gäste werden hier mit viel Sympathie empfangen. Die Zimmer wurden vor nicht langer Zeit renoviert. Sie sind komfortabel und mit einem absolut sicheren Geschmack eingerichtet; jedes verfügt über echte alte Möbel und einen besonderen Stil. Das Frühstück wird auf dem Zimmer oder im Speisesaal serviert: Crêpes, *far breton* (bretonischer Fladen), Früchte, hausgemachte Konfitüren usw. Eine sehr empfehlenswerte Adresse.

BRETAGNE

170 - Château de Kermezen

22450 Pommerit-Jaudy
(Côtes-d'Armor)
Tel. und Fax (0)2 96 91 35 75
Comte und Comtesse de Kermel

◆ Ganzj. geöffn. ◆ 4 Zi. u. 1 Suite (4 Pers.) m. Bad, WC: 420-520 F (2 Pers.) + 130 F (zusätzl. Pers.); Suite 780 F (4 Pers.) ◆ Frühst. inkl. ◆ Kein Speisenangebot - Rest. 5 km ◆ Salon ◆ Hunde erlaubt ◆ Amex ◆ Angeln u. Küstenweg von Kermezen ◆ Umgebung: Reiten, 2 Boxen u. Auslauf für Pferde, Tennis, Golf, Meer; Insel Bréhat, "Rosa Granitküste" ◆ Man spricht Englisch ◆ **Anreise** (Karte Nr. 5): 10 km südl. v. Tréguier über die D 8 bis Roche-Derrien u. Pommerit-Jaudy; ausgeschildert.

Kermezen liegt in einer schönen, ebenso grünen wie hügeligen Landschaft. Die Gastgeber, die auf eine 500jährige Familientradition zurückblicken, werden Sie humorvoll und freundlich empfangen. Die Gästezimmer sind ausgesprochen angenehm (*Aux coqs* und *Pavillon* wundervoll); die beiden Mezzanin-Zimmer sind ideal für Familien. Das exzellente Frühstück kann man im Zimmer, auf der Terrasse oder im beeindruckenden Speisesaal aus dem 17. Jahrhundert einnehmen. Ein wunderbares Haus, dessen Entdeckung Spaß macht.

171 - Le Clos du Prince

10, rue Croix-Jarrots
22800 Quintin
(Côtes-d'Armor)
Tel. (0)2 96 74 93 03
Mme Marie-Madeleine Guilmoto

◆ Ganzj. geöffn. ◆ 1 Zi. u. 1 Suite (3 Pers.) m. Bad od. Dusche, WC: 270 F (1 Pers.), 320-350 F (2 Pers.) + 150 F (zusätzl. Pers.) ◆ Frühst. inkl. ◆ Gemeins. Essen am großen od. individ. Tisch: 100 F (ohne Wein) ◆ Salon ◆ Tel. ◆ Hunde auf Anfr. erlaubt ◆ Umgebung: Tennis (200 m), Reiten, Angeln, 18-Loch-Golfpl., künstl. See, Rundwanderwege; Schlösser, Museum ◆ **Anreise** (Karte Nr. 6): 300 m vom Zentrum der Stadt Quintin gelegen. Am Rathaus (*mairie*) Rue des Douves, danach Rue des Forges, dann Rue Saint-Yves u. Rue Croix-Jarrots.

Die eigenwillige Stadt Quintin prosperierte bis zum 18. Jahrhundert. Aus dieser Zeit gibt es noch zahlreiche Zeugnisse, so auch dieses an der Straße gelegene, ganz von wildem Wein bewachsene Haus. Mme Guilmoto, die eine Schwäche für Antiquitäten hat, richtete ihre Zimmer sehr geschmackvoll und stets mit einer persönlichen Note ein. Allerlei Gegenstände, im Artdeco- oder "Retro"-Stil, sind mit viel Fingerspitzengefühl auf die ausgewählten Möbel und eleganten Stoffe abgestimmt. Überall viel Komfort. Das delikate Frühstück wird entweder in einem großen Raum mit Kamin und freigelegten Steinen serviert oder im Garten. Der Empfang könnte nicht angenehmer sein.

BRETAGNE

172 - Le Presbytère

Les Hautes Mares
22630 Saint-André-des-Eaux
(Côtes-d'Armor)
Tel. (0)2 96 27 48 18
M. und Mme Mousquey-Piel

♦ Ganzj. geöffn. ♦ 3 Zi. m. Bad, od. Dusche, WC: 250 F (2 Pers.) + 70 F (zusätzl. Bett) ♦ Frühst. inkl. ♦ Kein Speisenangebot - Rest. ab 5 km od. in Dinan (10 km) ♦ Zimmerreinigung auf Wunsch ♦ Salon ♦ Tel. ♦ Umgebung: Angeln (500 m), Reiten (3 km), Segeln, Windsurfing, Kanu/Kajak (Teich Bettineuc, 500 m entf.), 19-Loch-Golfpl. (30 km); Dinan, Rance-Tal, Saint-Malo, Côte d'Émeraude (Smaragdküste), Paimpont (40 km) ♦ Man spricht Englisch ♦ **Anreise** (Karte Nr. 6): 10 km südl. von Dinan über Lehon, Calorguen, Saint-André-des-Eaux. Oder über Rennes, Bécherel, Evran u. Saint-André-des-Eaux.

Wenn eine Künstlerfamilie ihr Haus öffnet, erwartet einen nichts "Gewöhnliches". Der Garten ist wie ein impressionistisches Bild angelegt. Die farbige Holzverkleidung des Speiseraumes und des Salons bringen die hier ständig ausgestellten Pastelle und Skulpturen gut zur Geltung. Die nett zurechtgemachten Zimmer haben den Charme früherer Zeiten bewahrt - von ihren Fenstern hat man einen wunderbaren Blick auf die Blumen. Eine Adresse, die es zu entdecken gilt. Ruhe und Aufmerksamkeit garantiert.

173 - Château du Val d'Arguenon

Notre-Dame-du-Guildo
22380 Saint-Cast
(Côtes-d'Armor)
Tel. (0)2 96 41 07 03
Fax (0)2 96 41 02 67
M. und Mme de La Blanchardière

♦ Von Apr. bis Sep. geöffn. u. auf Anfr. in Herbst u. Winter ♦ 4 Zi. u. 1 Suite (2 Pers. + 1 Kind) m. Bad od. Dusche, WC: 450-590 F (2 Pers.), Suite: 780 F (3 Pers.) ♦ Frühst. inkl. ♦ Kein Speisenangebot - Rest. 400 m entf. ♦ Salon ♦ Kl. Hunde auf Anfr. erlaubt ♦ Tennis, Angeln, Pferdeboxen, Park am Meer, Strand vor Ort ♦ Umgebung: Golf, Reiten, Segeln; Mont-Saint-Michel, Saint-Malo, Dinan, Cap Fréhel, Côte d'Émeraude (Smaragdküste), anglonormannische Inseln ♦ Man spricht Englisch ♦ **Anreise** (Karte Nr. 6): 16 km westl. von Dinard über die D 786; unmittelbar hinter der Brücke von Guildo.

Direkt am Meer gelegen, lädt dieses Schloß zu schönen Spaziergängen entlang der Küste ein. Die Räume sind im Stil früherer Zeiten eingerichtet. Die regelmäßig von Armelle und Olivier renovierten Gästezimmer sind sehr angenehm, komfortabel und hübsch ausgestattet. Sie gehen alle auf den Park, und im Winter vermag man ein Stückchen Atlantik zu erblicken. Das ausgezeichnete Frühstück wird an mehreren Tischen im großen Speisesaal serviert. Die Atmosphäre ist freundlich und ungezwungen.

BRETAGNE

174 - La Corbinais

22980 Saint-Michel-de-Plelan
(Côtes-d'Armor)
Tel. (0)2 96 27 64 81
Fax (0)2 96 27 68 45
M. Beaupère

♦ Ganzj. geöffn. ♦ 4 Zi. m. Bad od. Dusche (1 m. WC außerh. des Zi.): 210 F (1-2 Pers.) + 50 F (zusätzl. Pers.) ♦ Frühst.: 20 F ♦ Gemeins. Abendessen auf Best.: 70 F (ohne Wein) ♦ Kreditkarten ♦ Salon ♦ Clubhaus m. Bar, 9-Loch-Golfpl. (Pauschale) u. Golftraining vor Ort - Golfkurse auf Anfr. ♦ Umgebung: Reiten, Golf ♦ Man spricht Englisch ♦ **Anreise** (Karte Nr. 6): 17 km westl. von Dinan über die N 176 Rtg. Plélan, dann die D 19 rechts Rtg. Plancoët über Plelon-le-Petit (3 km).

Ein schöner Blumengarten, ein kleines bretonisches Steinhaus und rundherum die typische Busch- und Heckenlandschaft. Im Haus ein freundlicher, rustikaler Raum mit hohem Kamin, einigen alten Möbelstücken und Gegenständen sowie einem langen Holztisch für das köstliche Abendessen. Im Obergeschoß liegen die fünf charmanten Gästezimmer mit hübschen hellen Stoffen und angenehmen kleinen Badezimmern. Hier können Sie auch ohne eigenes Material Golf spielen. Ausgesprochen sympathische Betreuung.

175 - Le Queffiou

Route du Château
22140 Tonquedec
(Côtes-d'Armor)
Tel. (0)2 96 35 84 50
Mme Sadoc

♦ Vom 1. Okt. bis 1. Apr. geschl. ♦ 4 Zi. m. Bad od. Dusche, WC: 350-370 F (2 Pers.) + 120 F (zusätzl. Pers.) ♦ Frühst. inkl. ♦ Kein Speisenangebot - Rest. in Umgebung ♦ Salon ♦ Hunde nicht erlaubt ♦ Umgebung: Tennis, Reiten, Angeln, Golf; "Rosa Granitküste" ♦ Man spricht Englisch ♦ **Anreise** (Karte Nr. 5): 10 km südöstl. v. Lannion über die D 767 Rtg. Guingamp bis Cavan, dann links nach Tonquédec. Im Ort Rtg. Schloß (500 m).

Einige hundert Meter von der Festung Tonquédec entfernt liegt dieses einladende Haus, das von einem großen Garten mit gepflegter Rasenfläche umgeben ist. Die Zimmer sind groß, hell und ausgesprochen komfortabel. Ihre Ausstattung reicht vom Stil der siebziger Jahre bis zum "alten Stil", und alle sind mit wunderschönen, hellen Bädern versehen. Es gibt zwar kein Speisenangebot mehr, aber Mme Sadoc wird Sie gerne über die besten Restaurants der Umgebung aufklären.

BRETAGNE

176 - Château de la Ville-Guérif

22650 Trégon
(Côtes-d'Armor)
Tel. (0)2 96 27 24 93
Fax (0)2 96 27 32 50
Vicomte und vicomtesse
S. de Pontbriand

♦ Von Juni bis einschl. Sep. geöffn. ♦ Mind. 2 Üb. ♦ 5 Zi. m. Bad od. Dusche, WC: 370-420 F + 100 F (zusätzl. Pers.) ♦ Frühst. inkl. ♦ Kein Speisenangebot - Rest. ab 3 km ♦ Salon ♦ Hunde auf Anfr. erlaubt ♦ Umgebung: Schwimmbad, Tennis, Fischen, Reitschule, Golf; Mont-Saint-Michel, Saint-Malo, Dinan, Dinard, Cap Fréhel ♦ **Anreise** (Karte Nr. 6): 16 km westl. von Dinard in Rtg. Saint-Brieuc (2,5 km hinter Ploubalay); am Kreisverkehr Rtg. Plessix-Balisson.

Dieses Lustschlößchen aus dem 19. Jahrhundert erinnert ein wenig an italienische Villen. Das Interieur ist absolut unverfälscht: altes Mobiliar, Holztäfelung, Gemälde, allerlei Kunstgegenstände... Die Wände wurden sehr geschmackvoll tapeziert bzw. gestrichen. Eine unglaubliche Treppe mit doppeltem Umlauf führt zu den sehr großen, hellen und komfortablen Zimmern voller Charme. Der prachtvolle Salon und ein Billard stehen zu Ihrer Verfügung, ebenso der reizende Speiseraum. Die Betreuung ist dynamisch und humorvoll, und der schöne Park läßt die Nähe der Straße vergessen. Ein Haus, in das man gerne zurückkehrt.

177 - La Ferme de Breil

22650 Tregon
(Côtes-d'Armor)
Tel. und Fax (0)2 96 27 30 55
Comtesse de Blacas

♦ Von März bis Dez. geöffn. - Die ersten beiden Wochen im Juni geschl. - Im Winter auf Reserv. ♦ Mind. 2 Üb. im Sommer u. an Wochenenden im Frühj. ♦ 4 Zi. (davon 1 m. Mezzanin) m. Bad, WC: 360-410 F (2 Pers.) + 110 F (zusätzl. Pers.) + 60 F (Kind) ♦ Frühst. inkl. ♦ ab 7. Üb. 1 Üb. gratis ♦ Kein Speisenangebot - Rest. 2 km entf. ♦ Salon ♦ Hunde auf Anfr. erlaubt ♦ Umgebung: Golf, Reiten, Tennis, Meer, Segeln (Segelschule); Mont-Saint-Michel, Saint-Malo, Dinan, Cap Fréhel ♦ Man spricht Englisch ♦ **Anreise** (Karte Nr. 6): 10 km westl. von Dinard Rtg. Saint-Brieuc. Hinter Ploubalay (2,5 km) links Rtg. Plessix-Balisson.

Dieses nahe am Meer gelegene, elegante Bauernhaus ist von einem wunderbaren Park umgeben, und die Nähe der Straße stört in den ruhigen Dachzimmern keineswegs. Sie sind mit ihren Blumenmuster-Stoffen, Radierungen und schönen alten Möbelstücken reizend; zudem verfügen sie über äußerst angenehme moderne Bäder. Im eleganten Salon stehen tiefe, grüne Ledersessel. Das exzellente Frühstück wird an mehreren Tischen serviert. Ein gutes, gastfreundliches und komfortables Haus.

BRETAGNE

178 - L'Ancien Presbytère

Tregrom
22420 Plouaret
(Côtes-d'Armor)
Tel. (0)2 96 47 94 15
Nicole de Morchoven

♦ Ganzj. geöffn. ♦ 3 Zi. m. Bad od. Dusche, WC: 250-320 F (2 Pers.) ♦ Der ganze rechte Flügel des *Presbytère* (2-6 Pers.): 2450-3500 F pro Woche ♦ Frühst. inkl. ♦ Essen auf Best. - Rest. 4 km u. 7 km ♦ Salon ♦ Hunde auf Anfr. erlaubt (Zuschlag) ♦ Umgebung: Angeln, Reiten, Tennis, Golf, Wanderwege, Meer (20 km) ♦ Man spricht Englisch ♦ **Anreise** (Karte Nr. 5): 20 km südl. von Lannion. Die N 12 zw. Saint-Brieuc u. Morlaix, Ausf. in Louargat. Dort die D 33 links von der Kirche, 7 km bis Tregrom.

Gegenüber dem Kirchenportal verbirgt dieses herrliche Pfarrhaus eine Inneneinrichtung von ganz besonderem Charme. In jedem Zimmer sind schöne Tapeten, reizvolle Stoffe und altes, stets ausgesuchtes Mobiliar perfekt aufeinander abgestimmt. Die Zimmer und Bäder sind sehr komfortabel und der Raum, in dem das Frühstück serviert wird, löst Begeisterung aus. Hier fühlen Sie sich sofort wie zu Hause. Ausgezeichnete Betreuung.

179 - Manoir de Kervezec

Kervezec
29660 Carantec
(Finistère)
Tel. (0)2 98 67 00 26
Familie Bothic

♦ Ganzj. geöffn. ♦ 5 Zi. m. Bad, WC: 200-300 F (1 Pers.), 250-350 F (2 Pers.) + 80 F (zusätzl. Pers.) ♦ Frühst. inkl. ♦ Kein Speisenangebot - Rest. *Le Cabestan*, *Les Iles* in Carantec (1,5 km) ♦ Frische Bettw. alle 3 Tage, Zimmerreinigung tägl. ♦ Salon ♦ Tel. (Kabine) ♦ Umgebung: Segeln, 9-Loch-Golfpl., Windsurfing, Tauchen (1 km); Armorique-Park, Hünengräber, Museen, Kirchplätze, typische Städte ♦ **Anreise** (Karte Nr. 5): 12 km nördl. von Morlaix Rtg. Roscoff (D 58), dann rechts Rtg. Carantec. Am Ortseingang links ausgeschildert.

Dieses Haus aus dem 19. Jahrhundert liegt inmitten einer Gemüseanbaugegend. Von seiner nach Süden gehenden Terrasse können Sie ein herrliches Panorama - Küste und Atlantik - genießen. Die Zimmer, klein und groß, sind ruhig, schlicht und hell. Das gute Frühstück wird entweder auf der Terrasse serviert oder in einem mit bretonischen Möbeln ausgestatteten Raum.

BRETAGNE

180 - Kerfornedic

29450 Commana
(Finistère)
Tel. (0)2 98 78 06 26
M. und Mme Le Signor

♦ Ganzj. geöffn. ♦ Im Mai, Juni u. Sep. mind. 2 Üb.; im Juli u. Aug. mind. 3 Üb. ♦ 2 Zi. m. Dusche, WC: 250 F (1 Pers.), 280 F (2 Pers.) ♦ Frühst. inkl. ♦ Kein Speisenangebot - Rest.: 6 km entf., Crêperien ab 2 km ♦ Hunde nicht erlaubt ♦ Umgebung: Reiten, Tennis, Mountainbikes, Wanderwege, See, Windsurfing, Angeln (200 m); Arrée-Berge (800 m), Ökomuseum ♦ **Anreise** (Karte Nr. 5): 41 km südwestl. von Morlaix über die N 12 bis Landivisian, die D 30 u. die D 764 bis Sizun, anschl. die D 30 am Ortsausgang bis Saint-Cadou, dann Rtg. Commana; nach 2 km rechts.

Dieses sehr alte Haus mit seinen verwinkelten Dächern, Schrägflächen und seiner mit Blumen geschmückten Außenwand liegt isoliert in der herrlichen Landschaft der Arrée-Berge. Sobald man das Haus betritt, ist man von der Schönheit der Innenausstattung angetan; sie ist zwar schlicht, aber sehr geschmackvoll. Überall weißgetünchte Wände, alte Balken, getrocknete Blumen und ausgesuchte Gegenstände; die Zimmer sind im gleichen Stil gehalten. Die Betreuung ist sehr freundlich. Eine Adresse mit besonders viel Charme.

181 - Manoir de Kervent

29100 Douarnenez
(Finistère)
Tel. (0)2 98 92 04 90
Mme Lefloch

♦ Ganzj. geöffn. ♦ 2 Zi. (2-3 Pers.) u. 1 Familien-Suite (4 Pers.) m. Dusche, WC: 250 F (2 Pers.); Suite 420 F ♦ Frühst. inkl. ♦ Sonderpr. f. Vor- u. Nachsaison ♦ Wochenendpauschale (Fr./ Sa., vom 15. Okt. bis 1. Apr.) m. Abendessen: 750 F (2 Pers.) sowie 2 Üb. mit "Soirée Bien-Être" (Thalasso) Fr und Abendessen Sa: 930 F (2 Pers.) ♦ Kein Speisenangebot - Rest. in Douarnenez ♦ Salon ♦ Hunde auf Anfr. erlaubt ♦ Umgebung: Meer (3 km), Tennis, Reiten, Golf; Pointe du Raz (Landzunge), Locronan, Hafenmuseum in Douarnenez, Quimper (20 km) ♦ **Anreise** (Karte Nr. 5): In Douarnenez die D 765 Rtg. Pont-Croix, 400 m hinter der letzten Ampel kleine Straße rechts (im Pouldavid-Viertel).

Dieses am Ortsausgang von Douarnenez und dennoch auf dem Land gelegene Haus wird Sie auf den ersten Blick begeistern. Die heutigen Gäste- und früheren Kinderzimmer sind noch immer mit schönen alten, bzw. nostalgischen Möbeln eingerichtet. Sie werden sich in ihnen sehr wohl fühlen; das Frühstück nimmt man unten am großen Tisch des Speiseraumes ein. Mme Lefloch, auf natürliche Art freundlich, tut alles, damit Sie ihre Region kennen- und liebenlernen.

BRETAGNE

182 - Ty Va Zadou

Bourg
29253 Ile-de-Batz
(Finistère)
Tel. (0)2 98 61 76 91
Marie-Pierre und Jean Prigent

♦ Vom 1. Nov. bis 1. März geschl. ♦ 3 Zi. m. Bad od. Dusche, WC u. 1 App. (2-4 Pers.) m. Bad u. eig. WC (außerhalb des Zi.): 260 F (2 Pers.), 400 F (4 Pers. im App.) ♦ Frühst. inkl. ♦ Kein Speisenangebot ♦ Salon ♦ Hunde nicht erlaubt ♦ Umgebung: Reitfarm (1 km), Fahrradverleih, Segelschule (800 m), Segeltouren ♦ **Anreise** (Karte Nr. 5): in Roscoff die Fähre zur Ile-de-Batz nehmen (Überfahrt: 15 Min.). Das Haus liegt 10 Min. vom Anlegeplatz entfernt, rechts von der Kirche.

Eine Traumadresse, um die Insel Batz und das Leben dieses kleinen, am Meer gelegenen Dorfes mit landwirtschaftlichen Aktivitäten zu entdecken. Mme Prigent, besonders liebenswürdig und immer gut gelaunt, kann über die Insel, auf der ihre Familie seit Generationen lebt, viel Interessantes berichten. Die beiden kleine Räume im Erdgeschoß haben noch immer ihr altes regionales Mobiliar, während die Zimmer im Obergeschoß erst vor kurzem von Grund auf renoviert wurden. Sie sind behaglich, freundlich, sehr gepflegt und haben einen außergewöhnlichen Ausblick auf den kleinen Hafen, eine Reihe von kleinen Inseln und das Festland. Dieses Haus darf man nicht versäumen. Frühzeitig reservieren.

183 - Château du Guilguiffin

29710 Landudec
(Finistère)
Tel. (0)2 98 91 52 11
M. Philippe Davy

♦ Von Allerheiligen bis zum 1. Apr. geschl. (od. auf Anfr.) ♦ 4 Zi. u. 2 Suite (3-4 Pers.) m. Bad, WC u. TV: 650-800 F (2 Pers.); Suite: 900-1000 F od. 1100-1300 F (3-4 Pers.); u. 1 Nebenzi. 200 F (2 Pers.) ♦ Frühst. inkl. ♦ Gemeins. Essen: 100-300 F (Wein inkl.) ♦ Salon ♦ Münztel. ♦ Hunde nur im Zwinger od. im Erdgeschoß erlaubt ♦ Umgebung: alle Sportarten u. Aktivit. knapp 10 km entf., Fahrrad- u. Bootsverleih, 18-Loch-Golfpl. (20 bzw. 30 km); Pointe du Raz, Hafenmuseum in Douarnenez, Concarneau, Pont-Aven ♦ **Anreise** (Karte Nr. 5): 13 km westl. von Quimper Rtg. Audierne, D 784; die Besitzung liegt 3 km vor Landudec.

Mit seinem Säulengang, seinen prächtigen Gärten und seiner Fassade im reinsten Stil des 18. Jahrhunderts ist dieses Schloß ein architektonisches Meisterwerk, in dem man auch besonders angenehm wohnt. Der von seinem Haus begeisterte Philippe Davy empfängt seine Gäste wie gute alte Freunde. Die Zimmer sind vollkommen renoviert, voller Pracht und Komfort, mit unwiderstehlichen Badezimmern. Herrliche Empfangsräume mit Wandbekleidung aus der Entstehungszeit, freundlicher Speisesaal für die Diners (auf Best.). Ein Ort von höchster Qualität.

BRETAGNE

184 - La Grange de Coatélan

29640 Plougonven
(Finistère)
Tel. (0)2 98 72 60 16
Charlick und Yolande de Ternay

♦ Von Ostern bis Allerheiligen geöffn. ♦ Mind. 2 Üb. ♦ 3 Zi. m. Bad, WC: 200 F (1 Pers.), 230-300 F (2 Pers.) + 80-100 F (zusätzl. Pers.) ♦ Frühst. inkl. ♦ Gasthof vor Ort (Mi Ruhetag): Crêpes od. Gegrilltes (ca. 120 F) ♦ Hunde nicht erlaubt ♦ Wanderwege ♦ Umgebung: Reiten, Meer; Arrée-Berge, Calvaire de Plougonven ♦ Man spricht Englisch ♦ **Anreise** (Karte Nr. 5): 7 km südl. von Morlaix über die D 109 Rtg. Plourin-lès-Morlaix, dann Plougonven; ab Coatélan ausgeschildert.

Der Empfang in diesem alten Weberhaus, das in der Nähe des faszinierenden Arrée-Gebirges liegt, ist dynamisch und sympathisch. Die Atmosphäre im Haus ist freundlich und dynamisch. Im Erdgeschoß befindet sich das kleine Restaurant: helles Holz, Kamin und in der Ecke eine Bar in Form eines Kiels. Die Küche ist ausgezeichnet und das Ambiente nicht weniger gelungen. Die Zimmer sind komfortabel, freundlich und sowohl modern als auch klassisch mit besonders sicherem Geschmack gestaltet. Das in dem kleinen Haus untergebrachte Gästezimmer ist unwiderstehlich und verdient ein besonderes Lob. Ein zauberhafter Ort.

185 - Le Manoir de Lanleya

Lanleya
29610 Plouigneau
(Finistère)
Tel. (0)2 98 79 94 15
M. Marrec

♦ Ganzj. geöffn. ♦ 3 Zimmer m. Dusche u. WC u. 1 Nebenzi.: 250 F (1 Pers.), 280-300 F (2 Pers.) + 100 F (zusätzl. Pers.) ♦ 3 Häuser (2-7 Pers.) m. Dusche u. WC: 1000-2000 (2 Pers.), 1300-2400 F (4 Pers.), 1600-3050 F (7 Pers.); Preise saisonbedingt ♦ Frühst. inkl. ♦ Kein Speisenangebot - Rest. und Crêperien in der Umgeb. ♦ Salon ♦ Hunde nicht erlaubt ♦ Umgebung: Tennis u. Reiten (6 km), Strände u. Wassersport (15 km), Angeln, Wanderweg; Jakobiner-Museum in Morlaix, Calvaire de Plougonven, Schlösser in Rosambo u. Kerjean ♦ **Anreise** (Karte Nr. 5): 10 km östl. von Morlaix über die N 12 Rtg. Saint-Brieuc. In Plouigneau Rtg. Lanmeur, dann ausgeschildert. 3,5 km von der N 12 entfernt.

Die Nordseite dieses Herrenhauses drückt die gewisse Strenge des 15. Jahrhunderts aus, aber die Südseite erinnert an eine *malouinière* (typische Häuser von Saint-Malo) aus dem späten 18. Jahrhundert. Vor dem Ruin gerettet und stark restauriert, wirkt die Innenausstattung ein wenig steif. Dennoch erinnern hier und da alte bretonische Möbel, ein Steinkamin und eine schöne Treppe an das Alter des Hauses. Die Zimmer (ideal für Familien) sind hell, komfortabel und äußerst gepflegt. Das Frühstück ist exzellent, der Empfang sehr liebenswürdig.

BRETAGNE

186 - Pen Ker Dagorn

Chemin des Vieux-Fours
29920 Kerdruc
(Finistère)
Tel. (0)2 98 06 85 01
Mme Brossier-Publier

♦ Von Ostern bis zum 30. Okt. geöffn. (im Winter auf Anfr.) ♦ Mind. 2 Üb. ♦ 3 Zi. m. Bad od. Dusche, WC (4. Zi. für Juli-Aug. mögl.): 320 F (2 Pers.) ♦ Frühst. inkl. ♦ Kein Speisenangebot - Rest. u. Crêperien in Kerdruc u. Umgeb. ♦ Salon ♦ Hunde nicht erlaubt ♦ Umgebung: Meer, Fahrrad- und Bootsverleih, Tennis, Reiten, Golf; Belon, Pont-Aven ♦ **Anreise** (Karte Nr. 5): 4 km südl. von Pont-Aven. D 783 Rtg. Trégunc u. Concarneau. 200 m hinter der Gendarmerie. Nordausf. von Pont-Aven, links, Rue des Fleurs Rtg. Le Henan-Kerdruc CD Nr. 4. An der Kreuzung Croaz Hent Kergoz die D 77 Rtg. Névez. In Névez Kerdruc C Nr. 8 Rtg. Hafen Kerdruc. Am Ortseingang von Kerdruc.

Zweihundert Meter vom Hafen von Kerdruc entfernt liegt dieses hübsche Herrenhaus, das von viel Grün umgeben und besonders freundlich eingerichtet ist. Jedes Zimmer hat seinen eigenen Stil: eine ausgesuchte Ausstattung, vorwiegend aus Holz, sowie phantasievolle, hinter Einbauschränken "verborgene" Badezimmer. Alle Gästezimmer sind groß, sehr komfortabel und hell. Beim exzellenten Frühstück, das an mehreren Tischen serviert wird, werden Sie die große Gastfreundschaft von Mme und M. Publier besonders schätzen. Eine hervorragende Adresse.

187 - La Maison d'Hippolyte

2, quai Surcouf
29300 Quimperlé
(Finistère)
Tel. (0)2 98 39 09 11
Mme Lescoat

♦ Ganzj. geöffn. ♦ 2 Zi. m. Bad od. Dusche, WC, 2 Zi. m. eig. Bad od. Dusche, aber gemeins. WC: 230 F (1 Pers.), 260 F (2 Pers.) + 80 F (zusätzl. Pers.) ♦ Frühst. inkl. ♦ Kein Speisenangebot - Crêperie: 50 m ♦ Zimmerreinigung auf Anfr. ♦ Salon ♦ Lachs- u. Forellenangeln (März-Sep.) u. Kanu/Kajak direkt am Haus ♦ Umgebung: Reiten, 18-Loch-Golfpl. (20 km), Strände (12 km); Pont-Aven, Altstadt von Quimperlé, ständige Ausstellung von Bildern/Fotos u. Teilnahme am "Novembre de la Photo" ♦ Man spricht Englisch ♦ **Anreise** (Karte Nr. 5): 50 m hinter dem Office de Tourisme von Surcouf, in der Nähe des Flusses.

Quimperlé ist eine charmante kleine Stadt, die von der Isole durchflossen wird. Dieses kleine Haus liegt an ihrem Ufer. Sie werden wie wir von der Liebenswürdigkeit der Mme Lescoat sehr angetan sein. Und da sie sich sehr für Malerei und Fotografie interessiert, überläßt sie einen Teil ihrer Wände bretonischen Künstlern und schafft so das Ambiente eines schlichten und angenehmen Hauses für Freunde. Die Zimmer sind komfortabel, hübsch eingerichtet und sehr gepflegt. Das exzellente Frühstück wird bei schönem Wetter auf einer Terrasse im ersten Stock serviert - im Schatten eines Feigenbaumes und dem Fluß gegenüber.

BRETAGNE

188 - Le Chatel

Le Chatel de Riec-sur-Belon
29340 Riec-sur-Belon
(Finistère)
Tel. (0)2 98 06 00 04
M. Roger Gourlaouen

◆ Ganzj. geöffn. ◆ Mind. 2 Üb. ◆ 5 Zi. m. Bad od. Dusche, WC: 250 F (2 Pers.), 350 F (3 Pers.) ◆ Frühst. inkl. ◆ Kein Speisenangebot - Rest. ab 500 m ◆ Zimmerreinigung auf Wunsch ◆ Hunde auf Anfr. erlaubt ◆ Hirschzucht, Fahrräder vor Ort ◆ Umgebung: Tennis, Reiten, 18-Loch-Golfpl., Strände (18 km), Pont-Aven, Fabrik der Délices de Pont-Aven (Plätzchen) ◆ Man spricht Englisch ◆ **Anreise** (Karte Nr. 5): 1 km östl. von Pont-Aven über die D 783 Rtg. Riec-sur-Belon, nach 800 m rechts ausgeschildert.

Dieses hübsche und großzügig mit Blumen verzierte Bauernhaus besteht aus mehrern Gebäuden und liegt nur wenige Minuten von Pont-Aven entfernt. Die Zimmer sind mit ihren weißen Wänden und ihrer ländlichen Ausstattung gefällig, komfortabel und hübsch. Ein freundlicher Empfang und ein ausgezeichnetes Frühstück in einem Raum mit alten bretonischen Möbeln, Fayence-Gegenständen und vor allem einer Sammlung der Maler von Pont-Aven erwarten Sie hier. Vor Ihrer Abreise sollten Sie in jedem Fall die Hirschzucht besichtigen.

189 - Le Grand Keruzou

29217 Trebabu
(Finistère)
Tel. (0)2 98 89 11 92
Fax und Anrufbeantworter
(0)2 98 89 12 92
Domnine Rivoallon

◆ Ganzj. geöffn. ◆ 5 Zi. m. Bad od. Dusche, WC (davon 2 m. Bad u. eig. WC, aber außerh. des Zi.); TV in 3 Zi.: 280-380 F (2 Pers.) ◆ Frühst. inkl. ◆ Gemeins. od. individ. Abendessen, auf Best.: Preis je nach Menü - Rest. 2 km ◆ Salon ◆ Hunde auf Anfr. erlaubt ◆ Fahrräder vor Ort ◆ Umgebung: Strand (1 km), Wassersport, Tennis im Dorf, Kajak, Golfpl.(9 u. 18 L.); Ouessan-Inseln, *Abers* (Flußmünd. in der Bretagne)-Rundfahrt ◆ Man spricht Englisch u. Spanisch ◆ **Anreise** (Karte Nr. 4): 2 km östl. von Le Conquet über die D 789 Rtg. Brest (1 km). Am Teich von Kerjean Rtg. Trebabu über die D 67, dann ausgeschildert.

Dieses alte charmante Herrenhaus liegt in unmittelbarer Nähe der westlichsten Küsten des Finistère. Nach einem höchst liebenswürdigen Empfang werden Sie ein Interieur entdecken, in dem mit viel Originalität und Fingerspitzengefühl Modernes mit Klassischem verbunden wurde. Die Gästezimmer sind schön, von schlichter Eleganz, komfortabel und verfügen meist über ein altes Möbelstück. Das exzellente Frühstück wird in einem Raum serviert, in dem Möbel und Gegenstände aus aller Welt ein ganz besonderes Ambiente schaffen.

BRETAGNE

190 - Mescouez

29450 Le Tréhou
(Finistère)
Tel. (0)2 98 68 83 39
Fax (0)2 98 68 86 79
Familie Soubigou

♦ Ganzj. geöffn. ♦ 5 Zi. m. Bad od. Dusche, WC: 200 F (1 Pers.), 240 F (2 Pers.) + 100 F (zusätzl. Pers.) ♦ Frühst. inkl. ♦ Gemeins. Essen: 80 F (1/4 l Wein pro Pers. inkl.) - Rest. ab 5 km ♦ Salon ♦ Tel. ♦ Haustiere nicht erlaubt ♦ Schwimmbad, Tennis vor Ort ♦ Umgebung: Wanderwege, Mountainbikes, Angeln, 18-Loch-Golfpl. (12 km); zahlreiche Kulturgüter u. natürl. Sehenswürdigkeiten (Dörfer, Küsten usw.) ♦ Man spricht Englisch ♦ **Anreise** (Karte Nr. 5): 4 km von Le Trehou. Im Ort 1 km der Ausschilderung Rtg. Sizun folgen, links, dann 3 km geradeaus (Parkplatz links gleich hinter dem Tennisplatz).

Mme und M. Soubigou sind Landwirte. Sie haben dieses charmante Haus vollkommen restauriert und neu eingerichtet, um es für B&B-Gäste attraktiv zu machen. Ihre tüchtige und liebenswürdige Tochter Elisabeth kümmert sich hier um alles. Die Zimmer sind komfortabel, sehr schmuck und in frischen Farben gehalten. Einige sind klassisch ausgestattet, andere moderner, aber alle sind sehr gepflegt und gehen auf den Garten oder den Hof des landwirtschaftlichen Betriebes. Das Frühstück ist exzellent, fürs Abendessen werden lokale Produkte verwendet, und die Preise sind wirklich sehr moderat.

191 - La Tremblais

35320 La Couyère
(Ille-et-Vilaine)
Tel. (0)2 99 43 14 39
M. und Mme Raymond Gomis

♦ Ganzj. geöffn. ♦ 1 Zi. und 1 Suite (3 Pers.) m. Dusche u. WC: 250 F (2 Pers.); Suite 300 F (3 Pers.) ♦ Frühst. inkl. ♦ Gemeins. Essen: 50 od. 100 F u. "Soirée en Amoureux" (Abendessen zu zweit): 700 F ♦ "Salon" im Freien ♦ Hunde nicht erlaubt ♦ Umgebung: Reiten, Angeln am Teich im Dorf; megalithische Monumente von Roche-aux-Fées, Schloß Vitré ♦ Man spricht Englisch u. Spanisch ♦ **Anreise** (Karte Nr. 15): 25 km südöstl. von Rennes. Autob. bis Vitré-Janzé. In Janzé die D 92 Rtg. La Couyère-Châteaubriant. Das Haus liegt in dem kleinen Ort La Tremblais.

In diesem ehemaligen Bauernhaus erwarten Sie ein Zimmer und eine Maisonnette-Suite - beides modernisiert und aufgefrischt. Das große helle Zimmer, ganz in Grün- und Gelbtönen gehalten, ist wirklich sehr angenehm. Und wenn man nach dem Souper mit Champagner bei Kerzenschein den Abend am Kamin verlängert, kann die rustikale Einrichtung der Suite auch sehr festlich wirken. Mme Gomis (sie ist sehr freundlich und eine gute Köchin) kümmert sich um ihre Gäste genauso gut wie um die Blumen in ihrem reizenden Garten.

BRETAGNE

192 - The Laurel Tree

41, boulevard de la Houle
Saint-Briac-sur-Mer
35800 Dinard
(Ille-et-Vilaine)
Tel. (0)2 99 88 01 93
M. und Mme Martin

♦ Vom 1. März bis 31. Dez. geöffn. ♦ 4 Zi. (davon 2 m. Mezzanin für 2-4 Pers.) u. 1 Suite m. 2 Zi. (4 Pers.) m. Bad od. Dusche, WC: 245-360 F (2 Pers.), 360-460 F (3 Pers.), 445-560 F (4 Pers.) ♦ Frühst. inkl. ♦ Individ. u. gemeins. Essen auf Best. (am Vortag): 85 F (ohne Wein) ♦ Tel. ♦ Salon ♦ Hunde nicht erlaubt ♦ Grill, Hochseeangeln, Strand (150 m) ♦ Umgebung: Reiten, Segeln, Wandern, Tennis, Meer, Fahrradverleih, 18-Loch-Golfpl. (100 m); die Küste, Saint-Briac, Dinan, Saint-Malo, Cap Fréhel, Fort Calatte ♦ Man spricht Englisch u. Deutsch ♦ **Anreise** (Karte Nr.6): 1 km nördl. des Dorfes Saint-Briac-sur-Mer, Rtg. Golfplatz.

Die Nähe zum Meer und zum Golfplatz gleichen den Nachteil der Straße aus (tagsüber belebt, nachts ruhig). Weitere Vorzüge sind der Charme des Hauses (verewigt durch Signac), die Aufmerksamkeit von Mme und M. Martin und der Komfort der Räumlichkeiten. Freundliches Eßzimmer mit einem schönen Kamin; reizende, sehr gepflegte Zimmer mit hübschen englischen Dekostoffen. Außerdem ist das Frühstück gut und wird meist auf der Sonnenseite des Gartens serviert.

193 - Manoir de la Duchée

La Duchée
Saint-Briac-sur-Mer
35800 Dinard
(Ille-et-Vilaine)
Tel. (0)2 99 88 00 02
Jean-François Stenou

♦ Vom 1. März bis 31. Dez geöffn. ♦ 5 Zi. (davon 1 Maisonnette-Zi.) m. Bad, WC, Fön, TV: 350-400 F (2 Pers.), 500 F (3-4 Pers.) ♦ Frühst. inkl. ♦ Kein Speiseangebot - Rest. in Umgebung ♦ Salons u. Ausstellungsräume ♦ Tel. ♦ Hunde nicht erlaubt ♦ Reiten, Mountainbikes, angelegter Park m. Bäumen vor Ort ♦ Umgebung: Meer, Segeln, Thalassotherapie, Tennis, Schwimmbad, Golf (3 km); Mont-Saint-Michel, Saint-Malo, Dinard, Cap Fréhel ♦ **Anreise** (Karte Nr. 6): ab Saint-Malo Rtg. Saint-Brieuc über D 168, dann D 603 Rtg. Saint-Briac. Am Ortseingang 1. Straße links, ausgeschildert. Ab Dinard: D 786 Rtg. Campingplatz (*camping municipal*), ausgeschildert.

Dieser mitten auf dem Land gelegene kleine Landsitz aus dem 17. Jahrhundert verfügt über originelle Zimmer, die sehr komfortabel und mit kunstvollen Jugendstilmöbeln eingerichtet sind. Im Erdgeschoß dient ein sehr schöner Raum mit Dachbalken und freigelegten Steinen als Eßzimmer: Kaminfeuer, große Kronleuchter, altes Mobiliar, Kunstgegenstände, Musik... zu theatralisch? Um in manche Zimmer zu gelangen (über die Treppe), sollte man schon kletterfest sein!

BRETAGNE

194 - La Forêt

5, chemin du Pâtis
35300 Fougères
(Ille-et-Vilaine)
Tel. (0)2 99 99 00 52
M. und Mme Juban

♦ Ganzj. geöffn. ♦ 1 Zi. m. Dusche, WC; 2 Zi. m. Waschb. teilen sich Bad u. WC: 240-260 F (2 Pers.) ♦ Frühst. inkl. ♦ Kein Speiseangebot ♦ Salon ♦ Hunde auf Anfr. erlaubt ♦ Wald, Trimm-Dich-Pfad, Fahrräder vor Ort ♦ Umgebung: Schwimmbad, Tennis, Reiten, Fischweiher, Golf; Mont-Saint-Michel, die Atstadt Fougères, Saint-Malo, Cancale ♦ Man spricht Englisch ♦ **Anreise** (Karte Nr. 7): ab Fougères Rtg. Flers, dann Wald (*forêt*) von Fougères.

Dieses verhältnismäßig neue Haus liegt etwas außerhalb des Ortes Fougères, unweit eines herrlichen Waldes. Hier ist die Ruhe wohltuend und die Aufnahme der Gastgeber von spontaner Freundlichkeit. Die Austattung des ganzen Hauses ist sehr gelungen. In den Gästezimmern findet man einige alte Möbelstücke vor sowie Bücher und Kunstgegenstände. Weshalb man sich hier wie zu Hause fühlt. Das Frühstück ist ausgezeichnet und die Preise sind ausgesprochen günstig.

195 - Château des Blosses

35406 Saint-Ouen-de-la-Rouërie
(Ille-et-Vilaine)
Tel. (0)2 99 98 36 16
Fax (0)2 99 98 39 32
M. und Mme Jacques Barbier

♦ Vom 1. März bis 10. Nov. geöffn. ♦ 7 Zi. m. Bad, WC: 550-850 F (2 Pers.) ♦ Frühst. inkl. ♦ HP: 480-580 F pro Pers. im DZ (mind. 3 Üb.) ♦ Individ. Abendessen auf Best.: 240 F (Wein inkl.) ♦ Salon ♦ Visa, Amex ♦ Hunde nicht erlaubt ♦ Swin-Golf vor Ort ♦ Umgebung: Golf, Schwimmbad; Mont-Saint-Michel ♦ Man spricht Englisch ♦ **Anreise** (Karte Nr. 7): 28 km nordwestl. von Fougères über die D 155 bis Antrain, dann D 296 (9 km); ausgeschildert. Ab Montorson/Mont-Saint-Michel: N 175 Rtg. Rennes (9 km), dann D 97; ausgeschildert.

Dieses im 19. Jahrhundert errichtete Schloß liegt in einem sehr großen Park mit vielen Bäumen. Die Räumlichkeiten wollen nicht um jeden Preis beeindrucken, sondern sind auf eine angenehme Art natürlich und ursprünglich: Jagdtrophäen, altes Mobiliar, zahlreiche Souvenirs. Die Zimmer sind sehr gut eingerichtet, komfortabel und ansprechend (die preiswertesten sind nicht die unangenehmsten). Das Abendessen - hin und wieder in Begleitung der Gastgeber Mme und M. Barbier - ist ausgezeichnet.

BRETAGNE

196 - Le Petit Moulin du Rouvre

35720 Saint-Pierre-de-Plesguen
(Ille-et-Vilaine)
Tel. (0)2 99 73 85 84
Fax (0)2 99 73 71 06
Mme Annie Michel-Québriac

♦ Ganzj. geöffn. ♦ Nichtraucher-Zi. ♦ 4 Zi. m. Bad, WC: 280 F (1 Pers.), 340 F (2 Pers.) + 110 F (zusätzl. Pers.) ♦ Frühst. inkl. ♦ HP: 245 F pro Pers. im DZ ♦ Kein Speisenangebot - Rest. 3 km, 5 km, 12 km ♦ Hunde in den Zi. nicht erlaubt ♦ Salon ♦ Angeln im Weiher vor Ort ♦ Umgebung: Golf; Mont-Saint-Michel, Ufer der Rance, Altstadt Dinan ♦ Man spricht Englisch ♦ **Anreise** (Karte Nr. 6): N 137 zwischen Rennes u. Saint-Malo. Im Stadtzentrum von Saint-Pierre-de-Plesguen Rtg. Lanhélin über die D 10, dann ausgeschildert (2,5 km).

Wie könnte man dem Charme dieser kleinen, einsam an einem Teich gelegenen Mühle widerstehen? Sollten Sie am späteren Nachmittag bei schönem Wetter anreisen, "erleuchtet" die untergehende Sonne das Wasser und "durchflutet" den hübschen Salon. Die Zimmer sind klein, aber angenehm. Eines besitzt an der Ostseite eine große Fensterfront. Freundliche Betreuung.

197 - Les Mouettes

Grande Rue
35430 Saint-Suliac
Tel. (0)2 99 58 30 41
Fax (0)2 99 58 39 41
Isabelle Rouvrais

♦ Ganzj. geöffn. ♦ 5 Zi. m. Bad od. Dusche, WC: 220-260 F (1 Pers.), 250-290 F (2 Pers., je nach Saison) ♦ Frühst. inkl. ♦ Kein Speisenangebot - Rest. 150 m entf. u. im Dorf ♦ Salon ♦ Hunde nicht erlaubt ♦ Umgebung: Strand (200 m), Wassersportangebot, Tennispl. im Dorf, Mountainbikes, Wanderwege; Dorf Saint-Suliac, Saint-Malo, Cancale, Dinan ♦ Man spricht Englisch u. Spanisch ♦ **Anreise** (Karte Nr. 6): 3 km nördl. von Châteauneuf (nahe Saint-Malo). Schnellstraße Rennes/Saint-Malo, Ausf. Châteauneuf, in den Ort fahren, dann Saint-Suliac ausgeschildert.

Dieses mit absolut sicherem Geschmack eingerichtete Haus liegt in einem charmanten Dorf und nur einige Meter vom Hafen entfernt. In den Zimmern harmonieren das helle Holz der Möbel und der Parkettfußböden sehr gut mit den Pastellfarben der Wände, Gardinen, Lampenschirme usw. Hier ist alles komfortabel, schlicht und voller Ruhe. Die junge Besitzerin empfängt ihre Gäste mit großer Freundlichkeit, ihr Haus ist äußerst gepflegt, und der Aufenthalt lohnt sich allein wegen des Frühstücks (frische Fruchtsäfte, Milchspeisen, Kuchen usw.). Eine wahre Entdeckung.

BRETAGNE

198 - Ty Horses

Route de Locmaria
Le Rouho
56520 Guidel
(Morbihan)
Tel. (0)2 97 65 97 37
und (0)2 98 96 11 45
M. und Mme Hamon

◆ Ganzj. geöffn. ◆ 4 Zi. m. Dusche, WC (TV auf Wunsch): 200 F (1 Pers.), 250-280 F (2 Pers.) + 70 F (zusätzl. Pers.) ◆ Frühst. inkl. ◆ Kein Speisenangebot - Rest. in Guidel Plage (2 km), Guidel (4 km) ◆ Angeln (Lachsfluß) vor Ort ◆ Umgebung: Golfpl. von Queven (6 km); Pont-Aven (20 km), Lorient, Carnac ◆ Man spricht Englisch ◆ **Anreise** (Karte Nr. 5): 4 km nördl. von Guidel. Autobahn Nantes-Brest, Ausf. Guidel, die Kirche umfahren, Rtg. Centre Commercial, dann 4 km lang Rtg. Locmaria: ausgeschilderter Weg links.

In einem kleinen Flügel direkt an das Haupthaus anschließend liegen die Gästezimmer und gehen auf einen Garten oder auf Wiesen, auf der Traber gezüchtet werden. Trotz der banal wirkenden "Stil"-Möbel ist die Ausstattung der Zimmer frisch und angenehm. Das Frühstück wird im gerade erst fertiggestellten Wintergarten serviert. Der ist schlicht eingerichtet, bietet viel Grün und verfügt über eine Sitzecke, in der man sich in völliger Unbefangenheit entspannen kann. Ein ruhiges Haus in ländlichem Ambiente.

199 - Le Clos

Rue Neuve - Le Lerio
56780 L'Ile-aux-Moines
(Morbihan)
Tel. (0)2 97 26 34 29
Fax (0)2 97 26 34 29
Mme Michèle Béven

◆ Ganzj. geöffn. ◆ Von Juli bis Sep. nur f. Aufenth. von 1 Monat ◆ 1 App. (2-3 Pers.) m. Bad, WC u. 1 Nebenzi.: 300 F (2 Pers.) + 90 F (zusätzl. Pers.), Kleinkinder kostenlos ◆ Frühst. inkl. ◆ Kein Speisenangebot - Rest. *San Francisco*, *Les Embruns* (400 m) ◆ Zimmerreinigung zu Lasten der Gäste ab dem 3. Tag ◆ Hunde auf Anfr. erlaubt ◆ Umgebung: Besichtig. der Insel zu Fuß od. per Fahrrad, Strand (400 m), Windsurfing, Rundf. "Fée des Iles", Umfahren der Insel u. der Bucht des Morbihan per Boot, Hünengräber u. Menhire ◆ **Anreise** (Karte Nr. 14): Fähre (Tel.: 02 97 26 31 45) ab Port-Blanc, alle 30 Min. (7-22 Uhr im Juli-Aug., sonst: 7-19.30 Uhr). Das Haus liegt im Ort.

Ein sehr altes, auf einer hübschen Insel des Morbihan gelegenes Fischerhaus mit freundlichem Garten. Das Appartement ist groß, in einem "bretonisch-rustikalen" Stil möbliert, ein wenig streng, aber mit hübschen Vorhängen belebt. Daneben befindet sich die Küche und das Badezimmer im Stil der 60er Jahre. Dieses für Familien ideale Haus liegt nur 50 Meter vom Meer entfernt. Mme Béven ist sehr gastfreundlich, sie liebt ihre Insel und teilt diese Leidenschaft gern mit ihren Gästen.

BRETAGNE

200 - La Carrière

8, rue de la Carrière
56120 Josselin
(Morbihan)
Tel. (0)2 97 22 22 62
M. und Mme Bignon

♦ Ganzj. geöffn. ♦ 6 Zi. m. Bad od. Dusche, WC u. 2 Kinderzi. (weder Bad noch Dusche): 250-300 F (1 Pers.), 300-350 F (2 Pers.), 400-450 F (3 Pers.) ♦ Frühst. inkl.♦ Kein Speisenangebot - Rest. ab 500 m ♦ Salon ♦ Hunde auf Anfr. erlaubt ♦ Visa ♦ Umgebung: Segeln (Lac aux Ducs), 9-Loch-Golfpl. Ploermel (12 km), Reiten (12 km); Josselin, Rochefort-en-Terre ♦ Man spricht Englisch u. Deutsch ♦ **Anreise** (Karte Nr. 6): N 24 zwichen Rennes u. Lorient.

La Carrière liegt auf einer Anhöhe unweit des Dorfes Josselin mit seinem prächtigen Schloß. Das Interieur dieses großen Hauses ist hochelegant. Die wunderbaren Empfangsräume sind hell und mit altem Mobiliar eingerichtet; sie gehen auf eine herrliche Halle mit Täfelwerk aus dem 18. Jahrhundert, das mit Gold abgesetzt ist. Die hübschen, in klassischem Stil eingerichteten Zimmer sind sehr angenehm (vier von sechs haben Doppelbetten). Sehr schöner Garten und Empfang vom Feinsten.

201 - Chaumière de Kérizac

56390 Locqueltas
(Morbihan)
Tel. (0)2 97 66 60 13
Fax (0)2 97 66 66 73
Mme Cheilletz-Maignan

♦ Ganzj. geöffn. ♦ 1 Zi. im Erdgeschoß m. kl. Garten, Dusche, WC; 2 Zi. im Obergeschoß m. eig. Bad, WC: 270 F (1 Pers.), 350-380 F (2 Pers.) ♦ Frühst. inkl. ♦ Kein Speisenangebot - Rest. in Locqueltas u. Vannes ♦ Salon ♦ Hunde nicht erlaubt ♦ Umgebung: Teich u. Trimm-Dich-Parcours (500 m entf.) Schwimmbad, Tennis, Reiten, Golf; Bucht des Morbihan ♦ Man spricht Englisch ♦ **Anreise** (Karte Nr. 14): D 767 Rtg. Pontivy-Saint-Brieuc (Schnellstraße), Ausf. Locqueltas. An der ersten Kreuzug hinter dem Ort links, dann ausgeschildert.

Ein bretonisches Dörfchen, etwas weiter einige Bauernhäuser und dann zwei typische, strohgedeckte Häuser. Wir empfehlen die beiden großen Zimmer unter dem hohen Dach. Die Einrichtung des ganzen Hauses ist sehr gelungen: alte Möbel, Spitzen, kleine Gemälde, Souvenirs aus aller Welt, hübsche Farben usw. Das ausgezeichnete Frühstück wird je nach Wetter im Haus oder im Garten serviert. Äußerst liebenswürdige Betreuung.

BRETAGNE

202 - Le Cosquer-Trélécan

56330 Pluvigner
(Morbihan)
Tel. (0)2 97 24 72 69
Bernard und Françoise Menut

♦ Ganzj. geöffn. ♦ 1 Suite (4 Pers.) m. Bad, WC (+ Waschb. in jedem Zi.): 200 F (1 Pers.), 270 F (2 Pers.), 350 F (3 Pers.), 400 F (4 Pers.) ♦ Frühst. inkl. ♦ Kein Speisenangebot - Rest. in Umgebung ♦ Salon ♦ Hunde nicht erlaubt ♦ Umgebung: Meer, Reiten; Wald von Camors, Golf des Morbihan, Saint-Goustan ♦ Man spricht Englisch ♦ **Anreise** (Karte Nr. 5): 32 km nordwestl. von Vannes über die N 165 bis Auray u. die D 768 Rtg. Pontivy. In Pluvigner die D 102 Rtg. Languidic, dann der Ausschilderung "*Brocante*" folgen.

Mme Menut ist Antiquitätenhändlerin, ihr Mann züchtet Bienen, und gemeinsam führen Sie das strohgedeckte Gästehaus mit leuchtendem First, das vollkommen ruhig mitten auf dem Land gelegen ist. Hier erwartet Sie eine wunderbare kleine Suite, die sich besonders für Familien eignet. Das Frühstück ist ein Traum und wird in einem mit ausgesuchten Antiquitäten eingerichteten Salon serviert - meist in Begleitung von Musik und manchmal mit einem Feuer im Kamin. Sehr gastfreundliche Atmosphäre.

203 - Château de Talhouët

56220 Rochefort-en-Terre
(Morbihan)
Tel. (0)2 97 43 34 72
M. Jean-Pol Soulaine

♦ Ganzj. geöffn. ♦ 8 Zi. m. Bad, WC; 1 Zi. m. Dusche, Tel., TV: 600-990 F (2 Pers.) ♦ Frühst. inkl. ♦ HP: 530-725 F pro Pers. im DZ ♦ Individ. Abendessen: 230 F (ohne Wein) ♦ Salon ♦ CB, Amex ♦ Hunde erlaubt (+ 30 F) ♦ Umgebung: Tennis, Angeln, Golf ♦ Man spricht Englisch ♦ **Anreise** (Karte Nr. 14): 33 km nordwestl. von Redon über die D 775 Rtg. Vannes, dann rechts die D 774 Rtg. Rochefort-en-Terre. Rochefort durchqueren, D 774 Rtg. Malestroit (4 km), dann links.

Das in einer wunderbaren Landschaft am Wald gelegene *Château de Talhouët* ist ein besonders typisches bretonisches Schloß und verfügt über prachtvolle, sehr geschmackvoll renovierte Innenräume. Im Erdgeschoß folgt ein Schmuckstück dem anderen: Salon, Billardraum, Speisesaal... Die meist großen Gästezimmer mit luxuriösen Bädern sind ausgesprochen komfortabel und verfügen über schöne alte Möbel, Gemälde und Gegenstände aller Art. Der Hausherr, Jean-Pol Soulaine, ist in diesen Ort geradezu verliebt - und davon profitieren nicht zuletzt die Gäste.

BRETAGNE

204 - Auberge du Château de Castellan

56200 Saint-Martin-sur-Oust
(Morbihan)
Tel. (0)2 99 91 51 69
Fax (0)2 99 91 57 41
M. und Mme Cossé

◆ Ganzj. geöffn. ◆ 4 Zi. u. 1 Suite m. 2 Zi. (4 Pers.) m. Bad od. Dusche, WC: 400-500 F (2 Pers,), + 95 F (zusätzl. Pers.) ◆ Frühst. inkl. ◆ Individ. Essen: 100-150 F (ohne Wein) ◆ Tel. m. Zähler ◆ Hunde nicht erlaubt ◆ Umgebung: Tennis, Meer (45 km); Rochefort-en-Terre, Josselin (mittelalterliches Schloß), La Gacilly (Handwerkerdorf), Museum in Saint-Marcel ◆ Man spricht Englisch ◆ **Anreise** (Karte Nr.14): 20 km nordwestl. von Redon über D 764 Rtg. Malestroit, in Peilhac rechts Rtg. Les Fougerêts, vor dem Dorf Rtg. Saint-Martin. Hinter dem Dorf D 149 (1,5 km), rechts, dann ausgeschildert.

Eine reizvolle bretonische Landschaft umgibt dieses typische Schloß aus dem 18. Jahrhundert, dessen Nebengebäude als Gästehaus dient. Die Betreuung ist freundlich und dynamisch. Die vor kurzem renovierten Zimmer sind hell, gut möbliert und in frischen Farben geschmackvoll hergerichtet (uns gefielen *Médaillon*, *Rose* und *Verte* am besten). Das gute Abendessen wird in einem großen Raum serviert, dessen rustikale Strenge möglicherweise nicht jedermanns Geschmack ist.

205 - Lann Kermané

56470 Saint Philinert
Tel. (0)2 97 55 03 75
Fax (0)2 97 30 02 79
M. und Mme Cuzon du Rest

◆ Ganzj. geöffn. ◆ 2 Zi. m. Bad od. Dusche, WC: 350-400 F (2 Pers.), je nach Saison ◆ Frühst. inkl. ◆ Kein Speisenangebot - Rest. *L'Azimuth*, *L'Ostréa* (2 km) und Crêperien (300 m) ◆ Salon ◆ Hunde nicht erlaubt ◆ Umgebung: Strand (1,5 km), Tennis (1,5 km), Wassersport, 27-Loch-Golfpl. (10 km); Kreuzfahrten im Golf des Morbihan, Steinreihen von Carnac, Belle-Ile, zahlr. hist. Sehenswürdigk. ◆ Man spricht Englisch ◆ **Anreise** (Karte Nr. 5): 10 km südl. von Auray. Aus Vannes kommend: D 165, Ausf. Carnac-Locmariaquer, D 28. Am Kreisverkehr von Chat Noir D 781 (500 m), an der Kreuzung "Congre" links (200 m), dann 1. Straße links (Rue des Peupliers): das Haus liegt rechts am Ende der Sackgasse.

Das Haus liegt in einem Weiler, hundert Meter von einem der Meeresarme entfernt, die im Golf des Morbihan einzigartig sind. Die Räumlichkeiten mit schönem, altem Mobiliar und einigen ausgesuchten Gegenständen verbreiten - im Winter mit Kaminfeuer - eine warme Atmosphäre. Die angenehmen kleinen Zimmer sind sehr elegant eingerichtet, komfortabel, gepflegt und ruhig. Äußerst liebenswürdiger Empfang.

BRETAGNE

206 - La Maison du Latz

56470 La Trinité-sur-Mer
(Morbihan)
Tel. (0)2 97 55 80 91
Fax (0)2 97 30 14 10
Nicole Le Rouzic

◆ Ganzj. geöffn. ◆ 3 Zi. m. Bad, WC, Tel.; 1 Suite (2 Pers.) m. Salon, TV, Bad, WC, Tel.: 290-340 F (2 Pers.); Suite 400 F (2 Pers.), 500 F (3 Pers.) ◆ Frühst. inkl. ◆ Kein Speisenangebot - Rest. im Dorf ◆ Salon ◆ Terrasse direkt am Wasser gelegen, Angeln vor Ort ◆ Umgebung: Golf, Tennis, Reiten, Segeln, Hochseefischen; Quiberon, Belle-Ile, Carnac, Golf des Morbihan ◆ Man spricht Englisch ◆ **Anreise** (Karte Nr. 5): 10 km südl. von Auray über die D 28 u. die D 781 Rtg. La Trinité-sur-Mer bis zur Brücke, dann Rtg. Le Latz.

Dieses Haus überragt einen kleinen Meeresarm mit üppig bewachsenen Ufern, an denen einige Segelschiffe anlegen. Das exzellente Frühstück wird auf einer sonnenüberfluteten Veranda serviert, von der aus man die Landschaft bewundern kann. Die schlichten, hübschen und komfortablen Zimmer sind sehr ruhig, und man hat den Eindruck, zu Hause zu sein. Das grüne Zimmer (*La verte*) bietet die schönste Aussicht. Die unterhalb des Hauses am Ufer aufgestellten Liegestühle laden zum Träumen ein. Besonders sympathische Betreuung.

CENTRE

207 - Château de la Verrerie

Oizon
18700 Aubigny-sur-Nère
(Cher)
Tel. (0)2 48 81 51 60
Fax (0)2 48 58 21 25
Comte und Comtesse A. de Vogüé

♦ Vom 15. Dez. bis 15. Jan. geschl. ♦ 11 Zi. u. 1 Suite m. Bad od. Dusche, WC, Tel.: 880-1100 F (2 Pers.) + 250 F (zusätzl. Pers.), Suite: 1300 F (2 Pers.) ♦ Frühst.: 60 F ♦ Gemeins. Abendessen auf Best.: 490 F (Wein inkl.) od. Rest. im Schloßpark (Menüs 135-195 F) ♦ Salons ♦ Visa, MasterCard, Eurocard ♦ Hunde auf Anfr. erlaubt ♦ Tennis, Jagd, Reiten See vor Ort ♦ Umgebung: 18-Loch-Golfpl., Dorf La Borne (Töpferei), Jacques-Cœur-Route (Schlösser), Weinberge des Sancerre u. Menetou ♦ Man spricht Englisch, Deutsch, Italienisch u. Spanisch ♦ **Anreise** (Karte Nr. 17): 35 km südl. von Gien über die D 940 bis Aubigny-sur-Nère; dann D 89 bis *La Verrerie*.

Dieses am Wasser und am Wald gelegene herzogliche Schloß wurde unmittelbar nach dem Hundertjährigen Krieg gebaut. Die Perfektion der Innenausstattung mutet etwas übertrieben an und erinnert an ein Museum: alle Räume sind prächtig, komfortabel, riesig und vollkommen unverfälscht. Wenn Sie das Abendessen nicht mit den Gastgebern einnehmen möchten, können Sie in der kleinen Herberge im Park speisen, einem Fachwerkhaus aus dem 17. Jahrhundert. Besonders aufmerksamer und sympathischer Empfang.

208 - Domaine de Vilotte

Ardenais
18170 Le Châtelet-en-Berry
(Cher)
Tel. und Fax (0)2 48 96 04 96
M. Jacques de Champenier

♦ Ganzj. geöffn. (auf Reserv. von Nov. bis März) ♦ 5 Zi. m. Bad, WC: 390 F (2 Pers.) + 80 F (zusätzl. Pers.) ♦ Frühst. inkl. ♦ Gemeins. Essen (auf Best.): 90-120 F ♦ Salon ♦ Tel. ♦ Teich, Angeln, Park u. Wald vor Ort ♦ Umgebung: 18-Loch-Golfpl. (30 km), Wassersport, Tennis, Reiten; Schlösser, Abtei Noirlac, Nonant-Haus, Wald von Tronçais ♦ Man spricht Englisch ♦ **Anreise** (Karte Nr. 17): 21 km südwestl. von Saint-Amand-Montrond (Ausf. A 71, Autob. Clermond-Ferrand) Rtg. Orval, La Châtre-Culan, Fosse Nouvelle, Rtg. Le Châtelet. In dem kleinen Ort Ardenai links Rtg. Culan (D 38), dann ausgeschildert.

Diese Besitzung (Teil einer ehemaligen römischen Siedlung) liegt mitten auf dem Land im Berri. Die Gästezimmer sind elegant und geschmackvoll möbliert (*Marguerite* hat uns am wenigsten gefallen), mit Blick auf den großen Garten. Die Einrichtung des Hauses ist beachtlich, und es gibt zahlreiche Objekte aller Art vom Flohmarkt: alte Werkzeuge, Grammophone, Radios, alte Öfen, Fayencen usw. Sehr freundlicher Empfang und äußerst ruhige Umgebung.

CENTRE

209 - Manoir d'Estiveaux

Estiveaux
18170 Le Châtelet-en-Berry
(Cher)
Tel. (0)2 48 56 22 64
Mme de Faverges

◆ Ganzj. geöffn. ◆ 4 Zi. u. 1 Suite (2 Zi.) m. Bad od. Dusche, WC, TV: 300-500 F (1-2 Pers.) + 100 F (zusätzl. Pers.); Suite: 600 F (1-2 Pers.) ◆ Frühst. inkl. ◆ Gemeins. od. individ. Abendessen: ab 150 F (Wein inkl.) ◆ Großer Salon (Nichtraucher), kleiner Salon (Raucher), Spielzimmer u. Fitneßraum ◆ Kl. Hunde auf Anfr. erlaubt ◆ Angeln am Teich vor Ort ◆ Umgebung: Schwimmbad, 18-Loch-Golfpl., Tennis, Reiten; roman. Kirchen, Schlösser ◆ **Anreise** (Karte Nr. 17): 46 km nördl. von Montluçon über die D 943. In Culan die D 65; Ausf. Le Châtelet über die D 951, dann 1,5 km Rtg. La Châtre.

Dieses Herrenhaus ist von einem Park mit Teich umgeben und liegt in unmittelbarer Nähe der Route Jacques-Cœur, an der sich zahlreiche Schlösser befinden. Das Haus ist außerordentlich gepflegt, und die großen, ruhigen Zimmer sind sehr geschmackvoll gestaltet. Mme de Faverges, die Seele des Hauses, wird Sie besonders freundlich empfangen und Ihnen gute Tips zum Kennenlernen der Region geben. Das Abendessen wird im großen Speiseraum serviert, aber auch, wenn es intimer sein soll, im kleinen Salon.

210 - La Rongère

18110 Saint-Eloy-de-Gy
(Cher)
Tel. (0)2 48 25 41 53
Fax (0)2 48 25 47 31
Florence und Philippe
Atger-Rochefort

◆ Ganzj. geöffn. (ausschließl. auf Reserv.) ◆ 1 Zi. u. 1 Suite (2 Zi.) m. Bad, WC; 2 Zi. m. Dusche, WC: 250-280 F (1-2 Pers.) + 70 F (zusätzl. Pers.); Suite: 450 F (4 Pers.) ◆ Frühst. inkl. ◆ Kein Speiseangebot (auf Wunsch mittags Picknickkorb) - Rest. in Saint-Eloy-de-Gy ◆ Salon ◆ Umgebung: Tennis, Reiten; Bourges ◆ Man spricht Englisch u. Deutsch ◆ **Anreise** (Karte Nr. 17): 8 km nordwestl. von Bourges über die N 76 Rtg. Mehun-sur-Yèvre, dann rechts D 104 Rtg. Vouzeron.

Dieses angenehme Haus, das aus dem 18. Jahrhundert stammt und zu Beginn des 19. Jahrhunderts vergrößert wurde, wird nach und nach von Florence und Philippe restauriert, ohne ihm etwas von seinem Charme zu nehmen. Umgeben ist es von einem schönen Park, der Ruhe bietet und weite Spaziergänge ermöglicht. Die Zimmer sind recht groß, hell und im Stil von 1900 eingerichtet, was ihnen einen gewissen altmodischen Touch verleiht. In Blei gefaßte, farbige Fenster lassen den Aufenthaltsraum für die Gäste sehr freundlich erscheinen. Ein schlichtes, sehr gastfreundliches Haus, in dem man dynamisch und natürlich empfangen wird. Auch Kinder sind hier stets gern gesehen.

CENTRE

211 - Ferme du Château

Levéville
28300 Bailleau L'Évêque
(Eure-et-Loir)
Tel. (0)2 37 22 97 02
Bruno und Nathalie Vasseur

♦ Ganzj. geöffn. ♦ 3 Zi. m. Bad od. Dusche, WC: 200 F (1 Pers.), 260-280 F (2 Pers.) + 70 F (zusätzl. Pers.) ♦ Frühst. inkl. ♦ Individ. u. gemeins. Essen: von 90 F (Wein inkl.) ♦ Tel. ♦ Hunde nicht erlaubt ♦ Umgebung: 18-Loch-Golfpl. (15 km); Kathedrale von Chartres, Museen, Altstadt ♦ Man spricht Englisch ♦ **Anreise** (Karte Nr. 8): 8 km nordwestl. von Chartres. Rtg. Dreux über N 154, an der Brücke von Poisvilliers auf die D 133 Rtg. Fresnay, dann D 134[10] Rtg. Bailleau-L'Évêque, danach ausgeschildert: *"Chambres d'hôtes"*.

Die viereckige Einfriedigung dieses schönen Bauernhauses in der Beauce grenzt an das prächtige Schloß, und von den umliegenden Feldern erblickt man die Kathedrale von Chartres. Der Empfang ist freundlich und distinguiert, die Zimmer sind komfortabel und in frischen Farben geschmackvoll ausgestattet. Das Abendessen (2 Menüs) wird entweder in einem Aufenthaltsraum oder im wunderbaren Speisesaal serviert. Ein schöner, gepflegter Ort zu angemessenen Preisen.

212 - Manoir de la Motte

28340 La Ferté-Vidame
(Eure-et-Loir)
Tel. und Fax (0)2 37 37 51 69
Mme Anne Jallot

1997

♦ Ganzj. geöffn. ♦ 1 Zi. u. 1 Suite (2-4 Pers.) m. Bad u. WC: 380-520 F (2 Pers.), 620 F (3 Pers., Suite), 760 F (4 Pers., Suite); kostenlos für Kinder unter 10 J. ♦ Frühst. inkl. ♦ Sonderpreis ab 2. Üb. ♦ Hunde auf Anfr. erlaubt ♦ Kein Speiseangebot - Rest.: 1 km ♦ Salon ♦ Tel. ♦ Fitneßraum, 3-Loch-Golfpl., Jogging-Pfad, Fahrrad- und Mountainbike-Verleih vor Ort ♦ Umgebung: Reitcenter (50 m), 9-Loch-Golfpl. ♦ Man spricht Englisch u. (ein wenig) Deutsch ♦ **Anreise** (Karte Nr. 8): 1,5 km nördl. von La Ferté-Vidame die D 921 Rtg. Verneuil. 1,5 km weiter links die Allee kurz vor Les Rableux.

Dieser kleine Landsitz (1850) liegt inmitten der Natur, nur einige Minuten von der phantastischen Perche-Landschaft entfernt. Die reizend eingerichteten Zimmer in den Tönen blau, lindgrün oder gelb öffnen sich großzügig zum weitläufigen Park hin. Mehr oder weniger geräumig, sind sie durchweg komfortabel, mit hier und da einem alten Möbelstück, einem besonderen Detail und bestickten Bettlaken. Die gastfreundliche und fröhliche Gastgeberin legt großen Wert darauf, daß sich ihre Gäste sehr wohl fühlen; ihre Brunchs (die in einem hübschen, mit heller Eiche getäfelten Raum eingenommen werden) sind hierfür der beste Beweis.

CENTRE

213 - Château de Blanville

28170 Saint-Luperce
(Eure-et-Loire)
Tel. (0)2 37 26 77 36
Fax (0)2 37 26 78 02
Emmanuel und Lisa de Cossé Brissac

♦ Apr. bis Okt. geöffn. ♦ 5 Zi. u. 1 Suite (2-3 Pers.) m. Bad od. Dusche, WC: 700-800 F (1-2 Pers.) + 100 F (zusätzl. Pers.); Suite: 900 F (2 Pers.) ♦ Frühst.: 50 F ♦ Gemeins. Essen 24 Std. vorher best: 275 F abends (Wein inkl.) ♦ Amex, Visa, MasterCard ♦ Salon ♦ Hunde auf Anfr. erlaubt ♦ Schwimmbad, Fahrräder vor Ort ♦ Umgebung: Tennis (1 km), Reiten, 18-Loch-Golfpl. (30 km); Kathedrale von Chartres, Schloß Maintenon ♦ **Anreise** (Karte Nr. 8): 12 km südwestl. von Chartres. Autobahn A 10, Ausf. Chartres, N 123 und N 23 Rtg. Nogent-le-Rotrou, in Saint-Luperce abfahren. Dort D 114 Rtg. Courville, dann ausgeschildert.

Die herrliche Anordnung dieses Schlosses aus dem 17. Jahrhundert mit einem riesigen Park birgt ein höchst raffiniertes Interieur. Salons, Bibliothek und Speisesaal liegen hintereinander und stehen voll und ganz zu Ihrer Verfügung. Außer dem Mobiliar, größtenteils aus dem 17. und 18. Jahrhundert, gibt es hier Porträts der Vorfahren sowie interessante alte Gegenstände. Die komfortablen Zimmer haben nichts von ihrem Charme vergangener Zeiten verloren. Festessen und sympathische Betreuung. Ein außergewöhnlicher Ort!

214 - Château de Boisrenault

36500 Buzançais
(Indre)
Tel. (0)2 54 84 03 01
Tel. (0)2 54 84 10 57
M. und Mme Y. du Manoir

♦ Im Jan. geschl. ♦ 6 Zi., 1 Suite (4 Pers.) m. Bad od. Dusche, WC; 2 Zi. teilen sich Dusche u. WC: 340-450 F (1 Pers.), 380-490 F (2 Pers.); Suite: 790 F (4 Pers.) ♦ Frühst. inkl. ♦ Gemeins. Abendessen: 145 F (ohne Wein) ♦ Salon ♦ Visa, Amex ♦ Schwimmbad ♦ Umgebung: Tennis, Golf; Weiher von Brenne, Loire-Schlösser ♦ Man spricht Englisch ♦ **Anreise** (Karte Nr. 16): 25 km nordwestl. von Châteauroux über die N 143 Rtg. Buzançais, dann die D 926 Rtg. Levroux; 3 km vor dem Dorf rechts.

Dieses neugotische Schloß liegt in einem Park in der Nähe der tausend Teiche der Brenne. Alle Gästezimmer, ob riesig wie *Les Faisans* oder anheimelnd, sind reizend mit altem Mobiliar eingerichtet. Bis hin zu den bemalten Badezimmerkacheln, deren Motive auf die Stoffe der Zimmer abgestimmt sind, wurde bei der Einrichtung auch nicht das kleinste Detail vergessen. Ein Haus mit viel Stil und freundlichem Empfang, das für längere Aufenthalte auch Appartements anbietet.

CENTRE

215 - La Maison des Moines

1, route de Neuillay
36500 Méobecq
(Indre)
Tel. (0)2 54 39 44 36
Mme Cécile Benhamou

♦ Ganzj. geöffn. ♦ 2 Zi. m. eig. Bad od. Dusche, gemeins. WC (Erdgeschoß): 280 F (2 Pers.) + 100 F (zusätzl. Pers.) ♦ Kein Speisenangebot - Rest. *Le Bœuf Couronné* in Mézières-en-Brenne (18 km) ♦ Salon ♦ Umgebung: Golf (10 km), Baden im angelegten Teich "Bellebouche", Schwimmbad, Tennis, Wanderwege, Teiche u. Wälder der Region Brenne, hübsche Dörfer ♦ Man spricht Englisch ♦ **Anreise** (Karte Nr. 16): 30 km westl. von Châteauroux über die D 925 Rtg. Châtellerault. Nach 18 km links D 27 Rtg. Neuilly-les-Bois, dann weiter auf der D 27 Rtg. Méobecq; das Haus liegt hinter der Kirche.

Dieses Haus, unmittelbar hinter der Apsis einer kleinen Kirche gelegen, ist der ideale Ausgangspunkt zum Entdecken des wunderbaren Parks der "tausend Seen" (*mille étangs*). Die beiden Zimmer sind hell, sehr gepflegt und mit einigen regionalen Möbelstücken und Stoffen in frischen Farben hergerichtet. Um die Raumeinheit zu bewahren, wurde im großen Zimmer das Bad nicht abgetrennt. Das bemerkenswerte Frühstück wird mit guter Laune entweder in einem der beiden Aufenthaltsräume oder im gepflegten Blumengarten serviert.

216 - Château de Dangy

36260 Paudy-Reuilly
(Indre)
Tel. (0)2 54 49 42 24
Fax (0)2 54 49 42 99
Mme Lucie Place

♦ Ganzj. geöffn. ♦ 5 Zi. m. Bad od. Dusche u. WC, (Tel. in 1 Zi.): 250 F (1 Pers.), 350-550 F (2 Pers.) + 100 F (zusätzl. Pers.); auch: Nebenzi. ♦ Frühst. inkl. ♦ Gemeins. Abendessen: 150 F (Wein inkl.) ♦ 4 Salons ♦ Tel. (Zähler) ♦ Haustiere auf Anfr. erlaubt ♦ Bogenschießen, Pétanque-Terrain am Haus ♦ Umgebung: Montgolfiere, Ultraleichtflugzeuge, Tennis, 18-Loch-Golfpl.; Schlösser von Valençay, Nohant, Bourges, Weinkeller in Reuilly ♦ Man spricht Englisch ♦ **Anreise** (Karte Nr. 17): 28 km südl. von Vierzon. A 71, Ausf. Vierzon-Nord, dann N 20 bis Massay (Rtg. Châteauroux). Ab Massay ausgeschildert.

Auf einer kleinen Anhöhe erhebt sich dieses Schloß in einer sehr gepflegten Umgebung. Es ist der Mittelpunkt eines großen, mit hundertjährigen Bäumen bepflanzten Besitzes. Von den sehr gastfreundlichen Eigentümern wurde es wunderbar restauriert, mit Möbeln alten Stils eingerichtet und ausgesprochen komfortabel gestaltet: prachtvolle Zimmer und zahlreiche Gesellschaftsräume. An einem Fenster im Salon warten alte Spiele auf die Kleinen oder die nostalgischen "großen Kinder". Das gemeinsame Essen mit Wild in der Saison ist sehr verlockend.

CENTRE

217 - Manoir de Villedoin

36330 Velles
(Indre)
Tel. (0)2 54 25 12 06
Fax (0)2 54 24 28 29
M. und Mme Limousin

♦ Ganzj. geöffn. ♦ 3 Zi. m. Bad, WC u. Tel.: 430 F (1 Pers.), 480 F (2 Pers.) + 120 F (zusätzl. Pers.) ♦ Frühst. inkl. ♦ Gemeins. Essen (am großen od. individ. Tisch): 150 F (ohne Wein) ♦ Salon ♦ Hunde auf Anfr. erlaubt (+ 30 F) ♦ Umgebung: Tennis, Fluß, Angeln, Kanu, 18-Loch-Golfpl. (25 km), Schwimmbad, Segeln, Reiten, Segelfliegen, Ultraleichtflugzeug; Haus von George Sand in Nohant, Argenton, archäolog. Stätte, Teiche der Brenne ♦ **Anreise** (Karte Nr. 17): 19 km südl. von Châteauroux über die N 20, D 14 bis Velles od. ab Argenton-sur-Creuse, D 927, dann D 40 Rtg. Mosnay.

Einsam in einer waldigen Gegend gelegen, überragt dieses Haus die sich schlängelnde Bouzanne. Die *bourgeois* eingerichteten Räume wirken mit ihren Nippsachen und Gemälden sehr freundlich; selbstverständlich sind sie sehr gepflegt. Die Gästezimmer sind groß und bieten jeglichen Komfort. Im Sommer wird das Frühstück auf einer ungewöhnlichen Terrasse mit Blick auf den Fluß serviert. Das gemeinsame Essen ist von höchster Güte. Der das Haus umgebende Park ist gepflegt: nachts wacht hier und da eine steinerne Venus über die Blumen und die zahlreichen Gartenmöbel.

218 - Château du Gerfaut

37190 Azay-le-Rideau
(Indre-et-Loire)
Tel. (0)2 47 45 40 16
Fax (0)2 47 45 20 15
Marquise de Chénerilles
Mme Salles (geb. Chénerille)

♦ Vom 1. Apr. bis 1. Nov. geöffn. ♦ 7 Zi. m. Bad od. Dusche, WC: 300-420 F (1 Pers.), 400-520 F (2 Pers.) ♦ Appartements wöchentl. zu mieten, Preis nach Vereinb. ♦ Frühst. inkl. ♦ Kein Speisenangebot ♦ Salon ♦ Tel. ♦ Kreditkarten ♦ Hunde nicht erlaubt ♦ Tennis, Weiher vor Ort ♦ Umgebung: Golf; Schlösser, Weinkeller ♦ Man spricht Englisch, Spanisch ♦ **Anreise** (Karte Nr. 16): 18 km nordöstl. von Chinon über die D 751 Rtg. Tours, dann Rtg. Villandry an der Ausf. Azay-le-Rideau; ausgeschildert. Ab Tours: D 751 Rtg. Chinon, Azay-le-Rideau; nach 23 km hinter Forêt rechts.

Hier wurden einst die Falken für Ludwig XI. gezüchtet. Das heutige Schloß ist jedoch viel jünger und stammt aus dem 19. Jahrhundert. Ein monumentaler Treppenaufgang führt zu den geräumigen Zimmern. Das Frühstück wird in einem großen Salon eingenommen, der mit außergewöhnlich schönem Empire-Mobiliar eingerichtet ist und aus dem Besitz des Jérôme Bonaparte stammt. Die umliegenden Felder und Wälder reichen bis nach Villandry und Azay-le-Rideau. Hier wird man mit ausgesuchter Höflichkeit empfangen.

CENTRE

219 - Le Château du Coteau

37270 Azay-sur-Cher
(Indre-et-Loire)
Tel. (0)2 47 50 47 47
und (0)2 47 50 43 50
Fax (0)2 47 50 49 60
Mme und M. Pierre Lemoine-Tassi

♦ Ganzj. geöffn. ♦ 5 Zi. m. Bad od. Dusche, WC, TV: 310 F (1 Pers.), 370-490 F (2 Pers.), Suite: (6 Pers.) m. Bad, WC, Küche, Sitzecke, TV: 680 F (2 Pers.) + 110 F (zusätzl. Pers.) ♦ Frühst. 45 F pro Pers. ♦ Kein Speisenangebot - Restaurants: *Cheval blanc*, *Relais de Belle Roche* u. *Les Chandelles gourmandes* (5 km) ♦ Salon ♦ Angeln am Teich, Reiten, Fahrräder u. Mountainbikes vor Ort ♦ Umgebung: Angeln (Cher), Schwimmbad, Tennis, Schlösser "von oben" (Ballonfahrten) ♦ Man spricht Englisch u. Spanisch ♦ **Anreise** (Karte Nr. 16): 15 km östl. von Tours über N 76 Rtg. Vierzon, oder Autobahnausf. Saint-Avertin-Vierzon, dann N 76.

Chopin hielt sich gerne hier auf, und der schöne romantische Park scheint ihn noch immer zu erwarten. Die äußerst freundlichen Gastgeber teilen die Gemeinschaftsräume mit ihren Gästen. Die prächtig eingerichteten Zimmer wie auch die Badezimmer sind von perfektem Komfort. Der große, auch als Salon dienende Speisesaal ist hell und elegant möbliert. Auf der amüsanten Veranda aus dem 19. Jahrhundert kann man im Sommer das Frühstück einnehmen. Eine exzellente Adresse.

220 - Manoir de Montour

37420 Beaumont-en-Véron
(Indre-et-Loire)
Tel. (0)2 47 58 43 76
Mme und M. Krebs

♦ Von Ostern bis Allerheiligen geöffn. ♦ 3 Zi. (davon 1 f. 4 Pers.) m. Bad, WC: 360 F (2 Pers.), 460 F (4 Pers.) ♦ Frühst. inkl. ♦ Kein Speisenangebot ♦ Salon ♦ Tel. ♦ Kl. Hunde erlaubt ♦ Umgebung: Schwimmbad, Tennis, Reiten, Angeln, Golf; Azay-le-Rideau, Fontevrault, Gizeux, Langeais, Villandry, Saumur, Rigny-Ussé ♦ **Anreise** (Karte Nr. 16): 5 km nordwestl. von Chinon über die D 749 Rtg. Avoine u. Bourgeuil bis Coulaine, dann die D 118 Rtg. Savigny-en-Véron.

Selten gibt es in einem - selbst sehr alten - Haus so viel Ursprüngliches wie hier: viel Holz, Terrakotta, alte Kamine... Mit Ausnahme der Bäder, in denen die alten Wannen dem modernen Komfort gewichen sind, scheint hier die Zeit stehengeblieben zu sein. Die Zimmer sind groß und ruhig, und der Salon mit seiner hellblauen Täfelung ist sehr angenehm. Das Frühstück wird entweder im Speiseraum oder in dem ausgesprochen hübschen Garten serviert. Marion Krebs wird Sie hier wie alte Bekannte empfangen.

CENTRE

221 - La Garenne

37350 La Celle-Guénand
(Indre-et-Loire)
Tel. (0)2 47 94 93 02
M. und Mme Devaulx de Chambord

♦ Ganzj. geöffn. ♦ 3 Zi. u. 1 Suite (3 Pers.) m. Bad od. Dusche, WC (Suite m. TV): 325 F (1 Pers.), 350 F (2 Pers.), Suite: 500 F (2 Pers.) + 100 F (zusätzl. Pers.) ♦ Frühst. inkl. ♦ Kein Speiseangebot - Rest. *La Promenade* in Le Petit-Pressigny (3 km) ♦ Hunde auf Anfr. erlaubt ♦ Frische Bettw. alle 3 Tage ♦ Forellenangeln am Fluß vor Ort ♦ Umgebung: Tennis (10 km), Reiten (10 km), 18-Loch-Golfpl. (24 km); prähistorisches Museum in Le Grand Préssigny, Angle-sur-Anglin, Park Haute-Touche ♦ Man spricht Englisch ♦ **Anreise** (Karte Nr. 16): 24 km südöstl. von Loches. Autob. A 10, Rtg. Loches, Liguiel (D 59), dann 12 km D 50 Rtg. Preuilly. Das Haus liegt hinter dem Ortsausgang von La Celle-Guénand links, Rtg. Preuilly.

Nur selten findet man einen derart authentischen Ort wie dieses Herrenhaus aus dem frühen 19. Jahrhundert vor, wo man sich (ausschließlich im traditionellen Sinn) der Jagd widmet. Die Ausstattung ist superbe: altes, besonders wertvolles Mobiliar, Gemälde aus dem Familienbesitz, Jagdtrophäen. Wunderbare, warm und heiter wirkende Zimmer. Teppiche und Dekostoffe sind gekonnt auf alles andere abgestimmt. Ein ausgesprochen gutes Haus, in dem Sie die allerbeste Betreuung erwartet.

222 - Ferme de Launay

37210 Chancay
(Indre-et-Loire)
Tel. und Fax (0)2 47 52 28 21
M. und Mme Jean-Pierre Schweizer

♦ Ganzj. geöffn. ♦ Kinder unter 15 J. nicht erwünscht ♦ Nichtraucher-Haus ♦ 3 Zi. m. Bad od. Dusche, WC: 350-450 F (2 Pers.) ♦ Frühst. inkl. ♦ Preise außerh. der Saison erfragen ♦ Gemeins. Essen: 110 F (ohne Wein) ♦ Salon ♦ Hunde auf Anfr. erlaubt ♦ Reiten (f. gute Reiter) 100 F pro Std., Flußangeln vor Ort ♦ Umgebung: Tennis, Schwimmbad, Kanu (Loire), 18-Loch-Golfpl. (15 km); Weinstraße, Loire-Schlösser ♦ Man spricht Englisch, Deutsch u. Italienisch ♦ **Anreise** (Karte Nr. 16): 15 km nordöstl. von Tours über die N 152 (Norduferd) Rtg. Amboise. In Vouvray die D 46 Rtg. Vernou, dann Chancay. Vor Chancay ausgeschildert.

Dieses ausgesprochen alte Bauernhaus liegt an jener (nachts vollkommen ruhigen) Straße, die zu den Weinbergen führt. Auf der Weide ersetzen nun drei reinrassige Pferde die Kälber, Kühe und Schweine von einst. Innen ist alles komfortabel, klassisch und freundlich. Sehr angenehme kleine Zimmer (wir bevorzugen die im ersten Stock), gutes Frühstück und bemerkenswertes Abendessen, das bei schönem Wetter draußen eingenommen werden kann. Ein hervorragendes und ausgesprochen kosmopolitisches Haus, in dem man sehr freundlich empfangen wird.

CENTRE

223 - Domaine de Pallus

Cravant-les-Côteaux
37500 Chinon
(Indre-et-Loire)
Tel. (0)2 47 93 08 94
Fax (0)2 47 98 43 00
M. und Mme B. Chauveau

♦ Ganzj. geöffn. ♦ 2 Zi. u. 1 Suite m. Bad, WC: 450-500 F (2 Pers.), in Suite: + 150 F zusätzl. Pers.
♦ Frühst. inkl. ♦ Kein Speisenangebot - Rest.: *L'Océanic* in Chinon u. *Château de Marçay* ♦ Salon
♦ Tel. ♦ Hunde nicht erlaubt ♦ Schwimmbad ♦ Umgebung: Angeln, Golf, Reiten; Loire-Schlösser
♦ Man spricht Englisch u. Deutsch ♦ **Anreise** (Karte Nr. 16): 8 km östl. von Chinon über die D 21 bis Cravant-les-Côteaux; 1,5 km hinter Ortsausgang; das Haus liegt rechts.

In diesem entzückenden Haus der Touraine, das knapp zwei Kilometer vom Dorf entfernt liegt, ist jeder Raum gelungen. Die Möbel aus verschiedenen Epochen passen sehr gut zueinander. Jedes Zimmer hat seinen eigenen Stil und ist mit viel Sorgfalt hergerichtet - die Badezimmer sind phantastisch. Den Gästen steht der Salon und selbstverständlich auch der Garten zur Verfügung. Die Atmosphäre ist sehr angenehm und das Frühstück ausgezeichnet.

224 - La Butte de l'Épine

37340 Continvoir
(Indre-et-Loire)
Tel. (0)2 47 96 62 25
M. Michel Bodet

♦ Weihnachten geschl. ♦ 2 Zi. (Doppelbetten) m. Bad, WC: 275 F (1 Pers.), 295-325 F (2 Pers.) + 80 F (zusätzl. Pers.) ♦ Frühst. inkl. ♦ Kein Speisenangebot - Rest. in Umgebung ♦ Großer Salon
♦ Hunde nicht erlaubt ♦ Umgebung: 18-Loch-Golfpl., Reiten, See, Tennis, Wanderwege, Weinberge, Schlösser, Museen ♦ Man spricht Englisch ♦ **Anreise** (Karte Nr. 16): 13 km nördl. von Bourgueil über die D 749 Rtg. Château-la-Vallière, dann die D 15 rechts Rtg. Continvoir. Dort die D 64.

In diesem Teil der Touraine - Les Landes de la Gâtine tourangelle - haben Mme und M. Bodet ihren Traum verwirklicht und ein Haus im Stil des 17. Jahrhunderts gebaut - mit Werkstoffen aus jener Zeit. In der Mitte befindet sich ein sehr großer Raum, der sehr geschickt unter einer Balkendecke Speiseraum und Salon miteinander verbindet. Die beiden Schlafzimmer mit Blümchentapete sind schlicht, behaglich und komfortabel. Das Frühstück wird an einem großen Tisch je nach Wetter drinnen oder draußen eingenommen. Die Betreuung ist sehr liebenswürdig.

CENTRE

225 - Manoir du Grand Martigny

Vallières
37230 Fondettes
(Indre-et-Loire)
Tel. (0)2 47 42 29 87
Fax (0)2 47 42 24 44
Henri und Monique Desmarais

◆ Von Ende März bis 12. Nov. geöffn. ◆ Kleinkinder nicht erwünscht ◆ Nichtraucher-Zi. ◆ 5 Zi. u. 2 Suiten (3-4 Pers.) m. Bad, WC: 460-700 F (2 Pers.) + 150 F (zusätzl. Pers.); Suiten: 980 F (3-4 Pers.) ◆ Frühst. inkl. ◆ Kein Speisenangebot - Rest.: *Pont de la Motte* in Fondette, *La Poêle d'Or* in Saint-Cyr-sur-Loire, *Jean Bardet* in Tours ◆ Salon ◆ Hunde nicht erlaubt ◆ Pferdeboxen vor Ort ◆ Umgebung: Reiten, Tennis, Golf, Squash; Loire-Schlösser ◆ Man spricht Englisch ◆ **Anreise** (Karte Nr. 16): 5 km westl. von Tours über die N 152 Rtg. Luynes; bis zum Hinweisschild "*Chambres d'hôtes*" auf dem rechten Loire-Ufer bleiben. Ab Tours: 600 m hinter der Fina-Tankstelle. Ab Langeais: 1 km hinter der Total-Tankstelle in Vallières.

Ein sehr elegantes altes Haus am Ufer der Loire, vollkommen ruhig inmitten eines gepflegten Parks gelegen. Die Ausstattung des Salons, der komfortablen Gästezimmer und Bäder ist purer Luxus, aber keine Zurschaustellung. Unseren Vorzug geben wir dem Zimmer *Jouy*, das wirklich sehr gelungen ist. Mahlzeiten werden nicht angeboten, aber das nahegelegene Tours vermag dieses Manko zu kompensieren. Die Betreuung ist professionell und diskret.

226 - Château de Pintray

37400 Lussault-sur-Loire
(Indre-et-Loire)
Tel. (0)2 47 23 22 84
Fax (0)2 47 57 64 27
M. und Mme Rault-Couturier

◆ Ganzj. geöffn. ◆ 2 Zi. u. 1 App. (2 Zi.) m. Bad u. WC: 490 F (1 Pers.), 540 F (2 Pers.) + 110 F (zusätzl. Pers.) ◆ Frühst. inkl. ◆ Kein Speisenangebot - Rest.: *Le Val de Loire* in Loissault-sur-Loire (2,3 km), *La Tourangelle* in Montlouis (7 km) ◆ Salon, Billard ◆ Tel. ◆ Hunde nicht erlaubt ◆ Kosten u. Kennenlernen der Weine des *Château de Pintray* ◆ Umgebung: Wanderwege, Reiten, Tennis, Schwimmbad, 9-Loch-Golfpl. (28 km); Schlösser und Häuser der Schriftsteller des Loire-Tales, Aquarium von Touraine (5 Min.) ◆ Man spricht Englisch ◆ **Anreise** (Karte Nr. 16): 7 km südwestl. von Amboise über die D 751 Rtg. Tours. An der Kirche des Dorfes Lussault die D 283 Rtg. Saint-Martin-le-Beau: das Schloß liegt 2 km weiter, am Ende einer Platanenallee.

Mme und M. Rault waren Buchhändler auf der Insel Ré, bevor sie als Winzer dieses elegante kleine Schloß sehr geschmackvoll und mit viel Sinn für Komfort renovierten. Empfang und Betreuung könnten nicht besser sein. Die großen, hellen und mit hübschen Stoffen versehenen Zimmer sind sehr gepflegt, und das gleiche gilt für die Badezimmer. Der Gästesalon kann als sehr angenehm bezeichnet werden, und die Weinberge des Anwesens liegen gleich hinter dem hübschen Garten.

CENTRE

227 - Les Hauts Noyers

Les Hauts Noyers
37530 Mosnes
(Indre-et-Loire)
Tel. (0)2 47 57 19 73
M. und Mme Saltron

♦ Ganzj. geöffn. ♦ Nichtraucher-Zi. ♦ 1 Zi. u. 1 Suite (4 Pers.) m. Bad u. WC: 260-280 F (2 Pers.) + 100 F (zusätzl. Pers.) ♦ Frühst. inkl. ♦ Kein Speisenangebot - Rest. *La Chancelière* in Chaumont (5 km) ♦ Hunde nicht erlaubt ♦ Fahrradverleih, Pétanque vor Ort ♦ Umgebung: Reiten, Wälder, Kanu/Kajak, 18-Loch-Golfpl. (10 km); Loire-Schlösser, Weinstraße, Gärten von Chaumont ♦ **Anreise** (Karte Nr. 16): 10 km östl. von Amboise über die D 751 Rtg. Blois u. Chaumont. Ab Mosnes ausgeschildert.

Dieses direkt am Weinberg und knapp einen Kilometer von der Loire entfernt gelegene, völlig renovierte Haus verfügt über zwei sehr behagliche Gästezimmer; sie wurden mit hübschen Stoffen verschönt und sind sehr gepflegt. Das Zimmer im Erdgeschoß ist in Blau gehalten, das andere, "gelbe", liegt unter dem Dach und ist eine große Familien-Suite. Zimmer und Suite verfügen über einen eigenen Garten, in dem im Sommer das besonders reichhaltige Frühstück serviert wird. Außerdem gibt es einen Salon bzw. Speiseraum mit Kamin, der nur für die Gäste da ist. Die Betreuung ist besonders sympathisch, und die Preise könnten nicht günstiger sein.

228 - Domaine de Beauséjours

37220 Panzoult
(Indre-et-Loire)
Tel. (0)2 47 58 64 64
Mme Marie-Claude Chauveau

♦ Ganzj. geöffn. ♦ 2 Zi. u. 1 Suite (2 Zi.) m. Bad od. Dusche, WC: 450 F (2 Pers.), Suite: 580-620 F (3-4 Pers.) ♦ Frühst. inkl. ♦ Kein Speisenangebot - Rest. ab 6 km ♦ Zimmerreinigung auf Wunsch ♦ Hunde auf Anfr. erlaubt ♦ Schwimmbad ♦ Umgebung: Tennis, Golf, Angeln; Loire-Schlösser ♦ Man spricht Englisch ♦ **Anreise** (Karte Nr. 16): 12 km östl. v. Chinon über die D 21 bis Panzoult; vor der Ortschaft links.

Beauséjours ist ein besonders gastfreundliches Weingut. Die Zimmer sind schlicht, hübsch mit alten Möbeln eingerichtet und haben alle einen herrlichen Blick auf die Weinberge und die Ebene. Der angenehme Salon, die Terrasse und das Schwimmbad stehen den Gästen zur Verfügung. Mahlzeiten werden leider nicht angeboten, aber in nächster Umgebung gibt es zahlreiche Restaurants. Wenn Sie sich für gute Weine interessieren (wer tut das nicht?), wird ein Familienmitglied Sie zu einer Weinprobe einladen. Hier können Sie somit Ihre Kenntnise über regionale Weine auf eine besonders angenehme Art vervollkommnen!

CENTRE

229 - Le Clos Saint-Clair

Départementale 18
37800 Pussigny
(Indre-et-Loire)
Tel. (0)2 47 65 01 27
Fax (0)2 47 65 04 21
Mme Anne-Marie Liné

♦ Ganzj. geöffn. ♦ 3 Zi. m. Dusche, WC (2-4 Pers.): 200 F (1 Pers.), 250 F (2 Pers.) + 60 F (zusätzl. Pers.) ♦ Frühst. inkl. ♦ Kein Speisenangebot - Rest. im Dorf (100 m) u. im Tal (Vallée de la Vienne): 4 km ♦ Salon ♦ Hunde nicht erlaubt ♦ Tennis, Angeln, Fahrräder vor Ort ♦ Umgebung: Golf, Schwimmbad; roman. Kirchen, Schlösser, Weinkeller, Futuroscope in Poitiers (50 km) ♦ **Anreise** (Karte Nr. 16): 50 km südl. von Tours über die A 10, Ausf. Sainte-Maure, die N 10 rechts bis Port-de-Piles, rechts die D 5 Rtg. Pussigny (2 km), dann links die D 18 Rtg. Pussigny (1 km); gegenüber dem Rathaus (*mairie*).

Kurz vor diesem hübschen Dörfchen der Touraine liegen in einem gepflegten Blumengarten zwei alte Häuser. Den drei Schlafzimmern mit ländlichem Charme wurden dank einiger besonderer Möbelstücke, geschmackvoller Stoffe und zahlreicher Aufmerksamkeiten eine gewisse Eleganz verliehen. Das ausgezeichnete Frühstück wird auf einer sehr schönen Veranda serviert, die bei schönem Wetter zum Garten hin offen ist. Besonders liebenswürdige Betreuung.

230 - Les Religieuses

24, place des Religieuses
und 1, rue Jarry
37120 Richelieu
(Indre-et-Loire)
Tel. (0)2 47 58 10 42
Mme Marie-Josèphe
Le Platre-Arnould

♦ Vom 15. Dez. bis 15. Jan. geschl. ♦ 4 Zi. u. 1 Suite (3 Pers.) m. Bad od. Dusche, WC: 210 F (1 Pers.), 250-330 F (2 Pers.); Suite: 330 F (2 Pers.), 430 F (3 Pers.) ♦ Frühst. inkl. ♦ Kein Speisenangebot - Rest. ab 300 m ♦ Salon ♦ Hunde nicht erlaubt ♦ Umgebung: Schwimmbad, Tennis, Golf; Loire-Schlösser, Chinon, Azay-le-Rideau ♦ **Anreise** (Karte Nr. 16): 29 km nordwestl. von Châtellerault über die A 10, dann die D 749; ab Richelieu ausgeschildert.

Innerhalb der Stadtmauern des Ortes Richelieu erbaut, wird Ihnen dieses Stadtpalais bestimmt gefallen. Die Gastgeberin, Mme Le Platre, ist charmant und wird Sie besonders liebenswürdig in ihrem Haus mit vielen alten Möbeln und Nippsachen aufnehmen. Überall duftet es fein nach Möbelpolitur; die komfortablen Zimmer sind ebenso gepflegt wie der Rest des Hauses. Für eine Stadtlage ist es hier sehr ruhig. Im Sommer wird im Garten gefrühstückt.

CENTRE

231 - Château de Montgouverne

37210 Rochecorbon
(Indre-et-Loire)
Tel. (0)2 47 52 84 59
Fax (0)2 47 52 84 61
Christine und Jacques Desvignes

♦ 16. Nov. bis 14. März geschl. ♦ 4 Zi. u. 2 Suiten (3 Pers.) m. Bad, WC, TV u. Tel.: 570-720 F (2 Pers.); Suite: 790-1050 F (2 Pers.) ♦ Frühst. inkl. ♦ HP, mind. 4 Üb.: 470-665 F pro Pers. im DZ ♦ Gemeins. u. (meist) individ. Abendessen: 225 F (Wein u. Kaffee inkl.) ♦ Amex, Visa, Eurocard, MasterCard ♦ Salon ♦ Hunde nicht erlaubt ♦ Schwimmbad (beheizt), Reiten, Mountainbikes, Wanderwege vor Ort ♦ Umgebung: 18-Loch-Golfpl. (16 km), Tennis (500 m), Loire-Schlösser ♦ Man spricht Englisch u. Spanisch ♦ **Anreise** (Karte Nr. 16): 7 km östl. von Tours. Ausf. A 10, Tours, Sainte-Radegonde Rtg. Vouvray über N 152. 700 m weiter links, ausgeschildert.

Sobald man seinen Park erblickt, der einem Gemälde gleicht, begreift man, daß *Montgouverne* ein außergewöhnlicher Ort ist. Das Interieur entspricht dem Äußeren: eine wunderbare Ausstattung mit alten Möbeln, ansprechenden Objekten, Stilleben und großzügig verwandten Dekostoffen. Ein Raum ist ästhetischer und komfortabler als der andere; das betrifft die Zimmer ebenso wie die Salons. Dieses ganz den Gästen zur Verfügung stehende Schloß, das der Perfektion sehr nahe kommt, wird von seinen jungen, sehr gastfreundlichen Besitzern gekonnt geführt.

232 - Château de Montbrun

37130 Saint-Michel-sur-Loire
(Indre-et-Loire)
Tel. und Fax (0)2 47 96 57 13
Michèle und Ray Gentès

♦ Ganzj. geöffn. ♦ Mind. 2-3 Üb. ♦ 5 Zi. (davon 2 große m. Balkon) u. 1 Suite m. Bad od. Dusche, WC u. TV: 595-695 F (2 Pers.) + 150 F (zusätzl. Pers.); Suite 900 F ♦ Frühst. inkl. ♦ Gemeins. Essen: 240 F (Wein inkl.) ♦ Salon ♦ Hunde nicht erlaubt ♦ Schwimmbad vor Ort ♦ Umgebung: Reiten, Angeln (Loire), 18-Loch-Golfpl. (12 km); Schlösser (Langeais, Villandry m. seinen Gärten, Azay-le-Rideau, Ussé, Chinon), Tours (Altstadt), Saumur, Abtei von Fontevrauld ♦ Man spricht Englisch, Italienisch, Spanisch u. (ein wenig) Deutsch ♦ **Anreise** (Karte Nr. 16): 2 km westl. von Langeais, ausgeschildert.

Ray und Michèle sind ein sehr sympatisches Künstlerpaar. Nachdem sie die ganze Welt bereist hatten, setzten sie ihre Koffer im *Montbrun* ab. Sie trafen eine gute Wahl. Denn hier sind die Zimmer hell und groß und haben einen herrlichen Ausblick auf die Loire. Die Ausstattung ist überall sehr freundlich und gepflegt, auch in den renovierten und nun sehr komfortablen Zimmern. Und die Diners sind wahre Feste - das betifft sowohl die Gastronomie als auch die Atmosphäre.

CENTRE

233 - Manoir du Port Guyet

37140 Saint-Nicolas-de-Bourgueil
(Indre-et-Loire)
Tel. (0)2 47 97 82 20
Fax (0)2 47 97 98 98
Mme Valluet Deholin

♦ Vom 1. Nov. bis 31. März geschl. ♦ 3 Zi. (Doppelbetten) m. Bad, WC: 550-750 F (2 Pers.) -10% ab 4. Üb ♦ Frühst. inkl. ♦ Gemeins. Abendessen: 200 F (St-Nicolas-de-Bourgueil-Wein inkl.) ♦ Salons ♦ Hunde auf Anfr. erlaubt ♦ Umgebung: Tennis, Teich, Loire, Reiten, 18-Loch-Golfpl. (17 km), Schwimmbäder, Loire-Schlösser; Chinon, Cadre Noir (Reitschule), Saumur usw. ♦ Man spricht Englisch, Spanisch u. ein wenig Italienisch ♦ **Anreise** (Karte Nr. 16): Autobahn Paris-Tours, Ausf. Tours-Nord, Rtg. Langeais, Saumur. Hinter Langeais geradeaus bis Saint-Nicolas-de-Bourgueil; der Ausschilderung "*Monument historique*" folgen.

Dieser Landsitz beherbergte einst Ronsard, der hier wunderbare Liebessonette für Marie schrieb. Danach hielt das Haus einen langen Schlaf... Dank der gelungenen Restaurierung verfügt es heute über eine Innenausstattung von erlesenem Geschmack mit viel Komfort. Der helle Ton der Steine und die Dekostoffe stellen einen interessanten Kontrast zu den wertvollen alten Möbeln dar. Hier ist alles geschmackvoll, und man ist sehr eingenommen von dieser "*Douce-France*"-Stimmung.

234 - Le Prieuré des Granges

37510 Savonnières
(Indre-et-Loire)
Tel. (0)2 47 50 09 67
Fax (0)2 47 50 06 43
M. Philippe Dufresne

♦ Vom letzten März-Wochenende bis 31. Dez. geöffn. ♦ 5 Zi. u. 1 Suite (2-4 Pers.) m. Bad od. Dusche, WC u. Tel.: 520 F (1 Pers.), 550 F (2 Pers.) + 120 F (zusätzl. Pers.); Suite 650 F (2 Pers.), 900 F (4 Pers.) ♦ Frühst. inkl. ♦ Gemeins. Abendessen auf Best.: 180 F (Wein inkl.) ♦ Salon m. TV ♦ Schwimmbad, Tennis, Antiquitäten vor Ort ♦ Umgebung: Angeln, Reiten, 18-Loch-Golfpl. (2 km); Schloß Villandry u. a. Loire-Schlösser ♦ Man spricht Englisch u. (ein wenig) Deutsch ♦ **Anreise** (Karte Nr. 16): 11 km von Tours entfernt. Ab Tours Rtg. "Tours-Sud/Villandry", dann Savonnières. Autob. A 10, Ausf. Joué-lès-Tours, dann den Schildern "Château de Villandry" bis Savonnières folgen

Dieses auf den Anhöhen von Savonnières gelegene Haus aus dem 17., 18. und 19. Jahrhundert ist wahrlich gelungen. Die außergewöhnlichen Zimmer sind ebenso komfortabel wie geschmackvoll eingerichtet. Die Familiensuite ist von höchster Eleganz. Philippe Dufresne ist Antiquitätenhändler; deshalb sind Objekte und alte Möbel besonders gut aufeinander abgestimmt. Die Badezimmer könnten nicht angenehmer sein, und der in Blautönen gehaltene Speisesaal aus dem 18. Jahrhundert paßt genau zum Chinaporzellan. Gemütlicher Salon. All das geht auf einen Park voller Blumen. Ausgesprochen freundliche Betreuung.

CENTRE

235 - Le Prieuré Sainte-Anne

10, rue Chaude
37510 Savonnières
(Indre-et-Loire)
Tel. (0)2 47 50 03 26
Mme Caré

♦ Von März bis Nov. geöffn. ♦ 1 Suite (2-4 Pers.) m. Dusche, WC: 220 F (1 Pers.), 315 F (2 Pers.), + 90 F (zusätzl. Pers.) ♦ Frühst. inkl. ♦ Kein Speisenangebot - Rest. im Dorf (200 m) ♦ Salon ♦ Hunde nicht erlaubt ♦ Umgebung: 18-Loch-Golfpl.; Schlösser ♦ **Anreise** (Karte Nr. 16): 13 km westl. v. Tours über die D 7 Rtg. Villandry; im Ort Straße nach Druye, vor dem Rathaus (*mairie*) Rue du Paradis, dann rechts.

Etwas abseits, in einer ruhigen Dorfstraße, liegt dieses alte Haus aus dem 15. Jahrhundert mit rustikalem Äußeren. Altes, gut gepflegtes Mobiliar, alte Teller an den Wänden, große Kamine, komfortable Wollmatratzen. Ein schlichtes, sehr gepflegtes Haus, in dem man sich regelrecht in eine andere Zeit versetzt fühlt. Mme Caré ist besonders liebenswürdig und serviert ihr köstliches Frühstück entweder am Kamin oder im Blumengarten, den schöne alte Mauern schützen.

236 - La Ferme des Berthiers

37800 Sepmes
(Indre-et-Loire)
Tel. (0)2 47 65 50 61
Mme Anne-Marie Vergnaud

♦ Ganzj. geöffn. ♦ 5 Zi. u. 1 Suite m. Bad od. Dusche, WC: 180-200 F (1 Pers.), 240-270 F (2 Pers.), 300-320 F (3 Pers.),Suite: 350 F (3 Pers.); außerdem: zusätzl. Bett u. Kinderzi. ♦ Frühst. inkl. ♦ Gemeins. Abendessen auf Best. am Vortag: 100 F (Qualitätswein inkl.) ♦ Zimmerreinigung alle 3 T. ♦ Hunde auf Anfr. erlaubt ♦ Umgebung: Loire-Schlösser, Weinkeller ♦ Man spricht Englisch, Deutsch u. Niederländisch ♦ **Anreise** (Karte Nr. 16): 40 km südl. von Tours über die A 10, Ausf. Sainte-Maure-de-Touraine, dann D 59 Rtg. Ligueil; ab Ortsausgang Sepmes ausgeschildert.

Auf diesem Bauernhof werden die Gäste sehr freundlich empfangen. Die Zimmer sind komfortabel und hübsch, aber besonders eindrucksvoll sind die Bäder. Das blaue und das gelbe Zimmer mögen wir am liebsten. Wunderbare Terrakotta-Fußböden. Das exzellente Abendessen wird von der talentierten Köchin Anne-Marie Vergnaud zubereitet - das Frühstück ist reichhaltig. Kinder sind hier - auf dem Land - sehr willkommen.

CENTRE

237 - Manoir de Foncher

37510 Villandry
(Indre-et-Loire)
Tel. (0)2 47 50 02 40
Fax (0)2 47 50 09 94
M. und Mme Salles

♦ Von Apr. bis Sep. geöffn. ♦ 1 Suite (2 Zi.) m. Bad, WC: 600 F (1 Zi., 1-2 Pers.), 925 F (2 Zi., 3-4 Pers.) ♦ Frühst. inkl. ♦ Kein Speisenangebot - Rest. in Umgebung ♦ Salon ♦ Umgebung: Reiten, Golf, Loire-Schlösser ♦ Man spricht Englisch ♦ **Anreise** (Karte Nr. 16): 15 km westl. von Tours über die D 7 Rtg. Villandry. In Savonnières über die Brücke, dann links auf das rechte Ufer des Cher (3 km).

Der am Ende einer Landzunge zwischen den Flüssen Loire und Cher gelegene Landsitz *Foncher* präsentiert sich mit seinen alten Fensterkreuzen, seiner Außengalerie und seiner außergewöhnlichen Wendeltreppe heute noch wie zur Zeit seiner Entstehung im 15. Jahrhundert. Im Kaminzimmer, in dem man an einem ausgesprochen großen Klostertisch das Frühstück einnimmt, herrscht eine besonders freundliche Atmosphäre. Die Suite ist nicht nur wunderbar und authentisch, sondern auch sehr komfortabel. Hübsche Badezimmer. Ein idealer Ausgangspunkt zum Besichtigen der Loire-Schlösser.

238 - Château de Jallanges

Vernou-sur-Brenne
37210 Vouvray
(Indre-et-Loire)
Tel. (0)2 47 52 01 71
Fax (0)2 47 52 11 18
Mme Danièle Ferry-Balin

♦ Ganzj. geöffn. ♦ 5 Zi., darunter *Comtesse Gaudin* (außergewöhnliches Mobiliar) m. Bad, WC; 2 Suiten (2-5 Pers.) m. Salon, Dressing, Bad, WC: 600-650 F (2 Pers.) u. 1000 F (2 Pers., Zi. *Comtesse Gaudin*); Suiten: 500 u. 800 F (2 Pers.) + 100 F (zusätzl. Pers.) ♦ Frühst.: 50 F ♦ Gemeins. Abendessen auf Best.: 260 F (alles inkl.) ♦ Salon ♦ Tel. ♦ Kl. Hunde auf Anfr. erlaubt (+ 50 F) ♦ Billard, Mountainbikes, Fahrräder, Ballonfahrten, Pferdekutschen, Trödler, Veranstaltungen u. Ausstellungen vor Ort ♦ Umgebung: Golf, Schwimmbad, Reiten ♦ Man spricht Englisch u. Deutsch ♦ **Anreise** (Karte Nr. 16): 15 km östl. von Tours, N 152 Rtg. Amboise (od. A 10, Ausf. Vouvray), dann Rtg. Vouvray, dann D 46 Rtg. Vernou-sur-Brenne (TGV ab Paris: 55 Min.).

Mit seinem großen Hof und seiner Renaissance-Fassade aus Ziegel- und Bruchsteinen erkennt man schon von weitem die Schönheit dieses Schlosses. Hier werden Sie sehr freundlich und professionell von einer Familie betreut, die diese großen Gebäude besonders liebevoll restauriert hat. Die Zimmer und Suiten sind groß und komfortabel und haben einen Ausblick auf den Park oder den kleinen Garten *à la française*. Die im ersten Stock verdienen ein besonderes Lob. Das gemeinsame Essen ist von guter Qualität.

CENTRE

239 - La Farge

41600 Chaumont-
sur-Tharonne
(Loir-et-Cher)
Tel. (0)2 54 88 52 06
Fax (0)2 54 88 97 30
M. und Mme de Grangeneuve

♦ Ganzj. geöffn. ♦ 1 Zi., 1 Suite (2-4 Pers.) u. 1 Studio (3-4 Pers., Aufenthaltsr., Kamin, TV u. Kochnische) m. Bad, WC: Zi.: 350 F (2 Pers.), Suite: 500 F, Studio: 450-550 F ♦ Frühst. inkl. ♦ Kein Speisenangebot - Rest.: *La Grenouillière* (5 km) ♦ Kaminzimmer m. TV ♦ Hunde auf Anfr. erlaubt ♦ Schwimmbad, Reiten, Reitcenter, Wanderwege vor Ort ♦ Umgebung: 18-Loch-Golfpl. (10 km), Tennis, Angeln (Teich), Fahrradverleih; hübsche Dörfer, Loire-Schlösser ♦ Man spricht Englisch ♦ **Anreise** (Karte Nr. 17): 5 km östl. von Chaumont-sur-Tharonne. Über die C 2 Rtg. Vouzan. *La Farge* 4 km weiter rechts (35 km südl. von Orléans über N 20).

Dieser mitten im Wald gelegene und für diese Region ausgesprochen typische Häuserkomplex aus dem 16. Jahrhundert bietet komfortable und angenehm möblierte Zimmer mit schönen Badezimmern. Das Appartement mit reizender Sitzecke, Kamin und Kochnische ist sehr gelungen. Das Frühstück wird in einem großen Raum mit freigelegten Balken serviert, in dem Kupfergegenstände, Jagdtrophäen und alte Möbel zur warmen Atmosphäre dieses gastfreundlichen Hauses beitragen.

240 - Le Clos Bigot

Route le Buchet
41700 Cheverny
(Loir-et-Cher)
Tel. (0)2 54 79 26 38
Fax (0)2 54 79 26 38
M. und Mme Bravo-Meret

♦ Ganzj. geöffn., auf Anfr. vom 1. Nov. bis 31. März ♦ Preisnachl. bei läng. Aufenth. (mehr als 3 Üb.) ♦ 1 Suite (4 Pers.) m. Bad u. WC u. 2 App. (55 qm) im Nebengebäude: 1 Zi., Salon, Bad, WC: Suite: 340-380 F (2 Pers.), App.: 500 F (2 Pers.), 650 F (4 Pers.) ♦ Frühst. inkl. ♦ Kein Speisenangebot - Rest. in Cheverny (2 km) ♦ Salon ♦ Hunde auf Anfr. erlaubt ♦ Schwimmbad vor Ort ♦ Umgebung: 18-Loch-Golfpl. (3 km), Tennis, Reiten, Wanderwege im Wald (200 m weiter); Loire-Schlösser, Ton- und Lichtaufführungen ♦ Man spricht Englisch u. Spanisch ♦ **Anreise** (Karte Nr. 16): 2 km vor Cheverny die Straße nach Buchet, dann ausgeschildert.

Dieses schlichte kleine Haus der Sologne, das bestens renoviert wurde, verbirgt eine ausgesprochen reizende Innenausstattung. Besonders können wir die Suite im ersten Stock empfehlen (am preiswertesten und im Grunde auch am angenehmsten). Sie liegt direkt unterm Dach, ist komfortabel und hübsch eingerichtet. Das Frühstück wird entweder draußen oder in einem Raum serviert, in dem man alte Möbel und Gemälde bewundern kann. Ein sehr gastfreundliches Haus. Außerdem erhält man viele gute Tips zum Entdecken der Region.

CENTRE

241 - La Rabouillère

Chemin de Marçon
41700 Contres
(Loir-et-Cher)
Tel. (0)2 54 79 05 14
Fax (0)2 54 79 59 39
Mme Thimonnier

♦ Ganzj. geöffn. ♦ 4 Zi., 1 Suite u. 1 App. m. Bad, WC, TV (auf Wunsch): 300 F (1 Pers.), 360 F (2 Pers.); Suite: 550 F (2 Pers.), 650 F (3 Pers.); App. 800 F (4 Pers.) ♦ Frühst. inkl. ♦ Kein Speisenangebot (Kochnische steht zur Verf.) - Rest. in Cour-Cheverny u. Contres ♦ Salon ♦ Tel. ♦ Hunde nicht erlaubt ♦ Umgebung: Tennis, Reiten, Angeln, 18-Loch-Golfpl.; Loire-Schlösser ♦ Man spricht Englisch ♦ **Anreise** (Karte Nr. 16): 19 km südl. von Blois über die D 765. In Cheverny die D 102 Rtg. Contres (6 km), dann "*Chambres d'hôtes*" ausgeschildert.

Dieses Haus (in dieser Gegend als *longère* bezeichnet) ist umgeben von fünf Hektar Wald und Wiesen, die zur Sommerzeit zu einem gepflegten Garten werden. Die Zimmer, die Suite und das "kleine Haus" sind ausnahmslos sehr angenehm und mit viel Phantasie und Raffinement eingerichtet. Mme und M. Thimonnier lieben ihr Haus und stellen es ihren Gästen mit eindeutigem Vergnügen zur Verfügung. Wenn das Wetter es erfordert, knistert ein Feuer im Kaminzimmer, das sich weit zum Garten hin öffnet.

242 - La Borde

41160 Danzé
(Loir-et-Cher)
Tel. (0)2 54 80 68 42
Fax (0)2 54 80 63 68
M. und Mme Kamette

♦ Ganzj. geöffn. ♦ 3 Zi. u. 2 Suiten (2 Zi.) m. Bad od. Dusche, WC: 190-250 F (1 Pers.), 240-300 F (2 Pers.), Suiten: 390-430 F (3 Pers.), 440-480 F (4 Pers.) ♦ Preisermäßigung ab 2. Üb. ♦ Frühst. inkl. ♦ Kein Speisenangebot - Rest. in Danzé (2 km) u. in La Ville-aux-Clercs (3 km) ♦ Salon ♦ Tel. ♦ Hunde nicht erlaubt ♦ Schwimmbad, Angeln vor Ort ♦ Umgebung: Tennis, Reiten, Golf; Loire-Schlösser, Loir-Tal ♦ **Anreise** (Karte Nr. 16): 15 km nördl. von Vendôme über die D 36 bis Danzé, dann die D 24 nach La Ville-aux-Clercs.

La Borde ist ein Haus aus den dreißiger Jahren mit sehr angenehmer Atmosphäre und großem Park. Alle Gästezimmer haben Ausblick aufs Grüne, sind komfortabel, groß und hübsch eingerichtet. Das *Bleue* ist unser Lieblingszimmer, aber auch die anderen sind sehr behaglich. Das gute und reichhaltige Frühstück wird in einem großen, hellen Raum serviert, der als TV- und Speiseraum dient. Das beheizte Hallenbad ist angenehm. Ein freundliches Haus zu günstigen Preisen.

CENTRE

243 - Rue Dutems

9, rue Dutems
41500 Mer
(Loir-et-Cher)
Tel. (0)2 54 81 17 36
Mme Mormiche

♦ Ganzj. geöffn. ♦ 4 Zi. u. 1 Suite (4 Pers., 2 Zi.) m. Bad od. Dusche, WC: 280-350 F (2 Pers.); Suite (je nach Saison) 520-550 F (3 Pers.) ♦ Frühst. inkl. ♦ Kein Speisenangebot ♦ Salon ♦ Hunde nicht erlaubt ♦ Billard u. Fahrradverleih vor Ort ♦ Umgebung: Schwimmbad, Tennis, Angeln, 18-Loch-Golfpl. (15 km); Schlösser Chambord, Blois, Talcy, Beaugency ♦ Man spricht Englisch ♦ **Anreise** (Karte Nr. 16): zwischen Blois u. Beaugency die N 152, Autob. A 10, Ausf. Mer-Chambord, dann Rtg. *Centre Ville*. Ein Teil der Rue Dutems ist verkehrsfrei (von der Place des Halles bis zur Kirche).

Zu diesem Haus aus dem 17. Jahrhundert führt eine verkehrsfreie Straße. Ein großer schattiger Garten hinter dem Haus garantiert absolute Ruhe. Die frisch renovierte Innenausstattung ist hell, die Dekoration geschmackvoll und schlicht. Sehr angenehme Zimmer mit einigen alten Möbelstücken (angefangen vom Directoire- bis zum Jugendstil). Die Dekostoffe sind raffiniert, die Badezimmer tadellos. Das Frühstück ist sehr gepflegt und der Empfang ungezwungen und ausgesprochen sympathisch.

244 - Manoir de Clénord

Route de Clénord
41250 Mont-près-Chambord
(Loir-et-Cher)
Tel. (0)2 54 70 41 62
Fax (0)2 54 70 33 99
Mme Renauld

♦ Ganzj. geöffn. ♦ 4 Zi. m. Bad, WC u. 2 Suiten (2-4 Pers.): 390-680 F (2 Pers.); Suiten: 800-1100 F; - 10% von 15. Nov. bis 15. März ♦ Frühst. inkl. ♦ Gemeins. Abendessen auf Best.: 140-190 F (Wein inkl.) ♦ Salon ♦ Visa ♦ Hunde nicht erlaubt ♦ Schwimmbad, Tennis, Fahrräder, Kanu vor Ort ♦ Umgebung: 18-Loch-Golfpl., Wald; Loire-Schlösser, Weinkeller ♦ Man spricht Englisch u. Spanisch ♦ **Anreise** (Karte Nr. 16): ab Paris: A 10, Ausf. Blois Rtg. Vierzon über die D 765. Im kleinen Ort Clénord links Route de Mont-près-Chambord, Einfahrt 200 m weiter.

Über einen Weg gelangt man zu diesem kleinen Landsitz aus dem 18. Jahrhundert. Mme Renauld wird Sie sehr freundlich aufnehmen. Die besonders hübschen Gästezimmer sind geschmackvoll-elegant mit altem Mobiliar und ausgewählten Stoffen eingerichtet. Alle haben Ausblick auf die französischen Gärten. Das Frühstück wird entweder im rustikalen Eßzimmer serviert oder, sofern das Wetter es erlaubt, auf der Terrasse. Die in diesem Haus herrschende Atmosphäre ist sehr angenehm und erholsam.

CENTRE

245 - Château de Colliers

41500 Muides-sur-Loire
(Loir-et-Cher)
Tel. (0)2 54 87 50 75
Fax (0)2 54 87 03 64
M. und Mme de Gélis

♦ Ganzj. geöffn. (im Winter ausschl. auf Reserv.) ♦ 4 Zi. u. 1 Suite (4 Pers.) m Bad, WC: 550-700 F (2 Pers.); Suite 850 F ♦ Frühst. inkl. ♦ Gemeins. Abendessen auf Best.: 200 F - Rest.: *Le Relais* (B. Robin) in Bracieux (18 km) u. *Les Calanques* in Mer (5 km) ♦ Salon ♦ Tel. ♦ sehr großes Schwimmbad vor Ort, Flüge (Ballon- u. Hubschrauber) ab dem Haus ♦ Umgebung: Kajak, Heißluftballons u. Hubschrauber, 18-Loch-Golfpl., Reiten, Wassersport; Loire-Schlösser ♦ Man spricht Englisch u. Spanisch ♦ **Anreise** (Karte Nr. 16): Autob. A 10, Ausf. Mer, Rtg. Chambord bis Muides-sur-Loire, dann D 951 Rtg. Blois. Das Schloß liegt am Loire-Ufer, 300 m hinter dem letzten Haus.

Dieses Lustschlößchen aus dem 18. Jahrhundert verfügt über eine außergewöhnliche Lage am Ufer der Loire. Das Interieur ist von großer Eleganz: der Salon ist wunderbar möbliert, das Eßzimmer hat seine zahlreichen originalen Fresken bewahrt und die prachtvollen Zimmer haben fast alle einen Kamin, der selbstverständlich benutzt werden kann (ein Zimmer verfügt über eine ausgesprochen hübsche Dachterrasse). Von überall ist der Blick auf den Fluß sehr angenehm. Aufmerksame und diskrete Betreuung.

246 - En Val de Loire

46, rue de Meuves
41150 Onzain
(Loir-et-Cher)
Tel. (0)2 54 20 78 82
und (0)6 07 69 74 78
Fax (0)2 54 20 78 82
Mme Langlais

♦ Jan. bis Feb. geschl. ♦ 5 Zi. m. Bad od. Dusche, WC: 340 F (2 Pers.) ♦ Frühst. inkl. ♦ Gelegentl. gemeins. od. individ. Abendessen (bei mehr als 1 Üb.): 100-250 F ♦ Salon ♦ Hunde nicht erlaubt ♦ Umgebung: Schwimmbad, Tennis, Reiten, Golf, Loire-Schlösser ♦ Man spricht Englisch ♦ **Anreise** (Karte Nr. 16): 15 km südwestl. von Blois über die N 152 Rtg. Amboise, dann in Chouzy rechts die D 58 bis Onzain (Rtg. Monteaux).

Man durchquert einen langgestreckten Garten und steht schließlich vor einem mit zahlreichen Blumen umgebenem Haus - es ist klein, aber ebenso freundlich wie die Gastgeber. Mme und M. Langlais haben ihr Haus - ein gutes Beispiel für ländlichen Komfort - eigenhändig umgestaltet und eingerichtet. Die Dekostoffe sind geschmackvoll auf die alten Möbel abgestimmt. Im gemütlichen Wohn- und Eßzimmer stehen tiefe Sessel dem Kamin gegenüber. Zum Frühstück werden 21 verschiedene Sorten Konfitüre angeboten. Eine Adresse, die wir mit gutem Gewissen empfehlen können.

CENTRE

247 - Le Moulin de Choiseaux

8, rue des Choiseaux Diziers
41500 Suèvres
(Loir-u.-Cher)
Tel. (0)2 54 87 85 01
Fax (0)2 54 87 86 44
Marie-Françoise u. André Seguin

♦ Ganzj. geöffn. ♦ 4 Zi. u. 1 Suite (3 Pers.) m. Bad od. Dusche u. WC: Zi. 280-350 F (2 Pers.); Suite 400 F (2 Pers.) + 80 F (zusätzl. Pers.) ♦ Frühst. inkl. ♦ Kein Speisenangebot - Rest. *Les Calanques* (5 km) u. viele andere in Blois (15 km) ♦ Salon ♦ Haustiere nicht erlaubt ♦ Angeln am künstl. See u. Fahrräder vor Ort ♦ Umgebung: Karting, Wassersportcenter an der Loire, zwei 18-Loch-Golfpl.; Schlösser von Chambord, Cheverny, Sologne, Wald ♦ Man spricht Englisch ♦ **Anreise** (Karte Nr. 16): 15 km nordöstl. von Blois, die N 152 Rtg. Orléans, das Dorf Suèvres durchqueren (500 m links), dann Diziers ausgeschildert (oder Autobahn, Ausf. Mer).

Eine echte Mühle aus dem 18. Jahrhundert mit ihrem Rad und ihrem Mühlbach, auf dem die Enten schwimmen. Parterre sind der Salon, der Speiseraum und zwei rustikal möblierte Räume mit hohen Balkendecken, wo oft ein Kaminfeuer brennt, den Gästen vorbehalten. Hier liegt auch ein Gästezimmer, das auf uns etwas traurig wirkte. Die anderen Zimmer sind groß und sehr schön im traditionellen Stil eingerichtet; die Bäder sind komfortabel und können sich sehen lassen. Das Frühstück wird bei schönem Wetter draußen serviert. Empfang ausgesprochen liebenswürdig.

248 - Château de la Voûte

41800 Troo
(Loir-et-Cher)
Tel. (0)2 54 72 52 52
MM. Clays und Venon

♦ Ganzj. geöffn. ♦ 3 Zi. u. 2 Suiten m. Bad od. Dusche, WC: 380-480 F (2 Pers.); Suiten: 580 F (2 Pers.) ♦ Frühst. inkl. ♦ Kein Speisenangebot - Rest.: *Le Petit Relais*, *Le Cheval blanc*, *La Grotte*, *La Paix* (200 m) ♦ Hunde nicht erlaubt ♦ Angeln vor Ort ♦ Umgebung: Reiten, Tennis, Golf; Loir-Tal, Heimat von Ronsard ♦ Man spricht Englisch ♦ **Anreise** (Karte Nr. 16): 25 km westl. von Vendôme über die D 917 u. 5 km von Montoire; im Ort ausgeschildert.

Der Park des *Château de la Voûte* umgibt zwei stufenförmig angelegte Terrassen. Die sehr aufmerksamen Gastgeber haben bei der Einrichtung und der Auswahl schöner alter Gegenstände viel Geschmack bewiesen. Alle Gästezimmer, ob *Pompadour*, *Empire* oder *Louis XIII*, beweisen mit ihren Gemälden, Möbeln und Teppichen den guten Stil des Hauses; außerdem sind sie sehr ruhig und selbstverständlich voller Komfort. Das Frühstück können Sie im Zimmer oder auf der Terrasse einnehmen.

CENTRE

249 - Château de la Giraudière

41220 Villeny
(Loir-et-Cher)
Tel. (0)2 54 83 72 38
Mme Anne Giordano-Orsini

♦ Von Ostern bis Allerheiligen geöffn. ♦ 2 Zi. m. Bad, WC; 3 Zi. m. eig. Bad, gemeins. WC: 360 F (2 Pers.) ♦ Frühst. inkl. ♦ Außerdem: 1 Appartement (4 Pers.) m. 2 Zi. , Bad, WC, Salon, Küche: 1800 F, mind. 3 Tage, plus 300-350 F je nach Anz. zusätzl. Pers. ♦ Kein Speiseangebot, jedoch Imbiß-Rest. in Umgebung ♦ Salon ♦ Hunde nicht erlaubt ♦ Tennis vor Ort ♦ Umgebung: Angeln, Reiten, Golf ♦ Man spricht Englisch ♦ **Anreise** (Karte Nr. 17): 39 km östl. von Blois über die D 951 bis Muides-sur-Loire, dann die D 103. In La Ferté-Saint-Cyr die D 925 Rtg. La Marolle-en-Sologne; 800 m von der Straße entfernt.

Nach einem kleinen Abstecher durch den Wald erreicht man das hübsche Schloß mit sehr gepflegter Fassade im Louis-XIII-Stil. Die Innenräume zeugen von der gleichen Sorgfalt. Im Salon beeindruckt die Eleganz des Mobiliars und die große Helligkeit; letztere ist auf die großen, gegenüberliegenden Fenster zurückzuführen. Die Gästezimmer sind von klassischer Eleganz und verfügen über gepflegte sanitäre Einrichtungen. Und da es keine Preisdifferenz gibt, empfehlen wir die Zimmer im ersten Stock. Das Frühstück wird oft in der schönen Küche am Kamin serviert. Ideal zum Entdecken der Sologne.

250 - Château de la Ferté

45240 La Ferté-Saint-Aubin
(Loiret)
Tel. (0)2 38 76 52 72
Jacques und Catherine Guyot

♦ Vom 1. Mai bis 30. Sep. geöffn. ♦ 1 Zi. u. 1 Suite (2-3 Pers.) m. Bad u. WC: 1000 F (2 Pers.); Suite 1000 F (2 Pers.), 1200 F (3 Pers.) ♦ Frühst. inkl. ♦ Kein Speiseangebot ♦ Salon ♦ Münztel. ♦ Hunde auf Anfr. erlaubt ♦ Park (Tierpark, kl. Bauernhof), historische Pferdeställe vor Ort ♦ Umgebung: Fitneßcenter, 27-Loch-Golfpl. (1 km); Schloß Chambord (30 km), Entdecken der Sologne; Teiche ♦ Man spricht Englisch ♦ **Anreise** (Karte Nr. 17): 18 km südl. von Orléans. N 20, am Ortseingang von La Ferté-Saint-Aubin links (auf der N 20 bleiben).

Dieses Schloß aus dem späten 15. Jahrhundert, das zu den elegantesten Mittelfrankreichs (Centre) zählt, begeistert jeden. Der Empfang ist unkompliziert und sehr angenehm, und gleich danach entdeckt man ein Interieur, das zwar derzeit renoviert, aber schon heute prachtvoll ist (einige Räume können besichtigt werden). Von den Zimmern und Suiten, die ihren originalen Charakter bewahrt haben, blickt man auf die Wassergräben. Und obwohl diese Gästezimmer sehr groß sind, sind sie komfortabel. Die Badezimmer verfügen über den Reiz und die Schönheit vergangener Zeiten. Das exzellente Frühstück wird entweder auf dem Zimmer oder im Gästesalon serviert.

CENTRE

251 - Sainte-Barbe

Route de Lorris - Nevoy
45500 Gien
(Loiret)
Tel. (0)2 38 67 59 53
Fax (0)2 38 67 28 96
Mme Annie Le Lay

◆ Ganzj. geöffn. (auf Anfr.) ◆ 2 Zi. m. Bad, WC, 1 Zi. m. Dusche u. WC: 270 F (1 Pers.), 320 F (2 Pers.) + 50 F (zusätzl. Pers.) sowie 1 kl. Haus (5 Pers.) in der Dependance m. 1 Bad u. 2 WC: 1 Wochende: 800 F (2 Pers.), 1000 F (5 Pers.) ◆ Frühst. inkl. ◆ Individ. Essen (vorwiegend abends): 100 F (ohne Wein) ◆ Salon ◆ Hunde im Zwinger erlaubt ◆ Tennis, Pferdeboxen, Angeln, Schwimmb. vor Ort ◆ Umgebung: Reiten, Golf, *ball-trap* ◆ Man spricht Englisch ◆ **Anreise** (Karte Nr. 17): 5 km nordwestl. von Gien über die D 44; dann Route de Lorris.

Hinter seinem bescheidenen Äußeren verbirgt dieses alte, von Feldern und kleinen Wäldern umgebene Haus ein prachtvolles, hervorragend möbliertes Gästezimmer. Kürzlich wurden zwei weitere eingerichtet. Sie werden sehr freundlich empfangen und den angenehmen, den Gästen zur Verfügung stehenden Salon entdecken. Mit dem Haute-Époque-Mobiliar, dem Chesterfield-Sofa sowie zahlreichen Gegenständen verfügt dieses Haus über einen ganz besonderen Stil und eine Atmosphäre, die an Jagd und Pferde erinnert. Das "kleine Haus" ist ideal für einen besonders ungezwungenen Aufenthalt. Ein Haus, das Komplimente verdient.

CHAMPAGNE ARDENNES

252 - Rue du Moulin

5, rue du Moulin
10190 Bucet-en-Othe
(Aube)
Tel. (0)3 25 70 34 09
M. und Mme Poisson-Dallongeville

1997

♦ Von Okt. bis Ende Dez. geschl. ♦ 1 Suite (2-3 Pers.) m. Dusche u. WC: 300 F (2 Pers.) + 100 F (zusätzl. Pers.) ♦ Frühst. inkl. ♦ Gemeins. Abendessen auf Best.: 180 F (alles inkl.) ♦ Salon ♦ Tel. ♦ Kl. Hunde auf Anfr. erlaubt ♦ Umgebung: Tennis (500 m), Mountainbikes; Route du Cidre, die Stadt Troyes (Geschichte des Mittelalters und der Renaissance), Verkauf ab Werk von Prêt-à-Porter-Markenartikel ♦ Man spricht (ein wenig) Englisch ♦ **Anreise** (Karte Nr. 10): 10 km westl. von Troyes. Autobahn A 5 Ausf. Vulaines (von Paris kommend), Ausf. Torvilliers (von Osten oder Norden kommend), Rtg. Estissac, dann Bucey-en-Othe. 1. ansteigende Straße rechts.

Aus der Region von Othe (von *hôte* = Gastgeber) stammend, haben Mme und M. Poisson-Dallongeville lange auf anderen Kontinenten gelebt. Heute liegt es ihnen am Herzen, Fremden die Reichtümer ihrer Gegend zu zeigen, und am Herd wechseln sie sich ab. Die "Suite" hat einen eigenen Eingang; eine Tür geht aber auch zum Salon der Hausbesitzer, in dem Sie stets willkommen sind. Ein reizender Garten umgibt dieses ruhige Haus, in dem man sehr aufmerksam empfangen wird.

253 - Château d'Étoges

51270 Étoges
(Marne)
Tel. (0)3 26 59 30 08
Fax (0)3 26 59 35 57
Mme Anne Filliette-Neuville

♦ 3 Wochen im Feb. geschl. ♦ 17 Zi. u. 3 Suiten (3 Pers.) m. Bad, WC, Tel, (TV auf Anfr.): 550-700 F (2 Pers.) + 80 F (zusätzl. Pers.) ♦ Frühst.: 60 F ♦ Individ. Abendessen: 180-250 F (ohne Wein) ♦ Salons, Kamin, Billard, Klavier ♦ Visa ♦ Hunde auf Anfr. erlaubt (+ 40 F) ♦ Krocketspiel, 4 Fahrräder vor Ort ♦ Umgebung: Reiten, Tennis, Golfplätze; Weinberge u. -keller ♦ Man spricht Englisch ♦ **Anreise** (Karte Nr. 10): 22 km südl. von Épernay über die D 51 bis Montmort, die D 18, dann ausgeschildert.

Von diesem Schloß aus dem 17. Jahrhundert ist man unmittelbar angetan. Nachdem man den Schloßhof durchquert hat, gelangt man ins Innere des Hauptgebäudes mit Ost-West-Lage. Der Ausblick von den Zimmern ist einzigartig, und die klassische, freundliche Einrichtung vorbildlich. Die Bäder mit entzückenden Fliesen, altem Mobiliar und ausgesuchten Farben bieten höchsten Komfort. Die Atmosphäre ist von Freundlichkeit bestimmt. *Château d'Étoges* ist eine exzellente Adresse, die zwischen dem Landgasthaus und dem Hotel einzuordnen ist.

CHAMPAGNE-ARDENNES

254 - Château du Ru Jacquier

51700 Igny-Comblizy
(Marne)
Tel. (0)3 26 57 10 84
Fax (0)3 26 57 11 85
M. Granger

♦ Ganzj. geöffn. ♦ 6 Zi. m. Bad od. Dusche, WC: 380-410 F (2 Pers.) + 100 F (zusätzl. Pers.) ♦ Frühst. inkl. ♦ Gemeins. Abendessen auf Best.: 150 F (ohne Wein) ♦ Salon ♦ Hunde erlaubt (+ 50 F) ♦ Teich, Tierpark, Angeln, Pferdekutschen, Mountainbike-Verleih vor Ort ♦ Umgebung: 18-Loch-Golfpl (6 km); Champagner-Straße, Weinkeller, Schloß Montmort, Condé-en-Brie ♦ **Anreise** (Karte Nr. 10): 20 km südwestl. von Épernay über die N 3 Rtg. Château-Thierry, dann links die D 18 Rtg. Dormans (7 km).

Die gut renovierten Türmchen dieses Schlosses, das in einem sehr großen Park mit Pferden, Rehen und Hirschen liegt, wirken recht anheimelnd. Ein sehr schöner Treppenaufgang führt zu den Zimmern, die groß und komfortabel sind. Ihre Einrichtung mit altem Mobiliar bzw. Stilmöbeln ist hübsch, und im sehr ansprechenden Speiseraum mit seinen fein gedeckten Tischen, an denen das empfehlenswerte Abendessen serviert wird, fühlt man sich ausgesprochen wohl. Bei schönem Wetter kann das Frühstück draußen eingenommen werden. Ein besonders gutes Haus.

255 - La Maison de Marie

11, rue de la Motte
52220 Droyes
(Haute-Marne)
Tel. (0)3 25 04 62 30
Sylvie Gravier

♦ Ganzj. geöffn. ♦ 1 Suite (2-5 Pers.) m. 2 Zi. m. Salon, Bad u. WC: 270 F (2 Pers.) + 100 F (zusätzl. Pers.) + 50 F (Kinder von 4-10 J.); 15 % Preisnachl. ab dem 4. Tag ♦ Frühst. inkl. ♦ Kein Speisenangebot - Rest. ab 400 m ♦ Salon ♦ Umgebung: Reiten, Mountainbikes, jegl. Wassersport am Der-See (Chantecoq), Tennis; regionaltypische Kirchen, Gestüt Montier-en-Der, Vorbeiziehen der Kraniche ♦ Man spricht Englisch u. Spanisch ♦ **Anreise** (Karte Nr. 11): 30 km südöstl. von Vitry-le-François über die D 396, in Frémicourt die D 13 Rtg. Der-See. In Giffaumont Rtg. Montier-en-Der, die D 74 bis Droyes, dann ausgeschildert.

Dieses Fachwerkhaus repräsentiert sehr schön die hiesige Architektur. Die angebotene große Suite wurde erst vor kurzem eingerichtet und ist ideal für Familien oder mehrere Personen. Mit ihren zahlreichen Fenstern, ihrem hellen Parkettboden, ihrer Bücherecke und ihren komfortablen Betten und hübschen Bettdecken lädt sie zu einem längeren Aufenthalt ein. Das hervorragende Frühstück wird entweder in einem angenehmen Raum serviert oder draußen neben dem Brotbackofen. Ungezwungene und sehr freundliche Betreuung. Eine im positiven Sinn ungewöhnliche Adresse.

CHAMPAGNE-ARDENNES

256 - Domaine de Boulancourt

Boulancourt
52220 Montier-en-Der
(Haute-Marne)
Tel. (0)3 25 04 60 18
M. und Mme Viel-Cazal

◆ Ganzj. geöffn. ◆ 5 Zi. m. Bad od. Dusche, WC: 185 F (1 Pers.), 220 F (2 Pers.) + 100 F (zusätzl. Pers.) ◆ Frühst.: 25 F ◆ Gemeins. od. individ. Abendessen auf Best.: 110 F (alles inkl.) ◆ Salon ◆ Münztel. ◆ Hunde nicht erlaubt ◆ Angeln vor Ort ◆ Umgebung: Tennis, Kirchen, angelegter See Chantecoq ◆ Man spricht Englisch u. ein wenig Deutsch ◆ **Anreise** (Karte Nr. 11): Autob. A 26, Ausf. Arcis-sur-Aube Rtg. Brienne-le-Château, dann Rtg. Nancy über die D 400. In Louze links auf die D 174 Rtg. Longeville-sur-Laines. Longeville durchqueren; 1 km hinter dem Ort an der 1. Kreuzung links.

Einst hieß dieses Herrenhaus *Ferme du désert*; es liegt vollkommen ruhig in einem angenehmen Garten mit Teich und Fluß. Die Innenausstattung ist besonders freundlich und farbenfroh, und die Zimmer sind ebenso hübsch wie komfortabel. Das ausgezeichnete Abendessen besteht oft aus Wildgerichten, die in der Küche zubereiteten Fische stammen aus dem eigenen Teich und die Wildschweine aus eigener Zucht. Natürliche, freundliche Atmosphäre.

CORSE

257 - A Tarrazza

192, Marina di Fiori
20137 Porto-Vecchio
(Corse)
Tel. (0)4 95 70 33 57
M. und Mme Mesana

♦ Ganzj. geöffn. ♦ 1 Suite (2-4 Pers.) m. Dusche, WC, TV: 300 F (2 Pers., Juni u. Sep.), 320 F (2 Pers., Juli u. Aug.), 250 F (2 Pers., vom 1. Okt. bis 30. Mai) + 120 F (zusätzl. Pers.) ♦ Frühst. inkl. ♦ Kein Speisenangebot - Rest. in der Umgebung u. Clubhouse in der Wohnanlage (im Sommer) ♦ Zimmerreinigung zweimal pro Woche ♦ Schwimmbad u. Tennis kostenlos (in der Wohnanlage) ♦ Umgebung: Strand (50 m), Tauchen, Yachthafen, 9- u. 18 Loch-Golfpl. (5 bzw. 25 km); archäologische Stätten, Aiguilles de Bavella, Bonifacio ♦ Man spricht Englisch, Spanisch u. Italienisch ♦ **Anreise** (Karte Nr. 36): 2 km nördl. von Porto-Vecchio. Die genaue Anfahrt sollten man sich telefonisch erklären lassen.

Hinter Korkeichen und Olivenbäumen verborgen liegt dieses Haus, das zu einer Wohnanlage gehört, weshalb ihm vier Tennisplätze, ein großes Schwimmbad und der Strand zur Verfügung stehen. Das elegante, schlichte und komfortable Gästezimmer (oder die Familiensuite) geht auf eine große Terrasse, auf der Sie im Schatten einer großen Bougainvillea das exzellente Frühstück genießen werden. Blumen, meridionale Düfte, ein warmherziger, freundlicher Empfang, kluge Empfehlungen im Hinblick auf den Tourismus... Ein hervorragendes kleines Haus zum Entdecken Korsikas.

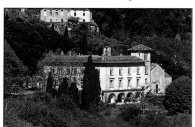

258 - Château Cagninacci

20200 San-Martino-di-Lota
(Corse)
Tel. 04 95 31 69 30
Familie Cagninacci

♦ Vom 1. Okt. bis 15. Mai geschl. ♦ 3 Zi. m. Bad, WC: 340-420 F (2 Pers., je nach Saison) + 80 F (zusätzl. Pers.) ♦ Frühst. inkl. ♦ Kein Speisenangebot - Rest. knapp 1 km entf. ♦ Zimmerreinigung alle 2 od. 3 Tage ♦ Salon ♦ Haustiere nicht erlaubt ♦ Umgebung: Tennis (8 km), Strand (8 km); Völkerkunde-Museum, Bastia ♦ Man spricht Englisch u. Italienisch ♦ **Anreise** (Karte 36): 8 km nordwestl. von Bastia. In Bastia die Straße zum Cap Corse nehmen, am Ortseingang von Pietra Néra die D 131 San Martino di Lota. Das Haus liegt 500 m vor dem Dorf.

Dieses ehemalige Kloster aus dem frühen 17. Jahrhundert im Stil der norditalienischen Patrizierhäuser zählt zu den schönsten Schlössern Korsikas. Nach und nach renoviert, hat das Interieur seinen ursprünglichen Charakter bewahrt: große helle Räume und ein monumentales Treppenhaus. Die angenehmen Gästezimmer sind schlicht mit alten Möbel eingerichtet und erhalten Licht durch wundervolle Kolonnadenfenster. Einwandfreie moderne Bäder. Das Frühstück ist sehr gepflegt und wird auf einer Terrasse serviert, die zunächst einen Blick auf die prachtvolle Natur und weiter aufs Meer und auf Elba bietet. Empfang ausgesprochen freundlich und persönlich.

FRANCHE-COMTÉ

259 - Le Crêt l'Agneau

25650 La Longeville
(Doubs)
Tel. (0)3 81 38 12 51
Yves und Liliane Jacquet-Pierroulet

♦ Im Apr. geschl. ♦ Für Wochenenden im Sommer u. Herbst od. ganzwöchig vom 15. Dez. bis Ende März ♦ 7 Zi. m. Bad od. Dusche, WC (davon 2 mit gemeins. WC): 500 F pro Tag, 2600-3100 F pro Pers. u. Wo. (Verpflegung, Führer u. Ski) ♦ Gemeins. Mittag-u. Abendessen ♦ Zimmerreinig. alle 2 Tage ♦ Hunde nicht erlaubt ♦ Wochenenden m. Progr. u. div. Aktivit.: Wandern (Wanderwege), Skilanglauf, Schlittschuhlaufen, Mountainbikes, Picknicken (Grillen) vor Ort ♦ Man spricht Englisch u. Spanisch ♦ **Anreise** (Karte Nr. 20): 15 km nordöstl. von Pontarlier (60 km südöstl. von Besançon über N 57) D 437 Rtg. Morteau. In Montbenoît Rtg. Gilley; in Les Auberges ausgeschildert.

Ein in wunderbarer Landschaft einsam gelegener Bauernhof aus dem 17. Jahrhundert. Hierher begibt man sich meist für längere Aufenthalte. Yves ist unser Führer beim Skilanglauf, und er sammelt auch Pilze mit seinen Gästen. Liliane herrscht in der Küche, bietet köstliche Gerichte an und verwendet viel Hausgemachtes wie Brot, Kuchen, Fleisch- und Wurstwaren, Konfitüren... Am großen Tisch herrscht stets eine sehr freundschaftliche Atmosphäre. Die Ausstattung ist gepflegt, und die mit hellem Holz verkleideten Zimmer sind komfortabel. Sport, Entspannung und Gastronomie.

260 - Chez les Colin

Maison d'Hôtes de La-Fresse
25650 Montbenoît
(Doubs)
Tel. (0)3 81 46 51 63
Jacques und Christiane Colin

♦ Vom 15. Apr. bis 1. Juli u. vom 15. Sep. bis 20. Dez. geschl. ♦ Mind. 6 Üb. ♦ Kinder nicht erwünscht ♦ Reservierung: Sonderkonditionen telefonisch erfragen ♦ 6 Zi. m. Dusche u. WC: 2150 F pro Woche im Sommer, 3100 F pro Woche im Winter (Preise pro Pers. u. Vollpension) ♦ Frühst. inkl. ♦ Gemeins. Mittag- und Abendessen ♦ Salon ♦ Münztel. ♦ Hunde nicht erlaubt ♦ im Sommer Aquarellkurse, im Winter Langlaufski (wöchentl.) ♦ Umgebung: Langlaufski ♦ Man spricht Deutsch ♦ **Anreise** (Karte Nr. 20): 10 km östl. von Pontarlier über die D 47.

Dieses ehemalige, auf einer Anhöhe des Jura errichtete Zöllnerhaus verfügt über einige mit hübschen Nippsachen verschönte Zimmer, die mit regionalen Möbeln aus hellem Holz eingerichtet sind und angenehm dicke Bettdecken haben. Jedes Gästezimmer besitzt eine geschickt in die Ausstattung integrierte Toilette; die restlichen sanitären Einrichtungen (sehr gepflegt) liegen auf dem Flur. Zu den Colins zieht es einen in erster Linie wegen des von Jacques organisierten Skilanglaufs, aber auch, um in den Genuß der bemerkenswerten Küche seiner Gattin Christine zu kommen. Ein besonders gastfreundliches Haus.

FRANCHE-COMTÉ

261 - Rue du Puits

3, rue du Puits
39100 Gévry
(Jura)
Tel. (0)3 84 71 05 93
Fax (0)3 84 71 08 08
M. und Mme Picard

♦ Ganzj. geöffn. ♦ 5 Zi. m. Bad od. Dusche, WC: 170 F (1 Pers.), 220 F (2 Pers.), 270 F (3 Pers.)
♦ Frühst. inkl. ♦ Gemeins. Abendessen: 100 F (Wein inkl.) ♦ Salon ♦ Umgebung: Tennis, Reiten, Golf; Weinberge des Jura u. des Burgund, Wald von Chaux ♦ Man spricht Englisch u. Deutsch
♦ **Anreise** (Karte Nr. 19): 8 km südl. von Dole über die N 73 Rtg. Chalon-Beaune, dann links Rtg. Genf oder Autob. A 39, Ausf. Dole/Choisey, dann 1,5 km Rtg. Genf. 1. Ortschaft rechts.

Dieses große Haus, ehemals ein Dorfgehöft, vermochte seine alten Balken zu bewahren. Es bietet einen angenehm hellen Aufenthaltsraum und frisch renovierte, nett eingerichtete und mit hübschen Stoffen belebte Zimmer. Bei schönem Wetter wird im Garten hinter dem Haus aufgetischt: exzellente, großzügig servierte Gerichte, die dank M. Picards Witz und guter Laune noch besser schmecken! Hervorragendes Frühstück.

262 - Ferme-Auberge de la Bergerie

Crenans
39260 Moirans-en-Montagne
(Jura)
Tel. (0)3 84 42 00 50
Fax (0)3 84 42 08 60
M. und Mme Baron

♦ Ende Sep. geschl. ♦ Ausschließl. HP u. VP ♦ 4 Zi. m. Dusche, WC ♦ HP: 225 F pro Pers. im DZ; VP: 285 F pro Pers. im DZ + 50 F f. nur 1 Pers. ♦ Bauerngasthof vor Ort (individ. Tische), Menüs: 70-170 F ♦ Salon ♦ Hunde auf Anfr. erlaubt ♦ Reitcenter vor Ort - Org. von Ausflügen nach Themen
♦ Umgebung: Tennis, See; galloroman. Sehenswürdigk., Schloß Pin ♦ Man spricht Englisch u. Spanisch ♦ **Anreise** (Karte Nr. 19): 38 km südöstl. von Lons-le-Saunier über die N 78 u. die D 470 Rtg. Saint-Claude u. Genf über Moirans; 3 km vor Moirans links auf die D 296 Rtg. Crenans; im Ort.

Hinter einer schönen, aber etwas strengen Steinfassade verbirgt sich ein sehr einladendes Haus. Hier gibt es Werke von begabten Bildhauern zu entdecken, regionales Mobiliar aus hellem Holz, Wände aus Stein und Balken, und nicht zuletzt eine besonders aufrichtige Gastfreundschaft. Die Zimmer sind angenehm heiter und die Küche ist ebenso gesund wie wohlschmeckend. Ein idealer, abgelegener Ort für alle, die gerne wandern.

FRANCHE-COMTÉ

263 - Château Gréa

39190 Rotalier
(Jura)
Tel. (0)3 84 25 05 07
Fax (0)3 84 24 15 24
Bénédicte und Pierre de Boissieu

◆ Ganzj. geöffn. ◆ 1 Zi. (2 Pers.) u. 1 Suite (4 Pers.) m. Bad, WC: 370 F (2 Pers.) + 100 F (zusätzl. Pers.) ◆ Frühst. inkl. ◆ - 5% (8 Üb.), - 10% (15 Üb.) ◆ Leichtes Essen bei der Ankunft (auf Best.): 60 F (Wein inkl.), Küche steht z. Verf. od. Rest. ab 3 km ◆ Zimmerreinigung auf Wunsch, frische Wäsche alle 2 Tage ◆ Salon ◆ Tel.: Teleservice ◆ Wandern, Fahrräder vor Ort ◆ Umgebung: Tennis (3 km), angelegte Seen, 18-Loch-Golfpl. (9 km); Beaune-les-Messieurs, Weinstraße, Schloß Arlay (Raubvögel) ◆ Man spricht Englisch u. Spanisch ◆ **Anreise** (Karte Nr. 19): 12 km südl. von Lons-le-Saulnier, N 83 Rtg. Bourg-en-Bresse u. Lyon (10 km). An der Eisenbahnbrücke von Paisia links Rtg. Rotalier, kurz vor dem Ort links.

An der Weinstraße gelegen, lehnt sich das heiter wirkende *Schloß Gréa* an einige mit Weinreben und Bäumen bepflanzte Hügel an und überragt die Ebene. Die hübsch renovierten Zimmer sind einladend, raffiniert und komfortabel, und ihr Parkettboden glänzt ebenso wie die Badezimmer. Wertvolles altes Mobiliar in allen Räumen. Wunderbarer Salon und Speisesaal für das üppige Frühstück, das bei schönem Wetter auch draußen serviert wird. Äußerst freundlicher Empfang. Eine exzellente Adresse. Kinder sind gern gesehen.

ÎLE-DE-FRANCE

264 - La Ferme de Vosves

Vosves
77190 Dammarie-les-Lys
(Seine-et-Marne)
Tel. (0)1 64 39 22 28
und (0)1 64 39 02 26
Mme Lemarchand

◆ Ganzj. geöffn. ◆ 2 Zi. m. Bad od. Dusche, WC u. 1 Nebenzi.: 200 F (1 Pers.), 250 F (2 Pers.) + 220 F (zusätzl. Zi.) ◆ Frühst. inkl. ◆ Kein Speisenangebot - Rest.: *L'Ile aux truites* in Vulaine ◆ Hunde auf Anfr. erlaubt ◆ Umgebung: Schösser Vaux-le-Vicomte u. Courances; Treidelweg der Seine u. Schleusen, Wald von Fontainebleau, Barbizon ◆ Man spricht Englisch u. Italienisch ◆ **Anreise** (Karte Nr. 9): 15 km nordwestl. von Fontainebleau (A 6, Ausf. Nr. 12); N 7 Rtg. Fontainebleau. Hinter Ponthierry links auf die N 472 (3 km); dann rechts Rtg. Vosves.

Dieser Bauernhof liegt am Rand des kleinen Ortes Vosves. Mme Lemarchand wird Sie sehr freundlich betreuen. Als Kunstmalerin verstand sie es, ihr Haus recht geschmackvoll herzurichten. Für Familien eignet sich besonders die kleine Suite, die sehr angenehm im elegant-ländlichen Stil eingerichtet ist. Ansonsten empfehlen wird das "Atelier", das durch seine hohen Balken und großen Dachfenster besonders anheimelnd wirkt. Ausgezeichnetes Frühstück.

265 - Bellevue

77610 Neufmoutiers-
en-Brie
(Seine-et-Marne)
Tel. (0)1 64 07 11 05
Fax (0)1 64 07 19 27
Isabelle und Patrick Galpin

◆ Ganzj. geöffn. ◆ 5 Zi. m. Dusche, WC u. TV: 210 F (1 Pers.), 240 F (2 Pers.) + 90 F (zusätzl. Pers.) ◆ Frühst. inkl. ◆ Gemeins. Abendessen auf Best.: 95 F (ohne Wein), 60 F (Kinder) ◆ Salon ◆ Tel. (mit Zähler) ◆ Hunde auf Anfr. erlaubt ◆ Teich, Fahrradverleih, Tischtennis, Kinderspielecke ◆ Umgebung: Tennispl. (im Dorf, reservieren), Schwimmbad (10 km), Reiten (7 km), Wanderwege, mehrere Golfpl. in der Umgebung; Schloß Ferrières, Vaux-le-Vicomte, Eurodisney (10 km), Provins (befestige Stadt aus dem Mittelalter), Kirchenkonzerte ◆ Man spricht Englisch ◆ **Anreise** (Karte Nr. 9): 40 km östl. von Paris. Autob. A 4 Rtg. Metz, Ausf. Nr. 13, bis Villeneuve-Lecomte, dann Rtg. Neufmoutiers-en-Brie. Ab der Kirche ausgeschildert.

Von *Bellevue*, das am Rand des Dorfes liegt, blickt man über riesige Felder. Das ist aber nicht die einzige angenehme Überraschung, die dieses Haus mit fünf komfortablen und geschmackvoll eingerichteten Mezzanin-Gästezimmern bereithält. Eine besonders gute Adresse für Familien, aber auch alle anderen.

ÎLE-DE-FRANCE

266 - Le Manoir des Freyculs

Le Manoir des uns et des hôtes
77930 Perthes-en-Gâtinais
(Seine-et-Marne)
Tel. und Fax (0)1 60 66 03 31
Mme Michele del Rio

♦ Ganzj. geöffn. ♦ 5 Zi. m. Bad, WC u. TV: 510 F (2 Pers.) ♦ Frühst. inkl. ♦ Gemeins. Mittag- u. Abendessen auf Best.: 200 F (Wein inkl.) ♦ Hunde auf Anfr. erlaubt ♦ Schwimmbad, Flußangeln, Reiten (auf Anfr., Preiszuschlag), Sauna, Tischtennis, Flipper, Billard vor Ort ♦ Umgebung: 18-Loch-Golfpl. (2 km); Wald von Fontainebleau, Barbizon, Antiquitätenmarkt an jedem 1. So. des Monats ♦ Man spricht Englisch u. Spanisch ♦ **Anreise** (Karte Nr. 9): 18 km südl. von Evry. 45 km von Paris über die A 6 Rtg. Fontainebleau, Ausf. Cély, links, die Autobahnbrücke überqueren, 1. Straße links, dann der Ausschilderung *Freyculs* (ca. 2 km) folgen.

Das *Manoir des Freyculs* ist ein ehemaliges Stiftsherren-Haus, und ein Teil des Gartens bezeugt dies noch heute. Die fünf schönen, erst kürzlich sehr sorgfältig renovierten Zimmer verfügen über Kamine und ultramoderne Bäder. Um das Haus herum gibt es reichlich Platz. Nur schade, daß bei Westwind die 600 Meter entfernte Autobahn nicht ganz lautlos ist. Der Empfang ist sehr dynamisch. Im Wald von Fontainebleau und in der Umgebung kann man wunderbare Wanderungen unternehmen.

267 - Mont au Vent

2, route de Maule-Herbeville
78580 Maule
(Yvelines)
Tel. (0)1 30 90 65 22
Fax (0)1 34 75 62 54
Mme Turmel

♦ Zw. Weihn. u. Neuj. geschl. ♦ 5 Zi. (davon 1 m. Tel. u. TV) u. 1 Suite m. Bad, WC: 350-450 F (2 Pers.), Suite: 700 F (4 Pers.) ♦ Frühst. inkl. ♦ Individ. Abendessen auf Best.: 120 F (ohne Wein) ♦ Salon ♦ Tennis, Schwimmbad, Teich, Wald, Whirl-pool vor Ort ♦ Umgebung: Versailles, Saint-Germain-en-Laye, Monet-Haus in Giverny, Thoiry; Golfpl. in Saint-Nom-la-Bretèche ♦ **Anreise** (Karte Nr. 9): 7 km östl. von Orgeval. Autobahnausf. Poissy, dann Rtg. Orgeval. Dort links Rtg. Maule (N 13). Hinter dem Dorf Les-Alluets-le Roi 1. Straße links Rtg. Herbeville; das Haus liegt am Ortseingang.

Trotz der Nähe zu Paris liegt dieses Ile-de-France-Haus mit seinem Park in einer unverdorbenen Landschaft. Die Zimmer sind komfortabel: Teppichböden, schöne Dekostoffe in Herbstfarben, schlichte, lackierte Möbel, prächtige Badezimmer. Im Sommer wird das Frühstück auf der Terrasse mit Blick auf die Landschaft serviert, im Winter im schönen Speisesaal. Wunderbarer Salon mit Täfelung aus heller Eiche (18. Jahrhundert). Sehr freundlicher Empfang.

ÎLE-DE-FRANCE

268 - Château de Villepreux

78450 Villepreux
(Yvelines)
Tel. (0)1 30 80 50 00
und (0)1 30 81 78 00
Fax (0)1 30 56 12 12
Comtesse de Saint-Seine

♦ Ganzj. geöffn. (auf Anfr.) ♦ 3 DZ m. Bad, WC ,Tel. u. 7 Zi. m. Bad, WC, Tel.: 900-1200 F (2 Pers.)
♦ Frühst. inkl. ♦ Kein Speisenangebot - Rest. ab 500 m ♦ Hunde auf Anfr. erlaubt ♦ Tennis u. Park vor Ort ♦ Umgebung: Golf (wochentags); Versailles (10 km), Dampierre, Rambouillet, Fontainebleau, Thoiry (15 km) ♦ **Anreise** (Karte Nr. 9): 20 km westl. von Paris über die A 12, Ausf. Versailles-Ouest, dann die N 307 Rtg. Bailly u. Villepreux.

Das *Château de Villepreux* mit seiner wunderbaren Fassade aus dem 18. Jahrhunderts liegt in einem 20 Hektar großen Park in der Nähe von Paris. Hier werden Sie einzigartige Räume entdecken und freundlich-distinguiert empfangen. Die Innenräume sind im reinem Empire-Stil prächtig ausgestattet. In den ähnlich eingerichteten Gästezimmern konnten die originalen Tapeten größtenteils bewahrt werden; die Badezimmer wurden vor kurzem vollkommenn renoviert. Eine Adresse für geschichtsinteressierte Puristen.

LANGUEDOC-ROUSSILLON

269 - La Ferme de la Sauzette

Route de Villefloure-Cazilhac
11570 Palaja
(Aude)
Tel. (0)4 68 79 81 32
Fax (0)4 68 79 65 99
Chris Gibson und Diana Warren

♦ 2 Wochen im März u. 2 Wochen im Nov. geschl. ♦ 5 Zi. m. Bad od. Dusche, WC: 275-315 F (1 Pers.), 310-355 F (2 Pers.) + 100 F (zusätzl. Pers.) ♦ Frühst. inkl. ♦ Gemeins. Abendessen auf Best.: 115 F (alles inkl.) ♦ HP: 560 F pro Tag (2 Pers.) ♦ Salon ♦ Tel. ♦ Hunde nicht erlaubt ♦ Mountainbikes (Preiszuschl.) vor Ort ♦ Umgebung: Schwimmbad (11 km), Tennis (2 km), See (7 km), Kajak (15 km), 9-Loch-Golfpl.; Carcassone (5 km), Falknerei, Katharer-Schlösser, Abtei Fontfroide, mittelalterliche Dörfer, Weinkeller ♦ Man spricht Englisch u. Deutsch ♦ **Anreise** (Karte Nr. 31): 5 km von Carcassonne; ab der unteren Stadt Carcassonne Rtg. Palaja, Cazilhac (ca. 2 km). Ab Cazilhac ausgeschildert (ca. 2 km hinter dem Dorf).

Es ist kaum zu glauben: von diesem ehemaligen Bauernhaus mit angenehmer Brise dank seiner Lage auf einer Anhöhe sind es nur fünf Kilometer bis zur vielbesuchten Stadt Carcassonne. Umgeben ist *La Ferme de la Sauzette* von Weinbergen und Ländereien und verfügt über fünf schlichte, aber komfortable Dachzimmer. Auf ihren zahlreichen Reisen haben Diana Warren und Chris Gibson selbst erfahren, wie wichtig ein liebenswürdiger Empfang ist. Deshalb ist ihr Haus auch besonders gastfreundlich. Ein wirklich guter Tip.

270 - Domaine de la Sérénité

Place de la Mairie
30430 Barjac
(Gard)
Tel. und Fax (0)4 66 24 54 63
Michèle Deville

♦ Von Nov. bis 15. März geschl. ♦ 2 Suiten (2 Pers.) u. 1 Familiensuite (4 Pers.) m. Bad, Dusche, WC: 475 F (2 Pers.) u. 395 F (außerhalb der Saison) + 80 bzw. 100 F (1 zusätzl. Pers., je nach Suite) + 150 bzw. 180 F (2 zusätzl. Pers., je nach Suite) ♦ Frühst. inkl. ♦ Kein Speisenangebot - Rest. *Le Scapin* in Barjac ♦ Salon ♦ Haustiere auf Anfr. erlaubt ♦ Umgebung: Tennis (kostenlos für Hausgäste), Reiten, Speläologie, Kanu, Flüsse, Schwimmbad, 6 Loch-Naturgolfpl. (7 km) ♦ **Anreise** (Karte Nr. 32): 40 km von Bollène. Autob. A 7, Ausf. Bollène, Rtg. Pont-Saint-Esprit, dann Barjac. Im Dorf.

Von diesem opulenten, an den Kirchplatz angelehnten Haus aus dem 18. Jahrhundert genießt man ein prachtvolles Panorama, bei dem sich die ersten Reliefs der Cevennen abzeichnen. Mme Deville ist Antiquitätenhändlerin und hat es verstanden, die Seele dieses Hauses zu bewahren, ihm aber auch viel Komfort zu verleihen. Die Gästezimmer und die Suite rivalisieren an Charme und Schönheit untereinander (alte Möbel und Objekte, glänzende Stoffe aus einer anderen Zeit, prachtvolle Bäder...). Der Ausblick ist phantastisch, der Garten grün und zum Teil von einer antiken Mauer und gewölbten Kasematten umgeben. Sehr angenehmer Empfang.

LANGUEDOC-ROUSSILLON

271 - Mas de la ville

Rue Basse
30430 Barjac
(Gard)
Tel. (0)4 66 24 59 63
Fax (0)4 66 24 59 63
Mme Claudy Ciaramella

♦ Ganzj. geöffn. (im Winter nur auf Reserv.) ♦ 3 Zi. m. Bad od. Dusche, WC: 250 F (1-2 Pers.), 350 F (3 Pers.) ♦ Frühst.: 25 F ♦ Kein Speisenangebot - Rest. L'Esplanade (im Dorf) u. Auberge Ribes Hautes (3 km) ♦ Salon ♦ Hunde auf Anfr. erlaubt ♦ Eig. Schwimmbad ♦ Umgebung: Naturgolfpl., Reiten, Wanderwege, Höhlenbesichtig., Kanu; Uzès, Nîmes, Avignon, Orange, kleine Dörfer u. Rundfahrten "Romanische Kunst" ♦ Man spricht Englisch u. Deutsch ♦ **Anreise** (Karte Nr. 33): 40 km von Bollène entf. Autob. A 7, Ausf. Bollène, dann Rtg. Pont-Saint-Esprit u. Barjac.

Hinter seiner strengen Fassade überrascht dieses im Dorf gelegene Haus mit seinem großen Blumengarten und dem Schwimmbad. Die Gartenseite mit kleinen Treppen, zahlreichen Balkons und verborgenen Winkeln aller Art ist charmant. Die Zimmer sind angenehm. Wir fanden das mit Balkon und direktem Zugang zum Garten am schönsten. Die beiden anderen gehen zur sehr ruhigen Rue Basse, und das im Obergeschoß gelegene hat das größte Badezimmer. Sympathische Betreuung.

272 - Mas Escombelle

La Villette
30430 Barjac
(Gard)
Tel. und Fax (0)4 66 24 54 77
Isabelle und Antoine Agapitos

♦ Ganzj. geöffn. ♦ 3 Zi. m. Dusche u. WC: 250 F (1 Pers.), 270 F (2 Pers.) + 50 F (zusätzl. Pers.) ♦ Frühst. inkl. ♦ Gemeins. Abendessen im Sommer: 80 F (Wein inkl.) - Rest. L'Esplanade in Barjac ♦ Salon ♦ Schwimmbad u. Tennis vor Ort ♦ Umgebung: Reiten, Kanu (Cèze- u. Ardèche-Schluchten), 6-Loch-Naturgolfpl.; Chanson-Festival in Barjac (Juli), Trödelmarkt in Barjac (Ostern u. Aug.), Museum Alphonse Daudet ♦ Man spricht Englisch ♦ **Anreise** (Karte Nr. 32): 40 km von Bollène. Autob. A 7, Ausf. Bollène, Rtg. Pont-Saint-Esprit, dann Barjac. In Barjac Rtg. Gendarmerie (Route de Vallon, Pont d'Arc), das Haus liegt 300 m weiter.

Sie werden, wie wir, begeistert sein von dem besonders liebenswürdigen Empfang und der guten Laune Isabelles und Antoines und ihrer kleinen Kinder. Ihr Landhaus (*mas*) mit seinem schattigen Hof mit Steinarkaden und den zum Blumengarten und Schwimmbad führenden Treppen ist voller Charme. Die komfortablen, mit viel Sorgfalt hergerichteten Gästezimmer heißen *Campagne*, *Bateau* und *Contemporaine* (letztes ist mit seinem Steingewölbe im Sommer besonders kühl). Ansprechendes Abendessen und besonders günstige Preise.

LANGUEDOC-ROUSSILLON

273 - La Maison des Rêves

Le Village
30260 Bragassargues
(Gard)
Tel. (0)4 66 77 13 45
M. Chapman und
Mme Gilham-Chapman

♦ Vom 15. Nov. bis 1. Apr. geschl. ♦ Nichtraucher ♦ 2 Zi. m. Bad od. Dusche: 250 F (1 od. 2 Pers.) ♦ Frühst.: 50 F ♦ Gemeins. Abendessen: 100 F (Wein inkl.) - Rest.: 4 bzw. 7 km ♦ Salon ♦ Tel.: Kabine dem Haus gegenüber ♦ Hunde nicht erlaubt ♦ Umgebung: Angeln (2 km), Reiten, 18-Loch-Golfpl. (23 km) ♦ Man spricht Englisch ♦ **Anreise** (Karte Nr. 32): 23 km nordöstl. von Bragassargues. D 999 Rtg. Quissac.

Dies ist der verwirklichte Traum eines englischen Malers und seiner Frau, einer Kostümbildnerin, die sich in dieser Gegend niederließen, weil sie deren Farben und Natur so lieben. Mitten im Dorf werden Sie neben einem kleinen Platz das Haus an seinem Balkon und seiner Veranda mit einer blumenüberwucherten Terrasse gleich erkennen. Es gibt zwei Gästezimmer: das erste liegt im Erdgeschoß und ist ganz in Pastellfarben gehalten, das zweite im ersten Obergeschoß ist hübsch eingerichtet und hat einen eigenen Eingang. Der Empfang in diesem Haus, in dem oft englisch gesprochen wird, ist natürlich und sehr freundlich.

274 - Chez Mme Burckel de Tell

48, Grand'Rue
30420 Calvisson
(Gard)
Tel. (0)4 66 01 23 91
Fax (0)4 66 01 42 19
Régis und Corinne Burckel de Tell

♦ Ganzj. geöffn. ♦ Juli u. Aug. mind. 7 Üb. ♦ 1 DZ., 1 EZ. und 1 Suite (3 Pers.): 230 F (1 Pers.), 280 F (2 Pers.); Suite 330 F (3 Pers.) + 50 F (zusätzl. Pers.) ♦ Frühst. inkl. ♦ Gemeins. Essen: 75 F (Wein inkl.) ♦ Salon ♦ Hunde auf Anfr. erlaubt ♦ Zeichen-, Mal- und Pastellkurse (im Haus, von Apr. bis Okt.) ♦ Umgebung: Meer (30 km), Golf von Nîmes (15 km); Arles (Fotos), Nîmes, Avignon, Aigues-Mortes ♦ Man spricht Englisch, Spanisch, Italienisch u. ein wenig Deutsch ♦ **Anreise** (Karte Nr. 32): 15 km südwestl. von Nîmes. Autob. A 9, Ausf. Nîmes-Ouest, dann D 40 Rtg. Sommières. Im Dorf neben dem Rathaus (*mairie*).

Dieses Haus aus dem 15. Jahrhundert, das mit viel Geduld und Talent von den Besitzern restauriert wurde, liegt mitten in dem alten Dorf Calvisson und verfügt über drei gepflegt eingerichtete Zimmer. Der Empfang ist sehr aufmerksam, und je nach Vorliebe und Laune können Sie auf der Terrasse mit Blick auf die Dächer lesen, im Patio voller Blumen ein wenig plaudern oder sich im Salon mit Kamin ausruhen. Das Frühstück und die anderen Mahlzeiten werden gemeinsam im Patio oder an einem riesigen Tisch in der Küche eingenommen. Für diejenigen, die gastfreundliche Häuser besonders schätzen.

LANGUEDOC-ROUSSILLON

275 - La Cure de Flaux

Impasse du Couvent
30700 Flaux
(Gard)
Tel. und Fax (0)4 66 22 60 84
Mme Fresnais und M. Guillot

♦ Ganzj. geöffn. ♦ 3 Zi. m. Bad u. WC (TV auf Anfr.): 300 F (1 Pers.), 350 F (2 Pers.) + 50 F (zusätzl. Pers.) ♦ Frühst. inkl. ♦ Gemeins. Mittag- u. Abendessen an indiv. Tischen: 150 F (Wein inkl.) ♦ Salon ♦ Tel. u. Fax ♦ Haustiere nicht erlaubt ♦ Umgebung: Montgolfiere, Kanu/Kajak, Reiten, Tennis, 9-Loch-Golfpl. ♦ Man spricht Englisch u. Spanisch ♦ **Anreise** (Karte Nr. 33): 7 km östl. von Uzès. Autob. A 9, Ausf. Remoulins (Nr. 23) über D 981 Rtg. Uzès. In Uzès Rtg. Bagnols-sur-Cèze. Ab Flaux ausgeschildert.

Diese ehemalige Dorfpfarrei, die aus dem 17. Jahrhundert stammt, hat mit ihrem kleinen geschlossenen, mit Kolonnaden und einer Pergola geschmückten Blumengarten etwas Italienisches. Außer der Kirchenuhr, die die Stunden schlägt, wird Ihr Aufenthalt hier durch nichts gestört. Mittags und abends deckt Elisabeth den Tisch entweder im hübschen Speiseraum oder draußen im Schutz des Windes, und Jean-Claude erfindet "großzügige und farbige" Gerichte für seine Gäste, und deshalb kommen auch hin und wieder Stammgäste nur zum Essen. Die Ausstattung der Gästezimmer (angenehm und komfortabel) zeugen von den neuen Deko-Tendenzen in der Provence. Eine Adresse für in die Region Verliebte.

276 - Le Mas Parasol

Rue Damon
30190 Garrigues
(Gard)
Tel. (0)4 66 81 90 47
Geoffroy Vieljeux

♦ Von Ostern bis 1. Nov. geöffn., im Winter auf Anfr. ♦ 6 Zi. m. Bad od. Dusche, WC, Tel.: 400-700 F (2 Pers.); Suite (2 Zi., 1 Salon): 1400 F (4 Pers.) ♦ Frühst. inkl. ♦ Gemeins. Essen am individ. Tisch zweimal wöchentl.: 120 F (mit Wein) - Rest.: *Le Jardin d'été* in Brignon (5 km) und in Uzès ♦ Visa, Eurocard, MasterCard ♦ Salon ♦ Haustiere nicht erlaubt ♦ Schwimmbad vor Ort ♦ Umgebung: Kajak, Tennis, 9-Loch-Golfpl.; Uzès, Nîmes, Pont du Gard ♦ Man spricht Englisch, Deutsch ♦ **Anreise** (Karte Nr. 32): 8 km westl. von Uzès über die Route d'Anduze (D 982). Am Ortseingang von Garrigues rechts die Avenue du Pigeonnier, dann ausgeschildert.

Am Ende des Dorfes und mit Blick aufs Land zeigt dieses alte *mas* auf elegante Art seine Terrassen, Treppen und Loggien. Über die besonders geschmackvoll und sorgfältig ausgestatteten, komfortablen Gästezimmer kann man nur sagen, daß das eine noch schöner als das andere ist (getupfte Wände, ausgewählte Stoffe, besonderes Mobiliar, Gemälde oder Radierungen). Das Brunch-Frühstück wird entweder auf der großen Terrasse im Garten serviert oder in einem besonders behaglichen Raum mit Arkadenfenstern. Blick aufs Grüne mit Schwimmbad. Ungezwungener, sehr sympathischer Empfang.

LANGUEDOC-ROUSSILLON

277 - Mas des Garrigues

La Leque
30580 Lussan
(Gard)
Tel. (0)4 66 72 91 18
Fax (0)4 66 72 97 91
Virginie und Jacques Roumanille

♦ Von März bis Ende Okt. geöffn. ♦ Im Sommer mind. 7 Üb. ♦ 4 Zi. m. Dusche u. WC: 240-270 F (1 Pers.), 270-300 F (2 Pers.), 350-380 F (3 Pers.); Preise saisonbedingt ♦ Frühst. inkl. ♦ Gemeins. Essen auf Best.: 95 F (Wein u. Kaffee inkl.) ♦ Salon, fr. Billard ♦ Hunde auf Anfr. erlaubt ♦ Schwimmbad, Tennis (50 F pro Std.), Reiten (80 F pro Std.) vor Ort ♦ Umgebung: Baden u. Angeln (Fluß) u. Kanu/Kajak (15 km), 9-Loch-Golfpl. (20 km); Cocalière-Grotten, die Cevennen, Pont du Gard ♦ Man spricht Deutsch ♦ Anreise (Karte Nr. 32): 30 km westl. von Bagnols-sur-Cèze Rtg. Alès (25 km). Rechts Rtg. Barjac bis La Leque (7 km). Am Ortseingang.

Am Fuß eines kleinen hundertjährigen Ortes gelegen, hat dieses schöne Privathaus es verstanden, den Charme früherer Zeiten zu bewahren. Virginie und Jacques Roumanille bieten ihren Gästen an, die Annehmlichkeiten ihres Hauses mit ihnen zu teilen; die Gästezimmer sind mit schönen alten Möbeln eingerichtet. Dem großen Salon mit Kamin und Billard, dem reizenden Speiseraum fürs Abendessen und der Terrasse, auf der gefrühstückt wird, werden Sie bestimmt nicht widerstehen können. Besonders natürlicher und heiterer Empfang.

278 - Mas de Casty

Boisson
Allègre
30500 Saint-Ambroix
(Gard)
Tel. (0)4 66 24 82 33
M. und Mme Mesnage

♦ Ganzj. geöffn. ♦ Mind. 2 Üb. ♦ 6 Zi. m. Dusche, WC: 220-650 F; 1 Studio (Kochnische) m. Dusche, WC: 300-350 F (2 Pers.); 1 App. (2-3 Pers.) m. Bad, WC, Zi. u. Salon: 420-500 F (je nach Saison) ♦ Frühst.: 30 F ♦ Eines der beiden Häuser wird wöchentl. vermietet (6 Pers.) ♦ Kein Speiseangebot - Rest. in Allègre ♦ Salon ♦ Hunde auf Anfr. erlaubt (+ 20 F) ♦ Eig. Schwimmbad ♦ Umgebung: Golf, Kanu/Kajak; Pont-du-Gard ♦ Man spricht Englisch ♦ **Anreise** (Karte Nr. 32): 48 km nordwestl. von Pont-du-Gard über die D 981 Rtg. Uzès, dann die D 979 über Lussan u. die D 37. In Pont-d'Auzon rechts die D 16 Rtg. Barjac (2 km).

Seit 20 Jahren haben Michèle und Alain Mesnage Freude daran, ihr kleines Paradies, das inmitten der Natur liegt, persönlich zu restaurieren. Die in zwei verschiedenen Häusern untergebrachten komfortablen und behaglichen Zimmer verfügen über einige alte Möbelstücke. Das Frühstück wird entweder auf einer der beiden Terrassen oder im offenen Speiseraum serviert, der von Blumen umgeben ist. Der hübsche, gepflegte Garten und das angenehme Schwimmbad sind weitere Pluspunkte. Ausgesprochen freundliche Betreuung.

LANGUEDOC-ROUSSILLON

279 - Mas du Platane

Place du Platane
Collorgues
30190 Saint-Chaptes
(Gard)
Tel. (0)4 66 81 29 04
Claude und Claudine Vieillot

◆ Vom 15. Juni bis 15. Sep. geöffn. ◆ Mind. 3 Üb. ◆ 2 Zi. m. Dusche, WC: 320 F (2 Pers.)
◆ Zimmerreinigung zu Lasten der Gäste ◆ Frühst. inkl. ◆ Kein Speiseangebot - Rest.: *Jardin d'été* in Brignon (6 km) ◆ Hunde nicht erlaubt ◆ Eig. Schwimmbad ◆ Umgebung: 18-Loch-Golfpl, Tennis, Meer (60 km); Park der Cevennen, Nîmes, die Camargue, Anduze ◆ Man spricht (etwas) Englisch
◆ **Anreise** (Karte Nr. 32): 11 km westl. von Uzès über die D 982 Rtg. Moussac. Hinter Garrigues rechts die D 114. Im Ort hinter dem Schloß.

Dieses unweit vom Zentrum gelegene und in einem entzückenden Garten mit provenzalischen Düften verborgene hübsche Landhaus bietet zwei Gästezimmer, die sehr freundlich ausgestattet sind und über angenehme Bäder verfügen. Die hübschen Stoffe und alten Gegenstände sind gut auf die Bruchsteinmauern abgestimmt. Alles liegt zu ebener Erde direkt neben dem Schwimmbad. Ausgezeichnetes Frühstück und sehr freundlicher Empfang.

280 - Indeo

Hameau de Vacquières
30580 Saint-Just-et-Vacquières
(Gard)
Tel. (0)4 66 83 70 75
Fax (0)4 66 83 74 15
Mme Nicole Henderson

◆ Ganzj. geöffn. ◆ Kinder unter 15 J. nicht erwünscht ◆ Nichtraucher-Haus ◆ 5 Zi. m. Dusche u. WC: 450 F (2 Pers.) ◆ Frühst.: 40 F ◆ Gemeins. Essen auf Best.: 200 F (Wein inkl.) ◆ Salon ◆ Münztel. ◆ Schwimmbad, Mountainbike-Verleih vor Ort ◆ Umgebung: Klettern, Wandern, 9-Loch-Golfpl. (15 km); Uzès, Avignon, Orange, Cevennen ◆ Man spricht Englisch, Deutsch, Spanisch u. Italienisch
◆ **Anreise** (Karte Nr. 32): 15 km nordwestl. von Uzès Rtg. Alès. Hinter Suzet rechts D 7 Rtg. Saint-Just-et-Vacquières (4 km), rechts Rtg. Vacquières, hinter der Auberge Saint-Just die 1. Straße rechts: das Haus mit den gelben Fensterläden.

Das *Indeo* liegt einsam und ganz im Grünen; es umfaßt zwei gepflegte Häuser, die sehr geschmackvoll renoviert wurden. Sie haben die Wahl zwischen Zimmern mit kräftigen Farben im Haus der Gastgeber oder dem Maisonnette-Zimmer mit Terrasse. Der Garten bietet viele kleine Ecken zum Entspannen. Das gemeinsame Abendessen wird im wunderschönen Speiseraum des Hauses der Eigentümer auf der anderen Straßenseite eingenommen. Wer die Ruhe über alles liebt, wird sich hier sehr wohl fühlen. Der Empfang ist freundlich und dynamisch.

LANGUEDOC-ROUSSILLON

281 - Mas de la Fauguière

30610 Saint-Nazaire-
des-Gardies
(Gard)
Tel. (0)4 66 77 38 67
Fax (0)4 66 77 11 64
Mme Edna Price

♦ Ganzj. geöffn. ♦ Nichtraucher-Haus ♦ 2 Zi. m. Bad od. Dusche, WC u. 2 Zi. m. eig. Dusche u. gemeins. WC: 275-350 F (1 Pers.), 325-425 F (2 Pers.) + 100 F (zusätzl. Pers.) ♦ Frühst. inkl. ♦ Kein Speisenangebot - Rest. 8,5 u. 11 km entf. ♦ Tel. ♦ Hunde nicht erlaubt ♦ Schwimmbad, Reiten vor Ort ♦ Umgebung: Tennis, Angeln, Mountainbikes, 18-Loch-Golfpl. (40 km); prähistorische Grotten, Seide, mittelalterliche Dörfer ♦ Man spricht Englisch, Deutsch u. Niederländisch ♦ **Anreise** (Karte Nr. 32): südwestl. von Alès Rtg. Montpellier, Saint-Christol-lez-Alès, Lezan. Lezan links umfahren, dann Rtg. Quissac. In Canaules Rtg. Saint-Nazaire-des-Gardies. Ab dem Rathaus (*mairie*) ausgeschildert.

Diese ehemalige Seidenraupenzucht überragt die Weinberge und die Heide der Gard-Ebene. Die Landschaft umfaßt sowohl die Cevennen als auch die Lozère. Dann aber gibt es nichts Rustikales mehr, denn die Zimmer (sehr komfortabel) und der reizende Garten strahlen ein typisch englisches Ambiente aus. Hier wird man von einer aufmerksamen Gastgeberin höchst liebenswürdig betreut, und auch Sie werden die Ruhe, die entspannte Atmosphäre und die Sonne in vollkommener Natur genießen.

282 - Hôtel de l'Orange

7, rue des Baumes
30250 Sommières
(Gard)
Tel. (0)4 66 77 79 94
Fax (0)4 66 80 44 87
M. und Mme Engström

♦ Ganzj. geöffn. ♦ 6 Zi. u. 1 Suite m. Bad od. Dusche, WC, Tel., TV: 300 F (1 Pers.), 360 F (2 Pers.) ♦ Frühst.: 35 F ♦ Kein Speisenangebot - Rest. *Olivette*, *3 Filets* u. *L'Evasion* in Sommières ♦ Salon ♦ Hunde erlaubt (+ 20 F pro Tag) ♦ Schwimmbad vor Ort ♦ Umgebung: 18-Loch-Golfpl. (30 km), Tennis, Schloß Sommières, Dörfer der Umgebung, Nîmes (30 km) ♦ Man spricht Englisch u. Deutsch ♦ **Anreise** (Karte Nr. 32): im Dorf Sommières, ab Nîmes: D 40.

Das *Hôtel de l'Orange* liegt mitten im Dorf und ragt aus den Häusern dieses mittelalterlichen (und kaum restaurierten) Dorfes hervor. Mit Ausnahme der großen Räume im Erdgeschoß ist alles um die zentrale Treppe dieses schönen alten Stadtpalais' aus dem 17. Jahrhundert herum angeordnet. Die Zimmer im Obergeschoß sind höchst angenehm, und das auf dem Dach installierte Schwimmbad ist für ein Stadthaus besonders originell. Kosmopolitischer Empfang: die Hotelbesitzer kommen aus Irland bzw. Schweden.

LANGUEDOC-ROUSSILLON

283 - Cruviers

Route de Saint-Ambroix
Cruviers-Larnac
30700 Uzès
(Gard)
Tel. (0)4 66 22 10 89
Fax (0)4 66 22 06 76
Thérèse Delbos

♦ Ganzj. geöffn. ♦ 4 Zi. m. Dusche, WC: 290 F (2 Pers.), 340 F (3 Pers.), 390 F (4 Pers.) ♦ Frühst. inkl. ♦ HP: + 80 F pro Pers. u. Mahlz. ♦ Bauerngasthof mittags/abends (individ. Tische) ♦ Salon ♦ Hunde auf Anfr. erlaubt ♦ Umgebung: 9-Loch-Golfpl., Schwimmbad, Tennis, Reiten (4 km); Uzès, Pont du Gard, Schluchten des Gardon, Nîmes, Anduze, Avignon ♦ **Anreise** (Karte Nr. 33): 5 km nördl. von Uzès Rtg. Lussan (Autob.: Ausf. Remoulins-Pont du Gard).

In dieser ehemaligen, gut renovierten *auberge* stehen den Gästen vier Zimmer zur Verfügung. Alle gehen nach Süden, sind recht komfortabel und (da mit Zwischenstockwerk) ideal für Familien. Im kleinen Restaurant (mit guter, bodenständiger Küche) fallen die besonders schönen provenzalischen Stoffe auf. Die junge Gastgeberin wird Sie besonders freundlich empfangen.

284 - Le Grand Logis

Place de la Madone
30210 Vers-Pont-du-Gard
(Hérault)
Tel. (0)4 66 22 92 12
M. Maurice Chabrat

♦ Vom 15. Nov. bis 15. Feb. geschl. (außer auf Anfr.) ♦ 3 Zi. m. Bad, WC: 300 F (1 Pers.), 350 F (2 Pers.) ♦ Frühst. inkl. ♦ Kein Speisenangebot - Rest. 2 bzw. 6 km entf. ♦ Salon ♦ Zimmerreinigung auf Wunsch; frische Bettwäsche alle 3 Tage ♦ Kl. Hunde erlaubt ♦ Umgebung: Baden im Gardon, Tennis im Dorf; Pont du Gard, Uzès, Avignon, Nîmes ♦ Man spricht Englisch u. Spanisch ♦ **Anreise** (Karte Nr. 31 u. 32): Autob. 9, Ausf. Remoulins, dann Rtg. Uzès Pont-du-Gard (linkes Ufer), D 981, dann 1. Straße rechts hinter Bégude-de-Vers.

Das an der Place de la Madone gelegene Haus macht mit dem Kupferschild *"Chambres d'hôtes"* auf sich aufmerksam. Von M. Chabrat, einem früheren Antiquitätenhändler, geschmackvoll renoviert, liegt dieses ausgesprochen hübsche Haus mit einem wunderbaren schmiedeeisernen Balkon in einem netten Dorf. Um die Zimmer bei heißem Wetter möglichst kühl zu halten, sind tagsüber die Fensterläden geschlossen. Eine ausgetretene Treppe führt zu den sehr schlichten Zimmern mit alten Möbeln, bestickten Leinen-Bettüchern und gepflegten Wänden mit kleinem Fries. Im reizenden Garten und auf der Terrasse im Obergeschoß kann man die Sonne genießen.

LANGUEDOC-ROUSSILLON

285 - Domaine de la Redonde

Montels
34310 Capestang
(Hérault)
Tel. (0)4 67 93 31 82
M. und Mme Hugues
de Rodez-Bénavent

♦ Ganzj. geöffn. ♦ 1 Suite (2 Pers.) u. 1 Studio (4 Pers.) m. Bad, WC: Suite 400-500 F; Studio 430-500 F (je nach Saison) ♦ Frühst. inkl. ♦ Kein Speisenangebot - Rest. in Umgebung ♦ Salon ♦ Zimmerreinigung auf Wunsch ♦ Kl. Hunde auf Anfr. erlaubt ♦ Schwimmbad vor Ort ♦ Umgebung: Tennis, Reiten, Golf; Schleppkähne Canal du Midi, Meer, Carcassonne, Abtei Fontfroide, Minerve ♦ Man spricht Englisch u. Spanisch ♦ **Anreise** (Karten Nr. 31 u. 32): 21 km südwestl. von Béziers über die D 11 Rtg. Capestang; südl. von Capestang über die D 16.

Dieses kleine Schloß, das eine Suite und ein Studio zur Verfügung stellt, liegt einsam zwischen Weinbergen. Die großen Räume wurden erst kürzlich mit erlesenem Mobiliar sehr geschmackvoll eingerichtet. Hier ist wirklich alles gelungen. Ein kleiner Weg führt zum Schwimmbad, von wo man die elegante, klassische Fassade des Hauses bewundern kann. Ein empfehlenswertes Haus, in dem man sich vollkommen frei und sehr gut untergebracht fühlt.

286 - Aux Trois Cèdres

166, avenue des Deux-Ponts
34190 Cazilhac-Granges
(Pyrénées-Orientales)
Tel. (0)4 67 73 50 77
Mme Isnard

♦ Ganzj. geöffn. (ausschl. auf Reserv.) ♦ Kinder unter 12 J. nicht erwünscht ♦ 1 Zi. (m. TV) u. 1 Suite (3 Pers., 2 Zi.) m. Bad od. Dusche, WC: 250-280 F (1 Pers.), 300-320 F (2 Pers.) + 100 F (zusätzl. Pers.) ♦ Frühst. inkl. ♦ Kein Speisenangebot - Rest. *Jocelyn Melodie* (800 m) u. *Ferme-Auberge Blancardy* (8 km) ♦ Salon ♦ Fluß (Baden und Angeln) vor Ort ♦ Umgebung: Tennis, Reiten, Wanderwege, Mountainbikes, Kanu/Kajak (im Dorf), 18-Loch-Golfpl. (18 km); Meer (50 km), Demoiselles-Grotten (7 km), Seide-Museum ♦ **Anreise** (Karte Nr. 32): 45 km nordöstl. von Montpellier. Ab Montpellier D 986, dann Ganges (45 km). Dort D 25 Rtg. Cazilhac (500 m).

Mme Isnard machte aus einer ehemaligen Seidenspinnerei, die am Ufer des Hérault liegt, ein freundliches, sehr schmuckes Haus. Für die Ausstattung wurden zahlreiche Blumen und Farben verwandt - wohl um die strenge Straßenansicht zu mildern. Die Wanderer und aktiven Touristen werden das reichhaltige Frühstück zu schätzen wissen. Wer mit schmutzigen Schuhen ins Haus kommt, muß eine Art Überschuhe tragen!

LANGUEDOC-ROUSSILLON

287 - Les Prunus

9, rue des Prunus
34230 Plaissan
(Hérault)
Tel. (0)4 67 96 81 16
M. und Mme Colin

♦ Von Okt. bis Ostern geschl. ♦ 3 Nichtraucher-Zi. ♦ 4 Zi. m. Dusche, WC; 1 Suite (2-3 Pers.) m. Salon, Bad, WC: 230-280 F (2 Pers.) + 60 F (zusätzl. Pers.); Suite: 320 F ♦ Frühst. inkl. ♦ Kein Speisenangebot - Rest.: *Tine-restaurant* (4 km), *Le Beaulieu* in Plaissan ♦ Salon ♦ Hunde auf Anfr. erlaubt ♦ Umgebung: Golf, Meer, Tennis, Reiten, Kanu/Kajak, Schwimmbad; See Salagou, Saint-Guilhem-le-Désert, Canal du Midi ♦ Man spricht etwas Englisch ♦ **Anreise** (Karte Nr. 32): 32 km südöstl. von Montpellier (Autobahnausf. Sète); die D 2 bis Poussan, dann Villeveyrac; ausgeschildert.

Dieses alte Winzerhaus liegt in einem kleinen Dorf und besitzt einen großen Garten. Hier wird in jedem Zimmer mit diversen Gegenständen, Möbeln und erstaunlichen Wandmalereien den dreißiger Jahren gehuldigt. Der Komfort kommt dabei keinesfalls zu kurz, besonders nicht in den netten kleinen Badezimmern. Die gute Betreuung, das angenehme Frühstück (es wird bei schönem Wetter draußen serviert) und die sehr günstigen Preise sind ewähnenswert. Eine ausgesprochen interessante Adresse.

288 - L'Impasse

Impasse du Cabanis
34230 Popian
(Hérault)
Tel. und Fax (0)4 67 57 68 34
Mme Gracey

♦ Von Ostern bis Allerheiligen geöffn. ♦ Mind. 2 Üb. ♦ 2 Zi. m. Bad u. WC, 2 Zi. teilen sich 1 Bad u. 1 WC: 240-280 F (1 Pers.), 300-350 F (2 Pers.) ♦ Frühst. inkl. ♦ Kein Speisenangebot - Rest. ab 2 km ♦ Salon ♦ Tel. ♦ Hunde auf Anfr. erlaubt ♦ Umgebung: Reiten (5 km), Windsurfing u. Bootsfahrten (See von Salagou, 10 km), Meer (30 km), Kanu/Kajak, Tennis, Schwimmbad ♦ Man spricht Englisch u. Italienisch und versteht Deutsch ♦ **Anreise** (Karte Nr. 32): 35 km westl. von Montpellier über die N 109 Rtg. Millau bis Gignac. Ausf. Gignac, D 32 Rtg. Belarga (ca. 2 km), dann links die Straße nach Popian u. Saint-Bauzille-de-la-Sylve. In Popian 1. Straße links.

Dieses Haus liegt in einer ruhigen Sackgasse am Fuß des Schlosses, ist mit einem Garten umgeben, bietet einen Blick auf die Weinberge und wurde besonders sorgfältig von Victoria Gracey renoviert. *L'Impasse* verfügt über vier moderne und helle Zimmer, die viel Komfort bieten. Im Sommer wird das Frühstück im schattigen Hof eingenommen. Liebenswürdige und sehr aufmerksame Betreuung.

LANGUEDOC-ROUSSILLON

289 - La Cerisaie

1, avenue de Bédarieux
34220 Riols
(Hérault)
Tel. (0)4 67 97 03 87
Fax (0)4 67 97 03 88
M. Weggelaar und Mme Degenaar

♦ Ganzj. geöffn. ♦ 5 Zi. u. 2 Studios (2-4 Pers.) m. Bad od. Dusche, WC: 330-400 F (2 Pers.); + 60 F (zusätzl. Pers.) ♦ Frühst. inkl. ♦ Gemeins. Mittag- und Abendessen auf Best., idivid. Tische: 105 F (ohne Wein) ♦ Salon ♦ Tel. (Zähler), Fax-Benutzung ♦ Schwimmbad, Tischtennis vor Ort ♦ Umgebung: Flußangeln u. Tennis im Dorf, Reiten; Kathedrale u. prähistorisches Museum (Saint-Pons), Grotte La Devèze ♦ Man spricht Englisch, Deutsch u. Niederländisch ♦ **Anreise** (Karte Nr. 31): 4 km südöstl. von Saint-Pons de Thomières, Rtg. Béziers über die N 112, nach 1 km links die D 908. Hinter der Kirche links.

Ein junges holländisches Paar empfängt Sie in einem großen, bürgerlichen, im Dorf gelegenen Haus, das seinen Namen den im Garten gepflanzten Kirschbäumen verdankt. In den schlichten und hellen Zimmern stehen einige alte Möbelstücke. Die Bäder oder Duschen verfügen über modernen Komfort. Im Sommer werden Frühstück und Abendessen draußen vor dem Haus serviert, und zwar im Blumengarten unter den großen Bäumen. Die Atmosphäre vergangener Zeiten und der dynamische Empfang verleihen diesem Haus etwas ganz Besonderes.

290 - Le Mas de Bombequiols

34190 Saint-André-
de-Buèges
(Hérault)
Tel. und Fax (0)4 67 73 72 67
Mme Anne-Marie Bouëc

♦ Vom 11. Nov. bis Ostern geschl. (außer der Woche zw. Weihnachten u. Neujahr) ♦ Reserv. obligatorisch ♦ 4 Zi., 2 Suiten, 2 Studios (Kochnische, Salon) m. Bad u. Dusche, WC: Zi. 450 F, Suiten 600 F, Studios 700 F (Preise für 2 Pers.) + 150 F (zusätzl. Pers.) ♦ Frühst. inkl. ♦ Gemeins. Abendessen am großen od. indiv. Tisch: 150 F (alles inkl.) ♦ Salon ♦ Tel. ♦ Haustiere nicht erlaubt ♦ Schwimmbad, See vor Ort ♦ Umgebung: 18-Loch-Golfpl., Ski ♦ **Anreise** (Karte Nr. 32): 42 km nördl. von Montpellier Rtg. Ganges bis Saint-Bauzille-de-Putois, links bis Brissac, Saint-André-de-Buèges links.

Auf einer wundervollen, 50 Hektar großen Besitzung, wo noch die Spuren eines aufgegebenen Golfplatzes zu sehen sind, werden Sie in diesem mittelalterlichen, im Laufe der Jahrhunderte umgebauten Landhaus unter dem Gebälk des ehemaligen Schafstalls empfangen, der heute als Speiseraum dient. Die um den Innenhof herum gelegenen Gästezimmer und großen Appartements (einige mit funktionierenden Kaminen), die schlicht aber komfortabel möbliert sind, haben alle einen eigenen Eingang. Empfehlenswert für einen erholsamen, ruhigen Aufenthalt; einzigartige Aussicht auf das wunderschöne Seranne-Massiv.

LANGUEDOC-ROUSSILLON

291 - Le Mas de Gourgoubès

34190 Saint-André-de-Buèges
(Hérault)
Tel. (0)4 67 73 31 31
Fax (0)4 67 73 30 65
M. und Mme Fauny-Camerlo

◆ Ganzj. geöffn.. ◆ Im Sommer mind. 3 Üb. ◆ 6 Zi. (auch als Suiten) m. Bad od. Dusche, WC (Tel. in einigen Zi.): 500 F (2 Pers.): Suiten von 700-900 F (3 Pers.), 900 F (4 Pers.), 1200 F (4-6 Pers.) ◆ Frühst. inkl. ◆ Gemeins. Essen: 180 F (Wein u. Kaffee inkl.) ◆ Salon ◆ Tel. ◆ Hund auf Anfr. erlaubt ◆ Schwimmbad, Theater vor Ort ◆ Umgebung: Tennis, Angeln, Kajak, Drachen- u. Segelfliegen, Speläologie, 18-Loch-Golfpl.; prähistorische Grotten, roman. Kirchen u. Kapellen ◆ Man spricht Englisch, Spanisch u. Italienisch ◆ **Anreise** (Karte Nr. 32): 45 km nördl. von Montpellier. In Montpellier Rtg. Ganges über die D 986 bis Saint-Bauzille-de-Putois, dann links Rtg. Brissac über die D 108. In Brissac links Rtg. Saint-Jean-de-Buèges (5 km), dann rechts Rtg. Gourgoubès.

Mme Fauny-Camerlo hat es verstanden, den geräumigen Zimmern in diesem großen und sehr alten Anwesen auf dem Land Raffinement und Komfort zu verleihen. Die Doppeltüren können geöffnet werden, und so ist es ohne weiteres möglich, aus den Zimmern Appartements zu machen, in denen eine Familie oder mehrere Personen Platz finden. Die Lage, inmitten der üppigen Natur am Saum der Cevennen, ist für alle, die viel Ruhe und Authentizität lieben, perfekt. Ungezwungener, sympathischer Empfang.

292 - Mas Bazan

66200 Alenya
(Pyrénées-Orientales)
Tel. (0)4 68 22 98 26
Fax (0)4 68 22 97 37
M. und Mme Favier

◆ Ganzj. geöffn. ◆ 4 Zi.m. Bad od. Dusche, WC, TV (auf Wunsch): 230 F (1 Pers.), 280 F (2 Pers.), 320 F (3 Pers.) ◆ Frühst. inkl. ◆ Gemeins. Essen auf Best.: 100 F (alles inkl.) ◆ Salon ◆ Münztel. ◆ Hunde auf Anfr. erlaubt ◆ Reiten (für erfahrene Reiter) vor Ort ◆ Umgebung: Meer, Berge, Ultraleichtflugzeug, Tennis, Fahrradverleih, 27-Loch-Golfpl. (3 km), Ski in Font-Romeu (90 km); roman. Kunst, Collioure, Maler des Fauvismus, Perpignan (10 km) ◆ Man spricht Englisch u. Spanisch ◆ **Anreise** (Karte Nr. 31): 10 km südl. Perpignan über die N 114 Rtg. Argelès, dann die vierspurige Straße (*quatre voies*), Ausf. Saleilles Rtg. Alenya. 1 km hinter Saleilles links in den Weinbergen.

Dieses inmitten der Weinberge gelegene katalanische Landhaus wird von majestätischen hundertjährigen Platanen beschattet. Es verfügt über vier geräumige helle Zimmer, in denen schöne alte Möbel stehen, einen großen Aufenthaltsraum mit Kamin, und im Garten gibt es viele angenehme Plätze für die Mahlzeiten und zum Ausruhen. Sie können auch vom Schwimmbad und den diversen, vom *Mas Bazan* angebotenen Aktivitäten profitieren. Familiäre Atmosphäre, aufmerksame Betreuung.

LANGUEDOC-ROUSSILLON

293 - Mas Saint-Jacques

66300 Caïxas
(Pyrénées-Orientales)
Tel. und Fax (0)4 68 38 87 83
Jane Richards und Ian Mayes

♦ Ganzj. geöffn. ♦ 4 Zi. (davon 2 in der Dependance im Garten) u. 1 Suite (4 Pers.) m. Bad od. Dusche, WC: 295 F (2 Pers.); Suite 550 F ♦ Frühst. inkl. ♦ Gemeins. Essen auf Best.: 95 F (Aperitif, 1/4 Wein u. Kaffee inkl.) - Katalan. Abend u. Barbecue 1 Mal wöchentl. in der Saison - Rest. im *Mas Cammas* (1 km) in Caïxas od. in Castelnou (9 km) ♦ Salon ♦ Tel. u. Fax ♦ Hunde auf Anfr. erlaubt ♦ Schwimmbad ♦ Umgebung: 27-Loch-Golfpl.; Collioure, Font-Romeu, roman. Kunst, Musée d'art moderne in Céret ♦ Man spricht Englisch u. Deutsch ♦ **Anreise** (Karte Nr. 31): 30 km westl. von Perpignan. Autob. A 9, Ausf. Perpignan-Sud Rtg. Thuir. Am Ortseingang von Thuir Rtg. Elne, dann Rtg. Llupia (ca. 2 km weiter), 5,5 km bis Fourques Rtg. Caïxas über die D 2. In der Nähe der Kirche.

Dieses an einem Hang gelegene Landhaus befindet sich in einem Dorf, das nur einige Häuser zählt. Es verfügt über eine Suite und vier schlichte, aber helle Zimmer (zwei liegen im Nebengebäude im Garten). Im Sommer werden Sie die Frische des großen, gastfreundlichen und angenehm gestalteten Salons oder des Pools schätzen, von dem man einen schönen Blick über die Landschaft und in der Ferne auf den schneebedeckten Canigou-Berg hat. Der Empfang in diesem Haus ist freundlich und aufmerksam. Ein gutes Haus in einer schönen Gegend.

MIDI-PYRÉNÉES

294 - Château de Camon

Camon
09500 Mirepoix
(Ariège)
Tel. (0)5 61 68 14 05
Fax (0)5 61 68 81 56
M. du Pont

♦ Von März bis Ende Nov. geöffn. ♦ 7 Zi. m. Bad od. Dusche, WC: 600-1000 F (2 Pers.) ♦ Frühst. inkl.
♦ Gemeins. Abendessen auf Best.: 350 F (alles inkl.) ♦ Kreditkarten ♦ Hunde nicht erlaubt
♦ Schwimmbad u. Angeln vor Ort ♦ Umgebung: Tennis, Reiten; Mirepoix, Schlösser der Katharer, prähist. Grotten ♦ Man spricht Englisch u. Spanisch ♦ **Anreise** (Karte Nr. 31): 36 km südöstl. von Pamiers über die D 119. In Mirepoix die D 7 Rtg. Chalabre.

Der Park dieses Schlosses aus dem 12. Jahrhundert liegt in der Mitte eines der schönsten Dörfer dieser Gegend. Im Interieur führt ein großer Treppenaufgang aus Stein zu einer Galerie, an der die Gästezimmer liegen. Alle sind komfortabel und unterschiedlich mit edlen alten Möbeln und glänzenden Stoffen ausgestattet. Der Speiseraum und der Salon verbreiten ein besonders angenehmes Ambiente. Frühstück und Abendessen für verwöhnte Gaumen. Das Schwimmbad liegt im Park.

295 - Domaine de Montagnac

09500 Saint-Félix-de-Tournegat
(Ariège)
Tel. (0)5 61 68 72 75
Fax (0)5 61 67 44 84
Mme Jean Bertolino

♦ Ganzj. geöffn. ♦ 8 Zi. m. Bad od. Dusche, WC (+ 2 Kinderzi.): 280-320 F (2 Pers.) ♦ Frühst. inkl.
♦ HP (Mind. 3 Üb.): 220-240 F pro Pers. im DZ ♦ Kinder unter 14 J.: 135 F ♦ Gemeins. od. individ. Abendessen: Mittag 85 F u. abend 100 F (Wein inkl.) ♦ Salon, Billard ♦ Tel. ♦ Hunde auf Anfr. erlaubt ♦ Schwimmbad, Mountainbike-Verleih, Reiten vor Ort ♦ Umgebung: Tennis, Golf, Ski ♦ Man spricht Englisch u. Italienisch ♦ **Anreise** (Karte Nr. 31): 66 km südöstl. von Toulouse über die N 20. In Pamiers Rtg. Mirepoix; in Les Pujols links Rtg. Saint-Amadou, dann rechts Rtg. Saint-Félix-de-Tournegat.

Dieses ungewöhnliche Haus liegt einsam, ist mit Blumen umgeben und überragt eine wunderbar typische Landschaft der Ariège. Die Zimmer sind gefällig und haben einen sehr schönen Ausblick, die Ausstattung ist schlicht und ländlich: rustikales Parkett, ausgesuchtes Mobiliar vom Trödler. Angenehme Badezimmer. Frühstück und Abendessen ausgezeichnet. Freundlicher Salon mit Billard.

MIDI-PYRÉNÉES

296 - Le Poulsieu

Cautirac
09000 Serres-sur-Arget
(Ariège)
Tel. (0)5 61 02 77 72
Jenny und Bob Brogneaux

♦ Ganzj. geöffn. ♦ 4 Zi. m. Dusche u. WC: 170 F (1 Pers.), 220 F (2 Pers.) + 50 F (zusätzl. Pers.) ♦ Frühst. inkl. ♦ HP: 175 F pro Pers. im DZ ♦ Gemeins. Abendessen: 70 F (alles inkl.) - Mittags steht eine Kochnische zur Verfügung ♦ Salon ♦ Schwimmbad, Reiten u. Ausflüge m. Geländewagen vor Ort ♦ Umgebung: Golf, Tennis; Grotten, Katharer-Schlösser ♦ Man spricht Englisch, Deutsch, Spanisch u. Holländisch ♦ **Anreise** (Karte Nr. 30): 12 km westl. von Foix Rtg. Saint-Girons, dann Col des Marrons über die D 17 bis La Mouline; gegenüber dem Café links, ausgeschildert.

Nachdem sie die ganze Welt bereist hatten, fanden Jenny und Bob Brogneaux hier in einem alten, etwas abgelegenen Bergweiler ihr Zuhause. Die weißgetünchten Zimmer sind schlicht und frisch. Am Tisch der Gastgeber ist die Atmosphäre besonders entspannt und sympathisch. Sehr nette Betreuung.

297 - Ferme-Auberge de Quiers

Compeyre
12520 Aguessac
(Aveyron)
Tel. (0)5 65 59 85 10
M. und Mme Lombard-Pratmarty

♦ Vom 1. Apr. bis 15. Nov. geöffn. (auf Reserv.) ♦ 6 Zi. m. Bad od. Dusche, WC (davon 1 Zi. f. 4-6 Pers. m. Mezzanin): 210 F (2 Pers.), Zi. m. Mezzanin: 310 F (4 Pers.) + 30 F (zusätzl. Pers.) ♦ Frühst.: 30 F ♦ HP: 210 F pro Pers. im DZ außer an Ruhetagen (mind. 2 Üb.) ♦ Individ. Abendessen: 85-100 F (ohne Wein) auf Best., außer Mo (das ganze Jahr) u. Mi (außerh. der Saison) ♦ Zimmerreinigung einmal wöchentl. ♦ Visa ♦ Umgebung: Reiten, Angeln ♦ **Anreise** (Karten Nr. 31 u. 32): in Millau die N 9 Rtg. Severac. In Aguessac die D 907 bis Compeyre; dann ausgeschildert.

Diese bäuerliche Herberge unweit des mittelalterlichen Dorfes Compeyre liegt oberhalb einer Hügellandschaft. Zu den in einer ehemaligen Scheune eingerichteten Gästezimmern hat man direkten Zugang. Sie sind angenehm und besitzen Charme: weißes Mauerwerk, Mobiliar aus Naturholz und einige rosa oder blaue Farbtupfer. Das Frühstück und das gute Abendessen (meist regionale Küche) werden in den beiden rustikalen Eßzimmern des Bauernhofes serviert.

MIDI-PYRÉNÉES

298 - Vilherols

12600 Lacroix-Barrez
(Aveyron)
Tel. (0)5 65 66 08 24
Fax (0)5 65 66 19 98
Catherine und Jean Laurens

♦ Ganzj. geöffn. ♦ 3 Zi. (darunter 1 großes m. Waschmaschine, TV, Terrasse) u. 1 Familiensuite (2-5 Pers.) m. Dusche u. WC; Tel. in 4 Zi. (Telecom-Karte): 260 F (2 Pers.) u. 350 F (2 Pers., Zi. m. Terrasse) + 85 F (zusätzl. Pers.) ♦ Frühst. inkl. ♦ Kein Speiseangebot - 1 kostenl. Essen bei der Ankunft bei 6 Üb. - Rest. 4 u. 6 km ♦ Salon (TV) ♦ Haustiere nicht erlaubt ♦ Kinderbassin, Fahrräder vor Ort ♦ Umgebung: Reiten, Angeln, Tennis, Fitneßcenter; Conques ♦ Man spricht Englisch u. (ein wenig) Deutsch ♦ **Anreise** (Karte Nr. 24): 5 km südl. von Mur-de-Barrez über D 904 Rtg. Entraygues-Rodez. 1 km vor Lacroix-Barrez links Rtg. Vilherols (ausgeschildert).

Dieser traumhafte Weiler, der seit Jahrhunderten von der Familie Laurens bewohnt wird, liegt in einer üppigen Landschaft. Im Haupthaus, das wie die Nachbarhäuser mit den für die Region typischen Ziegeln aus *lauze* (Kalk- oder Schiefergestein) bedeckt ist, befinden sich eine reizende Familien-Suite und der Frühstücksraum: schöne regionale Möbel und ein riesiger Kamin. Die anderen Gästezimmer sind in einer extra eingerichteten Dependance untergebracht. Sie sind sehr freundlich und bieten über große Fensterfronten einen Blick auf die Natur oder die große Terrasse. Der Empfang könnte nicht angenehmer sein, und die Preise sind sehr günstig.

299 - Château de Saint-Léons

12780 Saint-Léons
(Haute-Garonne)
Tel. (0)5 65 61 84 85
Fax (0)5 65 61 82 30
Odile und Marc Chodkiewicz

♦ Vom 15. Nov. bis 15. März geschl. ♦ 3 Zi. m. Bad, WC: 300 F (1 Pers.), 400 F (2 Pers.), 500 F (3 Pers.) ♦ Frühst. inkl. ♦ Gemeins. Abendessen auf Anfr.: 140 F (Wein inkl.) Kinder bis zu 12 J.: 70 F ♦ Salon ♦ Hunde auf Anfr. erlaubt ♦ Gärten u. Park vor Ort ♦ Umgebung: Wanderungen (gekennz. u. botan. Wege), Tennis (8 km), Mountainbikes; Museum Henri-Fabre, Tarn-Schluchten, Roquefort ♦ Man spricht Englisch, Deutsch, Italienisch u. Schwedisch ♦ **Anreise** (Karte Nr. 31 u. 32): 20 km nördl. von Millau. Rtg. Rodez (D 911). Ausf. Bois-du-Four. Nach 4 km Saint-Léon: ab Ortseingang ist das Schloß ausgeschildert.

Dieses Schloß aus dem 15. Jahrhundert wurde ursprünglich zum Schutz des Dorfes errichtet. Das erklärt auch seine Lage. Der terrassierte Garten liegt über den Dächern der Häuser des sanftes Muze-Tales. Die Räume sind recht groß, und deshalb gibt es auch nur drei pro Etage. Die Gemeinschaftsräume für die Gäste und die "Schloßherren" liegen im Erdgeschoß. Die Gästezimmer sind im Obergeschoß untergebracht. Zwei von ihnen sind sehr groß und verfügen über Bäder in den Türmen; das dritte Zimmer ohne Bad ist das Nebenzimmer - alle haben viel Charme und sind edel ausgestattet.

MIDI-PYRÉNÉES

300 - Château de Croisillat

31460 Caraman
(Haute-Garonne)
Tel. (0)5 61 83 10 09
M. Guérin

♦ Vom 15. März bis 15. Nov. geöffn. ♦ 4 Zi. u. 1 Suite m. Bad od. Dusche, WC: 350-500 F (1 Pers.), 450-600 F (2 Pers.); Suite: 700 F (4 Pers.) ♦ Frühst. inkl. ♦ Kein Speisenangebot - Rest.: *La Ferme d'En Bouyssou* (10 km) ♦ Salon ♦ Hunde auf Anfr. erlaubt ♦ Schwimmbad vor Ort ♦ Umgebung: Golf; Albi, Castres ♦ Man spricht Englisch u. Deutsch. ♦ **Anreise** (Karte Nr. 31): 23 km östl. von Toulouse über die N 126. In Montauriol die D 1. An der Ausf. Caraman die D 1 Rtg. Revel; nach 2,5 km rechts die Platanenallee; ausgeschildert.

Dieses sehr alte, ganz mit wildem Wein bedeckte Haus ist von mehreren Terrassen umgeben. Im Salon und im Speisesaal gibt es zahlreiche bunt zusammengewürfelte Erinnerungen, das Mobiliar ist spanischen Stils oder aus dem 17. Jahrhundert; wenn auch etwas altmodisch, so ist das alles doch recht charmant und komfortabel. Bei Ihrem nächsten Aufenthalt werden Sie höchstwahrscheilich in den Genuß vollkommen renovierter Bäder kommen. Besonders anspruchsvolle Gäste reservieren die Zimmer *Empire* oder *Louis XV*. Freundliche Betreuung und angenehmer Park.

301 - Serres d'en Bas

Route de Nailloux
31550 Cintegabelle
(Haute-Garonne)
Tel. und Fax (0)5 61 08 41 11
M. und Mme Deschamps

♦ Ganzj. geöffn. ♦ 5 Zi. m. Bad od. Dusche, WC: 200 F (1 Pers.), 230-250 F (2 Pers.) 70 F (zusätzl. Pers.) ♦ Frühst. inkl. ♦ Gemeins. Abendessen: 85 F (alles inkl.) ♦ - 10% ab 5. Üb. ♦ Gastronom. Wochenende (1 Üb. 2 Mahlzeiten u. Frühstück; 2 Pers.): 650 F (Wein nicht inkl.) ♦ Salon ♦ Tel.♦ Waschservice ♦ Hunde auf Anfr. erlaubt ♦ Schwimmbad, Tennis, Volleyball, Krocket, Federball vor Ort ♦ Umgebung: Reiten (18 km), Angeln (3,5 km), Wassersport (See Nailloux); Cintegabelle, Pigonnier von Bouyssou, Montgeard ♦ Man spricht Spanisch ♦ **Anreise** (Karte Nr. 31): 40 km südl. von Toulouse. Ausf. N 20 (Toulouse), Auterive durchfahren, nach 7 km links Rtg. Cintegabelle, dann 3,5 km bis Nailloux.

Dieses gastfreundliche, rustikale einstöckige Haus liegt mitten im Grünen auf einem jener Hügel, die die Landschaft des Lauragais kennzeichnen. Zimmer und Suite sind komfortabel und mit modernen Badezimmern ausgestattet. Sobald das Wetter es erlaubt, hält man sich draußen auf, denn man kann den Blick von der hübschen Hügellandschaft ganz einfach nicht abwenden. Freundliche, aufmerksame Gastgeber.

MIDI-PYRÉNÉES

302 - Château de Larra

Larra
31330 Grenade-sur-Garonne
(Haute-Garonne)
Tel. (0)5 61 82 62 51
Baronne de Carrière

♦ Von Ostern bis Allerheiligen geöffn. ♦ 2 Zi. u. 2 Suiten m. Bad od. Dusche, WC: 350-400 F (2 Pers.); Suiten: 500 F (4 Pers.) ♦ Frühst. inkl. ♦ Gemeins. Abendessen: 100-120 F (Wein inkl) ♦ Salon ♦ Hunde auf Anfr. erlaubt ♦ Umgebung: Reiten, Golf; Abtei Belleperche, Caumont, Pibrac, Montauban, Toulouse ♦ **Anreise** (Karte Nr. 30): 30 km nordwestl. von Toulouse. A 62, Ausf. Nr. 10, dann N 20 Rtg. Grisolles, Ondes, Grenade. Ab Grenade (D 87) ausgeschildert.

Das Ambiente des 18. Jahrhunderts blieb in diesem Schloß vollständig erhalten: Gemälde und Louis-XV-Mobiliar im Salon, Stuck im Speisesaal und eine sehr große, mit einem wunderbaren schmiedeeisernen Geländer verzierte Treppe. Die Zimmer sind groß, angenehm und ein bißchen altmodisch, haben aber Charme. Frühstück und Abendessen von höchster Güte. Auch Sie werden die Dynamik von Mme de Carrière schätzen.

303 - Stoupignan

31380 Montpitol
(Haute-Garonne)
Tel. (0)5 61 84 22 02
Mme Claudette Fieux

♦ Ganzj. geöffn. ♦ 4 Zi. m. Bad od. Dusche, WC: 300 F (1 Pers.) 400 F (2 Pers.) + 80 F (zusätzl. Pers.) ♦ Frühst. inkl. ♦ Kein Speisenangebot - Rest. *Le Club* u. *L'Auberge de la pointe* ♦ Salon ♦ Hunde auf Anfr. erlaubt ♦ Tennis, See vor Ort ♦ Umgebung: Reiten (18 km), Schwimmbad (4,5 km), Golfpl. von Palmola (7 km); Verpeil (Dorf), Lavaur (Kathedrale) ♦ Man spricht Englisch u. Spanisch ♦ **Anreise** (Karte Nr. 31): 20 km nördl. von Toulouse über N 88 (Rtg. Albi) bis Montastruc. 500 m hinter der Ampel D 30 Rtg. Lavaur-Montpitol, dann rechts nach Stoupignan.

In diesem schönen Haus im Louis-XIII-Stil am Rande des Lauragais werden Sie von Mme Fieux aufs herzlichste empfangen. Die Badezimmer, die Wäsche und das Besteck sind ebenso elegant wie die vier geräumigen und im alten Stil ausgestatteten Zimmer. Auf Wunsch wird Ihnen ein köstliches Abendessen (regionale Küche) serviert. Bewaldeter Park und Blick auf die Hügellandschaft. Eine besonders charmante Adresse.

MIDI-PYRÉNÉES

304 - Domaine de Ménaut

Auzas
31360 Saint-Martory
(Haute-Garonne)
Tel. (0)5 61 90 21 51
(während der Essenszeiten)
Mme Jander

♦ Ganzj. geöffn. ♦ 1 Zi. u. 1 Suite m. 2 Zi. (4 Pers.) m. Bad, WC: 350 F (2 Pers.), 600 F (3-4 Pers.) ♦ Frühst. inkl. ♦ Gemeins. od. individ. Essen auf Best.: 70 F ♦ Salon ♦ Garage ♦ Haustiere nicht erlaubt ♦ Seen, Angeln u. Baden vor Ort ♦ Umgebung: Foto-Safaris, Tennis, Ski, Golf; Katharer-Schlösser, Museen ♦ Man spricht Englisch u. Deutsch ♦ **Anreise** (Karte Nr. 30): ca. 20 km östl. von Saint-Gaudens. Toulouse N 117, in Boussens Rtg. Mancioux, dann D 33. Nach 5 km vor der D 52 rechts auf den kleinen Weg abbiegen u. an der Einfriedigung entlangfahren.

Die *Domaine de Ménaut* liegt vollkommen abgeschieden in einer 90 Hektar großen Besitzung mit viel Wald und drei Seen. Die Innenausattutung ist tadellos, schlicht und gepflegt. Elegante Stilmöbel zieren Speiseraum und Salon. Die komfortablen Gästezimmer sind mit schönen Bädern ausgestattet und haben eine nach Süden gelegene Terrasse, auf der im Sommer das Frühstück serviert wird. Ein Ort, den Naturfreunde und Ruhebedürftige besonders schätzen werden.

305 - Château de Saint-Martin

31590 Saint-Pierre
(Haute-Garonne)
Tel. (0)5 61 35 71 57
Fax (0)5 61 74 71 13
Georges und Christiane Maury

♦ Von Nov. bis Apr. geschl. ♦ 3 Zi. m. Bad u. WC: 600 F (2 Pers.) ♦ Frühst. inkl. ♦ Kein Speisenangebot - Rest. *La Promenade* (3 km) u. *Le Club* (11 km) ♦ Salon ♦ Hunde nicht erlaubt, ♦ Fahrräder vor Ort ♦ Umgebung: 18-Loch-Golfpl. (11 km), Tennis (3 km), Reiten; Toulouse, Albi ♦ Man spricht Englisch u. Spanisch ♦ **Anreise** (Karte Nr. 31): 20 km nordöstl. von Toulouse. Autob. A 68 Rtg. Albi; nach 10 km Ausf. 2 Castres Verfeil; nach 8 km am Kreisverkehr rechts, D 112 Toulouse; nach 500 m links Route de Saint-Pierre; nach 2 km rechts die D 77 Rtg. Saint-Pierre, 300 m weiter Chemin Saint-Martin rechts ausgeschildert.

Das *Château de Saint-Martin* liegt auf dem Hügel, und seine zahlreichen Fenster bieten einen schönen Ausblick aufs Land. Hier wird man wie ein Freund des Hauses empfangen, es stehen drei sehr große Zimmer mit alten Möbeln zur Verfügung, und die Bäder sind fast ebenso groß. In jedem Zimmer erfreuen den Gast frische Blumensträuße, und das Nähkästchen und andere nette Details beweisen, mit welch' großer Aufmerksamkeit sich Mme und M. Maury um ihre Gäste kümmern. Ein Haus von seltener Qualität.

MIDI-PYRÉNÉES

306 - Château du Bousquet

31570 Saint-Pierre-de-Lages
(Haute-Garonne)
Tel. (0)5 61 83 78 02
Fax (0)5 62 18 98 29
M. und Mme de Lachadenède

♦ Weihn. geschl. ♦ 1 Suite (2 Pers.) m. 1 Nebenzi. (2 Pers.) m. Dusche u. WC, Tel. u. TV: 350 F (2 Pers.), 600 F (4 Pers.) ♦ Frühst. inkl. ♦ Kein Speisenangebot - Rest. 4,5 km entf. u. in Fonvegrives ♦ Zimmerreinigung auf Wunsch ♦ Haustiere nicht erlaubt ♦ Angeln (See), Petanque, Tischtennis vor Ort ♦ Umgebung: 9 u. 18-Loch-Golfpl., Tennis, Reiten; Toulouse, La Montagne Noire, mittelalterl. Dorf (Revel) ♦ **Anreise** (Karte Nr. 31): 15 km südöstl. von Toulouse. Rtg. Castres, Mazamet (od. Ausf. 17 über Ringstraße), nach 8 km rechts, Rtg. Saint-Pierre-de-Lages. Am Ortsausgang von Saint-Pierre-de-Lages links, Rtg. Vallesvilles, 800 m weiter.

Nur 15 Kilometer von Toulouse entfernt, aber inmitten der Natur liegt dieses solide Schloß aus rosa Backstein und ist umgeben von harmonischen Gebäuden sowie einem riesigen Park mit hohen Bäumen. Die Suite mit kleinem Salon und TV-Ecke ist besonders reizvoll, außerdem kann das Nebenzimmer auf Wunsch ebenfalls benutzt werden. All dies ist luxuriös und freundlich, und der Blick geht auf eine ursprüngliche Landschaft. Der behagliche Frühstücksraum und die ruhigen Sitzecken im Garten runden die Annehmlichkeiten diese Hauses noch ab. Höchst liebenswürdige Betreuung.

307 - La Chavinière

32120 Avensac
(Gers)
Tel. (0)5 62 65 03 43
Fax (0)5 62 65 03 23
Yveline und Thierry Morel

♦ Ganzj. geöffn. ♦ 4 Zi. u. 1 Suite m. Bad, WC: 350-600 F (2 Pers.), Suite 750 F ♦ Frühst.: 40 F ♦ Gemeins. Abendessen: 200 F ♦ Salon ♦ Hunde auf Anfr. erlaubt ♦ Schwimmbad, Angeln am Teich, Fahrräder vor Ort ♦ Umgebung: 9-Loch-Golfpl. (30 km), Tennis; Besichtigung von Landhäusern, Schlössern u. Armagnac-Weinkellern; Rundf. Antiquitätenhändler ♦ Man spricht Englisch u. Spanisch ♦ **Anreise** (Karte Nr. 30): 40 km südwestl. von Montauban. Autob. A 62 Rtg. Toulouse, Ausf. 9 Castelsarrazin, dann D 928 Rtg. Auch. 10 km hinter Beaumont-de-Lomagne kleine Straße rechts, dann "La Chavinière".

Dieses große Herrenhaus liegt mitten auf dem Land und ist zudem von einem Park umgeben. Die Innenräume sind wunderbar: Terrakotta- oder helle Holzplatten als Bodenbelag, alte Möbel aus dem Familienbesitz, hübsche Dekostoffe, dekorative Gegenstände... Alles ist geschmackvoll aufeinander abgestimmt. Die einwandfreien Zimmer sind mit der gleichen Sorgfalt ausgestattet (Badezimmer teils prachtvoll, teils originell). Das Abendessen wie auch die von Mme und M. Morel geschaffene freundschaftliche Atmosphäre sind nicht zu überbieten.

MIDI-PYRÉNÉES

308 - Le Petit Robin

32120 Avensac
(Gers)
Tel. (0)5 62 66 45 06
Mme Sylviane Hantzperg

♦ Ganzj. geöffn. ♦ Für Nichtraucher ♦ 1 Zi. m. Bad, WC: 270 F (2 Pers.) u. 2 Zi. m. gemeins. Bad u. 2 WC: 240 F (2 Pers.) + 110 F (zusätzl. Pers.) ♦ Frühst. inkl. ♦ Kein Speiseangebot - Bauernstube 5 km u. Rest. 8 km entfernt ♦ Salon ♦ Hunde nicht erlaubt ♦ Fahrräder u. Pétanque-Gelände vor Ort ♦ Umgebung: Schwimmbad, Tennis, künstl. See, Reiten, Angeln, Bogenschießen, 9-Loch-Golfpl. (30 km) ♦ Man spricht Englisch, Italienisch u. ein wenig Deutsch ♦ **Anreise** (Karte Nr. 30): 45 km südwestl. von Montauban. Rtg. Auch über Beaumont-de-Lomagne, dann D 928. 8 km hinter Beaumont rechts D 556 bis Avensac, dann Rtg. Pessoulens: 3. Haus rechts.

Dieses kleine, gepflegte Haus auf dem Land verfügt über einen vollkommen neuen Flügel für die Gäste: ein komfortables Zimmer mit schönem Bad; zwei andere, für Familien geeignet, teilen sich Bad (Dusche) und Toiletten. Das reichhaltige Frühstück wird entweder in einem hübschen Raum des Stammhauses oder draußen serviert. Brot und Konfitüren sind hausgemacht. Empfang höflich und diskret. Eine ideale Adresse für Ruheliebende.

309 - Le Moulin de Mazères

32450 Lartigue
(Gers)
Tel. (0)5 62 65 98 68
Régine und Raymond Bertheau

♦ Ganzj. geöffn. ♦ 3 Zi. m. Bad od. Dusche, WC: 250 F ♦ Frühstück: 30 F ♦ HP: 300 F pro Pers. (alles inkl.) ♦ Gemeins. Abendessen ♦ Zimmerreinigung auf Wunsch ♦ Salon ♦ Schwimmbad, Angeln, Reiten u. Pferdeboxen vor Ort ♦ Umgebung: Tennis, Squash, Reiten, 18-Loch-Golfpl. in Auch (20 km); Auch (Kathedrale), Castelau, Barbarens, befestigte Kirche ♦ Man spricht Englisch ♦ **Anreise** (Karte Nr. 30): 17 km südöstl. von Auch. Rtg. Toulouse, in Aubiet D 40, hinter Castelnau 3,5 km Rtg. Héréchou (D 40).

Diese hübsche alte Mühle, an einer kleinen Straße gelegen und geschmackvoll restauriert, ist umgeben von Natur und Frische. In den drei geräumigen Zimmern hört man das Wasser rauschen. Vor allem eines gibt dank seiner großen Fensterfront den Blick auf den Mühlbach frei. Hier sind Reiter mit ihren Pferden gern gesehen. Auch das Schwimmbad und das reichhaltige, von Mme Bertheau zubereitete Frühstück tragen zum Entspannen und zum Wohlbefinden bei.

MIDI-PYRÉNÉES

310 - Le Vieux Pradoulin

32700 Lectoure
(Gers)
Tel. (0)5 62 68 71 24
Mme Martine Vetter

♦ Ganzj. geöffn. ♦ 1 Suite (m. 1 Zi. u. Salon) u. 2 andere Zi. m. 1 gemeins. Bad u. WC: 210-230 F (2 Pers.) ♦ Frühst. inkl. ♦ Kein Speiseangebot - Rest.: *Le Bastard* (1 km) ♦ Salon ♦ Tel. ♦ Hunde nicht erlaubt ♦ Umgebung: Schwimmbad, Tennis, Angeln, Reiten, Golf; Castelnaux u. Sauvetés (Rundf. zur Besichtig. der Landhäuser) Zisterzienserabtei, Klöster, Schlösser, Weinkeller ♦ Man spricht etwas Englisch ♦ **Anreise** (Karte Nr. 30): nördl. von Auch Rtg. Agen (N 21). An der Kreuzung Lectoure: Route de Condom, nach 500 m links.

Den möglichen Streß der Autofahrt vergißt man sehr schnell, wenn man hier ankommt, denn dieses Haus verbreitet wohltuende Ruhe. Zuvor stand an dieser Stelle ein galloromanisches Haus, und *Le Vieux Pradoulin* besitzt noch einige seiner Überreste wie Öllampen und Terrakottafragmente. Die liebevoll eingerichteten Zimmer haben alle Ausblick auf den Garten, und die alten Betten sind erstaunlich bequem. Daß es nur ein Bad gibt, stört kaum. Hier ist alles dermaßen schön, daß man diesen kleinen Nachteil rasch vergißt. In dieser freundlichen, vollkommen ungezwungenen Atmosphäre verden Sie wie Freunde empfangen.

311 - La Ferme des Etoiles

Le Corneillon
32380 Mauroux
(Gers)
Tel. (0)5 62 66 46 83
Fax (0)5 62 66 32 96
M. Monflier

♦ Vom 1. Dez. bis Ostern geschl. ♦ 4 Zi. m. Bad od. Dusche, WC: 190-205 F (1 Pers.), 255-275 F (2 Pers.) + 65 F (zusätzl. Pers.) ♦ Frühst. inkl. ♦ Gemeins. Mittag- und Abendessen auf Best.: 90 F ♦ HP u. VP-Angebot ♦ Salons ♦ Schwimmbad, Fahrräder, Astronomie (Einführung, zahlbare Kurse) vor Ort ♦ Umgebung: Schwimmbad, Reiten, Freizeitcenter (künstl. See), 9-Loch-Golfpl. (14 km); Lectoure, galloromanische Überreste, Steinmuseum, Lavardens, Abtei Flaran u. La Romieu ♦ Man spricht Englisch, Spanisch u. Portugiesisch ♦ **Anreise** (Karte Nr. 30): 14 km nordöstl. von Fleurance, Rtg. St-Clar. In St-Clar Rtg. Lavit, dann über 4 km ausgeschildert.

Dieses große, stilgerecht restaurierte gasconische Haus, in dem man sich vor allem der Astronomie widmet, stellt den Gästen reichlich Platz zur Verfügung. Der Salon, der auch als Speiseraum dient, und die Lese- und Musikzimmer sind geräumig und tragen zu großem Wohlbefinden bei. Draußen vermag man bei klarem Wetter die Gebirgskette der Pyrenäen zu erblicken. Die Mahlzeiten werden im Schatten der großen Bäume serviert. Die Gästezimmer sind schlicht möbliert, und einige der (zu den Zimmern gehörenden) Bäder liegen auf dem Flur; sympathisch-großzügige Betreuung.

MIDI-PYRÉNÉES

312 - La Tannerie

32170 Miélan
(Gers)
Tel. (0)5 62 67 62 62
M. und Mme Bryson

♦ Ganzj. geöffn. ♦ 3 Zi. m. Bad, WC: 265-285 F (2 Pers.; je nach Saison) ♦ Frühst. inkl. ♦ Gemeins. Abendessen: 90 F (Wein inkl.) - Rest. 2 bzw. 6 km ♦ Salon ♦ Pétanque ♦ Umgebung: Tennispl. im Dorf, Reiten (1 km), 18-Loch-Golfpl. in Masseube (25 km), Wassersport (14 km), Baden in Lupiac (20 km), Angeln; Talkessel von Gavarny, Landhäuser u. Kirchen ♦ Man spricht Englisch u. Spanisch ♦ **Anreise** (Karte Nr. 30): 40 km südwestl. von Auch, N 21 Rtg. Tarbes. In Miélan kleine Straße rechts vor der Kirche.

Wie könnte man diesem schönen Landsitz, dieser Balustraden-Terrasse und vor allem der liebenswürdigen Hausbesitzerin, Mme Bryson, widerstehen. In den geräumigen und hellen Zimmern kann man sich einen Kaffee oder Tee zubereiten. Im Erdgeschoß sind der Lese- und Fernsehraum sowie das Eßzimmer ausgesprochen angenehm. Bei schönem Wetter werden Frühstück und Abendessen unter den Sonnenschirmen serviert. Die Vorteile dieses Hauses sind der Empfang, die Ruhe, die Entspannung und der hübsche Blick auf die umliegenden Hügel.

313 - Le Pigeonnier

32380 Pessoulens
(Gers)
Tel. (0)5 62 66 49 25
M. und Mme Jeangrand

♦ Vom Juli bis Sep. geöffn. ♦ 1 Zi. m. Bad, WC; 1 Nebenzi. f. Kinder: 245 F (2 Pers.) ♦ Frühst. inkl. ♦ Kein Speisenangebot - Bauernstube *Jouars* (1 km) u. *L'Estramiac* (4 km) ♦ Salon ♦ Tel. ♦ Hunde nicht erlaubt ♦ Umgebung: Schwimmbad, Tennis, Angeln (See), Freizeitzentrum Solomiac (8 km) ♦ Man spricht Italienisch, Spanisch u. ein wenig Englisch ♦ **Anreise** (Karte Nr. 30): nordöstl. von Toulouse über die D 2 u. die D 3. In Beaumont-de-Lomagne die D 928 Rtg. Auch u. die D 18 in Rtg. Saint-Clar; im Ort. Ab Bordeaux Autobahnausf. Les Deux-Mers in Agen, dann N 21. Vor Lectoure links die D 7 Rtg. Saint-Clar, Tournecoupe dann Pessoulens (D 7).

Dank Mme und M. Jeangrand werden Sie sich hier sofort wohl fühlen. Beide waren früher Lehrer; heute empfangen sie Gäste in ihrem hübschen Haus. Das einzige Zimmer verfügt über viel Komfort. Die Einrichtung in Blaßrosa und Weiß ist ein wenig kitschig. Vom Eßzimmer blickt man in den hübschen Garten, und das Frühstück mit Kuchen, diversen Konfitüren und Apfelkompott ist ein echter Gaumenschmaus.

MIDI-PYRÉNÉES

314 - En Bigorre

32380 Tournecoupe
(Gers)
Tel. (0)5 62 66 42 47
Jean und Jacqueline Marqué

◆ Ganzj. geöffn. ◆ 5 Zi. m. Dusche, WC: 260 F (2 Pers., 1-2 Üb.), 240 F (2 Pers., mehr als 3 Üb.)
◆ Frühst.: 25 F ◆ HP: 190 F pro Pers. im DZ ◆ Gemeins. Abendessen: 70 F (alles inkl.) ◆ Salon
◆ Zimmerreinigung auf Wunsch ◆ Tel. ◆ Schwimmbad, Pferdeboxen, Angeln vor Ort ◆ Umgebung:
Tennis, Golf; Saint-Clar, Cologne, Avezan, Solomiac ◆ **Anreise** (Karte Nr. 30): 40 km südl. von Agen
über die N 21 Rtg. Lectoure, dann links die D 27. Vor Lectoure Rtg. Saint-Clar, dann Tournecoupe.

Dieses erst kürzlich renovierte Haus ist von einem Garten umgeben und deshalb auch sehr ruhig. Die Zimmer sind angenehm, vertäfelt oder weiß gestrichen. Das Frühstück und das Abendessen werden entweder in einem hübschen Eßzimmer oder unter einem Vordach mit offenem Grill und Blick auf das Schwimmbad serviert. Gute regionale Küche zu sehr zivilen Preisen. Sympathische Betreuung.

315 - Château de Cousserans

46140 Belaye
(Lot)
Tel. (0)5 65 36 25 77
Fax (0)5 65 36 29 48
M. und Mme Georges Mougin

◆ Von Ostern bis 1. Nov. geöffn. ◆ 5 Zi. m. Bad, WC: 750 u. 850 F (2 Pers.), 900 F (3 Pers.)
◆ Kontinent. Frühst. inkl. ◆ Kein Speiseangebot, Kalte Speisen auf Best. - Rest. in Lascabanes u.
Saint-Medard-Catus ◆ Musiksalon (Orgel und 2 Klaviere) ◆ Angeln vor Ort ◆ Umgebung:
mittelalterliche Dörfer, Musikfestival, Weinstraße, Lauzerte, Montcuq, Rundf. prähistorische
Sehenswürdigkeiten ◆ Man spricht Englisch u. Spanisch ◆ **Anreise** (Karte Nr. 30): 30 km von Cahors
über die D 911. In Castelfranc links nach Anglars, dann die D 45 Rtg. Montcuq.

Das Schloß ragt aus einer Baumgruppe an der Biegung einer kleinen Straße hervor. Sein mittelalterliches Äußeres bildet einen interessanten Kontrast zur komfortablen Inneneinrichtung. Ein Aufzug bringt Sie zu den Zimmern, die komplett renoviert, sehr groß, ausgesprochen bequem und mit einigen alten Mahagoni-Möbeln eingerichtet sind. Der Musiksalon ist sehr einladend. Das Frühstück wird in einem Speisesaal mit Deckengewölbe und im Sommer auf der Schloßterrasse eingenommen.

MIDI-PYRÉNÉES

316 - Domaine de Labarthe

46090 Espère
(Lot)
Tel. (0)5 65 30 92 34
Fax (0)5 65 20 06 87
M. und Mme Claude Bardin

♦ Ganzj. geöffn. ♦ 3 Zi. (davon 1 Zi. m. TV) u. 1 Suite (3 Pers., Kochnische, TV, Tel.) m. Bad, WC: 350-500 F (2 Pers.) ♦ Frühst. inkl. ♦ Kein Speisenangebot - Rest. *Le Relais des Champs* (2 km) od. *Le Gindreau* (10 km) ♦ Zimmerreinigung tägl.; frische Wäsche alle 3 Tage ♦ Salon ♦ Tel. ♦ Hunde auf Anfr. erlaubt ♦ Eig. Schwimmbad (für Gäste bis 13 Uhr geöffn. od. auf Anfr.) ♦ Umgebung: Tennis (500 m), 9-Loch-Golfpl. (Castelnau-Montratier, 40 km), Wanderwege ♦ Man spricht Englisch ♦ **Anreise** (Karte Nr. 30): 10 km westl. von Cahors über D 911 Rtg. Villeneuve-sur-Lot. An der Place d'Espère links die Einfahrt, der Telefonzelle gegenüber.

In diesem schönen, großen und stattlichen Haus aus weißem Stein werden Sie mit ausgesuchter Höflichkeit empfangen; hier können Sie die Ruhe genießen und sich in den klassischen, komfortablen Zimmern mit Blick auf den Park entspannen. Üppiges, im Leseraum für die Gäste serviertes Frühstück. Wer besonders unabhängig sein möchte, wird sich für die im Taubenhaus mit kleinem Garten eingerichtete Suite (mit Kochnische) entscheiden. Bei schönem Wetter kann man sich am Schwimmbad sonnen, das mit viel Grün umgeben ist. Ein bemerkenswertes, traditionelles Haus.

317 - Moulin de Fresquet

46500 Gramat
(Lot)
Tel. (0)5 65 38 70 60
M. und Mme Ramelot

♦ Vom 15. März bis 1. Nov. geöffn. ♦ Nichtraucherzi. ♦ 5 Zi. m. Dusche, WC (TV auf Wunsch): 260-380 F (2 Pers.) + 75 F (zusätzl. Pers.) ♦ Frühst. inkl. ♦ Gemeins. Abendessen: 110 F (Wein inkl.) ♦ Salon ♦ Hunde nicht erlaubt ♦ Angeln, Ruderboot, Wanderweg vor Ort ♦ Umgebung: Reiten, Schwimmbad, Tennis, Mountainbikes, Kanu/Kajak; Rocamadour, Padirac, Loubressac ♦ Man spricht ein wenig Englisch ♦ **Anreise** (Karte Nr. 24): 800 m südöstl. von Gramat; dort Rtg. Figeac über die N 140, nach 500 m links, 300 m Weg.

Ganz in der Nähe von Gramat liegt diese alte Mühle sehr ruhig mitten im Grünen. Dank der gelungenen Renovierungsarbeiten ist sie nun sehr komfortabel, hat aber ihren Charme von früher bewahren können. Die Zimmer sind schön eingerichtet, und zwei von ihnen haben einen direkten Ausblick aufs Wasser. Claude und Gérard sind ausgesprochen freundliche Gastgeber, ihre Küche ist bemerkswert, und auf Wunsch servieren sie ihren Gästen einen Aperitif mit *foie gras*. Ein wunderbares Haus.

MIDI-PYRÉNÉES

318 - L'Ermitage

46230 Lalbenque
(Lot)
Tel. (0)5 65 31 75 91
M. Daniel Pasquier

♦ Ganzj. geöffn. ♦ 3 kl. Häuser m. Dusche, WC, Kochnische, Tel.: 180 F (2 Pers.) ♦ Kein Speisenangebot - Rest.: *Chez Bertier* (im Ort) ♦ Zimmerreinigung zu Lasten der Gäste ♦ Umgebung: Tennis, Reiten; Saint-Cirq-Lapopie, gallische Ruinen ♦ Man spricht Deutsch ♦ **Anreise** (Karte Nr. 30): 16 km südl. von Cahors über die D 6; am Ortseingangsschild (Lalbenque) links.

Diese drei kleinen Häuser, die hier *gariottes* genannt werden, und in denen man vollkommen unabhängig wohnt, liegen inmitten eines Trüffeleichenwaldes. Sie sind rund, tadellos, angenehm kühl im Sommer, warm im Winter und verfügen je über eine Kochnische (zum Zubereiten aller Mahlzeiten), ein Bad mit Dusche, ein Doppelbett (das komfortabel, aber ein wenig schmal ist) und sogar über ein Telefon. Hier wohnt man individuell und sehr preisgünstig.

319 - La Bastide de Caillac

46160 Montbrun
(Lot)
Tel. (0)5 65 40 65 29
Nicole und Jean-Claude Jughon

♦ Ganzj. geöffn., nur auf Reserv. ♦ Kinder unter 8 J. nicht erwünscht ♦ 1 Zi. u. 1 Suite (m. Tel. für 2-4 Pers.) m. Bad od. Dusche, WC; TV auf Wunsch; aber kein zusätzl. Bett: 500 F (2 Pers.); Suite 600 F (2 Pers.), 800 F (4 Pers.) ♦ Frühst. inkl. ♦ Gemeins. Essen auf Best. (individ. Tische): 120 F (ohne Wein) - Rest. ab 2 km ♦ Tel. ♦ Hunde nicht erlaubt ♦ Beheiztes Schwimmbad vor Ort ♦ Umgebung: Tennis, Reiten, Angeln (500 m), Kanu/Kajak (18 km), Mountainbikes, künstl. See (Wassersport); Lot- und Célé-Tal, Rocamadour, Saint-Cirq-Lapopie ♦ Man spricht Englisch u. Spanisch ♦ **Anreise** (Karte Nr. 31): 9 km östl. von Cajarc Rtg. Montbrun über das Lot-Tal. Montbrun durchqueren. 2 km hinter dem Dorf das Schild "Ferme de Montbrun, Restaurant", 150 m weiter links.

Dieses große Landhaus mit Nebengebäuden, das über die typische Architektur des Quercy verfügt, wurde von seinen Besitzern sorgfältig restauriert. Es befindet sich in einer sehr schönen Landschaft in der Nähe des Lot-Tales und besitzt zwei komfortable und ruhige Gästezimmer. Auch das große beheizte Schwimmbad trägt dazu bei, daß man sich an diesem traumhaften Ort sehr wohl fühlt und sich wunderbar entspannt.

MIDI-PYRÉNÉES

320 - La Petite Auberge

Domaine de Saint-Géry
Lascabanes
46800 Montcuq
(Lot)
Tel. (0)5 65 31 82 51
Pascale und Patrick Duler

◆ Von 10. Jan. bis 15. März geschl. - Mo außer Juli/ Aug. geschl. ◆ Im Juli/Aug. nur mit HP ◆ 5 Zi (2-3 Pers.) m. Bad, WC, Tel.: 250-480 F (od. 320-480 F m. HP pro Pers.); u. 1 App. (2-5 Pers.) m. Salon, 1 Zi., 2 Bäder, WC u. Tel.: 640 F (od. 400-520 F m. HP pro Pers.) ◆ Frühst.: 70 F ◆ Hunde auf Anfr. erlaubt (+ 35 F) ◆ Beheizt. Schwimmbad ◆ Umgebung: Tennis, Golf (8 km), Wanderwege, Mountainbikes; Schiffsfahrten auf dem Lot ◆ **Anreise** (Karte Nr. 30): 18 km südwestl. von Cahors über die N 20 Rtg. Toulouse, dann die D 653 Rtg. Montcuq u. links Rtg. Lascabanes über die D 7 (15 km).

In dieser wilden und kalkigen Landschaft des Quercy sind auch die Häuser sehr eigenwillig. *La Petite Auberge* ist diesbezüglich bestimmt keine Ausnahme. Die auf mehrere Gebäude verteilten Gästezimmer sind ausnahmslos schön: weiße Wände (mit der Reibscheibe aufgetragene Farbe), romanische Bögen, edles altes Mobiliar, Terrakottaplatten. Wunderbar! Außerdem: angenehme Badezimmer, eine exzellente Verpflegung (regionale Spezialitäten) und eine freundliche, unkomplizierte Betreuung.

321 - Château d'Uzech

46310 Saint-Germain-du-Bel-Air
(Lot)
Tel. und Fax (0)5 65 22 75 80
M. und Mme Brun

◆ Vom 15. Nov. bis zu den Ferien im Feb. geschl. ◆ Nur auf Reserv. ◆ 3 Studios (2-3 Pers.) m. Bad od. Dusche, WC u. Kochnische: 350-450 F (2 Pers.) + 95 F (zusätzl. Pers.) ◆ Frühst. inkl. ◆ Gemeins. Abendessen auf Best. (individ. Tische): 100 F (alles inkl.) ◆ Salon ◆ Tel.: Telecom-Karte ◆ Haustiere auf Anfr. erlaubt ◆ Schwimmbad, Tischtennis, Pétanque vor Ort ◆ Umgebung: Reiten, Tennis, Kanu/Kajak; Schlucht von Padirac, Rocamadour, Bonaguil, Printemps de Cahors, Festival von Saint-Céré ◆ Man spricht Englisch, Spanisch u. Portugiesisch ◆ **Anreise** (Karte Nr. 23): 23 km nördl. von Cahors, Rtg. Villeneuve-sur-Lot über die D 911. Am Ortsausgang von Mercuès Rtg. Gourdon über die D 12. 4 km hinter St-Denis-Catus. Im Dorf links, Rtg. Schule (*école*), Schloß (*château*).

Mit viel Sorgfalt wurde dieses schöne große Haus des Quercy von seinen Besitzern im Laufe der Zeit renoviert. Es bietet einen Ausblick auf eine prachtvolle Landschaft, die aus viel Natur und Himmel besteht. Zur Verfügung stellt es drei unabhängige Studios mit Loggien, bei denen Stein und Holz vorherrschen. Jedes Studio verfügt über eine Kochnische, die Sie nicht benutzen müssen, denn Mme Brun ist eine hervorragende Köchin. Ein freundliches, raffiniertes Haus.

MIDI-PYRÉNÉES

322 - Domaine de Jean-Pierre

20, route de Villeneuve
65300 Pinas
(Hautes-Pyrénées)
Tel. (0)5 62 98 15 08
Fax (0)5 62 98 15 08
Mme Marie Colombier

♦ Ganzj. geöffn. ♦ 3 Zi. m. Bad, WC: 210 F (1 Pers.), 250 F (2 Pers.) + 70 F (zusätzl. Pers.) ♦ Frühst. inkl. ♦ Kein Speisenangebot - Rest.: *Chez Maurette* u. *Le Relais du Castera* (5 bzw. 7 km) ♦ Salon, Bibliothek, Klavier ♦ Pferdeboxen vor Ort ♦ Umgebung: Schwimmbad, Tennis, 18-Loch-Golfpl. in Lannemezan; Lourdes, Saint-Bertrand-de-Comminges ♦ Man spricht Englisch u. Spanisch ♦ **Anreise** (Karte Nr. 30): 30 km östl. von Tarbes über die N 117 Rtg. Toulouse. 5 km von Lannemezan entf. An der Kirche von Pinas D 158 Rtg. Villeneuve; das Haus liegt 800 m weiter rechts.

Dieses schöne, ganz mit wildem Wein bedeckte Haus liegt ruhig am Rand des Dorfes. Es besitzt einen sehr gepflegten Garten, und alle Zimmer - mit stets eigener Farbe und altem Mobiliar - gehen aufs Grüne. Die modernen Badezimmer sind besonders großzügig gestaltet; die Gesamteinrichtung des Hauses kann als elegant bezeichnet werden. Mme Colombier ist sehr freundlich und bereitet ein ausgezeichnetes Frühstück zu, das bei schönem Wetter auf der Terrasse serviert wird.

323 - Château de la Serre

81580 Cambounet-sur-le-Sor
(Tarn)
Tel. (0)5 63 71 75 73
Fax (0)5 63 71 76 06
Guy und Chantal
de Limairac-Berthoumieux

♦ Von Dez. bis Apr. geschl. ♦ 2 Zi. u. 1 Suite m. Bad u. WC: 500 F (2 Pers.), 600 F (3 Pers.); ab 2. Üb. 10 % Preisnachl. ♦ Frühst. inkl. ♦ Gemeins. Essen auf Best. - Rest. in Massaquel (6 km ♦ Salon ♦ Tel. ♦ Schwimmbad vor Ort ♦ Umgebung: Tennis, Reiten, Golf; Castres, Goya-Museum, Dorffeste im Sommer, Albi ♦ Man spricht Englisch, Spanisch u. Italienisch ♦ **Anreise** (Karte Nr. 31): 11 km westl. von Castres Rtg. Toulouse und Puylaurens über die N 126. Nach 9 km rechts Rtg. Vielmure. In Cambounet-sur-le-Sor 1. Straße links hinter der Kirche, dann ausgeschildert.

Dieses alte Familienanwesen überragt von seinem Hügel aus die liebliche Landschaft des Tarn. Es wurde zu Beginn des Jahrhunderts von den Großeltern der Mme de Limairac-Berthoumieux restauriert. Die beiden großen Gästezimmer und die prachtvolle Suite wurden von der Dame de Hauses persönlich eingerichtet, und zwar sehr sorgfältig und geschmackvoll. Gedacht wurde auch an das kleinste Detail. Das stilechte Mobiliar und die ultramodernen Badezimmer bieten höchsten Komfort. Der liebenswürdige Empfang der Gastgeber rundet die zahlreichen Annehmlichkeiten, die dieses Haus bietet, noch ab.

MIDI-PYRÉNÉES

324 - Chez Mme Salvador

Place des Arcades
81140 Castelnau-de-Montmiral
(Tarn)
Tel. (0)5 63 33 17 44
M. und Mme Salvador

♦ Ganzj. geöffn. ♦ 5 Zi. m. Bad, WC; 1 Zi. m. Bad, gemeins. WC; 1 Suite (2-3 Pers. - mind. 4 Üb.) m. Salon, Küche, Bad, WC: 160-180 F (2 Pers.) + 30 F (zusätzl. Pers.); Suite: 300 F (2-3 Pers.) ♦ Frühst.: 20 F ♦ Kein Speisenangebot - Rest. im Ort ♦ Zimmerreinigung alle 2-3 T. od. auf Wunsch ♦ Salon ♦ Kl. Hunde erlaubt ♦ Umgebung: Schwimmbad, Angeln, Tennis, Reiten, Golf, Besichtig. des Dorfes, Rundf. Besichtig. der Landhäuser ♦ **Anreise** (Karte Nr. 31): 30 km westl. von Albi Rtg. Gaillac, dort Route de Caussade.

An den beiden großen Fensterkreuzen leicht erkennbar, finden Sie dieses Haus am Hauptplatz von Castelnau, einem kleinen Meisterwerk aus dem Mittelalter. Die komfortablen Gästezimmer sind schlicht und rustikal eingerichtet. Im Salon kann man einen außergewöhnlichen Kamin im Louis-XIII-Stil bewundern. Das Frühstück wird entweder in jenem Raum serviert, der als Eßzimmer und Teesalon dient, oder draußen unter den Arkaden. Angenehme Betreuung.

325 - Aurifat

81170 Cordes-sur-Ciel
(Tarn)
Tel. (0)5 63 56 07 03
M. und Mme Thornley

♦ Ganzj. geöffn., im Winter auf Reserv. ♦ 2 Zi. u. 1 Suite (4 Pers.) m. Bad od. Dusche, WC: 260 F (2 Pers.), Suite 480 F (4 Pers.) ♦ 10% Preisnachlaß ab der 7. Üb. ♦ Frühst. inkl. ♦ Kein Speisenangebot - Barbecue steht zur Verfügung ♦ Salon, Bibliothek ♦ Haustiere auf Anfr. erlaubt ♦ Schwimmbad, Pétanque ♦ Umgebung: Tennis, Flußangeln; Rundfahrt z. Besichtig. der Landhäuser (*bastides*), Albi (25 km), Kathedrale ♦ Man spricht Englisch, Deutsch u. Spanisch ♦ **Anreise** (Karte Nr. 31): In Cordes ab der Unterstadt (*ville basse*) Rtg. Cité rechts von der Maison de la Presse (500 m), dann links Rtg. Le Bouysset. 200 m hinter der Haarnadelkurve (ausgeschildert).

Nur fünf Minuten zu Fuß vom mittelalterlichen Zentrum von Cordes entfernt, entstand im Laufe der Zeit dieses Haus um den alten Wachtturm des Dorfes herum. Von den Gästezimmern und der Suite aus, die alle über einen eigenen Eingang und eine eigene kleine Terrasse verfügen, blickt man aufs Tal. Ein Speisenangebot gibt es nicht, aber dafür steht den Gästen ein Barbecue zur Verfügung. Die Gastgeber, die viel in der Welt herumgekommen sind, empfangen Sie auf einfache und freundliche Art. Ein schönes, ruhiges Haus am Rand eines Dorfes, das zu den besterhaltenen Frankreichs zählt.

MIDI-PYRÉNÉES

326 - Chez Mme Pinon

8, place Saint-Michel
81600 Gaillac
(Tarn)
Tel. (0)5 63 57 61 48
Fax (0)5 63 41 06 56
Mme Pinon

♦ Ganzj. geöffn. ♦ 5 Zi. m. Bad, WC u. Tel.: 220 F (1 Pers.), 240 F (2 Pers.); 1 Suite m. 1 Zi., Salon, Bad u. Dusche, WC: 360 F (2 Pers.) ♦ Frühst. inkl. ♦ Kein Speisenangebot - Rest. *Les Sarments* (200 m) u. *Le Relais de la Portanelle* (300 m) ♦ Salon u. TV-Raum ♦ Umgebung: Schwimmbad, Tennis, mehrere Golfpl.; Musée du Compagnonnage (Museum der fahrenden Handwerksgesellen), das Schloß mit Lenôtre-Garten, naturgeschichtl. Museum, Abteikirche Saint-Pierre, Cordes (27 km), Albi (20 km), Toulouse (49 km) ♦ Man spricht Englisch ♦ **Anreise** (Karte Nr. 31): in Gaillac, gegenüber der Kirche Saint-Michel.

Dieses schöne Stadtpalais aus dem 17. Jahrhundert besitzt fünf geräumige Gästezimmer, die mit echtem altem Mobiliar eingerichtet sind; ferner verfügen sie über moderne Bäder, und frisch angestrichen sind sie auch. Auf der gleichen Etage stehen den Gästen zwei raffiniert ausgestattete Salons zur Verfügung. Im Sommer wird das Frühstück auf der überdachten Terrasse oberhalb des Tarn und gegenüber der Kirche Saint-Michel eingenommen. Viel Authentisches und Charme.

327 - Château de Garrevaques

81700 Garrevaques
(Tarn)
Tel. (0)5 63 75 04 54
und (0)5 61 52 01 47
Fax (0)5 63 70 26 44
Mme Barande und Mme Combes

♦ Ganzj. geöffn. (ausschließl. auf Reserv.) ♦ 7 Zi. (2-3 Pers.) u. 2 Suiten m. Bad, WC: 650 F (2 Pers.), Suiten: ab 1100 F (4-6 Pers.) ♦ Frühst. inkl. ♦ HP: 450 F pro Pers. im DZ (mind. 2 Üb.) ♦ Gemeins. Abendessen auf Best.: 150 F (Wein inkl.) ♦ Salons, Billard ♦ Tel. ♦ Visa, Amex ♦ Kl. Hunde auf Anfr. erlaubt ♦ Schwimmbad, Tennis vor Ort ♦ Umgebung: Golf, Antiquitätenhändler ♦ Man spricht Englisch u. Spanisch ♦ **Anreise** (Karte Nr. 31): 50 km südöstl. von Toulouse über die D 1. Ab Revel 5 km Rtg. Caraman (D 79, gegenüber der Gendarmerie).

Während der Revolution durch Brand teilweise zerstört, wurde das in einem ausgedehnten Park (heute mit Schwimmbad und Tennisplatz) gelegene Schloß, das seit 15 Generationen im Familienbesitz ist, zu Beginn des 19. Jahrhunderts wiederaufgebaut. Es verfügt über herrliche Salons, die ganz im Empire- und Napoléon-III-Stil eingerichtet sind. Die Zimmer sind groß, elegant möbliert und komfortabel. Das traditionelle Abendessen nehmen die Gäste und die Dame des Hauses gemeinsam ein. Die Betreuung ist angenehm und von gehobenem Niveau.

MIDI-PYRÉNÉES

328 - Meilhouret

81140 Larroque
(Tarn)
Tel. und Fax (0)5 63 33 11 18
Minouche und Christian Jouard

◆ Ganzj. geöffn. (von Okt. bis Apr. nur auf Anfr.) ◆ Mind. 2 Üb. im Juli/Aug. ◆ 2 Zi. m. Bad od. Dusche, WC: 245 F (1 Pers.), 265 F (2 Pers.) ◆ Frühst. inkl. ◆ Gemeins. u. individ. Abendessen auf Best. (außer Juli/Aug.): 90 F (Wein inkl.) ◆ Im Sommer kann eine Kochnische gemietet werden ◆ Zimmerreinigung u. frische Wäsche alle 3 Tage ◆ Salon ◆ Schwimmbad vor Ort ◆ Umgebung: See (Angeln u. Wassersport) in Montclar, Tennis, Reiten; Rundfahrten Besichtig. der Landhäuser, Sommerkonzerte ◆ Man spricht Englisch ◆ **Anreise** (Karte Nr. 31): 25 km nordwestl. von Gaillac über D 964 Rtg. Caussade. 4 km vor Larroque links 3 km über D 1 Rtg. Monclar, vor Monclar am Schild "*Chambres d'hôtes*" rechts, 2 km durch den Wald, 2. Haus am geteerten Weg.

Am Ende eines kleinen Waldweges werden Sie ein schönes Herrenhaus im regionalen Baustil entdecken - man wird Sie höflich und diskret empfangen. Die Zimmer mit wunderbarem Ausblick sind komfortabel und sorgfältig ausgestattet. Im Sommer wird das Frühstück unter den Bäumen serviert. Für alle, die Ruhe und Natur lieben.

329 - Chez M. et Mme Audouy

Rue de l'Église
81440 Lautrec
(Tarn)
Tel. (0)5 63 75 95 11
M. und Mme Audouy

◆ Von Allerheiligen bis Ostern geschl. (außer auf Reserv.) ◆ 3 Zi. u. 1 Suite (m. TV) m. Bad u. WC: 250 F (2 Pers.); Suite 350 F (3 Pers.) ◆ Frühst. inkl. ◆ Kein Speisenangebot - Rest. im Dorf u. Bauerngasthof (*ferme-auberge*, 3 km) ◆ Tel. ◆ geschl. Garage ◆ Salon ◆ Hunde auf Anfr. erlaubt ◆ Umgebung: mehrere Golfpl. in der Nähe, Schwimmbad (12 km), Tennis u. Wasserfl. im Dorf (mod. Schwimmbäder, Angeln, Wassersport) Reiten (9 km), Wanderwege ab dem Dorf; Albi (30 km), Castres (12 km), le Sidobre (10 km) ◆ Man spricht Englisch u. Spanisch ◆ **Anreise** (Karte Nr. 31): 30 km südl. von Albi Rtg. Castres; 3 km hinter Réalmont rechts Rtg. Lautrec. Die blaue Tür neben der Apotheke.

Dieses große, inmitten des reizenden Dorfes Lautrec gelegene Familienhaus verfügt über drei komfortable Gästezimmer und eine Suite; außerdem gibt es hier einen Frühstücksraum, dessen Tapeten mit einem Panorama aus dem Jahr 1810 stammen, und einen außergewöhnlich schönen Garten mit Terrasse, von wo man die Täler der Tarn-Landschaft überblickt. Sehr netter und ungezwungener Empfang. Ein Haus, das sich sehen lassen kann.

MIDI-PYRÉNÉES

330 - Château de Montcuquet

81440 Lautrec
(Tarn)
Tel. (0)5 63 75 90 07
M. und Mme Vene

♦ Ganzj. geöffn. ♦ 2 Zi. m. Bad, WC, 1 Zi. ohne Bad/Dusche: 270 F (1 Pers.), 300 F (2 Pers.), 100 F (zusätzl. Pers.) ♦ Frühst. inkl. ♦ Gemeins. Abendessen (außer So): 80 F (Wein inkl.) ♦ Zimmerreinigung auf Wunsch ♦ TV-Raum u. Leseraum ♦ Angeln (Fluß und Teich) vor Ort ♦ Umgebung: 19-Loch-Golfpl. (15 km); Sidobre, Schlösser, Cordes ♦ **Anreise** (Karte Nr. 31): 15 km von Castres entf. Rtg. Lautrec; 4 km vor Lautrec, an der Route de Roquecourbe.

Zum Schloß führt eine schöne Kastanienallee. Der Turm aus dem 14. Jahrhundert liegt ein wenig abseits der Flügel in U-Form mit Innenhof. Mme Vene arbeitet oft im Garten unter den Fenstern des großen Zimmers mit ungewöhnlichem Volumen, das zudem einen großartigen Blick auf die Landschaft bietet. Aber auch das andere Zimmer mit seinem kleinen, winkligen Bad ist voller Charme; die Fenster gehen zur schattigen Terrasse, auf der im Sommer das Frühstück serviert wird. Die gute Laune und Ungezwungenheit der "Schloßherren" ist sehr angenehm. Eine Adresse, die Qualität garantiert.

331 - La Bousquétarié

81700 Lempaut
(Tarn)
Tel. (0)5 63 75 51 09
Monique und Charles
Sallier-Larenaudie

♦ Ganzj. geöffn. ♦ 2 Zi. u. 2 Suiten (3-4 Pers.) m. Bad od. Dusche, WC: 350 F (2 Pers.), 450 F (3 Pers. in Suiten) + 50 F (zusätzl. Pers.) ♦ Frühst. inkl. ♦ Preisnachl. bei läng. Aufenth. ♦ Gemeins. Essen auf Best.: 120 F (alles inkl.) ♦ Salons ♦ Hunde in den Zi. nicht erlaubt ♦ Schwimmbad, Tennis, Angeln am Teich, Mountainbikes (mit Preiszuschl.) vor Ort ♦ Umgebung: Reiten, 18-Loch-Golfpl. (22 km), See Saint-Féréol (Wassersport); Festival von Castres, Besichtig. der Landhäuser (*bastides*), Albi, Toulouse, Carcassonne ♦ Man spricht (ein wenig) Englisch ♦ **Anreise** (Karte Nr. 31): 18 km südwestl. von Castres. Rtg. Toulouse bis Soual, dann Rtg. Revel. In Lescout rechts Rtg. Lempaut über die D 46. 2 km weiter an der Straße rechts (ausgeschildert).

Wenn Sie das ruhige Ambiente eines großen Familienhauses mögen, dann ist *La Bousquétarié* - dieses zu Beginn des letzten Jahrhunderts inmitten eines Gutes errichteten Herrenhauses - genau die richtige Adresse für Sie. Die hier herrschende Ruhe, die Weite, das geräumige Haus, das den Gästen großzügig zur Verfügung steht, und der Tisch, an dem sich die Familie versammelt - all das erinnert an die Gemütlichkeit der Ferien vergangener Zeiten. Der Empfang ist dynamisch und liebenswürdig.

MIDI-PYRÉNÉES

332 - Montpeyroux

81700 Lempaut
(Tarn)
Tel. (0)5 63 75 51 17
M. und Mme Adolphe Sallier

♦ Vom 1. Apr. bis 1. Nov. geöffn. ♦ 1 Zi. m. Bad (kl. Badewanne), WC; 4 Zi. m. Dusche (2 m. eig. WC u. 2 m. gemeins. WC): 250-300 F (1-2 Pers.) ♦ Frühst. inkl. ♦ Gemeins. Essen: 60 F mittags (einfach), abends 100-120 F (Wein inkl.) ♦ Zimmerreinigung zweimal pro Woche u. auf Wunsch ♦ Salon ♦ Hunde nicht erlaubt ♦ Schwimmbad u. Tennispl. vor Ort ♦ Umgebung: Reiten, Golf; See Saint-Féréol, Rundf. Besichtig. der Landhäuser, Albi, Toulouse, Carcassonne ♦ **Anreise** (Karte Nr. 31): 12 km nordöstl. von Revel über die D 622 Rtg. Castres (9 km), dann links die D 12. In Lempaut links die D 46 Rtg. Blan, und vor dem Friedhof nochmal links.

Ein altes, ruhiges und ganz im Grünen gelegenes Haus. Die Einrichtung (mit erlesenen Möbeln aus dem 18. und frühen 19. Jahrhundert) im Salon wie auch in den komfortablen Zimmern mit angenehmen Bädern ist wirklich sehr gelungen. (Zwei Zimmer teilen sich eine Toilette.) Das recht gute Abendessen und das Frühstück werden bei schönem Wetter draußen unter einem kleinen Vordach serviert. Vor dem Haus steht ein großer, schattenspendender Baum. Die Betreuung ist natürlich und freundlich.

333 - Villa Les Pins

81700 Lempaut
(Tarn)
Tel. (0)5 63 75 51 01
Mme Delbreil

♦ Vom 1. Mai bis 1. Nov. geöffn. ♦ 5 Zi. m. Bad u. Dusche, WC; 2 kl. Zi. teilen sich Dusche u. WC: 180 F (1 Pers.), 250-400 F (2 Pers.), 450 F (3 Pers.) ♦ Frühst. inkl. ♦ Gemeins. Abendessen (auch Diät): 100-130 F (alles inkl.) ♦ Salon ♦ Zimmerreinigung zweimal pro Woche ♦ Hunde nicht erlaubt ♦ Flußangeln, Tischtennis vor Ort ♦ Umgebung: 18-Loch-Golfpl., Tennis, Reiten, See (12 km); Katharer-Schlösser, Montagne Noire, Castres ♦ Man spricht Englisch ♦ **Anreise** (Karte Nr. 31): 12 km nordöstl. von Revel über die D 622 Rtg. Castres (9 km), dann links die D 12. In Lempaut links die D 46 Rtg. Blan; 2. Weg links.

Dieser schöne Besitz, eine Villa italienischen Stils, stammt aus der Jahrhundertwende und wurde vor kurzem von Grund auf mit viel Gespür und Liebe zum Detail renoviert. Die charmanten hellen Zimmer mit Blümchentapete sind mit elegantem Mobiliar aus dem Familienbesitz eingerichtet. Das größte Zimmer hat einen hübschen, halbkreisförmigen Balkon. Park mit Blick auf die Montagne Noire. Sympatische, familiäre Betreuung.

MIDI-PYRÉNÉES

334 - Domaine équestre des Juliannes

Les Juliannes
81250 Paulinet
(Tarn)
Tel. (0)5 63 55 94 38
M. und Mme Marc Choucavy

♦ Von März bis Dez. geöffn. (im Juli/August u. während der Schulferien Sonderpreise bei Reserv. f. 1 Woche) ♦ 3 Zi. u. 3 Suiten (4-5 Pers.) m. Bad u. WC: 320 F (2 Pers.), 560 F (3 Pers.), 645 F (4 Pers.), 725 F (5 Pers.) ♦ Frühst. inkl. ♦ HP: 258 F pro Pers. im DZ ♦ Gemeins. Essen mittags (kaltes Buffet, 70 F) u. abends auf Best.: 110 F (ohne Wein) ♦ Zimmerreinigung auf Wunsch ♦ Salon ♦ Visa ♦ Hunde auf Anfr. erlaubt ♦ Schwimmbad, Reitcenter, Angeln vor Ort ♦ Man spricht Englisch ♦ **Anreise** (Karte Nr. 31): 37 km südöstl. von Albi über die D 999 Rtg. Millau. Vor Alban rechts die D 86 Rtg. Réalmont, dann 2. Straße links; ausgeschildert.

Dieser ausgezeichnet renovierte Landsitz bietet einen schönen Ausblick und viel Ruhe. Die Zimmer sind groß und komfortabel, und ihre betont schlichte, elegante Einrichtung bringt das helle Holz des Parketts, die Natursteine und die hübschen Bettdecken besonders zur Geltung. Angenehmer Salon, ausgezeichnete Verpflegung, renommiertes Reitcenter, ganzwöchige Aufenthalte in der Ferienzeit.

335 - La Bonde

Loupiac
81800 Rabastens
(Tarn)
Tel. (0)5 63 33 82 83
Fax (0)5 63 57 46 54
M. und Mme Maurice Crété

♦ Vom 15. Dez. bis 15. Jan. geschl. ♦ 2 Zi. m. Bad od. Dusche, WC u. TV: 250 F (2 Pers.) ♦ Frühst. inkl. ♦ Gemeins. Essen: 95 F (alles inkl.) ♦ Tel. ♦ Bassin, Fahrradverleih vor Ort ♦ Umgebung: Schwimmbad in einem Park (6 km), künstl. See (12 km), Tennis (4 km), Reiten (9 km), Golfpl. (15 km); Toulouse (45 km), Albi (35 km), Dorffeste (Juli/Aug.), Weinfest in Gaillac, Kirche von Lavaur, Schloß Saint-Géry ♦ Man spricht Englisch u. Spanisch ♦ **Anreise** (Karte Nr. 31): 7 km östl. von Rabastens Rtg. Loupiac. Am Friedhof, ausgeschildert.

Im Herzen des Tarn gelegen, bietet dieses alte, von einem schönen Garten umgebene Privathaus zwei bemerkenswerte und sehr behagliche Gästezimmer an. Mme Crété, stets um das Wohlbefinden ihrer Gäste bemüht, ist zudem eine ausgesprochen gute Köchin. Der Empfang ist sehr freundlich und warmherzig. Eine besonders gute Adresse.

MIDI-PYRÉNÉES

336 - Les Chênes de Sainte-Croix

82150 Montaigu-de-Quercy
(Tarn-et-Garonne)
Tel. (0)5 63 95 30 78
M. und Mme Arthur Hunt

♦ Ganzj. geöffn. ♦ 5 Zi. m. Dusche, WC: 175 F (1 Pers.), 225 F (2 Pers.), 258 F (3 Pers.), 345 F (4 Pers.); Kinder unter 12 J.: 40 F, Kleinkinder: kostenlos ♦ Frühst. inkl. ♦ bei 1-wöchig. Aufenth. 20 % Preisnachl. ♦ Gemeins. Essen auf Best.: 65 F (Kinder 35 F) ♦ Salon, Spielzimmer ♦ Tel. ♦ Hunde nicht erlaubt, Katzen auf Anfr. ♦ Schwimmbad vor Ort ♦ Umgebung: Tennis u. künstl. See (5 km), Reiten (11 km) Fallschirmspringer-Kurse (3 km), Golfpl. (28 km); Besichtig. der Landhäuser (*bastides*); befestige Dörfer, Abtei von Moissac ♦ Man spricht Englisch ♦ **Anreise** (Karte Nr. 30): 25 km nordöstl. von Agen Rtg. Cahors bis Tournon-d'Agenais (42 km), D 2 Rtg. Lauzerte, 5 km hinter Montaigu-de-Quercy rechts.

In diesem typischen Bauernhaus des Quercy werden Sie von den Hunts, die über drei schlichte, aber komfortable und mit viel Holz ausgestattete Gästezimmer verfügen, auf eine echt englische Art empfangen. Ein Lese- bzw. Fernsehzimmer, ein großzügiges Spielzimmer, ein großer Garten mit schattigen Ecken und ein schönes Schwimmbad sind die Vorzüge dieses angenehmen Hauses.

337 - Le Barry

Faubourg Saint-Roch
82270 Montpezat-du-Quercy
(Tarn-et-Garonne)
Tel. (0)5 63 02 05 50
Fax (0)5 63 02 03 07
Mme Bankes und Mme Jaross

♦ Ganzj. geöffn. (im Winter nur auf Reserv.) ♦ 5 Zi. m. Bad od. Dusche, WC: 325 F (2 Pers.) ♦ Frühst. inkl. ♦ Gemeins. Abendessen auf Best.: 110 F (alles inkl.) ♦ Salon ♦ Haustiere auf Anfr. erlaubt ♦ Schwimmbad vor Ort ♦ Umgebung: Reiten, Golf; Saint-Cirq-Lapopie, Moissac (roman. Kunst) ♦ Man spricht Englisch, Deutsch u. Italienisch ♦ **Anreise** (Karte Nr. 30): 25 km südl. von Cahors über die N 20 Rtg. Montauban, rechts (ca. 25 km) Rtg. Montpezat-de-Quercy. Im Ort das Café de l'Union rechts liegenlassen, nach ca. 50 m links ausgeschildert.

Diese schöne Haus liegt im Dorf an der alten Stadtmauer. Es hat Blick auf eine liebenswürdige, abwechslungsreiche Landschaft, auf die auch die fünf Gästezimmer gehen. Diese sind individuell eingerichtet, und jedes hat einen besonderen Stil. Die Bäder sind komfortabel. Ferner steht ein Salon zum Lesen und Musikhören zur Verfügung, der Speiseraum ist sehr gastfreundlich, und das schöne Schwimmbad, das einen großen Teil des Gartens einnimmt, rundet das Bild dieses schlichten und behaglichen Hauses ab. Die Betreuung ist höflich und sehr einfallsreich.

NORD-PAS-DE-CALAIS

338 - Château d'En-Haut

59144 Jenlain
(Nord)
Tel. (0)3 27 49 71 80
M. und Mme Demarcq

♦ Ganzj. geöffn. ♦ 6 Zi. m. Bad od. Dusche, WC (auch: Zi. als Suite): 270-350 F (2 Pers.), 380 F (3 Pers.), 430 F (4 Pers.) ♦ Frühst. inkl. ♦ Kein Speisenangebot - Rest. in Umgebung ♦ Salon ♦ Hunde nicht erlaubt ♦ Umgebung: Golf; Wald von Mormal ♦ Man spricht Englisch ♦ **Anreise** (Karte Nr. 3): 8 km südöstl. von Valenciennes über die N 49 Rtg. Maubeuge.

Von der Straße ein wenig abgelegen, verbirgt sich dieses reizvolle, von Blumen umgebene Schloß in einem großen Park, den man von der Grand'rue des Dorfes aus betritt. Die Innenausstattung ist sehr gelungen: wertvolle Teppiche und alte Möbel, optimal ergänzt durch geschickt gewählte Farben. Die Zimmer sind sehr angenehm. Das Frühstück wird in einem der drei Speisesäle serviert. Die Betreuung ist sehr nett und das Preis-Leistungsverhältnis hervorragend.

339 - La Maison de la Houve

62179 Audinghen
(Pas-de-Calais)
Tel. (0)3 21 32 97 06
Fax (0)3 21 83 29 95
Mme Danel

♦ Ganzj. geöffn. ♦ 5 Zi. m. Bad od. Dusche, WC; 2 Zi. m. Waschb.: 100-150 F (1 Pers.), 125-170 F (2 Pers.) ♦ Frühst. inkl. ♦ Kein Speisenangebot ♦ Salon ♦ Tel. ♦ Botan. Garten, Rosenzucht, Trödelverkauf vor Ort ♦ Umgebung: Tennis, Reiten, Golf, Meer, Fischfang; Schloß u. Museum von Boulogne-sur-Mer ♦ Man spricht Englisch ♦ **Anreise** (Karte Nr. 1): zw. Calais u. Boulogne. 5,5 km von Cap Gris-Nez entf. Rtg. Marquise (D 191); im kleinen Ort Onglevert.

Dieses ebenso eigenwillige wie gefällige Haus verfügt über eine wunderbare Lage mit Blick zur Côte d'Opale. Seine perfekte, komfortable Einrichtung vermittelt das Gefühl absoluten Wohlbefindens. Das Frühstück muß in höchsten Tönen gelobt werden; es wird auf elegantem Porzellangeschirr serviert. Der Panoramablick ist herrlich, in der Ferne erkennt man Cap Gris-Nez. Madame Danel ist die Liebenswürdigkeit in Person. Diesen Ort verläßt man nur ungern.

NORD-PAS-DE-CALAIS

340 - La Gacogne

La Gacogne
62310 Azincourt
(Pas-de-Calais)
Tel. (0)3 21 04 45 61
Marie-José und Patrick Fenet

♦ Ganzj. geöffn. ♦ 3 Zi. m. Waschraum, Dusche, WC; 1 Zi. m. Waschraum, WC: 240 F (2 Pers.) ♦ Frühst. inkl. ♦ Kein Speiseangebot - Rest. in Azincourt, Hesdin u. Fruges ♦ Salon ♦ Hunde nicht erlaubt ♦ Malkurse (Aquarell und Öl), Kutschfahrten vor Ort ♦ Umgebung: Meer, Tennis, Reiten, Angeln ♦ Man spricht Englisch ♦ **Anreise** (Karte Nr. 2): 41 km nordöstl. von Abbeville über die D 928 Rtg. Fruges. Vor Ruisseauville rechts auf die D 71 Rtg. Azincourt, dann Rtg. Tramecourt; ausgeschildert.

Im historischen Ort Azincourt liegt an der Stelle des Feldlagers der Engländer im Hundertjährigen Krieg das einladende Haus *La Gacogne*. Die Zimmer wurden in einem kleinen Nebengebäude mit Küche, Aufenthaltsraum und Kamin eingerichtet. Sie sind alle sehr hübsch und besitzen ein geschickt eingerichtetes Bad mit Dusche und Toilette. Das Frühstück wird in einem Raum eingenommen, der besonders gemütlich gestaltet ist. Äußerst gastfreundliche Atmosphäre.

341 - Le Clos Grincourt

18, rue du Château
62161 Duisans
(Pas-de-Calais)
Tel. (0)3 21 48 68 33
Annie Senlis

♦ Ganzj. geöffn. ♦ Nichtraucherzi. ♦ 1 Zi. u. 1 Suite (4 Pers.) m. Bad od. Dusche, WC: 170 F (1 Pers.), 200 F (2 Pers.) + 50 F (zusätzl. Pers.), Kinder unter 5 J.: kostenlos; Suite: 390 F (4 Pers.) ♦ Frühst. inkl. ♦ Kein Speiseangebot - zahlr. Restaur. in Arras ♦ Salon ♦ Wanderwege ♦ Umgebung: Tennispl. im Dorf, 18-Loch-Golfpl. (4 km), Reiten; Altstadt Arras, Route du Camp du Drap d'or, Route fleurie, Air-sur-la-Lys, Moor von Saint-Omer ♦ Man spricht Englisch ♦ **Anreise** (Karte Nr. 2): 8 km westl. von Arras über N 39, dann D 56 Rtg. Duisans, anschließend ausgeschildert.

Ein prächtiger, von einem Park mit vielen Blumen umgebener Landsitz. Der Empfang, die Innenausstattung und nicht zuletzt die Familienfotos tragen dazu bei, daß man sich hier sofort wohl fühlt. Wir empfehlen vor allem das Gästezimmer *Chambre d'amis* - es ist wunderbar nostalgisch, groß und sehr komfortabel. Ein Raum ist für die Gäste da: zum Einnehmen des Frühstücks, zum Lesen der Touristeninformationen oder zum Betrachten eines über die Region gedrehten Videofilmes.

NORD-PAS-DE-CALAIS

342 - La Grand'Maison

62179 Escalles
(Pas-de-Calais)
Tel. (0)3 21 85 27 75
Fax (0)3 21 85 27 75
Jacqueline und Marc Boutroy

♦ Ganzj. geöffn. ♦ 4 Zi. u. 2 Studios (2 Pers.) m. Bad od. Dusche, WC: 210-265 F (2 Pers.) + 80 F (zusätzl. Pers.) ♦ Frühst. inkl. ♦ Gemeins. Essen: 90 F ♦ Zimmerreinigung auf Wunsch ♦ Salon ♦ Hunde nicht erlaubt ♦ Mountainbikes (langer Wanderweg) ♦ Umgebung: Tennispl. im Dorf, Reiten, Meer (1,4 km), 18-Loch-Golfpl. (15 km), Küstenwege; Cap Blanc-Nez, Cap Gris-Nez ♦ Man spricht Englisch ♦ **Anreise** (Karte Nr. 1): 15 km südwestl. von Calais über D 940 (am Meer), Zufahrt in Escalles über Schnellstraße (A 16), Ausf. Blanc-Nez (Nr. 10 od. 11), Peuplingues, dann D 243, Ortschaft Haute-Escalle . Hinter dem ersten Haus links, am Platz Nr. 3.

Nur ein paar Schritte von den herrlichen Reliefs des Cap Blanc-Nez entfernt liegt dieses große, im Viereck gebaute Bauernhaus, dessen Innenhof mit Blumenbeeten geschmückt ist und über ein Taubenhaus verfügt. Hier werden Sie besonders freundlich empfangen. Die Zimmer sind groß, schön und komfortabel: hohe Schränke, Voltaire-Sessel, Radierungen, Teppiche usw. Die beiden Studios im Erdgeschoß sind nicht so beeindruckend. Das gute Frühstück wird in einem freundlichen Raum serviert.

343 - La Chaumière

19, rue du Bihen
62180 Verton
(Pas-de-Calais)
Tel. (0)3 21 84 27 10
M. und Mme Terrien

♦ Ganzj. geöffn. ♦ Nichtraucherzi. ♦ 4 Zi. m. Dusche, WC u. TV: 250 F (2 Pers.) + 70 F (zusätzl. Pers.) ♦ Frühst. inkl. ♦ Kein Speisenangebot - Rest. *Le Cocquempot* u. viele andere (3 km) ♦ Hunde nicht erlaubt ♦ Umgebung: Strand (3 km), jegl. Sportart in Berck (40 versch. Sportarten), 6 Golfpl. (in einem Umkr. von knapp 15 km); Park von Marquenterre, Abtei Valloire, Authie-Tal, Montreuil-sur-Mer ♦ **Anreise** (Karte Nr. 1): 3 km südöstl. von Berck. In Abbeville die N 1 Rtg. Boulogne bis Wailly-Beaucamp, dann die D 142 Rtg. Verton.

Die Strände sind nur knapp drei Kilometer von diesem strohgedeckten Haus entfernt, das vor ca. 20 Jahren gebaut wurde und in einem Garten voller Blumen und Bäume angenehm vom Dorf isoliert liegt. Die sehr gepflegten kleinen Zimmer mit ihren reizenden Duschbädern sind nicht nur elegant, sondern auch freundlich und komfortabel; das Zimmer *Noir et Blanc* gefiel uns nicht so gut. Gefrühstückt wird in einem hellen, im Stil der dreißiger Jahre möblierten Raum. Alles sehr gastfreundlich und sympathisch.

NORMANDIE

344 - Château d'Asnières-en-Bessin

14710 Asnières-en-Bessin
(Calvados)
Tel. (0)2 31 22 41 16
M. und Mme Heldt

♦ Ganzj. geöffn. ♦ Kinder unter 11 J. nicht erwünscht ♦ 1 Zi. m. Bad, WC: 450 F (2 Pers.) ♦ Frühst. inkl. ♦ Kein Speisenangebot - Rest. am Meer ♦ Hunde nicht erlaubt ♦ Umgebung: Tennis, Reiten, Meer; Landungsstrände der Alliierten, Bayeux, Schloß Bessin, Wald von Balleroy ♦ Man spricht Englisch u. etwas Deutsch ♦ **Anreise** (Karte Nr. 7): 20 km nordwestl. von Bayeux über die N 13 Rtg. Isigny-sur-Mer. D 98 rechts Rtg. Asnières.

Das mitten auf dem Land gelegene Schloß von Asnières spiegelt sich im runden Parkbecken wider. Das angenehm ausgestattete Innere ist bewohnt und somit lebendig. In den sehr großen Räumen blieb das alte Mobiliar bis heute unverändert erhalten. Das bemerkenswerte Frühstück wird am großen Tisch im reizenden Speiseraum mit Tafelwerk aus dem 18. Jahrhundert serviert. Ein schönes, authentisches Haus, das nicht zuletzt wegen der freundlichen Betreuung besonders anziehend ist.

345 - Château de Vaulaville

Tour-en-Bessin
14400 Bayeux
(Calvados)
Tel. (0)2 31 92 52 62
Fax (0)2 31 51 83 55
Mme Corblet de Fallerans

♦ Von Ostern bis Allerheiligen geöffn. ♦ 2 Zi. m. Bad, WC; 1 Suite (3 Erw. u. 2 Kinder) m. Bad, Waschraum, WC: 350 F (1 Pers.), 480 F (2 Pers.); Suite: 700 F (3 Pers.) ♦ Frühst. inkl. ♦ Individ. Abendessen auf Best.: 150-200 F (alles inkl.) ♦ Salon ♦ Hunde auf Anfr. erlaubt ♦ Umgebung: Golf, Meer; Bayeux, "Mémorial"-Museum, Landungsstrände der Alliierten ♦ Man spricht Englisch ♦ **Anreise** (Karte Nr. 7): 7 km westl. von Bayeux über die N 13 Rtg. Tours-en-Bessin; ausgeschildert.

Dieses Schloß im reinen Baustil des 18. Jahrhunderts liegt am Ende einer Allee, und hübsche Wassergräben ohne jeglichen defensiven Charakter umgeben sein wohlproportioniertes Äußeres. Die Gästezimmer mit ihrem alten Mobiliar, ihren alten Teppichen, Radierungen usw. sind von absoluter Authentizität. Die langgezogenen, korrekt ausgestatteten Bäder öffnen sich weit auf die Landschaft. Das Frühstück und das exzellente Abendessen nehmen die Gäste im Salon ein, der ein wahres Meisterwerk ist.

NORMANDIE

346 - Château des Riffets

14680 Bretteville-sur-Laize
(Calvados)
Tel. (0)2 31 23 53 21
Fax (0)2 31 23 75 14
Alain und Anne-Marie Cantel

♦ Ganzj. geöffn. ♦ 2 Zi. m. Bad, WC; 2 Suiten (2-4 Pers.), davon 1 m. Bad, Balneotherapie, WC u. 1 m. Vielstrahldusche, WC: 480 F (2 Pers.) + 150 F (zusätzl. Pers.); 50 F f. Kinder unter 13 J. ♦ Frühst. inkl. ♦ Gemeins. od. individ. Abendessen: 210 F (alles inkl., halber Preis f. Kinder unter 13 J.) ♦ Salon ♦ Hunde nicht erlaubt ♦ Hammam, Sauna, Schwimmbad, Pferdeboxen vor Ort ♦ Umgebung: 18-Loch-Golfpl. (5 km); Beuvron-en-Auge, Beaumont, Deauville, Cabourg, Caen ♦ Man spricht Englisch u. Deutsch ♦ **Anreise** (Karte Nr. 7): 10 km südl. von Caen über die N 158 Rtg. Falaise. In La Jalousie auf die D 23 u. die D 235; ausgeschildert.

Das Schloß liegt in einem schönen, hügeligen Park. Die Zimmer sind groß und sehr komfortabel (in der Suite *Nathalie* gibt es eine besonders angenehme Dusche). Hier und da steht ein altes Möbelstück. Im Speiseraum, der auch als Salon dient, wird mit der Stil-Einrichtung eine Vorliebe für die Haute Époque zum Ausdruck gebracht; dank der vorherrschenden Farben Gelb und Blau bei den Tapeten und den Vorhängen ist hier keine mittelalterliche Kargheit verbreitet. Das gemeinsame Essen *(table d'hôtes)* ist vom Feinsten, und der Empfang ausgesprochen sympathisch.

347 - Manoir des Tourpes

Chemin de l'Église
14670 Bures-sur-Dives
(Calvados)
Tel. (0)2 31 23 63 47
Fax (0)2 31 23 86 10
Mme Landon und M. Cassady

♦ Ganzj. geöffn. ♦ 4 Zi. m. Bad od. Dusche, WC: 280-360 F (2 Pers.) + 50 F (zusätzl. Pers.) ♦ Frühst. inkl. ♦ Kein Speiseangebot ♦ Salon ♦ Hunde nicht erlaubt ♦ Umgebung: Tennis (2 km), 18-Loch-Golfpl., Schwimmbad, Reiten u. Segeln (10 km); Caen, Pays d'Auge, Sumpfgebiet ♦ Man spricht Englisch ♦ **Anreise** (Karte Nr. 7): 15 km östl. von Caen über die A 13, in Troarn die D 95 Rtg. Bures-sur-Dives; neben der Kirche.

Dieser elegante Landsitz aus dem 18. Jahrhundert liegt neben der Kirche einer Wiesenlandschaft gegenüber, durch die sich ein kleiner Fluß schlängelt. Nach einem besonders angenehmen franko-amerikanischen Empfang werden Sie die reizenden Gästezimmer entdecken, die zudem sehr gepflegt und komfortabel sind. Die Farben der Tapeten und Vorhänge sind harmonisch und heben die schönen alten Möbel hervor. Im freundlichen Salon-Speiseraum, wo oft ein Kaminfeuer brennt, wird das treffliche Frühstück serviert. Am hübschen Garten fließt die Dives vorbei. Ein bemerkenswertes Haus.

NORMANDIE

348 - Domaine de la Picquoterie

14230 La Cambe
(Calvados)
Tel. (0)2 31 92 09 82
Fax (0)2 31 51 80 91
M. und Mme Laloy

♦ Ganzj. geöffn. (auf Reserv.) ♦ Für Nichtraucher ♦ 2 Zi. (gr. Bett od. Himmelbett) u. 1 Suite (parterre zum Garten hin), 1 Zi. m. Verbindungstür (1 Pers.) m. Bad, Dusche, WC: Zi. 500 F (1-2 Pers.); Suite 900 F (2 Pers.), 1250 F (3 Pers.) ♦ Maisonnette pro Woche: 2500 F; 400 F pro Nacht (2 Pers.), 800 F (4 Pers.) ♦ Frühst.: 50 F ♦ Kein Speiseangebot - Rest. in Umgebung ♦ Salon (nur bei längerem Aufenth.) ♦ Diner's, Eurocard, MasterCard, Visa ♦ Hunde nicht erlaubt ♦ Umgebung: Golf, Tennis, Meer; Sumpfgebiet; roman. Abteien, Schlösser ♦ Man spricht Englisch, Deutsch u. Italienisch ♦ **Anreise** (Karte Nr. 7): 20 km westl. v. Bayeux die N 13, Ausf. Saint-Pierre-du-Mont, D 204, dann *La Picquoterie* ausgeschildert.

Der Kunstmaler Jean-Gabriel Laloy hat es verstanden, aus seinem Haus etwas ganz Besonderes zu machen. Nachdem man den Garten durchquert hat, in dem Dauergewächse und seltene Pflanzen gedeihen, entdeckt man Räume, die wie "Bilder zum Leben" konzipiert wurden. In den Zimmern steht Modernes neben Altem, und die verwandten Werkstoffe sind ausnahmslos edel. Hier ist alles freundlich, ruhig und von absolutem Komfort. Hervorragendes Frühstück, ungezwungene und sympathische Betreuung. Eine wahre Entdeckung.

349 - Ferme Savigny

14230 La Cambe
(Calvados)
Tel. (0)2 31 22 70 06
M. und Mme Maurice Le Devin

♦ Ganzj. geöffn. ♦ 3 Zi. m. Bad, WC: 200 F (1 Pers.), 250 F (2 Pers.) ♦ Frühst. inkl. ♦ Kein Speiseangebot - Rest.: *La Marée* u. *La Belle Marinière* (3 km) ♦ Hunde nicht erlaubt ♦ Umgebung: Tennis, Reiten, 27-Loch-Golfpl., Meer, Pointe du Hoc (3 km), Landungsstrände; Bayeux (Tapisserie, Museum, Kathedrale), Sumpfgebiet des Cotentin ♦ **Anreise** (Karte Nr. 7): 25 km westl. von Bayeux über die N 13 bis La Cambe, am Kreuz rechts die D 113 Rtg. Grandcamp-Maisy; ausgeschildert.

Mitten im normannischen Bessin liegt dieses ganz mit wildem Wein (dessen Farbe sich stetig ändert) bewachsene Bauernhaus, das ganz und gar dem freundlichen Wesen der Hausbesitzer entspricht. Eine Steintreppe führt zu den schönen, sorgfältig möblierten Zimmern mit besonders ansprechenden Bädern. Das Frühstück wird im großen Raum im Erdgeschoß eingenommen, in dem der Bruchstein gut zu den rot-weißen Tapeten und Tischdecken paßt. Ein schlichtes Haus mit viel Charme.

NORMANDIE

350 - Le Relais

19, rue Thiers
14240 Caumont-l'Eventé
(Calvados)
Tel. (0)2 31 77 47 85
M. und Mme Boullot

♦ Ganzj. geöffn. ♦ Kinder unter 3 J. nicht erwünscht ♦ 4 Zi. u. 1 Suite (2-3 Pers.) m. Bad od. Dusche, WC; 2 Nebenzi.: 310 F (2 Pers.); Suite: 380 F (2 Pers.), 460 F (3 Pers.) ♦ Frühst. inkl. ♦ Gemeins. Abendessen (außer Di, Mi u. Fr Juli/Aug.) auf Best.: 140 F (Wein u. Cidre inkl.) ♦ Zimmerreinigung zweimal pro Woche ♦ Salon ♦ Kl. Hunde auf Anfr. erlaubt (+ 20 F) ♦ Beheizt. Schwimmbad, Ponys, Pferde (+ 80 F), Minigolf vor Ort ♦ Umgebung: Tennis, Golf; Mont-Saint-Michel, Schloß Balleroy ♦ Man spricht Englisch ♦ **Anreise** (Karte Nr. 7): 35 km südwestl. von Caen über die D 9. In Caumont-l'Eventé links die D 28 Rtg. Balleroy; das Haus liegt 200 m weiter, ausgeschildert.

Die blumenreiche Umgebung des *Relais* und die dezent rustikale Ausstattung werden Ihnen bestimmt sehr gefallen. In den angenehmen und hübschen Zimmern steht altes Mobiliar, und es gibt viel Persönliches (besondere Vorhänge, Spitzen usw.). Das Frühstück und das exzellente Abendessen werden in einem freundlichen Raum mit einer Bar am großen Tisch am Kamin serviert. Vom reizenden Salon aus blickt man auf den Swimmingpool. Mme und M. Boullot sind stets guter Laune. Ein sehr gastfreundliches Haus, wo zahlreiche Aktivitäten angeboten werden.

351 - Manoir de Crépon

Route de Caen-Arromanches
14480 Crépon
Tel. (0)2 31 22 21 27
Fax (0)2 31 22 88 80
Mme Anne-Marie Poisson

♦ Ganzj. geöffn., Jan./Feb. reservieren (möglichst 14 Tage im voraus) ♦ 2 Zi. u. 1 Suite (3 Pers. m. Nebenzi.) m. Bad od. Dusche, WC: 300 F (1 Pers.), 350 F (2 Pers.) + 100 F (zusätzl. Zi. bei Suite) ♦ Frühst. inkl. ♦ Kein Speiseangebot - *Ferme de la Rançonnière* (500 m) ♦ Kreditkarten außer Amex ♦ Salon ♦ Tel. ♦ Umgebung: Segeln, Tennis, Reiten, Strandsegeln, Wanderungen, 27-Loch-Golfpl.; Landungsstrände der Alliierten, Bayeux ♦ Man spricht Englisch ♦ **Anreise** (Karte Nr. 7): 10 km östl. von Bayeux. Rtg. Sommervieu ab der Ringstraße von Bayeux, nach 1 km rechts Rtg. Ver-sur-Mer.

Nur einige Minuten vom Meer und der historischen Stadt Arromanches entfernt liegt dieser elegante kleine Landsitz aus dem ausgehenden 17. Jahrhundert. Hier richtete Mme Poisson, gastfreundlich und spontan, sehr geschmackvolle und angenehme Gästezimmer ein. Sie sind freundlich, verfügen über die richtige Portion an Klassizismus und alten Möbeln, um Charme mit dem Komfort und den Anforderungen von heute zu verbinden. Die kleine, blaue Familiensuite ist besonders reizvoll, der Salon groß. Das Frühstück wird in der freundlichen, rustikalen Küche (im Winter mit Kaminfeuer) serviert.

NORMANDIE

352 - Chez Mme Hamelin

Le Bourg
Beuvron-en-Auge
14430 Dozulé
(Calvados)
Tel. (0)2 31 39 00 62
Mme Hamelin

♦ Von Ostern bis Allerheiligen geöffn. ♦ Nichtraucherzi. ♦ 2 Zi. (2 Pers.) m. Bad od. Dusche, WC (außerdem: 1 Zi. m. 2 Etagenbetten): 260 F (2 Pers., 1 Üb.), 230 F (2 Pers., mehr als 2 Üb.) + 80 F (zusätzl. Pers.) ♦ Frühst. inkl. ♦ Kein Speisenangebot - Rest.: *La Forge, La Boule d'Or, Le Pavé d'Auge* in Beuvron-en-Auge u. Crêperien ♦ Kl. Hunde erlaubt ♦ Umgebung: 18-Loch-Golfpl., tourist. Rundfahrten hübsche Dörfer ♦ Man spricht Englisch ♦ **Anreise** (Karte Nr. 7): 27 km östl. von Caen über die N 175, dann die D 49; gegenüber von *La Boule d'Or*, am Ortseingang.

Beuvron-en-Auge ist mit seinen Blumenbalkons und Fachwerkbauten ein entzückendes normannisches Dorf. Und das Haus *Chez Mme Hamelin* ist ebenso authentisch wie der Ort. Es ist im Winkel gebaut, hat einen hübschen Garten voller Blumen und (von hier und da) Blick auf die Weiden. Das Haus verfügt über zwei Gästezimmer; das eine liegt parterre am Garten, das andere im ersten Stock; ihre Ausstattung ist ebenso elegant wie freundlich. Das trifft auch für den hübschen Speiseraum zu, in dem das Frühstück serviert wird. Sehr sympathische und natürliche Betreuung, recht günstige Preise.

353 - Château des Parcs-Fontaine

Les Parcs-Fontaine
14130 Fierville-les-Parcs
(Calvados)
Tel. (0)2 31 64 02 02
Fax (0)2 31 64 30 90
Morgane Weyenbergh

♦ Ganzj. geöffn. (im Winter: schriftl. reserv.) ♦ 1 Zi. m. Bad, Dusche, WC: 450 F (2 Pers.); 3 Zi. m. Bad u. WC: 400 F; 1 Nebenzi. m. Waschbecken u. Bidet (eig. WC außerhalb des Zi.): 250 F (2 Pers.) ♦ Frühst. inkl. ♦ Kein Speisenangebot (kalte Gerichte auf Wunsch: 70 F- inkl. Getränke) - Rest. 3 km entf. ♦ Salon ♦ Hunde nicht erlaubt ♦ Pferdeboxen vor Ort ♦ Umgebung: 18-Loch-Golfpl. (5 km), Angeln, Reiten, Tennis, Wassersport; Route des Haras (Gestüte), Route des Douets (kleine Wasserläufe), alte normannische Besitzungen, Beuvron, Beaumont-en-Auge, Meer ♦ Man spricht Englisch u. Deutsch ♦ **Anreise** (Karte Nr. 8): Autob. Normandie, Ausf. Pont-l'Évêque, dann D 579 Rtg. Lisieux; 300 m hinter der Kreuzung Blangy-le-Château links.

Dieser Landsitz, der zur Hälfte aus dem 19. Jahrhundert stammt und über einen Garten am Wald verfügt, liegt oberhalb einer schönen Landschaft. Die Innenräume sind komfortabel und gut eingerichtet. Das Frühstück wird in den ausgesprochen großen und komfortablen Zimmern serviert (in zwei Zimmern ist es aufgrund der unten vorbeiführenden Straße trotz der Doppelfenster nicht ganz lautlos). Die Bäder sind sehr gut ausgestattet. Für alle, die gern vollkommen unabhängig sind.

NORMANDIE

354 - L'Hermerel

14230 Géfosse-Fontenay
(Calvados)
Tel. (0)2 31 22 64 12
Agnès und François Lemarié

◆ Ganzj. geöffn. ◆ 4 Zi. m. Dusche, WC: 160-200 F (1 Pers.), 190-250 F (2 Pers.) 60-70 F (zusätzl. Pers.) ◆ Frühst. inkl. ◆ ab der 3. Nacht 10% Preisnachl. ◆ Kein Speisenangebot ◆ Salon ◆ Hunde nicht erlaubt ◆ Umgebung: Tennis, Golf, Segeln, Angeln; Bayeux, Schlösser, Landsitze, Landungsstrände der Alliierten ◆ Man spricht Englisch ◆ **Anreise** (Karte Nr. 7): 7 km nördl. von Isigny-sur-Mer über die N 13. In Osmanville auf die D 514 Rtg. Grandcamp-Maisy, dann links die D 199; 2. Weg rechts.

Dieses von Feldern umgebene Bauernhaus wirkt mit seiner Fassade und seiner schönen Anordnung fast wie ein Schloß aus dem 17. Jahrhundert. Die angenehmen Zimmer, die Rustikales mit Komfort verbinden, haben sehr hohe Decken. Das Dachzimmer mit Mezzanin finden wir am schönsten, die beiden im ersten Stock sind ebenfalls sehr angenehm. Vom kleinen Gästezimmer im Erdgeschoß sind wir allerdings weniger begeistert. Das Frühstück wird in einem großen, sehr schönen Raum serviert. Die denkmalgeschützte Kapelle dient im Sommer als Salon. Mme Lemarié ist sehr liebenswürdig und wird Ihnen gute Tips zum Kennenlernen der Gegend geben.

355 - Château de Dramard

Gonneville-sur-Mer
14510 Houlgate
(Calvados)
Tel. (0)2 31 24 63 41
Fax (0)2 31 91 05 00
Alexis und Luce Straub

◆ Ganzj. geöffn. ◆ 2 kl. u. 2 große Suiten m. Bad od. Dusche, WC: Kl. Suite 700 F (2 Pers.); große Suite 800 F (1 Zi., 2 Pers.), 1200 F (2 Zi., 4 Pers.) ◆ Frühst. inkl. ◆ Gemeins. Essen: 200-300 F (alles inkl.) ◆ Visa ◆ Salon ◆ Tel. m. Zähler ◆ Kl. Hunde auf Anfr. erlaubt ◆ Umgebung: Strand (3 km), jegl. Sportarten in Houlgate u. Cabourg, 18-Loch-Golfpl. (3 bzw. 20 km entf., auch: Golf-Pauschale); Route des Haras (Gestüte), Sumpfgebiete ◆ Man spricht Englisch u. Deutsch ◆ **Anreise** (Karte Nr. 7): Autob. A 13, Ausf. Dozulé. Rtg. Cabourg u. Dives. In Dives die D 45 Rtg. Lisieux. Nach 3 km auf dem Hügel links: chemin de Dramard. Das Schloß (mit weißem Tor) liegt 1 km weiter.

Hinter einer Wegbiegung erblickt man das Meer, dann fährt man durch ein Waldstück, und in der Lichtung liegt das Schloß. Luce und Alexis, beide sehr dynamisch und gastfreundlich, haben hier eine besonders freundliche und warme Inneneinrichtung geschaffen. Die Suiten verfügen über einen Salon, und das Mobiliar umfaßt echte alte Möbel und Stilmöbel; Modernes gibt es aber auch. Die Betten mit Baldachin, die stoffbespannten Wände und die Teppichböden schaffen ein komfortables und elegantes Interieur. Gefrühstückt und zu Abend gegessen wird in einem reizenden Speisesaal.

NORMANDIE

356 - Château de Vouilly

Vouilly
14230 Isigny-sur-Mer
(Calvados)
Tel. (0)2 31 22 08 59
Fax (0)2 31 22 90 58
M. und Mme James Hamel

♦ Von März bis Nov. geöffn. ♦ 5 Zi. m. Bad, WC: 260-280 F (1 Pers.), 300-320 F (2 Pers.) + 80 F (zusätzl. Pers.) ♦ Frühst. inkl. ♦ Kein Speisenangebot - Bauerngasthof *La Piquenotière* u. Rest. am Meer ♦ Kreditkarten ♦ Salon ♦ Hunde auf Anfr. erlaubt ♦ Umgebung: Angeln (Teich), Tennis, Golf; Regionalpark der Sumpfgebiete Cotentin u. Bessin, Bayeux (Tapisserien, Kathedrale) ♦ Man spricht Englisch ♦ **Anreise** (Karte Nr. 7): 8 km südöstl. von Isigny-sur-Mer über die D 5 Rtg. Vouilly; ausgeschildert.

Das kleine, charmante und von Wassergräben umgebene Schloß Vouilly liegt vollkommen ruhig in der Nähe eines Dorfes. Die Zimmer sind groß, komfortabel, hier und da mit einem alten Möbelstück. Alle bieten einen schönen Ausblick auf den Garten und die Landschaft. Die Zimmer *L'Orangerie*, *Delavier* und *Giverny* haben zudem einen liebevoll gebohnerten Parkettboden. Das Frühstück wird in jenem Speisesaal eingenommen, der der amerikanischen Presse zum Zeitpunkt der Landung der Alliierten 1944 als Hauptquartier diente. Die Betreuung ist angenehm, das Preis-Leistungsverhältnis sehr zufriedenstellend.

357 - Ferme de la Rivière

Saint-Germain-du-Pert
14230 Isigny-sur-Mer
(Calvados)
Tel. (0)2 31 22 72 92
Fax (0)2 31 22 01 63
Paulette und Hervé Marie

♦ Von Ostern bis Allerheiligen geöffn. ♦ 2 Zi. m. Dusche, WC; 2 Zi. m. Waschb. teilen sich Bad u. WC: 150 F (1 Pers.), 200 F (2 Pers.) ♦ Frühst. inkl. ♦ Gemeins. Abendessen: 85 F (Cidre inkl.) ♦ Salon ♦ Hunde nicht erlaubt ♦ Angeln am Fluß vor Ort ♦ Umgebung: Golf, Tennis, Reiten, Meer, Landungsstrände der Alliierten, Wanderwege im Sumpfgebiet (Naturpark); Bayeux ♦ **Anreise** (Karte Nr. 7): 6 km nordöstl. von Isigny-sur-Mer; von der N 13 in La Cambe abfahren, dann die D 113 (1 km) u. die D 124 Rtg. Saint-Germain-du-Pert (1,5 km).

Dieses schöne, befestigte Bauernhaus befindet sich in jenem Teil der Normandie, der bis heute sehr authentisch geblieben ist. Die hübsch rustikal eingerichteten Zimmer sind angenehm und sehr gepflegt. Drei von ihnen haben Ausblick auf das umliegende Sumpfgebiet (das sehr kleine Zimmer *Claire* möglichst nicht nehmen). Abends haben Sie die Wahl zwischen der Bewirtung im Haus (gute Produkte) und den zahlreichen Restaurants in der Umgebung.

NORMANDIE

358 - Le Magnolia

7, rue du Docteur-Boutrois
14230 Isigny-sur-Mer
(Calvados)
Tel. (0)2 31 21 12 33
und (0)2 31 21 18 75
M. und Mme Jacques Le Devin

♦ Ganzj. geöffn. ♦ 1 Maisonnette-Zi m. Küche, Bad od. Dusche, WC u. TV: 200 F (1 Pers.), 240 F (2 Pers.) + 40 F (zusätzl. Pers.) ♦ Frühst. inkl. ♦ Kein Speisenangebot - Rest. *La Petite Normande* (300 m) od. *La Trinquette* in Grandcamp-Maisy (5 km) ♦ Kl. Hunde erlaubt ♦ Umgebung: Tennis (500 m), Angeln am Teich (500 m), Hafen (500 m), Schiffsfahrten, Küstenwanderwege (5 km); Landungsstrände der Alliierten, Regionalpark (Sumpfgebiete), Museen ♦ **Anreise** (Karte Nr. 7): 30 km westl. von Bayeux. N 13 Rtg. Cherbourg, Isigny-Centre, dann Rtg. Grandcamp u. Rue du Docteur-Bontrois.

Die triste Straße, die an diesem Haus vorbeiführt, vergißt man, sobald man den reizenden Blumengarten entdeckt. Auch vom Zimmer hat man einen schönen Ausblick auf den Garten. Den Gästen steht ein kleines Maisonnette-Zimmer (unten die Küche und oben das Schlafzimmer) zur Verfügung, das komfortabel, elegant und sehr gepflegt ist. Das sehr ordentliche Frühstück wird bei schönem Wetter draußen serviert. Unkomplizierter und angenehmer Empfang.

359 - Manoir du Carel

14400 Maisons par Bayeux
(Calvados)
Tel. (0)2 31 22 37 00
Fax (0)2 31 21 57 00
M. Aumond

♦ Ganzj. geöffn. ♦ 3 Zi. m. Bad u. Dusche, WC, Tel. u. TV: 400 F (1 Pers.), 600 F (2 Pers.), u. 1 unabhäng. Haus m. Schlafzi, Wohnzi. (Schlafcouch), Küche, Bad u. Dusche, WC, Tel. u. TV: 750 F pro Tag od. Pauschalpreis bei läng. Aufenth.; Zimmerreinigung auf Wunsch ♦ Frühst.: 45 F ♦ Kein Speisenangebot - Rest. in der Nähe ♦ Kreditkarten ♦ Salon ♦ Tel. ♦ Hunde nicht erlaubt ♦ Tennis, Reiten vor Ort ♦ Umgebung: 27-Loch-Golfpl. (2 km) ♦ Man spricht Englisch u. ein wenig Deutsch ♦ **Anreise** (Karte Nr. 7): 5 km von Bayeux. D 6 Rtg. Port-en-Bessin: auf Wunsch Reiseweg per Fax.

Drei Kilometer vom Meer entfernt und in unmittelbarer Nähe der Landungsstrände liegt dieses Herrenhaus aus dem 16. Jahrhundert, dessen schlichtes Äußeres aus schönem Stein und Holz ein Interieur mit vollendetem Komfort verbirgt. Sie können zwischen den geschmackvoll ausgestatteten Zimmern (altes Mobiliar, reizende Stoffe, viele charmante Details) und dem kleinen unabhängigen Haus wählen, das man für eine Nacht, aber auch einen längeren Aufenthalt mieten kann. Die Badezimmer sind ebenfalls sehr gelungen. Das Frühstück ist exzellent und reichhaltig, serviert wird es im superben Haute-Époque-Speiseraum. Freundlicher kleiner Salon und liebenswürdiger Empfang.

NORMANDIE

360 - La Varinière

La Vallée
14310 Monts-en-Bessin
(Calvados)
Tel. (0)2 31 77 44 73
David und Pippa Edney

◆ Ganzj, geöff. ◆ Nichtraucher-Zi ◆ 5 Zi. m. Bad od. Dusche, WC: 175 F (1 Pers.), 265 F (2 Pers.), 310 F (3 Pers.), 330-440 F (4 Pers.) ◆ Frühst. inkl. ◆ Gemeins. Abendessen auf Best. (außer Apr.-Aug.): 120 F (Wein u. Kaffee inkl.), Kinder 65 F ◆ Salon ◆ Hunde auf Anfr. erlaubt ◆ Umgebung: Tennis, Reiten, Hallenbad, künstl. See u. Hochseefischfang (30 km), 9-, 18- u. 27-Loch-Golfpl. (28 km); Route des Haras (Gestüte), Bayeux, Schloß Balleroy, Memorial in Caen ◆ Man spricht Englisch ◆ **Anreise** (Karte Nr. 7): in Caen N 75 Rtg. Rennes. Ausf. Villers-Bocage, dann D 6 Rtg. Bayeux (6 km); hinter dem Dorf Fains rechts ausgeschildert.

La Varinière ist ein traditionelles Haus, das zwischen Hainen (die hier *bocages* heißen) liegt und vor nicht langer Zeit von einem netten, jungen englischen Paar eingerichtet wurde. Jeder Raum hat seine Farbe: das Eßzimmer ist gelb, die Gästezimmer sind entweder blau oder altrosa. Das ganze Haus macht einen sehr gepflegten Eindruck, ist gut möbliert und elegant. Die komfortablen Zimmer sind sehr einladend. Günstige Preise.

361 - Cour l'Épée

14340 Saint-Aubin-Lebizay
(Calvados)
Tel. (0)2 31 65 09 45
Bernard und Bernardine Bataille

◆ Ganzj. geöffn. ◆ Nichtraucher-Haus ◆ Mind. 2 Üb. ◆ 3 Zi. m. Bad od. Dusche, WC: 280-350 F (2 Pers.) + 70 F (zusätzl. Pers.) ◆ Frühst. inkl. ◆ Kein Speisenangebot ◆ Zimmerreinigung alle 2 Tage ◆ Hunde nicht erlaubt ◆ Tennis vor Ort ◆ Umgebung: Golf; Beuvron-en-Auge, Honfleur, Deauville, Cabourg ◆ Man spricht Englisch ◆ **Anreise** (Karte Nr. 8): 18 km östl. von Cabourg; A 13, Ausf. "La Haie-Tondue", N 175 Rtg. Caen. In Dozulé links die D 85 Rtg. Cambremer; 1,8 km hinter Forges-de-Clermont links.

Cour l'Épée ähnelt einem kleinen, privaten Weiler; das ganze Haus wirkt sehr geschmackvoll. Der etwas erhöhten Lage hat das Haus seinen Ausblick auf die großartige Landschaft zu verdanken. Die Zimmer sind schlicht-schön und verfügen über gutes Mobiliar und reizende Stoffe. In der ehemaligen *bouillerie*, der Schnapsbrennerei, wurde ein nettes kleines Appartement eingerichtet. Überall herrscht absolute Ruhe. Das stets gute Frühstück wird entweder im Haus oder draußen serviert. Ein bemerkenswerter Ort, wo fast alles perfekt ist.

NORMANDIE

362 - La Ferme des Poiriers Roses

14130 Saint-Philbert-des-Champs
(Calvados)
Tel. (0)2 31 64 72 14
Fax (0)2 31 64 19 55
M. und Mme Lecorneur

♦ Ganzj. geöffn. ♦ Kleine Kinder unerwünscht ♦ 6 Zi. (davon 2 f. 4 Pers.); 1 Suite (Zi. + Salon) m. Bad, WC: 300-500 F (2 Pers.) ♦ Feinschmecker-Frühst.: 52 F ♦ Kein Speisenangebot - Rest.: *La Paquine* in Ouilly-du-Hauley ♦ Salon ♦ Hunde nicht erlaubt ♦ Fahrräder vor Ort ♦ Umgebung: 27-Loch-Golfpl., Tennis, Reiten, angelegter See; Rundfahrt Besichtig. der Landsitze ♦ Man spricht Englisch ♦ **Anreise** (Karte Nr. 8): A 13, Ausf. Pont-l'Évêque, dann die D 579 Rtg. Lisieux. In Ouilly links die D 98 über Norolles, dann die D 264; 700 m vor der Ortschaft.

Draußen blühen viele Blumen, und überall im Haus sind getrocknete Blumensträuße verteilt. Die Räume mit ihren niedrigen Balken, unendlich vielen Fayence-Gegenständen, Bildern, Fotos usw. sind ausgesprochen freundlich und haben etwas von einem Puppenhaus. Die Gästezimmer und Bäder konkurrieren untereinander an Charme, denn die Mischung aus Holz und sehr farbigen Stoffen ist zauberhaft. Das Frühstück ist ein wahres Schlemmerfest und die Betreuung ein Höhepunkt an Gastfreundschaft. Ein Haus mit vielen Vorzügen, nur muß es achtgeben, daß es nicht "Opfer" seines Erfolges wird.

363 - Château de Colombières

Colombières
14710 Trévières
(Calvados)
Tel. (0)2 31 22 51 65
Fax (0)2 31 92 24 92
Comtesse E. de Maupeou

♦ Von Juni bis Sep. geöffn. ♦ 1 Zi. m. Bad; 2 Suiten (2-4 Pers.) m. Bad, WC: 800 F (1-2 Pers.) + 200 F (zusätzl. Pers.) ♦ Frühst.: 40 F ♦ Kein Speisenangebot - Bauerngasthöfe u. Rest. in Umgebung ♦ Salon ♦ Hunde nicht erlaubt ♦ Angeln, Pferdeboxen vor Ort ♦ Umgebung: 27-Loch-Golfpl; Tapisserie von Bayeux, Naturpark (Sumpfgebiet) ♦ Man spricht Englisch ♦ **Anreise** (Karte Nr. 7): 20 km westl. von Bayeux über die N 13 Rtg. Mosles; der Ausschilderung "*Monument historique*" folgen.

Dieses Schloß stammt größtenteils aus dem 14. und 15. Jahrhundert und ist von Wassergräben mit blühenden Uferböschungen umgeben. Die großen, ruhigen und sehr komfortablen Zimmer sind echte Suiten. Die eine (zu der eine ausgefallene Wendeltreppe aus Holz führt) ist im reinen Stil des 15. Jahrhunderts ausgestattet, und die andere, von uns bevorzugte, repräsentiert das prachtvolle 18. Jahrhundert. Der wunderbare Speisesaal lädt zum Frühstück ein. Ideal zum Entdecken des Sumpfgebietes und der Küste - zu Fuß ab *Château des Colombières*. Stilvolle, freundliche Betreuung.

NORMANDIE

364 - Ferme de l'Abbaye

Ecrammeville
14710 Trévières
(Calvados)
Tel. (0)2 31 22 52 32
M. und Mme Louis Fauvel

♦ Ganzj. geöffn. ♦ 2 Suiten (3-4 Pers.) m. Bad od. Dusche, WC: 160 F (1 Pers.), 220 F (2 Pers.), 280 F (3 Pers.), 360 F (4 Pers. für längeren Aufenth.) ♦ Frühst. inkl. ♦ Gemeins. Abendessen: 85 F (Cidre inkl.) ♦ HP (mind. 3 Üb.): 165 F pro Pers. ♦ Tel. ♦ Hunde nicht erlaubt ♦ Umgebung: Schwimmbad, Tennis, 27-Loch-Golfpl., Meer; Landungsstrände der Alliierten, Bayeux ♦ **Anreise** (Karte Nr. 7): 19 km westl. von Bayeux über die N 13, Schnellstraße verlassen, links Rtg. Ecrammeville, dann rechts auf die D 30.

Dieser große, in einem hübschen Weiler gelegene Bauernhof mit gepflegter Umgebung verfügt über zwei einwandfreie Suiten für Familien. Die eine befindet sich im Hauptgebäude und ist mit einigen alten Möbelstücken hübsch eingerichtet; die andere, etwas dunkler gehaltene, liegt in einem charmanten kleinen Nebenhaus, das sie ganz für sich einnimmt. Wir empfehlen sie in erster Linie für die Sommerzeit. Mme und M. Fauvel sind sehr angenehme und freundliche Gastgeber.

365 - Manoir de l'Hormette

Aignerville
14710 Trévières
(Calvados)
Tel. (0)2 31 22 51 79
Fax (0)2 31 22 75 99
Familie Corpet

♦ Vom 1. Mai bis 30. Okt. geöffn. ♦ 3 Zi. m. Bad od. Dusche, WC; 1 Studio (2 Pers.) u. 2 Suiten (4-5 Pers.) m. 2 Zi., Kochnische, Bad od. Dusche, WC; TV u. kl. Salon in jedem Zi.: 475-500 F (2 Pers.); Studio: 550-600 F (2 Pers.); Suiten: 800-1000 F (4 Pers.) ♦ Frühst. inkl. ♦ Kein Speisenangebot - Rest. *L'Omaha* in Saint-Laurent-sur-Mer (5 km) ♦ Tel. ♦ Visa, MasterCard ♦ Kl. Hunde auf Anfr. erlaubt ♦ Umgebung: Golf, Reiten ♦ Man spricht Englisch u. Italienisch ♦ **Anreise** (Karte Nr. 7): 18 km westl. von Bayeux über die N 13 (vierspurige Straße), Ausf. Aignerville. Genaue Wegbeschreibung per Telefon.

Das wunderbare *Manoir de l'Hormette* liegt in einer Hügellandschaft, und bei seiner Innenausstattung wurde nicht nur auf Schönheit, sondern auch auf Komfort viel Wert gelegt. Die sehr angenehm möblierten Zimmer haben Blick auf einen gepflegten Blumengarten. Das auf Silbergeschirr servierte Frühstück umfaßt außer der hausgemachten Konfitüre und dem Honig vom Pfarrer gekochte Eier, Früchte und mindestens drei Sorten Brot. Es gibt kein Speisenangebot, aber nur einige Kilometer weiter besitzt die Familie Corpet ein Restaurant (Meeresfrüchte und Gegrilltes).

NORMANDIE

366 - Chez Régine Bultey

Les Coutances
27210 Beuzeville
(Eure)
Tel. (0)2 32 57 75 54
Mme Régine Bultey

♦ Ganzj. geöffn. ♦ 3 Zi. m. eig. Bad od. Dusche; gemeins. WC: 170 F (1 Pers.), 200 F (2 Pers.) + 50 F (zusätzl. Pers.) ♦ Frühst. inkl. ♦ Kein Speisenangebot ♦ Hunde nicht erlaubt ♦ Umgebung: Honfleur, Le Bec-Hellouin, Sumpfgebiet Vernier ♦ Man spricht etwas Englisch ♦ **Anreise** (Karte Nr. 8): 1 km von Beuzeville Rtg. Saint-Pierre-du-Val; ab der Place de la République in Beuzeville ausgeschildert.

Ein entzückender Garten, in dem jeden Sommer ein großer roter Rosenstock blüht, umgibt dieses hübsche Haus. Auch das Innere zieren Blumen, Nippsachen und einige Bauernmöbel. Die Zimmer sind schlicht, anheimelnd, komfortabel und ruhig. Das im ersten Stock ist zwar klein - sein Preis aber auch. Der Ausblick auf die Natur und die kleinen normannischen Häuser der Umgebung ist angenehm. Familiäre, ungezwungene Atmosphäre.

367 - Le Vieux Pressoir

Le Clos Potier
Conteville
27210 Beuzeville
(Eure)
Tel. (0)2 32 57 60 79
Mme Anfray

♦ Ganzj. geöffn. ♦ 5 Zi. m. Bad od. Dusche, WC: 250 F (2 Pers.) ♦ Frühst inkl. ♦ Gemeins. Abendessen auf Best.: 120 F (Cidre inkl.) ♦ Salon ♦ Kl. Hunde auf Anfr. erlaubt ♦ Besichtigung der alten Presse (18. Jh.) u. Fahrradverleih vor Ort ♦ Umgebung: Schwimmbad, Tennis, Golf, Meer (12 km); Honfleur, zahlr. Abteien ♦ Man spricht etwas Englisch ♦ **Anreise** (Karte Nr. 8): 12 km östl. von Honfleur über die D 180 Rtg. Pont-Audemer, dann in Fiquefleur links die D 312 bis Conteville; ausgeschildert.

Le Vieux Pressoir (Die alte Presse) ist ein nettes kleines Bauernhaus mit landwirtschaftlichen Dependancen und einem Ententeich. Im Salon, im Eßzimmer und in den Schlafzimmern herrscht eine angenehm nostalgische Atmosphäre: alte Fotos, Spitzen, getrocknete Blumen, dicke Federbetten... Die Bäder sind gepflegt (die neuen des kleinen Hauses sind besonders angenehm). Diese heitere Stimmung entspricht voll und ganz dem freundlichen Wesen von Mme Anfray. Das gemeinsame Abendessen ist hervorragend.

NORMANDIE

368 - Les Ombelles

4, rue du Gué
27720 Dangu
(Eure)
Tel. (0)2 32 55 04 95
Fax (0)2 32 55 59 87
Mme de Saint-Père

♦ Vom 1. März bis 15. Dez. geöffn. ♦ Kinder unter 3 J. nicht erwünscht ♦ 2 Zi. m. Bad od. Dusche WC: 280-305 F (2 Pers.) + 80 F (zusätzl. Pers.) ♦ Frühst. inkl. ♦ HP: 230 F pro Pers. im DZ (Wein inkl.) ♦ Gemeins. Abendessen (außer Sa.): 130 F (Wein inkl.); "Grand-Mère"-Diner: 80 F (ohne Alkohol) ♦ Salon ♦ Hunde nicht erlaubt ♦ Umgebung: Anfängerkurse f. Hanggleiter u. Ultraleichtflugzeug; Gisors, Giverny ♦ Man spricht Englisch ♦ **Anreise** (Karte Nr. 9): 8 km westl. von Gisors über die D 181.

Dieses kleine, in einem Dorf gelegene Haus mit sehr schlichter Straßenfassade besitzt eine geschützte Terrasse und einen Garten, der durch einen hübschen Bach begrenzt wird. Die Inneneinrichtung ist elegant und die Betreuung ausgesprochen gastfreundlich. Das Zimmer zur Straßenseite ist klein, aber sehr charmant mit seiner Bettnische. Das andere hat Ausblick auf den Garten, und beide Zimmer sind sehr schön mit alten Möbeln eingerichtet; nur die Bäder wirken ein wenig altmodisch. Ein gastliches Haus.

369 - Le Four à Pain

8, rue des Gruchets
27140 Saint-Denis-Le-Fervent
(Eure)
Tel. (0)2 32 55 14 45
Madeleine Rousseau

♦ Ganzj. geöffn. ♦ 2 Zi. m. Dusche, WC: 185 F (1 Pers.), 235 F (2 Pers.), 290 F (3 Pers.) ♦ Frühst. inkl. ♦ Kein Speiseangebot - *L'Auberge de l'atelier* 500 m entf. ♦ Salon ♦ Hunde auf Anfr. erlaubt ♦ Umgebung: Reiten, Tennis, Wald, Angeln, zwei 18-Loch-Golfpl. (15 km), Wanderwege; Lyons-la-Forêt, Wachtturm von Gisors, Gerberoy, Giverny, Château-Gaillard, Saint-Denis-le-Froment ♦ Man spricht Englisch ♦ **Anreise** (Karte Nr. 9): 6 km nordwestl. von Gisors über D 14 bis Rtg. Bézu und Rouen, dann D 17 Rtg. Saint-Denis-Le-Fervent. Am 2. Schild "*Chambres d'hôtes*" im Dorf links.

Dieses hübsche normannische Haus verfügt über zwei sehr gepflegte Gästezimmer. Das eine, in Herbstfarben gehalten, liegt unter dem hohen Balkendach; das andere befindet sich im Garten, und zwar dort, wo früher das Brot gebacken wurde. Mit seinem Terrakottafußboden, seinen hübschen Dekostoffen mit Blumenmuster und seiner Kochnische ist es ideal für einen längeren Aufenthalt. Einige alte Möbel und ein großer Kamin beleben den Speiseraum, der auch als Salon dient. Das gute Frühstück wird auf besonders freundliche Art serviert. Eine charmante Adresse.

NORMANDIE

370 - La Michaumière

72, rue des Canadiens
27370 Tourville-la-Campagne
(Eure)
Tel. (0)2 32 35 31 28
Mme Paris

♦ Ganzj. geöffn. (Reserv. währ. der Essenszeiten erbeten). Ankunft nach 18 Uhr telef. bestätigen
♦ 1 Zi. m. Bad, WC; 1 Zi. m. eig. Bad außerh. d. Zi. u. 1 Zi. m. eig. Dusche u. gemeins. WC: 180 F
(1 Pers.), 210 F (2 Pers.), 260 F (3 Pers.) ♦ Frühst. inkl. ♦ Kein Speisenangebot - Rest. in Umgebung
♦ Zimmerreinigung auf Wunsch ♦ Salon ♦ Hunde auf Anfr. erlaubt ♦ Fahrradverleih vor Ort
♦ Umgebung: Golf; Harcourt, Giverny ♦ Man spricht Englisch ♦ **Anreise** (Karte Nr. 8): 33 km südl.
von Rouen, N 138. In Elbeuf die D 840 Rtg. Le Neubourg u. D 26 (4 km) bis Les Bruyères, dann
ausgeschildert.

Dieses strohgedeckte Haus liegt sehr ruhig in einem hübschen Garten. Die
drei Gästezimmer haben Ausblick auf den Blumengarten, sind komfortabel
und nett eingerichtet. Im Winter wird das ausgezeichnete Frühstück im
Kaminzimmer eingenommen, in dem zahlreiche Fayencen und
Kupfergegenstände zu bewundern sind, und im Sommer im kleinen, hellen
Eßzimmer - mit Orangensaft, Joghurt, Brioche, Brot und Konfitüren. Alles
hausgemacht.

371 - La Fèvrerie

50760 Sainte-Geneviève
(Manche)
Tel. (0)2 33 54 33 53
Marie-France Caillet

♦ Ganzj. geöffn. (im Winter nur auf Reserv.) ♦ 3 Zi. m. Bad od. Dusche, WC: 260-320 F (2 Pers.)
+ 80 F (zusätzl. Pers.) ♦ Frühst. inkl. ♦ Kein Speisenangebot - Restaurants u. Crêperien ab 3 km
♦ Salon ♦ Hunde auf Anfr. erlaubt ♦ Fahrräder, Pferdeboxen (+ 60 F pro Tag) vor Ort ♦ Umgebung:
Tennispl. im Dorf, Wassersport (Meer, 2 km), Reiten, Golfpl. (15 km); Barfleur, Pointe de la Hague,
Hôtel de Beaumont in Valogne ♦ Man spricht Englisch u. Spanisch ♦ **Anreise** (Karte Nr. 7): 3 km
westl. von Barfleur über D 25 Rtg. Quettehou, 2. Straße rechts, dann ausgeschildert.

Unweit der herrlichen Pointe de Barfleur liegt dieser Landsitz aus dem
16. und 17. Jahrhundert mitten im Grünen. Das Interieur ist ebenso
freundlich wie elegant. Die komfortablen, mit alten Möbeln ausgestatteten
und mit hübschen Dekostoffen belebten Zimmer sind unwiderstehlich. Das
Frühstück wird am großen Kamin des angenehmen Aufenthaltsraumes
serviert. Eine bemerkenswertes Haus. Betreuung freundlich und stets
gutgelaunt.

NORMANDIE

372 - Manoir d'Arville

Sainte-Geneviève
50760 Barfleur
(Manche)
Tel. (0)2 33 54 32 51
Mme Jean Le Bunetel

♦ Vom 1. Mai bis 1. Okt. geöffn. ♦ Schriftl. reservieren ♦ 1 Appartement in einem Flügel des Landsitzes: 2 Zi. (2-3 Pers.), jedes Zi. verf. über: Bad, WC, 1 großen vertäfelten Aufenthaltsraum, Küche (u.a. m. Wasch- u. Geschirrspülmaschine), Gartensalon, Tel., TV: 2400-3500 F pro Woche je nach Saison ♦ Umgebung: zwei 9-Loch-Golfpl., Tennis, Reiten, Meer, (Tauchen, Segeln); Barfleur, Insel Tatihou, Valogne, Cap de la Hague, Landungsstrände der Alliierten ♦ **Anreise** (Karte Nr. 7): 2 km von Barfleur über die D 901 Rtg. Cherbourg, 1. Straße links, D 10 nach Sainte-Geneviève, dann ausgeschildert.

Nur ein paar Minuten vom Meer und dem charmanten Hafen von Barfleur entfernt, kann man auf diesem Landsitz wochenweise ein prachtvolles Appartement mieten, das im Erdgeschoß liegt und über einen eigenen, von einer kleinen Mauer umgebenen Garten verfügt. Seine Ausstattung vermag die Leidenschaft von Mme Le Bunetel für schöne Stoffe nicht zu verbergen. Seide, wertvolle Gegenstände aller Art und alte Möbel gibt es in all den eleganten, komfortablen Räumen. Die naturhelle Holztäfelung aus dem 18. Jahrhundert ist wundervoll. Sehr freundlicher Empfang.

373 - Manoir de Caillemont

Saint-Georges-de-la-Rivière
50270 Barneville-Carteret
(Manche)
Tel. (0)2 33 53 81 16
Fax (0)2 33 53 25 66
Mme Eliane Coupechoux

♦ Von Mai bis Okt. geöffn. (in der Vor- u. Nachsaison auf Anfr.) ♦ 1 Studio (2 Pers.) m. Kochnische, Dusche, WC; 2 Suiten (2-4 Pers.) m. Dusche, WC u. Tel.: 330-550 F + 100 F (zusätzl. Pers. im DZ) + 250 F (+ 2 Pers. in Suite) ♦ Frühst. inkl. ♦ Kein Speisenangebot - Rest. *La Marine* in Carteret (5 km) ♦ Hunde auf Anfr. erlaubt ♦ Schwimmbad, Fahrräder vor Ort ♦ Umgebung: Tennis, Reiten, Golf; Meer, Cap de La Hague, Mont-Saint-Michel, anglonormannische Inseln ♦ Man spricht Englisch ♦ **Anreise** (Karte Nr. 6): 35 km südl. von Cherbourg über die D 903. In Barneville-Carteret Rtg. Coutances. Genaue Wegbeschreibung per Telefon.

Dieser alte normannische Landsitz bietet ein Studio und zwei Suiten an, die aus einem Zimmer und einem Salon bestehen. Alles ist sehr komfortabel, ruhig und gepflegt. Das Studio und eine der Suiten sind rustikal eingerichtet, die andere Suite ist mit ihrer dunklen Holztäfelung im Louis-XV-Stil eher klassisch gehalten. Das exzellente, reichhaltige Frühstück wird im Speiseraum serviert. An schönen Tagen steht den Gästen ein beheiztes Schwimmbad zur Verfügung, das unter einer Terrasse versteckt liegt. Gutgelaunte Betreuung.

NORMANDIE

374 - Château de Coigny

50250 Coigny
(Manche)
Tel. (0)2 33 42 10 79
Mme Ionckheere

♦ Von Ostern bis Allerheiligen geöffn. (in der Vor- u. Nachsaison auf Anfr.) ♦ 2 Zi. m. Bad, WC (davon 1 Zi. m. zusätzl. Bett): 450 F (1 Pers.), 500 F (2 Pers.), 600 F (3 Pers.) ♦ Frühst. inkl. ♦ Gemeins. Abendessen auf Best.: 180 F (Wein inkl.) ♦ Salon ♦ Hunde nicht erlaubt ♦ Umgebung: Reiten, Golf; Museen, Mont-Saint-Michel, Hafen von Carentan, Sumpfgebiete, Meer ♦ **Anreise** (Karte Nr. 7): 11 km westl. von Carentan über die D 903 Rtg. Barneville, dann die D 223; hinter dem Schild "Coigny" 1. Einfahrt links.

Das schöne Schloß *Coigny* wurde im 16. Jahrhundert von dem Vorfahr eines Marschalls von Ludwig XV. erbaut. Im Innern mußte das alte Mobiliar Stilmöbeln weichen, aber die Zusammenstellung wirkt sehr gepflegt. Die Zimmer sind komfortabel und ruhig und haben einen schönen Ausblick auf den Schloßhof bzw. den Wassergraben. Das Frühstück und das Abendessen werden im großen Speisesaal serviert, den ein wundervoller Renaissancekamin aus skulptiertem Stein mit Marmor ziert. Natürlicher, sehr sympathischer Empfang.

375 - Belleville

50530 Dragey-l'Église
(Manche)
Tel. (0)2 33 48 93 96
Fax (0)2 33 48 59 75
Florence und Olivier Brasme

♦ Ganzj. geöffn. ♦ Nichtraucherzi. ♦ 2 Zi. m. Bad u. WC: 280 F (1 Pers.), 300 F (2 Pers.) + 80 F (zusätzl. Pers.) ♦ Frühst. inkl. ♦ Kein Speiseangebot - Rest. *Le Marquis de Tombelaine* (4 km) u. *L'Equinoxe* in Granville (15 km) ♦ Hunde nicht erlaubt ♦ Umgebung: 18-Loch-Golfpl. (15 km), Tennis, Meer, Überquerung der Bucht des Mont-Saint-Michel (m. Führer, zu Fuß od. zu Pferd) ♦ Man spricht Englisch ♦ **Anreise** (Karte Nr. 6): 12 km nordwestl. von Avranches. In Avranches auf die vierspurige Straße, Ausf. Bahnhof (SNCF), dann D 911 Rtg. Vains-Jullouville (Küstenstraße). Hinter Genêts Rtg. Dragey. Nach 3-4 km Dragey-l'Église ausgeschildert.

Vom Strand mit der Silhouette des Mont-Saint-Michel braucht man nur einige Minuten, um zu diesem Haus aus dem 17. Jahrhundert zu gelangen. Es liegt am Rand des Dorfes, gegenüber dem grünen Pferdeauslauf, auf dem sich Olivier Brasme um seine Fohlen kümmert. Die Zimmer (mit sehr angenehmen Bädern) sind von eleganter Schlichtheit, freundlich und sehr komfortabel. Das Frühstück mit hervorragendem Brot und frischem Orangensaft verdient das Prädikat raffiniert. Der Empfang ist ungezwungen und sehr angenehm.

NORMANDIE

376 - Le Homme

Le Bourg
Pouilley
50220 Ducey
(Manche)
Tel. (0)2 33 48 44 41
Victor und Jeanine Vaugrente

♦ Ganzj. geöffn. ♦ Mind. 2 Üb. ♦ 1 Zi. (2-4 Pers.) m. Bad, WC; 2 Zi. (davon 1 m. Waschraum) teilen sich Bad u. WC: 270 F (2 Pers.) + 100 F (zusätzl. Pers.) ♦ Frühst.: 25 F ♦ Kein Speisenangebot - Rest. od. Bauerngasthof in Umgebung ♦ Salon ♦ Hunde nicht erlaubt ♦ Umgebung: Golf (30 km), Tennis, Kanu/Kajak, Meer; Mont-Saint-Michel, Schloß Fougères ♦ Man spricht Englisch ♦ **Anreise** (Karte Nr. 7): 10 km südöstl. von Avranches (Ausf. Alençon - N 176 Rtg. Ducey) od. Ausf. Ducey Rtg. Mont-Saint-Michel (1 km), dann links Rtg. Poilley.

Diese Adresse in der Nähe des Mont-Saint-Michel kann man wirklich empfehlen: ein kleines Dorfhaus mit einem entzückenden Garten. Die Innenausstattung ist sehr komfortabel und angenehm, außerdem ist es überall ruhig und hell. Im ersten Stock liegen die beiden wunderbaren Zimmer, die sich ein Bad teilen, das ebenfalls sehr schön ist. Wer unabhängiger sein möchte, wird das Zimmer im zweiten Stock bevorzugen, das ebenfalls höchst komfortabel ist und ein eigenes Bad hat. Natürliche Betreuung.

377 - Grainville

50310 Fresville
(Manche)
Tel. (0)2 33 41 10 49
Fax (0)2 33 21 07 57
M. und Mme Brecy

♦ Ganzj. geöffn. ♦ 3 Zi. m. Bad od. Dusche u. WC: 280-300 F (2 Pers.) + 70 F (zusätzl. Pers.) ♦ Frühst. inkl. ♦ Kein Speisenangebot - Rest. im Umkreis von 8 km: in der Stadt, auf dem Land od. am Meer ♦ Salon ♦ Tel. (Zähler) ♦ Umgebung: Meer, Strand, Segelkurse, Reiten, Tennis, 9-Loch-Golfpl. (7 km); Landungsstrände der Alliierten, Museen in Sainte-Mère-l'Église, Insel Tatihou, Hôtel de Beaumont in Valognes, Sumpfgebiete ♦ Man spricht Englisch, Spanisch u. Deutsch ♦ **Anreise** (Karte Nr. 7): 5 km nordwestl. von Sainte-Mère-l'Église. Auf der vierbahnigen Straße Ausf. Fresville, Rtg. Grainville, dann ausgeschildert.

Sie werden wie wir den Charakter dieses Herrenhauses aus dem 18. Jahrhundert schätzen, das am Rand des Cotentin-Parks liegt. Eine mit Holz eingefaßte Steintreppe führt zum Obergeschoß. Wenn man sich erst einmal in den Zimmern eingerichtet hat, deren Dekor und Mobiliar seit Generationen fast unverändert geblieben sind, fühlt man sich hier rasch sehr wohl. Die Gästezimmer verfügen aber nicht nur über Charme, sondern sind zudem komfortabel und sehr freundlich. In einem großen Raum (Balken, Bruchstein, alte normannische Möbel) wird das Frühstück serviert. Dynamischer, ausgesprochen liebenswürdiger Empfang.

NORMANDIE

378 - Château de la Roque

50180 Hébécrevon
(Manche)
Tel. (0)2 33 57 33 20
Fax (0)2 33 57 51 20
Mireille und Raymond Delisle

♦ Ganzj. geöffn. ♦ 15 Zi. m. Bad od. Dusche, WC, Tel., TV: 250 F (1 Pers.), 350 F (2 Pers., 1 gr. Bett) u. 430 F (2 Pers., 2 Betten), 540 F (3 Pers.) ♦ Frühst. inkl. ♦ HP: 520 F (2 Pers. im DZ) ♦ Gemeins. Abendessen: 95 F (Wein inkl.) ♦ Salon ♦ Visa ♦ Hunde auf Anfr. erlaubt (+ 35 F) ♦ Tennis, Fahrradverleih vor Ort ♦ Umgebung: Reiten, Angeln, Golf; Bayeux, Mont-Saint-Michel ♦ Man spricht Englisch u. Deutsch ♦ **Anreise** (Karte Nr. 7): 6 km nordwestl. von Saint-Lô, Rtg. Coutances (D 972). In Saint-Gilles rechts D 77 Rtg. Pont-Hébert (3 km).

Dieses elegante Schloß aus dem 17. Jahrhundert ist an einem sehr gepflegten Park angelegt, der sich in den Tälern der normannischen Landschaft verliert. Die Zimmer (im Schloß wie in den Dependancen) zeugen von bestem Geschmack, viel Komfort und Pflege. Sollten Sie aufgrund der Anzahl der Gästezimmer annehmen, dies sei ein Hotel, so bestätigen der Empfang der Mme Delisle und die Mühe, die zum Gelingen des gemeinsamen Essens angewandt wird, den persönlichen Charakter des Hauses. Bemerkenswerte Gesellschaftsräume, in denen meist altes Mobiliar steht, und außergewöhnliches Preis-Lestungsverhältnis.

379 - Le Manoir

50760 Montfarville
(Manche)
Tel. (0)2 33 23 14 21
M. und Mme Gabroy

♦ Ganzj. geöffn. ♦ Nichtraucherzi. ♦ 2 Zi. (davon 1 Einzelzi.) m. Dusche u. WC: 230 F (1 Pers.), 280 F (2 Pers.) + 100 F (Einzelzi.) ♦ Frühst. inkl. ♦ Kein Speisenangebot - Rest. ab 800 m u. *Le Bouquet de Cosqueville* (5 km) ♦ Salon ♦ Hunde nicht erlaubt ♦ Umgebung: Meer u. Strand (300 m), Reiten (5 km), Segelschule (800 m); Insel Tatihou, Barfleur, Rundf. z. Besichtig. der Landsitze u. Gärten ♦ **Anreise** (Karte Nr. 7): 1 km südl. von Barfleur über die D 1 Rtg. Saint-Vaast. Hinter Barfleur 2. rechts, 1. links, dann ausgeschildert.

Dieser Herrensitz, ein ehemaliges Lehnsgut, hat im Laufe seines Bestehens zahlreiche Umschwünge erlebt. Heute ist *Le Manoir* ein sehr gastfreundliches Haus, an dem einige hübsche Blumenkohlfelder liegen. Und das Meer ist zum Greifen nah. Die Innenausstattung ist angenehm, komfortabel und sehr gepflegt. Das gleiche gilt für die Gästezimmer, die schön hell und recht groß sind. Im reizenden Garten wuchern die Blumen. Das Frühstück wird in einem Raum mit Blick aufs Meer eingenommen.

NORMANDIE

380 - Château de la Brisette

50700 Saint-Germain-
de-Tournebu
(Manche)
Tel. (0)2 33 41 11 78
Fax (0)2 33 41 22 32
Gentien und Inès de La Hautière

◆ Ganzj. geöffn. (im Winter nur auf Rerserv.) ◆ 3 Zi. m. Bad, WC, Tel. u. TV: 450-550 F (2 Pers.) + 100 F (zusätzl. Pers.), kostenl. f. Kinder u. 5 J. ◆ Frühst. inkl. ◆ Kein Speisenangebot - Rest. ab 8 km ◆ Kreditkarten außer Amex ◆ Frische Bettw. u. Handt. tägl. ◆ Salon ◆ Hunde nicht erlaubt ◆ Angeln am Teich vor Ort ◆ Umgebung: Tennis u. Reiten (6 km), 18-Loch-Golfpl. (6 km); Meer (10 km), Tierpark (4 km), Hôtel de Beaumont in Valogne, Altstadt Barfleur, Nez-de-Jobourg, Sainte-Mère-l'Église ◆ Man spricht Englisch ◆ **Anreise** (Karte Nr.7): 8 km östl. von Valogne über D 902, 6 km Route de Quettehou, ab Kreuzung ausgeschildert.

Dieses Schloß ist ein schönes Beispiel für den klassizistischen Stil des 18. Jahrhunderts. Es ist angenehm isoliert gelegen und die Räume verfügen über großzügige Ausmaße, insbesondere der große Salon mit schöner Täfelung (goldfarben verziert) und hohen Fenstertüren. Die auf das Bassin und aufs Grüne gehenden angenehmen Zimmer sind mit einem Mobiliar eingerichtet, dessen Stil von der strengen Haute-Époque bis zum eleganten Empire reicht.

381 - La Hogue

152, rue de la Hogue
50380 Saint-Pair-sur-Mer
(Manche)
Tel. (0)2 33 50 58 42
Mme Nicole Elie

◆ Vom 17. Nov. bis 21. März geschl. ◆ Möglichst schriftl. reservieren ◆ Mind. 3 Üb. im Juli-Aug. ◆ Nichtraucher-Zi. ◆ 2 Zi. m. Bad od. Dusche, WC u. Tel. (Telecom-Karte): 220 F (1 Pers.), 260 F (2 Pers.) + 80 F (zusätzl. Pers.), 1 Nebenzi. (1 Pers.) ohne Bad: 120 F ◆ Frühst. inkl. ◆ Kein Speisenangebot - Rest. in Granville ◆ Salon ◆ Umgebung: Tennis, 18-Loch-Golfpl., durchreiten oder -wandern der Bucht des Mont-Saint-Michel ◆ Man spricht Englisch ◆ **Anreise** (Karte Nr. 6): 5 km südl. von Granville Rtg. Saint-Pair. In Saint-Pair an der Kirche vorbeifahen, Rue Saint-Michel, dann rechts Rue Mallais und wieder rechts.

Dieses Haus aus der Jahrhundertwende liegt nur 300 Meter vom Strand in einem schönen Wohnviertel von Saint-Pair. Erst vor kurzem wurden zwei Gästezimmer mit viel Sorgfalt hergerichtet. Der Stil des Zimmers *Grandvillaise* ist, ganz in Altrosa und Weiß, sehr klassisch und sehr gemütlich. Das *Cancalaise* im ersten Stock ist in einem jüngeren Stil ganz in Blau- und Gelbtönen gehalten. Beide sind ausgesprochen gepflegt und komfortabel. Die liebenswürdige Mme Elie ist es, die das köstliche Frühstück zubereitet, das auf einer den Gästen vorbehaltenen Veranda serviert wird. Kleine Preise.

NORMANDIE

382 - La Maurandière

50150 Sourdeval-la-Barre
(Manche)
Tel. (0)2 33 59 65 44
Fax (0)2 33 69 47 97
Mme Evelyne Dupart

♦ Ganzj. geöffn. ♦ 4 Zi. m. Bad od. Dusche, WC (davon 1 Gartenhäuschen): 190 F (1 Pers.), 210 F (2 Pers.), 270 F (3 Pers.) ♦ Frühst. inkl. ♦ Kein Speisenangebot (aber: kalte Platten, Salat, geräucherter Fisch) - Rest.: *La Table de Pauline* (3 km) ♦ Salon ♦ Hunde auf Anfr. erlaubt ♦ Angeln m. Angelschein vor Ort ♦ Umgebung: Reiten, Klettern, Windsurfing, Fahrradverleih; Mont-Saint-Michel, Töpfermuseum, Granitmuseum, Cité du Cuivre (Kupferstadt) ♦ **Anreise** (Karte Nr. 7): 13 km südl. von Vire über die D 977 Rtg. Mortain; ab Ortsausgang ausgeschildert.

Inmitten einer hügeligen Landschaft werden Sie das schöne Haus *La Maurandière* in blühender und sehr gepflegter Umgebung erblicken. Auch im Salon und im Speiseraum (mit gelungener Einrichtung) ist alles sehr gepflegt. Die Zimmer sind angenehm, hübsch und gut möbliert. Wenn morgens die Sonne scheint, wird das Frühstück auf der Terrasse serviert. Die Betreuung wie die Preise sind sehr angenehm.

383 - Le Prieuré Saint-Michel

61120 Crouttes
(Orne)
Tel. (0)2 33 39 15 15
Fax (0)2 33 36 15 16
M. und Mme Pierre Chahine

♦ Im Febr. geschl. ♦ 2 Zi. m. Bad od. Dusche, WC: 400-500 F (2 Pers.), + 50 F (zusätzl. Pers.) ♦ Wochenweise zu mietendes Haus (6-10 Pers.) ♦ Frühst. inkl. ♦ Gemeins. od. individ. Abendessen ab Juni: 200 F (Wein inkl.) ♦ Visa ♦ Hunde nicht erlaubt ♦ Kunstcenter, Konzerte u. Theater vor Ort ♦ Umgebung: Golf; Straße der normannischen Herzöge (Route des ducs de Normandie), Honfleur, Deauville, Bagnoles-de-l'Orne ♦ Man spricht Englisch, Deutsch u. Spanisch ♦ **Anreise** (Karte Nr. 8): 34 km südl. von Lisieux über die D 579. In Vimoutiers die D 916 Rtg. Argentan; der Ausschilderung "M*onuments historiques*" folgen.

Diese authentische Priorei, die früher zur Abtei von Jumièges gehörte, liegt etwas erhöht in einer sehr schönen Landschaft der Normandie. Hier herrscht absolute Ruhe. "Saint Michel" ist von einem Park umgeben, der wie gemalt aussieht und in dem es Wasserspiele gibt. Die Fachwerkgebäude verfügen über wunderbare, mit viel Geschmack und Komfort eingerichtete Gästezimmer. Im Sommer wird der monumentale Kelterraum zum Salon bzw. Speiseraum. Die Besichtigung der Kapelle und der Scheune aus dem 13. Jahrhundert lohnt sich.

NORMANDIE

384 - La Grande Noé

61290 Moulicent
(Orne)
Tel. (0)2 33 73 63 30
Fax (0)2 33 83 62 92
Pascale und Jacques de Longcamp

♦ Vom 30. Nov. bis 1. Apr. geschl. (im Winter auf Anfrage geöffn.) ♦ 3 Zi. m. Bad, WC: 500-600 F (2 Pers.), zusätzl. Pers.: + 100 F (Erwachs.) + 80 F (Kinder) ♦ Frühst. inkl. ♦ Gemeins. Abendessen: 220 F (Kinder 80 F) ♦ Salon ♦ Hunde auf Anfr. erlaubt ♦ Pferdeboxen u. Pferdewagen vor Ort ♦ Umgebung: Tennis, 18-Loch-Golfpl. (25 km); Abtei de la Trappe, Landsitze des Perche, Altstadt Mortagne ♦ Man spricht Englisch u. Spanisch ♦ **Anreise** (Karte Nr. 8): 24 km südwestl. von Verneuil-sur-Avre über N 12 Rtg. Alençon. An der Kreuzung Sainte-Anne Rtg. Longny über D 918, dann 4 km vor Moulicent links; das Haus liegt 800 m weiter rechts.

Dieses Herrenhaus aus dem 15. und 17. Jahrhundert liegt mitten auf dem Land. Die Zimmer mit ihren alten Möbeln und eleganten Dekostoffen sind reizend, die Bäder sehr komfortabel. Das prächtige Treppenhaus verfügt über Trompe-l'œil-Marmor und Stuckarbeiten aus dem frühen 19. Jahrhundert. Der äußerst große Salon ist sehr geschmackvoll ausgestattet und hat einen Kamin. Warmer, mit heller Eiche vertäfelter Speisesaal (18. Jahrhundert). Alles ist vollkommen gelungen. Charmanter Empfang.

385 - Le Manoir de Moissy

61790 Saint-Pierre-du-Regard
(Orne)
Tel. (0)2 31 69 01 49
Familie Prévot

♦ 1. Apr. bis 30 Sep. geöffn. ♦ 1 Zi. m. Bad u. eig. WC, aber außerh. des Zi.: 300 F (2 Pers.) + 160 F (zusätzl. Pers.), u. 1 Suite (2 Pers.) m. Bad u. WC: 400 F (2 Pers.) ♦ Frühst. inkl. ♦ Kein Speiseangebot - Rest. ab 1 km ♦ Salon ♦ Tel. ♦ Nur gut erzogene Hunde erlaubt ♦ Wildforellen-Angeln (Teich u. Fluß), Theater-, Musik- u. Tanzfestival (Aug.) vor Ort ♦ Umgebung: Gärten von Thury-Harcourt ♦ Man spricht Englisch u. Spanisch ♦ **Anreise** (Karte Nr. 7): 1 km südl. von Conde-sur-Noireau über die D 562 Rtg. Flers. 800 m hinter der stillgelegten Einsenbahnlinie 1. Straße links, dann 1. Garten links.

In diesem Haus ist wirklich alles angenehm, raffiniert und charmant. Die Zimmer haben Ausblick auf den Blumengarten mit Brunnen. Die Ausstattung der Gästezimmer ist, wir übertreiben nicht, unwiderstehlich. Das eine, mit einer wundervollen Wandtäfelung aus dem 18. Jahrhundert, ist ebenso gelungen wie das andere, dessen Wände mit Jouy-Stoff bespannt sind. Beide sind phantastisch, perfekt gepflegt, mit echten alten Möbel ausgestattet und sehr komfortabel. Die anderen Räume verfügen über die gleiche Qualität. Das im Sommer draußen servierte Frühstück ist von höchster Güte, und der Empfang perfekt.

NORMANDIE

386 - Les Gains

61310 Survie
(Orne)
Tel. (0)2 33 36 05 56
M. und Mme C. C. Wordsworth

♦ Ganzj. geöffn. ♦ Nichtraucherzi. ♦ 3 Zi. m. Bad od. Dusche, WC: 170 F (1 Pers.), 220 F (2 Pers.) + 50 F (zusätzl. Pers.) ♦ Frühst. inkl. ♦ Gemeins. Essen: 100 F (Wein inkl.) ♦ Hunde nicht erlaubt ♦ Umgebung: Forellenangeln im Dorf, Reiten; Gestüt Le Pin (10 km), Museum Mont Ormel, Schlösser von O, Médavy u. Carrouges, Normannische Schweiz ♦ Man spricht Englisch ♦ **Anreise** (Karte Nr. 8): 10 km südl. von Vimoutiers. In Lisieux die D 579 Rtg. Vimoutiers, dann die D 16 u. D 26 Rtg. Exmes. Im Dorf Survie, 20 m hinter der Kirche rechts (ausgeschildert).

Die Wordsworths haben England verlassen und diesen reizenden Ort in der Normandie gewählt, um hier Landwirtschaft zu betreiben. 400 Schafe, einige Kühe und Apfelbäume beleben die hügelige Landschaft. Die Atmosphäre in diesem Haus ist ausgesprochen familiär. Die Zimmer sind schmuck, und das gute Frühstück mit hausgemachtem Brot wird in der Laube an einem kleinen Bach serviert - einem sehr gepflegten Garten gegenüber.

387 - Le Château

Place de l'Église
76750 Bosc-Roger-sur-Buchy
(Seine-Maritime)
Tel. (0)2 35 34 29 70
M. und Mme Preterre-Rieux

♦ Im Dez., Jan. u. Feb. geschl. ♦ 4 Zi. m. Bad od. Dusche, WC: 240 F (1 Pers.), 350 F (2 Pers.), 420 F (3 Pers.), 470 F (4 Pers.) ♦ Frühst. inkl. ♦ Kein Speisenangebot - Rest. in Buchy (1 km) ♦ Salons ♦ Pferdeboxen, Fahrräder vor Ort u. Wochenendprogr. (Besichtig. von Gärten, Wanderungen, Golf) ♦ Umgebung: Tennis, Schwimmbad, 18-Loch-Golfpl.; Abtei Mortemer, Park Forges-les-Eaux ♦ Man spricht Englisch ♦ **Anreise** (Karte Nr. 1 u. 8): 27 km nordöstl. von Rouen über die A 28 od. N 28 Rtg. Neufchâtel, rechts die D 919 Rtg. Buchy; dann rechts Rtg. Bosc-Roger.

Le Château liegt gegenüber der Kirche eines winzigen Dorfes. Sobald man dieses kleine Schloß betritt, spürt man seine angenehm ruhige Atmosphäre. Die Räumlichkeiten sind hübsch und komfortabel und wirken sehr frisch. Die angenehmen Zimmer (wir bevorzugen die im Rundbau) verfügen über neues Mobiliar aus Korb oder hellem Holz und haben hübsche Farben. Auch von den großen Badezimmern blickt man auf den Park. Die Betreuung ist voller Dynamik und guter Laune, das Frühstück ausgezeichnet.

NORMANDIE

388 - Château du Mesnil Geoffroy

76740 Ermenouville
(Seine-Maritime)
Tel. (0)2 35 57 12 77
Fax (0)2 35 57 10 24
M. und Mme Kayali

♦ Ganzj. geöffn. ♦ 4 Zi. u. 2 Suiten (davon 1 für 3 Pers.) m. Bad, WC: 380-500 F (2 Pers.); Suiten 600 u. 650 F (2 Pers.) ♦ Frühst. (Brunch): 50 F ♦ Gemeins. Essen: 250 F (Abendessen bei Kerzenlicht, alles inkl.) ♦ Salon ♦ Hunde nicht erlaubt ♦ Fahrräder u. Garten m. exotischen Vögeln vor Ort ♦ Umgebung: 18-Loch-Golfpl., Tennis, Strand, Wassersport; Schlösser von Cany, Angot u. Miromesnil, Garten Les Moutiers ♦ Man spricht Englisch u. Spanisch ♦ **Anreise** (Karte Nr. 1): 7 km südl. von Saint-Valéry-en-Caux. A 13, Ausf. 25 Pont-de-Brotonne, Yvetot. Ab Yvetot Rtg. Saint-Valéry-en-Caux, 2 km hinter Sainte-Colombe rechts Rtg. Fontaine-le-Dun (D 70). Das Schloß liegt 2 km weiter links (ausgeschildert).

Von der Eleganz und der Ausgewogenheit dieses kleinen Schlosses muß man einfach begeistert sein, ebenso von der perfekten Symmetrie der Fenster, durch die das Licht beidseitig einfällt, von der prachtvollen Täfelung der Salons aus dem 18. Jahrhundert und den sehr angenehmen Gästezimmern mit Holz- oder Stoffverkleidung (auch wenn einige etwas klein sind). Das Mobiliar besteht aus echten alten Möbeln oder aus Stilmöbeln. Abendessen und Brunch werden in einem schönen Speiseraum serviert. Sehr sympathischer Empfang.

389 - Domaine de Champdieu

76590 Gonneville-sur-Scie
(Seine-Maritime)
Tel. (0)2 35 32 66 82
Mr. Denis Buquet

♦ Ganzj. geöffn. ♦ Kinder unter 14 J. nicht erwünscht ♦ 3 Zi. m. Dusche, WC (ferner: 1 Suite m. Zi. u. Salon): 400 F (1 Pers.), 450 F (2 Pers.); Suite: 800 F (2 Pers.) + 150 F (zusätzl. Pers.) ♦ Frühst.: 50 F u. (für Gourmands) 100 F ♦ Gemeins. od. individ. Abendessen - alles inkl.: 400 F (Fischgerichte), 550 F (*fois gras*), 800 F (Champagner-Diner od. Wildgerichte m. bes. Burgunderwein); alles inkl. ♦ Salon ♦ Hunde nicht erlaubt ♦ Umgebung: Golf, Tennis, Strände; Schloß Mirosmesnil, Gärten der Prinzessin Sturdza u. Mme Mallet, Elfenbein-Museum in Dieppe ♦ Man spricht Englisch u. Spanisch ♦ **Anreise** (Karte Nr. 1 u. 8): 14 km südl. von Dieppe über die N 27. Hinter Tôtes rechts die D 50, dann die D 203; der Ausschilderung *"Chambres d'hôtes"* folgen.

Dieses hübsche Herrenhaus auf dem Land verbirgt eine prächtige Inneneinrichtung, die zugleich klassisch und freundlich ist: alte Möbel, Gemälde, erstaunliche Gegenstände aller Art. Denis Buquet ist sehr gastfreundlich, und bei der Zusammenstellung und Zubereitung seiner Abendessen (siehe oben) wird er zum Künstler. Die an diesem außergewöhnlichen und zeitlosen Ort stattfindenden Diners bei Kerzenlicht sind wahre Feste.

NORMANDIE

390 - Le Val de la Mer

76400 Senneville-sur-Fécamp
(Seine-Maritime)
Tel. (0)2 35 28 41 93
Mme Lethuillier

♦ Im Aug. geschl. ♦ 3 Zi. m. Bad od. Dusche, WC: 250 F (1 Pers.), 290 F (2 Pers.), 350 F (3 Pers.)
♦ Frühst. inkl. ♦ Kein Speisenangebot - Rest.: *La Marée* in Fécamp, *Le Maritime* (3 km), *Le Relais des Dalles* (7 km) ♦ Hunde nicht erlaubt ♦ Umgebung: 18-Loch-Golfpl. in Etretat (18 km) ♦ **Anreise** (Karte Nr. 8): in Fécamp Rtg. Dieppe über die D 925; im Ort, neben der Kirche.

Dieses Haus, von M. Lethuillier im regionalen Stil erbaut, liegt in einem besonders ruhigen Dorf auf dem Land. Seinen Namen verdankt es der kleinen Straße, die am Garten vorbeiführt und die Sie zu Fuß bis zum Meer und den Kreidefelsen führt (was Sie nicht versäumen sollten!). Die Gästezimmer im Obergeschoß sind zwar klein, aber komfortabel und schmuck. Das parterre gelegene Zimmer (welches wir vorziehen) ist eher groß und erhält Licht von mehreren Fenstern, die auf den Blumengarten gehen. Zum Zimmer gehört ein Bad, aber es liegt auf dem Flur. Im großen Gesellschaftsraum voller Nippsachen wird das gute Frühstück eingenommen. Freundliche, unkomplizierte und angenehme Betreuung.

391 - Le Clos du Vivier

4, chemin du Vivier
76540 Valmont
(Seine-Maritime)
Tel. (0)2 35 29 90 95
und (0)2 35 29 95 05
Fax (0)2 35 27 44 49
Mme Dominique Cachera

♦ Ganzj. geöffn. ♦ 2 Zi. m. Bad, WC u. TV: 370-420 F (2 Pers.), 450 F (3 Pers.); Suite 530 F (4 Pers.); kostenl. f. Kinder u. 2 J. ♦ Frühst. inkl. ♦ Gemeins. od. individ. Essen auf Best.: 100 F (Cidre inkl.) - Rest. in Umgebung ♦ Salon ♦ Tel. ♦ Kl. Hunde auf Anfr. erlaubt ♦ Umgebung: Wanderwege, Tennis, 18-Loch-Golfpl. (30 km), Fahrradverleih u. Angelparcours (1 km); Meer (10 km), Schloß Valmont, Musée de la Bénédictine (Likör) und Musée des Terres-Neuvas (Fischereimuseum) in Fécamp ♦ Man spricht Englisch u. Spanisch ♦ **Anreise** (Karte Nr. 1 u. 8): 10 km östl. von Fécamp, Rtg. Valmont über D 150. Place de la Mairie, 1 km Rtg. Ourville. An der 1. Kreuzung rechts Chemin du Vivier, 2. Haus rechts.

Das *Clos du Vivier*, ein reizendes Bauernhaus mit Garten, liegt am Rande des Dorfes. Die Renovierung, bei der Komfort und Ästhetik im Vordergrund standen, wurde erst vor kurzem vorgenommen. Die mit alten Möbeln ausgestatteten Zimmer sind mit einer Reihe hübscher Farben belebt. Im Erdgeschoß spendet das teilweise durchbrochene Fachwerk dem Salon und dem ausgesprochen freundlichen Speiseraum zusätzliches Licht. Betreuung voller guter Laune; hervorragender Brunch. Kurz, ein Haus, das Qualität bietet.

PAYS DE LA LOIRE

392 - Château de Gâtines

44520 Issé
(Loire-Atlantique)
Tel. und Fax (0)2 40 55 15 46
Mme Irène Suckling

♦ Vom 1. Apr. bis Allerheiligen geöffn. ♦ Nichtraucher-Zi. ♦ Kinder unter 10 J. nicht erwünscht ♦ 4 Zi.m. Bad u. WC: 350 F (2 Pers.) + 100 F (zusätzl. Pers.) ♦ Frühst. inkl. ♦ Kein Speisenangebot - Rest. *Le Relais* (5 km) u. viele andere in Châteaubriant ♦ Salon ♦ Kl. Hunde erlaubt ♦ Angeln am Teich vor Ort ♦ Umgebung: Wassersport (künstl. See); Schlösser ♦ Man spricht Englisch ♦ **Anreise** (Karte Nr. 15): 8 km südwestl. von Châteaubriant Rtg. Nantes, dann Issé links über die D 35. 9 km hinter Châteaubriant links.

Bevor man zu diesem neugotischen Schloß gelangt, muß man erst eine Straußenzucht durchqueren und dann an einem Teich und an einer Weide entlangfahren. Hier sind die Räume groß, voller Licht und sehr komfortabel. Die Halle mit einer theatralischen Holztreppe ist gigantisch. Die Zimmer, vor allem *Émeraude*, *Topaze* und *Bleue* können als sehr angenehm bezeichnet werden. Auch wenn das Mobiliar nicht unbedingt authentisch ist, so ist die Dekoration dennoch sehr freundlich. Die ausgesprochen britische Note des Ganzen geht auf die Nationalität der Schloßherren zurück. Recht moderate Preise.

393 - La Ferme des Forges

44650 Legé
(Loire-Atlantique)
Tel. (0)2 40 04 92 99
Fax (0)2 40 26 31 90
Francette und René Peaudeau

♦ 14 Tage Anf. Jan. u. 14 Tage Ende Sep. geschl. ♦ 2 Zi. m. Dusche u. WC: 280 F (2 Pers.) ♦ 30 F (zusätzl. Pers.) ♦ Frühst. inkl. ♦ Gemeins. Abendessen auf Best. (am großen od. individ. Tisch): 95 F (alles inkl.) ♦ Salon ♦ Tel. ♦ Haustiere auf Anfr. erlaubt ♦ Umgebung: Schwimmbad, Angeln am Teich; Schloß Bois Chevalier (17. Jh.), Vendée-Memorial, Abteikirche Saint-Philibert ♦ Man spricht Englisch ♦ **Anreise** (Karte Nr. 14): 40 km südl. von Nantes über die D 937 Rtg. La Roche-sur-Yon (Bordeaux). In La Roche-sur-Yon Rtg. Les Lucs. Nach ca. 5 km rechts Rtg. Legé, dann ausgeschildert.

Dieses Familien-Bauernhaus aus dem 18. Jahrhundert liegt mitten auf dem Land und wurde mit viel Gespür von den jungen Besitzern modernisiert. Auf dem Speicher wurden zwei große, helle Gästezimmer mit besonders gut durchdachten Bädern eingerichtet. Das gemeinsame Essen basiert auf Konserven, die Francette Peaudeau hier selbst herstellt. Wer Usprüngliches liebt, fühlt sich hier besonders wohl. Natürliche, aufmerksame Betreuung.

PAYS DE LA LOIRE

394 - La Mozardière

Richebonne
44650 Legé
(Loire-Atlantique)
Tel. (0)2 40 04 98 51
Fax (0)2 40 26 31 61
M. und Mme Desbrosses

◆ Ganzj. geöffn. ◆ Nichtraucher-Haus ◆ 2 Zi. m. Bad, WC, auf Wunsch Nebenzi. für Kinder: 210 F (1 Pers.), 230 F (2 Pers.) + 50 F (zusätzl. Pers.) - kostenlos für Kinder unter 3 J. ◆ Frühst. inkl. ◆ Gemeins. Essen am großen od. individ. Tisch: 80 F (Wein inkl.) ◆ Salon ◆ Hunde auf Anfr. erlaubt ◆ Tischtennis vor Ort ◆ Umgebung: Freizeitcenter (800 m), Schwimmbad (1 km), Reiten (7 km) ◆ Man spricht Englisch u. Spanisch ◆ **Anreise** (Karte Nr. 14): 1 km von Legé. Ab Zentrum, vor der Kirche, Rtg. Pornic. 20 m vor dem Ortsausgang ist Legé ausgeschildert, dort links die kleine Straße nach Richebonne. 300 m weiter.

Dieses langgezogene alte Steinhaus ist typisch für die Vendée und liegt schön ruhig in einem gepflegten Park. Christine und Gérard möchten nicht mehr Gästezimmer einrichten, denn die bestmögliche Betreuung ihrer Gäste liegt ihnen sehr am Herzen. Deshalb fühlt man sich hier wie bei Freunden, und Sie haben die Wahl zwischen dem blauen Zimmer, das im Stil der zwanziger Jahre eingerichtet ist, und dem grünen Zimmer mit Korbmöbeln und direktem Zugang zum Garten. Das gute gemeinsame Essen wird hin und wieder auf reizender emaillierter Keramik (von Christine Desbrosses kreiert) serviert. Ein schönes, schlichtes und sehr preisgünstiges Haus.

395 - La Cariote

La Carioterie
44117 Saint-André-des-Eaux
(Loire-Atlantique)
Tel. (0)2 40 01 20 84
M. und Mme Caldray

◆ Vom 30. Sep. bis Ostern geschl. ◆ Nichtraucher ◆ 1 Zi. m. Bad u. eig. WC außerh. des Zi.: 290 F (2 Pers.) u. 1 Nebenzi.: 200 F ◆ Frühst. inkl. ◆ Kein Speisenangebot - Rest. am Meer ◆ Salon ◆ Umgebung: Strand (8 km), Thalassotherapie, 18-Loch-Golfpl.; Meersalinen, Ornithologie ◆ gut erzogene Hunde auf Anfr. erlaubt ◆ **Anreise** (Karte Nr. 14): 8 km nordöstl. von La Baule über die N 171 zwischen La Baule u. Saint-Nazaire, dann Saintt-André-des-Eaux. Im Ort Schild "*Toutes directions*" folgen. Nach 1,2 km am Schild Kermeans rechts, dann geradeaus. Nach 800 m links "*Chambres d'hôtes, artiste peintre, La Carioterie*" ausgeschildert.

Ein im Regionalpark von Brière gelegenes und ganz dem sympathischen Empfang entsprechendes Haus. Es ist komfortabel und sehr freundlich eingerichtet, und überall kann man die Bilder der Hausherrin bewundern, die früher mit ihrem Gatten ein Einrichtungsgeschäft führte und sich jetzt der Malerei widmet. Vom sehr kleinen, aber "schmucken" Zimmer gelangt man ins Atelier, wo den Gästen eine Sitzecke zur Verfügung steht. Das Bad ist angenehm, und das Frühstück wird draußen serviert, sobald das Wetter es erlaubt.

PAYS DE LA LOIRE

396 - La Plauderie

1, rue du Verdelet
44680 Sainte-Pazanne
(Loire-Atlantique)
Tel. (0)2 40 02 45 08
Mme Mignen

♦ Vom 1. Mai bis 30. Okt. geöffn. ♦ 3 Zi. m. Bad od. Dusche, WC: 270-400 F (2 Pers.) ♦ Frühst.: 35 F
♦ Kein Speisenangebot - Rest.: *Le Col Vert* in Fresnay-en-Retz ♦ Zimmerreinigung alle 2 Tage
♦ Salon ♦ Hunde auf Anfr. erlaubt ♦ Umgebung: Tennis, Meer, Golf; bret. Sumpfgebiet, Insel Noirmoutier ♦ Man spricht Englisch ♦ **Anreise** (Karte Nr. 14): 28 km südwestl. von Nantes über die D 751 Rtg. Pornic. In Port-Saint-Père die D 758 links Rtg. Bourgneuf-en-Retz.

Dieses vortreffliche Haus liegt neben der Kirche und verbirgt einen wunderbaren, romantischen Garten. Allein die Gastfreundschaft von Mme Mignen würde eine Empfehlung des Hauses rechtfertigen. Sie werden aber außerdem die hübsche Einrichtung und den ausgezeichneten Komfort schätzen. Die Gästezimmer und die Bäder sind äußerst elegant. Tagsüber kann man sich jederzeit eine Tasse Kaffee oder Tee zubereiten. Ein sehr behaglicher Ort mit zahlreichen Ausflugsmöglichkeiten.

397 - Château de la Jaillière

La Chapelle-Saint-Sauveur
44370 Varades
(Loire-Atlantique)
Tel. (0)2 40 98 62 54
Fax (0)2 40 98 61 97
Comtesse d'Anthenaise

♦ Vom 15. Mai bis 15. Okt. geöffn. ♦ 4 Zi. u. 1 Suite (4 Pers.) m. Bad, WC, Tel.: 650 F (2 Pers.), Suite: 850 F (4 Pers.) ♦ Frühst. inkl. ♦ Gemeins. Abendessen: 200 F (Wein inkl.) ♦ Salon ♦ Hunde nicht erlaubt ♦ Schwimmbad, Tennis, Angeln vor Ort ♦ Umgebung: Reiten (30 km), Golf ♦ Man spricht Englisch u. Deutsch ♦ **Anreise** (Karte Nr. 15): 30 km westl. von Angers über die N 23, dann kurz vor Varades die D 30; hinter La Chapelle-Saint-Sauveur Rtg. Saint-Sigismond.

Das *Château de la Jaillière* ist ein großer Grundbesitz aus dem 19. Jahrhundert. Die Ausstattung mit Parkettböden und Wandtäfelung ist wunderbar auf das alte und selbstverständlich echte Mobiliar abgestimmt. Die Zimmer sind prächtig und komfortabel, und das gemeinsame Abendessen findet in einem freundlichen Speisesaal statt, der dem Charakter des Schlosses voll und ganz entspricht. Die Liebenswürdigkeit und Dynamik der Schloßherrin, Comtesse d'Anthenaise, sind weitere Pluspunkte dieses charmanten Ortes.

PAYS DE LA LOIRE

398 - Château des Briottières

49330 Champigné
(Maine-et-Loire)
Tel. (0)2 41 42 00 02
Fax (0)2 41 42 01 55
Hedwige und François de Valbray

♦ Ganzj. geöffn. (vom 1. Jan. bis 1. März auf Anfr.) ♦ 9 Zi. m. Bad, WC, Tel.: 550-900 F (2 Pers.) ♦ Frühst.: 45 F ♦ HP: 720 F pro Pers. im DZ ♦ Gemeins. Essen an individ. Tischen auf Best.: 300 F (alles inkl.) ♦ Salon, fr. Billard ♦ Kreditkarten ♦ Beheiz. Schwimmbad im Freien (vom 1.6.-15.10.), Pferdeboxen, Angeln, Fahrräder vor Ort ♦ Umgebung: Tennis, Reiten, 18-Loch-Golfpl. (5 bzw. 15 km); Anjou ♦ Man spricht Englisch ♦ **Anreise** (Karte Nr. 15): 25 km nördl. von Angers Rtg. Laval. In Montreuil-Juigné rechts die D 768 über Feneu nach Champigné.

Wer wegen des abseits gelegenen *Château des Briottières* einen Umweg macht, wird es nicht bedauern. Der Empfang ist freundlich und spontan. Die großen Empfangsräume haben zum größten Teil die Einrichtung und die Pracht früherer Zeiten bewahrt. Die Gästezimmer sind besonders edel, ohne jedoch übertrieben oder überladen zu wirken, und verfügen über luxuriöse Bäder mit Blick auf den Park. Ein bemerkenswertes Haus. Die Bewirtung ist, wie alles andere, ausgezeichnet.

399 - Beauregard

22, rue Beauregard-Cunault
49350 Chênehutte-les-Tuffeaux
(Maine-et-Loire)
Tel. (0)2 41 67 92 93
Fax (0)2 41 67 95 35
M. und Mme Tonnelier

♦ Von Ostern bis Allerheiligen geöffn. ♦ 1 Suite (4 Pers.) m. 2 Zi., Bad, WC: 350 F (2 Pers.), 470 F (3 Pers.), 590 F (4 Pers.) ♦ Frühst. inkl. ♦ Kein Speiseangebot - Rest.: *La Toque blanche*, *Le Val de Loire*, *Les Rosiers* (5 km) ♦ Kl. Hunde erlaubt ♦ Angeln in der Loire unterhalb der Besitzung ♦ Umgebung: Reiten, 18-Loch-Golfpl.; Kirchen in Trêves-Cunault, Le Thoureil, Montreuil-Bellay u. Saumur ♦ Man spricht Englisch ♦ **Anreise** (Karte Nr. 15): 10 km westl. v. Saumur über die D 751 Rtg. Gennes; vor dem Dorf, am Ufer der Loire.

Sie verlassen Saumur und folgen solange einer kleinen Straße, die immer romantischer wird und parallel zum Fluß verläuft, bis Sie den Park des erhöht gelegenen Landsitzes *Beauregard* erreichen. Die Sicht von hier ist wunderbar. Die Gästezimmer, alle mit Ausblick auf die Loire, sind hübsch, sehr groß und gut eingerichtet. Den Speiseraum, in dem das Frühstück eingenommen wird, ziert sehr schönes Haute Époque-Mobiliar. Sympathische Betreuung.

PAYS DE LA LOIRE

400 - Domaine de Mestré

49590 Fontevrault-l'Abbaye
(Maine-et-Loire)
Tel. (0)2 41 51 72 32
und (0)2 41 51 75 87
Fax (0)2 41 51 71 90
M. und Mme Dominique Dauge

♦ Vom 20. Dez. bis 1. Feb. geschl.; Reserv. schriftl. (Brief od. Fax) bestätigen ♦ 11 Zi. u. 1 Suite (3 Pers.) m. Bad, WC: 310 F (2 Pers.) + 65 F (zusätzl. Pers.); Suite 490 F (3 Pers.) ♦ Frühst.: 35 F ♦ HP: 309 F pro Pers. im DZ (mind. 1 Woche) ♦ Gemeins. u. individ. Abendessen auf Best.: 135 F (ohne Wein) ♦ Salon ♦ Kl. Hunde erlaubt ♦ Umgebung: Tennis, Reiten, Golf; Abteien, Loire-Schlösser ♦ Man spricht Englisch u. Deutsch ♦ **Anreise** (Karten Nr. 15 u. 16): 12 km südöstl. von Saumur über die D 947 Rtg. Chinon, dann Rtg. Fontevrault-l'Abbaye; zwischen Montsoreau u. Fontevrault.

Mestré war früher ein Bauernhof, der den Mönchen der ehemals berühmten Abtei Fontevrault gehörte. Die komfortablen Gästezimmer sind sehr schön eingerichtet und haben die Echtheit und Eleganz früherer Zeiten bewahrt. Das Abendessen ist ausgezeichnet, reichhaltig und unkompliziert (ausschließliche Verwendung eigener Produkte - Fleisch, Gemüse und Milchprodukte auf traditionelle Art zubereitet); serviert wird es in einem eleganten Speisesaal. Ein höchst interessanter Ort, an dem außerdem nach sehr alten Rezepten Seife hergestellt wird - die man hier auch kaufen kann.

401 - La Croix d'Étain

2, rue de l'Écluse
49220 Grez-Neuville
(Maine-et-Loire)
Tel. (0)2 41 95 68 49
M. und Mme Bahuaud

♦ Von Ostern bis Allerheiligen geöffnet. ♦ 4 Zi. m. Bad, WC: 340-380 F (2 Pers.) ♦ Frühst. inkl. ♦ Gelegentl. gemeins. Abendessen auf Best.: 130 F (ohne Wein) - Rest. in Umgebung ♦ Salon (TV) ♦ Umgebung: Golf, Tennis, Reiten, Vermiet. v. Schiffen m. Kajüten (ohne Schiffslizenz); Schlösser, Museen, Weinberge ♦ Man spricht Englisch ♦ **Anreise** (Karte Nr. 15): 3 km südöstl. von Le Liond'Angers. N 162 Rtg. Laval. In Grez-Neuville, zwischen der Kirche und der Mayenne (Zufahrt über Rue de 'Écluse).

In der Altstadt von Grez-Neuville liegt dieses Bürgerhaus, das von Grund auf renoviert wurde und heute über viel Komfort verfügt. Die großen und dank ihrer Ecklage sehr hellen Zimmer sind modern und ausgesprochen geschmackvoll möbliert. Bei schönem Wetter kann man die Ruhe im großen Park genießen, der hinter dem Haus liegt. Für den Fall, daß Sie Spaziergänge am Ufer der Mayenne bevorzugen: der Fluß liegt nur 50 Meter weiter. Angenehme Betreuung.

PAYS DE LA LOIRE

402 - Château du Plessis

49220 La Jaille-Yvon
(Maine-et-Loire)
Tel. (0)2 41 95 12 75
Fax (0)2 41 95 14 41
Paul und Simone Benoist

♦ Vom 1. Apr. bis 31. Okt. geöffn. ♦ 8 Zi. (davon 2 m. Balkon) m. Bad, WC: 720 F (2 Pers.) ♦ Frühst. inkl. ♦ HP: 610 F pro Pers. im DZ ♦ Gemeins. Abendessen auf Best. (Ruhetag So): 270 F (alles inkl.) ♦ Salon ♦ Tel. ♦ Visa, Amex, Diners ♦ Hunde auf Anfr. erlaubt ♦ Pferdeboxen, Heißluftballon vor Ort ♦ Man spricht Englisch u. Spanisch ♦ **Anreise** (Karte Nr. 15): 11 km nördl. von Le Lion-d'Angers über die N 162. Nach 11 km die D 189, dann ausgeschildert.

Mme Benoist liebt Blumen, und ihre Gebinde wechseln mit der Jahreszeit; ihr Mann kennt sich besser in den Sehenswürdigkeiten der Gegend aus. Im Haus herrscht ein ungezwungener Ton, es gibt aber auch viel Komfort, der der Perfektion nahekommt. Die Zimmer sind sehr geschmackvoll eingerichtet, und auch bei den Bädern gibt es nichts zu beanstanden. Das gemeinsame Abendessen wird großzügig im Speisesaal mit Fresken aus den dreißiger Jahren aufgetragen. Alle Voraussetzungen für einen gelungenen Aufenthalt sind hier gegeben.

403 - Manoir de Saint-Gilles

La Cirottière
49160 Longué-Jumelles
(Maine-und-Loire)
Tel. (0)2 41 38 77 45
Fax (0)2 41 52 67 82
M. und Mme Claude Naux

♦ Vom 1. Apr. bis 1. Nov. geöffn. (außerh. der Saison auf Anfr.) ♦ Nichtraucher-Zi. ♦ 4 Zi. (davon 1 Einzelzi.) m. Bad od. Dusche, WC: 300 F (1 Pers.), 340-380 F (2 Pers.) + 100 F (zusätzl. Pers.) ♦ Frühst. inkl. ♦ Kein Speisenangebot - Rest. ab 1,5 km ♦ Salon ♦ Hunde nicht erlaubt ♦ Umgebung: Reitcenter (2 km), 9- u. 18-Loch-Golfpl. in Saumur (15 km) u. in Bauge (18 km), Angeln (Loire); Loire-Schlösser, Besichtig. der Weinkeller u. Höhlen ♦ **Anreise** (Karte Nr. 15): 15 km von Saumur über die N 147. In Longué am Kreisverkehr (Super U) rechts Rtg. Blou, St-Philibert, Vernantes, dann wieder rechts. An der 1. Kreuzung links (Schild "*Voie sans issue*"), noch einmal links (400 m). Etwas weiter rechts Ortseingang von La Cirottière, 100 m gegenüber.

Anne du Bellay war die erste bekannte Besitzerin dieses reizenden Herrenhauses aus dem 15. Jahrhundert. Es ist ganz von Blumen umgeben, und der Rosengarten und die kleinen französischen Gärten sind ebenso raffiniert wie die Hausfassade. Die Zimmer sind sehr freundlich und komfortabel, dem alten Mobiliar wurden einige moderne Stücke hinzugefügt, und der aus Terrakottafliesen bestehende Bodenbelag ist wunderschön. Das Ganze kann als sehr gelungen bezeichnet werden, und der Empfang ist einfach perfekt. Dieses Haus zu entdecken macht Spaß, außerdem sind die Preise sehr erschwinglich.

PAYS DE LA LOIRE

405 - Château du Goupillon

49680 Neuillé
(Maine-et-Loire)
Tel. (0)2 41 52 51 89
Monique Calot

♦ Ganzj. geöffn. ♦ 2 Zi. u. 1 Suite (5 Pers.) m. Bad od. Dusche, WC: 310-420 F (2 Pers.) + 70 F (zusätzl. Pers.); Suite: 700 F (5 Pers.) ♦ Frühst. inkl. ♦ Kein Speiseangebot - zahlr. Rest. in Saumur ♦ Salon ♦ Hunde auf Anfr. erlaubt ♦ Umgebung: Schwimmbad, Tennis, Golf; Loire-Schlösser ♦ **Anreise** (Karte Nr. 15): 9 km nördl. von Saumur Rtg. Longué. Am Kreisverkehr La Ronde D 767 Rtg. Vernantes, nach 2 km links D 129 Rtg. Neuillé. 1 km vor Neuillé Rtg. Fontaine-Suzon, dann ausgeschildert.

Obwohl ganz in der Nähe von Saumur gelegen, scheint dieses von üppiger Vegetation umgebene Schloß wie von der modernen Welt abgeschnitten. Das verleiht ihm mit seiner einfachen, aber geschmackvollen Ausstattung eine besonders unbekümmerte Atmosphäre: alte Holzvertäfelungen, Trockenblumensträuße, stoffbespannte Wände, einige schöne alte Möbelstücke. Die Zimmer - klein und nett oder ausgesprochen groß - sind sehr schön hergerichet und verfügen über angenehme Bäder. Die Betreuung könnte nicht freundlicher sein.

406 - Moulin de Rabion

49490 Noyant
(Maine-et-Loire)
Tel. (0)2 41 89 32 80
Fax (0)2 41 89 32 80
Antonia und Edward Hoogewerf

♦ Ganzj. geöffn. (von Okt. bis Apr. auf Anfr.) ♦ 2 Zi. m. Bad od. Dusche, WC: 300 F (2 Pers.) ♦ Frühst. inkl. ♦ Gemeins. od. individ. Abendessen: 70 F (Wein inkl.) - Kinder unter 10 J.: 50 F ♦ Salon ♦ Hunde nur im Zwinger erlaubt ♦ Flußangeln, 2 Pferdeboxen vor Ort ♦ Umgebung: Tennis, Schwimmbad, Wassersport (10 km), 18-Loch-Golfpl. (15 km); Schlösser u. Weinberge der Loire, "Ton- u. Licht-Auff." auf Schloß Le Lude ♦ Man spricht Englisch u. Spanisch ♦ **Anreise** (Karte Nr. 16): 20 km nördl. von Saumur D 767 Rtg. Le Mans, dann Rtg. Noyant-Vernantes. Ab Vernantes 8 km bis zur Kreuzung Linière-Bouton, dann geradeaus; "Rabion" 1 km weiter rechts an der D 767.

In einem großen, von einem Bach durchflossenen Park gelegen, wird dieses echte "Bed and Breakfast"-Haus von einer englischen Familie mit lässiger Lebensart und ansteckend guter Laune geführt. Die Einrichtung ist sehr elegant: altes Mobiliar, englische Tapeten und Dekostoffe. Viel Komfort und hübscher Blick aufs Grüne, nur ist die Geräuschisolierung (außer beim blauen Zimmer, *Chambre bleue*) nicht besonders gut. Angenehmes gemeinsames Abendessen.

PAYS DE LA LOIRE

407 - Le Verger de la Bouquetterie

118, rue du Roi-René
49250 Saint-Marthurin-sur-Loire
(Maine-et-Loire)
Tel. (0)2 41 57 02 00
Fax (0)2 41 57 31 90
Claudine Pinier

♦ Ganzj. geöffn. ♦ 6 Zi. (darunter 2 in Dependance 18. Jh.) m. Dusche, WC: 205-265 F (1 Pers.), 270-320 F (2 Pers.) ♦ Preisnachl. ab 3. Üb. ♦ Frühst. inkl. ♦ Gemeins. Abendessen auf Best.: 110 F (Wein inkl.); Kochniche eigens für Gäste ♦ Salon ♦ Hunde nicht erlaubt ♦ Umgebung: Angeln (Loire, gegenüber), Schwimmbad, Tennis, Reiten, Wassersport, Mountainbikes, Wanderwege, Loire-Schlösser, Höhlen, Weinstraße ♦ Man spricht Englisch u. Italienisch ♦ **Anreise** (Karte Nr. 15): 20 km südöstl. von Angers über D 952 (Touristenstraße der Loire entlang) Rtg. Saumur; 1 km vor Saint-Mathurin-sur-Loire.

Wenn die Straße nicht wäre, hätte dieses Haus "die Füße in der Loire". Im Haus ist der Verkehr weniger zu hören, und in den Zimmern ist er dank der Doppelfenster kaum zu vernehmen. Der Blick auf den Fluß ist wunderbar und die Innenausstattung (mit einem Mobiliar, das z.T. aus dem 19. Jahrhundert stammt) gepflegt. Hinter dem Haus liegt der Garten, und dahinter ein riesiger Obstgarten. Um das Wohlergehen der Gäste kümmern sich Mme und M. Pinier besonders gut, weshalb man sich hier wie zu Hause fühlt. Hervorragendes Frühstück.

408 - Château de Beaulieu

Route de Montsoreau
49400 Saumur
(Maine-et-Loire)
Tel. (0)2 41 67 69 51
Fax (0)2 41 50 42 68
Andréa und Jean-Christian Michaut

♦ Vom 22. Dez. bis 4. Jan. geschl. ♦ 5 Zi. u. 1 Suite (4 Pers.) m. Bad u. WC: Zi. 300-450 F (2 Pers.), Suite 450 F (2 Pers.) + 100 F (zusätzl. Pers.) ♦ Frühst. inkl. ♦ Gemeins. Essen: 200 F (alles inkl.) od. kaltes Essen (individ. Tische): 100 F - Kinder: 40 F ♦ Visa ♦ Salon ♦ Tel. m. Zähler ♦ Beheizt. Schwimmb., Fahrräder, Billard vor Ort ♦ Umgebung: Wassersport, auch Baden in der Loire, Reiten in Saumur, 9-Loch-Golfpl. (6 km); Schloß Saumur, Fontevrault, Weinstraße, Höhlen, Pilzzucht ♦ Man spricht Englisch, Deutsch u. Spanisch ♦ **Anreise** (Karte Nr. 15): 2 km östl. von Saumur über die D 947 Rtg. Chinon. Der Loire entlang, neben "Gratien et Meyer", ausgeschildert.

Durch eine Mauer und einige hundertjährige Bäume von der Straße geschützt, trennen nur ca. 50 Meter das *Beaulieu* vom Ufer der Loire. Andréa und Jean-Christian sind jung und sehr gastfreundlich und stellen ihren Gästen den Salon, das Billardspiel und den Speiseraum zur Verfügung; Die Räume sind sehr komfortabel mit alten und modernen Möbeln eingerichtet. Die nach und nach renovierten Gästezimmer (wir mögen besonders *Rose* und die Suite) sind klassisch und gut ausgestattet. Die Atmosphäre beim gemeinsamen Abendessen, das bei schönem Wetter draußen serviert wird, ist auf angenehme Art ungezwungen.

PAYS DE LA LOIRE

409 - La Croix de la Voulte

Route de Boumois
Saint-Lambert-des-Levées
49400 Saumur
(Maine-et-Loire)
Tel. (0)2 41 38 46 66
M. und Mme Jean-Pierre Minder

♦ 15. Apr. bis 15. Okt. geöffn. ♦ 4 Zi. m. Bad od. Dusche, WC: 330-430 F (2 Pers.) ♦ Frühst.: 35 F ♦ Kein Speisenangebot - Rest.: "Le Relais", Les *Forges de Saint-Pierre* in Saumur (5 km) u. *La Toque Blanche* in Les Rosiers-sur-Loire (9 km) ♦ Salon ♦ Hunde auf Anfr. erlaubt ♦ Schwimmbad vor Ort ♦ Umgebung: Golf; Saumur, Fontevrault, Langeais, Boumois, Montreuil-Bellay ♦ Man spricht Englisch u. Deutsch ♦ **Anreise** (Karte Nr. 15): 4 km nordwestl. von Saumur über die D 229 Rtg. Château de Boumois.

La Croix de la Voulte setzt sich aus mehreren Tuffstein-Häusern zusammen, die zwar alle sehr alt, aber perfekt renoviert sind. Die Gästezimmer sind gepflegt und sorgfältig mit einigen alten Möbelstücken eingerichtet. Das auf einer Terrasse voller Blumen besonders freundlich servierte Frühstück ist hervorragend (in der Vor- und Nachsaison wird es im kleinen Speiseraum eingenommen). Die großen Zimmer und die zahlreichen, draußen aufgestellten Gartenmöbel lassen vergessen, daß es keinen Salon gibt. Eine empfehlenswerte Adresse.

410 - Domaine du Marconnay

Route de Saumur
Parnay
49400 Saumur
(Maine-et-Loire)
Tel. (0)2 41 67 60 46
Fax (0)2 41 50 23 04
M. und Mme Goumain

♦ Vom 1. Apr. bis 11. Nov. geöffn. ♦ 3 Zi. u. 1 Suite (4 Pers.) m. Bad od. Dusche, WC: 260-300 F (2 Pers.) + 65 F (zusätzl. Pers.) ♦ Frühst.: 30 F ♦ Kein Speisenangebot - zahlr. Rest. in der Umgebung ♦ Salon (TV) ♦ Hunde auf Anfr. erlaubt ♦ Schwimmbad, Besichtigung der Weinkeller, Weinproben, Höhlen vor Ort ♦ Umgebung: 18-Loch-Golfpl. (7 km); Loire-Promenade (200 m), Saumur, Montsoreau, Fontevrault, Ussé, Loire-Schlösser ♦ Man spricht Englisch u. Deutsch ♦ **Anreise** (Karte Nr. 15): 6 km östl. von Saumur. In Saumur D 947 Rtg. Chinon (6 km), dann ausgeschildert.

In der *Domaine du Marconnay* finden Sie Saumur-Champigny-Wein, Häuser aus weißem Kalktuff und Höhlen vor. Drei Dinge, die diese Gegend kennzeichnen. Die schlichten, angenehmen Zimmer (Familien sollten die unter dem Dach nehmen) befinden sich im Haus. Das "Schloß" aus dem 15. und 18. Jahrhundert liegt gegenüber und wurde mit seinem unglaublichen Kellerlabyrinth in den Felsen gehauen. Diese erstaunlichen Gebäude liegen in einem gepflegten Park und sind umgeben von den alten Häusern eines charmanten Loire-Dorfes.

PAYS DE LA LOIRE

411 - Château de Mirvault

Azé
53200 Château-Gontier
(Mayenne)
Tel. (0)2 43 07 10 82
Brigitte und François d'Ambrières

♦ Vom 1. Apr. bis 1. Nov. geöffn. (od. auf Anfr.) ♦ 2 Zi. m. Bad, WC u. 2 Nebenzi.: 300 F (1 Pers.), 350-400 F (2 Pers.) ♦ Frühst. inkl. ♦ Kein Speisenangebot - Rest. auf der anderen Seite des Flusses u. weitere ab 1 km ♦ Salon ♦ Hunde nicht erlaubt ♦ Teich, Fluß (Boot, Schwimmen, Windsurfing), Fahrräder, Pferdeboxen vor Ort ♦ Umgebung: 18-Loch-Golfpl. (30 km), Tennis (1 km), Schwimmbad (1 km), Schiffsfahrten auf der Mayenne; Kirche u. Museum von Château-Gontier, Museum ♦ Man spricht Englisch ♦ **Anreise** (Karte Nr. 15): 1 km von Château-Gontier über die Ringstraße, Av. René Cassin, am Kreisverkehr Route de Laval (N 162); dann ausgeschildert.

Eine bessere Lage für diesen Besitz mitten im Grünen, umflossen von der Mayenne und zwei Schritte von Château-Gontier entfernt, ist unvorstellbar! Hier werden Sie zwanglos mit guter Laune empfangen und ein Interieur entdecken, das äußerst geschmackvoll im Stil des 18. Jahrhunderts eingerichtet ist. Reizende, komfortable Zimmer (die im zweiten Stock eignen sich besonders für Familien). Und abends wird man Sie kostenlos mit dem Boot zu dem kleinen Restaurant am gegenüberliegenden Ufer begleiten...

412 - Château du Bas du Gast

6, rue de la Halle-aux-Toiles
53000 Laval
(Mayenne)
Tel. (0)2 43 49 22 79
Fax (0)2 43 56 44 71
M. und Mme Williot

♦ Dez. u. Jan. geschl. ♦ 3 Zi. m. Bad, WC u. 1 Suite (4 Pers.) m. Bad u. Dusche, WC: 550-650 F (2 Pers.), Suite: 1150 F (2 Pers.) + 150 F (zusätzl. Pers.) + 150 F (zusätzl. Bett f. Kinder), + 250 F (zusätzl. Bett f. Erw.) ♦ Frühst.: 50 F u. 80 F (englisch) ♦ Kein Speisenangebot - 5 gute Rest. in Laval ♦ Salon ♦ Hunde auf Anfr. erlaubt ♦ Umgebung: 27-Loch-Golfpl.(4 km), Schwimmbäder, Schiffsfahrten, Angeln, Reiten, Tourismus (Inf. vor Ort) ♦ Man spricht Englisch ♦ **Anreise** (Karte Nr. 7): im Zentrum von Laval.

Dieses im reinsten klassizistischen Stil des 18. Jahrhunderts errichtete prächtige Stadtpalais liegt im Herzen von Laval. Für den Fall, daß Sie mehr über die Besitzung wissen möchten, geben Mme und M. Williot gerne und ausgiebig Auskunft. Die ausgesprochen gelungenen Zimmer sind ebenso schön wie komfortabel: Mobiliar aus dem Familienbesitz, alte Radierungen, elegante, gut aufeinander abgestimmte Stoffe, Tapeten usw. Von den hohen Fenstern der "Suite" blickt man auf einen französischen Garten, der dem Jahrhundert Ludwigs XV. treu geblieben ist.

PAYS DE LA LOIRE

413 - Le Vieux Presbytère

53640 Montreuil-Poulay
(Mayenne)
Tel. (0)2 43 00 86 32
Fax (0)2 43 00 81 42
M. und Mme Legras-Wood

♦ Ganzj. geöffn. ♦ 2 Zi. m. Bad od. Dusche, WC: 280 F (2 Pers.) ♦ Frühst. inkl. ♦ Gemeins. Essen unregelmäßig: 120 F (Wein inkl.) - Küche steht zur Verfügung - Gasthaus im Ort ♦ Salons ♦ Umgebung: künstl. See (4 km), Reiten (4 km) 18-Loch-Golfpl. (15 km); das alte Laval, Schlösser von Lassay, Jublain (Überreste aus röm. Zeit) ♦ Man spricht Englisch, Deutsch u. Spanisch ♦ **Anreise** (Karte Nr. 7): 11 km nördl. von Mayenne. RN 12 zwischen Javron u. Mayenne, dann D 34 Rtg. Lassay-Bagnols-de-l'Orne. Ab der Kirche von Montreuil ausgeschildert.

Bevor sich Patricia und Denis in diesem eleganten Haus niederließen, arbeiteten sie für Zeitungen als Auslandskorrespondenten. Empfangen wird man hier sehr freundlich, und danach entdeckt man ein angenehm rustikales und sehr freundliches Interieur. Die Gästezimmer (mit Blümchentapeten, Radierungen, Zeitschriften usw.), verfügen außerdem über komfortable Bäder. Im großen gepflegten Blumengarten, durch den ein Bach fließt, fühlt man sich ebenfalls sehr wohl. In der Dependance wurde ein angenehmer Sommersalon eingerichtet.

414 - Villeprouvé

53170 Ruillé-Froid-Fonds
(Mayenne)
Tel. (0)2 43 07 71 62
M. und Mme Davenel

♦ Ganzj. geöffn. ♦ 5 Zi. m. Bad od. Dusche, WC: 150 F (1 Pers.), 230 F (2 Pers.), 280 F (3 Pers.) ♦ Frühst. inkl. ♦ HP: 180 F pro Pers. im DZ ♦ Gemeins. Abendessen: 75 F (ohne Wein) ♦ Salon ♦ Kl. Hunde auf Anfr. erlaubt ♦ Angeln vor Ort ♦ Umgebung: Abtei Solesmes, La Trappe ♦ Man spricht Englisch ♦ **Anreise** (Karte Nr. 15): 25 km südl. von Laval über die N 162 bis Villiers-Charlemagne, dann die D 109; ab der Ortschaft ausgeschildert.

Dieser Bauernhof aus dem 18. Jahrhundert gefällt uns ebenso wie die Natur, die ihn umgibt. Eine wunderschöne Holztreppe führt zu den komfortablen Gästezimmern, die sehr liebevoll in einem freundlich-rustikalen Stil eingerichtet sind: tief herabfallende Vorhänge, dicke Teppichböden, Spitzengardinen usw. Alle Zimmer sind sehr angenehm und mit tadellosen Bädern ausgestattet. Hier kommen nur eigene, exzellente Produkte auf den Tisch, die von Mme Davenel in bester Laune serviert werden. Von dem mit Calvados flambierten Grog kann man behaupten, daß er zugleich wohlschmeckend und wirkungsvoll ist. Natürliche, sehr ländliche Atmosphäre.

PAYS DE LA LOIRE

415 - Le Logis et les Attelages du Ray

53290 Saint-Denis-d'Anjou
(Mayenne)
Tel. (0)2 43 70 64 10
Fax (0)2 43 70 65 53
Martine und Jacques Lefebvre

♦ Ganzj. geöffn. ♦ 3 Zi. m. Dusche, WC: 330-385 F (2 Pers.), 530 F(3 Pers.) + 110 F (zusätzl. Kinderbett) ♦ Frühst. inkl. ♦ Gemeins. Abendessen (auf Anfr.): 130 F (Wein inkl.) - Rest. ab 800 m ♦ Visa ♦ Salon ♦ Hunde auf Anfr. erlaubt ♦ Wochenenden m. Progr., gemeins. Essen, Reitunterricht, Droschkenfahrten (halb- od. ganztägig m. Picknick), Fahrräder u. Mountainbikes vor Ort ♦ Umgebung: Golf, Tennis, Schwimmbad (10 km), Angeln; Abtei Solesmes, Schlösser, Schiffsfahrten ♦ Man spricht Englisch ♦ **Anreise** (Karte Nr. 15): 9 km südwestl. von Sablé-sur-Sarthe über die D 27 Rtg. Angers; ab Saint-Denis-d'Anjou *"Chambres d'hôtes - Le Logis et les Attelages du Ray"* ausgeschildert.

In diesem alten, besonders gut restaurierten Haus wird man sehr freundlich und aufmerksam empfangen, und die sorgfältig möblierten, in Blau gehaltenen Zimmer sind sehr schmuck. Zwei von ihnen, auch das mit dem Himmelbett, haben wunderschöne alte Terrakottaböden. Das hervorragende Frühstück wird in einem reizenden Speiseraum mit schönem Mobiliar aus dem 18. Jahrhundert serviert. Im Sommer läßt der Hausherr die Gäste an seiner Leidenschaft für Pferde teilhaben. Möglicherweise lädt er auch Sie zu einem Ausflug in der Droschke ein. Bedauerlicherweise gibt es keinen Aufenthaltsraum für die Gäste.

416 - La Maison du Roi René

4, Grande-Rue
53290 Saint-Denis-d'Anjou
(Mayenne)
Tel. (0)2 43 70 52 30
Fax (0)2 43 70 58 75
Marie-Christine und Pierre de Vaubernier

♦ Ganzj. geöffn. ♦ 4 Zi. (1 m. Salon) m. Bad od. Dusche, WC, TV u. Tel.: 350-450 F (2 Pers.) ♦ Preisnachl. b. läng. Aufenth. ♦ Frühst.: 50 F ♦ Kreditkarten ♦ Rest. vor Ort: Menüs: 120-250 F od. Karte ♦ Umgebung: Tennispl. im Dorf, Schwimmbad (5 km), 27-Loch-Golfpl. (5 km) Pferdewagenfahrten (Wochenende), Steingutmanufaktur Malicorne, Abtei Solesmes, Gestüt Le Lion d'Angers, Flußschiffsfahrten ♦ Man spricht Englisch, Italienisch u. Deutsch ♦ **Anreise** (Karte Nr. 15): 10 km südl. von Sablé Rtg. Angers. Im Dorf, gegenüber des Antiquitätenhändlers (TGV Sablé: eineinviertel Std. ab Paris).

Dieses in einem mittelalterlichen Dorf gelegene Haus aus dem 15. Jahrhundert verfügt über vier unwiderstehliche Zimmer, die ebenso schön wie komfortabel und voller charmanter Details sind. Ihren Charakter früherer Zeiten haben sie voll und ganz bewahrt. Das exzellente Restaurant liegt im Erdgeschoß. Im Winter geht im monumentalen Kamin das Feuer nie aus. Im Sommer dient der Garten voller Blumen als "Salon". Bemerkenswerte Betreuung.

PAYS DE LA LOIRE

417 - Le Chêne Vert

Chammes
53270 Sainte-Suzanne
(Mayenne)
Tel. (0)2 43 01 41 12
Fax (0)2 43 01 47 18
M. und Mme Morize

♦ Ganzj. geöffn. ♦ 6 Zi. m. Dusche, WC: 230 F (2 Pers.), 280 F (3 Pers.) ♦ Frühst. inkl. ♦ HP: 170 F pro Pers. (mind. 3 Üb.) ♦ Gemeins. Abendessen: 80 F (m. eig. Cidre) ♦ Kreditkarten ♦ Zimmerreinigung alle 3 Tage ♦ Bibliothek ♦ Hunde auf Anfr. erlaubt ♦ Angeln, Wanderwege, Schwimmbad u. Kinderspielplatz vor Ort ♦ Umgebung: Teiche, Golf; Schloß Mézanger, Abtei Solesmes, mittelalterl. Innenstadt von Sainte-Suzanne ♦ Man spricht Englisch ♦ **Anreise** (Karte Nr. 7): 45 km westl. von Le Mans über die A 81 Rtg. Laval, Ausf. Vaiges; in Vaiges die D 125 links Rtg. Sainte-Suzanne; vor Chammes.

In der Nähe der mittelalterlichen Stadt Sainte-Suzanne liegt dieser alte, vollständig renovierte Bauernhof mit sehr hübschen Gästezimmern. Bunte, frische Stoffe, einige nette Möbelstücke und der Komfort der Duschbäder machen ihren Reiz aus. Das Frühstück und das Abendessen werden in einem großen rustikalen Raum eingenommen, in dem sich in einer Ecke sogar eine Küchenbar befindet. Die Betreuung ist jugendlich frisch und sympathisch.

418 - Manoir des Claies

72430 Asnières-sur-Vègre
(Sarthe)
Tel. (0)2 43 92 40 50
Fax (0)2 43 92 65 72
M. Anneron

♦ Ganzj. geöffn. (auf Reserv.) ♦ 2 Zi. u. 1 Suite (3-4 Pers.) m. Bad u. WC, TV (auf Wunsch): 385 F (1 Pers.), 420 F (2 Pers.) ♦ 150 F (zusätzl. Pers. in Suite) ♦ Frühst. inkl. ♦ Gemeins. Abendessen auf Best.: 120 F (alles inkl.) ♦ Salon ♦ Tel. ♦ Haustiere auf Anfr. erlaubt ♦ Flußangeln, Boote, Fahrräder u. Mountainbikes vor Ort ♦ Umgebung: 27-Loch-Golfpl., Tennis, Reiten, Schwimmbad; Abtei Solesmes, Asnières (mittelalterliche Stadt), Theater- u. Musikfestivals (Sommer) ♦ Man spricht Englisch ♦ **Anreise** (Karte Nr. 15): 45 km südwestl. von Le Mans. Autob. A 81, Ausf. Joué-en-Charnie.

Dieser reizende alte Landsitz liegt in einer von Wasserläufen durchzogenen Landschaft. Ein wahres Paradies für Angler, die hier besonders freundlich aufgenommen werden, aber andere Gäste sind hier selbstverständlich auch gern gesehen. Auf dem Dachboden wurden die komfortablen und schlichten Gästezimmer eingerichtet (die Fenster sind nicht riesig, der Ausblick hingegen wundervoll), die Suite liegt zu ebener Erde zum Garten hin. Ein Salon und ein Speiseraum, beide sehr freundlich, vervollständigen das Wohlbefinden, das man in diesem Haus empfindet.

PAYS DE LA LOIRE

419 - Château le Grand-Perray

72500 La Bruère
(Sarthe)
Tel. (0)2 43 46 72 65
M. und Mme Thibault

◆ Ganzj. geöffn. ◆ Zi. für Behinderte verfügbar ◆ 8 Zi. m. Bad od. Dusche, WC: 320-450 F (2 Pers.); in einigen Zimmern Kaminfeuer auf Wunsch: + 50 F ◆ Frühst.: 35 F ◆ Gemeins. Abendessen auf Best.: 110-130 F ◆ Salon ◆ Aufzug ◆ Hunde auf Anfr. erlaubt ◆ Angeln, Golftraining vor Ort ◆ Umgebung: Tennis, Schwimmbad; Loir-Tal, Besichtig. Weinkeller, Schloß Le Lude (Ton- u. Licht-Auff. von Juni bis Sep.) ◆ Man spricht Englisch ◆ **Anreise** (Karte Nr. 16): 40 km südl. von Le Mans über die N 138 Rtg. Tours. Dann rechts D 11 Rtg. La Bruère-sur-Loir (5 km hinter dem Schloß Loir); ab D 11 ausgeschildert.

Dieses Schloß ist von viel Wald umgeben. Seine wunderbaren Gästezimmer sind je nach Etage mehr oder weniger groß, mit alten Möbeln eingerichtet und mit schönen Stoffen und Nippsachen aufgelockert. Mediävisten sollten im Turmzimmer wohnen. Der Salon ist angenehm, und fürs Frühstück und Abendessen steht der große Speisesaal zur Verfügung. Die Betreuung ist äußerst freundlich.

420 - Garencière

72610 Champfleur
(Sarthe)
Tel. (0)2 33 31 75 84
Denis und Christine Langlais

◆ Ganzj. geöffn. ◆ 5 Zi. (davon 1 m. sep. Eingang im kl. Haus) m. Bad od. Dusche, WC: 160 F (1 Pers.), 230 F (2 Pers., 1 großes Bett), 250 F (2 Pers., 2 Betten) ◆ Frühst. inkl. ◆ HP: 200 F pro Pers. im DZ ◆ Gemeins. Mittag- u. Abendessen: 95 F (Wein inkl.) ◆ Salon ◆ Hunde auf Anfr. erlaubt ◆ Schwimmbad, Mountainbikes vor Ort ◆ Umgebung: Schwimmbad, Reiten, Angeln; Saint-Ceneri (Dorf unter Denkmalschutz), Gestüt Le Pin ◆ Man spricht Englisch ◆ **Anreise** (Karte Nr. 8): 5 km südöstl. von Alençon über die N 138 Rtg. Le Mans, dann nach links die D 55 Rtg. Champfleur.

Auf diesem an einem Hang gelegenen Bauernhof wird man Sie besonders freudlich empfangen. Alle Gästezimmer sind sehr sorgfältig mit hübschen Stoffen in frischen Farben und einigen nostalgisch wirkenden Möbeln hergerichtet. Das kleine Haus ist ideal für Familien: rustikal im Erdgeschoß, verfügt es im ersten Stock über ein bemerkenswert schönes Zimmer, das uns regelrecht begeistert hat. Das Frühstück und das Abendessen werden gemeinsam im freundlichen Eßzimmer eingenommen. Für die ausgezeichnete Küche werden hauptsächlich eigene Produkte verwendet.

PAYS DE LA LOIRE

421 - Château de Monhoudou

72260 Monhoudou
(Sarthe)
Tel. (0)2 43 97 40 05
Fax (0)2 43 33 11 58
Vicomte de Monhoudou

◆ Ganzj. geöffn. ◆ 4 Zi. m. Bad od. Dusche, WC, 1 Nebenzi. m. Waschbecken: 450-550 F (2 Pers.), 200 F (Nebenzi.) ◆ Frühst. inkl. ◆ Gemeins. Essen am großen od. individ. Tisch: 175 F (alles inkl.) ◆ Salon ◆ Tel. ◆ Angeln am Teich, Fahrräder vor Ort ◆ Umgebung: 18-Loch-Golfpl. (20 km), Tennis (3 km); Altstadt u. Kathedrale von Le Mans, Schlösser der Orne, Wälder des Perche ◆ Man spricht Englisch ◆ **Anreise** (Karte Nr. 8): 40 km nördl. von Le Mans (Autobahnausf. Le Mans-Nord, Rtg. Alençon), D 300 Rtg. Mamers, dann rechts D 132 Rtg. Monhoudou. Aus Paris kommend: Ausf. La Ferté-Bernard, Rtg. Mamers, dann links D 27 Rtg. Marolles, rechts nach Monhoudou.

Man muß die Straße verlassen und auf einem Weg Wiesen und Wald durchqueren, um zu diesem eleganten kleinen Schloß zu gelangen. In der renovierten Innenausstattung, die nun in frischen Farben erstrahlt und sehr geschmackvoll ist, wurde überall das schöne alte Mobiliar bewahrt, und die Bilder aus dem Familienbesitz kommen gut zur Geltung. Die Zimmer sind ebenfalls sehr komfortabel und voller Qualität. Von allen blickt man auf den riesigen englischen Park, in dem man Schafe, Schwäne Pferde, Pfaue usw. beobachten kann. Die den Gästen zur Verfügung stehenden Empfangsräume sind ausgesprochen reizend. Ungezwungener, aufmerksamer und sympathischer Empfang.

422 - Château de la Renaudière

72240 Neuvy-en-Champagne
(Sarthe)
Tel. (0)2 43 20 71 09
Marquis und Marquise
de Mascureau

◆ Von Okt. bis 1. Mai geschl. ◆ 3 Zi. m. Bad od. Dusche, WC: 550 F (2 Pers.) + 50 F (zusätzl. Pers.) u. 1 kl. Kinderzi.: 200 F ◆ Frühst. inkl. ◆ Gemeins. Abendessen auf Best.: 200 F (alles inkl.) ◆ Salons ◆ Tel. ◆ Haustiere nicht erlaubt ◆ Angeln am Teich, Wald vor Ort ◆ Umgebung: Tennis, Reiten, 18-Loch-Golfpl. (20 km); Solesmes, Altstadt Le Mans, Automobil-Museum, Musikfestival (Juli) ◆ Man spricht Englisch ◆ **Anreise** (Karte Nr. 7): 20 km westl. von Le Mans. Autob. A 81, Ausf. Le Mans-Ouest, Route de Laval bis Coulans-sur-Gée, dann 6 km Rtg. Conlie. Hinter dem Dorf Saint-Julien-le-Pauvre, 300 m weiter rechts.

La Renaudière ist ein Familienbesitz, der die Spuren jener Generationen bewahrt, die hier gelebt haben. Die geräumigen, hellen Zimmer haben noch immer das Aussehen und die Eleganz vergangener Zeiten, die Bäder sind jedoch neu. Den Gästen stehen zwei geräumige Salons zur Verfügung. Ein großer, ruhiger Park umgibt dieses schöne Rittergut, auf dem man sehr freundlich empfangen wird. Ein Haus mit Qualitäten in einer Gegend, die viel zu bieten hat.

PAYS DE LA LOIRE

423 - Château de Saint-Paterne

72610 Saint-Paterne
(Sarthe)
Tel. (0)2 33 27 54 71
Fax (0)2 33 29 16 71
Charles-Henry de Valbray

♦ Vom 1. März bis 15. Dez. geöffn. (in der Vor- u. Nachsaison auf Anfr.) ♦ 3 Zi. u. 3 Suiten (3 Pers.) m. Bad od. Dusche, WC u. Tel.: 450-750 F (2 Pers.) u. ehem. Taubenhaus: 450 F pro Üb./1800 F pro Woche ♦ 4. Üb. kostenl. ♦ Frühst.: 45 F ♦ Gemeins. Abendessen auf Best.: 250 F (Wein inkl.) ♦ Salon ♦ Visa, Amex ♦ Kl. Hunde auf Anfr. erlaubt ♦ Tennis, Pferdeboxen vor Ort ♦ Umgebung: Schwimmbad, Reiten; Mont-Saint-Michel ♦ Man spricht Englisch ♦ **Anreise** (Karte Nr. 8): 2 km südwestl. von Alençon über die D 311 Rtg. Mamers-Chartres; im Zentrum von Saint-Paterne.

Alençon ist nicht weit von dem Dorf Saint-Paterne entfernt, aber das Schloß liegt geschützt in seinem von Mauern umgebenen Park. Der junge Hausbesitzer restaurierte es von Grund auf mit sehr sicherem Geschmack. Die Gästezimmer, entweder klassisch oder "dekorativ" eingerichtet, und auch ihre Bäder rivalisieren untereinander, die Qualität betreffend. Auch das kleine Taubenhaus ist nicht zu verachten und wird all denen gefallen, die Unabhängigkeit über alles schätzen. Alte Möbel und raffinierte Stoffe auch im Salon und Speiseraum. Ein wundervolles Haus mit stets bestem Empfang.

424 - Le Fresne

Route de Beaucé
72440 Solesmes
(Sarthe)
Tel. (0)2 43 95 92 55
Marie-Armelle und Pascal Lelièvre

♦ Ganzj. geöffn. ♦ 3 Zi. (davon 1 m. Mezzanin) m. Bad, od. Dusche, WC: 250-260 F (2 Pers.) + 70 F (zusätzl. Pers.); Preisnachl. ab 4. Üb ♦ Frühst. inkl. ♦ Gemeins. Essen: 100 F (Wein inkl.) ♦ Hunde auf Anfr. erlaubt (+ 30 F) ♦ Angeln am Teich vor Ort ♦ Umgebung: 27-Loch-Golfpl. (14 km), Reiten; Schiffsfahrten (auf dem Fluß Sarthe, 600 m entf.), Asnières-sur-Vègre, Abtei Solesmes, Steingutmanufaktur Malicorne ♦ Man spricht Englisch u. Deutsch ♦ **Anreise** (Karte Nr. 15): 7 km östl. von Sablé Rtg. Solesmes; ab der Apotheke (*pharmacie*) ausgeschildert: das Haus liegt 3 km weiter (TGV-Bahnhof: 7 km).

Vom Dorf mit seiner berühmten Abteikirche abgelegen, profitiert *Le Fresne* von einer friedlichen Landschaft und der fischreichen Sarthe. Dieses kleine Bauernhaus, in dem man ungezwungen, aber mit viel Takt empfangen wird, bietet erst seit kurzem komfortable Zimmer an. Mit sicherem Geschmack ausgestattet (bunte Stoffe, helles Holz, Terrakotta usw.), verfügen sie über einwandfreie Fayence-Badezimmer und gehen direkt nach draußen. Angenehmer Aufenthaltsraum und sehr günstige Preise.

PAYS DE LA LOIRE

425 - Domaine du Grand Gruet

Route de Challes
72440 Volnay
(Sarthe)
Tel. (0)2 43 35 68 65
und (0)2 43 89 87 27
Mme Eveno-Sournia

♦ Vom 15. Feb. bis 31. Dez. geöffn. (im Winter auf Anfr.) ♦ 3 Zi. u. 2 Suiten m. Bad od. Dusche, WC; 2 Studios m. Kochnische, Dusche, WC (f. läng. Aufenth.): 350-550 F (2 Pers.) + 70 F (zusätzl. Pers.) ♦ Frühst. (kontinental) inkl.; Brunch: 35 F ♦ Gemeins. Essen auf Best. - Rest. 6 km entf. ♦ Zimmerreinigung auf Wunsch ♦ Salons ♦ Hunde nicht erlaubt ♦ Umgebung: Reiten, Teiche, Tennis, Golf; Loir-Tal ♦ Man spricht Deutsch ♦ **Anreise** (Karte Nr. 16): Autob. Chartres (A 11), Ausf. Ferté-Bernard, Rtg. Le Mans. In Conneré Rtg. Grand-Lucé (15 km). In Volnay D 90 Rtg. Challes; 600 m weiter auf den Weg links abbiegen.

Anne Sournia ist Malerin. Dieses schöne Haus wurde von ihr mit besonders sicherem Geschmack restauriert. Vom Aschenbecher bis zum Email-Waschbecken ist jeder Gegenstand von einem Kunstschaffenden und Freund der Hausbesitzerin signiert. Die Zusammenstellung ist unbeschwert, modern und komfortabel. Die Zimmer sind alle unterschiedlich und mit viel Charme ausgestattet. Im Salon und Speiseraum werden regelmäßig ausgewählte Gemälde und Skulpturen ausgestellt. Die Betreuung ist persönlich und sehr freundlich. Ein schöner, sehr ruhiger Ort.

426 - Manoir de Ponsay

Saint-Mars-des-Prés
85110 Chantonnay
(Vendée)
Tel. (0)2 51 46 96 71
Fax (0)2 51 46 80 07
M. und Mme de Ponsay

♦ Vom 1. Apr. bis 30. Nov. geöffn. (im Winter auf Anfr.) ♦ 8 Zi. m. Bad od. Dusche, WC: 300-560 F (2 Pers.), Suite: 600 F (2-4 Pers.) ♦ Frühst.: 40 F (Brunch) ♦ Gemeins. od. individ. Abendessen: 175 F (Wein inkl.) ♦ Salon ♦ Tel. ♦ Amex ♦ Hunde nicht erlaubt ♦ Boxen u. Auslauf für Pferde vor Ort ♦ Umgebung: Schwimmbad, Tennis, Meer, Golf; Ile d'Yeu, Sumpfgebiet (Marais poitevin), Schauspiel am Puy-du-Fou ♦ Man spricht Englisch u. Deutsch ♦ **Anreise** (Karte Nr. 15): 35 km östl. von La Roche-sur-Yon über die D 948 u. die D 949 bis Chantonnay u. Saint-Mars-des-Prés; ausgeschildert. Autob. A 83, Ausf. Bournezeau (14 km).

Seit dem 17. Jahrhundert gehört dieser Landsitz, der in schöner Hügellandschaft liegt, ein und derselben Familie. Nach einem höchst angenehmen Empfang werden Sie ein Interieur von eleganter Authentizität und komfortable Zimmer entdecken. Die besonders gelungenen sind sehr schön ausgestattet und verfügen über alte Möbel wie die *chambres d'amis* früherer Zeiten; *Rose* ist superbe, die "Suite" besonders für Familien geeignet. Die anderen sind schlichter und preiswerter, aber auch sie können wir empfehlen. Eine interessante Adresse im Herzen der Vendée.

PAYS DE LA LOIRE

427 - Logis de Chalusseau

111, rue de Chalusseau
85200 Doix
(Vendée)
Tel. (0)2 51 51 81 12
M. und Mme Gérard Baudry

♦ Vom 1. Apr. bis 15. Nov. geöffn. ♦ Mind. 2 Üb. ♦ 2 Zi. m. Bad od. Dusche, WC: 180 F (1 Pers.), 230 F (2 Pers.) + 50 F (zusätzl. Pers.) ♦ Frühst. inkl. ♦ Kein Speisenangebot (eine separate Küche steht den Gästen z. Verf.) ♦ Salon ♦ Zimmerreinigung alle 3 Tage ♦ Hunde nicht erlaubt ♦ Umgebung: Schwimmbad, Tennis, Meer (40 km), Reiten, 18-Loch-Golfpl.; Sumpfgebiet (Marais poitevin), Mervent-Wälder, roman. Kunst, Abtei Maillezais, Kloster Nieul, La Rochelle (40 km) ♦ **Anreise** (Karte Nr. 15): 9 km südl. von Fontenay-le-Comte über die D 938ter Rtg. La Rochelle, dann links die D 20 Rtg. Fontaines-Doix (4 km).

Die Innenräume dieses schönen, für die Vendé typischen Gebäudes aus dem 17. Jahrhundert haben alle ihre Kamine aus Stein, ihre alten Holzbalken und die ursprüngliche, großzügige Aufteilung bewahren können. Folglich sind die Zimmer groß, hell und hübsch mit regionalem Mobiliar eingerichtet. Das reichhaltige Frühstück wird auch im angenehmen Garten serviert. Ein außergwöhnliches Haus in bemerkenswerter Lage. Außerdem ist die Betreuung ausgesprochen freundlich.

428 - Château de la Flocellière

85700 La Flocellière
(Vendée)
Tel. (0)2 51 57 22 03
Fax (0)2 51 57 75 21
Erika und Sandrine Vignial

♦ Ganzj. geöffn. ♦ 4 Zi. u. 3 Suiten (3 Pers.) darunter 1 Prestige-Suite (4 Pers.) m. Bad u. WC: Zi.: 550 F (2 Pers.); Suiten 750 F; Prestige-Suite 1000 F ♦ Frühstück: 40 F ♦ Gemeins. Abendessen (am großen od. individ. Tisch): 125-160 F (alles inkl.) - Diner bei Kerzenlicht auf Wunsch: 250F/Pers. (ab 6 Pers.) ♦ Salons ♦ Tel. u. Tel.-Kabine ♦ Hunde auf Anfr. erlaubt ♦ Boxen für Fahrräder, Schwimmbad, Billard, Tischtennis, Krockerspiel vor Ort ♦ Umgebung: Tennis, Golf, Reiten; Puy-du-Fou ♦ Man spricht Englisch, Deutsch u. Italienisch ♦ **Anreise** (Karte Nr. 15): 25 km südöstl. von Cholet über die D 752 Rtg. Pouzauges. In St-Michel-Mont-Mercure an der Ampel links Rtg. La Flocellière. Im Ort, Place de la Mairie (ausgeschildert).

Dieses prachtvolle Schloß ist an sich schon eine Lektion in Geschichte; die Jahre und die Familie Vignial, die es mit einem ausgeprägten Sinn für schöne Dinge unterhält, haben aus ihm ein besonders gastfreundliches Haus gemacht. Die Zimmer können zu Suiten umgestaltet werden und haben moderne Bäder und herrliche Ausblicke. Die Gesellschaftsräume sind komfortabel und freundlich und werden den Gästen auf eine großzügige Art zur Verfügung gestellt. Besonders herzlicher Empfang. Eine Adresse, die Qualität garantiert.

PAYS DE LA LOIRE

429 - Le Logis d'Elpénor

5, rue de la Rivière
85770 Le Gué-de-Velluire
(Vendée)
Tel. (0)2 51 52 59 10
Christiane Ribert

♦ 1. Jan. bis 1. März geschl. ♦ 5 Zi. m. Bad od. Dusche, WC (TV auf Wunsch): 190 F (1 Pers.), 250 F (2 Pers.) + 60 F (zusätzl. Pers.) ♦ Frühst. inkl. ♦ Gemeins. Essen: 80 F (Wein inkl.) ♦ Salon ♦ Tel. ♦ Umgebung: Flußangeln, Wanderwege, Tennis (5 km), Fahrräder, 18-Loch-Golfpl., Bootsverleih, Sumpfgebiet (Marais poitevin), Petit-Poitou-Haus, Wald von Mervent, Dörfer Nieul-sur-Autize, Vouvant (unter Denkmalsch.) u. Maillezais ♦ **Anreise** (Karte Nr. 15): 45 km südwestl. von Niort u. 30 km nordöstl. von La Rochelle. Ab Niort: N 148 Rtg. Fontenay-le-Comte, dann D 938ter Rtg. La Rochelle. Ab La Rochelle N 137 Rtg. Nantes, ab Marans D 938ter Rtg. Fontenay-le-Comte.

Die Innenausstattung dieses am Ende des Dorfes gelegenen *Logis* ist schlicht, aber reizvoll: wunderbare Terrakottaböden im Entree, abgebeizte Holztüren, heller Parkettboden aus breiten Holzlatten. Die meisten Zimmer sind groß, hell und freundlich. Ein hübscher, mit einer Mauer umgebener Garten, und direkt dahinter ein von den Gewässern der Vendée umspülter Weg; das Sumpfgebiet - Marais poitevin - rechtfertigt in jedem Fall einen Aufenthalt. Hervorragende Hausmannskost und sehr freundlicher Empfang.

430 - Le Petit Marais des Broches

7, Chemin des Tabernaudes
85350 L'Ile d'Yeu
(Vendée)
Tel. (0)2 51 58 42 43
Chantal und Jean-Marcel Hobma

♦ Ganzj. geöffn. ♦ 5 Zi. (davon 2 mit Mezzanin) m. Dusche, WC: 450 F (2 Pers., 1 Üb.), 360 F (mehr als 1 Üb.) + 110 F (zusätzl. Pers.) ♦ Frühst. inkl. ♦ Sonderpreise für läng. Aufenth. in Vor- u. Nachsaison ♦ Gemeins. Essen: 150 F (alles inkl.) ♦ Umgebung: Strand (300 m), Fahrräder, Mountainbikes, jegl. Wassersportart, Reiten, Tennis; Sommerkonzerte, kleine Museen ♦ **Anreise** (Karte Nr. 14): im Nordwesten der Insel. 300 m von der Anse des Broches entf. Mit dem Schiff (ganzjährig) ab Gare maritime Fromentine (Tel.: 02 51 49 59 69); im Sommer ab Ile de Noirmoutier (Tel. 02 51 39 00 00) oder ab Saint-Gilles-Croix de Vie (Tel. 02 51 54 15 15).

Begeben Sie sich auf der Ile d'Yeu zur Côte sauvage, der wildromantischen Küste... In diesem einzigartigen Naturschutzgebiet liegt unser Haus nur 200 Meter vom Meer entfernt. Die neuen, komfortablen Zimmer sind von schlichter Eleganz (Schränke aus Zedernholz, Daunendecken mit hübschen blau-weißen Bezügen, reizende Bäder). Zwei Zimmer mit Mezzanin für Kinder. Der Empfang könnte nicht angenehmer sein. Mme Hobma bereitet entsprechend dem Fischfang exzellente Diners zu, die meist auf der Terrasse serviert werden. In Port-Joinville können Sie Fahrräder mieten und schöne Spazierfahrten unternehmen. Eine wahre Entdeckung.

PAYS DE LA LOIRE

431 - Chez Mme Bonnet

69, rue de l'Abbaye
85420 Maillezais
(Vendée)
Tel. (0)2 51 87 23 00
Fax (0)2 51 00 72 44
Liliane Bonnet

♦ Ganzj. geöffn. ♦ Mind. 2 Üb. ♦ 5 Zi. m. Bad od. Dusche, WC: 320-350 F (2 Pers.), 400 F (3 Pers.) ♦ Frühst. inkl. ♦ Kein Speisenangebot - Rest.: *L'Auberge de la Rivière Velluire, Le Mazeau* u. Bauerngasthof in Saint-Michel-de-Cloucq ♦ Salon ♦ Bibliothek ♦ Parkpl. ♦ Hunde nicht erlaubt ♦ Tennis, Angeln, Bootsfahrten, Fahrräder, Aufenthalte u. Wochenenden m. Themenangebot (außerh. der Saison) vor Ort ♦ Umgebung: Reiten; Wald von Mervent-Vouvant, Abteien von Maillezais u. Nieul, Coulon, La Rochelle, Ile de Ré ♦ Man spricht Englisch u. Spanisch ♦ **Anreise** (Karte Nr. 15): 28 km nordwestl. von Niort über die N 148 Rtg. Fontenay-le-Comte, dann links die D 15 Rtg. Maillezais.

Dieses elegante Vendée-Haus verbirgt einen prächtigen Garten, der an einen Kanal grenzt und auf dem Sie mit einem Kahn bis zum Sumpfgebiet rudern können. Die komfortablen und charmanten Zimmer verfügen über altes Mobiliar und schöne Badezimmer. Außerdem gibt es einen großen Salon und einen hübschen Speiseraum fürs exzellente Frühstück, das im Sommer draußen serviert wird. Die Betreuung ist sehr entgegenkommend und liebenswürdig.

432 - Le Logis de la Cornelière

85200 Mervent
(Vendée)
Tel. (0)2 51 00 29 25
Lyse und Jean-Raymond de
Larocque Latour

♦ Ganzj. geöffn. ♦ 3 Zi. u. 1 Suite (4 Pers.) m. Bad, WC: 400-500 F (2 Pers.) + 100 F (zusätzl. Pers.), Suite: 600 F (3 Pers.) ♦ Frühst. (Brunch): 40 F ♦ Gemeins. Essen auf Best.: ab 120 F ♦ Salon ♦ Beheizt. Schwimmb., Steinpilzesuchen im Wald (5000 ha), Mountainbikes vor Ort ♦ Umgebung: Reiten (5 km), künstl. See in Mervent, Klettern, Sumpfgebiet (Marais poitevin), Dörfer Vouvant u. Foussais ♦ Man spricht Englisch ♦ **Anreise** (Karte Nr. 15): 13 km nordöstl. von Fontenay-le-Comte. Ab Fontenay Rtg. Bressuire, Route de Mervent, Mervent durchqueren, bis Les Ouillères, 3 km Rtg. La Châtaigneraie, dann ausgeschildert.

Ein paar Schritte von einem wunderbaren Wald entfernt, ragt aus einer Talmulde das *Logis de la Cornelière* mit seinen alten Dächern und goldbraunen Steinen hervor. Das Innere ist noch immer streng und authentisch: alte Möbel, persönliche Gegenstände, schön skulptierte Kamine usw. Die Zimmer wurden kürzlich renoviert: sie sind groß, sehr komfortabel und wirklich ansprechend. Das bemerkenswerte Frühstück wird auf wundervollem Geschirr der Familie serviert. Der Empfang ist besonders angenehm und freundlich. Eine hervorragende Adresse.

PAYS DE LA LOIRE

433 - Le Château

85450 Moreilles
(Vendée)
Tel. (0)2 51 56 17 56
Fax (0)2 51 56 30 30
Mme Danièle Renard

♦ Ganzj. geöffn. (von Okt. bis März auf Anfr.) ♦ 8 Zi. m. Bad od. Dusche, WC, Tel.: 350 F (1 Pers.), 400-450 F (2 Pers.) ♦ Frühst.: 50 F ♦ HP: 400-450 F pro Pers. im DZ ♦ Individ. Abendessen: 185 F (ohne Wein) ♦ Hunde auf Anfr. erlaubt ♦ Schwimmbad vor Ort ♦ Umgebung: Tennis, Reiten, Angeln, 18-Loch-Golfpl. (25 km); La Rochelle, Sumpfgebiet (marais poitevin) ♦ Man spricht Englisch ♦ **Anreise** (Karte Nr. 15): 35 km nördl. von La Rochelle über die Straße nach Nantes (N 137); am Ortseingang rechts abbiegen.

In diesem großen, freundlichen Haus erwartet jene Gäste das wunderbar nostalgische Bett der "Belle Otero", die es rechtzeitig reserviert haben. Die Zimmer sind schmuck mit hübschen Stilmöbeln eingerichtet. Im Speisesaal wird das Frühstück und selbstverständlich auch das Abendessen serviert; über letzteres wacht Mme Renard besonders. Der Garten ist hübsch, aber etwas laut wegen des Straßenverkehrs. Besonders aufmerksame und freundliche Betreuung.

434 - Logis du Ranquinet

85200 L'Orbrie
(Vendée)
Tel. (0)2 51 69 29 27
M. und Mme Reignier

♦ Ganzj. geöffn. ♦ 1 Suite (3 Pers.) m. 2 Zi. (1 m. 2 Betten, das andere m. 1 Bett) m. Bad od. Dusche, WC: Zi. 250 F (2 Pers.); Suite 200 F (1 Pers.), 250 F (2 Pers.), 400 F (3 Pers.) ♦ Frühst. inkl. ♦ Kein Speisenangebot - Crêperie, Rest. *Le Chovan Gourmet* in Fontenay-le-Comte (3 km) ♦ Salon ♦ Tel. ♦ Zimmerreinigung auf Wunsch ♦ Umgebung: Angeln (Fluß u. See), Reiten, Tennis, Puy-du-Fou (40 km), Wald, Atlantik (30 km) ♦ **Anreise** (Karte Nr. 15): 3 km nordwestl. von Fontenay-le-Comte. Von Niort kommend: Rtg. Mervent, L'Orbrie: das haus rechts am ersten Stoppschild.

Die Atmosphäre im Innern dieses schönen Steinhauses der Vendée ist sehr freundlich. Hier werden Sie in einem kleinen Gästezimmer mit schönen, alten Möbeln empfangen, das mit dem Nebenzimmer und dem modernen Bad am anderen Ende des Flurs zu einer Suite umgestaltet werden kann. Alles ist geschmackvoll hergerichtet. Ihr Frühstück werden Sie im hübschen, hellen Speiseraum einnehmen - im Sommer selbstverständlich im Blumengarten. Ein ruhiges Haus in einer nicht minder ruhigen Gegend.

PAYS DE LA LOIRE

435 - Le Castel du Verger

85670 Saint-Christophe-
du-Ligneron
(Vendée)
Tel. (0)2 51 93 04 14
Fax (0)2 51 93 10 62
M. und Mme H. A. Gouon

♦ Ganzj. geöffn. ♦ 5 Zi. u. 1 Suite m. Bad, WC: 300-350 F (2 Pers.) + 50 F (zusätzl. Pers.) ♦ Frühst.: 35 F ♦ HP: 600-660 F für ein Paar im DZ (mind. 2 Üb.) ♦ Individ. Abendessen: 120 F (ohne Wein) ♦ Salon, Klavier ♦ Hunde erlaubt (evtl. m. Zuschlag) ♦ Beheizt. Schwimmbad, Angeln (Teiche), Fahrräder vor Ort ♦ Umgebung: Tennis (500 m), Reiten, Golf (15 km); Sumpfgebiet (Marais poitevin), Vendée-Küste, Inseln Noirmoutier u. Yeu ♦ Man spricht Englisch ♦ **Anreise** (Karte Nr. 14): 10 km südöstl. von Challans über die D 948; 30 km vor La Roche-sur-Yon.

Sobald man den Hof dieses Schlosses betritt, bewundert man die Grünflächen, die Blumen, auch das beheizte Schwimmbad und vergißt vollkommen die unterhalb vorbeiführende Landstraße. Die von dicken Mauern geschützten Gästezimmer leiden darunter allerdings nicht und sind recht ruhig. Außerdem sind sie komfortabel, sehr gepflegt und im alten Stil eingerichtet (wir bevorzugen das Zimmer, dessen Wände mit Jouy-Stoffen bespannt sind). Für die Mahlzeiten (im Goldenen Buch sehr gelobt) werden ausschließlich Qualitätsprodukte verwandt.

436 - Château de la Millière

85150 Saint-Mathurin
(Vendée)
Tel. (0)2 51 22 73 29
Claude und Danielle Huneault

♦ Von Mai bis einschl. Sep. geöffnet ♦ 4 Zi. (dav. 1 Suite) m. Bad, WC: 500 F (2 Pers.) + 100 F (zusätzl Pers.); Suite: 750 F (4 Pers.); - 10% im Mai, Juni, Sep. ♦ Frühst.: 40 F ♦ Kein Speiseangebot (im Garten kann jedoch gepicknickt u. gegrillt werden) - Rest. in der Umgebung ♦ Salon ♦ Kl. Hunde auf Anfr. erlaubt ♦ Schwimmbad, See, fr. Billard, Pferdeboxen, Tischtennis, Fahrräder, Angeln vor Ort ♦ Umgebung: 18-Loch-Golfpl. (3 km), Meersaline, Saint-Gilles, La Rochelle, Noirmoutier ♦ Man spricht Englisch ♦ **Anreise** (Karte Nr. 14): 8 km nördl. von Les Sables-d'Olonne über N 160 von Roche-sur-Yon nach Les Sables de l'Olonne, nach 1 km links, vor Saint-Maturin.

Von den Fenstern dieses Schlosses aus dem 19. Jahrhundert hat man einen herrlichen Blick auf das Bassin und die hohen Bäume des Parks. Die neue Inneneinrichtung besteht aus verschiedenartigem Mobiliar und zahlreichen Teppichen; im *Château de la Millière* wird man ausgesprochen freundlich und mit bester Laune empfangen, und deshalb fühlt man sich hier besonders wohl. Sehr große Zimmer, luxuriöse Bäder und olympische Ruhe.

PAYS DE LA LOIRE

437 - Le Fief Mignoux

85120 Saint-Maurice-des-Noués
(Vendée)
Tel. (0)2 51 00 81 42
M. und Mme Schnepf

♦ Vom 1. Mai bis Allerheiligen geöffn. ♦ 2 Zi. teilen sich Bad m. Dusche u. WC: 250 F (2 Pers.) + 50 F (zusätzl. Pers.) ♦ Frühst. inkl. ♦ Kein Speisenangebot - Rest.: *Auberge de Maître Pannetier* ♦ Zimmerreinigung alle 3 Tage ♦ Hunde nicht erlaubt ♦ Umgebung: Golf, Tennis, Reiten, künstl. See; Wald von Mervent, Vouvant, Sumpfgebiet (Marais poitevin), Abtei Maillezais ♦ Man spricht Englisch u. Deutsch ♦ **Anreise** (Karte Nr. 15): 25 km nordöstl. von Fontenay-le-Comte über die D 938ter Rtg. La Châtaigneraie. In L'Alouette die D 30 Rtg. Vouvant. Hinter Saint-Maurice-des Noués rechts die D 67 Rtg. Puy-de-Serre.

Dieses charmante Haus aus dem 17. Jahrhundert ist voller Licht und von zwei hübschen Blumengärten umgeben. Das Haupt-Gästezimmer ist sehr groß und hell und mit ländlichem Mobiliar hübsch eingerichtet. Der zum Zimmer gehörende Duschraum liegt gegenüber. Sollten Sie zu mehreren Personen reisen, läßt sich ohne weiteres ein zweites Zimmer hinzufügen, das ebenso groß und schön wie das erste ist. Ausgesprochen freundliche Betreuung.

438 - Château de la Cacaudière

85410 Thouarsais-Bouildroux
(Vendée)
Tel. (0)2 51 51 59 27
Fax (0)2 51 51 30 61
M. und Mme Montalt

♦ Vom 30. Sep. bis 1. Juni geschl. ♦ 5 Zi. (2 m. 2 Betten) u. 2 Suiten (3-4 Pers.) m. Bad od. Dusche, WC (Tel. in 3 Zi., TV auf Wunsch): 400 F (1 Pers.), 450-650 F (2 Pers.), 750 F (3 Pers.) ♦ Frühst. inkl. ♦ Kein Speisenangebot ♦ Kreditkarten ♦ Salons, Billard, Klavier ♦ Münztel. ♦ Kl. Hunde auf Anfr. erlaubt ♦ Umgebung: Angeln am Teich, 18-Loch-Golfpl. (45 km) ♦ Man spricht Englisch, Deutsch u. Spanisch ♦ **Anreise** (Karte Nr. 15): 200 km nördl. von Fontenay-le-Comte über die D 23 Rtg. Bressuire. 4 km hinter Saint-Cyr-des-Gâts rechts die GC 39 Rtg. Thouarsais-Bouildroux; im ersten Weiler gegenüber der Scheune.

Auch das 19. Jahrhundert hatte Charme - das beweist dieses kleine, von einem Park mit abwechslungsreicher Vegetation umgebene Schloß. Die mit alten Möbeln eingerichteten Empfangsräume (Salon, Billard- und Speisesaal) stehen Ihnen zur Verfügung. Die Zimmer sind vollkommen renoviert und ebenso komfortabel wie geschmackvoll ausgestattet: englische Tapeten, elegante Stoffe und gut ausgewählte Möbel. Romantisch.

PICARDIE

439 - La Ferme de Léchelle

Hameau de Léchelle
02200 Berzy-le-Sec
Tel. (0)3 23 74 83 29
Fax (0)3 23 74 82 47
Nicole und Jacques Maurice

♦ Ganzj. geöffn. (von Nov. bis April auf Anfr.) ♦ 2 Zi. m. Bad od. Dusche, WC; 2 Zi. teilen sich Dusche u. WC: 180-220 F (1 Pers.), 200-250 F (2 Pers.) ♦ Frühst. inkl. ♦ HP-Angebot ♦ Gemeins. Essen: 90 F (ohne Wein) ♦ Salon ♦ Bassin, Fahrräder vor Ort ♦ Umgebung: 18-Loch-Golfpl. (30 km), Tennis, Wald, roman. Kirchen, archäol. Besichtig. (Rundfahrt), Schloß Longpont ♦ Man spricht Englisch u. Spanisch ♦ **Anreise** (Karte Nr. 2 u. 10): 10 km südl. von Soisson über N 2 Rtg. Paris. An der Kreuzung von Cravaçon links D 172 Rtg. Oulchy-le-Château (4 km), dann links D 177 Rtg. Léchelle.

Auf einem Fundament des 12. Jahrhunderts errichtet, kann dieses stattliche Bauernhaus unweit von Paris einige Vorzüge vorweisen: den prächtigen Garten, ein harmonisches und raffiniertes Interieur, besten Empfang... Sie werden in Gästezimmern schlafen, die komfortabel und elegant sind und auf das bewaldete Land gehen. Hervorragendes, reichhaltiges Frühstück, serviert in einem hellen Raum mit großem Kamin und alten Möbeln. Köstliches, vorwiegend mit Geflügel und Gemüse vom Hof zubereitetes Abendessen.

440 - Le Clos

Le Clos
02860 Chérêt
(Aisne)
Tel. (0)3 23 24 80 64
M. und Mme Simonnot

♦ Vom 15. März bis 15. Okt. geöffn. ♦ 1 Zi. (m. 2 Betten, im Erdgeschoß) m. Bad, WC; 3 Zi. teilen sich Dusche u. WC; 1 Suite (2-5 Pers.) m. Bad, WC: 200-250 F (2 Pers.) + 90 F (zusätzl. Pers.) ♦ Frühst. inkl. ♦ Gemeins. Abendessen: 90 F (Wein inkl.) ♦ Salon ♦ Hunde nicht erlaubt ♦ Umgebung: Tennis, Schwimmbad, Reiten, Golf; mittelalterl. Stadt Laon, Wald von Saint-Gobain, Kathedrale von Reims (40 km) ♦ **Anreise** (Karte Nr. 3 u. 10): 8 km südl. von Laon über die D 967 Rtg. Fismes, dann die D 903; ausgeschildert.

Die ehemalige Weinkellerei *Le Clos* stammt aus dem 17. Jahrhundert und ist von einer hübschen Landschaft umgeben. Die Atmosphäre ist familiär und ländlich, aber auch von gewisser Eleganz. M. Simonnot, stets gut gelaunt, sorgt bei Tisch für Unterhaltung. Das ganze Haus ist mit schönen alten Möbeln eingerichtet. Ein langer Gang führt zu den Zimmern: die Suite ist sehr angenehm, und das "blaue" Zimmer wurde erst vor kurzem ganz neu eingerichtet; die drei anderen Gästezimmer sind viel schlichter und haben kein eigenes Bad. Ein authentisches Haus, in dem man sehr freundlich aufgenommen wird.

PICARDIE

441 - Domaine des Jeanne

Rue Dubarle
02290 Vic-sur-Aisne
(Aisne)
Tel. (0)3 23 55 57 33
Fax (0)3 23 55 57 33
M. und Mme Martner

◆ Ganzj. geöffn. ◆ 5 Zi. u. 1 Studio m. Dusche, WC, TV: 320-370 F (je nach Saison, 2 Pers.) ◆ Frühst. inkl. ◆ Individ. Abendessen: 95 F (ohne Wein) ◆ Salon ◆ Visa ◆ Tel. ◆ Hunde auf Anfr. erlaubt ◆ Schwimmbad u. Tennispl. vor Ort ◆ Umgebung: Golf; Schlösser von Pierrefond u. Compiègne, Jagdmuseum von Senlis ◆ Man spricht Englisch ◆ **Anreise** (Karte Nr. 2 u. 10): 16 km westl. von Soissons über die N 31 Rtg. Compiègne.

Der Park der Besitzung beginnt im kleinen Ort und endet am Flußufer. Alle Zimmer haben Blick aufs Grüne, sind komfortabel, gut eingerichtet und besitzen tadellose Duschen. Salon und Speisesaal sind im klassischen Stil gehalten und sehr ansprechend. Zu den zahlreichen Vorzügen dieses Hauses gehören nicht zuletzt die ausgezeichneten Abendessen und die ausgesprochen sympathische Betreuung.

442 - Les Patrus

L'Épine-aux-Bois
02540 Viels-Maisons
(Aisne)
Tel. (0)3 23 69 85 85
Fax (0)3 23 69 98 49
Mme Royol

◆ Ganzj. geöffn. ◆ 3 Zi. u. 2 Suiten (2-4 Pers.) m. Bad od. Dusche, WC, Tel.: 300-330 F (2 Pers.); Suite: 330-450 F (2 Pers.) + 120 F (zusätzl. Pers.) ◆ Frühst. inkl. ◆ Gemeins. Abendessen: 130 F (Wein inkl.) ◆ Salon ◆ Visa ◆ Pferdeboxen, Angeln am Teich, Fahrräder vor Ort ◆ Umgebung: Golf; Château-Thierry ◆ Man spricht Englisch u. Deutsch ◆ **Anreise** (Karte Nr. 10): 10 km westl. von Montmirail über die D 933 Rtg. La Ferté-sous-Jouarre. In La Haute-Épine auf die D 863 Rtg. L'Epineaux-Bois, dann ausgeschildert.

Dieser wunderbare Bauernhof ist von viel Natur umgeben, in der sich einige Reitpferde tummeln. Die Gästezimmer sind komfortabel und mit ihrem alten Mobiliar ausgesprochen elegant (die *Chambre bleue* verdient ein besonderes Lob). Im charmanten Speiseraum kann man diverse Sammlungen bewundern (alte Krüge und Dosen bzw. Schachteln). Zum Frühstück gibt es selbstgemachte Konfitüre, und das Abendessen besteht aus Hausmannskost. Betreuung und Atmosphäre sehr angenehm.

PICARDIE

443 - Ferme du Château

02130 Villers-Agron
(Aisne)
Tel. (0)3 23 71 60 67
Fax (0)3 23 69 36 54
Christine und Xavier Ferry

♦ Ganzj. geöffn. ♦ 4 Zi. m. Bad od. Dusche, WC: 340-400 F (2 Pers.) ♦ Frühst. inkl. ♦ Gemeins. Abendessen auf Best.: 165 F (alles inkl.) ♦ Salon ♦ Tennis, Forellenangeln, 18-Loch-Golfpl. vor Ort ♦ Umgebung: Schwimmbad, Reiten (10 km), Kanu/Kajak; Champagnerstraße, Waldwanderungen, Schlösser, Abteien ♦ Man spricht Englisch u. Deutsch ♦ **Anreise** (Karte Nr. 10): 25 km westl. von Reims u. 30 km nordöstl. von Château-Thierry; Autobahn A 4, Ausf. Dormans, dann die D 380 u. die D 801 Rtg. "Golf de Champagne"; ausgeschildert.

In diesem alten Haus (13. bis 18. Jahrhundert), dessen grüner, ruhiger Park durch einen schottischen Golfplatz verlängert und von einem Bach durchflossen wird, ist der Empfang sehr freundlich. Im Innern viel Eleganz, Charme und Komfort. Die mit farbenfrohen Stoffen und altem Mobiliar ausgestatteten Zimmer sind entzückend. Für das exzellente gemeinsame Abendessen, das den jungen Hausbesitzern sehr am Herzen liegt, werden meist regionale Produkte verwandt (Wild gibt es in der entsprechenden Jahreszeit). Eine Haus, das es lohnt, entdeckt zu werden.

444 - La Bultée

60300 Fontaine-Chaalis
(Oise)
Tel. (0)3 44 54 20 63
Fax (0)3 44 54 08 28
Annie Ancel

♦ Ganzj. geöffn. ♦ Kinder unter 7 J. nicht erwünscht ♦ 5 Zi. m. Dusche, WC, TV: 300 F (2 Pers.) + 80 F (zusätzl. Pers.) ♦ Frühst. inkl. ♦ Kein Speisenangebot - Rest. ab 3 km ♦ Salon ♦ Hunde nicht erlaubt ♦ Parkplatz ♦ Umgebung: Schwimmbad, Reiten, Golf; Chantilly, Compiègne, Pierrefond, Park Jean-Jacques Rousseau ♦ Man spricht etwas Englisch ♦ **Anreise** (Karte Nr. 9): 8 km südöstl. von Senlis (A 1) über die D 330a Rtg. Nanteuil-le-Haudouin; hinter Borest u. vor Fontaine-Chaalis (Flugplatz Roissy: 20 km).

Der Innenhof dieses Bauernhofs ist besonders eindrucksvoll. Hier fühlt man sich ganz und gar unabhängig. Den sehr großen Aufenthaltsraum mit Kamin teilen sich Gäste und Gastgeber. Bei kühlem Wetter wird dort auch das Frühstück serviert (sonst draußen). Die vollständig renovierten Zimmer sind hübsch, schlicht und sehr gepflegt - das betrifft auch die Bäder. Von allen Gästezimmern blickt man auf den hübschen Blumengarten. Hier ist es garantiert ruhig; die Betreuung ist gutgelaunt und spontan.

PICARDIE

445 - La Maison du sculpteur Hugard

32, route de Clermont
60660 Rousseloy
(Oise)
Tel. (0)3 44 56 25 94
und (0)1 44 56 42 90
Audrey Hugard

♦ Ganzj. geöffn. ♦ 2 Zi. m. eig. Bad u. gemeins. WC (Tel. in 1 Zi.): 300 F (2 Pers.) ♦ Frühst.: 20 bzw. 30 F ♦ Kein Speisenangebot - Rest. *Le Relais du Jeu d'Arc* (6 km) u. Pizzeria (2 km) ♦ Salon ♦ Hunde auf Anfr. erlaubt ♦ Zeichen-, Bildhauer- u. Modellierkurse ♦ Umgebung: Waldwanderungen ab dem Haus, mehre Golfpl. in unm. Nähe; Senlis, Stiftskirche Saint-Leu (Musik), Theater in Creil ♦ **Anreise** (Karte Nr. 9): 70 km nördl. von Paris über die A 1 Rtg. Lille, Ausf. Senlis, dann Rtg. Beauvais. Am Kreisverkehr "Kuom" Rtg. Mouy. Nach ca. 3 km Rtg. Rousseloy. Im Dorf, der Bushaltestelle gegenüber.

Dieses hübsche Dorfhaus bietet zwei Gästezimmer mit direktem Zugang in zwei verschiedenen Gebäuden an, ferner gibt es einen hübschen Garten. Die Hausherrin und Bildhauerin arbeitet hier und erteilt Zeichen-, Bildhauer- u. Modellierkurse. Ein angenehmes Haus, um von der nahen Natur zu profitieren oder ganz einfach zum Ausruhen. Freundlicher Empfang.

446 - Abbaye de Valloires

Valloires - Service Accueil
80120 Argoules-par-Rue
(Somme)
Tel. (0)3 22 29 62 33
Fax (0)3 22 23 91 54
Association de Valloires

♦ Ganzj. geöffn. ♦ 6 Zi. (davon 4 m. Nebenzi.) m. Bad, WC, Tel.: 360 F (1 Pers.), 420 F (2 Pers.), 500 F (3 Pers.) + 80 F (zusätzl. Pers.) ♦ Frühst. inkl. ♦ Kein Speisenangebot - Gasthöfe in Umgebung ♦ Salon ♦ Hunde nicht erlaubt ♦ Besichtigung der Abtei u. der Gärten ♦ Umgebung: 18-Loch-Golfpl. (6 km) ♦ Man spricht Englisch ♦ **Anreise** (Karte Nr. 1): 31 km nördl. von Abbeville über die N 1 bis Nampont-Saint-Martin, dann die D 192 nach Argoules.

Die beeindruckend große Abtei wurde im 17. Jahrhundert errichtet und wird heute von einer Interessengemeinschaft verwaltet. Eine breite Galerie führt zu den fünf reizenden Zimmern, die ehemals dem Abt und seinen Gästen zur Verfügung standen. Sie sind groß und komfortabel; ihre Holztäfelung und Alkovenbetten wurden größtenteils bewahrt. Wunderbarer Ausblick auf den außergewöhnlich schönen Garten. Das Frühstück wird an mehreren Tischen im ehemaligen, gigantisch wirkenden Refektorium serviert. In der *Abbaye de Valloires* wird, wie in früheren Zeiten, die Gastfreundschaft noch sehr ernst genommen. Tagsüber gibt es Gruppenführungen durch Abtei und Gärten.

PICARDIE

447 - Château des Alleux

Les Alleux
80870 Behen
(Somme)
Tel. (0)3 22 31 64 88
M. und Mme René-François
de Fontanges

♦ Ganzj. geöffn. ♦ 4 Zi. m. Bad od. Dusche, WC: 250 F (1 Pers.), 300 F (2 Pers.) u. 1 Kinderzi. (+ 80 F zusätzl. Pers.) ♦ Gemeins. Abendessen: 130 F (Getränke inkl.) ♦ Salon, Aufenthaltsraum m. Kamin u. Küche f. Gäste ♦ Hunde nicht erlaubt ♦ Ponys, Pferdeboxen, Fahrräder vor Ort ♦ Umgebung: Golf, Tennis; Meer (20 km); Somme-Bucht, Park Le Marquenterre ♦ Man spricht Englisch u. Spanisch ♦ **Anreise** (Karte Nr. 1): 10 km südl. von Abbeville. Rtg. Rouen, "Les Alleux-Chambres d'hôtes" ausgeschildert, im Dorf Les Croisettes rechts od.: Autobahn A 28, Ausf. Mont Caubert, Les Croisettes rechts.

Dieses Schloß liegt inmitten eines 12 ha großen Parks und verfügt über sehr gepflegte und hübsch ausgestattete Zimmer, die (bis auf das wunderbare *Empire*) in kleinen Dependancen untergebracht sind. Der Blumengarten ist sehr gepflegt, die Atmosphäre ungezwungen und gutgelaunt, und das Abendessen ausgezeichnet. Eine besonders attraktive und preisgünstige Adresse.

448 - Château de Yonville

80490 Citernes
(Somme)
Tel. und Fax (0)3 22 28 61 16
M. und Mme des Forts

♦ Ganzj. geöffn. ♦ Nichtraucher-Zi. ♦ 3 Zi. m. Bad, WC: 320 F (2 Pers.) + 100 F (Pers. suppl.); Kinder bis 4 J. kostenlos ♦ Frühst. inkl. ♦ Kein Speisenangebot - Rest. ab 5 km u. in Abbeville ♦ Salon im Sommer ♦ Hunde nicht erlaubt ♦ Tennis vor Ort ♦ Umgebung: 18-Loch-Golfpl. (20 km), Reiten, Meer (30 Min.); Teiche der Somme, Park Le Marquenterre, Schlösser Rambure u. Bagatelle, archäologische Anlage von Samara ♦ Man spricht Englisch ♦ **Anreise** (Karte Nr. 1): 15 km südl. von Abbeville. Autob. A 16, Ausf. Beauvais, D 901 Rtg. Abbeville bis Airaines, dann D 936 Rtg. Le Tréport. In Oisemont D 53 bis Citernes. Am Ortseingang Rtg. Yonville, dann ausgeschildert (300 m).

Sie werden wie wir vom Empfang der Forts begeistert sein und auch von der Atmosphäre, die in ihrem Schloß herrscht. Bei dem *Château de Yonville* handelt es sich um ein echtes Familienanwesen, in dem die Möbel, Gegenstände und Bilder oft eine Geschichte erzählen können. Die Gästezimmer wurden unlängst renoviert, haben dabei aber nichts von ihrer Authentizität und ihrem Raffinement eingebüßt. Sie sind wie auch die Bäder höchst komfortabel, und das Preis-Leistungsverhältnis ist exzellent.

PICARDIE

449 - Château de Foucaucourt

80140 Oisemont
(Somme)
Tel. (0)3 22 25 12 58
Mme de Rocquigny

◆ Ganzj. geöffn. ◆ 1 Zi. u. 1 Suite m. Bad od. Dusche, WC; 2 Zi. teilen sich Bad u. WC: 300, 350 u. 400 F (2 Pers.) ◆ Frühst. inkl. ◆ Gemeins. Mittag- u. Abendessen: 60 od. 110 F (ohne Wein) ◆ Salon ◆ Tel. ◆ Hunde auf Anfr. erlaubt ◆ Reiten, Pferdeboxen vor Ort ◆ Umgebung: 18-Loch-Golfpl. (28 km), Tennis (5 km), Wassersportcenter (12 km), Somme-Bucht, Tréport, Mers-les-Bains, Schloß Rambure ◆ Man spricht Englisch ◆ **Anreise** (Karte Nr. 1): 25 km südl. von Abbeville über die N 28 bis Saint-Maixent, dann die D 29 bis Oisemont u. die D 25 Rtg. Senarpont.

Dieses charmante Schloß aus dem 18. Jahrhundert (es besteht aus Ziegel- und Bruchstein) ist von einem angenehmen Park umgeben. Das Interieur bewahrte die Atmosphäre vergangener Zeiten, und im sehr freundlich wirkenden Salon stehen Möbel unterschiedlicher Epochen. Die Suite ist besonders angenehm. Die beiden zum Park gehenden Zimmer verfügen über eigene Bäder. Die beiden anderen teilen sich ein erst vor kurzem renoviertes Badezimmer. Die Atmosphäre ist sehr freundlich und familiär.

450 - Le Bois de Bonance

80132 Port-le-Grand
(Somme)
Tel. (0)3 22 24 11 97
Fax (0)3 22 31 63 77
M. und Mme Jacques Maillard

◆ Vom 15. Nov. bis 15. Feb. geschl. ◆ 3 Zi. m. Bad, WC; 1 Suite m. 2 Zi. (4 Pers.) m. Bad, WC, Küche u. Salon: 300 F (1 Pers.), 380 F (2 Pers.) + 100 F (zusätzl. Pers.); Suite: 400 F (2 Pers.) ◆ Frühst. inkl. ◆ Kein Speisenangebot - Rest. in Saint-Valéry-sur-Somme, Le Crotoy u. Favières ◆ Salon ◆ Schwimmbad, Pferdeboxen vor Ort ◆ Umgebung: 18-Loch-Golfpl. (5 km); Le Crotoy, Saint-Valéry-sur-Somme, Meer (Somme-Bucht) ◆ Man spricht Englisch u. Deutsch ◆ **Anreise** (Karte Nr. 1): 8 km nordwestl. von Albertville über die D 40 Rtg. Saint-Valéry-sur-Somme; ab Dorfeingang ausgeschildert. Autob. A 28: Ausf. Baie de Somme.

Von einem sehr gepflegten Park umgeben, liegt dieses schöne Bürgerhaus recht einsam auf dem Land. Die Innenausstattung ist sehr elegant. Die hübschen, komfortablen Zimmer sind mit alten Möbeln (meist im Louis-VI-Stil) eingerichtet. Der Speiseraum, in dem das Frühstück eingenommen wird, ist nett mit Leierstühlen und allerlei Gegenständen hergerichtet. Auch ein kleiner Fernsehraum steht den Gästen zur Verfügung. Eine hervorragende Adresse.

PICARDIE

451 - Ferme du Bois de Bonance

80132 Port-le-Grand
(Somme)
Tel. (0)3 22 24 34 97
M. und Mme Benoit Maillard

♦ Ganzj. geöffn. ♦ 2 Zi. (m. 2 Betten) m. Bad od. Dusche, WC: 300 F (2 Pers.) + 100 F (zusätzl. Pers.) ♦ Frühst. inkl. ♦ Kein Speisenangebot - Rest. in Saint-Valéry-sur-Somme u. Favières ♦ Hunde auf Anfr. erlaubt ♦ Schwimmbad, Pferdeboxen, Reiten vor Ort ♦ Umgebung: 18-Loch-Golfpl. (5 km); Le Crotoy, Saint-Valéry-sur-Somme, Meer (Somme-Bucht), Park Le Marquenterre ♦ Man spricht Englisch ♦ **Anreise** (Karte Nr. 1): 8 km nordwestl. von Abbeville über die D 40 Rtg. Saint-Valéry-sur-Somme; ab Ortseingang ausgeschildert.

Ein großer Bauernhof im Baustil des Artois, mit zwei eleganten, komfortablen Gästezimmern. Die Betreuung ist sehr freundlich und ungezwungen. Auch das Schwimmbad im wunderbaren Garten steht Ihnen zur Verfügung. Bei schönem Wetter wird das Frühstück draußen eingenommen. Diese Adresse empfehlen wir besonders für den Sommer, denn leider verfügt die *Ferme du Bois de Bonance* über keinen Aufenthaltsraum für die Gäste.

POITOU-CHARENTES

452 - La Grande Métairie

Oyer
16700 Bioussac-Ruffec
(Charente)
Tel. (0)5 45 31 15 67
Fax (0)5 45 29 07 28
M. und Mme Moy

♦ Ende März bis Anf. Nov. geöffn. ♦ 1 Zi. u. 1 Suite (4 Pers.) m. Dusche, WC: 180 F (1 Pers.), 225 F (2 Pers.), 290 F (3 Pers.), 320 F (4 Pers.) ♦ Frühst. inkl. ♦ HP: 185 F pro Pers. im DZ ♦ Gemeins. Abendessen auf Best.: 75 F (Wein inkl.) - auch: vegetarische Mahlzeiten (Küche steht den Gästen z. Verf.) ♦ Zimmerreinigung auf Wunsch ♦ Aufenthaltsraum ♦ Hunde nicht erlaubt ♦ Schwimmbad, Fahrräder vor Ort ♦ Umgebung: Wanderwege, Tennis, Reiten, Angeln, Kanu; Nanteuil-en-Vallée, Verteuil, Märkte ♦ Man spricht Englisch ♦ **Anreise** (Karte Nr. 23): 6 km östl. von Ruffec über die D 740 Rtg. Confolens. Hinter Condac die D 197 Rtg. Bioussac, dann links (Oyer), erstes Bauernhaus.

Dieser hübsche kleine Bauernhof - er liegt mitten auf dem Land - hat sich auf biologische Produkte spezialisiert (Fleisch, Früchte und Gemüse), die selbstverständlich auch fürs Abendessen verwendet werden. Die Familiensuite mit ihrem Fliesenbelag, ihren Steinnischen und ihren beiden Louis-Philippe-Betten hat Format. Das schmucke kleine Zimmer im Obergeschoß ist in besonders frischen Farben gehalten. Gutes Frühstück und natürliche Atmosphäre.

453 - Logis de Boussac

16370 Cherves-Richemont
(Charente)
Tel. (0)5 45 83 22 22
Fax (0)5 45 83 21 21
M. und Mme Méhaud

♦ Ganzj. geöffn. ♦ 2 Zi. m. Bad od. Dusche, WC: 350 F (1-2 Pers.) + 150 F (zusätzl. Pers.) ♦ Frühst.: 50 F ♦ Gemeins. Abendessen auf Best.: 150 F (mit Wein) ♦ Salon ♦ Tel. ♦ Schwimmbad u. Flußangeln vor Ort ♦ Umgebung: Reiten im Club "Les Écuries de Boussac" (nebenan), 18-Loch-Golfpl. (15 km); roman. Kirchen, Weinberge, Weinhändler ♦ Man spricht Englisch ♦ **Anreise** (Karte Nr. 22): 5 km nördl. von Cognac. Ab Cognac über die D 731 Rtg. Saint-Jean-d'Angély. Nach 5 km, im kleinen Ort L'Épine, links Rtg. Richemont. Das Haus liegt links am Fluß, gleich hinter der Brücke.

Die Authentizität dieses schönen, zu Beginn des 17. Jahrhunderts von einem reichen Weinhändler gebauten Hauses wurde von den derzeitigen Eigentümern erhalten. Sie haben es mit der Sorgfalt modernisiert, die es verdient. Zwei sehr große Gästezimmer schlichten Stils (davon eines mit einem wundervollen Bad) bieten jeglichen modernen Komfort. Der mit altem Mobiliar eingerichtete Salon und der große Speiseraum haben ihren ursprünglichen Stil bewahrt. Der schöne Garten, der bis zum Fluß hinunterführt, verleiht diesem strengen Haus etwas Ländliches und Entspannendes. Höflicher Empfang.

POITOU-CHARENTES

454 - La Breuillerie

Trois-Palis
16730 Fléac
(Charente)
Tel. (0)5 45 91 05 37
Mme Bouchard

♦ Ganzj. geöffn. ♦ 1 Zi. m. Bad, WC, TV; 2 Zi. m. Waschb. teilen sich Bad u. WC, TV in allen Zi.: 180-230 F (1 Pers.), 200-250 F (2 Pers.), 300 F (3 Pers.) ♦ Frühst. inkl. ♦ Kein Speisenangebot - Rest.: *Le Pont de la Meure* 500 m weiter u. in Angoulême ♦ Hunde nicht erlaubt ♦ Fahrradverleih vor Ort ♦ Umgebung: Tennis, Schwimmbad, Reiten in Angoulême ♦ Man spricht Englisch ♦ **Anreise** (Karte Nr. 22): 5 km westl. von Angoulême über die D 699. In Nersac die D 41; dann *"Chambres d'hôtes"* ausgeschildert.

Die direkte Umgebung der Stadt Angoulême ist alles andere als unberührt, aber gleich danach gewinnt das Land die Oberhand, weshalb der Rahmen von *La Breuillerie* sehr angenehm ist. Die Gästezimmer sind wie für Freunde der Familie sehr komfortabel, gut gepflegt und hübsch eingerichtet (leider hat nur ein Zimmer ein eigenes Bad). Das ausgezeichnete Frühstück wird in einem bemerkenswerten Eßzimmer serviert, das über einen besonders schönen Kamin verfügt. Die Atmosphäre ist ausgesprochen angenehm und freundlich.

455 - Le Logis de Romainville

16440 Roullet-Saint-Estèphe
(Charente)
Tel. (0)5 45 66 32 56
Fax (0)5 45 66 46 89
Francine Quillet

♦ Ganzj. geöffn. ♦ 3 Zi. m. Bad, WC, 2 Zi. als Familien-Suite m. gemeins. Bad u. WC: 250 F (1 Pers.) 300 F (2 Pers.) + 70 F (zusätzl. Pers.) ♦ Frühst. inkl. ♦ Gemeins. Abendessen: 100 F (Wein inkl.) ♦ Zimmerreinigung tägl., kein Bettenmachen ♦ Salon ♦ Schwimmbad, Fahrräder vor Ort ♦ Umgebung: 9-Loch-Golfpl. (10 km), Tennis, Reiten, Ultraleichtflugzeuge, Angeln, roman. Kirchen, Cognac, Angoulême ♦ Man spricht Englisch u. Italienisch ♦ **Anreise** (Karte Nr. 22): 12 km südl. von Angoulême über den Ring Rtg. Bordeaux, N 10, Ausf. Roullet und das Dorf durchfahren (D 42); das Haus liegt 2 km weiter (ausgeschildert).

Dieses Quartier mit seinen hübschen und besonders komfortablen Zimmern gefiel uns sehr: weicher Teppichboden, weiße oder Patchwork-Bettdecken, pastellfarbene Tapeten usw. Die Zimmer sind sehr gepflegt und haben alle einwandfreie Badezimmer. Das Frühstück und das ausgezeichnete Abendessen werden in einem großen Raum serviert, in dem einige alte Möbel stehen. Um in den Genuß des großartigen Panoramas zu kommen, werden im Sommer die Mahlzeiten draußen serviert. Sympathische, ungezwungene Betreuung.

POITOU-CHARENTES

456 - Les Granges

16410 Vouzan
(Charente)
Tel. (0)5 45 24 94 61
Mme Louise Le Mouée

♦ Ganzj. geöffn. ♦ Für Nichtraucher ♦ 1 Zi. (im kl. Nebenhaus f. 2-3 Pers.) u. 1 Zi. (4 Pers.) m. Dusche, WC: 210-230 F (1 Pers.), 240-270 F (2 Pers.), 310-330 F (3 Pers.), 380 F (4 Pers.) ♦ Frühst. inkl. ♦ Kein Speisenangebot - Rest. in Umgebung ♦ Auf Wunsch Parkpl. in einem geschl. Hof ♦ Tel. ♦ Kl. Hunde auf Anfr. erlaubt. ♦ Mal- u. Yogakurse vor Ort ♦ Umgebung: Schwimmbad, Tennis, Wanderwege, 9- u. 18-Loch-Golfpl.; Brantôme, Bourdeille, St-Jean-de-Côle, "Grünes Périgord", roman. Kunst, Schlösser ♦ **Anreise** (Karte Nr. 23): 16 km südöstl. von Angoulême über die D 939. In Sainte-Catherine die D 4. In La Petitie 1. Straße rechts (1,6 km).

Dieses hübsche Haus liegt zwischen Angoulême und Brantôme in einem sehr gepflegten Park. Beide Zimmer verfügen über eine eigene Terrasse. Das in dem kleinen Haus eingerichtete Gästezimmer gefällt uns besonders gut. Es ist komfortabel, mit schönen alten Möbeln eingerichtet und verfügt sowohl über eine kleine Sitzecke als auch über ein Mezzanin. Hier sind Sie vollkommen ungestört und können das Frühstück draußen in der Sonne einnehmen. Die Betreuung ist freundlich und diskret.

457 - Le Maurençon

10, rue de Maurençon
Les Moulins
17400 Antezant
(Charente-Maritime)
Tel. (0)5 46 59 94 52
Pierre und Marie-Claude Fallelour

♦ Ganzj. geöffn. ♦ 1 Zi. u. 1 Suite m. 2 Zi. (1 Zi. m. 1,60 m Bett, u. 1 Zi. m. 1,20 m 2 Betten) m. Dusche, WC: 210-260 F (2 Pers.) + 70 F (zusätzl. Pers.) ♦ Frühst. inkl. ♦ HP: 200 F pro Pers. im DZ (mind. 3 Üb.) ♦ Gemeins. Abendessen auf Best. (Ruhetag So. u. Feiert.): 85 F od. Bauerngasthof (200 m) ♦ Zimmerreinigung zweimal pro Woche (bei läng. Aufenth.) ♦ Salon, Billard ♦ Hunde nicht erlaubt ♦ Angeln vor Ort ♦ Umgebung: Golf, Schwimmbad, Reiten, Tennis; Saintes, Cognac, Sumpfgebiet (Marais poitevin) Schlösser, roman. Kirchen ♦ **Anreise** (Karte Nr. 22): 6 km nordöstl. von Saint-Jean-d'Angély über die D 127 Rtg. Dampierre; am Ortseingang.

Früher trieb der Fluß Boutonne die Mühle an. Heute begnügt er sich damit, den Garten romantisch einzugrenzen. Der sehr freundlichen Gastgeberin, Madame Fallelour, ist es gelungen, diese Atmosphäre auf das Haus zu übertragen; die angenehmen, hellen Gästezimmer richtete sie mit einigen alten Möbeln ein. Im Salon steht den Gästen ein Billardspiel zur Verfügung. Das gute Frühstück wird häufig im Freien serviert.

POITOU-CHARENTES

458 - Le Logis

17610 Dompierre-sur-Charente
(Charente-Maritime)
Tel. (0)5 46 91 02 05
und (0)5 46 91 00 53
Fax (0)5 45 35 76 92
Mme C. Cocuaud

♦ Vom 1. März bis 30. Okt. geöffn. ♦ 4 Zi. m. Bad, WC: 470 F (2 Pers.) ♦ Frühst.: 50 F ♦ HP: 450 F pro Pers. im DZ (mind. 3 Üb.) ♦ Gemeins. Abendessen auf Best.: 200 F (Wein inkl.) - Rest. ab 5 km ♦ Salon ♦ Tel. ♦ Hunde nicht erlaubt ♦ Umgebung: Golf, Tennis, Angeln, Reiten, Meer (30 km); Saintes, Cognac, roman. Kirchen ♦ Man spricht Englisch ♦ **Anreise** (Karte Nr. 22): 13 km südöstl. von Saintes über die D 24 (Charente-Tal).

Dieses wundervolle Haus aus dem 18. Jahrhundert liegt auf einer Anhöhe in der Nähe der Charente. Die Gäste haben Zugang zu allen Räumen des Hauses, die mit Möbeln erster Qualität eingerichtet und angenehm groß sind. In den komfortablen, hellen und sehr eleganten Zimmern werden Sie sich sehr wohl fühlen, nur scheinen sie uns etwas teuer. Das Zimmer, dessen Bad in einer Nische eingerichtet wurde, empfehlen wir nicht, denn der Teppichboden ist recht abgenutzt. Die Gastgeberin ist eine beeindruckende Persönlichkeit mit viel Humor. Zudem kocht sie wunderbar und unterhält Sie gut.

459 - Le Clos Bel Ebat

17, rue de la Grainetière
17630 La Flotte-en-Ré
(Charente-Maritime)
Tel. (0)5 46 09 61 49
M. und Mme Jambut

♦ Von Ostern bis Allerheiligen u. in den Schulferien geöffn. ♦ Mind. 2 Üb.; im Juli, Aug. u. an langen Wochenenden mind. 6 Üb. ♦ 1 Suite (2/4 Pers.) m. 2 Badezi., 2 Duschen u. WC, 2 Kochnischen u. 1 Salon: 500 F/Üb. (2 Pers.), 4000 F pro Woche (3/4 Pers.) + 200 F (zusätzl. Zimmer) ♦ Frühst. inkl. bei den Üb. ohne Pauschalpreis ♦ Kein Speiseangebot - Rest. in La Flotte ♦ Salon ♦ Kl. Hunde erlaubt ♦ Umgebung: Strand (800 m), Reiten (200 m), Fahrradwege, 18-Loch-Golfpl. (15 km), Schiffsfahrten, Insel-Kreuzfahrten, Thalassotherapie, Meersalinen ♦ Man spricht Englisch u. Deutsch ♦ **Anreise** (Karte Nr. 15 u. 22): im Hafen von La Flotte-en-Ré Rtg. Saint-Martin. Am Ende des Dorfes links "Grainetière" ausgeschildert, rechts u. dann links.

In diesem langgezogenen Haus, das am Ende eines Gartens liegt, ist man vollkommen unabhängig. Die sehr gepflegten, aber kleinen Zimmer sind geschmackvoll eingerichtet: Blau und Weiß mit etwas Gelb oder Orange herrschen vor, die alten Betten sind bequem, die Radierungen elegant... Der Gast verfügt ferner über einen Salon, eine Kochnische und eine Terrasse (auf der man allerdings die vorbeifahrenden Autos hört). Madame Jambut ist sehr gastfreundlich, sie weiß alles über ihre Insel und deren Geschichte und bringt einem jeden Morgen alles, was man für ein besonders gutes Frühstück benötigt.

POITOU-CHARENTES

460 - Le Logis de Loulay

6, rue du 8 mai 1945
17330 Loulay
(Charente-Maritime)
Tel. und Fax (0)5 46 33 90 65
Familie Baron

♦ Ganzj. geöffn. ♦ 3 Zi. m. Bad od. Dusche, WC: 280-310 F (2 Pers.) + 50 F (zusätzl. Pers.) ♦ Frühst.: 25 F ♦ ab 2. Üb. 5 % Preisnachl. ♦ Gemeins. Essen: 120 F (ohne Wein) ♦ Salon ♦ Hunde nicht erlaubt ♦ Umgebung: Schwimmbad u. Tennis (100 m), 18-Loch-Golfpl. (30 km); Rundreise der roman. Saintonge, Schloß Dampierre, Sumpfgebiet (Marais poitevin), La Rochelle ♦ Man spricht ein wenig Englisch ♦ **Anreise** (Karte Nr. 22): 11 km nördl. von Saint-Jean-d'Angely. A 10, Ausf. Niort-Sud od. Saint-Jean-d'Angely. An der RN 150 zwischen Niort u. Saint-Jean-d'Angély, im Dorf Loulay. Der Ausschilderung "Antiquités" folgen.

Dieses Haus aus dem 18. Jahrhundert, das von einer Antiquitätenhändler-Familie bewundernswert restauriert wurde, hat seinen ganzen Charme früherer Zeiten bewahrt. Die Innenausstattung der Empfangsräume und Gästezimmer ist von großer Eleganz. Bemalte Täfelungen, komfortable Betten (einige als Alkove), alte Möbel, Stoffe in freundlichen Farben und mit viel Gespür auf das Ambiente eines jeden Zimmers abgestimmt. Frühstück und Abendessen werden an einem riesigen Klostertisch neben einer wunderschönen Aubusson-Tapisserie aus dem 17. Jahrhundert serviert. Ein exzellentes Haus mit einem besonders interessanten Preis-Leistungsverhältnis.

461 - La Jaquetterie

17250 Plassay
(Charente-Maritime)
Tel. (0)5 46 93 91 88
Michelle und Jacques Louradour

♦ Ganzj. geöffn. ♦ 1 Zi. u. 2 Suiten (4 Pers.) m. Bad od. Dusche, WC: 240-260 F (2 Pers.) ♦ Frühst. inkl. ♦ HP: 200-210 F pro Pers. im DZ ♦ Gemeins. Abendessen: 80 F (inkl. Wein) ♦ Hunde auf Anfr. erlaubt ♦ Pferdeboxen vor Ort ♦ Umgebung: Angeln, Schwimmbad, Tennis, Meer, Reiten, Golf ♦ Man spricht Deutsch ♦ **Anreise** (Karte Nr. 22): 13 km nordwestl. von Saintes (A 10) über die N 137 Rtg. Rochefort (11 km). Dann rechts die D 119 Rtg. Plassay (2 km).

La Jacquetterie ist ein eigenwilliges, vom Dorf ein wenig abgelegenes Bauernhaus. Die Zimmer, außer dem im Obergeschoß, haben ihren traditionellen Charme und ihre Kleiderschränke aus dem 18. Jahrhundert bewahrt. Das gemeinsam am großen Tisch eingenommene Frühstück ist einfach und kräftig. Das Abendessen wird mit eigenen Produkten zubereitet. Ein authentisches Haus zu sehr annehmbaren Preisen.

POITOU-CHARENTES

462 - Le Logis de l'Épine

17250 Plassay
(Charente-Maritime)
Tel. (0)5 46 93 91 66
M. und Mme Charrier

♦ Ganzj. geöffn. ♦ 2 Zi. m. Bad od. Dusche, WC; 2 (nebeneinanderliegende) Zi. m. gemeins. Dusche u. WC: 280-320 F (2 Pers.) ♦ Frühst. inkl. ♦ Kein Speiseangebot - Rest. in Umgebung ♦ Salon ♦ Hunde auf Anfr. erlaubt ♦ Umgebung: Schwimmbad, Tennis, Reiten, Meer, Golf; "roman. Saintonge" ♦ Man spricht Englisch ♦ **Anreise** (Karte Nr. 22): 10 km nordwestl. von Saintes über die N 137; dann die D 119; am Ortsausgang.

Inmitten seines großen schattigen Parks scheint dieses Haus aus dem 18. Jahrhundert wie von der modernen Welt abgeschnitten. Die Gastgeber sind wirklich Meister ihres Fachs. Die Zimmer, mit einigen alten Möbeln und breiten Kajütenbetten eingerichtet, haben ihren Charme aus früheren Zeiten bewahrt. Das Frühstück wird draußen unter den Eichen serviert, und wenn das Wetter nicht mitspielt, steht ein Raum zur Verfügung, an dessen Wände Sie Fresken (Früchte und Ranken) aus dem 19. Jahrhundert bewundern können. Ein unverfälschtes, altes Weingut, das ehemals Pineau und Kognak produzierte.

463 - 33, rue Thiers

33, rue Thiers
17000 La Rochelle
(Charente-Maritime)
Tel. (0)5 46 41 62 23
Fax (0)5 46 41 10 76
Mme Maybelle Iribe

♦ Ganzj. geöffn. ♦ 6 Zi. m. Bad od. Dusche, WC: 320-410 F (1 Pers.), 400-440 F (2 Pers.) ♦ Frühst.: 40 F ♦ Individ. Abendessen: 140 F (ohne Wein) ♦ Salon ♦ Tel. ♦ Hunde auf Anfr. erlaubt ♦ Kochkurse vor Ort ♦ Umgebung: Segeln, Golf; Ile de Ré, Sumpfgebiet (Marais poitevin) ♦ Man spricht Englisch ♦ **Anreise** (Karte Nr. 22): in La Rochelle Rtg. Centre Ville, den großen Platz umfahren; vor der Kathedrale an der Ampel in gegenüberliegende Straße rechts abbiegen (Rue Thiers ist die Verlängerung der Rue Gargoulleau).

Dieses Haus mit hübschem Garten, in dem im Sommer das Frühstück serviert wird, liegt in der schönen Stadt La Rochelle. Die auf zwei Stockwerke verteilten Gästezimmer sind ruhig, sehr komfortabel und bemerkenswert mit zahlreichen Gemälden und Familienstücken hergerichtet. Ein elegantes Wohnzimmer mit Bibliothek steht den Gästen zur Verfügung. Gehen Sie zum Essen nicht außer Haus: Madame Iribe ist eine wahre Küchenfee! Eine wunderbare Adresse.

POITOU-CHARENTES

464 - Château des Salles

17240 Saint-Fort-sur-Gironde
(Charente-Maritime)
Tel. (0)5 46 49 95 10
Fax (0)5 46 49 02 81
Mme Couillaud

♦ Von März bis Okt. geöffn.; schriftl. Reserv. (Brief od. Fax) ♦ 5 Zi. m. Bad od. Dusche, WC, Tel.: 430-530 F (2 Pers.) ♦ Frühst.: 50 F ♦ HP: 400-450 F pro Pers. im DZ (mind. 3 Üb.) ♦ Individ. Abendessen auf Best.: 160 F (ohne Wein) ♦ Salon ♦ Fax ♦ Visa ♦ Hunde nicht erlaubt ♦ Umgebung: Tennis, Meer; Cognac, La Rochelle ♦ Man spricht Englisch u. Deutsch ♦ **Anreise** (Karte Nr. 22): 14 km von der Ausf. Mirambeau-Royan (A 27) entfernt; an der Kreuzung die D 125 Rtg. Saint-Fort-sur-Gironde u. die D 730 Rtg. Royan.

Das im 15. Jahrhundert errichtete und im 19. Jahrhundert renovierte *Château des Salles* verfügt über fünf angenehme Gästezimmer mit Blick auf den Park. Die Einrichtung ist sehr gepflegt und eher klassisch (einige Gästezimmer wurden vor kurzem renoviert, die Wände mit geschmackvollen Stoffen bespannt). Die von den "Schloßherren" selbst gemalten Aquarelle sind überall in den Räumen verteilt. Sie können sich das Frühstück aufs Zimmer bringen lassen oder es im Speiseraum zusammen mit den Gastgebern einnehmen (Nichtraucher sind hier besonders willkommen).

465 - Rennebourg

Saint-Denis-du-Pin
17400 Saint-Jean-d'Angély
(Charente-Maritime)
Tel. (0)5 46 32 16 07
Michèle und Florence Frappier

♦ Ganzj. geöffn. ♦ 3 Zi. m. Bad od. Dusche, WC; 1 Suite (2 Zi., 3-4 Pers.), m. 1 Bad, WC: 250-330 F (2 Pers.) ♦ Frühst.: 30 F ♦ Individ. Abendessen: 100 F (Aperitif u. Wein inkl.) ♦ Salon ♦ Hunde nicht erlaubt ♦ Schwimmbad, Spazierfahrten mit Ponywagen vor Ort ♦ Umgebung: Tennis, Golf, Meer; La Rochelle, Cognac, Sumpfgebiet (Marais poitevin), "roman. Saintonge" ♦ Man versteht Englisch u. Deutsch ♦ **Anreise** (Karte Nr. 22): 7 km nördl. von Saint-Jean-d'Angely (A 10, Ausf. 24) über die N 150; ausgeschildert.

In freier Landschaft der Saintonge gelegen, hat *Rennebourg* es verstanden, seine Authentizität voll und ganz zu bewahren. So gibt es mehrere Räume mit Täfelung aus dem 18. Jahrhundert, alte Möbel aus der Provinz, Gegenstände aller Art, Gemälde usw. Die Zimmer sind sehr angenehm (*Bleue* und *Tante Marie* finden wir am schönsten), und es gibt ein herrliches, windgeschütztes Schwimmbad, dem direkt gegenüber der in einer ehemaligen Scheune eingerichtete Sommersalon liegt. Das Abendessen, das in einem reizenden Speiseraum eingenommen wird, ist ausgezeichnet und wird besonders liebenswürdig von Michèle Frappier und ihrer Tochter serviert. Ein wundervolles Haus.

POITOU-CHARENTES

466 - Rochebeaucourt

6, rue Rose
17400 Saint-Jean-d'Angély
(Charente-Maritime)
Tel. (0)5 46 32 03 00
Jack und Margaret Howarth

♦ Von Allerheiligen bis Ostern geschl. ♦ Zimmer für Nichtraucher ♦ 2 Zi. m. Bad, WC, 2 Nebenzi.: 350-380 F (2 Pers.) ♦ Frühst.: 35 F ♦ Abendessen nur auf Best. - Rest.: 2 Min. zu Fuß ♦ Hunde nicht erlaubt ♦ Umgebung: Schwimmbad, künstl. See, Tennis, Reiten, 18-Loch-Golfpl. (20 km); La Rochelle, Royan, Rochefort, Cognac, die Inseln Oléron und Ré, romanische Kirchen ♦ Man spricht Englisch u. Deutsch ♦ **Anreise** (Karte Nr. 22): 2 km von der Autobahn A 10 entf., Ausf. 34. Im Zentrum von Saint-Jean-d'Angély (100 m von der großen Uhr entfernt).

Dieses Stadtpalais aus dem 18. Jahrhundert liegt im Herzen des alten Saint-Jean-Angély und wird von einer englischen Familie bewohnt, die sich in dieser charmanten Unterpräfektur niedergelassen hat. Die Innenräume sind komfortabel und in englischem Stil eingerichtet. Die Gästezimmer haben schöne Bäder. Im reizenden Garten genießt man das milde Klima dieser Gegend.

467 - Le Clos

La Menounière
17310 Saint-Pierre-d'Oléron
(Charente-Maritime)
Tel. (0)5 46 47 14 34
Micheline Denieau

♦ Ganzj. geöffn. ♦ 3 Zi. (m. Mezzanin f. Kinder) m. Dusche, WC: 230 F (2 Pers.) + 40 F (zusätzl. Pers.) ♦ Frühst. inkl. ♦ Kein Speisenangebot - Rest.: *Chez François* in Saint-Pierre-d'Oléron u. *L'Ecailler* in La Cotinière ♦ Zimmerreinigung einmal pro Woche (bei läng. Aufenth.) ♦ Hunde auf Anfr. erlaubt ♦ Umgebung: 9-Loch-Golfpl., Fischen, Fahrradverleih, Reiten, Tennis, Fahrrad- u. Wanderwege; Meer (500 m), Vogelreservat ♦ Man spricht Englisch u. Spanisch ♦ **Anreise** (Karte Nr. 22): 4 km westl. von Saint-Pierre-d'Oléron, D 734; in Saint-Pierre an der Ampel hinter der Shell-Tankstelle links abbiegen; dann *La Menounière* ausgeschildert.

Dieses am Ortseingang gelegene kleine Haus ist von Wein umgeben und besitzt einen Blumengarten. Die Zimmer sind schlicht, angenehm und sehr gepflegt. Jedes verfügt über ein Mezzanin (was besonders familienfreundlich ist) und eine kleine Terrasse. Eine gute und preisgünstige Adresse.

POITOU-CHARENTES

468 - Château de la Tillade

17260 Saint-Simon de Pellouaille
(Charente-Maritime)
Tel. (0)5 46 90 00 20
Fax (0)5 46 90 02 23
Vicomte und Vicomtesse
Michel de Salvert

◆ Ganzj. geöffn. ◆ 3 Zi. m. Bad od. Dusche, WC: 400 u. 480 F (2 Pers.) ◆ Frühst. inkl. ◆ Gemeins. Essen: 180 F (Wein inkl.) ◆ Salon ◆ Hunde nicht erlaubt ◆ Zeichen- u. Malkurse, Spazierfahrten im Pferdewagen (mit dem Hausbesitzer, 80 F pro Std.), Fahrradverleih vor Ort ◆ Umgebung: Schwimmbad (4 km), 18-Loch-Golfpl. (20 km), "roman. Saintonge", Saintes, Talmont ◆ Man spricht Englisch ◆ **Anreise** (Karte Nr. 22): 4 km nördl. von Gémozac, links die Straße Rtg. Saintes.

Auf diesem großen Gut, wo Pineau hergestellt wird, werden Sie die Ruhe und außergewöhnlich freundliche Aufnahme schätzen. Das Interieur ist raffiniert und noch immer wie früher, nur verfügt es jetzt über mehr Komfort. Die Zimmer im Obergeschoß wurden vor kurzem renoviert: Möbel aus dem 18. und 19. Jahrhundert und besonders geschmackvolle Stoffe. Einwandfreie Badezimmer und köstliches gemeinsames Essen (die Aquarellkurse erteilt Madame de Salvert.)

469 - Aguzan

Rue du Château
La Sauzaie
17138 Saint-Xandre
(Charente-Maritime)
Tel. (0)5 46 37 22 65
M. und Mme Langer

◆ Vom 1. Juni bis 15. Sep. geöffn. ◆ Mind. 2 Üb. ◆ 3 Zi. m. eig. Waschraum teilen sich Bad u. WC: 210 F (1 Pers.), 280 F (2 Pers.) ◆ Frühst. inkl. ◆ Kein Speiseangebot ◆ Salon ◆ Hunde auf Anfr. erlaubt (+ 30 F) ◆ Umgebung: Reiten, Meer, Golf; La Rochelle, Sumpfgebiet (Marais poitevin), "roman. Saintonge", Ile de Ré ◆ **Anreise** (Karte Nr. 22): 9 km nordöstl. von La Rochelle über die D 9 Rtg. Luçon via Villedoux. Genaue Wegbeschreibung per Telefon.

Dieses mediterran anmutende Haus in gepflegter Umgebung liegt im felsigen Hinterland und ist von Feldern umgeben. Die Innenräume sind ebenfalls sehr gepflegt. Die Gästezimmer - sie sind komfortabel und klassisch - teilen sich zwar ein Bad, verfügen jedoch über hübsche moderne Waschräume. Wenn das bemerkenswerte Frühstück nicht im Garten eingenommen werden kann, steht ein eleganter Salon zur Verfügung. Charmante Betreuung.

POITOU-CHARENTES

470 - Château de Cherveux

79410 Cherveux
(Deux-Sèvres)
Tel. (0)5 49 75 06 55
M. und Mme Redien

♦ Ganzj. geöffn. ♦ 2 Zi. u. 1 Suite (2/6 Pers.) m. Bad od. Dusche, eig. WC (1 WC außerh. des Zi.): 200-250 F (1 Pers.), 250-300 F (2 Pers.); Suite 250 F (2 Pers.), 500 F (4-6 Pers.) ♦ Frühst. inkl. ♦ Gemeins. Essen, am großen od. individ. Tisch: 90 F (Wein inkl.) ♦ Salon ♦ Hunde auf Anfr. erlaubt ♦ Angeln in den Wassergräben des Schlosses ♦ Umgebung: Reiten, 18-Loch-Golfpl. (10 km), künstl. See (3 km); Futuroscope (60 km), Sumpfgebiet (Marais poitevin) (20 km) ♦ **Anreise** (Karte Nr. 15): 13 km nördl. von Niort. Rtg. Parthenay-Saumur über die D 743, am Ortsausgang D 8 über Saint-Gelais. Autob. A 10, Ausf. 22, dann D 7 nach La Crèche-Cherveux.

Ursprünglich war dies die Festung der bekannten Familie Lusignan. Im 15. Jahrhundert wurde *Cherveux* von den Schotten wiederaufgebaut. Heute ist es ein großes Bauernhaus, dessen Architektur viel Bewunderung hervorruft. Was die Zimmer betrifft, so empfehlen wir nur die beiden, die an der *salle des gardes* liegen, vor allem aber das große. Beide sind jedoch angenehm und verfügen über korrekte sanitäre Einrichtungen. Das Abendessen und das Frühstück können in verschiedenen Räumen eingenommen werden. Wir fanden die freundliche Küche am angenehmsten. Ein sehr rustikaler Ort für diejenigen, die alte Gebäude mit interessanter Vergangenheit schätzen.

471 - La Gatinalière

86100 Antran
(Vienne)
Tel. (0)5 49 21 15 02
Fax (0)5 49 85 39 65
M. Bernard Claret de la Touche

♦ Von Ostern bis 1. Nov. geöffn. (im Winter auf Reserv.) ♦ 1 Suite in der Dependance u. 1 im Schloß (Salon) m. Bad u. WC: 600 u. 800 F (2 od. 3 Pers.) ♦ Frühst. inkl. ♦ Wöchentl. zu mieten: 2 unabhängige Häuser ♦ Gemeins. Mittag- und Abendessen auf Best. (am großen od. individ. Tisch): 200 F (alles inkl.) ♦ Kreditkarten ♦ Hunde auf Anfr. erlaubt (Zwinger) ♦ Salon ♦ Tel. u. Fax ♦ Fahrräder u. Mountainbikes vor Ort ♦ Umgebung: Montgolfière, Reiten, 18-Loch-Golfpl.; Futuroscope, Loire-Schlösser ♦ Man spricht Englisch u. Spanisch ♦ **Anreise** (Karte Nr. 16): 5 km nördl. von Châtellerault, hinter der Autobahnausf. Rtg. Richelieu (5 km). In La Gerbaudière links die D 75, 500 m weiter rechts.

Dieses in einem großen Park am Ende einer kühlen Lindenallee gelegene kleine Schloß aus dem 18. Jahrhundert, das von einem Blumengarten umgeben ist, stellt zwei Suiten zur Verfügung: die eine schlicht und unabhängig mit dem Ambiente eines Landhauses, die andere im Schloß selbst mit einem erstaunlichen Bad/Salon voller Charme. Auch der große Salon und freundliche Speiseraum machen diese Adresse zu einem außergewöhnlichen Haus. Sehr höflicher Empfang.

POITOU-CHARENTES

472 - La Talbardière

86210 Archigny
(Vienne)
Tel. (0)5 49 85 32 51
und (0)5 49 85 32 52
Fax (0)5 49 85 69 72
M. und Mme Lonhienne

♦ Ganzj. geöffn. ♦ 3 Zi. (2-3 Pers.) m. Bad od. Dusche, WC: 270 F (2 Pers., 1 Üb.), 260 F (2 Pers., 2-3 Üb.), 250 F (2 Pers., 4-7 Üb.), 240 F (2 Pers., mehr als 7 Üb.); 1 Studio (5 Pers.) m. Bad, WC, Küche, Tel., TV: 1100-1750 F pro Woche (je nach Saison, 5 Pers.) ♦ Frühst. inkl. (außer Studio) ♦ Kein Speiseangebot - Rest. in Umgebung ♦ Hunde nicht erlaubt ♦ Umgebung: Tennis, Reiten, Golf, Baden; Chauvigny, Angles-sur-Anglin, Saint-Savin ♦ Man spricht Englisch, Deutsch, Russisch u. Italienisch ♦ **Anreise** (Karte Nr. 16): 18 km südöstl. von Châtellerault über die D 9 Rtg. Monthoiron, dann die D 3 Rtg. Pleumartin; nach 1 km ausgeschildert.

Schon beim ersten Anblick werden auch Sie dem Charme dieses befestigten Hauses erliegen, das über angenehme Proportionen verfügt. Die Zimmer - es gibt große und kleine - sind reizend und gut möbliert. Die im Haupgebäude sind sehr elegant, das im rechten Flügel gelegene ist rustikaler. Jeder Geschmack kann hier zufriedengestellt werden. Das Frühstück mit hausgemachter Konfitüre und selbstgebackenem Brot wird serviert, sobald die Gäste es wünschen. Die freundliche Hügellandschaft lädt zu Wanderungen ein. Angenehme Betreuung.

473 - Château d'Épanvilliers

Épanvilliers
86400 Brux-Civray
(Vienne)
Tel. (0)5 49 87 18 43
M. Lorzil

♦ Ganzj. geöffn. ♦ 1 Zi. (2 Pers., Doppelbett) m. Dusche, WC; 1 Suite (2 Pers., Doppelbett) m. Dusche, WC; 1 Suite (2 Pers., Doppelbett) m. Bad, WC u. 1 Zi. f. Kinder: 300 F (2 Pers.); Suiten: 400 F (2 Pers.) + 150 F (Zi. f. Kinder) ♦ Frühst. inkl. ♦ Kein Speiseangebot - Rest. in Chaunay ♦ Salon ♦ Hunde auf Anfr. erlaubt ♦ Kutschfahrten (m. Zuschlag), Schloßbesichtigung ♦ Umgebung: Schwimmbad, Reiten ♦ Man spricht Englisch ♦ **Anreise** (Karte Nr. 23): 41 km südl. v. Poitiers über die N 10 bis Couhé, die D 7 Rtg. Civray; dann ausgeschildert.

M. Lorzil, der bei der Restaurierung seines Schlosses guten Geschmack und viel Ausdauer bewiesen hat, wird Sie besonders freundlich empfangen. Die gut möblierten, stilvollen Suiten bzw. Gästezimmer haben Blick auf den Park, und es gibt sogar einen kleinen "Museums-Raum". Die Renovierung der Bäder macht Forschritte. Zum großen Salon oder Aufenthaltsraum haben die Gäste selbstverständlich Zugang. Sie werden sich später gerne an dieses Schloß und seinen sympatischen Besitzer erinnern.

POITOU-CHARENTES

474 - La Veaudepierre

8, rue du Berry
86300 Chauvigny
(Vienne)
Tel. (0)5 49 46 30 81
(od. (0)5 49 41 41 76)
Fax (0)5 49 47 64 12
M. und Mme J. de Giafferri

♦ Von Allerheiligen bis Ostern geschl. (in den Schulferien u. auf Anfr. geöffn.) ♦ 5 Zi. u. 1 Suite (3 Pers.) m. Bad od. Dusche, WC (davon 1 Zi. m. Bad außerh. des Zi.): 180-250 F (1 Pers.), 230-300 F (2 Pers.) + 60 F (zusätzl. Pers.) ♦ Frühst. inkl. ♦ HP: - 10 % ab 7. Üb. ♦ Gemeins. Abendessen: 80 F (Wein inkl.), 60 F (Kinder unter 12 J.) ♦ Salon ♦ Hunde nicht erlaubt ♦ Organis. kultureller u. touristischer Aufenth. im Poitou ♦ Umgebung: 18-Loch-Golfpl. (16 km), Tennis, Schwimmbad (im Dorf); Abteien u. roman. Kirchen (Rundfahrt), Saint-Savin, Schlösser, Besichtig. Festung Chauvigny (50 m) Futuroscope (25 km) ♦ Man spricht Englisch ♦ **Anreise** (Karte Nr. 16): in Chauvigny.

Dieses Haus im Directoire-Stil liegt in der kleinen mittelalterlichen Stadt Chauvigny, die eine imposante Festung vorweisen kann. Die Betreuung ist freundlich und aufmerksam. Das Interieur ist mit schönen alten Möbeln eingerichtet und hat etwas von der Atmosphäre des Films *Un dimanche à la campagne*. Alle Gästezimmer gehen auf den reizenden, von einer alten Mauer geschützten Garten. Ein interessanter Ausgangspunkt für Ausflüge in die Umgebung zum Entdecken der verborgenen Schätze des Poitou.

475 - Moulin de la Dive

Guron
Payré
86700 Couhé
(Vienne)
Tel. (0)5 49 42 40 97
M. und Mme Vanverts

♦ Juli u. Aug. geöffn. (ausschl. auf Reserv.) ♦ 2 Zi. m. Bad od. Dusche, WC: 320-340 F (1 Pers.), 360-380 F (2 Pers.) ♦ Frühst. inkl. ♦ Kein Speiseangebot - Rest. in Couhé, Vivonne u. Payré ♦ Salon ♦ Tel. ♦ Hunde nicht erlaubt ♦ Angeln vor Ort ♦ Umgebung: Reiten, Golf, Aéro-Club in Couhé, Futuroscope; Schlösser La Roche-Gençay u. Épanvilliers ♦ **Anreise** (Karte Nr.16): 30 km südl. von Poitiers über die N 10, Ausf. Payré, dann Rtg. Guron.

Der kleine Fluß Dive zieht Schleifen in dem wunderbaren Garten und fließt unter mehreren kleinen Brücken hindurch, bevor er sich unter die Mühle "stürzt". Mme und M. Vanverts werden Sie in dem schönen Wohn- und Speiseraum begrüßen und Ihnen die beiden komfortablen Zimmer zeigen. Das *Sevilla* besitzt altes, spanisches Mobiliar, das *Nohant* ist eine Hommage an die Schriftstellerin George Sand. Das Frühstück wird entweder im Garten oder im Salon serviert.

POITOU-CHARENTES

476 - Les Godiers

86800 Lavoux
(Vienne)
Tel. (0)5 49 61 05 18
M. und Mme Rabany

♦ Ganzj. geöffn. ♦ 2 Zi. m. Bad, WC: 240-260 F (1 Pers.), 300-320 F (2 Pers.), - 10% ab 2. Üb.
♦ Frühst. inkl. ♦ Gemeins. Abendessen auf Best.: 120 F (Wein inkl.), 45 F (Kinder unter 10 J.)
♦ Zimmerreinigung zweimal pro Woche ♦ Salon u. Bibliothek ♦ Umgebung: Tennis, Reiten, Angeln, Golf, Hetzjagd; roman. Kirchen, Schlösser von Touffou, Dissay u. Vayres, Futuroscope (17 km) ♦ Man spricht Englisch ♦ **Anreise** (Karte Nr. 16): Autob. A 10, Ausf. Poitiers-Nord, dann Rtg. Toulouse, Ausf. Bignoux. Nach 2 km rechts Rtg. Château du Bois-Dousset, 1. Haus rechts in der Avenue du Château.

Inmitten von Feldern und Wäldern liegt dieser alte, liebevoll restaurierte Meierhof. Die Zimmer sind angenehm; wir empfehlen das der kleinen Dependance. Der Salon ist sehr geschmackvoll eingerichtet: hübsche Gegenstände, alte Möbel, Bilder und großer Kamin. Der Speiseraum ist wunderbar und die Betreuung des bibliophilen Gastgebers und seiner Frau sehr angenehm.

477 - Le Logis du Château du Bois Dousset

86800 Lavoux
(Vienne)
Tel. (0)5 49 44 20 26
Vicomte und Vicomtesse
Hilaire de Villoutreys

♦ Ganzj. geöffn. ♦ 3 Zi. (darunter 2 m. Suite für Kinder) m. Bad, WC (1 m. Bad außerh. des Zi.): 300-350 F (2 Pers.) ♦ 1 unbeheiztes Zi. ♦ Frühst. inkl. ♦ Kein Speisenangebot - Rest. ab 5 km ♦ Salon ♦ Hunde auf Anfr. erlaubt ♦ Umgebung: 18-Loch-Golfpl. (5 km), Reiten, Segeln (20 km), Kanu/Kajak; "Roman. Poitou", Teiche der Brenne, Schlösser, Futuroscope ♦ Man spricht Englisch u. Spanisch ♦ **Anreise** (Karte Nr. 16): 12 km östl. von Poitiers. Autob. A 10, Ausf. Poitiers-Nord, Rtg. Limoges, nach 5 km Rtg. Bignoux. Das *Logis* liegt an der D 139, zwischen Bignoux u. Lavoux.

Als Dependance eines wunderbaren Schlosses liegt dieses *logis* (Quartier) einzigartig inmitten eines großen Parks. In einem kleinen, frisch restaurierten Flügel gibt es zwei komfortable Zimmer, die sorgfältig eingerichtet sind und über tadellose Badezimmer verfügen. Das dritte Zimmer (50 qm) im ersten Stock ist herrlich möbliert und erhält viel Licht durch seine hohen Fenster; leider sind seine Sanitäreinrichtungen veraltet. Das angenehme Frühstück wird ausgenommen freundlich in der Sonne, mit Blick auf die Parkanlagen des 17. Jahrhunderts serviert.

POITOU-CHARENTES

478 - Château de Vaumoret

Rue du Breuil-Mingot
86000 Poitiers
(Vienne)
Tel. (0)5 49 61 32 11
Fax (0)5 49 01 04 54
M. und Mme Vaucamp

♦ Von Allerheiligen bis Ostern geschl. (im Winter auf Anfr. geöffn.) ♦ 3 Zi. m. Bad u. WC: 300-350 F 1 Pers.), 350-400 F (2 Pers.),480 F (3 Pers.), 560 F (4 Pers.) ♦ Frühst. inkl. ♦ Kein Speisenangebot den Gästen steht eine Küche z. Verf.) - Rest. ab 2 km u. in Poitiers (8 km) ♦ Salon ♦ Fahrräder vor rt ♦ Umgebung: 18-Loch-Golfpl. (5 km), jegl. Sportart in unm. Nähe; "Roman. Poitou", Schlösser, ltstadt Poitiers, Futuroscope ♦ Man spricht Englisch u. Spanisch ♦ **Anreise** (Karte Nr. 16): 8 km stl. von Poitiers über Umgehungsstr., D 3 Rtg. La Roche-Posay, dann rechts Rtg. Sèvres-Anxaumont; infahrt zum Schloß 2,5 km weiter rechts.

)ieses kleine Schloß aus dem 17. Jahrhundert, unweit von Poitiers, aber och auf dem Land gelegen, wurde auf bemerkenswerte Art restauriert. Die ästezimmer liegen im rechten Flügel. Die Zimmer sind einwandfrei und nit superben Badezimmern ausgestattet. Dank der sicheren Auswahl von Möbeln, Bildern und Dekostoffen hat jedes seinen eigenen Stil und verfügt ber großen Komfort. Das Frühstück wird im Salon mit zahlreichen Radierungen (oft Jagdszenen darstellend) serviert. Große Gastfreundschaft und raffinierter Luxus.

479 - Le Bois Goulu

86200 Pouant
(Vienne)
Tel. (0)5 49 22 52 05
Mme Marie-Christine Picard

Ganzj. geöffn. ♦ 2 Zi. m. Bad od. Dusche, WC; (auch: Zi. als Suite f. Kinder): 240-250 F (2 Pers.) - 60 F (für Kinder) ♦ Frühst. inkl. ♦ Kein Speisenangebot - Rest. in Pouant u. Richelieu ♦ Salon ♦ Hunde auf Anfr. erlaubt ♦ Fahrradverleih vor Ort ♦ Umgebung: Schwimmbad, Angeln, Golf, Jagd; oire-Schlösser, Richelieu, Futuroscope (50 km) ♦ **Anreise** (Karte Nr. 16): 15 km östl. von Loudun Rtg. ichelieu über die D 61; am Ortsausgang, an der Lindenallee.

3ois Goulu ist ein großer Bauernhof mit bepflanztem Innenhof. Hier werden ie gut betreut und können zwischen zwei großen Zimmern wählen, die in nostalgischem" Stil eingerichtet sind. Sie sind komfortabel, hell und reundlich und liegen an einem Gang mit schönem Parkettboden. Das rühstück mit selbstgemachter Konfitüre wird im Aufenthaltsraum serviert, ler erst vor kurzem eingerichtet wurde und den Gästen vorbehalten ist. Gemeinsame Abendessen finden hier leider nicht statt, aber in unmittelbarer Nähe gibt es ein sehr gutes Restaurant.

POITOU-CHARENTES

480 Château de la Roche du Maine

86420 Prinçay
(Vienne)
Tel. (0)5 49 22 84 09
Fax (0)5 49 22 89 57
M. und Mme Neveu

♦ Vom 1. Apr. bis Allerheiligen geöffn. ♦ 6 Zi. (davon 4 in der Dependance) m. Bad od. Dusche, WC: 420-990 F (2 Pers.) ♦ Frühst.: 60 F ♦ HP: 490-725 F pro Pers. im DZ (mind. 3 Üb.) ♦ Gemeins. Abendessen (mit den Gastgebern) auf Best.: 280 F (alles inkl.) ♦ Kreditkarten ♦ Salon ♦ Hunde nicht erlaubt ♦ Schwimmbad u. Gymnastikraum vor Ort, Schloßbesichtigung ♦ Umgebung: Tennis, Reiten, Golf; Loire-Schlösser, Weinstraße ♦ Man spricht Englisch ♦ **Anreise** (Karte Nr. 16): 33 km südl. von Chinon über die D 49. 2 km hinter Richelieu rechts Rtg. Monts-sur-Guesnes über die D 22, dann die D 46, ausgeschildert.

In diesem Schloß außergewöhnlich einheitlichen Stils haben die Gäste die Wahl zwischen den beiden prächtigen mittelalterlichen Zimmern (die über luxuriöse Badezimmer verfügen) und vier anderen Gästezimmern, die ebenfalls komfortabel sind und in den Nebengebäuden liegen. Die direkte Umgebung wie der Ausblick sind wunderbar. Das gemeinsame Abendessen findet in einem Speisesaal mit Gewölbe und Säulen statt, dessen Ausstattung von schlichter Eleganz ist. Ein außergewöhnlicher Ort mit hervorragender Betreuung.

481 - Le Castel

2 et 4, rue Saint-Denis
86270 La Roche-Posay
(Vienne)
Tel. (0)5 49 86 17 59
Fax (0)5 49 86 66 00
M. und Mme Roulet

♦ Ganzj. geöffn. ♦ 6 Zi. m. Bad od. Dusche, WC, Tel. u. TV: 250-350 F (1 od. 2 Pers.) + 50 F (zusätzl. Pers.) ♦ Frühst. inkl. ♦ Kein Speisenangebot ♦ Salon ♦ Hunde auf Anfr. erlaubt ♦ Umgebung: Tennis, Reiten, Thermalbehandlung, Fitneßvorrichtg., 18-Loch-Golfpl. (500 m) ♦ Man spricht Englisch ♦ **Anreise** (Karte Nr. 16): 19 km östl. von Châtellerault. Ab Autob. A 10 (od. N 10): Ausf. Châtellerault-Nord, La Roche-Posay, dann die D 725 bis La Roche-Posay.

Le Castel ist Teil der Stadt und überragt den Fluß Creuse und die Landschaft. Die Innenausstattung der hellen Empfangsräume ist auf geschmackvolle Art modern; sie gehen auf eine große Terrasse. Auch die Gästezimmer sind modern, von unwiderstehlicher Eleganz (ausgenommen das kleinste), komfortabel und sehr gepflegt. Die beiden großen im ersten Stock gefallen uns besonders gut. Frühstücken kann man entweder im *salon bleu* oder draußen mit Blick auf den Fluß. Ein Haus, das entdeckt werden will.

POITOU-CHARENTES

482 - Château de Prémarie

86340 Roches-Prémarie
(Vienne)
Tel. (0)5 49 42 50 01
Fax (0)5 49 42 07 63
M. und Mme Jean-Pierre
de Boysson

◆ Von Ostern bis Allerheiligen geöffn. ◆ 5 Zi. m. Bad od. Dusche, WC: 400-450 F (2 Pers.) ◆ Frühst. inkl. ◆ Kein Speisenangebot - Rest.: in Smarves (4 km) u.Saint-Benoît (8 km) ◆ Salon ◆ Hunde nicht erlaubt ◆ Schwimmbad u. Tennispl.vor Ort ◆ Umgebung: Reiten (12 km), 18-Loch-Golfpl. (10 km); roman. Kunst, Futuroscope (23 km) ◆ Man spricht Englisch ◆ **Anreise** (Karte Nr. 16): 14 km südl. von Poitiers über die D 741 Rtg. Smarves-Confolens.

Dieses kleine Schloß, das den Engländern einst als Bastion diente, ist ebenso freundlich wie angenehm, und man hat das Gefühl, erwartet zu werden. Hier begegnet man viel Charme und Ursprünglichkeit, und an Komfort (bis hin zu den Badezimmern) fehlt es auch nicht. Alles ist bewundernswert gepflegt, das Frühstück ausgezeichnet und das beheizte Schwimmbad ab dem Frühjahr geöffnet.

483 - Château de Cibioux

86250 Surin
(Vienne)
Tel. (0)5 49 87 04 89
Fax (0)5 49 87 46 30
M. Jean-Claude Corbin

Ganzj. geöffn. ◆ 1 Suite (2-3 Pers.) m. Bad, WC, TV u. Tel.: 450 F (1 Pers.), 550 F (2 Pers.) + 100 F zusätzl. Pers.) ◆ Frühst. inkl. ◆ Gemeins. Essen: 100 F (Wein inkl.) ◆ Halbpension ab 3. Üb. ◆ Salon ◆ Umgebung: Tennis (400 m), Reiten (5 km); Abteien von Charroux, Lareau u. Nanteuil-en-Vallée, roman. Schlösser u. andere roman. Bauwerke ◆ Man spricht Englisch ◆ **Anreise** (Karte Nr. 23): 10 km südl. von Civray. N 10, Ausf. Ruffec od. Couhé. In Couhé die D 7 bis Civray, dann die D 35 Rtg. Fenouille (4 km). Am Ortseingang rechts.

Im 15. Jahrhundert war *Cibioux* eine Festung, die sich im Laufe der Zeit zu einem behaglichen Lehnsgut entwickelte und dann einige Umschwünge durchmachte, bevor sie von Jean-Claude Corbin "gerettet" wurde. Jede Epoche hat hier Zeichen gesetzt, das wohl charmanteste ist ein kleiner Flügel aus dem 15. Jahrhundert. Dort liegt auch die Suite. Sehr komfortabel und authentisch eingerichtet, geht sie auf eine superbe Loggia, wo das Frühstück und das Abendessen serviert werden (es sei denn, Sie bevorzugen den Speisesaal, der rustikal und sehr eigenwillig ist). Besonders angenehmer Empfang.

POITOU-CHARENTES

484 - Château de Ternay

Ternay
86120 Les Trois-Moutiers
(Vienne)
Tel. (0)5 49 22 92 82
und (0)5 49 22 97 54
Marquis und Marquise de Ternay

♦ Von Ostern bis Allerheiligen geöffn. ♦ 3 Zi. (davon 1 Zi. m. 2 Betten) m. Bad, WC: 500-600 F (2 Pers.) ♦ Frühst. inkl. ♦ Gemeins. Abendessen im Schloß: 250 F (Wein inkl.) ♦ Salon ♦ Hunde nicht erlaubt ♦ Schwimmb. vor Ort ♦ Umgebung: Golf; Abtei Fontevrault, Loire-Schlösser ♦ Man spricht Englisch ♦ **Anreise** (Karte Nr. 15): 30 km südl. von Saumur über die N 147. In Montreuil-Bellay Rtg. Les Trois-Moutiers, dann Rtg. Ternay.

Château de Ternay wurde im 15. Jahrhundert um einen noch älteren Wachtturm erbaut und im 19. Jahrhundert leider umgestaltet. Dennoch blieben eine gotische Kapelle und der imposante Charakter des Schlosses weitgehend erhalten, besonders im wunderbaren Innenhof und in einigen Räumen mit authentischer Einrichtung. Die Zimmer sind ruhig, großzügig und mit schönen Stoffen sowie altem Mobiliar ausgestattet; auf den Komfort der Neuzeit trifft man in den angenehmen Bädern. Das gemeinsame Abendessen findet in besonders freundlicher Atmosphäre statt.

485 - La Malle Poste

86260 Vicq-sur-Gartempe
(Vienne)
Tel. und Fax (0)5 49 86 21 04
Mme de Kriek

♦ Ganzj. geöffn. (in Vor- und Nachsaison auf Anfr.) ♦ 2 Zi. m. eig. Entree, Kochnische, Dusche, WC: 230 F (2 Pers.) - Pauschalpreis f. 7 Tage.: 1300 F (2 Pers.) ♦ Frühst. 25 F ♦ Gemeins. Abendessen 80 F (Wein inkl.) ♦ Umgebung: Angeln, Kanu, Radfahren, Tennis, Reiten, Golf; Angles-sur-l'Anglin (hübsches Dorf), roman. Kunststätten, die "tausend Teiche" (*mille étangs*) der Brenne (18 km), Fresken von Saint-Savin, Futuroscope (45 km) ♦ Man spricht Englisch ♦ **Anreise** (Karte Nr. 16): Autob. A 10, Ausf. Châtellerault-Nord Rtg. La Roche-Posay; dann 8 km bis Vicq-sur-Gartempe.

An einem kleinen Platz und nur 50 Meter vom hübschen Fluß Gartempe entfernt liegt diese ehemalige, sehr schön eingerichtete Poststation aus dem 18. Jahrhundert. Die Zimmer sind groß, die Betten komfortabel. Auch ein Salon mit einer sehr einladenden kleinen Bar steht den Gästen zur Verfügung. Marion de Kriek ist ganz für ihre Gäste da und verwöhnt sie sehr. Das gemeinsame Abendessen ist ausgezeichnet.

POITOU-CHARENTES

486 - Les Hauts de Chabonne

Chabonne
86210 Vouneuil-sur-Vienne
(Vienne)
Tel. (0)5 49 85 28 25
Florence und Antoine Penot

♦ Ganzj. geöffn. ♦ 6 Zi. m. Bad od. Dusche, WC (dav. 1 eig., aber außerh. des Zi.): 260-270 F (2 Pers.) + 70 F (zusätzl. Pers.) ♦ Frühst. inkl. ♦ Gemeins. Abendessen: 90 F (Wein inkl.) ♦ Salon ♦ Hunde in nur 3 Zi. erlaubt ♦ Umgebung: Wassersport (6 km), Tennis (2 km), Reiten (4 km), 18-Loch-Golfpl. (6 km); Vogelreservat u. Wald (500 m), Futuroscope (15 km) ♦ Man spricht Englisch ♦ **Anreise** (Karte Nr. 16): 12 km südl. von Châtellerault über die N 10. D 749 ab Châtellerault, ab Vouneuil-sur-Vienne ausgeschildert.

Dieser kleine, stark renovierte Bauernhof liegt gleich neben dem Vogelreservat und verfügt über sechs Gästezimmer. Zwei von ihnen sind mit ihrer Größe, ihren Fliesenfußböden und ihren Türen, die direkt ins Freie führen, perfekt für die warme Jahreszeit. Die anderen (außer dem "kleinen blauen") sind sehr kokett. Am schönsten finden wir das Zimmer im Stammhaus, denn es ist ebenso elegant wie der Salon und der Speiseraum: eingerichtet mit edlen alten Möbeln und reizenden Stoffen. Ungezwungener, sympathischer Empfang.

PROVENCE - CÔTE D'AZUR

487 - Le Pigeonnier

Rue du Château
04280 Céreste
(Alpes-de-Haute-Provence)
Tel. (0)4 92 79 07 54
Fax (0)4 92 79 07 75
Mme Exbrayat

♦ Vom 1. Nov. bis 1. Apr. geschl. ♦ 3 Zi. (davon 1, 40 qm, m. 1 gr. Bett u. 2 zusätzl. sep. Betten) m. Bad od. Dusche, WC u. 1 Zi. m. eig. Dusche u. WC im 1. Stock: 230-300 F (2 Pers.) + 75 F (zusätzl. Pers.) ♦ Frühst. inkl. ♦ Kein Speiseangebot - Rest. *L'Aiguebelle* (gastronomisch, 500 m entfernt) u. *L'Auberge de Carluc* (regionale Spezialitäten) ♦ Salon, geschlossener Garten ♦ Hunde auf Anfr. erlaubt ♦ Umgebung: Schwimmbad u. Tennispl. im Dorf, Reiten, Wanderwege, 18-Loch-Golfpl. (20 km); Regionalpark des Luberon, Gordes, Bonnieux, Roussillon, Lacoste ♦ Man spricht Englisch ♦ **Anreise** (Karte Nr. 33): 20 km von Manosque über N 100 Rtg. Apt.

Le Pigonnier ist ein sehr altes Dorfhaus, das über ein besonders gepflegtes Interieur verfügt. Jedes Zimmer hat seine Farbe (Bettdecken, Lampenschirme, Bilder usw.), einen hübschen Kontrast zu den weißen Wänden darstellend. Die Badezimmer sind einwandfrei, und das gute Frühstück wird in einem wunderbaren Raum serviert, der den Blick auf die Dächer des Dorfes und die Natur freigibt. Gleich neben dem Haus liegt ein eingefriedeter Garten. Eine empfehlenswerte Adresse.

488 - Le Jas de la Caroline

Chenebotte
04200 Noyers-sur-Jabron
(Alpes-de-Haute-Provence)
Tel. (0)4 92 62 03 48
Anrufbeantworter (0)4 92 62 03 46
Henri und Monique Morel

♦ Ganzj. geöffn. ♦ 2 Zi. m. Bad, WC u. 1 Zi. m. Dusche, WC (auch: Suite m. Salon/Wohnzi. u. 1 Kochnische): 200 F (1 Pers.), 260 F (2 Pers.); Suite 200 F (1 Pers.), 400 F (2 Pers.) ♦ Frühst. inkl. ♦ Gemeins. Abendessen auf Best.: 80-100 F (1/4 Wein inkl.) ♦ Salon ♦ Tel. m. Karte ♦ Hunde auf Anfr. erlaubt ♦ Mountainbikes vor Ort ♦ Umgebung: Spaziergänge in der Heimat Gionos, Nächte der Sisteron-Zitadelle im Juli/Aug., Trödelmarkt u. Festivals im Juli (Musik, Theater, Malerei, Foto), Lämmermarkt in Saint-Vincent-sur-Jabron Ende Juli ♦ Man spricht Englisch u. Italienisch ♦ **Anreise** (Karte Nr. 34): 12 km südwestl. von Sisteron Rtg. Aix u. Digne (3 km), dann rechts Rtg. Noyers-sur-Jabron. Am Ortsausgang 1. Straße rechts, dann ausgeschildert.

Diese ehemalige Schäferei aus dem 16. Jahrhundert aus schönem typischem Stein liegt inmitten der Natur und verfügt über drei, erst vor kurzem eingerichtete Gästezimmer (eines mit Kochnische), die recht frisch und komfortabel sind. Hier werden Sie sich in größter Ruhe vollkommen entspannen können. Die heitere Liebenswürdigkeit von Monique und Henri Morel trägt ebenfalls dazu bei, daß man einen Aufenthalt in diesem Haus sehr empfehlen kann.

PROVENCE - CÔTE D'AZUR

489 - Le Vieux Castel

04500 Roumoules
(Alpes-de-Haute-Provence)
Tel. (0)4 92 77 75 42
M. und Mme Cometti

♦ Von Ostern bis 1. Nov. geöffn. ♦ 6 Zi. m. Bad u. WC: 200 F (2 Pers.) + 40 F (zusätzl. Pers.) ♦ Frühst. inkl. ♦ Gemeins. Abendessen: 80 F (m. Wein u. Aperitif) ♦ Zimmerreinigung ist von den Gästen zu übernehmen ♦ Tel. m. Zähler ♦ Haustiere nicht erlaubt ♦ Umgebung: 18-Loch-Golfpl. (40 km), Wanderwege, Wasser- u. Luftsport (Rafting, Kanu, Windsurfing, Hanggleiten, Ultraleicht- u. Segelfliegen); Schluchten des Verdon, Seen Sainte-Croix u. Esparron ♦ **Anreise** (Karte Nr. 34): 3 km östl. von Riez über die D 952 Rtg. Moustiers; in Roumoules auf der D 952 bleiben: das Haus liegt am Rand des Dorfes u. ist mit "Gîte de France" ausgeschildert.

Dieses Bauwerk aus dem 17. Jahrhundert mit einer etwas strengen Fassade wurde dank zahlreicher Veränderungen (freigelegte Steine, Fensterläden usw.) zu einem freundlichen Haus. Heute hat der Inhaber gewechselt, aber der Geist und die Preise des Hauses sind unverändert. Die im Obergeschoß gelegenen Gästezimmer sind zuweilen etwas mönchisch, haben aber trotzdem einen gewissen Charme. Die kleinen Duschen wurden von Grund auf renoviert. Außer an verkehrsreichen Tagen herrscht hier vollkommene Ruhe. Angenehmer Empfang.

490 - Le Parlement

Quartier de Charance
05000 Gap
(Hautes-Alpes)
Tel. und Fax (0)4 92 53 94 20
M. und Mme Drouillard

1997

♦ Ganzj. geöffn. ♦ Nichtraucher (außer abends im Salon) ♦ 5 Zi. u. 1 Suite (2-4 Pers.) m. Bad u./od. Dusche, WC; TV auf Wunsch, 1 Studio (5 Pers.) m. Bad, Dusche, WC, Küche (Geschirrspül- u. Waschmaschine), kl. Garten, TV: Zi. 310 F (2 Pers.), Suite 450 F (2 Pers.) + 50 F (zusätzl. Pers.); Studio 1800 F/Woche ♦ Frühst. inkl. ♦ Gemeins. Abendessen (am großen od. individ. Tisch): 100 F (ohne Wein) ♦ Salon ♦ Tel.-Kabine ♦ Haustiere nicht erlaubt ♦ Schwimmbad, Tischtennis, Kinderspiele vor Ort ♦ Umgebung: kl. Wildbach (Forellen) 800 m entf., 18-Loch-Golfpl., Berg- u. Luftsport ♦ Man spricht Englisch ♦ **Anreise** (Karte Nr. 27: 5 km nordwestl. von Gap Rtg. Orange Valence, am Kreisverkehr "Les 3 Cascades" Rtg. Charance, dann ausgeschildert.

In diesem hübschen, originellen Haus, dessen Ursprung auf das 18. Jahrhundert zurückgeht, werden sehr angenehme und gepflegte Gästezimmer mit Bädern angeboten, die über die gleichen Attribute verfügen. Die Suite hat einen Balkon mit sehr schönem Ausblick. Nur das (komfortable und gepflegte) separate Studio könnte etwas freundlicher eingerichtet werden. Bruno Drouillard, der Bergführer ist, wird Ihnen bei der Wahl Ihres Bergsports behilflich sein. Und wenn Sie ausgehen möchten, kümmert er sich (selbstverständlich auf Wunsch) auch darum.

PROVENCE - CÔTE D'AZUR

491 - Le Pi-Maï

Hameau de Fréjus
Station de Serre-Chevalier
05240 La Salle-les-Alpes
(Hautes-Alpes)
Tel. (0)4 92 24 83 63
M. und Mme Charamel

♦ Vom 1. Dez. bis 1. Mai u. vom 1. Juli bis 15. Sept. geöffn. ♦ 1 Zi. m. Bad, WC; 3 Zi. m. Waschb., gemeins. Dusche u. WC: 290-360 F (2 Pers.) ♦ Frühst. in Vor- u. Nachsaison inkl. ♦ HP: 300-320 F pro Pers. im DZ (mind. 3 Üb.) ♦ Rest. mittags/abends im Haus ♦ Visa ♦ Hunde nicht erlaubt ♦ Umgebung: Ski, Golf, Mountainbikes ♦ Man spricht Englisch ♦ **Anreise** (Karte Nr. 27): 10 km nordwestl. von Briançon über die N 91. Ab Villeneuve-La-Salle, Hauts-de-Fréjus, ein außer bei starkem Schneefall befahrbarer Weg (7 km) od. blaue Sessellifte von Fréjus nach Villeneuve 1400 (bis 16 Uhr), danach Weg 15 min. zu Fuß od. mit Skiern.

Dieses 2000 Meter hoch gelegene moderne Chalet besitzt zwar ein kleines Pistenrestaurant, ist aber trotzdem intim und charmant geblieben. Die kleinen, am Hang gelegenen Zimmer (eines mit Balkon) sind elegant, komfortabel und sehr gepflegt. Die Atmosphäre kann als sportlich-elegant bezeichnet werden. Die Küche ist einfach, aber sehr fein. Ein einzigartiger Ort, und das betrifft sowohl die isolierte Lage als auch den Ausblick und die reine Luft. Zugang: zu Fuß oder per Ski.

492 - La Bastide du Bosquet

14, chemin des Sables
06160 Antibes
(Alpes-Maritimes)
Tel. (0)4 93 67 32 29
und (0)4 93 34 06 04
Sylvie und Christian Aussel

♦ Ganzj. geöffn. ♦ Im Juli/Aug. mind. 3 Üb. ♦ 3 Zi. m. Bad od. Dusche, WC u. 2 Nebenzi. ohne Bad: 390-420 F (2 Pers.) + 100 F (zusätzl. Pers.) ♦ Frühst. inkl. ♦ Zimmerreinigung alle 3 Tage ♦ Hunde nicht erlaubt ♦ Umgebung: 18-Loch-Golfpl. (15 km), Strand (5 Min. zu Fuß), jegl. Wassersportarten; alte Dörfer, Picasso-Museum, Jazzfestival von Juan-les-Pins (Juli) ♦ Man spricht Englisch ♦ **Anreise** (Karte Nr. 35): von Cannes nach Juan-les-Pin: nach dem Palais des Congrès fragen (am unteren Chemin des Sables): Nr. 14 liegt der neuen Synagoge gegenüber. Ausf. Antibes: Rtg. Centre Ville, dann Cap d'Antibes. Am Meer Juan-les-Pins direct u. nicht mehr Rtg. Antibes.

Fern vom Straßenverkehr liegt dieses Landhaus (*bastide*) aus dem 18. Jahrhundert mitten in Antibes und nur einige Hundert Meter von den Stränden entfernt. Dieser Familienbesitz ist innen genauso schön wie außen. Die Zimmer sind hell, ruhig und liebevoll ausgestattet. Sehr angenehme Badezimmer mit großen Fayencemotiven. Das Frühstück wird im hübschen Speisesaal oder auf der Terrasse serviert. Die jungen Besitzer empfangen ihre Gäste auf eine sehr sympathische Art.

PROVENCE - CÔTE D'AZUR

493 - Villa Panko

14, chemin du Parc Saramantel
06160 Antibes - Juan-les-Pins
(Alpes-Maritimes)
Tel. (0)4 93 67 92 49
M. und Mme Bourgade

♦ In der Weihnachtszeit geschl. ♦ Mind. 2 Üb. u. mind. 3 Üb. in Hochsaison ♦ 2 Zi. m. Bad u. WC: 360 F (2 Pers., Vom 15. Okt. bis 15. Feb.), 390 F (Vom 15. Feb. bis 15. Juni), 420 F (Vom 15. Juni bis 15. Sep.) ♦ Frühst. inkl. ♦ Kein Speisenangebot - Rest. *La Taverne du Safranier* ♦ Tel. m. Karte ♦ Salon, Klavier ♦ Hunde auf Anfr. erlaubt ♦ Umgebung: Musikfestivals (Jazz, Oper, Klassik allgem.), Picasso-Museum, Fondation Maeght ♦ Man spricht Englisch u. Italienisch ♦ **Anreise** (Karte Nr. 35): ab Antibes-Centre Rtg. Cap d'Antibes direkt zum Chemin du Crouton rechts, dann sofort links in Sackgasse (*impasse*). Am Ende der Sackgasse den Weg links.

Dieses Haus, das ein wenig einer schnuckeligen Bonbonniere ähnelt, liegt am Ende einer sehr ruhigen Sackgasse, und zum Stand braucht man zu Fuß nicht mehr als zehn Minuten. *Villa Panko* ist klein, ihr Garten auch, aber hier, im Herzen des Cap d'Antibes, herrscht totale Ruhe. Madame Bourgade, stets sehr um das Wohlergehen ihrer Gäste bemüht, wird Sie besonders liebenswürdig betreuen. Für einen längeren Aufenthalt. Die Preise sind sehr akzeptabel.

494 - Le Coteau de Malbosc

210, avenue Saint-Exupéry
06130 Grasse
(Alpes-Maritimes)
Tel. (0)4 93364131
M. und Mme Malbrel

♦ Ganzj. geöffn. ♦ Mind. 2 Üb. ♦ Kinder unerwünscht ♦ Nichtraucher ♦ 2 Zi. m. Dusche, WC: 300 F (1 Pers.), 350 F (2 Pers.) u. 390 F (2 Pers., Juli-Aug.) ♦ Frühst. inkl. ♦ Kein Speisenangebot - Rest. *La Jarrerie* (5 km), *La Dragonnière* (2 km) ♦ Zimmerreinigung auf Wunsch ♦ Salon (TV) ♦ Tel. ♦ Haustiere nicht erlaubt ♦ Schwimmbad, Pétanque-Terrain, Tischtennis vor Ort ♦ Umgebung: Wanderungen (von Monsieur Malbrel organisiert), Tennis, 18-Loch-Golfpl. (3 km), Marineland (Biot Plage); Fondation Maeght, St-Paul-de-Vence, Picasso-Museum (Antibes), Matisse-Museum (Nizza) ♦ **Anreise** (Karte Nr. 34): In der Gemeinde Grasse-Est. Auf Wunsch wird ein Plan zugesandt. Autob. A 8, Ausf. Grasse, dann Schnellstraße (*voie rapide*).

Von diesem modernen Haus aus, das sich an den Hügel von Malbosc klammert, ist der Blick auf die Ebene von Grasse und die Bucht von La Napoule wunderschön. Angeboten werden zwei separate Gästezimmer (das eine liegt in einem kleinen Pavillon am Pool) mit Blick auf den Blumengarten und das Schwimmbad; außerdem gibt es einen Aufenthaltsraum mit offenem Kamin und TV-Ecke. Das Frühstück wird unter dem Schutzdach serviert. Mme und M. Malbrel empfangen ihre Gäste besonders freundlich.

PROVENCE - CÔTE D'AZUR

495 - La Colline des Bons Esprits

Chemin des Courraouts
Cidex 127
06330 Roquefort-les-Pins
(Alpes-Maritimes)
Tel. und Fax (0)4 93 77 16 52
Beatrice Ronin-Pillet

♦ Ganzj. geöffn. ♦ Nichtraucher-Haus ♦ 2 Zi. m. Dusche u. WC: 200-300 F (1 Pers.) je nach Saison, 300-430 F (2 Pers.) je nach Saison + 100 F (zuätzl. Pers.) ♦ Frühst. inkl. ♦ Kein Speisenangebot - Rest. *Le Goût des choses* u. *Le Vieux Mas* (3 km) ♦ Tel. ♦ Salon ♦ Hunde auf Anfr. erlaubt ♦ Schwimmbad vor Ort ♦ Umgebung: Strand von Villeneuve Loubet, Wassersport (8 km), Reitcenter (5 km), 18-Loch-Golfpl. (7 km), Ski in Gréolières (40 km); Fondation Maeght, Saint-Paul-de-Vence, Gourdon, Tourettes-sur-Loup, Biot ♦ Man spricht Englisch u. Deutsch ♦ **Anreise** (Karte Nr. 34): Autob. A 8, Ausf. Villeneuve-Loubet, dann die D 2. Grasse bis Roquefort-les-Pins. 3 km vor Roquefort-les-Pins: Telefonieren und sich den Weg erklären lassen.

Wenn man dieses hübsche, auf einem Hügel gelegene Haus erst erreicht hat, vergißt man die zurückgelegte Strecke sofort. Von hier geht der Blick über die Berge bis zum Meer. Von den beiden komfortablen Zimmern hat man direkten Zugang zum Garten, in dem man das köstliche Frühstück mit hausgemachten Konfitüren einnimmt. Das herrliche Schwimmbad liegt oberhalb einer prachtvollen Landschaft. Ein Haus voller Annehmlichkeiten mit aufmerksamer und freundlicher Betreuung.

496 - Le Petit Romieu

Villeneuve
13200 Arles
(Bouches-du-Rhône)
Tel. (0)4 90 97 00 27
Fax (0)4 90 97 00 52
M. Blanchet

♦ Vom 1. Sep. bis 1. Apr. geschl. ♦ Mind. 2 Üb. ♦ 5 Zi. m. Bad od. Dusche, WC: 400 F (1 Pers.), 450 F (2 Pers.) + 50 F (zusätzl. Pers.) ♦ Frühst. inkl. ♦ Gemeins. Abendessen (am großen Tisch): 100 F (mit Wein) ♦ Salon (TV) ♦ Tel. ♦ Tennis vor Ort ♦ Umgebung: Reiten, Radtouren, Strände, 9- u. 18-Loch-Golfpl.; Stierkämpfe in Nîmes u. Arles, Rennen in der Camargue, Ferrade (Fest beim Brandmarken der Tiere), Festivals von Avignon u. Orange ♦ Man spricht Spanisch u. Italienisch ♦ **Anreise** (Karte Nr. 33): 10 km südl. von Arles über die D 570 Rtg. Les Saintes-Maries-de-la Mer, D 36 Rtg. Salin-de-Giraud, dann D 36 B Rtg. Gageron-Villeneuve; ab der la Route communale von Fielouse ausgeschildert.

Diese 450 Hektar große Besitzung liegt in der Nähe des Vaccares-Sees in einer Gegend der Sümpfe und Weiden, wo die Zucht von Stieren und kleinen Pferden eine lange Tradition hat. Dieses provenzalische Landhaus ist geschmackvoll und raffiniert eingerichtet: schöne Materialien, vorwiegend ockergelbe Farben, provenzalische Stoffe und Möbel... Die ansprechenden und komfortablen Zimmer sind im ersten Stock untergebracht und liegen beiderseits des hübsch möblierten Flurs. Françoise, die hier über alles wacht, wird Sie mit ihrer typischen Küche bekannt machen. Warmherziger Empfang.

PROVENCE - CÔTE D'AZUR

497 - Les Quatre-Vents

Favery - Route de Lascours
13400 Aubagne
(Bouches-du-Rhône)
Tel. (0)4 42 03 76 35
Fax (0)4 91 83 00 04
M. und Mme Arles

♦ Vom 1. Dez. bis 1. Apr. geschl. ♦ 2 Zi. m. Bad u. WC: 300 F (1 Pers.), 400 F (2 Pers.) + 80 F (zusätzl. Pers.) ♦ Frühst. inkl. ♦ Kein Speiseangebot - Rest. in Gemenos (5 km) ♦ Kreditkarten ♦ Salon ♦ Tel. ♦ Haustiere nicht erlaubt ♦ Schwimmbad u. Tennis vor Ort ♦ Umgebung: 18-Loch-Golfpl. (10 km); Aix-en-Provence, Cassis, La Sainte-Baume, Les Calanques-de-Cassis, Museen in Marseille ♦ Man spricht Englisch ♦ **Anreise** (Karte Nr. 33): 20 km östl. von Marseille. Autob. A 50 Rtg. Nice, Ausf. Aubagne-Nord, dann N 96 Rtg. Pont-de-l'Étoile. Am Kreisverkehr "Parc d'activités de Napollon", D 43 F u. D 44 E Rtg. Lascours, dann ausgeschildert.

Dieses neue Haus provenzalischen Stils liegt auf einem großen Besitz am Rand der berühmten, von Marcel Pagnol beschriebenen Hügel; der Blick auf die Spitze des Garlaban ist besonders einnehmend. In diesem Haus gibt es zwei separate Zimmer mit Balken, Terrakottaböden und hübschen provenzalischen Möbeln, ferner einen sehr netten Salon mit gleicher Einrichtung. Eine Unterkunft, die zum Ausruhen und zu Spaziergängen in schöner Umgebung einlädt.

498 - La Burlande

Le Paradou
13520 Les Baux-de-Provence
(Bouches-du-Rhône)
Tel. (0)4 90 54 32 32
Mme Fajardo de Livry

♦ Ganzj. geöffn. ♦ 3 Zi. u. 1 Suite (2-4 Pers.) m. 2 Zi., Bad od. Dusche, WC, Patio od. Terrasse, TV: 265-365 F (2 Pers.); Suite: 570 F (2 Pers.) ♦ Frühst.: 50 F ♦ Gemeins. od. individ. Abendessen: 140 F (ohne Wein), Kinder: 70 F - im Sommer: mittags kalte Platte im Garten: 110 F ♦ Salons ♦ Tel. ♦ Hunde auf Anfr. erlaubt ♦ Waschservice, Kinderbetreuung ♦ Schwimmbad vor Ort ♦ Umgebung: Tennis, Reiten, Golf, Angeln, Fahrradverleih ♦ Man spricht Englisch ♦ **Anreise** (Karte Nr. 33): 25 km südl. von Avignon Rtg. Les Baux/Fontvieille (D 78f). Ab Les Baux über 2 Kreuzungen Rtg. Maussane u. Paradou fahren, auf der D 78 f bleiben, nach 300 m links (Weg ausgeschildert).

Über einen langen steinigen Weg gelangt man zur *Burlande*, einer wahren Oase im Grünen. Das Haus mit seinen zahlreichen Glasflächen integriert sich gut in die Umgebung. Die ruhigen Zimmer haben alle Blick zum Garten, in dem ein hübsches Schwimmbad liegt. Die Einrichtung ist sehr geschmackvoll, die Betreuung ausgesprochen freundlich, und bis ins kleinste Detail ist man um das Wohl der Gäste besorgt. Ausgezeichnetes Frühstück.

PROVENCE - CÔTE D'AZUR

499 - Mas Ricard

107, avenue Frédéric-Mistral
13990 Fontvieille
(Bouches-du-Rhône)
Tel. (0)4 90 54 72 67
Fax (0)4 90 54 64 43
M. und Mme Ricard-Damidot

◆ Vom 1. Nov. bis 1. Apr. geschl. ◆ 2 Zi. m. Bad, WC: 400 F (1 Pers.), 450 F (2 Pers.) + 50 F (zusätzl. Pers.) ◆ Frühst. inkl. ◆ Kein Speisenangebot - Rest. *La Reyalido* (1 Michelin-Stern), *Le Chandelier* u. *Le Homard* in Fontvieille ◆ Haustiere nicht erlaubt ◆ Umgebung: 9-Loch-Golfpl. (7 km); die Camargue, Abtei Montmajour, Les Baux ◆ Man spricht Englisch ◆ **Anreise** (Karte Nr. 33): 30 km südl. von Avignon über die N 570 Rtg. Arles (24 km), dann links die D 33 Rtg. Fontvieille. Im Dorf.

Dieses mitten im Dorf in einer tagsüber lebendigen, abends aber ruhigen Straße gelegene Haus mit reizendem Garten bietet höchsten Komfort und außergewöhnliches Raffinement. Die Gästezimmer liegen in einem separaten Gebäude, das an das Haus der Gastgeber anschließt; hier hat man den Eindruck, wie bei Freunden empfangen zu werden. Im Salon wie in den Zimmern im Obergeschoß sind das alte Mobiliar, die schönen Sammelstücke, die Bilder und die Silberwaren wohltuend fürs Auge. Eine sehr gute, luxuriöse Adresse.

500 - La Chardonneraie

60, rue Notre-Dame
13910 Maillane
(Bouches-du-Rhône)
Tel. und Fax (0)4 90 95 80 12
Claudine und Roland Achard

◆ Ganzj. geöffn. ◆ Mind. 2 Üb. im Juli-Aug. ◆ 4 Zi. (1 m. Mezzanin für eine 3. Pers.) m. Dusche u. WC: 270 F (1 Pers.), 300 F (2 Pers.) + 100 F (zusätzl. Pers.) ◆ Frühst. inkl. ◆ Kein Speisenangebot - Rest. im Dorf ◆ Salon (TV) ◆ Haustiere nicht erlaubt ◆ Schwimmbad vor Ort ◆ Umgebung: 18-Loch-Golfpl.; Museum Frédéric Mistral in Maillane, Märkte der Provence, Festivals von Avignon (15 km), Saint-Rémy-de-Provence, Les Baux-de-Provence ◆ Man spricht Englisch ◆ **Anreise** (Karte Nr. 33): 15 km südl. von Avignon. Autob. A 7, Ausf. Avignon-Sud, D 28 Rtg. Châteaurenard, dann D 5 Rtg. Maillane.

Wir sind Claudine und Roland Achard gefolgt, die dieses Haus in der Provence eröffnet und *La Ferme de Prémauré* verlassen haben, die zu unserer Auswahl in der Ardèche zählte. Im Dorf von Frédérique Mistral haben sie nun im mittleren Teil dieses großen Bauernhauses sehr komfortable Gästezimmer eingerichtet, die mit alten Möbeln und provenzalischen Stoffen ausgestattet sind. Schöne Bäder. Nichtstun in der Gartenlaube, Schwimmen im Pool oder Erkunden der Umgebung. Natürliche Betreuung.

PROVENCE - CÔTE D'AZUR

501 - Le Mas des Bartavelles

Chemin des Savoyards
13100 Saint-Marc-
Jaumegarde
(Bouches-du-Rhône)
Tel. (0)4 42 24 92 98
Fax (0)4 42 24 92 99
Mme Mattei

♦ Ganzj. geöffn. ♦ Mind. 2 Üb. ♦ 1 Suite (2-4 Pers.) m. Dusche u. WC: 400 F (2 Pers.), + 100 F (zusätzl. Pers.); 1 Zi. m. Bad u. Kochnische: 380 F (2 Pers.) u. 1 Zi in unabhängigem Häuschen m. Waschbecken (sanitäre Einrichtungen außerh., im Stammhaus): 250 F (1- 2 Pers.) ♦ Brunch inkl. ♦ Kein Speiseangebot ♦ Zimmerreinigung auf Wunsch ♦ Salon (Gesellschaftsspiele, Bibliothek) Kl. Haustiere auf Anfr. erlaubt ♦ Quellwasser-Schwimmbad; Park vor Ort ♦ Umgebung: Tennis, Reitclub, Golf, Meer (30 km); Festival (Juli) ♦ Man spricht Englisch ♦ **Anreise** (Karte Nr. 33): 6 km nördl. von Aix-en-Provence. Ab dem Boulevard extérieur (Umgehungsstraße) Rtg. Vauvenargues über die D 10 (6 km). An Bushaltestelle "Les Savoyards" links den Chemin des Savoyards (800 m), grünes Eingangstor rechts.

Dieses kleine rustikale und elegant eingerichtete Haus liegt eingebettet zwischen Bäumen, die im Sommer auf wohltuende Art Schatten spenden. Die Zimmer liegen zum Garten. Das eine, mit zwei kommunizierenden Räumen und einem Kamin, ist ein richtiges kleines Haus. Das andere, dessen Dusche und Toilette sich im Stammhaus befinden, ist blau und weiß - wie in Griechenland. Das Frühstück? Ein regelrechter Brunch! Aufmerksame und großzügige Betreuung.

502 - Mas Shamerock

Ch. de Velleron et du Prud'homme
13210 Saint-Rémy-de-Provence
(Bouches-du-Rhône)
Tel. (0)4 90 92 55 79
Fax (0)4 90 92 55 80
Mme Christiane Walsh

♦ Ganzj. geöffn. ♦ 5 Zi. m. Bad, WC: 300 F (1 Pers.), 400 F (2 Pers.) + 75 F (zusätzl. Pers.) ♦ Frühst. inkl. ♦ Kein Speiseangebot - Rest. *La Maison de Frédéric*, *Le Petit Buffet* in Saint-Rémy (2 km) ♦ Salon ♦ Tel. ♦ Schwimmbad u. Reiten (60 F/Std.) vor Ort ♦ Umgebung: Tennis, Golfpl., Fahrradverleih; gallorömanische Überreste, Malereien von Van Gogh ♦ Man spricht Englisch u. Deutsch ♦ **Anreise** (Karte Nr. 33): 2 km nördl. von Saint-Rémy-de-Provence Rtg. Avignon. Hinter Saint-Rémy, der Bushaltestelle und dem *Mas Bruno* links, 5. Haus rechts kurz vor der Bushaltestelle "Lagoy".

Die Renovierung dieses Bauernhauses aus dem 18. Jahrhundert wurde mit viel Sorgfalt und Liebe zum Detail vorgenommen. Heute ist dies ein Ort, der dem Gast viel Ruhe und Wohlbefinden bietet. Die Zimmer, z.T. mit Blick auf den schattigen Park und die hundertjährigen Platanen, sind geräumig und hell, haben schöne, kalte Farben und einwandfreie Bäder. Sie können vom großen Schwimmbad profitieren oder mit M. Walsh und seinen Pferden die Alpilles erkunden. Familiäre, sehr entspannte Atmosphäre.

PROVENCE - CÔTE D'AZUR

503 - Mas de Cornud

Route de Mas Blanc
13210 Saint-Rémy-de-Provence
(Bouches-du-Rhône)
Tel. (0)4 90 92 39 32
Fax (0)4 90 92 55 99
David und Nitockrees Carpita

♦ Ganzj. geöffn. ♦ Mind. 2 Üb. ♦ 4 Zi. m. Bad u. WC (davon 2 m. eig. Bad u. WC. aber auf dem Flur): 515-850 F, je nach Saison (2 Pers.) ♦ Frühst. inkl. ♦ Gemeins. Essen auf Best.: 200 F (Wein inkl.) ♦ Salon ♦ Tel. ♦ Schecks in allen Devisen akzept. ♦ Hunde auf Anfr. erlaubt ♦ Kochkurse im Haus ♦ Umgebung: Wandern u. Radtouren (2 km) Ausritte (500 m), Selgelfliegen, 9-Loch-Golfpl. in Les Baux (9 km): Saint-Rémy, Les Baux, Pont du Gard, Arles, Camargue ♦ Man spricht Englisch ♦ **Anreise** (Karte Nr. 33): 3 km westl. von Saint-Rémy-de-Provence über die D 99 Rtg. Tarascon (ca. 3 km), links die D 27 Rtg. Les Baux, dann 1. Straße links, 200 m weiter links.

Dieses provenzalische Landhaus aus dem 18. Jahrhundert wurde unlängst von David und Nito Carpita renoviert (worüber sich die Gäste freuen dürfen) und bietet außer den vier Zimmern eine mediterrane Küche, in der vorwiegend provenzalische Gerichte für verwöhnte Gaumen entstehen. Die Hausherrin und einige begabte Küchenchefs aus der Region erteilen hier von Zeit zu Zeit Kochkurse. Die Früchte und das Gemüse aus dem eigenen Garten werden für die Mahlzeit verwendet, die den "Studientag" krönt. Ein besonders freundliches Haus.

504 - Rue du Château

24, rue du Château
13150 Tarascon
(Bouches-du-Rhône)
Tel. und Fax (0)4 90 91 09 99
Christiane und Henry
Lewis-Thomas

1997

♦ Ganzj. geöffn. (im Winter auf Reserv.) ♦ 4 Zi. m. Bad od. Dusche, WC: 250-300 F (2 Pers.) ♦ Frühst. inkl. ♦ Kein Speisenangebot - Zahlr. Rest. in Tarascon ♦ Zimmerreinigung zweimal wöchentl. ♦ Salon ♦ Umgebung: Wassersport (1,5 km), Reiten, Ultraleichtfl., zwei 18-Loch-Golfpl. (15 km); Schloß, Museum Charles Demery, Tartarin-Haus, Krypta Sainte-Marthe, Les Baux ♦ Man spricht Englisch u. Italienisch ♦ **Anreise** (Karte Nr. 33): in Tarascon. Die kleine Fußgängerstraße direkt gegenüber dem Schloß. Öffentl. Parkplatz (50 m).

Dieser schöne Häuserkomplex liegt in einer mittelalterlichen Stadt, nur ein paar Schritte vom Königsschloß entfernt. Christiane und Henry, beide Künstler, haben alles renoviert und mit viel Fingerspitzengefühl die Seele des Hauses bewahrt. Die Materialien sind edel und rein, die Farben zart und gut gewählt und der Komfort derart, daß es für uns nicht leicht ist, eher das eine als das andere Zimmer zu empfehlen. Hier steht Altes neben Neuem. Von so viel Harmonie muß man begeistert sein.

PROVENCE - CÔTE D'AZUR

505 - Le Mistral

8, rue Frédéric-Mistral
13122 Ventabren
(Bouches-du-Rhône)
Tel. (0)4 42 28 87 27
Fax (0)4 42 28 87 37
Mme Mc Donald

◆ Ganzj. geöffn. ◆ Mind. 3 Üb. im Sommer ◆ 4 Zi. m. Bad, WC, Tel. u. TV (CNN, Satellite): 380-580 F (2 Pers.) ◆ Frühst. inkl. ◆ Gemeins. Essen auf Best.: 100 F (Wein inkl.), auch Küchenbenutzung der Gäste od. Rest. (100 m) ◆ Salon u. Dachterrasse m. Barbecue ◆ Hunde auf Anfr. erlaubt ◆ Umgebung: Zugang zum "Set Club" (Schwimmbäder, Squash, Golf, Reiten - zusätzl. ca. 100 F, 6 km entf.), 9-Loch-Golfpl. (6 km); Weinfeste, Trödelmarkt, Musifestival, Aix-en-Provence, Fototourismus ◆ Man spricht Englisch u. Spanisch ◆ **Anreise** (Karte Nr. 33): 13 km westl. von Aix-en-Provence. Autobahnausf. Aix-en-Provence/Ouest Rtg. Berre über die D 10. In Ventabren im oberen Dorf parken.

Madame Mc Donald empfängt Sie in ihrem Haus mit vier behaglichen Zimmern in frischen Farben, im Herzen des malerischen Dorfes Ventabren. Das reichhaltige und raffinierte Frühstück wird auf der außergewöhnlich schönen Terrasse mit Blick auf die ganze Gegend oder in der freundlichen amerikanischen Küche serviert, die den Gästen zum Zubereiten kleiner Gerichte zur Verfügung steht. Dynamische und großzügige Betreuung.

506 - Domaine du Grand Jas

Baisse de Donat
83600 Les-Adrets-de-L'Esterel
(Var)
Tel. (0)4 94 40 97 76
Fax (0)4 94 40 97 80
Pam und Olivier Demacon

◆ Ganzj. geöffn. ◆ 2 Zi. u. 1 Suite m. Bad, WC, Tel. u. TV: 890-1100 F (2 Pers.), je nach Saison; Suite 680-1050 F (2 Pers.), je nach Saison + 120 F (zusätzl. Pers.) ◆ Frühst. inkl. ◆ Gemeins. Essen am großen od. individ. Tisch: 120 F (ohne Wein) ◆ Salon ◆ Hunde auf Anfr. erlaubt ◆ Schwimmbad, Mountainbikes (Preiszuschl.) vor Ort ◆ Umgebung: Bogenschießen, Reiten, Wassersport (ohne Motor) am See von Saint-Cassien, 18-Loch-Golfpl. (12 km), Wanderwege; Mont Vinaigre, Strände von Mandelieu, La Napoule (12 km), Cannes, Nizza ◆ **Anreise** (Karte Nr. 34): 18 km westl. von Cannes. Autob. A 8, Ausf. Les Adrets, Rtg. Les Adrets. Hinter der Kirche u. dem Campingplatz "Les Philippons" 1. Weg links.

Erst folgt man einer kleinen gewundenen Straße, danach biegt man in einen kleinen Sandweg ein, und erst dann entdeckt man diese ganz neue Villa mit einem herrlichen Blick auf das Esterel-Gebirge und die Bucht von Cannes, deren Lichter bei Anbruch der Dunkelheit in der Ferne flimmern. Eines der Gästezimmer besitzt eine kleine, traumhafte Terrasse. Der aufmerksame Empfang von Pam und Olivier Demacon, aber auch der ultra-moderne und luxuriöse Komfort des Hauses machen den Aufenthalt im *Domaine du Grand Jas* zu einem echten Pläsier.

PROVENCE - CÔTE D'AZUR

507 - Les Cancades

Chemin de la Fontaine-de-Cinq-Sous
Les Cancades
83330 Le Beausset
(Var)
Tel. (0)4 94 98 76 93
Fax (0)4 94 90 24 63
Mme Zerbib *complet*

♦ Ganzj. geöffn. ♦ 2 Zi. m. Bad, WC; 2 Zi. (m. Terrasse) m. Bad u. eig., aber außerhalb des Zi. gelegenen WC u. 1 kl. provenz. Zi.: 300-400 F (2 Pers.); 1 Studio (4 Pers., 1 großer Raum u. 1 kl. Zi. m. Dusche, WC): 1800-2500 F pro Woche ♦ Frühst. inkl. ♦ Kein Speiseangebot (aber: Sommerküche) - Rest. in Le Beausset ♦ Zimmerreinigung auf Wunsch, sonst: Gäste ♦ Salon ♦ Hunde nicht erlaubt ♦ Schwimmbad vor Ort ♦ **Anreise** (Karte Nr. 34): 20 km nordwestl. von Toulon über die N 8 Rtg. Aubagne; gegenüber dem Supermarkt Casino den Weg Fontaine-de-Cinq-Sous, nach 1,3 km Flurweg links; 50 m hinter der Kurve.

Erst muß man die Einfamilienhäuser hinter sich lassen, und dann entdeckt man zwischen Pinien und Olivenbäumen diese große Villa provenzalischen Stils. *Les Cancades* ist noch nicht sehr alt, geschmackvoll eingerichtet und verfügt über vier sehr schöne Gästezimmer. Zwei besitzen eine eigene Terrasse, die zum Garten mit Schwimmbad geht. Das dritte Zimmer ist zwar kleiner, wurde aber hübsch mit schönen provenzalischen Stoffen hergerichtet. Das Studio kann auch wochenweise gemietet werden.

508 - La Bastide Rose

358, chemin du Patelin
83230 Bormes-les-Mimosas
(Var)
Tel. (0)4 94 71 35 77
Fax (0)4 94 71 35 88
Isabelle und Didier Lardaud

♦ Vom 1. Nov. bis 1. Apr. geschl. ♦ Kinder nicht erwünscht ♦ 4 Zi. u. 1 Suite (2-4 Pers.) m. Bad od. Dusche, WC: 400-600 F (2 Pers.), je nach Saison; Suite 600-900 F, je nach Saison ♦ Frühst. inkl. ♦ Gemeins. Essen auf Best.: 150 F (ohne Wein) ♦ Salon ♦ Tel. u. Fax ♦ Hunde auf Anfr. erlaubt ♦ Schwimmbad, warme Bewegungsbäder (draußen) u. Mountainbikes vor Ort ♦ Umgebung: Strände, Wassersport, Tennis (2 km), Reiten, 18-Loch-Golfpl. (8 km); die Iles d'Or, Chartreuse de la Verne, Weinstraßen ♦ Man spricht Englisch, Italienisch u. Spanisch ♦ **Anreise** (Karte Nr. 34): 20 km östl. von Hyères Rtg. Le Lavandou. Am Ortseingang von Bormes rechts nach Cabasson-Brégançon. Nach 800 m ausgeschildert.

In unmittelbarer Nähe der Küste wird man von Isabelle und Didier Lardaud besonders freundlich in ihrem alten provenzalischen Winzerhaus empfangen, in dem mit viel Gespür Traditionelles mit Modernem verbunden wurde. Die fünf, mit alten Möbeln eingerichteten Gästezimmer, der Speiseraum, der alte schattige Garten, die Terrasse, die Laube, die angenehme Aperitif-Ecke und das wunderbare Schwimmbad mit Überlauf werden Ihren Aufenthalt hier unvergeßlich machen.

PROVENCE - CÔTE D'AZUR

509 - L'Aumônerie

620, avenue de Font-Brun
83320 Carqueiranne
(Var)
Tel. (0)4 94 58 53 56
M. und Mme Menard

complet

♦ Im Aug. geschl. ♦ 1 Zi. m. Dusche u. WC: 280-320 F (2 Pers.), je nach Saison, u. 2 Zi. m. Bad od. Dusche u. gemeins. WC: 360-420 F (2 Pers.) + 100-150 F (zusätzl. Pers.), je nach Saison ♦ Frühst. inkl. ♦ Kein Speisenangebot - Rest. *Les Pins penchés* in Port-les-Salettes u. *Les Santonniers* in Carqueiranne ♦ Tel. ♦ Hunde nicht erlaubt ♦ Privatstrand hinter dem Garten ♦ Umgebung: Tennis, jegl. Wassersportart, 18-Loch-Golfpl. (15 km), Thalassotherapie (4 km); die Iles d'Or ♦ Man spricht Englisch ♦ **Anreise** (Karte Nr. 34): 15 km östl. von Toulon, Autob. Rtg. Nice Le Pradet, Ausf. Nr. 2 Le Pradet-Carqueiranne. Hinter dem Ortsausgangsschild Carqueiranne u. dem 3. Kreisverkehr 2. Straße rechts.

In der warmen Jahreszeit werden Sie vom schattigen Garten direkt am Meer profitieren. Diese schöne provenzalische Villa im traditionellen Stil besitzt drei komfortable, sorgfältig möblierte Gästezimmer. Die im ersten Stock sind geräumiger, teilen sich jedoch die Toilette und einen Kleiderschrank. Das Erdgeschoß-Zimmer ist ein wenig klein. Gefrühstückt wird entweder auf dem Zimmer oder im Garten. Der kleine Privatstrand liegt gleich dahinter. Eine Sommer-Adresse.

510 - L'Ormarine

14, av. des Grives - L'Eau-Blanche
83240 Cavalaire-sur-Mer
(Var)
Tel. (0)4 94 64 39 45
(im Winter) (0)4 76 80 66 88
Heidi und Gérard Léopold

♦ Vom 1. Mai bis 26. Dez. geöffn. ♦ 1 Suite (2-4 Pers.) m. Bad, WC: 330 F (2 Pers., 1 Üb.) od. 300 F (mehrere Üb.) + 100 F (zusätzl. Pers.) ♦ Frühst. inkl. ♦ Kein Speisenangebot - Rest. in Cavalaire ♦ Hunde auf Anfr. erlaubt ♦ Beheizt. Schwimmbad, Barbecue, kostenlose Tagesausflüge m. dem Segelboot (m. Kajüte) ♦ Umgebung: Golf; Saint-Tropez, Gassin, Ramatuelle, Verdon-Schluchten, Inseln Port-Cros, Le Levant u. Porquerolles, Rayol-Gärten (mediterran) ♦ Man spricht Deutsch ♦ **Anreise** (Karte Nr. 34): Genaue Wegbeschreibung wird zugesendet.

Das *Ormarine* ist ein Haus provenzalischen Stils und liegt, von einem wunderbaren Garten voller Blumendüfte umgeben, in einem schönen Viertel von Cavalaire. Die kleine Suite mit zwei Betten und Mobiliar aus weißem Holz ist zwar sehr schlicht, verfügt aber über ein sehr komfortables Bad; die separaten Terrassen sind ebenfalls sehr angenehm. Dank der extrem freundlichen Betreuung von Heidi und Gérard Léopold, die ihre Gäste manchmal auf einen Bootsausflug aufs Meer mitnehmen, werden Sie sich hier wie zu Hause fühlen.

PROVENCE - CÔTE D'AZUR

511 - Bastide de Peyroles

83570 Entrecasteaux
(Var)
Tel. und Fax (0)4 94 04 40 06
M. d'Argencé

◆ Ganzj. geöffn. ◆ Kinder unerwünscht ◆ 2 Zi. m. Bad, WC: 500 F (1 Pers.), 550 F (2 Pers.) u. 1 kl. unabh. Haus (3 Pers.) m. kl. Wohnzi., Küche, 1 Zi. (2 Pers.), Dusche, WC, Terrasse: 400 F (2 Pers., nur Zi.), 3500 F/Woche kl. Haus + Frühst. inkl. ◆ Kein Speisenangebot - Rest. *Lou Picateou, La Fourchette* in Entrecasteaux (4 km) u. *Bruno* in Lorgues (18 km) ◆ Karten-Tel. ◆ Schwimmbad vor Ort ◆ Umgebung: Tennis, Forellenangeln (Teich und Fluß), Reitclub, 18-Loch-Golfpl. (18 km); Abtei Thoronet, Verdon-Schluchten, Saint-Tropez (50 km) ◆ Man spricht Englisch u. Italienisch ◆ **Anreise** (Karte Nr. 34): 4 km westl. von Entrecasteaux. Autob. A 6, Ausf. Le Luc, N 7 Rtg. Vidauban (500 m), dann Le Thoronet, D 84, D 562 Rtg. Carcès, D 31 rechts u. D 50 bis zur Piste de Riforan.

Dieses Landhaus (*bastide*) des 18. Jahrhunderts, in einer Hügellandschaft im mittleren Var gelegen, wurde im Originalstil restauriert. Die lange, dank Platanen schattige Terrasse und das Schwimmbad laden zum Nichtstun ein. Die Gästezimmer und das kleine, separate Haus, hundert Meter weiter, gehen auf Weinberge und Olivenbäume. Monsieur d'Argencé, der sich der Malerei widmet, hat für seine Gäste stets ein offenes Ohr.

512 - Aubanel

83560 Ginasservis
(Var)
Tel. (0)4 94 80 11 07
Fax (0)4 94 80 11 04
Michel und Fatia Lazes

◆ Ganzj. geöffn. ◆ 3 Zi. (1-4 Pers.) m. Bad u. WC: 280 F (2 Pers.) + 80 F (zusätzl. Pers.) ◆ Frühst. inkl. ◆ Gemeins. Essen am großen od. individ. Tisch: 90 F (Wein inkl.) ◆ Zimmerreinigung alle 3 Tage ◆ Salon ◆ Tel. ◆ Mountainbikes vor Ort u. Angebot halbtägiger gastronomischer u. önologischer Kurse sowie botanischer Wanderungen ◆ Umgebung: Angeln, Tennis, Schwimmbad, Golfpl. von Manosque (30 km); Verdon-Schluchten, Esparron-See, Segelfliegen, Wanderungen ◆ Man spricht Englisch ◆ **Anreise** (Karte Nr. 34): 3 km südl. von Ginasservis. Autobanausf. Saint-Maximin, dann Rtg. Sisteron u. Rians. Vor dem Dorf rechts, dann *Aubanel - Chambres d'hôtes* ausgeschildert.

Auf diesem Bauernhof, wo elegante Vollblutpferde gezüchtet werden, spenden große Platanen dem Haus und seinen Nebengebäuden großzügig Schatten; die hier schlicht, aber geschmackvoll eingerichteten Gästezimmer sind wirklich reizend. Zwei besitzen eine eigene kleine Terrasse. Sollten Sie daran interessiert sein, werden Sie mit Michel und Fatia Lazes die botanischen, gastronomischen und auch önologischen Kostbarkeiten der Region kennenlernen. Betreuung mit viel guter Laune.

PROVENCE - CÔTE D'AZUR

513 - Le Mazet des Mûres

Route du Cros-d'Entassi
Quartier Les Mûres
83310 Grimaud
(Var)
Tel. (0)4 94 56 44 45
Mme B. Godon

♦ Vom 15. Okt. bis 15. Dez. u. vom 10. Jan. bis 10. Febr. geschl. ♦ 5 Studios (1-4 Pers.) m. Dusche, WC, Kochnische, TV: 380 F (2 Pers.), 450 F (3 Pers.) ♦ Frühst. inkl. ♦ Gelegentl. gemeins. Essen - zahlr. Rest. in Grimaud, Port-Grimaud, Gassin, Saint-Tropez ♦ Umgebung: Strände (800 m), Segeln, Golf, Reiten, Tennis; Grimaud, Port-Grimaud, Gassin, Saint-Tropez ♦ Man spricht Englisch u. Deutsch ♦ **Anreise** (Karte Nr. 34): N 98 zw. Sainte-Maxime u. Saint-Tropez; am Kreisverkehr *Les Mûres* ausgeschildert.

Sie werden erstaunt sein über die geschützte Lage des *Mazet des Mûres* in der Nähe von Saint-Tropez. Das Haus besitzt mehrere Terrassen, auf denen Sie im Sommer Ihr Frühstück einnehmen können. Vier Studio-Zimmer liegen in den Dependancen direkt dem Haus gegenüber und haben Aussicht auf den Garten. Das fünfte befindet sich im Haus selbst. Alle Zimmer sind gepflegt, schlicht, aber hübsch eingerichtet und verfügen über eine Kochnische mit Salernes-Fliesen. Zwei Zimmer, für Familien und mehrere Freunde besonders praktisch, kommunizieren. Entspannte Atmosphäre. Eine Sommer-Adresse zu recht akzeptablen Preise für diese Gegend.

514 - Saint-Ferréol

Domaine de Saint-Ferréol
83670 Pontevès
(Var)
Tel. (0)4 94 77 10 42
Fax (0)4 94 77 19 04
M. und Mme de Jerphanion

♦ Ganzj. geöffn. ♦ 2 Zi. u. 1 Suite (4 Pers.) m. Bad od. Dusche, WC: 280-320 F (2 Pers.), 450 F (4 Pers.) ♦ Frühst. inkl. ♦ Gelegentl. gemeins. Essen (außer im Sommer): 90 F (alles inkl.) - Rest. 1,2 bzw. 3 km entf. ♦ Zimmerreinigung auf Wunsch ♦ Salon ♦ Hunde auf Anfr. erlaubt ♦ Schwimmbad vor Ort ♦ Umgebung: Schwimmbad, Tennis (3 km), Reiten, (25 km); Wanderwege, Mountainbikes; Musikfestival in Cotignac, Verdon-Schluchten, See Sainte-Croix, Entrecasteaux, Abtei Le Thoronet, Hang-Dörfer des Haut-Var ♦ Man spricht Englisch, Spanisch u. Deutsch ♦ **Anreise** (Karte Nr. 34): 21 km nordöstl. von Saint-Maximin über die D 560 Rtg. Barjols. Ab Barjols Rtg. Dranan. 2,5 km vor Barjols gleich hinter dem Schild "Bienvenue à Pontevès" links den Weg.

Domaine de Saint-Ferréol, ein Bauernhaus aus dem 18. Jahrhundert, liegt ganz im Grünen und ist umgeben von Weinbergen. Die recht geräumigen Gästezimmer liegen in einem Seitengebäude an einem kleinen Innenhof, in dem man gerne verweilt. Frühstück und Abendessen werden in einem angenehm kühlen Raum im Erdgeschoß eingenommen. Liebenswürdiger Empfang.

PROVENCE - CÔTE D'AZUR

515 - Vasken

Les Cavalières
83520 Roquebrune-sur-Argens
(Var)
Tel. (0)4 94 45 76 16
M. und Mme Kuerdjian

◆ Ganzj. geöffnet (in Vor- u. Nachsaison nur auf Reserv.) ◆ 5 Zi. m. Bad od. Dusche, WC: 350 F (1 Pers.), 400 F (2 Pers.) u. 1 Studio (2 Pers. + 2 Kinder) m. Dusche, WC, Küche u. 1 Wohn-Schlafzi.: 500 F; TV auf Anfr. ◆ Frühst.: 35 F ◆ Kein Speisenangebot - Rest. 2 bzw. 7 km entf. ◆ Zimmerreinigung auf Wunsch ◆ Salon ◆ Tel. ◆ Hunde nicht erlaubt ◆ Schwimmbad vor Ort ◆ Umgebung: Wasserski, Reiten u. Tennis (2 km), Wanderwege, Mountainbikes, 18-Loch-Golfpl. (2 km); Roquebrune (Glasbläserei), Nizza, Fréjus (Bischofssitz) ◆ **Anreise** (Karte Nr. 34): 12 km westl. von Fréjus über die N 7 (zwischen Le Muy und Le Puget-sur-Agens), dann D 7 Rtg. Roquebrune. Dort 1. Straße rechts, am Friedhof Boulevard du 18 Juin (1,5 km), dann ausgeschildert.

M. Kuerdjian, ein Konditor im Ruhestand, bereitet selbst die Croissants fürs Frühstück zu. Und das hübsche Haus in L-Form, aus rotem Stein der Region, das sich gut in die Landschaft einfügt, hat er ebenfalls selbst gebaut. Die Zimmer liegen im Erdgeschoß, gehen direkt auf den Garten und haben eine Terrasse. Das Mobiliar ist zwar etwas "rustikal", die Ausstattung dennoch nett und schlicht. Die Hausherrin wird Sie besonders liebenswürdig empfangen.

516 - La Vieille Bastide

Plan de Chibron
83870 Signes
(Var)
Tel. (0)4 94 90 81 45
Fax (0)4 94 90 89 54
Mme Françoise Penvern

◆ Ganzj. geöffn. ◆ Mind. 2 Üb. ◆ 2 Zi. m. eig. Bad od. Dusche u. gemeins. WC: 280 F (2 Pers.) ◆ Frühst. inkl. ◆ Gemeins. Abendessen auf Best.: 80 F (ohne Wein) ◆ Salon ◆ Tel. ◆ Hunde nicht erlaubt ◆ Bassin, Pferdeauslauf u. -boxen vor Ort ◆ Umgebung: Wanderwege Sainte-Baume, Les Glacières, Schwimmbad, Tennis, 18-Loch-Golfpl. (25 km) Meer (25 km) ◆ **Anreise** (Karte Nr. 34): 1,5 km westl. von Signes. In Signes Rtg. Marseille (1,5 km), in der Kurve den Weg neben dem rot-weiß versperrten Weg nehmen.

Dieses provenzalische Landhaus (*bastide*) aus dem 18. Jahrhundert liegt auf einer Anhöhe. Renoviert wurde es erst vor kurzem und bietet heute zwei komfortable Gästezimmer an, die für Familien oder mehrere Personen ideal sind. Der freundliche Salon im Erdgeschoß oder die schattige Terrasse schätzt man besonders beim Frühstück oder Abendessen, das von Françoise Penvern zubereitet wird. Die Dame des Hauses betreut ihre Gäste sehr liebenswürdig.

PROVENCE - CÔTE D'AZUR

517 - Le Jardin d'Ansouis

Rue du Petit-Portail
84240 Ansouis
(Vaucluse)
Tel. (0)4 90 09 89 27
Fax (0)4 90 09 89 27
Arlette Rogers

♦ Ganzj. geöffn. ♦ 2 Zi. m. Bad, WC: 240 F (1 Pers.), 330 F (2 Pers.), 420 F (3 Pers.), 510 F (4 Pers.)
♦ Frühst. inkl. ♦ Gemeins. Abendessen auf Best. (individ. Tische): 50-200 F (Wein inkl.) od. Rest.
L'Auberge du Cheval Blanc (12 km) ♦ Salon ♦ Zimmerreinigung alle 4 Tage ♦ Hunde erlaubt
♦ Umgebung: Schwimmbad (8 km), Reiten, Tennis (5 km), Strand; Schloß Ansouis, Dörfer des
Luberon, See La Bonde ♦ Man spricht Englisch, Deutsch und Niederländisch ♦ **Anreise** (Karte
Nr. 33): 35 km nördl. von Aix-en-Provence über die A 51, Ausf. Pertuis, dann die D 56.

Ansouis ist ein entzückendes Dorf aus dem Mittelalter und wird von einem
imposanten Schloß überragt. *Le Jardin d'Ansouis* liegt in einer netten
kleinen Straße und verbirgt einen hübschen Blumengarten. In den
Innenräumen wurde auf geschickte Art moderne Kunst mit einem Mobiliar
verschiedener Stile vermischt. Die Gästezimmer sind freundlich und
komfortabel. Die Betreuung ist sehr angenehm und das Frühstück köstlich
und reichhaltig.

518 - Richarnau

84390 Aurel
(Vaucluse)
Tel. (0)4 90 64 03 62
Christian und Visnja Michelle

♦ Vom 5. Jan. bis 28. Feb. geschl. ♦ Mind. 2 Üb. ♦ Nichtraucher-Haus ♦ Kinder nicht erwünscht
♦ 3 Zi. u. 2 Suiten (3-4 Pers.) m. Dusche, WC: Zi. 300-390 F (2 Pers.); Suite 350-450 F (2 Pers.), 500-
600 F (4 Pers.) ♦ Frühst. inkl. ♦ Gemeins. Essen auf Best.: 120 F (Wein inkl.) ♦ Salon ♦ Tel. m.
Zähler ♦ Hunde nicht erlaubt ♦ Umgebung: Schwimmbad (6 km), Tennis (6 km), Mountainbikes,
Baden im Fluß (8 km); alte Dörfer, Konzerte in Simiane, Theater- u. Musikfestival von Avignon,
Lavendelfest am 15. Aug. in Sault ♦ Man spricht Englisch, Deutsch u. Italienisch ♦ **Anreise** (Karte
Nr. 33): 40 km östl. von Carpentras Rtg. Sault, Sault durchqueren, Rtg. Aurel u. Montbrun (4 km),
danach links, *Richarnau* ausgeschildert.

Dieses große, L-förmig gebaute Haus umgibt eine wunderbare
hundertjährige Linde, die wohltuenden Schatten spendet. Es liegt zwischen
Lavendelfeldern in einer an Honig und Kirschen reichen Region. Hier gibt
es zwei Zimmer und zwei Suiten, unterschiedlich in Größe und Lage,
aber sorgfältig eingerichtet, so daß sich der Gast sehr wohl fühlt. Der freundliche
Empfang von Christian und Visnja Michelle und ihre gute, sehr
abwechslungsreiche Küche werden Ihnen den Eindruck verleihen, bei
Freunden zu Besuch zu sein.

PROVENCE - CÔTE D'AZUR

519 - La Ferme Jamet

Ile de la Barthelasse
84000 Avignon
(Vaucluse)
Tel. (0)4 90 86 88 35
Fax (0)4 90 86 17 72
Étienne Jamet und seine Mitarbeiter

♦ Von Ende Okt. bis Anf. März geschl. ♦ 4 Zi., 4 Studios (2-3 Pers.) u. 3 Suiten (4-6 Pers.) m. Bad od. Dusche, WC, Tel.: 400-800 F (2 Pers.) ♦ Frühst. inkl. ♦ Kein Speisenangebot ♦ Visa, MasterCard, Eurocard ♦ Nur kl. Haustiere erlaubt ♦ Salon ♦ Tel.: "Numéris" ♦ Schwimmbad, Tennis vor Ort ♦ Umgebung: Reiten, Rudern, 18-Loch-Golfpl. (15 km); Avignon u. viele andere Sehenswürdigk. der Provence ♦ Man spricht Englisch u. Deutsch ♦ **Anreise** (Karte Nr. 33): 7 km von Avignon. Autob. A 7, Ausf. Avignon-Nord, Rtg. Avignon-Centre, Brücke Edouard Daladier. Auf der Brücke rechts, Ile de la Barthelasse, dann bis zum Haus ausgeschildert.

Die betagte *Ferme Jamet* liegt auf einer grünen Insel unweit der berühmten Residenz der Päpste. Diese Besitzung, die sich aus mehreren Häusern und Bungalows (mit eigener Terrasse) zusammensetzt, ist ein idealer Ort, um touristische Aktivitäten mit Entspannung vor Ort abzuwechseln. Komfort und Ausstattung sind unterschiedlich und reichen von ganz einfach bis hin zu luxuriös; einige Gästezimmer verfügen über Kochnischen, die bei längerem Aufenthalt ausgesprochen nützlich sind. Ein sehr gastfreundliches Haus, das zwischen Bed and Breakfast und Familienpension anzusiedeln ist.

520 - Mas de la Lause

Route de Suzette
84330 Le Barroux
(Vaucluse)
Tel. (0)4 90 62 32 77
Corine und Christophe Lonjon

♦ Von Ende Okt. bis Apr. geschl. ♦ 3 Zi. u. 1 Suite (4 Pers.) m. Dusche u. WC: Zi. 220 F (1 Pers.), 260-280 F (2 Pers.); Suite 320 F (2 Pers.), 380 F (3 Pers.), 440 F (4 Pers.) ♦ Frühst. inkl. ♦ Gemeins. Abendessen auf Best.: 90 F (ohne Wein); Produkte aus dem Gemüse- und Obstgarten ♦ Tel.: Zähler ♦ Umgebung: See (Baden, 3 km), Schluchten von Toulourenc, Tennis (200 m; 60 F/Std.), Reiten, Mountainbikes; Schloß Le Barroux, Vaison-la-Romaine, Séguret, Crestet, Spitze von Montmirail ♦ Man spricht Englisch u. Deutsch ♦ **Anreise** (Karte Nr. 33): 15 km nördl. von Carpentras über die D 938 Rtg. Malaucène. Ab Barroux ausgeschildert.

Corine und Christophe haben erst kürzlich dieses von Obstbäumen und Wein umgebene Mas aus dem 19. Jahrhundert restauriert. Die meisten Gästezimmer haben Terrakottaböden, sind in den Farben Ocker, Gelb und Lindgrün gestrichen und auf die blauen und weißen Stoffe abgestimmt. Alles in allem recht angenehm, aber noch ein wenig steif (vor allem der Speiseraum). Gutes Frühstück und Abendessen (Gemüse und Früchte aus eigenem Anbau); serviert wird auf der Terrasse dem Château du Barroux gegenüber. Ein Haus mit Qualitäten zu günstigen Preisen. Ungezwungener, höchst sympathischer Empfang.

PROVENCE - CÔTE D'AZUR

521 - Aux Tournillayres

84410 Bédoin
(Vaucluse)
Tel. (0)4 90 12 80 94
Marie-Claire
und Jean-Pierre Renaudon

♦ Vom 15. Nov. bis 1. März geschl. ♦ 4 Studios (2 Pers.) m. Dusche, WC u. Kochnische, Kamin: 390 F (1 Pers.), 450 F (2 Pers.) + 100 F (zusätzl. Pers.); kostenlos f. Kinder unter 5 J. ♦ Frühst. inkl. ♦ Gemeins. Abendessen auf Best.: 130 F (mit Wein; Aperitif 15 F) ♦ Zimmerreinigung einmal wöchentl. ♦ Salon ♦ Haustiere nicht erlaubt ♦ Umgebung: Schwimmbad, Angeln, Reiten; Festivals: Avignon u. Vaison-la-Romaine ♦ Man spricht (ein wenig) Englisch ♦ **Anreise** (Karte Nr. 33): Autob. A 7, Ausf. Bollène, Rtg. Ste-Cécile-les-Vignes, Beaume-de-Venise, Vacqueyras, Caromb u. Bédoin, dann Route du Mont-Ventoux über die D 974. 500 m hinter Bédoin. An der Tankstelle St-Christophe links (2 km), dann ausgeschildert.

Diese vier, erst vor kurzem am Fuß des Mont Ventoux entstandenen Häuschen liegen in einer Wein- und Heidelandschaft. Die reizenden Gästezimmer verfügen über einen Kamin und eine Kochnische und haben mit provenzalischen Stoffen bezogene Betten, alte Radierungen, getrocknete Blumen und Balken. Der Frühstückskorb (hausgemachte Konfitüren) wird ins Gärtchen gebracht, das im Schatten der Eichen liegt und zu jedem Studio gehört. Ein gutes, gastfreundliches Haus. Ideal für einen längeren Aufenthalt.

522 - Bonne Terre

Lacoste
84480 Bonnieux
(Vaucluse)
Tel. (0)4 90 75 85 53
Fax (0)4 90 75 85 53
M. Roland Lamy

♦ Ganzj. geöffn. ♦ Mind. 3 Üb. ♦ 6 Zi. m. Bad od. Dusche, WC; TV. u. Terrasse: 390-450 F (1 Pers.), 450-500 F (je nach Saison, 2 Pers.) + 120 F (zusätzl. Pers.) ♦ Frühst. inkl. ♦ Kein Speiseangebot - Rest. in Lacoste u. Umgebung (7-8 km) ♦ Tel. ♦ Visa ♦ Hunde erlaubt (+ 40 F) ♦ Schwimmbad ♦ Umgebung: Golf, Tennis, Reiten; Musik- u. Theaterfestivals, Dörfer des Luberon ♦ Man spricht Englisch ♦ **Anreise** (Karte Nr. 33): östl. von Cavaillon über die N 100 Rtg. Apt, dann die D 106 Rtg. Lacoste.

Dieses elegante Haus, in dem man besonders ruhig und unabhängig wohnt, liegt am Eingang des wunderbaren Dorfes Lacoste. Die Gästezimmer sind hübsch eingerichtet, sehr komfortabel und haben eine eigene Terrasse, auf der das Frühstück eingenommen werden kann. Der terrassierte Park besitzt ein Schwimmbad und bietet einen herrlichen Ausblick auf das Ventoux-Gebirge.

PROVENCE - CÔTE D'AZUR

523 - La Bouquière

Quartier Saint-Pierre
84480 Bonnieux
(Vaucluse)
Tel. (0)4 90 75 87 17
Françoise und Angel Escobar

♦ Vom 15. Nov. bis 1. März geschl. ♦ Mind. 2 Üb. ♦ 4 Zi. (zu ebener Erde/Garten) m. Bad od. Dusche, WC u. Zentralheizung: 385 F (2 Pers.) + 85 F (zusätzl. Pers.) ♦ Frühst. inkl. ♦ Kein Speiseangebot (eine kl. Küche steht z. Verfüg.) - Rest.: *Le Fournil* in Bonnieux (3 km) ♦ Salon ♦ Hunde auf Anfr. erlaubt ♦ Umgebung: Wanderungen im Regionalpark des Luberon ♦ Man spricht Englisch u. Spanisch ♦ **Anreise** (Karte Nr. 33): 3 km von Bonnieux entf.; Rtg. Apt über die D 3; dann ausgeschildert.

Von der isoliert in grüner Landschaft gelegenen *Bouquière* hat man einen wunderschönen Ausblick auf das Ventoux-Gebirge; das Haus verfügt über vier besonders hübsche, im provenzalischen Stil eingerichtete komfortable Gästezimmer. Jedes hat seinen eigenen Eingang mit Terrasse, auf der man das Frühstück einnehmen kann. Der Salon mit Kamin steht den Gästen zur Verfügung, ebenso die kleine, sehr freundliche Küche. Françoise und Angel Escobar betreuen ihre Gäste liebenswürdig und aufmerksam.

524 - La Bastide Sainte-Agnès

84200 Carpentras
(Vaucluse)
Tel. (0)4 90 600301
Fax (0)4 90 6002 53
Gerlinde und Jacques Apothéloz

♦ Ganzj. geöffn. ♦ 4 Zi. m. Bad od. Dusche, WC: 360-420 F (1 Pers.), 400-460 F (2 Pers.) u. 1 Studio (4-5 Pers.) m. Wohnzi., Küche, 2 Schlafzi., Bad, WC, Garten, Parklatz, Tel., TV: 700 F (2 Pers.), 880 F (4 Pers.) ♦ Frühst. inkl. ♦ Gelegentl. gemeins. Abendessen: 120-150 F (mit Wein) - auf dem Tablett präsentierte Gerichte am Schwimmbad: 75 F ♦ Tel. u. Fax: (Zähler) ♦ Haustiere nicht erlaubt ♦ Schwimmbad, Pétanque-Terrain, Fahrräder vor Ort ♦ Man spricht Englisch u. Deutsch ♦ **Anreise** (Karte Nr. 33): 3 km nordöstl. von Carpentras Rtg. Mont Ventoux-Sud über D 974, dann Rtg. Caromb über die D 13, 300 m vor der Kreuzung (D 974 u. D 13) links Chemin de la Fourtrouse; 200 m weiter Hauseinfahrt.

Dieses sehr gastfreundliche, von Grund auf renovierte Bauernhaus aus dem 19. Jahrhundert liegt "vor den Toren" von Carpentras, also nicht abgelegen in der Natur, aber der reizende Garten, in dem exotische und meridionale Pflanzen gedeihen, isoliert das Haus und schafft eine intime, sehr angenehme Atmosphäre. Die komfortablen provenzalischen Zimmer, deren Wände per "Tupftechnik" verschönt wurden, besitzen tadellose Bäder. Der brav-moderne Aufenthaltsraum (schmiedeeisernes und lackiertes Mobiliar, buntes Leder und Vergoldetes...) hat eine Sitzecke am Kamin. Hervorragendes Frühstück und hin und wieder draußen serviertes gemeinsames Essen.

PROVENCE - CÔTE D'AZUR

525 - La Ribaude

84110 Le Crestet
(Vaucluse)
Tel. (0)4 90 36 36 11
Fax (0)4 90 28 81 29
Mme Lühmann

♦ Von Ende Okt. bis Ostern geschl. ♦ Reserv.: 1 Monat vorher ♦ 1 Suite (2 Erwachsene, 2 Kinder) u. 6 Suiten (2 Pers.) m. Bad od. Dusche, WC u. Kochnische: 850 F (2 Pers.) ♦ Frühst. (Brunch): 80 F ♦ Kein Speisenangebot - Rest. im Umkreis von 10 km ♦ Salon ♦ Tel. ♦ Schwimmbad, Kinderbecken vor Ort ♦ Umgebung: Radtouren, Reiten (Malaucène od. Entrechaux, 5 km), 18-Loch-Golfpl. (40 km); Mont Ventoux (16 km) ♦ Man spricht Englisch u. Deutsch ♦ **Anreise** (Karte Nr. 33): 5 km südwestl. von Vaison-la-Romaine. Vaison-la-Romaine durchqueren, erst Rtg. Malaucène, dann Rtg. Le Crestet: *La Ribaude* ausgeschildert.

In diesem Haus, das all denen gefällt, die viel für "Luxus, Ruhe und Sinneslust" übrig haben, wird perfekt deutsch gesprochen. Das Haus ist superbe, und das betrifft die sehr gepflegte und raffinierte Innenausstattung ebenso wie das Äußere (Terrassen, Innenhof, Gärten, Schwimmbad), von wo man eine herrliche Aussicht auf den Mont Ventoux hat. Die Suiten sind geräumig und ebenfalls von erster Güte. Ein mit großer Sorgfalt und viel Liebe geführtes Haus, dessen Service dem eines Hotels gleichkommt.

526 - Clos Saint-Vincent

84410 Crillon-le-Brave
(Vaucluse)
Tel. (0)4 90 65 93 36
Fax (0)4 90 12 81 46
M. und Mme Vazquez

♦ Ganzj. geöffn., aber vom 15. Nov. bis 15. Febr. ausschl. Gruppen (mind. 10 Pers.) ♦ 5 Zi. m. Dusche, WC: 430-480 F (2 Pers.) u. 1 Häuschen (4 Pers.) m. 2 Zi., 1 Bad, WC, Salon, Küche, Terrasse, TV, Tel.: 770 F (2 Pers.), 970 F (4 Pers.) + 120 F (zusätzl. Bett) ♦ Frühst. inkl. ♦ Gemeins. Essen (unregelmäßig): 140 F (Wein inkl.) - Rest. (500 m bzw. 12 km entf.) ♦ Salon ♦ Münztelefon ♦ Haustiere nicht erlaubt ♦ Schwimmbad und Terrain z. Boulespielen vor Ort ♦ Umgebung: Tennis u. Reiten (2,5 km), Synagoge von Carpentras, Museum mechanischer Instrumente in Crillon ♦ Man spricht Englisch u. Spanisch ♦ **Anreise** (Karte Nr. 33): 12 km von Carpentras entf., Route de Bedoin, Rtg. Crillon-le-Brave, dann ausgeschildert.

Ein Geheimtip, den man nicht zu sehr unter die Leute bringen sollte! Madame Vazquez wird Sie an ihrer Liebe für ihr Haus teilhaben lassen. Die Einrichtung ist gepflegt und eigenwillig, die Möbel sind alt, und hier und da stehen Souvenirs. Das Frühstück darf man um gar keinen Preis verpassen: Konfitüren, Milchreis und Kuchen - alles hausgemacht. Für den Fall, daß man Ihnen vorschlägt, hier zu Abend zu essen, sollten Sie unbedingt bleiben. So werden Sie Bekanntschaft mit der Familie und den Habitués, den Freunden des Hauses, machen.

PROVENCE - CÔTE D'AZUR

527 - La Badelle

84220 Gordes
(Vaucluse)
Tel. (0)4 90 72 33 19
Fax (0)4 90 72 48 74
Mme Cortasse

◆ Ganzj. geöffn. ◆ 3 Zi. u. 1 Suite (2-4 Pers.) m. Bad od. Dusche, WC, TV (auf Wunsch + 20 F pro Tag): 350 F (2 Pers.) + 40 F (pro Kind/Zi.) + 80 F (zusätzl. Pers./Suite) ◆ Frühst. inkl. ◆ Kein Speisenangebot - Vollst. eingerichtete Küche steht zur Verfüg. - Rest. *L'Auberge de la Bartavelle* in Goult u. *Le Fournil* in Bonnieux ◆ Tel.: Kabine ◆ Schwimmbad vor Ort ◆ Umgebung: Tennis, Reiten, 18-Loch-Golfpl.; Dörfer (Luberon u. Les Bories), Abtei Sénanque ◆ Man spricht Englisch u. (ein weinig) Deutsch ◆ **Anreise** (Karte Nr. 33): 17 km nordöstl. von Cavaillon. In Le Coustellet die N 100 Rtg. Apt, Ausf. N.-D.-de-Lumières; ab *Cave coopérative* ausgeschildert.

Aus den vollkommen renovierten Dependancen dieses landwirtschaftlichen Betriebes, ein wenig abschüssig und mit schöner Aussicht gelegen, entstanden vier reizende Gästezimmer. Sie umgeben ein blitzsauberes Schwimmbad und laden zum ausgiebigen Entspannen ein... Die tadellosen, hübsch hergerichteten Zimmer haben eine dominierende, auf die Betten und die Stoffe abgestimmte Farbe und besitzen alle ein altes Möbelstück wie auch ein hübsches Bad. Das Frühstück wird unter einem Vordach serviert. Ungezwungener, angenehmer Empfang.

528 - Au Ralenti du Lierre

Les Beaumettes
84220 Gordes
(Vaucluse)
Tel. (0)4 90 72 39 22
Mme Deneits

◆ 15. März bis 1. Nov. geöffn. ◆ 5 Zi. m. Bad od. Dusche, WC: 350-500 F (2 Pers.) + 80 F (zusätzl. Pers.) ◆ Frühst. inkl. ◆ Kein Speisenangebot - Rest.: *La Remise* u. *Le Mas des Lavandes* ◆ Salon ◆ Hunde nicht erlaubt ◆ Schwimmbad vor Ort ◆ Umgebung: 18-Loch-Golfpl., Angeln, Tennis, Reiten, Bergwanderungen, Kanu; Gordes, Lacoste, Bonnieux, Abtei von Sénanque ◆ **Anreise** (Karte Nr. 33): 15 km östl. v. L'Isle-sur-la-Sorgue. Autobahnausf. Avignon-Süd, Rtg. Apt; im Dorf Les Beaumettes.

Die Einrichtung dieses Dorfhauses kann als sehr gelungen bezeichnet werden. Farben, Stoffe und die meist alten Möbel sind im ganzen Haus gut aufeinander abgestimmt, auch in den höchst komfortablen Zimmern. Die erstaunliche Suite besteht aus zwei Räumen mit Deckengewölbe. Einer dieser Räume ist etwas dunkel und wird besonders von jenen geschätzt, die Ungewöhnliches lieben. Der hübsche Garten liegt abschüssig am Hügel. Exzellentes Frühstück und ausgezeichnete Betreuung.

PROVENCE - CÔTE D'AZUR

529 - Mas du Clos de l'Escarrat

Route de Carpentras
84150 Jonquières
(Vaucluse)
Tel. und Fax (0)4 90 70 39 19
M.und Mme Barail

♦ Ganzj. geöffn., im Winter nur auf Reserv. ♦ 2 Studios (2 bzw. 3 Pers.) m. Dusche, WC, Kochnische, TV: 250 F (1 Pers.), 270 F (2 Pers.) + 90 F (zusätzl. Pers.) ♦ Frühst.: 35 F ♦ Zi pro Woche: 1800 F ohne Frühst. ♦ Kein Speiseangebot - Rest. in Séguret (6 km) u. Orange ♦ Reinigung der Studios zweimal wöchentl. ♦ Haustiere nicht erlaubt ♦ Schwimmbad (geplant für 1997) vor Ort ♦ Umgebung: 9-Loch-Golfpl.; Archäologie in Orange, Vaison-la-Romaine, Avignon, "Chorégies" von Orange ♦ Man spricht Englisch u. Spanisch ♦ **Anreise** (Karte Nr. 33): 8 km südöstl. von Orange. D 950 Rtg. Carpentras, sofort hinter dem Ortsausgangsschild von Jonquières links den mit einer Mauer eingefaßten Weg nehmen.

Dieses alte, in der reichen Ebene des Comtat Venaissin einsam gelegene provenzalische Landhaus wurde vor kurzem sehr hübsch renoviert. Die Barails haben sich oft im Ausland aufgehalten und möchten ihren Gästen das bieten, was ihnen in anderen Ländern besonders gefiel. Das Ergebnis sind zwei separate, freundliche, komfortable, raffinierte, mit Dusche und Kochnische ausgestattete Zimmer. Das Frühstück können Sie im Zimmer, unter den großen Bäumen des Gartens oder im sehr ansprechenden Speiseraum einnehmen.

530 - L'Herbier

La Valmasque
84480 Lacoste
(Vaucluse)
Tel. (0)4 90 75 88 98
Fax (0)4 90 75 81 78
Mme Cance

♦ Vom 1. Nov. bis 1. Apr. geschl. ♦ 4 Zi. m. eig. Bad od. Dusche, gemeins. WC: 250 F (1 Pers.), 320 F (2 Pers.) ♦ Frühst. inkl. ♦ 2 Studios (3 od. 4 Pers.): 2600 u. 3200 F/Woche ohne Frühst. (Frühst.: 25 F) ♦ Kein Speiseangebot - Rest. in Lacoste (3 km) u. Bonnieux (6 km) ♦ Salon ♦ Tel. ♦ Haustiere auf Anfr. erlaubt ♦ Schwimmbad vor Ort ♦ Umgebung: 18-Loch-Golfpl. (20 km), Mountainbikes; Dörfer des Luberon, Antiquitätenhändler in L'Isle-sur-la-Sorgue, Abtei Saint-Hilaire ♦ Man spricht Englisch ♦ **Anreise** (Karte Nr. 33): 22 km östl. von Cavaillon. Autob. A 7, Ausf. Cavaillon, dann D 2 Rtg. Robion u. N 100 Rtg. Apt. In Beaumettes rechts Rtg. Ménerbes, danach Bonnieux (D 103).

L'Herbier liegt im Weiler Valmasque und besteht aus drei kleinen Häusern. Vollendeten Komfort dürfen Sie hier nicht erwarten, denn die separaten Zimmer und Studios sind nur mit dem Wichtigsten eingerichtet. Die Gastgeber veranstalten künstlerische Begegnungen in der Region - wer sich für Kunst und Musik interessiert, ist hier am richtigen Platz. Das "Dekor" ist draußen, wo moderne, farbige Plastiken ausgestellt sind. Ein unkonventionelles Haus.

PROVENCE - CÔTE D'AZUR

531 - La Ferme des 3 Figuiers

84800 Lagnes
(Vaucluse)
Tel. (0)4 90 20 23 54
Fax (0)4 90 76 90 18
M. und Mme Gouin

♦ Ganzj. geöffn. ♦ 3 Zi. m. Dusche, WC, TV: 350 F (1 Pers.), 500 F (2 Pers.) + 100 F (zusätzl. Pers.) u. 1 unabh. Studio m. Dusche, WC, Kochnische: 600 F (2 Pers.) + 100 F (zusätzl. Pers.) od. 2500-4500 F/Woche (je nach Saison) ♦ Frühst. inkl. ♦ Gemeins. Abendessen (individ. Tische): 130 F (mit Wein) ♦ Salon ♦ Kl. Hunde auf Anfr. erlaubt ♦ Alle Kreditkarten außer Amex ♦ Tel.: Kabine ♦ Schwimmbad vor Ort ♦ Umgebung: Reiten, 18-Loch-Golfpl.; Dörfer des Luberon ♦ Man spricht Englisch ♦ **Anreise** (Karte Nr. 33): 30 km südl. von Avignon über die D 22 Rtg. Apt, 2 km hinter Petit Palais ausgeschildert.

Etwas von der Landstraße abgelegen, bietet dieser große Bauernhof seinen Gästen hotelähnlichen Komfort. Die Mahlzeiten werden entweder im großen, rustikalen Speiseraum oder auf der Terrasse mit Zeltdach eingenommen. Die Zimmer sind überraschend groß und komfortabel. Das mit einer Kochnische ausgestattete Studio ist ausreichend groß für eine Familie bzw. mehrere Personen. Provenzalische Farben und Stoffe und alte Möbel erinnern daran, daß Gastfreundschaft in dieser Gegend eine Tradition ist, die sehr ernst genommen wird.

532 - Mas du Grand Jonquier

Route départementale 22
84800 Lagnes
(Vaucluse)
Tel. (0)4 90 20 90 13
Fax und Anrufbeantworter:
(0)4 90 20 91 18
Monique und François Greck

♦ Ganzj. geöffn. (Jan. u. Feb. unbedingt telef. reserv.) ♦ 6 Zi. m. Dusche, WC, TV u. Tel.: 450 F (1-2 Pers.) + 100 F (zusätzl. Pers.) ♦ Frühst. inkl. ♦ Individ. Abendessen, auf Best.: 130 F (ohne Wein) ♦ Salon ♦ Hunde nicht erlaubt ♦ Kreditkarten ♦ Schwimmbad, *pétanque* vor Ort ♦ Umgebung: Reiten, Kanu/Kajak, 9- u. 18-Loch-Golfpl. (5 km), Dörfer des Luberon, Festivals von Gordes u. Avignon, Antiquitätenhändler in L'Isle-sur-la-Sorgue, Fontaine-de-Vaucluse, Mont Ventoux; Abtei Sénanque ♦ Man spricht Englisch, Italienisch, Deutsch u. Spanisch ♦ **Anreise** (Karte Nr. 33): 10 km östl. von Cavaillon. D 22 zwischen Avignon-Süd und Apt. Ab Avignon: 1,5 km hinter Ortseingangsschild Petit Palais.

Die Natur, die dieses provenzalische Landhaus umgibt, hält auch den Straßenlärm ab. Vollkommen renoviert, bietet es einwandfreie und komfortable Zimmer: *Olivier*, *Thym*, *Basilic* (sehr ruhig) sowie *Amandier* und *Figuier*, die wir besonders mögen. Im Goldenen Buch werden oft Abendessen und Frühstück gelobt; beides wird entweder in einem großen rustikalen Raum oder im Schatten eines riesigen Kastanienbaumes gereicht. Angenehme Betreuung.

PROVENCE - CÔTE D'AZUR

533 - La Pastorale

Les Gardiolles
84800 Lagnes
(Vaucluse)
Tel. (0)4 90 20 25 18
Fax (0)4 90 20 21 86
M. und Mme Negrel

♦ Ganzj. geöffn. ♦ 4 Zi. m. Bad od. Dusche, WC: 300 F (2 Pers.) + 70 F (zusätzl. Pers.) ♦ Frühst. inkl.
♦ Kein Speiseangebot - Rest. *Le carré aux herbes* od. *Le jardin du quai* (3 km) ♦ Aufenthaltsraum
♦ Tel. ♦ Umgebung: Schwimmbad, Tennis, Flußangeln, Mountainbikes, Luberon-Park, 18-Loch-Golfpl. (2 km); Dörfer des Luberon, Theater- u. Musikfestival von Avignon ♦ Man spricht Englisch u. Deutsch ♦ **Anreise** (Karte Nr. 33): Autob. A 7, Ausf. L'Isle-sur-la-Sorgue, dann Rtg. Apt (ca. 18 km). Hinter dem Gleis 3. Straße rechts Rtg. Fontaine-de-Vaucluse. Petit Palais duchqueren. An der Stoppstelle Rtg. Fontaine. Vor Lagnes am Schild "Brocante" links, dann dem blauen Pfeil folgen.

Dieses an einer kleinen Straße gelegene Bauernhaus aus dem 18. Jahrhundert, das vor kurzem von Mme Negrel sorgfältig restauriert wurde, besitzt drei angenehme Gästezimmer - die Möbel sind echt und alt. Für Entspannung ist auch gesorgt: im großen Garten, je nach Vorliebe im Schatten oder in der Sonne. Familiäre, sympathische Betreuung.

534 - Saint-Buc

Route de l'Isle
84800 Lagnes
(Vaucluse)
Tel. (0)4 90 20 36 29
Mme Delorme

♦ Vom 15. Juni bis 5. Sep. geöffn. ♦ Kinder nicht erwünscht ♦ 4 Zi. m. Bad, WC: 400 F (1-2 Pers.)
♦ Frühst. inkl. ♦ Kein Speiseangebot - zahlr. Rest. in Umgebung ♦ Salon ♦ Tel. ♦ Hunde nicht erlaubt ♦ Schwimmbad vor Ort ♦ Umgebung: 18-Loch-Golfpl.; Luberon, Gordes, Theaterfestival von Avignon, Fontaine-de-Vaucluse ♦ Man spricht Englisch ♦ **Anreise** (Karte Nr. 33): 23 km östl. von Avignon über die N 100 Rtg. Apt. In Petit-Palais Rtg. Fontaine-de-Vaucluse. In Lagnes die D 99 Rtg. L'Isle-sur-la-Sorgue.

Saint-Buc ist ein modernes Gebäude und liegt nur wenige Minuten von L'Isle-sur-la-Sorgue entfernt. Die komfortablen Zimmer, ebenerdig zum Garten gelegen, sind groß, schlicht ausgestattet und verfügen über in den Boden eingelassene Badewannen. Im großen Salon gibt es viele alte Gegenstände. Das Frühstück wird draußen unter einem Schutzdach serviert. Im Garten erwartet Sie das Schwimmbad. Entspannte Atmosphäre.

PROVENCE - CÔTE D'AZUR

535 - La Maison des Sources

Chemin des Fraisses
84360 Lauris
(Vaucluse)
Tel. und Fax (0)4 90 08 22 19
Mme Collart

◆ Ganzj. geöffn. ◆ 4 Zi. m. Bad od. Dusche, WC (1 m. 4 Einzelbetten, Bad u. Dusche): 340-360 F (1 Pers.), 380-400 F (2 Pers.), 480-500 F (3 Pers.), 580-600 F (4 Pers.) ◆ Frühst. inkl. ◆ Gemeins. Abendessen auf Best.: 120 F (mit Haus-Aperitif u. Wein) ◆ Salon ◆ Tel. ◆ Haustiere auf Anfr. erlaubt ◆ Tischtennis vor Ort ◆ Umgebung: mehrere Golfpl., Schwimmbäder, Reiten, Tennis; Rundfahrt Weinkeller u. Schlösser, Festivals ◆ **Anreise** (Karte Nr. 33): 27 km südöstl. von Cavaillon. Autob. A 7, Ausf. Cavaillon, dann D 973 Rtg. Cadenet über Lauris (ab D 973 ausgeschildert). Am Ende des Dorfes Lauris.

Dieses provenzalische Landhaus ist von Natur umgeben und an einen Felsen angelehnt, der an die Unterkünfte von Höhlenbewohnern erinnert. Die geräumigen und ausgesprochen hellen Gästezimmer sind sehr hübsch eingerichtet und höchst komfortabel. Besonders originell ist das "Nonnenzimmer", in dem vier Baldachinbetten mit weißen Vorhängen nebeneinander stehen und wo eine ganze Familie untergebracht werden kann. Viel Ruhe und Entspannung auf der Terrasse im Schatten der Akazien. Abendessen angenehm, Betreuung sehr freundlich. Empfehlenswert.

536 - Villa Saint-Louis

35, rue Henri-de-Savornin
84160 Lourmarin
(Vaucluse)
Tel. (0)4 90 68 39 18
Fax (0)4 90 68 10 07
Michel und Bernadette Lassallette

◆ Ganzj. geöffn. ◆ 5 Zi. m. Bad od. Dusche, WC: 300-400 F (2 Pers.) ◆ Frühst. inkl. ◆ Kein Speisenangebot - zahlr. Rest. im Dorf ◆ Zimmerreinigung auf Wunsch ◆ Salon ◆ Mountainbikes vor Ort ◆ Umgebung: 18-Loch-Golfpl. (25 km), Tennis, Schwimmbad, Reiten, Kajak; Naturpark und Dörfer des Luberon, Sommerfestivals ◆ Man spricht Englisch ◆ **Anreise** (Karte Nr. 33): 50 km östl. von Avignon über die N 7 u. D 973 Rtg. Cavaillon, dann Cadenet u. die D 943 links nach Lourmarin.

Dieses schöne Haus aus dem 17. Jahrhundert mit eingefriedigtem Garten befindet sich am Ortseingang von Lourmarin. Die außergewöhnliche Einrichtung der Räume wurde von Michel Lassallette selbst gestaltet; mit dem Mobiliar, den Gemälden, Kunstgegenständen und Tapeten aus dem 18., 19. und 20. Jahrhundert schuf er ein sehr ansprechendes Interieur. Das Frühstück wird entweder im Salon bzw. Speiseraum oder auf der Terrasse serviert. Ein bemerkenswertes Haus, auch wenn man zuweilen in diesem schönen Dekor eine gewisse Nachlässigkeit empfindet. Viel Komfort und ausgezeichnete Betreuung.

PROVENCE - CÔTE D'AZUR

537 - Château Unang

Route de Méthamis
84570 Malemort-du-Comtat
(Vaucluse)
Tel. (0)4 90 69 71 06
Fax (0)4 90 69 92 80
Mme Marie-Hélène Lefer

◆ Ganzj. geöffn. (Jan./Febr. auf Anfr.) ◆ 4 Zi. m. Bad, WC: 450-550 F (2 Pers.) ◆ Frühst.: 50 F ◆ Gemeins. od. individ. Abendessen: 150 F (ohne Wein) - Rest.: *Remparts* in Venasque (6 km) ◆ Salon ◆ Hunde nicht erlaubt ◆ Schwimmbad vor Ort ◆ Umgebung: Tennis, Reiten, Golf (15 km), Langlauf- und Abfahrtsski (30 km); Gordes, Abtei von Sénanque, Dörfer des Luberon ◆ Man spricht Englisch u. Spanisch ◆ **Anreise** (Karte Nr. 33): 12 km südöstl. von Carpentras über die D 4 Rtg. Venasque (6 km), dann links Rtg. Malemort.

Dieses prächtige Haus aus dem 18. Jahrhundert mit französischem Garten liegt gegenüber den Bergen des Vaucluse. In den Innenräumen wurden verschiedene Stilrichtungen geschickt zusammengestellt. Der Salon ist sehr freundlich, und die Zimmer sind ausgesprochen elegant. Uns gefiel das *Fontaine* am besten; das *Vignes* ist zwar ebenfalls reizend, hat aber leider keine so schöne Aussicht. Das hervorragende Frühstück wird bei gutem Wetter draußen serviert. Ungezwungener, sehr sympathischer Empfang.

538 - Mas du Magnolia

Quartier Le Fort
84560 Ménerbes
(Vaucluse)
Tel. und Fax (0)4 90 72 48 00
Mme Hauschild

◆ Von Allerheiligen bis Ostern geschl. ◆ Nichtraucher-Haus ◆ 1 Zi. u. 1 Suite (4 Pers.) m. Bad u. WC u. 1 Studio (3 Pers.) m. Kochnische, Dusche u. WC: 600 F (2 Pers.); Suite 700 F (3 Pers.); Studio 750 F (3 Pers.) ◆ Frühst. inkl. ◆ Kein Speisenangebot - Rest. *La Clémentine* (2 km) od. *La Bartavelle* (5 km) ◆ Salon ◆ Tel. ◆ Hunde nicht erlaubt ◆ Schwimmbad, Fahrradverleih vor Ort ◆ Umgebung: Golf (15 km), Tennis (2 km), Angeln, Reiten, Mountainbikes, Kanu/Kajak; Dörfer des Luberon, Antiquitäten in l'Isle-sur-la-Sorgue, Festivals von Avignon u. Aix-en-Provence, Abtei Sénanque ◆ Man spricht Englisch, Deutsch, Spanisch u. Italienisch ◆ **Anreise** (Karte Nr. 33): 37 km östl. von Avignon. Autob. A 7, Ausf. Avignon-Sud Rtg. Digne u. Apt. Nach 4 km Le Coustellet rechts Rtg. Ménerbes. Das Haus liegt 2 km weiter links.

In diesem großen soliden Haus mit seinen Gästezimmern in kräftigen Farben und seinem ausgesprochen großen Schwimmbad fühlt man sich besonders gut aufgehoben. Ein großer Raum mit großzügigen Fensterfronten und einer kleinen Fernsehecke steht den Gästen zur Verfügung, wenn diese sich vor der Sonne schützen möchten. Das Studio mit Kochnische ist ideal für Familien. Dynamischer Empfang.

PROVENCE - CÔTE D'AZUR

539 - Saint Barthélémy

Chemin de la Roque
84210 Pernes-les-Fontaines
(Vaucluse)
Tel. (0)4 90 66 47 79
Mme Mangeard

♦ Ganzj. geöffn. ♦ 5 Zi. m. Bad od. Dusche, WC: 200 F (1 Pers.), 260 F (2 Pers.) + 80 F (zusätzl. Pers.) ♦ Frühst. inkl. ♦ Kein Speiseangebot - Rest. (500 m) u. *Au Fil du temps* (gastronomisch) in Pernes ♦ Salon ♦ Tel.: Zähler ♦ Haustiere nicht erlaubt ♦ Flußangeln (m. Angelschein), Fahrräder, Baden (Wasserfall) vor Ort ♦ Umgebung: 18-Loch-Golfpl. ♦ Man spricht Englisch ♦ **Anreise** (Karte Nr. 33): 5 km südl. von Carpentras. Autob. A 7, Ausf. Avignon-Nord, Vedène über D 6, Saint-Saturnin-lès-Avignon, dann Pernes-les-Fontaines (D 28). Route de Mazan (D 1), 2 km weiter rechts ausgeschildert.

Dieses Haus ist knapp drei Jahrhunderte alt. Die Renovierung bewahrte Ursprüngliches wie das herrliche Treppengeländer oder, in einem Zimmer, die Meßbuch-Ablage. Die Betreuung ist natürlich, spontan und sehr liebenswürdig. Die Gästezimmer sind wie auch die Bäder gepflegt und angenehm. Das Frühstücksbuffet wird unter einer alten Trauerweide serviert. Zahlreiche Einrichtungen für einen längeren Aufenthalt. Angenehmer Garten (man hört ein wenig den Straßenverkehr) mit Bach und wundervollem Wasserfall.

540 - Domaine de Canfier

84440 Robion
(Vaucluse)
Tel. (0)4 90 76 51 54
Fax (0)4 90 76 67 99
Catherine und Michel Charvet

♦ Ganzj. geöffn. ♦ 2 Zi. m. Dusche u. WC u. 1 Suite (4 Pers.) m. Bad u. separat. WC: 350 F (2 Pers.); Suite 500 F (4 Pers.) ♦ Frühst. inkl. ♦ Gemeins. Essen auf Best.: 110 F (alles inkl.) ♦ Salons ♦ Tel. ♦ Hunde nicht erlaubt ♦ Schwimmbad vor Ort ♦ Umgebung: Tennis (1 km), Kanu/Kajak, Mountainbikes, 9- u. 18-Loch-Golfpl. (10 km), Reiten; Dörfer des Luberon, Festival von Avignon, Gordes, Trödelmarkt in L'Isle-sur-la-Sorgue ♦ Man spricht Englisch u. Spanisch ♦ **Anreise** (Karte Nr. 33): 5 km östl. von Cavaillon. Autob. A 7, Ausf. Cavaillon, dann Rtg. Apt u. Digne. In Robion an der 2. Ampel links Rtg. L'Isle-sur-la-Sorgue (1 km geradeaus), dann den Weg rechts (vor der Coulon-Brücke).

Dieses alte, am Fuß des Luberon gelegene Herrenhaus eines landwirtschaftlichen Anwesens wurde im Lauf der Jahre von Catherine und Michel Charvet besonders elegant ausgestattet. Hier ist alles vorhanden, was man zum Entspannen braucht: die sehr geschmackvoll eingerichteten Zimmer, die vielen angenehmen Plätze im Garten, das Schwimmbad, die den Gästen zur Verfügung stehenden Salons und selbstverständlich die Küche mit bodenständigen Gerichten und das Obst aus dem eigenen Garten. Bester Empfang. Ein Haus mit vielen Vorzügen.

PROVENCE - CÔTE D'AZUR

541 - Mamaison

Quartier Les Devens
84220 Roussillon
(Vaucluse)
Tel. (0)4 90 05 74 17
Fax (0)4 90 04 74 63
Marine Guillemot

♦ Vom 15. Nov. bis 15. März geschl. ♦ 4 Zi. u. 2 Suiten (2-4 Pers.) m. Bad od. Dusche, WC (1 WC außerh. des Zi.), Tel.: Zi. 450-650 F (2 Pers.); Suiten 850 F (2 Pers.); + 80 F (zusätzl. Pers.) ♦ Frühst. inkl. ♦ Mittags u. abends kl. Speisekarte: 50-100 F u. Weinkarte - Rest. in Bonnieux u. Goult ♦ Visa, Eurocard, MasterCard ♦ Salon ♦ Schwimmbad vor Ort ♦ Umgebung: 18-Loch-Golfpl. (18 km), Tennis, Reiten ♦ Man spricht Englisch u. Italienisch ♦ **Anreise** (Karte Nr. 33): 12 km westl. von Apt. N 100 zwischen Apt u. Le Coustellet, dann D 149 Rtg. Roussillon. Nach 800 m links ausgeschildert.

Blumen, Steingewölbe, ein phantastisches Schwimmbad und drum herum die Ebene des Luberon... Die Schönheit der Umgebung dieses alten provenzalischen Landhauses entspricht jener der Inneneinrichtung. Freundliche, persönlich gestaltete Räume und komfortable Gästezimmer (das *Aux Oiseaux* ist ein wenig klein) mit ausgewähltem Mobiliar und geschmackvollen Fresken in abgestimmten Farben; auch die Bäder sind sehr gelungen. Das Frühstück ist gepflegt, und es gibt Imbisse. Natürlicher, sympathischer Empfang. Eine gute Adresse.

542 - La Forge

Notre-Dame-des-Anges
84400 Rustrel
(Vaucluse)
Tel. (0)4 90 04 92 22
Fax (0)4 90 04 95 22
Dominique Ceccaldi
und Claude Berger

♦ Im Dez. geschl. ♦ 2 Zi. m. Bad u. WC: 450 F (2 Pers.) Frühst.: 25-40 F ♦ Gemeins. Essen: 150-200 F (alles inkl.), gastronomisches Menü Fr u. Sa ♦ Salon ♦ Tel. ♦ Hunde nicht erlaubt ♦ Schwimmbad u. Mountainbikes vor Ort, Wandern u. Reiten vom Haus aus ♦ Umgebung: 18-Loch-Golfpl. (35 km), Tennis, Wassersport, Reiten; Luberon-Park, "Colorado provençal", Markt von Apt (Di, Sa), L'Isle-sur-la-Sorgue ♦ Man spricht Englisch ♦ **Anreise** (Karte Nr. 33): 8 km von Apt. Ab Apt Rtg. Rustrel u. Saint-Christol über die D 22 (7,5 km), rechts Rtg. Le Colorado, dann *La Forge - Chambres d'hôtes* ausgeschildert.

Diese Gießerei (*forge*) aus dem 19. Jahrhundert, inmitten des mit seinen Märchenbuch-Felsspalten besonders spektakulären "Colorado provençal" und an einem Wald mit geschützter reicher Flora und Fauna gelegen, wurde zu einem Wohnhaus umgebaut. Dieser sehr ungewöhnliche Ort ist mit seinen gut eingerichteten Gästezimmern, seinem Garten und seinem Schwimmbad sehr angenehm, ruhig und gastfreundlich. Dominique Ceccaldi und Claude Berger kümmern sich bestens um ihre Gäste. Eine im wahrsten Sinn des Wortes außergewöhnliche Adresse.

PROVENCE - CÔTE D'AZUR

543 - Maison Garance

Hameau des Bassacs
84490 Saint-Saturnin-lès-Apt
(Vaucluse)
Tel. (0)4 90 05 74 61
Fax (0)4 90 05 75 68
M. und Mme Pascal Bennett

♦ Vom 15. Nov. bis 15. Dez. geschl. ♦ Kinder nur auf Anfr. ♦ 5 Zi. m. Bad u. Dusche, WC, Tel.: 450-600 F (2 Pers.) ♦ Frühst.: 50 F ♦ Gemeins. Essen am großen od. individ. Tisch: 150 F (ohne Wein) ♦ Visa ♦ Salon ♦ Tel. ♦ Hunde auf Anfr. erlaubt ♦ Schwimmbad vor Ort ♦ Umgebung: Ausflüge per Fahrrad od. Mountainbike, 18-Loch-Golfpl. (25 km), Reiten u. Tennis (10 Min.); Dörfer des Luberon ♦ Man spricht Englisch u. Spanisch ♦ **Anreise** (Karte Nr. 33): 12 km östl. von Gordes über die D 2 Rtg. Saint-Saturnin-lès-Apt. 1,5 km hinter La Tuillière ist Les Bassacs ausgeschildert, gleich danach links, dann 2. Haus rechts.

Dieses Haus liegt in einem charmanten Weiler, der von Tourismus noch unberührt ist, und besitzt einen Innenhof, an dessen Tisch unter einem großen Sonnenschirm man sehr angenehm sitzt. Die als Salon dienende Veranda geht auf den hübschen Garten mit Schwimmbad. Der Blick auf das Luberon-Gebirge ist wundervoll. Mit der Reibscheibe in den kräftigen Farben der Provence (Gelb, Rosa, Blau) gestrichene Wände, provenzalische Stoffe, regionales Mobiliar und allerlei Gegenstände verleihen den Zimmern eine besonders warme Atmosphäre. Die Badezimmer sind sehr gepflegt, die Küche ist sehr gastfreundlich und der Empfang höchst angenehm.

544 - Mas de Lumière

Campagne Les Talons
84490 Saint-Saturnin-lès-Apt
(Vaucluse)
Tel. (0)4 90 05 63 44
M. und Mme Bernard Maître

♦ Ganzj. geöffn. ♦ 3 Zi. m. Bad od. Dusche, WC: 500-600 F (2 Pers.) + 100 F (zusätzl. Pers.) ♦ Frühst. inkl. ♦ Kein Speiseangebot - Rest.: *Ferme de la Huppe* u. *La Bartavelle* ♦ Hunde nicht erlaubt ♦ Schwimmbad vor Ort ♦ Umgebung: 18-Loch-Golfpl. (20 Min.), Reiten u. Tennis (10 Min.); Dörfer des Luberon ♦ Man spricht Englisch u. Spanisch ♦ **Anreise** (Karte Nr. 33): 10 km westl. von Apt über die N 100 Rtg. Gordes, dann die D 4 Rtg. Roussillon-Murs; an der Kreuzung die D 2 (500 m), dann die D 4; am Schild Les Talons rechts.

Das *Mas de Lumière* liegt oberhalb eines winzigen Dorfes und ist, außen wie innen, ein Beispiel gelungener Baukunst. Die in hellen Tönen gehaltenen Zimmer von gediegenem Luxus sind wunderbar. Dank der Terrassen, von denen es mehrere gibt (die nach Osten gelegene ist ideal für das Frühstück), fühlen sich die Gäste hier besonders unabhängig. Vom wunderbaren Schwimmbad hat man einen schönen Blick auf die Ebene des Luberon. Die Betreuung ist sehr nett und von feiner Art.

PROVENCE - CÔTE D'AZUR

545 - Sous les Canniers

Route de la Roque
Saumane
84800 L'Isle-sur-la-Sorgue
(Vaucluse)
Tel. (0)4 90 20 20 30
Mme Annie Marquet

♦ Ganzj. geöffn. (im Winter reservieren) ♦ 2 Zi. m. Dusche, WC: 270 F (2 Pers.) + 110 F (zusätzl. Pers.) ♦ Frühst. inkl. ♦ Gemeins. Abendessen, südfranzösische Küche: 110 F (Wein inkl.) ♦ Salon ♦ Hunde auf Anfr. erlaubt ♦ Umgebung: 18-Loch-Golfpl. (3 km), Wanderwege, Tennis, Schwimmbad, Reiten; Dörfer des Luberon, Sommerfestivals, zahlreiche Antiquitätenhändler in L'Isle-sur-la-Sorgue ♦ Man spricht Italienisch u. Spanisch ♦ **Anreise** (Karte Nr. 33): 7 km östl. von L'Isle-sur-Sorgue über die D 938 u. die D 25 Rtg. Fontaine-de-Vaucluse, dann die D 57 links Rtg. Saumane; Route de la Roque, ausgeschildert.

Abgelegen und inmitten eines entzückenden Gartens entdeckt man dieses kleine provenzalische Haus. Die Zimmer (eines mit Mezzanin) gehen direkt nach draußen; mit ihrem Mobiliar, das meist sorgfältig beim Antiquitätenhändler ausgesucht wurde, sind sie angenehm und hübsch. Madame Marquet ist eine sehr freundliche Gastgeberin und bereitet das gute Abendessen zu, das oft gemeinsam auf der Terrasse eingenommen wird. Ein sympathisches, freundschaftliches Haus voller Qualitäten.

546 - Saint-Jean

84110 Séguret
(Vaucluse)
Tel. (0)4 90 46 91 76
Mme Augier

♦ Ganzj. geöffn. (im Winter auf Reserv.) ♦ 1 Zi. u. 2 Suiten (3-4 Pers.) m. Dusche u. WC, Tel., Kühlschrank u. Minibar: 380-500 F (1 Pers.), 480-550 F (2 Pers.), 570-650 F (3 Pers.) ♦ 100 F (zusätzl. Pers.) ♦ Frühst. inkl. ♦ Kein Speisenangebot - Rest. *Le Mesclun* in Séguret u. *Le Brin d'Olivier* in Vaison ♦ Salon ♦ Schwimmbad vor Ort ♦ Umgebung: Tennis (1 km); Weinstraße (Route des Vins), Séguret, Vaison-la-Romaine, Orange, Le Ventoux ♦ Man spricht Englisch u. Spanisch ♦ **Anreise** (Karte Nr. 33): 2 km nordöstl. von Séguret. Am Ende von Séguret rechts die Route des Vins (D 88). Nach 1,5 km Rtg. Vaison auf der D 88 ausgeschildert.

An eine bewachsene Mauer mit großzügigem Blätterwerk angelehnt, bietet *Saint Jean* geräumige Gästezimmer mit klassischer, freundlicher Ausstattung. Alle sind komfortabel und ungewöhnlich geschnitten (ein Zimmer verfügt sogar über einen Orangerie-Salon). Wenn man um den Brunnen herumgeht und die Stufen hochsteigt, entdeckt man den anderen Garten mit schönem Schwimmbad; von hier hat man einen Panoramablick über Weinberge und Obstgärten. Madame Augier, stets guter Laune, wacht über das Wohlergehen der Gäste. Allein ihr Frühstück ist einen großen Umweg wert.

PROVENCE - CÔTE D'AZUR

547 - L'Évêché

Rue de l'Évêché
84110 Vaison-la-Romaine
(Vaucluse)
Tel. (0)4 90 36 13 46
und (0)4 90 36 38 30
Fax (0)4 90 36 32 43
M. und Mme Verdier

♦ Ganzj. geöffn. ♦ 4 Zi. m. Bad od. Dusche, WC, Tel.: 330-380 F (1 Pers.), 380-420 F (2 Pers.) ♦ Frühst. inkl. ♦ Zimmerreinigung täglich♦ Kein Speisenangebot - Rest. in Vaison ♦ Salon ♦ Hunde auf Anfr. erlaubt ♦ Mountainbike-Verleih vor Ort ♦ Umgebung: Schwimmbad, Tennis, Reiten, Golf (Minigolf u. Practice) im Dorf, Wanderwege; Vaison-la-Romaine ♦ **Anreise** (Karte Nr. 33): 29 km nordöstl. von Orange über die D 975. Ab Vaison-la-Romaine der Ausschilderung "Ville médiévale" folgen.

Von diesem ehemaligen Bischofssitz aus dem 17. Jahrhundert werden Sie hingerissen sein. Das Haus ist sehr komfortabel und hat unterschiedlich große Räume, die auf mehrere Terrassen gehen (eine ist ideal fürs Frühstück), wo viele Blumen in Töpfen blühen. Überall, auch in den Gästezimmern, ist die Ausstattung freundlich, gibt es altes Mobiliar, ebenso Bücher, Bilder, allerlei Gegenstände... Das Erfreulichste dieses Bischofssitzes aber ist die entspannte und gutgelaunte Betreuung der Verdiers. Ein echter Tip.

548 - Villa Velleron

Rue Roquette
84740 Velleron
(Vaucluse)
Tel. (0)4 90 20 12 31
Fax (0)4 90 20 10 34
Wim Visser und Simone Sanders

♦ Vom 1. Nov. bis zum Oster-Wochenende geschl. ♦ 6 Zi. m. Bad (davon 2 im Zi. integriert) u. WC: 500-590 F (2 Pers.) + 100 F (zusätzl. Kinderbett) ♦ Frühst. inkl. ♦ Gemeins. Essen (individ. Tische): 150 F (ohne Wein) ♦ Halbpensions-Angebot ♦ Salon ♦ Tel. ♦ Hunde nicht erlaubt ♦ Schwimmbad vor Ort ♦ Umgebung: Tennis, Reiten, Mountainbikes, 18-Loch-Golfpl. (5 km); Mont Ventoux, Dörfer des Luberon, L'Isle-sur-la Sorgue (Antiquitäten, 3 km), Avignon, Weinstraße ♦ Man spricht Englisch, Deutsch u. Holländisch ♦ **Anreise:** 25 km östl. von Avignon. Autob. A 7, Ausf. Avignon-Nord Rtg. Carpentras. In Monteux Rtg. Velleron (D 31, 10 km). Hinter der Post von Velleron.

Diese alte, sehr geschmackvoll renovierte Ölmühle liegt mitten im Dorf und ist der Mittelpunkt einer sehr komfortablen Anlage mit Schwimmbad, Terrassen und kleinem, schattigem Garten. Je nach Jahreszeit werden die von Wim Visser zubereiteten Mahlzeiten draußen oder im hübschen Speiseraum serviert. Die Bäder sind modern, zwei von ihnen sind Teil des Gästezimmers. Sympathische Betreuung.

PROVENCE - CÔTE D'AZUR

549 - La Maison aux Volets Bleus

84210 Vénasque
(Vaucluse)
Tel. (0)4 90 66 03 04
Fax (0)4 90 66 16 14
Mme Martine Maret

♦ Vom 15. März bis 15. Nov. geöffn. ♦ 5 Zi. m. Bad, WC (davon 1 Zi. m. Dusche u. Badew.): 350-420 F (2 Pers.) + 120 F (zusätzl. Pers.) ♦ Frühst. inkl. ♦ Individ. Abendessen, außer Do u. Sa: 120 F (ohne Wein) ♦ Salon ♦ Tel. ♦ Umgebung: Tennis, Fahrräder, Wanderwege; Abtei von Sénanque, Fontaine-de-Vaucluse, Avignon, Luberon ♦ Man spricht Englisch ♦ **Anreise** (Karte Nr. 33): südl. von Carpentras über die D 4; ausgeschildert.

La Maison aux Volets Bleus (Das Haus mit blauen Fensterläden) befindet sich in dem hübschen und auf einem Felsen gelegenen Dörfchen Vénasque. Ein Haus mit viel Charme, ganz aus Stein und mit einem kleinen, schattigen Innenhof voller Blumen. Der große Raum ist hübsch mit alten Möbeln eingerichtet, und hier und da stehen getrocknete Blumensträuße. Die Zimmer sind groß, komfortabel und geschmackvoll hergerichtet, die Bäder schön. Und von überall hat man einen herrlichen Panoramablick, vor allem von der überhängenden Terrasse, auf der das Frühstück serviert wird. Angenehme Betreuung, ausgezeichnete Küche.

550 - Ferme Templière de la Baude

La Baude
84110 Villedieu
(Vaucluse)
Tel. (0)4 90289518
Fax (0)4 90 289105
Chantal und Gérard Monin

♦ Öffnungszeiten telefonisch erfragen ♦ 2 Suiten (4-5 Pers.) m. Bad, Dusche, WC, Tel., TV: Zi. 520 F (2 Pers.), Suiten 780 F (4 Pers.) + 100 F (zusätzl. Pers.) ♦ Gemeins. Abendessen: 135 F (mit Wein) ♦ Schwimmbad u. Tennis vor Ort ♦ Umgebung: 9-Loch-Golfpl. (20 km), Abfahrts- u. Langlaufski (Mont Ventoux, 30 km); Vaison-la-Romaine, Orange, Avignon ♦ Man spricht Englisch u. Italienisch ♦ **Anreise** (Karte Nr. 33): 6 km nordwestl. von Vaison-la-Romaine, Rtg. Cave coopérative, dann Villedieu. Das Haus liegt 500 m hinter dem Dorfplatz.

Wenn ein Teil der Fassade den Ursprung dieser imposanten Besitzung aus dem 12. Jahrhundert zu erkennen gibt, so mußte im Innern energisch renoviert werden, um dem Haus neues Leben und Komfort zu verleihen. Sympathische, tadellose und schlicht eingerichtete Gästezimmer: nach provenzalischer Art gestrichene, mit einem Fries gekrönte Wände. Aufgrund der hier herrschenden Liebenswürdigkeit und Dynamik freunden sich die Gäste beim guten Abendessen, Boule- und Tennisspielen, am herrlichen Pool oder bei den Sommerfesten im Dorf leicht an.

RHÔNE - ALPES

551 - Manoir de Marmont

01960 Saint-André-sur-Vieux-Jonc
(Ain)
Tel. (0)4 74 52 79 74
Henri und Geneviève
Guido-Alhéritière

♦ Ganzj. geöffn. ♦ 2 Zi. m. Bad od. Dusche, WC, 1 Nebenzi. m. Waschb.: 400 F (1 Pers.), 500 F (2 Pers.), 700 F (4 Pers.), Kinder unter 8 J. kostenl. ♦ Frühst. inkl. ♦ - 10% ab 3. Üb. ♦ Kein Speisenangebot - Rest. (400 m) u. *La Rolande* (Golfpl., 3 km) ♦ Salon ♦ Hunde auf Anfr. erlaubt ♦ Umgebung: 6- u. 18-Loch-Golfpl.; Teichstraße der Dombes, Châtillon-sur-Charonne, Pérouges, Vogelpark in Villars-les-Dombes ♦ Man spricht Englisch u. Italienisch ♦ **Anreise** (Karte Nr. 26) 14 km südwestl. von Bourg-en-Bresse über N 83 Rtg. Lyon bis Servas. An der Ampel rechts Rtg. Condeissiat (D 64 - 5 km), dann links Allée de Platanes.

In diesem direkt an einem Golfplatz gelegenem Haus aus dem frühen 19. Jahrhundert hat man es verstanden, den Charme von früher zu bewahren. Hier sind die Tapeten noch aus der Zeit seiner Entstehung, und auch das Mobiliar scheint seinen Platz niemals gewechselt zu haben. Mit unbeschreiblichem Enthusiasmus, viel Energie und guter Laune setzt Madame Guido alles daran, ihre Gäste zufriedenzustellen. Eine Auswahl von Büchern steht in den großen Zimmern zur Verfügung, und in den Badezimmern fehlt nicht das kleinste Detail. Das ausgesprochen gute Frühstück wird entweder im Salon oder im danebenliegenden Innenhof serviert.

552 - Les Petites Varennes

01190 Sainte-Bénigne
(Ain)
Tel. (0)3 85 30 31 98
Christine-Ariane Tréal

♦ Ganzj. geöffn. ♦ Nichtraucher-Zi. ♦ 2 Zi. u. 1 Suite (3 Pers.) m. Bad od. Dusche, WC u. Tel. sowie 1 Nebenzi.: 330-370 F (2 Pers.) + 100 F (zusätzl. Pers.); Suite 470 F (3 Pers.) ♦ Frühst. inkl. ♦ Kein Speisenangebot - Rest. (300 m), gastronomisches Rest. (2 km) ♦ Salon ♦ Hunde nicht erlaubt ♦ Beheiztes Hallenbad (von Apr. bis Okt.) vor Ort ♦ Umgebung: Tennis, Golfpl., Flußhafen, Weinberge des Mâconnais ♦ Man spricht Englisch ♦ **Anreise** (Karte Nr. 19): 21 km nördl. von Mâcon. Autob. A 6, Ausf. Tournus od. Mâcon-Nord, dann N 6. In Fleurville D 933 A Rtg. Pont-de-Vaux (2,5 km), D 2 Rtg. Saint-Trivier. Ab Sainte-Bénigne ausgeschildert.

Dieses Haus aus dem späten 18. Jahrhundert mit seinem Kolonialstil an der Südseite hat es uns angetan. Die Gästezimmer im ersten Stock sind ausnahmslos komfortabel und höchst elegant ausgestattet (*Pagode* verfügt leider nur über eine kleine Dusche). Auch der Salon ist mit seinen alten Möbeln und vielen Bildern sehr behaglich. Wenn es auf der Terrasse zu kühl ist, wird dort das Frühstück eingenommen. Freundlicher, gutgelaunter Empfang.

RHÔNE - ALPES

553 - Le Jeu du Mail

07400 Alba-la-Romaine
(Ardèche)
Tel. und Fax (0)4 75 52 41 59
M. und Mme Maurice Arlaud

♦ Ganzj. geöffn. ♦ 2 Zi. m. Bad od. Dusche, WC; 1 Suite (4-6 Pers.) m. 2 Mezzanin-Zi., 2 Duschen, 2 WC; Kühlschr.: 230-300 F (2 Pers.); Suite: 530 F (4 Pers.) ♦ Frühst. inkl. ♦ Kein Speisenangebot - Rest. im Dorf ♦ Salon ♦ Zimmerreinigung alle 2 Tage ♦ Hunde auf Anfr. erlaubt (+ 30 F) ♦ Schwimmbad vor Ort ♦ Umgebung: Tennis, Reiten, Golf; mittelalterl. Dörfer, roman. Kirchen ♦ Man spricht Englisch u. Italienisch ♦ **Anreise** (Karte Nr. 26): 18 km westl. von Montélimar über die N 102. In Buis-d'Aps die D 107 Rtg. Viviers; 200 m vom Schloß entfernt.

Alba-la-Romaine ist ein entzückendes, auf vulkanischem Gestein erbautes Dorf, und das etwas abseits gelegene *Jeu du Mail* ein altes, von dicken Mauern (denen es Kühle und Ruhe verdankt) geschütztes Haus. Die Zimmer sind schlicht mit einigen alten Möbelstücken und amüsanten Lithographien ausgestattet. Das Frühstück wird gemeinsam am großen Tisch des schönen Eßzimmers eingenommen. Die Betreuung ist angenehm und sehr persönlich.

554 - Scarlett's

Bonnemontesse
07460 Beaulieu
(Ardèche)
Tel. (0)4 75 39 07 26
und (0)4 75 39 32 49
M. und Mme Munari

♦ Ganzj. geöffn. ♦ 3 Zi. m. Bad od. Dusche, WC: 450 F (2 Pers.) ♦ Frühst.: 45 F ♦ Individ. Abendessen: 135 F (ohne Wein) ♦ Salon ♦ Hunde auf Anfr. erlaubt ♦ Schwimmbad, Reiten vor Ort ♦ Umgebung: 6- u. 18-Loch-Golfpl. (3 bzw. 30 km), Tennis; Schluchten der Ardèche, Thines, alte Dörfer ♦ Man spricht Italienisch ♦ **Anreise** (Karte Nr. 32): 35 km südl. von Aubenas über die D 104 Rtg. Alès, hinter Maison-Neuve links die D 111 Rtg. Ruoms, dann 1. Straße rechts; ausgeschildert.

Dieses isoliert auf einem kleinen Hügel gelegene alte Haus ähnelt mit seinem Schwimmbad einem avancierenden Schiffsbug. Entsprechend schön und sehr weit ist von hier die Aussicht. Die Zimmer (eines mit Terrasse) sind sehr komfortabel und hübsch mit Mobiliar vergangener Zeiten eingerichtet. Ein üppiger, charmanter Raum mit Kamin steht den Gästen ebenfalls zur Verfügung. Bei schönem Wetter wird das Frühstück in einer Laube serviert. Ausgezeichnete Betreuung.

RHÔNE - ALPES

555 - Mounens

07270 Lamastre
(Ardèche)
Tel. (0)4 75 06 47 59
Max Dejour und
Mayèse de Moncuit-Dejour

♦ Von Ostern bis 1. Nov. geöffn. ♦ 3 Zi. m. Bad od. Dusche, WC: 320 F (1 Pers.), 360 F (2 Pers.) + 100 F (zusätzl. Pers.) ♦ Frühst. inkl. ♦ Gemeins. Abendessen: 115 F (Wein inkl.) ♦ Salon ♦ Zimmerreinigung auf Wunsch; frische Wäsche alle 5 Tage ♦ Hunde nicht erlaubt ♦ Schwimmbad vor Ort ♦ Umgebung: 18-Loch-Golfpl. (35 km), Tennis, Angeln, Reiten, Langlaufski; touristischer Zug Le Mastrou, Dörfer (Desaignes, Chalençon) ♦ Man spricht Englisch u. Spanisch ♦ **Anreise** (Karte Nr. 26): 6 km südl. von Lamastre über die D 578 Rtg. Le Cheylard. 800 m hinter Lapras die kleine ansteigende Straße links; ausgeschildert.

Die mit Kastanien bewachsenen Hügel, der terrassierte Anbau und die Obstgärten machen aus dem *Haut Vivarais* eine besonders liebenswerte Gegend. Diese beiden alten, an einem Hügel gelegenen und durch einen Blumengarten miteinander verbundenen Häuser werden von einem ganz besonders sympathischen Paar bewohnt. Das eine der beiden Häuser wurde erst vor kurzem renoviert. Ein voller Erfolg: elegantes altes Mobiliar, weicher Teppichboden, wunderbare Baumwollstoffe, Aquarelle... Ein einziges Adjektiv für Frühstück und Abendessen: exzellent.

556 - Chez Marcelle et Jean-Nicolas Goetz

07000 Pourchères
(Ardèche)
Tel. (0)4 75 66 81 99
M. und Mme Goetz

♦ 14 Tage im Winter u. 14 Tage in der Nachsaison geschl. ♦ HP (ausschl.) ♦ Nichtraucher-Haus ♦ 4 Zi. m. Dusche, WC; 1 Suite (3 Pers.) m. Bad (Dusche u. Badewanne), WC ♦ HP: 420-490 F (2 Pers.), 165 F (zusätzl. Pers.); Kinder unter 5 J. Sonderpr. ♦ Frühst. inkl. ♦ Gemeins. u. individ. Abendessen: 95 F (Wein inkl.) auch: Vegetarierkost ♦ Zimmerreinigung alle 4 Tage ♦ Gut erzogene Hunde erlaubt ♦ Man spricht Englisch u. Deutsch ♦ **Anreise** (Karte Nr. 26): in Privas Rtg. Les Ollières, ab Petit-Tournon 2. Straße links Rtg. Pourchères; ausgeschildert.

Dieses verwinkelte alte Haus wurde auf einem früheren Lavastrom erbaut, auf dem heute prächtige Blumen gedeihen. Der dunkle Stein hebt sich gut von der grünen Umgebung ab. Die Zimmer sind schlicht und angenehm, schön kühl im Sommer und mit originellen Duschbädern versehen (*La Papesse* möglichst nicht wählen). Das bodenständige Essen wird in einem großen, eigenwilligen Raum serviert oder, bei schönem Wetter, draußen. Von überall ist der Ausblick herrlich, und was das Ambiente betrifft, so werden diejenigen, die die "echte" Ardèche schätzen, sich hier besonders wohl fühlen. Wer es weniger ursprünglich haben möchte, sollte diesen Ort meiden!

RHÔNE - ALPES

557 - Grangeon

07800 Saint-Cierge-la-Serre
(Ardèche)
Tel. (0)4 75 65 73 86
Mme Paule Valette

♦ Vom 10. Apr. bis 1. Nov. geöffn. ♦ 3 Zi. m. Bad od. Dusche, WC; 1 Suite (3-4 Pers. u. 5 Pers.) m. Bad, Dusche, WC: 300-510 F (2 Pers.) + 150 F (zusätzl. Pers.) ♦ Frühst.: 38 F ♦ HP: 130 F (mind. 2 Üb.) ♦ Individ. Abendessen: 170 F (ohne Wein) ♦ Klavier ♦ Umgebung: roman. Kirchen, Schlösser der Ardèche ♦ Man spricht Englisch u. Italienisch ♦ **Anreise** (Karte Nr. 26): 35 km südl. von Valence über die A 7, Ausf. Loriol, dann die N 104 Rtg. Privas. In Fonts-du-Pouzin rechts die D 265 bis Saint-Cierge-la-Serre; dann ausgeschildert. Grangeon 4 km weiter.

Grangeon liegt verloren in einem Tal, am Ende eines steinigen Weges. Die Aufnahme im Haus ist sehr angenehm. Die Zimmer sind schlicht, charmant und gut eingerichtet. Das exzellente Abendessen wird an mehreren Tischen serviert. Fast alle in der Küche verwandten Produkte stammen aus dem eigenen Anbau. Die vielen Terrassen bieten einen wunderschönen Panoramablick. Das Haus ist einzigartig, liegt aber sehr isoliert und ist wahrscheinlich kein idealer Ort für kleine Kinder.

558 - La Ferme du Pic d'Allier

Quartier la Rivière
07400 Saint-Martin-sur-Lavezon
(Ardèche)
Tel. (0)4 75 52 98 40
und (0)4 75 52 94 69
Fax (0)4 75 52 93 37
Dominique und Alain Michel

♦ Ganzj. geöffn. ♦ 2 Zi. m. eig. Bad od. eig. Dusche u. 1 Zi. m. Waschecke; gemeins. WC: 310 F (1 Pers.), 360 F (2 Pers.) + 50 F (zusätzl. Pers.) ♦ Frühst. inkl. ♦ Kein Speiseangebot - Rest. in Umgebung ♦ Salon ♦ Hunde nicht erlaubt ♦ Angeln und Schwimmen im Fluß vor Ort ♦ Umgebung: 18-Loch-Golfpl. (18 km), Wanderwege, See (7 km), Tennis, Reiten; Dörfer der Ardèche, Cruas, Schloß Rochemaure ♦ Man spricht Englisch, Italienisch u. Deutsch ♦ **Anreise** (Karte Nr. 26): 18 km nordwestl. von Montélimar. Autobahnausf. Montélimar-Süd, Rtg. Le Teil (oder Montélimard-Nord, Rtg. Rochemaure). Dann N 86 Rtg. Meysse. Dort auf die D 2 Rtg. Privas, D 213 Rtg. Saint-Martin-sur-Lavezon, dann ausgeschildert.

Die wunderbare Landschaft der Ardèche umgibt dieses alte Bauernhaus mit Bach. Die Wände aus Vulkanstein verbergen einen charmanten Innenhof und ein ausgesprochen angenehmes Interieur. Schöne alte Möbel, großer Kamin, behagliche, gepflegte und sehr schön eingerichtete Zimmer. Im Sommer ißt man auf der kühlen Terrasse des Gasthofs gleich nebenan zu Abend. Ein Ort, an dem alles stimmt und wo man aufs angenehmste empfangen wird.

RHÔNE - ALPES

559 - Le Moulinage Chabriol

Chabriol Bas
07190 Saint-Pierreville
(Ardèche)
Tel. (0)4 75 66 62 08
Liz und Ed de Lang

♦ Ganzj. geöffn. ♦ Nichtraucher-Zi. ♦ 6 Zi. m. Dusche u. WC: 250-300 F (2 Pers.) ♦ Frühst. inkl. ♦ Kein Speisenangebot - Küche steht z. Verfüg. - Rest. 4 bzw. 15 km entf. ♦ Salon (Kamin) ♦ Tel.: Karte "Téléséjour" ♦ Haustiere nicht erlaubt ♦ Fluß (Angeln u. Baden) vor Ort ♦ Umgebung: Tennis, Mointainbike- u. Kajak-Verleih, Langlaufski ♦ Man spricht Englisch, Deutsch u. Holländisch ♦ **Anreise** (Karte Nr. 26): 35 km westl. von La Voulte. Autob. A 7, Ausf. Loriol, dann La Voulte, D 120 Rtg. Le Cheylard. In St-Sauveur-de-Montagu die D 102 Rtg. Albon (4 km vor Albon).

Diese ehemalige Mühle mit einer Spinnerei liegt am Ufer eines glasklaren kleinen Flusses, in dem Sie baden können und von dem man auf terrassierte Wiesen und auf Kastanienwälder blickt. Die besonders freundlichen Eigentümer haben *Moulinage Chabriol* modern und bewußt sehr nüchtern eingerichtet. Grau gekachelter Boden, die Wände weiß oder mit freigelegten Steinen, Doppelbetten aus Kiefer mit farbigen Bettdecken, sehr freundliche, tadellose Bäder usw. Hier ist man weit vom traditionellen Ardèche-Stil entfernt, aber besonders bei großer Hitze ist diese frische Atmosphäre ideal.

560 - Domaine de Combelle

Asperjoc
07600 Vals-les-Bains
(Ardèche)
Tel. (0)4 75 37 62 77
Caroline Mocquet
und Christian Reale

♦ Ganzj. geöffn. ♦ 4 Zi. m. Bad od. Dusche, WC: 320-420 F (1 Pers.), 360-460 F (2 Pers.) + 75 F (zusätzl. Pers.) ♦ Frühst. inkl. ♦ Sonderpreise f. läng. Aufenth. ♦ Kein Speisenangebot ♦ Salon ♦ Tel. ♦ Hunde auf Anfr. erlaubt (+ 35 F) ♦ Umgebung: Golfpl. (40 km), Abfahrts- u. Langlaufski, Reiten, Angeln, Baden, Bergwandern, Klettern, Kanu, Mountainbikes; Theater, Kino, Kasino, Animationen, Spiele-, Foto- u. Dokumentarfestivals; Ardèche-Schluchten ♦ Man spricht Englisch ♦ **Anreise** (Karte Nr. 25 u. 26): 1,5 km nördl. von Vals-les-Bains. Am Ortsausgang von Vals-Bains Rtg. Antraigues über die D 578. 1,5 km weiter links über die Privatbrücke.

Bevor man Vals erreicht, wird man von den Fluten der Volane begrüßt, die dieses Haus aus dem frühen 19. Jahrhundert umspülen. Deshalb muß man die kleine Privatbrücke überqueren. *Combelle* verbirgt sich im Schatten großer Bäume, seine Gärten und Terrassen liegen jedoch am sonnigen Hang. Die Innenausstattung ist seit langem unverändert. Die Zimmer sind wirklich reizend, ebenso die Bäder, der Billardraum, die Dielen usw. Das ganze Haus verfügt über einen gewissen meridionalen Stil. Die Betreuung und das Frühstück, das auf einer von Johanniskraut umgebenen Terrasse eingenommen wird, machen den Aufenthalt in diesem Haus noch angenehmer.

RHÔNE - ALPES

561 - La Ferme de Prémauré

Route de Lamastre
07240 Vernoux-en-Vivarais
(Ardèche)
Tel. und Fax (0)4 75 58 16 61
Jeannine und Claude Gonzalez

♦ Ganzj. geöffn. ♦ 6 Zi. u. 1 Suite m. Bad od. Dusche, WC: 240 F (2 Pers.) + 70 F (zusätzl. Pers.); Suite 250 F (2 Pers.), 450 F (4 Pers.) ♦ Frühst.: 35 F ♦ Gemeins od. individ. Abendessen: 95 F (ohne Wein) ♦ Salon ♦ Zimmerreinigung auf Wunsch ♦ Hunde auf Anfr. erlaubt ♦ Pferdehof, Fahrradverleih, Pétanque-Terrain vor Ort ♦ Umgebung: Golf (35 km), Reiten, Schwimmbad, Tennis, botanische Wege, künstl. See, Kanu/Kajak, Bogenschießen; Schlösser ♦ Man spricht Englisch, Deutsch, Spanisch ♦ **Anreise** (Karte Nr. 26): Autobahnausf. Valence Nord od. Süd, dann Rtg. Saint-Peray-Le-Puy. Ab Vernoux 8 km D2 (Route de Lamastre); Weg rechts ausgeschildert.

Von diesem alten Bauernhaus, das an einem Hang liegt, hat man eine außerordentliche Aussicht auf die Berge der Ardèche. Der Empfang ist besonders freundlich und gutgelaunt. Die kleinen (auch Maisonnette-) Zimmer sind angenehm, gut gepflegt und mit alten Möbeln verschönt. Eines liegt unter dem Dach; das zu kleine *Stéphanie* können wir allerdings nicht empfehlen. Die ausgezeichneten Gerichte werden in jenem Raum serviert, der als Speiseraum und Salon dient, oder auf der Blumenterrasse mit Blick auf eine bereits mediterrane Vegetation.

562 - Domaine Saint-Luc

Vignerons
26790 Baume-de-Transit
(Drôme)
Tel. (0)4 75 98 11 51
Fax (0)4 75 98 19 22
Ludovic und Éliane Cornillon

♦ Ganzj. geöffn. ♦ 5 Zi. m. Bad, WC: 280 F (1 Pers.), 330 F (2 Pers.) ♦ Frühst. inkl. ♦ Gemeins. Abendessen: 135 F pro Pers. (ohne Wein) ♦ Salon ♦ Tel. ♦ Hunde auf Anfr. erlaubt (+ 30 F) ♦ Weinproben (eig. Produktion) ♦ Umgebung: Schwimmbad, Golf; Schloß Grignan, Saint-Restitut, La Garde-Adhémar ♦ Man spricht Englisch ♦ **Anreise** (Karte Nr. 33): ab Bollène Rtg. Nyons; in Suze-la-Rousse die D 117 Rtg. Grignan (5 km); das Haus liegt links vor dem Ortseingang.

Um sich vor dem berühmt-berüchtigten trockenen Nordwind, dem Mistral, zu schützen, wurde dieses besonders hübsche Landhaus aus dem 17. Jahrhundert quadratisch angelegt. Hier wurde ausschließlich edles Material wie Holz und Stein verwendet, die Einrichtung zeigt viel Geschmack. Die gut renovierten Zimmer sind komfortabel. In einem angenehmen Ambiente finden die gemeinsamen und ausgezeichneten Diners statt, zu denen Weine serviert werden, die die "Domaine Saint-Luc" selbst herstellt. Aufmerksame, professionelle Betreuung.

RHÔNE - ALPES

563 - Domaine du Grand Lierne

26120 Châteaudouble
(Drôme)
Tel. (0)4 75 59 80 71
M. und Mme Charignon-Champel

♦ Ganzj. geöffn. ♦ Mind. 2 Üb. ♦ Nichtraucher-Haus ♦ 2 Zi. u. 2 Suite (davon 1 m. Terrasse, Salon, TV) m. Bad od. Dusche, WC: 240-460 F (1-4 Pers., im 1. Stock); Suiten: 290-360 F (2-3 Pers., Suite m. Terrasse), 260-460 F (2-4 Pers., Suite im 1. Stock) ♦ Frühst. inkl. ♦ Kein Speisenangebot - Rest. ab 2,5 km ♦ Hunde nicht erlaubt ♦ Umgebung: Tennis, Angeln, Reiten, Golf, Langlaufski, Skitouren; Vercors, J.S.-Bach-Festival (Sommer) ♦ Man spricht Englisch ♦ **Anreise** (Karte Nr. 26): 15 km östl. von Valence über die D 68 Rtg. Chabeuil; am Kreisverkehr am Ortseingang Rtg. Romans u. am 2. Kreisverkehr nach 1,5 km rechts Rtg. Peyrus. 1. Haus links, 1 km hinter Les Faucons.

Dieses typische Drôme-Haus wurde mit viel Geduld renoviert und mit viel Geschmack ausgestattet. Möbel aus dem Familienbesitz (vor allem 18. und 19. Jahrhundert), Gemälde, alte Gegenstände usw. verleihen dem Ganzen etwas Raffiniert-Klassisches. Die Zimmer, in denen man sich sehr wohl fühlt, sind ebenso ansprechend. Im Sommer wird das Frühstück, das Mme Charignon mit viel Liebe zubereitet, noch mit Himbeeren versüßt. Eingenommen wird es entweder im hübschen Speiseraum oder draußen. Dort sitzt man in der Sonne, aber vor Wind geschützt.

564 - Clérivaux

26750 Châtillon-Saint-Jean
(Drôme)
Tel. (0)4 75 45 32 53
M. und Mme Josquin

♦ Ganzj. geöffn. ♦ 4 Zi. m. Bad od. Dusche u. WC: 260 F (1 Pers.), 320 F (2 Pers.) + 60 F (zusätzl. Pers.) ♦ Frühst. inkl. ♦ Kein Speisenangebot - Rest. im Dorf u. in Romans ♦ Haustiere nicht erlaubt ♦ Umgebung: Tennis, Reiten, Schwimmbad, Bergtouren ("Drôme des collines" u. Vercors), 18-Loch-Golfpl., Abfahrts- und Langlaufski (30 km); Abtei Saint-Antoine, Haus des Facteur Cheval, Schuh-Museum, J. S.-Bach-Festival in Saint-Donat ♦ Man spricht Englisch u. Deutsch ♦ **Anreise** (Karte Nr. 26): 9 km nordöstl. von Romans (26). In Châtillon-Saint-Jean Rtg. Parnans. Nach 1 km links Rtg. Saint-Michel, dann ausgeschildert.

Eine unserer schönsten Entdeckungen, die wir in letzter Zeit gemacht haben, liegt in der Mulde eines unwiderstehlichen Drôme-Tales. Neben dem wundervollen befestigten Haus aus dem 13. Jahrhundert liegt das ehemalige Bauernhaus (16. und 18. Jahrhundert), das nun das Gästehaus ist. Mit edlen Materialien unter Berücksichtigung der traditionellen Bausubstanz renoviert, ist es heute von schlichter Eleganz, die hier und da von einem alten Möbelstück hervorgehoben wird. Komfortable Zimmer, beispielhafte Bäder (Fayence oder grüner Alpen-Marmor). Gutes, auf einer Terrasse voller Blumen serviertes Frühstück. Sehr freundlicher Empfang.

RHÔNE - ALPES

565 - Le Balcon de Rosine

Route de Propiac
26170 Mérindol-les-Oliviers
(Drôme)
Tel. (0)4 75 28 71 18
Fax (0)4 75 28 71 18
Jean und Jacqueline Bouchet

♦ Im Feb. u. Aug. geschl. ♦ 1 Zi. m. Bad, WC, TV u. Küchenbenutzung: 220 F (1 Pers.), 280 F (2 Pers.); 1 Zi. m. Dusche, WC, kl. Salon, Terrasse, Kochnische u. Tel.: 340 F (2 Pers.), 380 F (3 Pers.) ♦ Frühst. inkl. ♦ Kein Speiseangebot - Rest.: *La Gloriette* (1 km) ♦ Zimmerreinigung auf Wunsch ♦ Hunde auf Anfr. erlaubt ♦ Umgebung: Langlauf- u. Abfahrtsski, Tennis, Reiten, Baden; Vaison-la-Romaine, Weinstraße ♦ Man spricht Englisch u. Italienisch ♦ **Anreise** (Karte Nr. 33): 10 km nordöstl. von Vaison-la-Romaine über die D 938 Rtg. Nyons, dann die D 46 Rtg. Puymeras; nach 4 km links auf die D 205. In Mérindol die D 147 Rtg. Propiac (1 km).

In einer Höhe von 450 Metern, oberhalb der Ouvèze-Ebene, mit Blick auf den Mont Ventoux verfügt der *Balcon de Rosine* über eine wirklich einzigartige Aussicht. Der alte Bauernhof besitzt einen schönen Garten und zwei einfache Gästezimmer (das eine liegt im Nebenhaus), die einen separaten Eingang haben und sehr geschmackvoll eingerichtet sind. Das Frühstück wird entweder auf der Terrasse oder im Salon serviert. Die Betreuung ist freundlich und ungezwungen.

566 - Les Grand' Vignes

26170 Mérindol-les-Oliviers
(Drôme)
Tel. (0)4 75 28 70 22
Fax (0)4 75 28 70 22
François und Chantal Schlumberger

♦ Ganzj. geöffn. ♦ Mind. 2 Üb. ♦ 1 Zi. m. Dusche, WC, TV u. Kühlschrank; 1 großes Studio m. Bad (kl. Badewanne), WC; TV u. Kühlschr.: 240 F (1 Pers.), 280 F (2 Pers.); Studio: 330 F (2 Pers.) + 70 F (zusätzl. Pers.); außerdem: Nebenzi. m. Waschb.: 160 F (2 Pers.) ♦ Frühst. inkl. ♦ Kein Speiseangebot - Barbecue steht z. Verf. - Rest. (100 m) ♦ Zimmerreinigung auf Wunsch ♦ Gut erzogene Hunde erlaubt ♦ Schwimmbad vor Ort ♦ Umgebung: Wanderwege, Tennis, Reiten, Ski, Mountainbikes; Ventoux-Gebirge, alte Dörfer, Vaison-la-Romaine, Weinkeller ♦ Man spricht Englisch ♦ **Anreise** (Karte Nr. 33): in Vaison die D 938 Rtg. Nyons, dann die D 46 Rtg. Puyméras u. die D 205. In Mérindol die D 147; Route de Mollans, 1. Haus rechts.

In diesem wunderbaren Haus, in einer hügeligen Landschaft mit Weinbergen und Olivenhainen gelegen, erlebt man die besondere provenzalische Lebensart und Gastfreundschaft. Die Zimmer mit weiß getünchten Wänden und bunten Stoffen sind sehr angenehm; das größte hat sogar einen eigenen Eingang, beide liegen aber nur wenige Meter vom Schwimmbad entfernt. Bei schönem Wetter (und das ist oft der Fall) können Sie das Frühstück draußen einnehmen und die wunderbare Landschaft der provenzalischen Drôme genießen.

RHÔNE - ALPES

567 - Les Tuillières

26160 Pont-de-Barret
(Drôme)
Tel. und Fax (0)4 75 90 43 91
M. und Mme Jenny

♦ Vom 31. Okt. bis Ostern geschl. ♦ 6 Zi. m. Bad od. Dusche, WC: 300 F (1 Pers.), 390 F (2 Pers.) + 100 F (zusätzl. Pers.) ♦ Frühst. inkl. ♦ Gemeins. Abendessen (am großen od. individ. Tisch): 140 F (mit Wein) ♦ Salon ♦ Tel. ♦ Kl. Hunde (Zwinger) erlaubt (+ 25 F) ♦ Schwimmbad, Fitneßraum, Jogging-Strecke (3/5 km) vor Ort ♦ Umgebung: Tennis, Reiten, Mountainbikes, Fahrräder, Kanu/Kajak, 18-Loch-Golfpl. ♦ Man spricht Englisch, Deutsch, Italienisch und (ein wenig) Spanisch ♦ **Anreise** (Karte Nr. 26): 24 km östl. von Montélimar. Autob. A 7, Ausf. Montélimar-Nord, dann Rtg. Dieulefit. In Sauzet D 6 Rtg. Cleon-d'Andran, dann D 9 Rtg. Charols. In Charols auf die D 128, nach 2 m ausgeschildert.

Dieses reizende Haus, das zum Teil aus dem 17. Jahrhundert stammt, wurde auf einem Hügel der provenzalischen Drôme errichtet. Der an drei Seiten geschlossene elegante Gartenhof liegt oberhalb einer kleinen, sehr grünen Schlucht. Die Zimmer sind ausgesprochen hübsch, komfortabel und in einem schlichten, sehr klaren Stil eingerichtet (wunderbare Bäder). Madame und Monsieur Jenny, die längere Zeit im Ausland gelebt haben, legen besonders großen Wert auf das gemeinsame Essen, das in einer kosmopolitisch-raffinierten Atmosphäre stattfindet. Wundervolles Schwimmbad.

568 - Mas de Pantaï

26230 Réauville
(Drôme)
Tel. (0)4 75 98 51 10
Fax (0)4 75 98 58 59
Sergio Chiorino

♦ Vom 1. März bis 15. Nov. geöffn. ♦ 2 Zi. u. 1 Suite (2/4 Pers.) m. Bad od. Dusche, WC: 410 F (2 Pers.), 710 F (4 Pers.) ♦ Frühst. inkl. ♦ Gemeins. Essen auf Best.: 150 F (alles inkl.) ♦ Zimmerreinigung auf Wunsch - frische Bettwäsche einmal pro Woche, frische Handtücher alle 2 Tage ♦ Hunde auf Anfr. erlaubt ♦ Schwimmbad vor Ort ♦ Umgebung: Tennis, Reiten, 18-Loch-Golfpl. (15 km); Schloß u. Dorf provenz. Krippenfiguren in Grignan, Festivals von Avignon u. Orange, Kloster von Aiguebelle ♦ Man spricht Italienisch ♦ **Anreise** (Karte Nr. 33): 20 km südöstl. von Montélimar Rtg. Avignon (ca. 10 km), links Rtg. Grignan (12 km), dann links Rtg. Réauville (2 km), danach rechts ausgeschildert.

Wenn Sie erst einmal hier sind, werden Sie nicht so leicht wieder abreisen können. Sergio Chiorino folgt dem Beispiel der Sirenen der Odyssee und bezaubert ununterbrochen durch seine Begeisterung und seine Liebe zu der Gegend, in der er lebt. Von dem alten, von einem schattigen Garten umgebenen Haus voller Licht mit genuesischem Dach werden Sie nicht weniger begeistert sein. Gleich dahinter dann ein Eichenwald, Lavendelfelder und der Ausblick auf die provenzalische Drôme mit dem Mont Ventoux und den Bergzacken von Montmirail in der Ferne.

RHÔNE - ALPES

569 - Mas de Champelon

Hameau de Saint-Turquois
26790 Suze-la-Rousse
(Drôme)
Tel. (0)4 75 98 81 95
Christiane und Michaël Zebbar

♦ Vom 1. Apr. bis 30. Sep. geöffn. ♦ 4 Zi. m. Waschr., WC (davon 1 Zi. m. kl. Terrasse): 240 F (2 Pers.) ♦ Frühst. inkl. ♦ HP: 210 F pro Pers. im DZ ♦ Gemeins. Abendessen ♦ Hunde nicht erlaubt ♦ Umgebung: Schluchten der Ardèche, Schlösser von Suze-la-Rousse u. Grignan, Vaison-la-Romaine ♦ Man spricht Englisch u. Italienisch ♦ **Anreise** (Karte Nr. 33): ab Bollène Rtg. Nyons; in Suze-la-Rousse Rtg. Saint-Paul-Trois-Châteaux u. Grignan über die D 117; das Haus liegt am Ortseingang.

Dieses kleine, sehr ruhig gelegene Landhaus wurde vollkommen renoviert. Es befindet sich etwas abseits der Straße und liegt verborgen zwischen Weinbergen und einem kleinen Wald. Die Zimmer gehen zum Blumengarten, haben eine kleine Sitzecke, sind komfortabel und mit provenzalischen Stoffen belebt. Jedes besitzt ein modernes Duschbad. Das Frühstück mit einer großen Auswahl hausgemachter Konfitüren wird oft draußen im Schatten serviert. Auch das Abendessen (meist lokale Küche) ist bemerkenswert. Sympathische Betreuung.

570 - La Souche

Quartier Péquimbert
26460 Truinas
(Drôme)
Tel. (0)4 75 53 31 03
Fax (0)4 75 53 37 75
Mme Archer

♦ 10 Tage im Nov. geschl. ♦ 1 Zi. m. Dusche u. eig. WC: 300 F (2 Pers.); 2 Zi. m. eig. Dusche, aber gemeins. WC: 150 F (1 Pers.), 250 F (2 Pers.); 1 Suite m. Dusche, WC u. Kochnische: 500-580 F (5 Pers.) ♦ Frühst. inkl. ♦ Gemeins. Essen auf Best. am großen od. individ. Tisch: 120 F (ohne Wein) ♦ Salon ♦ Tel. ♦ Hunde auf Anfr. erlaubt ♦ Umgebung: Schwimmbad, Tennis, Reiten, Mountainbikes, Klettern in Saou (15 km), Ski (20 km), 18-Loch-Golfpl. (10 km); Märkte in Nyons u. Dieulefit, Schloß Grignan, Wald von Saou, das Dorf Poët-Laval, Jazzfestival in Crest ♦ Man spricht Englisch, Deutsch u. Italienisch ♦ **Anreise** (Karte Nr. 26): 9 km nordwestl. von Dieulefit Rtg. Bourdeaux (ca. 7 km), dann *La Souche* links ausgeschildert, Rtg. Lovier.

Am Ende einer kleinen, über Täler führenden Landstraße erwartet Sie ein großes, solides und gastfreundliches Haus mit einer einzigartigen Aussicht auf die herrliche Landschaft. Hier sind die Zimmer schlicht, aber mit viel Sorgfalt eingerichtet, die Gerichte werden mit Produkten vom Bauernhof zubereitet, und das Brot wird im alten Backofen gebacken. Giulia Archer betreut ihre Gäste besonders freundlich. Hier kann man sich vollkommen entspannen und die unverfälschte Natur genießen.

RHÔNE - ALPES

571 - Les Volets Bleus

26460 Truinas
(Drôme)
Tel. (0)4 75 53 38 48
Fax (0)4 75 53 49 02
Pilar und Carlo Fortunato

♦ Ganzj. geöffn. ♦ 5 Zi. m. Bad od. Dusche, WC: 240-260 F (1 Pers.), 280-300 F (2 Pers.) + 60-70 F (zusätzl. Pers.), je nach Saison ♦ Frühst. inkl. ♦ Gemeins. Abendessen (individ. Tische): 90 F (ohne Wein) ♦ Salon ♦ Tel.: auf Wunsch ♦ Pétanque-Terrain, Spielpark für Kinder vor Ort ♦ Umgebung: Schwimmbad, Tennis, Reiten, Klettern, Hanggleiten, Kanu/Kajak, 18-Loch-Golfpl. (30 km); Festivals, provenzalische Märkte, Schlösser ♦ Man spricht Englisch, Spanisch, Italienisch ♦ **Anreise** (Karte Nr. 26): 9 km nordwestl. von Dieulefit Rtg. Bourdeaux (ca. 9 km), dann links Rtg. Truinas. Das Haus liegt 900 m weiter (ausgeschildert).

Die Fassade dieses vielfarbigen Hauses (das einsam in der Hügellandschaft liegt, deren Vegetation bereits nach der Provence duftet) kann einen falschen Eindruck erwecken... Dennoch signalisiert diese Fassade Madame Fortunatos wahres Talent. Zusätzlich zu den charmanten dekorativen Details sind die komfortablen Zimmer sehr gelungen: schöne Farbzusammenstellung und freundliches, heiteres, sehr gelungenes Ambiente. Hervorragendes Abendessen und Frühstück; serviert wird draußen oder in einem hübschen kleinen Speiseraum. Natürlicher, sehr angenehmer Empfang.

572 - La Bruyère

La Bruyère
38490 Les Abrets
(Isère)
Tel. (0)4 76 32 01 66
Fax (0)4 76 32 06 66
M. und Mme Chavalle-Revenu

♦ 2 Wochen im Nov. geschl. ♦ 4 Zi. u. 2 Suiten (4 Pers.) m. Bad, WC (TV auf Wunsch): 330 F (1 Pers.), 370 F (2 Pers.); Suite 470 F (2 Pers.) + 80 F (zusätzl. Pers.) ♦ Frühst. inkl. ♦ Gemeins. Essen auf Best.: 185 F (Wein inkl.) ♦ Salon ♦ Tel. ♦ Hunde nicht erlaubt ♦ Schwimmbad vor Ort ♦ Umgebung: Tennis, Pony, Wanderweg, 18-Loch-Golfpl. (40 km), Seen (Paladru, Aiguebelette, Le Bourget), la Chartreuse ♦ Man spricht Englisch ♦ **Anreise** (Karte Nr. 26): ab Stadtmitte Les Abrets 2 km Rtg. A 43; dann *Chambres d'hôtes* ausgeschildert.

La Bruyère liegt zwischen Savoyen und dem Dauphiné, war früher eine Scheune und wurde leider zu intensiv restauriert. Was im Innern an Komfort gewonnen wurde, ging leider an Charme verloren, und diese Art der Ausstattung wäre eher in einer Stadtwohnung angebracht... Die Zimmer sind jedoch sehr angenehm und verfügen über luxuriöse, blitzblank geputzte Bäder. Und allein des Frühstücks mit zahlreichen Brot- und ungefähr zehn verschiedenen Marmeladensorten wie auch des Abendessens wegen wurden nicht wenige Gäste dieses Hauses zu Stammgästen. Natürlicher und gutgelaunter Empfang.

RHÔNE - ALPES

573 - La Ferme des Collines

Hameau Notre-Dame
38260 Gillonay
(Isère)
Tel. (0)4 74 20 27 93
Marie und Jean-Marc Meyer

♦ Ganzj. geöffn. ♦ 2 Zi. u. 2 Suiten (4 Pers.) m. Dusche, WC: 300 F (2 Pers.) 400 F (4 Pers.), + 70 F zusätzl. Pers.) ♦ Frühst. inkl. ♦ Gemeins. Essen: 100 F (Wein inkl.) - gastronomisches Rest. 4 km entf. ♦ Salon ♦ Kl. Hunde auf Anfr. erlaubt ♦ Anerkannte Künstler erteilen hier Mal- u. Bildhauerkurse ♦ Umgebung: Schwimmbad, Mountainbikes, Seen in Paladru u. Charavines (Wassersport), Tennis; Berlioz-Museum, Chartreuse-Weinkeller, Abtei Saint-Antoine, Haus des Facteur Cheval ♦ Man spricht Englisch ♦ **Anreise** (Karte Nr. 33): 4 km östl. von La-Côte-Saint-André. Dort Rtg. Grenoble, ab Gillonay ausgeschildert.

Dieses ehemalige Bauernhaus, an einem der zahlreichen, diese Gegend kennzeichnenden Hügel gelegen, gefällt uns ausgesprochen gut. Im Innern wurde unlängst alles sehr geschmackvoll renoviert: hier und da ein altes Möbelstück, ein modernes Bild, Balken in Pastelltönen, weiße oder mit dem Schwamm aufgetragene Wandfarben, Bettdecken mit Blumenmuster, dazu passende Vorhänge, einwandfreie Badezimmer und ein wunderbarer Ausblick. Auch die Betreuung ist sehr angenehm.

574 - Le Val Sainte-Marie

Bois-Barbu
38250 Villard-de-Lans
(Isère)
Tel. (0)4 76 95 92 80
Fax (0)4 76 96 56 79
Dominique und Agnès Bon

♦ Ganzj. geöffn. ♦ Für Nichtraucher ♦ 3 Zi. m. Dusche, WC: 230 F (1 Pers.), 270 F (2 Pers.) ♦ Frühst. inkl. ♦ HP: 225 F pro Pers. im DZ ♦ Gemeins. Abendessen: 90 F (Wein inkl.) ♦ Salon ♦ Zimmerreinigung alle 2 Tage ♦ Haustiere nicht erlaubt ♦ Umgebung: Abfahrts- u. Langlaufski, Schwimmbad, Tennis, Höhlenbesichtig., Mountainbikes, Golf; Hochplateau des Vercors (Nationalpark) ♦ Man spricht Englisch ♦ **Anreise** (Karte Nr. 26): 32 km südwestl. von Grenoble über die A 48, Ausf. Veurey-Voroise, die N 532 u. die D 531 Rtg. Villard-de-Lans; dann Rtg. Bois-Barbu, zum Centre de ski de fond, danach 1. Weg links.

Dieses alte, restaurierte Bauernhaus im typischen Stil des Vercors liegt zwischen Feldern und Tannen; der Startplatz der Langlaufski-Piste befindet sich gleich neben dem Haus. Die Zimmer sind komfortabel und hübsch eingerichtet, und von allen hat man einen schönen Ausblick. Das Abendessen besteht zum größten Teil aus regionalen Gerichten. Die Atmosphäre ist angenehm locker, die Bibliothek gut sortiert, und es gibt zahlreiche Gesellschaftsspiele.

RHÔNE - ALPES

575 - Domaine du Château de Marchangy

42190 Saint-Pierre-la-Noaille
(Loire)
Tel. (0)4 77 69 96 76
M. und Mme Patrick Rufener

♦ Ganzj. geöffn. ♦ 2 Zi. u. 1 Suite (4 Pers.) m. Bad u. WC, Tel. u. TV: 430-530 F (1 Pers.), 480-580 F (2 Pers.) + 100 F (zusätzl. Pers.), Kinder + 60 F ♦ Frühst. inkl. ♦ Gemeins. Essen: 60-120 F (ohne Wein) ♦ Salon ♦ Hunde auf Anfr. erlaubt ♦ Schwimmbad (von 12-14 Uhr für die Gastgeber reserviert), Fahrradverleih vor Ort ♦ Umgebung: Tennis (14 km), 18-Loch-Golfpl. (16 km); gekennzeichnete Wanderwege; roman. Kirchen des Brionnais, Charlieu (mittelalterliche Stadt), Viehmarkt in Saint-Christophe-en-Brionnais ♦ Man spricht Englisch ♦ **Anreise** (Karte Nr. 25): 4,5 km nordwestl. von Charlieu. Rtg. Fleury-la-Montagne (2 km), geradeaus Rtg. Saint-Pierre-la-Noaille, dann ausgeschildert.

Das *Marchangy* liegt in einer Hügellandschaft mit Wäldern und Wiesen, auf der sich im Frühjahr die Kälber tummeln. Das erst kürzlich renovierte Stammhaus wurde mit viel Liebe zum Detail sehr geschmackvoll ausgestattet. Die im Nebengebäude besonders komfortabel und harmonisch eingerichteten Zimmer könnten schöner nicht sein. Abendessen und Frühstück sind gut und werden auf eine sehr elegante Art in einem freundlichen Raum serviert, in dem oft ein Kaminfeuer brennt. Der Empfang ist von besonderer Liebenswürdigkeit.

576 - Château de Bois-Franc

69640 Jarnioux
(Rhône)
Tel. (0)4 74 68 20 91
Fax (0)4 74 65 10 03
M. Doat

♦ Ganzj. geöffn. ♦ Vom 15. Nov. bis 15. März, mind. 2 Üb. ♦ 2 Suiten (1-6 Pers.) m. Bad od. Dusche, WC: 400-900 F (je nach Suite u. Anz. der Pers.) ♦ Frühst. inkl. ♦ Kein Speisenangebot - zahlr. Rest. im Umkreis von 8 km ♦ Salon ♦ Hunde auf Anfr. erlaubt ♦ Umgebung: 18-Loch-Golfpl., Tennis, Reiten ♦ Man spricht Englisch ♦ **Anreise** (Karte Nr. 26): 7 km westl. von Villefranche-sur-Saône über die D 38 Rtg. Tarare-Roanne, dann D 31; 4 km hinter Chervinges.

Bois-Franc liegt in freier Natur unweit der Dörfer aus ockerfarbenem Stein des Beaujolais. Madame Doat wird Sie besonders freundlich in ihrem Schloß empfangen (ihr Hund scheint weniger zugänglich zu sein). Die Innenausstattung ist seit langem unverändert, aber sehr angenehm. Reservieren Sie die *Suite Jaune*; sie ist zwar die teuerste, aber einzigartig und wunderbar möbliert. Die *Suite Mireille* ist nicht so komfortabel, verfügt allerdings über drei Zimmer. Das Frühstück wird entweder im hübschen Speisesaal oder im großen Park serviert.

RHÔNE - ALPES

577 - Saint-Colomban Lodge

7, rue du Hêtre-Pourpre
69130 Lyon-Écully
(Rhône)
Tel. (0)4 78 33 05 57
Fax (0)4 72 18 90 80
Annick und Michaël Altuna

♦ Ganzj. geöffn. ♦ Nichtraucher-Zi. ♦ 6 Zi. m. Bad, WC, Tel. (Direktleitung) u. Satelliten-TV: 360 F (1 Pers.), 450-550 F (2 Pers.) ♦ Frühst. inkl. ♦ Gemeins. od. individ. Abendessen auf Best.: 160 F (ohne Wein, Weinkeller) od. Rest. (200 m entf.) ♦ Salon ♦ Hunde nicht erlaubt ♦ Geschl. Parkpl. ♦ Umgebung: 18-Loch-Golfpl. (5 km), Tennispl. im Dorf; Lyon (5 km), Besuch der Atstadt Lyon, Nationalpark Les Dombes, Berge des Lyonnais; Gastronomie ♦ Man spricht Englisch ♦ **Anreise** (Karte Nr. 26): 5 km westl. von Lyon. Autobahnausf. Écully, dann Écully-Centre; hinter der Kirche Rtg. Tassin (geradeaus), 2. Straße links (Feuerwehr).

Eine hervorragende Adresse in einem Wohnviertel vor den Toren Lyons. Das Haus wird von einem sehr angenehmen Garten geschützt. Wunderbare und ultrakomfortable Zimmer (Telefon, TV) mit tadellosen Bädern. Dekostoffe, Daunendecken und englische Möbel aus honigfarbenem Kiefernholz sind gekonnt aufeinander abgestimmt. Hervorragendes und äußerst geschmackvoll präsentiertes Frühstück - wird je nach Wetter entweder im Salon oder draußen serviert.

578 - Chalet Le Paradou

Prébérard
La Côte-d'Aime
73210 Aime
(Savoie)
Tel. (0)4 79 55 67 79
Elisabeth und Bernard Hanrard

♦ Vom 15. Mai bis 15. Juni u. vom 15. Sep. bis 1. Dez. geschl. ♦ Nichtraucher-Zi. ♦ 5 Zi. m. Dusche u. WC ♦ HP: 235 F pro Pers. im DZ ♦ Frühst. inkl. ♦ Von Dez. bis Anfang Mai Pauschalangebot Skilifte, Skilehrer): 4150 F; Pauschalangebot Sommer (Bergwandern m. Begleitung, Transport): 2700 F Preise pro Pers. (DZ u. VP) u. pro Woche ♦ Gemeins. Abendessen - mittags kalte Mahlzeiten (35 F) ♦ Salon, Klavier ♦ Tel. (m. Zähler) ♦ Umgebung: Mountainbikes, Ski, Organisation von Skitouren, Start: am Haus ♦ Man spricht Englisch, Deutsch u. Italienisch ♦ **Anreise** (Karte Nr. 27): 8 km nordöstl. von Moutiers, dann die N 90 Rtg. Bourg-Saint-Maurice. Ab Aime Rtg. "Versant du Soleil" (5 km), am Ortsausgang von La Côte-d'Aime 1. Chalet rechts.

Dieses neue, holzverkleidete Chalet liegt am Südhang. Auf der anderen Seite des Tales befinden sich die Wintersportorte La Plagne, Les Arcs, Montchavin... Im Innern, das sehr hell ist und nach Kiefer duftet, ist alles sehr schlicht und angenehm. Mit Bernard, dem Skilehrer, und Elisabeth kann man tagsüber die ganze Gegend per Ski erkunden und sich abends von ihnen verwöhnen lassen. Ein sehr offenes Haus, das zudem sehr gepflegt und komfortabel ist.

RHÔNE - ALPES

579 - La Revardière

Hameau de Saint-Victor
Trévignin
73100 Aix-les-Bains
(Savoie)
Tel. (0)4 79 61 59 12
Madame Jackline Rocagel

♦ Ganzj. geöffn. ♦ Für Nichtraucher ♦ Mind. 3 Üb. ♦ 1 Zi. (m. Entree) m. Bad, WC, TV: 360 F (2 Pers.) u. 2 Zi. m. Dusche, gemeins. WC, Salon, Bibliothek, TV u. Küche auf Wunsch: 190 F (1 Pers.), 290 F (2 Pers.) ♦ Frühst. inkl. ♦ 1 Woche ohne Frühst.: 1800-2900 F für 2-4 Pers. in Suite ♦ Kein Speisenangebot - Rest. 300 bzw. 1 km entf. ♦ Salon ♦ Kl. Hunde auf Anfr. erlaubt (+ 18 F pro Tag) ♦ Zimmerreinigung alle 5 Tage ♦ Umgebung: Tennis, Golf, Abfahrts- u. Langlaufski; See Le Bourget, Abtei Hautecombe, Chartreuse, Vogelreservat ♦ **Anreise** (Karte Nr. 27): 7 km östl. von Aix-les-Bains über die D 913, Route de Revard. Hinter Trévignin rechts abbiegen; Hinweisschild am Steinkreuz; kl. Straße links Rtg. Saint-Victor.

Das Chalet *La Revardière* liegt am Hang des Mont Revard und verfügt über einen schönen Ausblick auf die Seen-Landschaft von Le Bourget und Annecy. Die sehr gepflegten Zimmer sind komfortabel, mit Holz verkleidet und teilen sich einen freundlichen Salon. Empfehlen können wir das sehr gelungene mit Blumenmusterstoffen im Obergeschoß. Freundlicher Empfang mit einem Glas Wein aus Savoyen.

580 - Le Selué

Le Cernix
73590 Crest-Voland
(Savoie)
Tel. (0)4 79 31 70 74
Anne-Marie Gressier

♦ Ganzj. geöffn. (auf Anfr.) ♦ 1 Zi. m. Dusche, WC; 2 Zi. teilen sich Bad, Dusche u. WC: 150 F (1 Pers.), 250-300 F (2 Pers.) ♦ Frühst. inkl.♦ Kein Speisenangebot - Rest. im Dorf (ab 20 m) ♦ Salon ♦ Tel. ♦ Hunde nicht erlaubt ♦ Umgebung: Abfahrtsski (Skilifte 100 m weiter, verbunden mit Les Saisies, 1250-2000 m hoch gelegen) u. Langlaufski (Zugang zu den olympischen Pisten), Fahrradverleih, Wanderwege, Hanggleiten ♦ **Anreise** (Karte Nr. 27): 16 km südwestl. von Mégève über die N 212.

Dieses moderne Chalet, in einem ruhigen Dorf in Savoyen gelegen, stellt drei sehr komfortable Gästezimmer zur Verfügung, die sehr gepflegt und hübsch mit schönen Holzmöbeln eingerichtet sind; an den Wänden hängen Radierungen und alte Spiegel. Die Badezimmer sind ebenfalls sehr charmant. Im gemütlichen Salon werden Sie beim Frühstück die hausgemachte Konfitüre schätzen. Der Service ist ausgesprochen liebenswürdig.

RHÔNE - ALPES

581 - Les Châtaigniers

Rue Maurice-Franck
73110 La Rochette
(Savoie)
Tel. (0)4 79 25 50 21
Fax (0)4 79 25 79 97
Anne-Charlotte Rey

♦ Vom 2. bis 20. Jan. u. 8 Tage im Nov. geschl.; Mo, Di, Mi vom 16. Sep. bis 16. Apr., Sa mittags ganzj., So abends (außer Juli/Aug.) u. Mi (außerh. der Saison) ♦ 3 Zi., 1 Suite u. 1 App. m. Bad, WC, Tel.: 350-900 F (2-5 Pers.) ♦ Frühst.: 65 F (von 7.45 bis 10.00 Uhr) ♦ Mahlzeiten mittags/abends an individ. Tischen: Menüs 100-250 F (ohne Wein) ♦ Themen-Diners auf Wunsch ♦ HP: 395 F pro Pers. in DZ (mind. 3 Üb.) ♦ Salon, Klavier ♦ Visa, Amex, Diners ♦ Hunde nicht erlaubt ♦ Schwimmbad (ohne Aufsicht) vor Ort ♦ Umgebung: Schloß Miolans, Weinstraße; 18-Loch-Golfpl. (30 Min.) ♦ Man spricht Englisch, Deutsch, Italienisch u. Schwedisch ♦ **Anreise** (Karte Nr. 27): 30 km nördl. von Grenoble über die A 41, Ausf. Pontcharra, dann D 925. In La Rochette, gegenüber dem Rathaus, Rtg. Arvillard, 200 m weiter links.

Ein schöner Familienbesitz aus der Zeit um 1900, eine reizende Gastgeberin und ein Dichter-Koch sind die "Zutaten" dieses ungewöhnlichen Hauses. An den reizenden romantischen Salon mit zahlreichen Gegenständen und Kuriositäten im Erdgeschoß schließen die beiden Räume des besonders behaglichen Restaurants an. Frühstück und Abendessen sind gut und gepflegt. Charmante, große und sehr komfortable "Nostalgie"-Zimmer.

582 - La Maison des Gallinons

Les Gallinons
74130 Ayze
(Haute-Savoie)
Tel. (0)4 50 25 78 58
Mme Alice Rosset

♦ Vom 15. Mai bis 15. Sep. geöffn. (für längere Aufenth. m. Reserv. das ganze Jahr über geöffn.) ♦ 1 Zi. m. Dusche, WC, 2 Zi. teilen sich Bad u. WC; 2 Nebenzi.: 180 F (1 Pers.), 220-290 F (2 Pers.) + 150 F (zusätzl. Pers.) + 100 F (zusätzl. Bett) ♦ Frühst. inkl. ♦ Zimmerreinigung auf Wunsch ♦ Gelegentl. gemeins. u. individ. Essen: 70-100 F (Wein inkl.), Barbecue steht z. Verfüg. - Rest. ab 5 km ♦ Kl. Hunde erlaubt ♦ Umgebung: Golf (25 km), Abfahrts- und Langlaufski; Chamonix, Annecy, Genfer See ♦ Man spricht Englisch u. Italienisch ♦ **Anreise** (Karte Nr. 27): 5 km nördl. von Bonneville Rtg. Marignier-Ayze. Im Dorf hinter der Schule u. dem Rathaus links Rtg. *Chez Jeandets*, dann den Hügel bis Gallinons hinauf.

700 Meter hoch an einem Berhang gelegen, bietet dieses reizende Chalet einen wunderbaren Ausblick. Die alten Möbel, die Gegenstände aller Art, die Bilder, Tapeten und Teppiche schaffen eine warme, elegante Atmosphäre. Nur ein Zimmer verfügt über ein eigenes Bad, aber sollten Sie unter Freunden sein, wird die Benutzung des gemeinsamen Bades gewiß nicht hinderlich sein. Hier ist alles charmant und sehr gepflegt, und der Empfang besonders liebenswürdig.

RHÔNE - ALPES

583 - La Girandole

46, chemin de la Persévérance
74400 Chamonix-Mont-Blanc
(Haute-Savoie)
Tel. (0)4 50 53 37 58
Fax (0)4 50 55 81 77
M. und Mme Pierre Gazagnes

♦ Ganzj. geöffn. ♦ 3 Zi. (davon 2 Zi. m. integr. Waschraum) teilen sich 2 Bäder u. 2 WC: 300 F (2 Pers.) ♦ Frühst. inkl. ♦ HP-Angebot für länger. Aufenth. ♦ Hunde auf Anfr. erlaubt ♦ Ziergarten ♦ Garage ♦ Umgebung: Golf, jegl. Winter- u. Sommersportart; Aiguille du Midi, Mer de Glace, Fest der Bergführer (15. August), Musikwochen im Sommer ♦ **Anreise** (Karte Nr. 27): in Chamonix-Süd Rtg. Les Moussoux; ausgeschildert.

Eine bessere Lage als diese am Südhang mit Blick auf die Aiguille du Midi, den Mont Blanc und die Bossons-Gletscher, ist unvorstellbar. Und damit man von dieser Aussicht auch wirklich profitiert, verfügt der Speiseraum über eine riesige Fensterwand. Aperitifs, Abendessen und Frühstück (stets gelungen) werden mit einem Panorama serviert, das zu einem der faszinierendsten der Welt zählt. Die kleinen Gästezimmer sind nicht minder angenehm, ebenso die Betreuung von Mme und M. Gazagnes, die ihre Gegend besonders gut kennen und Ihnen viele gute Tips für Unternehmungen geben werden.

584 - Les Bruyères

Mercy
74540 Saint-Félix
(Haute-Savoie)
Tel. (0)4 50 60 96 53
Fax (0)4 50 60 94 65
Denyse und Bernard L. Betts

♦ Ganzj. geöffn. ♦ Nichtraucher-Zi. ♦ 3 Suiten (2 Pers.) m. kl. Salon, Bad, od. Dusche, WC, u. TV: 450 F (1 Pers.), 550 F (2 Pers.) + 50 F (zusätzl. Pers.) ♦ Frühst. inkl. ♦ Kl. Haus (mind. 1 Woche) ♦ Gemeins. Essen: 150 F (alles inkl.) ♦ Visa ♦ Salon ♦ Münztel. ♦ Hunde nicht erlaubt ♦ Tennis vor Ort ♦ Umgebung: Reiten, Angeln, Hanggleiten, Kanu, Angeln, 18-Loch-Golfpl. (15 km), Ski; Seen Schloß Montrottier, Abtei Hautecombe ♦ Man spricht Englisch ♦ **Anreise** (Karte Nr. 27): 20 km südl. von Annecy über die N 201. In Saint-Félix rechts zum Friedhof (*cimetière*), dann links die Straße nach Mercy, bis zur Statue "Notre-Dame-de-Mercy" fahren, rechts und sofort links zum Bauernhof, dann ausgeschildert.

Die Betts haben Kanada verlassen und sich in diesem großen Haus niedergelassen, in dem sich ihr ganzes Können, die Dekoration betreffend, zeigt, und wo man auf besonders liebenswürdige Art empfangen wird. Die klassischen, freundlichen, sehr behaglichen und ein wenig romantisch eingerichteten Suiten sind einfach wundervoll. Alle verfügen über luxuriöse Bäder. Je nach Jahreszeit wird der Brunch im Salon oder auf der Terrasse serviert, von wo man einen herrlichen Panoramablick auf das Tal und den Mont Revard hat. Eine hervorragende Adresse.

ALPHABETISCHES VERZEICHNIS

A
Abbaye de Valloires - *Argoules-par-Rue* 446
Aguzan - *Saint-Xandre* 469
Air du Temps (L') - *Penne-d'Agenais* 70
Ancien Hôtel de Fayolle - *Périgueux* 31
Ancien Presbytère (L') - *Tregrom* 178
Aubanel - *Ginasservis* 512
Auberge de la Cholotte (L') - *Bruyères* 11
Auberge du Château de Castellan - *St-Martin-sur-Oust* 204
Audouy (Chez M. et Mme) - *Lautrec* 329
Aumonerie (L') - *Carqueiranne* 509
Aurifat - *Cordes-sur-Ciel* 325

B
Badelle (La) - *Gordes* 527
Balcon de Rosine (Le) - *Mérindol-les-Oliviers* 565
Barathe - *Giou-de-Mamou* 94
Barbé (Le) - *Biaudos* 54
Barry (Le) - *Montpezat-du-Quercy* 337
Bastide de Caillac (La) - *Montbrun* 319
Bastide de Peyroles - *Entrecasteaux* 511
Bastide du Bosquet (La) - *Antibes* 492
Bastide Rose (La) - *Bormes-les-Mimosas* 508
Bastide Sainte-Agnès (La) - *Carpentras* 524
Bastides du Mézenc (Les) - *Saint-Front* 103
Bastit (Le) - *Mussidan* 30
Beauregard - *Chênehutte-les-Tuffeaux* 399
Belleville - *Dragey-l'Eglise* 375
Bellevue - *Neufmoutiers-en-Brie* 265
Bergerie (La) - *Saint-Cristoly-de-Blaye* 47
Bernerie (La) - *Bouteilles-Saint-Sébastien* 16
Bigorre (En) - *Tournecoupe* 314
Bois de Bonance (Le) - *Port-le-Grand* 450
Bois Goulu (Le) - *Pouant* 479
Bonde (La) - *Rabastens* 335
Bonne Terre - *Bonnieux* 522
Bonnet (Chez Mme) - *Maillezais* 431
Borde (La) - *Danzé* 242
Borde (La) - *Leugny* 147
Bos de Bise (Le) - *Luglon* 58
Bouquière (La) - *Bonnieux* 523
Bousquétarié (La) - *Lempaut* 331

Bouteuille - *Alluy* 132
Breuillerie (La) - *Fléac* 454
Bruyère (La) - *Les Abrets* 572
Bruyères (Les) - *Saint-Félix* 584
Bultée (La) - *Fontaine-Chaalis* 444
Bultey (Chez Régine) - *Beuzeville* 366
Burkel de Tell (Chez Mme) - *Calvisson* 274
Burlande (La) - *Les Baux-de-Provence* 498
Butte de l'Epine (La) - *Continvoir* 224

C
Cabirol - *Gajac-de-Bazas* 42
Cancades (Les) - *Le Beausset* 507
Cantelause - *Houeillès* 66
Cariote (La) - *Saint-André-des-Eaux* 395
Carrière (La) - *Josselin* 200
Cassouat (Le) - *Soustons* 62
Castel (Le) - *La Roche-Posay* 481
Castel du Verger (Le) - *Saint-Christophe-du-Ligneron* 435
Cèdre de Floyrac (Le) - *Queyssac* 32
Celivier (Le) - *Craponne-sur-Arzon* 101
Cerisaie (La) - *Riols* 289
Chalet (Le) - *Ygrande* 91
Chalet Le Paradou - *Aime* 578
Chanteclair - *Cancon* 064
Chapelle Saint-Martial (La) - *La Chapelle-St-Martial* 100
Chaptes - *Chaptes* 107
Char à Bancs (Le) - *Plélo* 168
Chardonneraie (La) - *Maillane* 500
Chasseuserie (La) - *Saint-Fargeau* 152
Châtaigniers (Les) - *La Rochette* 581
Château (Le) - *Bosc-Roger-sur-Buchy* 387
Château (Le) - *Moreilles* 433
Château Cagninacci - *San-Martino-di-Lota* 258
Château d'Alteville - *Dieuze* 2
Château d'Arbieu - *Bazas* 39
Château d'Argentonesse - *St-Cyprien-en-Périgord* 34
Château d'Arnac - *Beaulieu-sur-Dordogne* 97
Château d'Asnières-en-Bessin - *Asnières-en-Bessin* 344
Château d'En Haut - *Jenlain* 338
Château d'Epanvilliers - *Brux-Civray* 473
Château d'Etoges - *Etoges* 253
Château d'Uzech - *Saint-Germain-du-Bel-Air* 321
Château de Bachen - *Aire-sur-l'Adour* 53
Château de Bassignac - *Bassignac* 93
Château de Beaufer - *Tournus* 145
Château de Beaulieu - *Saumur* 408

Château	Lieu	Page
Château de Beauregard	*Nan-sous-Thil*	127
Château de Bezincam	*Dax*	56
Château de Blanville	*Saint-Luperce*	213
Château de Bois-Franc	*Jarnioux*	576
Château de Boisrenault	*Buzançais*	214
Château de Bonabry	*Hillion*	160
Château de Boues	*Féas*	80
Château de Boussac	*Chantelle-de-Boussac*	88
Château de Brie	*Champagnac-la-Rivière*	115
Château de Camon	*Camon*	294
Château de Cantet	*Samazan*	71
Château de Cazenac	*Le Coux-et-Bigaroque*	22
Château de Cherveux	*Chevreux*	470
Château de Chorey-les-Beaune	*Chorey-les-Beaune*	123
Château de Coigny	*Coigny*	374
Château de Collanges	*Collanges*	108
Château de Colliers	*Muides-sur-Loire*	245
Château de Colombières	*Trévières*	363
Château de Cousserans	*Belaye*	315
Château de Croisillat	*Caraman*	300
Château de Dangy	*Paudy-Reuilly*	216
Château de Dramard	*Houlgate*	355
Château de Foucaucourt	*Oisemont*	449
Château de Fragne	*Verneix*	89
Château de Garrevaques	*Garrevaques*	327
Château de Gâtines	*Issé*	392
Château de Jallanges	*Vouvray*	238
Château de Kermezen	*Pommerit-Jaudy*	170
Château de La Borie	*Champagnac-de-Belair*	19
Château de la Brisette	*Saint-Germain-de-Tournebut*	380
Château de la Bûche	*Monségur*	45
Château de la Cacaudière	*Thouarsais-Bouildroux*	438
Château de la Ferté	*La Ferté-Saint-Aubin*	250
Château de la Flocellière	*La Flocellière*	428
Château de la Fredière	*Marcigny*	139
Château de la Giraudière	*Villeny*	249
Château de la Jaillière	*Varades*	397
Château de la Millière	*Saint-Mathurin*	436
Château de la Renaudière	*Neuvy-en-Champagne*	422
Château de la Roche du Maine	*Prinçay*	480
Château de la Roche-Aigueperse	*Aigueperse*	104
Château de la Roque	*Hébécrevon*	378
Château de la Serre	*Cambounet-sur-le-Sor*	323
Château de la Tillade	*Saint-Simon-de-Pellouaille*	468
Château de la Verrerie	*Aubigny-sur-Nère*	207
Château de la Vigne	*Ally*	92
Château de la Ville-Guérif	*Trégon*	176

Château de la Voûte - *Troo* **248**
Château de Larra - *Grenade-sur-Garonne* **302**
Château de Lesvault - *Onlay* **133**
Château de Longecourt - *Longecourt-en-Plaine* **125**
Château de Martigny - *Paray-le-Monial* **142**
Château de Mirvault - *Château-Gonthier* **411**
Château de Monhoudou - *Monhoudou* **421**
Château de Montbrun - *Saint-Michel-sur-Loire* **232**
Château de Montcuquet - *Lautrec* **330**
Château de Montgouverne - *Rochecorbon* **231**
Château de Nyon - *Ourouër* **134**
Château de Pintray - *Lussault-sur-Loire* **226**
Château de Prémarie - *Roches-Prémarie* **482**
Château de Prunoy - *Charny* **146**
Château de Puymartin - *Sarlat-la-Canéda* **37**
Château de Regagnac - *Beaumont* **13**
Château de Saint-Léons - *Saint-Léons* **299**
Château de Saint-Martin - *Saint-Pierre* **305**
Château de Saint-Paterne - *Saint-Paterne* **423**
Château de Sassangy - *Buxy* **137**
Château de Savennes (Le) - *Savennes* **111**
Château de Talhouët - *Rochefort-en-Terre* **203**
Château de Ternay - *Ternay* **484**
Château de Vaudoncourt - *Vaudoncourt* **12**
Château de Vaulaville - *Bayeux* **345**
Château de Vaumoret - *Poitiers* **478**
Château de Villepreux - *Villepreux* **268**
Château de Vouilly - *Isigny-sur-Mer* **356**
Château de Yonville - *Citernes* **448**
Château des Alleux - *Behen* **447**
Château des Blosses - *Saint-Ouen-de-la-Rouërie* **195**
Château des Briottières - *Champigné* **398**
Château des Parcs-Fontaine - *Fierville-les-Parcs* **353**
Château des Riffets - *Bretteville-sur-Laize* **346**
Château des Salles - *Saint-Fort-sur-Gironde* **464**
Château du Bas du Gast - *Laval* **412**
Château du Bousquet - *Saint-Pierre-de-Lages* **306**
Château du Chambon - *Bersac-sur-Rivalier* **112**
Château du Coteau (Le) - *Azay-sur-Cher* **219**
Château du Foulon - *Castelnau-de-Médoc* **40**
Château du Gerfaut - *Azay-le-Rideau* **218**
Château du Goupillon - *Neuillé* **405**
Château du Guilguiffin - *Landudec* **183**
Château du Mesnil Geoffroy - *Ermenouville* **388**
Château du Plaix - *Chamblet* **87**
Château du Plessis - *La Jaille-Yvon* **402**
Château du Riau - *Villeneuve-sur-Allier* **90**

Château du Ru Jacquier - *Igny-Comblizy*	254
Château du Val d'Arguenon - *Saint-Cast*	173
Château du Vieil-Azy - *Saint-Benin-d'Azy*	135
Château Gréa - *Rotalier*	263
Château Labessière - *Ancemont*	1
Château Lamothe - *Saint-Sulpice-et-Cameyrac*	51
Château le Grand-Perray - *La Bruère*	419
Château Robert - *Montgaillard*	59
Château Saint-Jean - *Artigueloutan*	76
Château Unang - *Malemort-du-Comtat*	537
Châtel (Le) - *Riec-sur-Belon*	188
Chaufourg en Périgord (Le) - *Sourzac-Mussidan*	38
Chaumière (La) - *Saint-Germain-du-Plain*	143
Chaumière (La) - *Verton*	343
Chaumière de Kérizac - *Locqueltas*	201
Chavinière (La) - *Avensac*	307
Chêne Vert (Le) - *Sainte-Suzanne*	417
Chênes de Sainte-Croix (Les) - *Montaigu-de-Quercy*	336
Clérivaux - *Châtillon-Saint-Jean*	564
Clos (Le) - *Chérêt*	440
Clos (Le) - *Saint-Pierre-d'Oléron*	467
Clos (Le) - *L'Ile-aux-Moines*	199
Clos Bel Ebat (Le) - *La Flotte-en-Ré*	459
Clos Bigot (Le) - *Cheverny*	240
Clos du Prince (Le) - *Quintin*	171
Clos du Vivier (Le) - *Valmont*	391
Clos Grincourt (Le) - *Duisans*	341
Clos Saint-Clair (Le) - *Pussigny*	229
Clos Saint-Vincent - *Crillon-le-Brave*	526
Cochepie - *Villeneuve-sur-Yonne*	157
Colette (Chez) - *Dieffenbach-au-Val*	6
Colin (Chez les) - *Montbenoît*	260
Colline des Bons Esprits (La) - *Roquefort-les-Pins*	495
Colombier (Le) - *Perros-Guirec*	164
Commanderie (La) - *Condat-sur-Vézère*	21
Corbinais (La) - *Saint-Michel-de-Plelan*	174
Cosquer-Trélécan (Le) - *Pluvigner*	202
Coteau de Malbosc (Le) - *Grasse*	494
Coudre (La) - *Perreux*	150
Cour Alexandre (La) - *Marchais-Beton*	148
Cour l'Epée - *Saint-Aubin-Lebizay*	361
Crêt l'Agneau (Le) - *La Longeville*	259
Croix d'Etain (La) - *Grez-Neuville*	401
Croix de la Voulte (La) - *Saumur*	409
Croix de Reh (La) - *Châteauneuf-la-Forêt*	116
Cruviers - *Uzès*	283
Cure de Flaux (La) - *Flaux*	275

D

Daille (La) - *Domme* 23
Dannery - *Saint-Fargeau* 153
Defrance (Chez Mme) - *Senan* 154
Demeure de Rosmapamon - *Perros-Guirec* 165
Domaine de Beauséjour - *Panzoult* 228
Domaine de Boulancourt - *Montier-en-Der* 256
Domaine de Canfier - *Robion* 540
Domaine de Carrat - *Castelnau-de-Médoc* 41
Domaine de Champdieu - *Gonneville-sur-Scie* 389
Domaine de Clavié - *Villeneuve-sur-Lot* 72
Domaine de Combelle - *Vals-les-Bains* 560
Domaine de Guillaumat - *Genissac* 43
Domaine de Jean-Pierre - *Pinas* 322
Domaine de la Picquoterie - *La Cambe* 348
Domaine de la Redonde - *Capestang* 285
Domaine de la Sérénité - *Barjac* 270
Domaine de Labarthe - *Espère* 316
Domaine de Loisy - *Nuits-Saint-Georges* 128
Domaine de Ménaut - *Saint-Martory* 304
Domaine de Mestré (Le) - *Fontevraud-l'Abbaye* 400
Domaine de Montagnac - *Saint-Félix-de-Tournegat* 295
Domaine de Montfleuri - *Bouglon* 63
Domaine de Montpierreux - *Venoy* 156
Domaine de Moulinard - *Boisseuil* 113
Domaine de Pallus - *Chinon* 223
Domaine de Vilotte - *Le Châtelet-en-Berry* 208
Domaine des Farguettes - *Le Buisson-de-Cadouin* 17
Domaine des Jeanne - *Vic-sur-Aisne* 441
Domaine des Tilleuls - *Aubusson* 99
Domaine du Ch. de Marchangy - *St-Pierre-la-Noaille* 575
Domaine du Ciron - *Sauternes* 52
Domaine du Grand Gruet (Le) - *Volnay* 425
Domaine du Grand Jas - *Les Adrets-de-l'Esterel* 506
Domaine du Grand Lierne - *Châteaudouble* 563
Domaine du Marconnay - *Saumur* 410
Domaine du Pinquet - *Le Buisson-de-Cadouin* 18
Domaine équestre des Juliannes - *Paulinet* 334
Domaine Saint-Luc - *Baume-de-Transit* 562
Doumarias - *Saint-Pierre-de-Côle* 35

E

Enclos (L') - *Montbard* 126
Enclos (L') - *Hautefort* 24
Ermitage (L') - *Lalbenque* 318
Evêché (L') - *Vaison-la-Romaine* 547

F

Farge (La) - *Chaumont-sur-Tharonne* 239
Ferme de l'Abbaye - *Trévières* 364
Ferme de la Rivière - *Isigny-sur-Mer* 357
Ferme de la Sauzette (La) - *Palaja* 269
Ferme de Launay - *Chançay* 222
Ferme de Léchelle (La) - *Berzy-le-Sec* 439
Ferme de Loutarès - *Haut-de-Bosdarros* 81
Ferme de Malido - *Lamballe* 161
Ferme de Pinodiéta - *Souraïde* 86
Ferme de Prémauré - *Vernoux-en-Vivarais* 561
Ferme de Vosves (La) - *Dammarie-les-Lys* 264
Ferme des 3 Figuiers (La) - *Lagnes* 531
Ferme des Berthiers (La) - *Sepmes* 236
Ferme des Collines (La) - *Gillonay* 573
Ferme des Etoiles (La) - *Mauroux* 311
Ferme des Forges (La) - *Legé* 393
Ferme des Poiriers Roses (La) - *St-Philibert-des-Champs* 362
Ferme du Bois de Bonance - *Port-le-Grand* 451
Ferme du Breil (La) - *Trégon* 177
Ferme du Château - *Villers-Agron* 443
Ferme du Château - *Bailleau-L'Evêque* 211
Ferme du Pic d'Allier (La) - *St-Martin-sur-Lavezon* 558
Ferme Jamet (La) - *Avignon* 519
Ferme Savigny - *La Cambe* 349
Ferme Templière de la Baude - *Villedieu* 550
Ferme-Auberge de la Bergerie - *Moirans-en-Montagne* 262
Ferme-Auberge de Lavaux - *La Clayette* 138
Ferme-Auberge de Quiers - *Aguessac* 297
Ferradou (Lou) - *Saint-Etienne-de-Carlat* 95
Fèvrerie (La) - *Barfleur* 371
Fief Mignoux (Le) - *Saint-Maurice-des-Noués* 437
Fonroque - *Montcaret* 29
Forêt (La) - *Fougères* 194
Forge (La) - *Rustrel* 542
Fougeolles - *Eymoutiers* 119
Four à Pain (Le) - *Saint-Denis-Le-Ferment* 369
Frémauret - *Miramont-de-Guyenne* 68
Fresne (Le) - *Solesmes* 424

G

Gacogne (La) - *Azincourt* 340
Gains (Les) - *Survie* 386
Garencière - *Champfleur* 420
Garenne (La) - *La Celle-Guénand* 221
Gatinalière (La) - *Antran* 471
Gaudart - *Saint-Martin-de-Laye* 49

Gebrillat (Chez M.) - *Perrier* 110
Girandole (La) - *Chamonix - Mont-Blanc* 583
Godiers (Les) - *Lavoux* 476
Goetz (Chez Marcelle et Jean-Nicolas) - *Pourchères* 556
Grainville - *Fresville* 377
Grand Boucaud (Le) - *Rimons* 46
Grand Keruzou (Le) - *Trébabu* 189
Grand Logis (Le) - *Vers-Pont-du-Gard* 284
Grand'Vignes (Les) - *Mérindol-les-Oliviers* 566
Grand'Maison (La) - *Escalles* 342
Grande Métairie (La) - *Bioussac-Ruffec* 452
Grande Noê (La) - *Moulicent* 384
Grange de Coatélan (La) - *Plougonven* 184
Grangeon - *Saint-Cierge-la-Serre* 557
Granges (Les) - *Vouzan* 456
Granges Hautes (Les) - *Saint-Crépin-Carlucet* 33

H
Hameau de Barboron (Le) - *Savigny-les-Beaune* 130
Hamelin (Chez Mme) - *Dozulé* 352
Hauts de Boscartus (Les) - *Cieux* 117
Hauts de Chabonne (Les) - *Vouneuil-sur-Vienne* 486
Hauts Noyers (Les) - *Mosnes* 227
Herbier (L') - *Lacoste* 530
Hermerel (L') - *Géfosse-Fontenay* 354
Hogue (La) - *Saint-Pair-sur-Mer* 381
Homme (Le) - *Ducey* 376
Hortensias (Les) - *Lancieux* 162
Hôtel de l'Orange - *Sommières* 282
Huguets (Les) - *Villeneuve-sur-Lot* 73

I
Impasse (L') - *Popian* 288
Indeo - *Saint-Just-et-Vacquières* 280
Irigoian - *Bidart* 78

J
Jaquetterie (La) - *Plassay* 461
Jardin d'Ansouis (Le) - *Ansouis* 517
Jas de la Caroline (Le) - *Noyers-sur-Jabron* 488
Jeu du Mail (Le) - *Alba-la-Romaine* 553

K
Kerfornedic - *Commana* 180
Krumeich (Chez M. et Mme) - *Betschdorf* 4

L

Lammes (Les) - *Venizy* **155**
Lamolère - *Campet-Lamolère* **55**
Lamy (Chez M. et Mme) - *Marcigny* **140**
Lande (La) - *Beaumont* **14**
Lann Kermané - *Saint-Philibert* **205**
Lanot (Le) - *Sames* **82**
Larochoincoborda - *Sare* **83**
Laroye (Chez Mme Brigitte) - *Cunlhat* **109**
Larroque - *Saint-Perdon* **60**
Laucournet - *Saint-Germain-les-Belles* **121**
Laurel Tree (The) - *Dinard* **192**
Logis (Le) - *Dompierre-sur-Charente* **458**
Logis d'Elpénor (Le) - *Le Gué-de-Velluire* **429**
Logis de Boussac - *Cherves-Richemont* **453**
Logis de Chalusseau - *Doix* **427**
Logis de l'Epine (Le) - *Plassay* **462**
Logis de la Cornelière (Le) - *Mervent* **432**
Logis de Loulay (Le) - *Loulay* **460**
Logis de Romainville - *Roullet-Saint-Estèphe* **455**
Logis du Château du Bois Dousset - *Lavoux* **477**
Logis du Jerzual (Le) - *Dinan* **159**
Logis du Ranquinet - *L'Orbrie* **434**
Logis et les Attelages du Ray (Le) - *St-Denis-d'Anjou* **415**

M

Magnolia (Le) - *Isigny-sur-Mer* **358**
Maison (La) - *Beaulieu-sur-Dordogne* **98**
Maison aux Volets Bleus (La) - *Venasque* **549**
Maison d'Hippolyte (La) - *Quimperlé* **187**
Maison de la Houve (La) - *Audinghen* **339**
Maison de Marie (La) - *Droyes* **255**
Maison des Gallinons (La) - *Ayze* **582**
Maison des Moines (La) - *Méobecq* **215**
Maison des Rêves (La) - *Bragassargues* **273**
Maison des Sources (La) - *Lauris* **535**
Maison Dominxenea - *Sare* **84**
Maison du Latz (La) - *La Trinité-sur-Mer* **206**
Maison du Roi René (La) - *Saint-Denis-d'Anjou* **416**
Maison du sculpteur Hugard (La) - *Rousseloy* **445**
Maison Fleurie de D. Engel-G. (La) - *Dieffenbach-au-Val* **7**
Maison Garance - *Saint-Saturnin-lès-Apt* **543**
Maison Marchand - *La Bastide-Clairence* **77**
Malik - *Plélan-le-Petit* **167**
Malle Poste (La) - *Vicq-sur-Gartempe* **485**
Mamaison - *Roussillon* **541**
Manoir (Le) - *Montfarville* **379**

Manoir d'Arville - *Barfleur* 372
Manoir d'Estiveaux - *Le Châtelet-en-Berry* 209
Manoir de Barrayre - *Monflanquin* 69
Manoir de Caillemont - *Barneville-Carteret* 373
Manoir de Cibioux - *Surin* 483
Manoir de Clénord - *Mont-près-Chambord* 244
Manoir de Crépon - *Crépon* 351
Manoir de Foncher - *Villandry* 237
Manoir de James - *Saint-Ferme* 48
Manoir de Kergrec'h - *Plougrescant* 169
Manoir de Kerguéréon - *Lannion* 163
Manoir de Kervent - *Douarnenez* 181
Manoir de Kervezec - *Carantec* 179
Manoir de l'Hormette - *Trévières* 365
Manoir de la Duchée - *Dinard* 193
Manoir de la Motte - *La Ferté-Vidame* 212
Manoir de Lanleya (Le) - *Plouigneau* 185
Manoir de Marmont - *Saint-André-sur-Vieux-Jonc* 551
Manoir de Moissy (Le) - *Saint-Pierre-du-Regard* 385
Manoir de Montour - *Beaumont-en-Véron* 220
Manoir de Ponsay - *Chantonnay* 426
Manoir de Roquegautier - *Cancon* 65
Manoir de Villedoin - *Velles* 217
Manoir des Claies - *Asnières-sur-Vègre* 418
Manoir des Freyculs (Le) - *Perthes-en-Gâtinais* 266
Manoir des Tourpes - *Bures-sur-Dives* 347
Manoir du Carel - *Maisons par Bayeux* 359
Manoir du Grand Martigny - *Fondettes* 225
Manoir du Port Guyet - *Saint-Nicolas-de-Bourgueil* 233
Manoir du Soubeyrac - *Le Laussou* 67
Manoir de Saint-Gilles - *Longué-Jumelles* 403
Marchannau - *Sainte-Marie-de-Gosse* 61
Mas Bazan - *Alenya* 292
Mas de Bombequiols (Le) - *Saint-André-de-Buèges* 290
Mas de Casty - *Saint-Ambroix* 278
Mas de Champelon - *Suze-la-Rousse* 569
Mas de Cornud - *Saint-Rémy-en-Provence* 503
Mas de Gourgoubès (Le) - *Saint-André-de-Buèges* 291
Mas de la Fauguière - *Saint-Nazaire-des-Gardies* 281
Mas de la Lause - *Le Barroux* 520
Mas de la Ville - *Barjac* 271
Mas de Lumière - *Saint-Saturnin-lès-Apt* 544
Mas de Pantaï - *Réauville* 568
Mas des Bartavelles (Le) - *Saint-Marc-Jaumegarde* 501
Mas des Garrigues - *Lussan* 277
Mas du Clos de l'Escarrat - *Jonquières* 529
Mas du Grand Jonquier - *Lagnes* 532

Mas du Magnolia - *Ménerbes*	**538**
Mas du Platane - *Saint-Chaptes*	**279**
Mas Escombelle - *Barjac*	**272**
Mas Parasol (Le) - *Garrigues*	**276**
Mas Ricard - *Fontvieille*	**499**
Mas Saint-Jacques - *Caïxas*	**293**
Mas Shamerock - *Saint-Rémy-de-Provence*	**502**
Masbareau (Le) - *Saint-Léonard-de-Noblat*	**122**
Maurandière (La) - *Sourdeval-la-Barre*	**382**
Maurençon (Le) - *Antezant*	**457**
Mazet des Mûres (Le) - *Grimaud*	**513**
Meilhouret - *Larroque*	**328**
Mescouez - *Le Tréhou*	**190**
Métairies Hautes (Les) - *Bourdeilles*	**15**
Michaumière (La) - *Tourville-la-Campagne*	**370**
Mistral (Le) - *Ventraben*	**505**
Mont au Vent - *Maule*	**267**
Montpeyroux - *Lempaut*	**332**
Morillons (Les) - *Mont-Saint-Sulpice*	**149**
Mouettes (Les) - *Saint-Suliac*	**197**
Moulin de Choiseaux (Le) - *Suèvres*	**247**
Moulin de Fresquet - *Gramat*	**317**
Moulin de Huttingue (Le) - *Oltingue*	**10**
Moulin de la Dive - *Couhé*	**475**
Moulin de Labique - *Villeréal*	**74**
Moulin de Marsaguet - *Coussac-Bonneval*	**118**
Moulin de Mazères (Le) - *Lartigue*	**309**
Moulin de Mesterrieux (Le) - *Mesterrieux*	**44**
Moulin de Poilly-sur-Serein (Le) - *Poilly-sur-Serein*	**151**
Moulin de Rabion - *Noyant*	**406**
Moulin des Arbillons (Le) - *Bourgvilain*	**136**
Moulin des Vergnières (Le) - *Aubusson-d'Auvergne*	**105**
Moulin Neuf (Le) - *Sainte-Alvère*	**36**
Moulinage Chabriol (Le) - *Saint-Pierreville*	**559**
Mounens - *Lamastre*	**555**
Mozardière (La) - *Legé*	**394**
Musardière (La) - *Lidrezing*	**3**

N
Neufeldhof - *Oberhaslach*	**9**

O
Olhabidea - *Sare*	**85**
Ombelles (Les) - *Dangu*	**368**

Ormarine (L') - *Cavalaire-sur-Mer* **510**
Ourgeaux (Les) - *Châlus* **114**
Oustau (L') - *Luë* **57**

P
Parlement (Le) - *Gap* **490**
Pastorale (La) - *Lagnes* **533**
Pastourelle (La) - *Plancoët* **166**
Patrus (Les) - *Viels-Maisons* **442**
Pen Ker Dagorn - *Port de Kerdruc-en-Nevez* **186**
Péniche Lady A - *Vandenesse-en-Auxois* **131**
Petit Marais des Broches (Le) - *L'Ile d'Yeu* **430**
Petit Moulin du Rouvre (Le) - *St-Pierre-de-Plesguen* **196**
Petit Pey (Le) - *Issigeac* **26**
Petit Robin (Le) - *Avensac* **308**
Petit Romieu (Le) - *Arles* **496**
Petite Auberge (La) - *Montcuq* **320**
Petites Varennes (Les) - *Saint-Bénigne* **552**
Pi-Maï (Le) - *La Salle-les-Alpes* **491**
Pigeonnier (Le) - *Pessoulens* **313**
Pigeonnier (Le) - *Céreste* **487**
Pinon (Chez Mme) - *Gaillac* **326**
Plauderie (La) - *Sainte-Pazanne* **396**
Poulsieu (Le) - *Serres-sur-Arget* **296**
Pouyades (Les) - *Cherval* **20**
Presbytère (Le) - *Saint-André-des-Eaux* **172**
Presbytère (Le) - *Saulieu* **129**
Prieuré (Le) - *Meyrals-le-Bourg* **28**
Prieuré (Le) - *Saint-Quentin-de-Baron* **50**
Prieuré des Granges (Le) - *Savonnières* **234**
Prieuré Saint-Michel (Le) - *Crouttes* **383**
Prieuré Sainte-Anne (Le) - *Savonnières* **235**
Prudent (Chez M. et Mme) - *Salers* **96**
Prunus (Les) - *Plaissan* **287**

Q
Quatre-Vents (Les) - *Aubagne* **497**
Queffiou (Le) - *Tonquédec* **175**

R
Rabouillère (La) - *Contres* **241**
Ralenti du Lierre (Au) - *Gordes* **528**
Récollets (Les) - *Marcigny* **141**
Relais (Le) - *Caumont-l'Eventé* **350**
Relais de Chasse (Le) - *Gevrey-Chambertin* **124**
Religieuses (Les) - *Richelieu* **230**
Rennebourg - *Saint-Jean-d'Angély* **465**

Revardière (La) - *Aix-les-Bains* **579**
Ribaude (La) - *Le Crestet* **525**
Richarnau - *Aurel* **518**
Rochebeaucourt - *Saint-Jean-d'Angély* **466**
Romance (La) - *Dieffenbach-au-Val* **8**
Rongère (La) - *Saint-Eloy-de-Gy* **210**
Rouach - *Hautefort* **25**
Rue du Château - *Tarascon* **504**
Rue du Moulin - *Bucet-en-Othe* **252**
Rue du Puits - *Gévry* **261**
Rue Dutems - *Mer* **243**

S
Saint Barthélémy - *Pernes-les-Fontaines* **539**
Saint-Buc - *Lagnes* **534**
Saint-Colomban Lodge - *Lyon-Ecully* **577**
Saint-Ferréol - *Ponteves* **514**
Saint-Hubert - *Liorac-sur-Louyre* **27**
Saint-Jean - *Séguret* **546**
Sainte-Barbe - *Gien* **251**
Salamandre (La) - *Salornay-sur-Guye* **144**
Salvador (Chez Mme) - *Castelnau-de-Montmiral* **324**
Sauveméa - *Arroses* **75**
Scarlett's - *Beaulieu* **554**
Sdeï (Chez Christiane et Raymond) - *Langeac* **102**
Selué (Le) - *Crest-Voland* **580**
Serres d'en Bas - *Cintegabelle* **301**
Souche (La) - *Truinas* **570**
Sous les Canniers - *Saumane par L'Isle-sur-la-Sorgue* **545**
Stoupignan - *Montpitol* **303**

T
Talbardière (La) - *Archigny* **472**
Tannerie (La) - *Miélan* **312**
Tarais (La) - *Calorguen* **158**
Tarrazza (A) - *Porto-Vecchio* **257**
Tire-Lyre (Le) - *Cosswiller* **5**
Tournillayres (Aux) - *Bédoin* **521**
Tremblais (La) - *La Couyère* **191**
33, rue Thiers - *La Rochelle* **463**
Trille - *Bosdarros-Gan* **79**
3 Cèdres (Aux) - *Cazilhac-Ganges* **286**
Tuillières (Les) - *Pont-de-Barret* **567**
Ty Horses - *Guidel* **198**
Ty Va Zadou - *Ile-de-Batz* **182**

V

Val de la Mer (Le) - *Senneville-sur-Fécamp* 390
Val de Loire (En) - *Onzain* 246
Val du Goth (Le) - *Marval Saint-Mathieu* 120
Val Sainte-Marie (Le) - *Villard-de-Lans* 574
Varinière (La) - *Monts-en-Bessin* 360
Vasken - *Roquebrune-sur-Argens* 515
Veaudepierre (La) - *Chauvigny* 474
Verger de la Bouquetterie (Le) - *St-Mathurin-sur-Loire* 407
Vieille Bastide (La) - *Signes* 516
Vieux Castel (Le) - *Roumoules* 489
Vieux Pradoulin (Le) - *Lectoure* 310
Vieux Presbytère (Le) - *Montreuil-Poulay* 413
Vieux Pressoir (Le) - *Beuzeville* 367
Vigie (La) - *Chadeleuf* 106
Vilherols - *Lacroix-Barrez* 298
Villa Les Pins - *Lempaut* 333
Villa Panko - *Antibes - Juan-les-Pins* 493
Villa Saint-Louis - *Lourmarin* 536
Villa Velleron - *Velleron* 548
Villeprouvé - *Ruillé-Froid-Fonds* 414
Volets Bleus (Les) - *Truinas* 571

ÜBERSICHT
DER STUDIOS, APPARTEMENTS ODER MAISONNETTES,
DIE ÜBER EINE KOCHNISCHE ODER KÜCHE VERFÜGEN.

Einige Häuser bieten nicht nur Zimmer, sondern auch Studios, Appartements und sogar Maisonnettes an, in denen Sie kochen können und vollkommen unabhängig sind.

A
Ancien Presbytère (L')
  Tregrom (Bretagne - Côtes-d'Armor)..................178

B
Balcon de Rosine (Le)
  Mérindol-les-Oliviers (Rhône-Alpes - Drôme)..................565
Bastide de Peyroles
  Entrecasteaux (Provence - Côte d'Azur - Var)..................511
Bastide Sainte-Agnès (La)
  Carpentras (Provence - Côte d'Azur - Vaucluse)..................524
Bergerie (La)
  Saint-Cristoly-de-Blaye (Aquitaine - Gironde)..................47
Bois de Bonance (Le)
  Port-le-Grand (Picardie - Somme)..................450
Bruyères (Les)
  Saint-Félix (Rhône-Alpes - Haute Savoie)..................584

C
Cancades (Les)
  Le Beausset (Provence - Côte d'Aur - Var)..................507
Château d'Alteville
  Dieuze (Elsass - Lothringen - Moselle)..................2
Château d'Argentonesse
  Saint-Cyprien-en-Périgord (Aquitaine - Dordogne)..................34
Château d'Uzech
  Saint-Germain-du-Bel-Air (Midi Pyrénées - Lot)..................321
Château de Boisrenault
  Buzançais (Centre - Indre)..................214
Château de la Giraudière
  Villeny (Centre - Loir-et-Cher)..................249
Château du Gerfaut
  Azay-le-Rideau (Centre - Indre-et-Loire)..................218

Clos (Le)
L'Ile-aux-Moines (Bretagne - Morbihan) **199**
Clos Bel Ebat (Le)
La Flotte-en-Ré (Poitou-Charente - Charente-Maritime) **459**
Clos Saint-Vincent
Crillon-le-Brave (Provence - Côte d'Azur - Vaucluse) **526**

D
Domaine de Clavié
Villeneuve-sur-Lot (Aquitaine - Lot-et-Garonne) **72**
Domaine de la Picquoterie
La Cambe (Normandie - Calvados) **348**
Domaine de Labarthe
Espère (Midi - Pyrénées - Lot) **316**
Domaine du Grand Gruet (Le)
Volnay (Pays de la Loire - Sarthe) **425**

E
Enclos (L')
Montbard (Bourgogne - Côte-d'Or) **126**
Ermitage (L')
Lalbenque (Midi-Pyrénées - Lot) **318**

F
Farge (La)
Chaumont-sur-Tharonne (Centre - Loir-et-Cher) **239**
Ferme des 3 Figuiers (La)
Lagnes (Provence - Côte d'Azur - Vaucluse) **531**
Ferme Jamet (La)
Avignon (Provence - Côte d'Azur - Vaucluse) **519**

G
Gatinalière (La)
Antran (Poitou - Charente - Vienne) **471**

H
Herbier (L')
Lacoste (Provence - Côte d'Azur - Vaucluse) **530**

J
Jas de la Caroline (Le)
Noyers-sur-Jabron (Provence -
Côte d'Azur - Alpes de Haute Provence) **488**

L
Lammes (Les)
Venizy (Bourgogne - Yonne) **155**

M
Malle Poste (La)
Vicq-sur-Gartempe (Picardie - Aisne) **485**
Manoir d'Arville
Barfleur (Normandie - Manche) **372**
Manoir de Barrayre
Monflanquin (Aquitaine - Lot-et-Garonne) **69**
Manoir de Caillemont
Barneville-Carteret (Normandie - Manche) **373**
Manoir de l'Hormette
Trévières (Normandie - Calvados) **365**
Manoir de Lanleya (Le)
Plouigneau (Bretagne - Finistère) **185**
Manoir du Carel
Maisons par Bayeux (Normandie - Calvados) **359**
Mas de Bombequiols (Le)
Saint-André-de-Buèges
(Languedoc - Roussillon - Hérault) **290**
Mas de Casty
Saint-Ambroix (Languedoc - Roussillon - Gard) **278**
Mas des Bartavelles (Le)
Saint-Marc-Jaumegarde (Provence - Côte d'Azur - Bouches-du-Rhône **501**
Mas du Clos de l'Escarrat
Jonquières (Provence - Côte d'Azur - Vaucluse) **529**
Mas du Magnolia
Ménerbes (Provence - Côte d'Azur - Vaucluse) **538**
Mazet des Mûres (Le)
Grimaud (Provence - Côte d'Azur - Var) **513**

P
Parlement (Le)
Gap (Provence - Côte d'Azur - Hautes Alpes) **490**
Prieuré (Le)
Meyrals-le-Bourg (Aquitaine - Dordogne) **28**

R
Revardière (La)
Aix-les-Bains (Rhône-Alpes - Savoie) **579**
Ribaude (La)
Le Crestet (Provence - Côte d'Azur - Vaucluse) **525**
Rouach
Hautefort (Aquitaine - Dordogne) **25**

S
Sainte-Barbe
Gien (Centre - Loiret) **251**

Salvador (Chez Mme)
    Castelnau-de-Montmiral (Midi Pyrénées - Tarn)..............324
Souche (La)
    Truinas (Rhône - Alpes - Drôme)..570

T
Talbardière (La)
    Archigny (Poitou - Charente - Vienne)..............................472
Tournillayres (Aux)
    Bédoin (Provence - Côte d'Azur - Vaucluse)....................521

V
Val du Goth (Le)
    Marval Saint-Mathieu
    (Auvergne - Limousin - Haute Vienne)..............................120
Vasken
    Roquebrune-sur-Argens (Provence - Côte d'Azur - Var).....515

DIE REISEFÜHRER MIT CHARME VON RIVAGES

34,80 DM 254 OES 33,60 SFR

34,80 DM 254 OES 33,60 SFR

34,80 DM 254 OES 33,60 SFR

19,80 DM 145 OES 19,60 SFR

19,80 DM 145 OES 19,60 SFR

16,80 DM 123 OES 16,60 SFR

44 DM 322 OES 42 SFR

29,80 DM 218 OES 29,40 SFR

29,80 DM 218 OES 29,40 SFR

Danksagung
Wir danken unseren Lesern sowie Mme und M. Mourot für ihre wertvolle Hilfe und die Adressen, die sie uns zukommen ließen.

Fotonachweis
Nr. 8 C D. Millot - Nr. 51 C Photo Barbotin - Nr. 83 C Christian Chantal - Nr. 97 C François Quiniou - Nr. 106 C B. Jaubert - Nr. 160 C Jean-Charles Briens - Nr. 168 C D.R. - Nr. 147 C François Tissier - Nr. 302 C Guy Clément - Nr. 307 C LCI Wallis - Nr. 389 C Valentin - Nr. 416 C Hardouin - Nr. 426 C Editions du Vieux Chouan (Fromentine) - Nr. 4738 C J-P Rivaux - Nr. 518 C Pierre Ricou, Mane (04) - Nr. 519 C J.H. Ducroux.

Printed in Italy
Litho Service (Verona)